贫困山区
校长的使命

张一笑 著

山西出版集团
山西人民出版社

图书在版编目（CIP）数据

贫困山区校长的使命／张一笑著．—太原：山西人民出版社，2010.6（2012.1 重印）
ISBN 978-7-203-06863-1

Ⅰ.①贫… Ⅱ.①张… Ⅲ.①不发达地区:山区—中小学—校长—学校管理—中国 Ⅳ.①G637.1

中国版本图书馆 CIP 数据核字（2010）第 111556 号

贫困山区校长的使命

著　　者：张一笑
责任编辑：高美然
装帧设计：昭惠文化

出 版 者：山西出版传媒集团·山西人民出版社
地　　址：太原市建设南路 21 号
邮　　编：030012
发行营销：0351-4922220　4955996　4956039
0351-4922127（传真）　4956038（邮购）
E-mail：sxskcb@163.com　发行部
sxskcb@126.com　总编室
网　　址：www.sxskcb.com

经 销 者：山西出版传媒集团·山西人民出版社
承 印 者：山西辰昱印务有限公司

开　　本：787mm×1092mm
印　　张：25.75
字　　数：460 千字
版　　次：2010 年 6 月　第 1 版
印　　次：2012 年 1 月　第 2 次印刷
书　　号：ISBN 978-7-203-06863-1
定　　价：36.00 元

与申纪兰主任、陈鹏飞书记在一起

长治市委杜善学书记来校指导工作

山西省教育厅厅长李东福、
长治市教育局长范长喜到校指导工作

省人大郭海亮副主任莅临平顺中学

长治市张保市长到校指导工作

省人大安焕晓副主任长治市席小军副书记到校指导工作

陈书记、吴县长参加校园建设竣工仪式

序一

顾明远

只有一流的教育，才有一流的国家。

与世界相比，中国的基础教育搞得是比较好的，素质教育的实施对提高国民素质起到了良好的作用。

基础教育搞得好，离不开优秀的教师团队，更离不开优秀的校长团队。我的学生张一笑博士就是扎根贫困山区努力耕耘的一位校长，他以广泛阅读、深入思考、躬耕践行，立足于教育实践，终于完成了《贫困山区校长的使命》书稿，可喜可贺！

进入21世纪以来，教育公平、教育均衡、现代学校制度、学校文化、教育教学质量，成为教育界高度关注的焦点，特别是近期讨论的教育公平与均衡。素质教育之所以步履维艰，一个很大的原因就是不均衡。有的校长认为办优质教育是必然的，其实，在均衡发展中并不排除精英，正如《贫困山区校长的使命》一书中设想的一样，在高中阶段可以开设很多选修课，通过选修让不同的学生得到不同的发展。均衡不是平均，但机会平等、过程平等、结果平等，应该是要给予的。

苏联教育家基斯洛夫斯基曾说："每一个人的生命都值得审视，都有属于自己的秘密和梦想。"城市里的孩子拥有更好的教育教学资源，山区里的孩子也一样拥有人性的高贵，所以，山区里的校长和老师们更应该时刻以学生为重，让家庭贫困的孩子也受到良好的教育，让城市的孩子与乡下的孩子同生活在一片蓝天下，一同沐浴太阳的光辉。

一代人有一代人的责任，一代人有一代人的使命。希望张一笑同志能继续读一些哲学类书籍，结合古今中外的教育哲学思想，以崭新的思维方式感悟校长的办学理念，真正肩起中华民族伟大复兴的责任与使命。

（顾明远，中国著名教育家，中国教育学会会长，北京师范大学教授、博士生导师。）

序二

裴娣娜

知者乐水，仁者乐山。山与我并不陌生，山西的山却是别有风味。在大山深处，西沟展览馆的院子里，我曾与当今中国最敬仰的人——申纪兰大姐促膝交谈了近一个小时，"艰苦奋斗"让我倍感真切，"太行精神"让我肃然起敬。

平顺中学是北师大"我国学校教育创新"研究的实验学校，我曾到过平顺中学，在与领导和老师们座谈时，我曾以"学校的创新力评价指标"为体系，与大家交换意见，激发大家思考。两年后，张一笑校长以此为思路，整理出了《贫困山区校长的使命》书稿，我认为很有现实意义。

张一笑是我的弟子，这三年一直跟随我参加国家重大攻关项目"我国学校教育创新"研究，他的勤奋与敬业给我留下深刻印象，求学中的理论与实践的结合，使他成为一个"业务型、学者型、专家型的新时代校长"（长治专家组评语），我很欣慰。

中国的基础教育任重而道远，山区的教育更是值得我们研究。本书中的理论体系和实践方法尚需时间进一步验证，但我希望平顺中学在这种较为系统的思考中实现又好又快的发展，探索出贫困山区独特的办学道路，真正实现"办好一中，致富一县；培养一人，脱贫一家"的历史使命。

（裴娣娜，女，中国著名教育家，现为北京师大教育学院教授，博士生导师，北京师范大学教育科学研究所名誉所长兼天津师范大学教育科学学院院长。）

前　言

人生价值是每个校长都在思索的，不仅思索，还要行动。2007 年 8 月我从城市应聘到了山沟，到了贫困山区的平顺中学做校长。有人说：傻了！其实陶行知就是脱下西装奔向平民，第一个跑到农村办学的人。况且近一个时期以来，我发现中国的基础教育改革正在展示着农村包围城市的趋势，江苏洋思、河北衡水、山东杜郎口，乡下的教育改革似乎比城市来的更大胆、更彻底、更畅快。

尼采认为：人是伟大的，又是可爱的。人之所以伟大，是因为人是一座桥梁，但没有终点；人之所以可爱，是因为人是一个跨越的过程，而非完整。我把走进山区进行教育改革的借鉴、思考、实践汇编起来，作为一个小结，作为一个新的起点。平顺，我的家乡，给了我很多很多，巨大的磨难，还有无尽的快乐。人要有新的荣耀，新的荣耀不在你所来的地方，而在于你将要前往的远方。

此期间，我正在北京师范大学读教育学博士，很幸运我师从中国当今著名的教育家。我的导师裴娣娜教授正率领他的团队做着《中国教育创新研究》国家级重大攻关课题，这使我有机会在不同的大学聆听教授们的高见，崭新的教育理念充满了头脑也充满了快乐。忙于学校工作，毕业论文至今还没写好，我自觉不是一个好学生，但我实实在在遇到了两个好老师，遇到了一个很好的研究团队，所以，本书的框架和主要理论均采用“裴门法则”。2007 年底，跟随长治校长团到华东师范大学学习了 30 天的校长培训课程，收益颇丰，特别是为期 15 天的广州教育考察，桂山中学的办学模式给了我很多启发。所有这些，为我进行教育教学改革奠定了思想基础。

两年多来，高举纪兰大旗，平顺中学从校园设施、教师队伍到教学质量均发生了彻底的变化，从 2009 年起可以称之为“新一中”了。我有幸参与了这个 500 年不遇的巨变全过程，我是幸福的。研究教育，我曾为两个理念自豪：智慧教育、幸福教育！有人说，谁给智慧下定义，本身就是不智慧的。智慧就像阳光，在人的生活中随时存在着。有智慧的校长是稳重的、从容的；不智慧的校长是啰唆的。我自认为自己时常很啰嗦，所以现在不敢言说智慧了。但幸福的人才会手舞足蹈，我啰嗦，证明我幸福。

前两天，下了 50 多年不遇的一场大暴雪，千里冰封，万里雪飘。这时正好促我坐下来反思。我告诉家人说我准备整理一下最近的工作思路编印成册，女儿打电话说：“爸爸，写不写我？”妻子打电话说：“山路危险，千万不要开车回家，好好写吧！”快 3 年了，全身心投入工作，常常忘记了家人,既没有给女儿以高考辅导,也没有给妻子挣钱回去,甚至几个月顾不上看一眼老母亲,每念及此,怅然若失,但没有她们的支持肯定没有我安心的工作,所以,谨把此辛苦所悟献给我的亲人,和每一个关注着我的人。

个中事例都发生在平顺中学,中间凝结着全体领导和师生们的智慧,谨向大家表示衷心的感谢!

张一笑

2010年6月

平顺啊平顺

——教育改革的背景

平顺，始建县于1529年。1524年，青羊里人陈卿揭竿起义，威震三晋，明王朝出师进剿，五载始平。明王朝为巩固其统治，于青羊山下创立县治，赐名：平顺。

平顺，地处太行山南端的上党盆地边缘地带，境内峰峦起伏，山高坡陡，整个地势东南高而西北低；东南和中部诸峰，海拔均在1600米以上，海拔最高1876米，最低380米，平均海拔1100米。东部与河南交界，沿线全系悬崖绝壁，北部与河北交界，山势比较低缓，海拔在1400米左右。

这里土地瘠薄，土地资源贫乏。为典型的石灰岩干石山区，全县国土面积227.75万亩，其中耕地19.38万亩，仅占总面积的8.5%；荒山荒坡197万亩，占86.8%。全县人口约17万，人均1亩耕地，12亩荒山。

这里干旱少雨，水源奇缺。过去，水发闹洪灾，水过闹旱荒。境内浊漳河、十字河、虹霓河，流经县境的边缘地带，且都在相对高差数百米甚至上千米的深沟谷底空自流淌。全县大部分地区人畜吃水困难。由此，平顺人民千百年来感叹悲歌："淌流的河啊涌动的水，刮泥卷土到南北(河南、河北)；涝年处处遭洪灾，旱年百里寻饮水。""一盆洗脸水，全家洗完洗衣裤；一锅刷碗水，涮完锅碗饮牲畜。"现在，县城家家自来水，村里家家有旱井，山庄窝铺吃活水。

这里大山锁隔，交通条件不便。一遇冬天下雪，进不来出不去。千百年来，从事农业生产所使用的工具主要依靠："一把镢头一张镰，一条扁担不离肩"，山大沟深，至今无法实现农业机械化。

平顺是闻名全国的劳模之乡。在抗日战争最艰苦的岁月，李顺达于民国32年(1943)初，创办了太行山第一个互助组，发展了生产，支援了抗战，带领人民群众度过了灾荒。中华人民共和国成立后，平顺县互助合作生产进一步发展，又相继涌现出郭玉恩、武侯梨、申纪兰等全国著名的农业劳动模范。1954年，中央人民政府农业部颁发了四枚1952年"爱国丰产金星奖章"，平顺县就有李顺达、郭玉恩二人获得了两枚。之后的社会主义建设中，李顺达、郭玉恩、申纪兰、武侯梨四位劳模交相辉映，"走在了一个时代的前列"。他(她)们"是中国农民的杰出代表"，"中国农民走社会主义道路的光辉典范"。全国著名劳动模范、唯一的一至十一届全国人大代表申纪兰被江泽民同志誉为"凤毛麟角"。李鹏、朱镕基、胡锦涛、习近平等党和国家领导人先后到西沟视察工作。

这里教育文化落后。明清时期县城只有1所学堂，乡间有20余所私塾。县民中识字者极少。富户中有些识文断字者，大多是承袭家教。

1912年，在县城东边的东藏寺建立了县立第一高级小学，以之为依托，1952年发展为初级中学，1958 年发展为高级中学，这就是今天的平顺中学。

2007 年，平顺中学有高中十轨 30 个班，初中四轨 12 个班。教职工 180 余人，学生 2500 余人。至今，有 60 个教学班，240 位老师，3200 余名学生。

2007 年，平顺，进行了大规模的教育人事制度改革，当时，县长唐立浩如是说：

我县经济社会发展缓慢，一个重要的原因是教育相对落后，导致人才缺乏。多年来经过全县广大教育工作者的不懈努力，我县教育工作取得了一定的成绩，但确实存在着许多问题。深化人事制度改革，努力办平顺人民满意的教育，是推进全县经济社会又好又快发展的必然选择。

目前，我县中小学机构设置极不合理，乡镇只有 12 个，却有 20 个中心校和中心分校，近半数的中心校和中心分校学生不达 400 人，最小的中心分校只有 96 名学生。另外，中小学领导职数配置严重超额。县城以外共有小学生 8824 名，而现有中心校、中心分校的校长、副校长就有 64 名。羊老岩中心分校只有 202 名学生，却有一正两副三个校长，羊老岩村还分别有一名小学校长和一名寄宿制小学校长。校长职数的超额配置使一批校长特别是中心校、中心分校的副校长长期处于无所事事的状态，有的在编不在岗，有的在岗不尽责。不但造成了人员的浪费，也极大地挫伤了广大教师的积极性，同时在社会上造成了不好的影响。

我县教育用人制度不合理还主要表现在：一是用人机制不合理。校长稳坐铁交椅，教师稳端铁饭碗，人员能上不能下，待遇能高不能低。二是人员配置不均衡。有的学校师资不足、教师年龄老化、教学水平低，而有的学校却严重超编，人员闲置浪费；有的学校虽然师资充足，但在一线教学的人员短缺，而教辅、工勤人员比重过大，导致一些教职工长期处于庸、懒、闲、散状态。三是分配制度不合理。勤者不奖、懒者不罚，干好干坏一个样，干多干少没区别，严重影响着老师的积极性和主动性。少数教师没病装病，小病大养，有的教师甚至花钱雇人代课，自己却在外地做生意、给上学的孩子做饭。

因此，改变中小学校长的委任制，在选拔任用中引入竞争机制；科学合理地设置岗位，建立公开招聘制度，实现中小学教师与社会人才市场的双向流动和选择；建立形式多样，自主灵活的分配制度，创造尊重知识、尊重人才的社会环境，实现人才资源的整体开发与合理配置，是事业单位改革的必然趋势，也是深化中小学人事制度改革的必由之路。

我县的教师队伍素质总体上是好的，广大教师无私奉献、默默无闻地耕耘在山区教育这块贫瘠的土地上，为平顺教育事业奉献着自己的青春、智慧和力量。但是，仍有少数教师缺乏敬业精神和相应的业务工作能力，难以胜任自己承担的教育教学工作。又不肯努力钻研业务，整日得过且过，端着铁饭碗混日子。在 2004 年县科教局组织的全县小学教师基本知识测试中，有 50 余名教师考试不及格，最低的仅考了 6 分。这些问题的存在，成为阻碍我县教育事业发展的重大障碍。进一步推进基础教育事业的发展，最根本的一条就是培养高素质的教师队伍，而建设这样一支队伍，客观地需要有一个能最大限度地激发和调动广大教师的积极性和创造性的良好机制。在这次改革中，我们就是要把竞争激励机制引入教职工队伍，全面推行聘任制，在全县范围内合理配置人才资源，调整优化教职工队伍结构。在外地许多地方，通过推进和深化中小学人事制度改革，已取得了明显的效果。晋中市教育教学水平在全省处于领先地位，和他们进行的三次大的人事制度改革有直接的关系。凡是改革步伐较大的县，其教育发展的总体水平都得到了较大的提高。实践证明，谁改革在前，谁就受益在前。只有深化改革，彻底打破用人上的职务终身制和人才单位所有制，工资分配上的平均主义，我县教育所面临的种种困扰与难题，才会迎刃而解，我们的各项教育改革才能取得突破性的进展。

这次改革，县委、县政府下了最大的决心，力度前所未有，要面向全省公开、高薪招聘校长，平顺中学校长年薪 10 万元，合并后的县城中学和县城小学校长年薪 8 万元，以激励奋发有为的人才为平顺教育事业献智尽力、施展才华。

自古以来，教师就是一个神圣的职业，在人民的心目中地位很高，教师素质对整个社会影响深远。一个好教师，教书育人，功德无量；一个坏教师，误人子弟，贻害无穷。因此，打造优秀的教师队伍是这次改革的重点。目前，最好的途径就是要改身份管理为岗位管理，全面实行聘任制。

实行教职工聘任制，要坚持“按需设岗、平等竞争、严格考核、择优聘任、合同管理”的原则，认真做好以下几方面的工作：一要严格进行考核考试。坚持考试和任期考核相结合，考核工作做到科学、民主、客观、公正。二要坚持竞争上岗。各学校要严格按照这次设置的教职工岗位进行聘任，严格聘任程序，公开所设岗位、任职条件和聘任结果，教职工聘任工作要做到公开、公平、公正。三要实行合同管理。凡聘任上岗的教职工要与学校签订聘用合同，确定单位与个人的关系，明确单位和个人的权利与义务。聘用期满根据考核结果和工作需要确定续聘或解聘。各学校要根据县政府《关于进一步深化中小学人事制度改革的实施意见》，结合实际情况认真制订方案，并报县教育行政主管部门审核批准。改革后如出现教师短缺，一定要从师范院校毕业生和待聘人员中定向招考，充实教师队伍。

在教育改革推进会上，陈鹏飞书记如是说：

这次中小学人事制度改革得到社会各界的广泛关注，同时也得到了全社会的广泛好评。这一段，我一直在听，听老干部的，听老教育工作者的，听现在在岗的，听已经离岗的，绝大多数同志对这次改革是拥护的，理解的，支持的，包括老百姓，特别是现在有孩子念书的家长。绝大多数拍手称快，不是改与不改的问题，都说是改的迟了，不是改的早了，都衷心地拥护这改革，包括我们平顺在外工作的一些同志，在北京的，在太原的，在长治的，这一段有好多人给县委、县政府写信，打电话，都对我们的改革给予支持和鼓励。我在北京学习时，给平顺老乡开座谈会，那是一致声音，都说这件事情你们是抓对了，平顺的教育早就该下这个决心，无论是老的，还是年轻的，长治的平顺老乡也都打电话。县内、县外所有希望平顺发展的人，希望平顺进步的人，希望平顺的子孙能够成才的人，都关心、支持、理解这次改革。还包括不是平顺的各级领导，长治市委的郭书记、杜市长和分管教育的领导，都有明确的态度，下一步全市都应该这样搞，包括省教育厅的领导，晋中早就搞了，而且效果非常明显。

在几次会上我都讲,我们的干部要回答好三个问题,第一,上任为什么,第二,在任干什么,第三,离任留什么。如果想对党、对人民做出一个肯定的回答的话,那我们就要抓教育的改革。教育改革可能要触及一些矛盾,可能会引发一些非议,但是,作为党的干部,为了党和人民的事业,应该忘我的工作,不应该把自己的得失荣辱放在第一位,应把党和人民的利益放在第一位。这些话,我在教育改革动员会上我都讲过,说过,事实,对于有些不同的声音,我们有充分的思想准备,这些不同的声音我们理解。你触及了人家的利益,人家原来端的铁饭碗,你现在打破了,尽管你很公平,很公道,但是他确实失去了好多,他说几句风凉话,发几句牢骚,我觉得情理之中的事情。咱们这些人,他就冤枉你两句,说你两句,我觉得无所谓,但是,我们正是还有一种情况,那就是个别居心叵测的人。

平顺的教育我说说成绩。从1977年恢复高考到现在,一年一年地说:

年份	1977	1978	1979	1980	1981	1982	1983	1984	1985	1986
达线人数	4	3	5	3	4	16	8	9	6	5

年份	1987	1988	1989	1990	1991	1992	1993	1994	1995	1996
达线人数	8	4	21	1	1	1	0	8	16	32

年份	1997	1998	1999	2000	2001	2002	2003	2004	2005	2006	2007
达线人数	29	51	29	38	47	24	24	37	30	48	44

那么全市本科达线率现在查到的排名6年的,2001年排第十二,2003年排十一,2004年排十,2005年排十二,2006年排十一,2007年排十一,你们说平顺的教育用不用改革?

这一次在北京,我念这个,就是想告诉大家平顺教育30年是怎么走过来的。还有一个参数是二本以上达线率。最高时是1998年,达线率是20.80%;全市达线率是35%以上,还有几个数字,1977年,105人参加高考,考上了4人,占报名人数的3.8%,30年过去了,2007年823人考上了44人,占报名人数的5.3%。提高了1.5个百分点。考得最好的是1998年,245人考上了51人,占报名人数的20%。考的最差的是1993年,本科达线人数为零。

2003年以来,5年实考人数为2632人,二本以上达线数为222人,占实考人数的8.4%。同兄弟县区相比,黎城县2003年以来实考人数共有2362人,二本以上达线人数为840人,占实考人数的35%。壶关县2003年以来实考人数为5740人,二本以上达线人数为682人,占实考人数的11%。沁县2003年以来实考人数4407人,二本以上达线人数为1394人,占实考人数32%。武乡县2003年以来实考人数为5786人,二本以上达线人数为843人,占实考人数15%。如果按达线率排队,2003

年以来,我县在全市最好的位次是倒数第4。

从中考成绩来看,按参考率、平均分、优秀率、及格率四项得分统计,2005年以来我县在全市的位次两次是倒数第一,今年是倒数第四。

无论中考还是高考,平顺从1977年始终没有走出低谷,始终位居全市倒数。平顺一中作为全县的最高学府,没有走出过一个清华、北大的学生,达线本科的也为数不多,考入重点名牌的寥寥无几。今年应该说是平顺一中高考历史上最辉煌的一年,本科达线数为130人,但我们如果仔细分析,仔细推敲,除去艺术类的,除去外地来平顺报考的,真正平顺的大文大理达线数只有44人。你说教育改不改?

几年来,只要有点门路的,学生成绩稍好一点的从上初中就开始到长治择校(也有从小学择校的),不管花多少钱,费多少事,也要到长治去,住校的、租房的、陪读的各种情况都有。从老师队伍看,本来好一点的老师就少,却又被外地的学校一个一个地高薪挖走。老师流失,生源流失,好的老师不愿来,好的学生不愿留,年复一年,恶性循环,平顺教育怎能不令人忧虑?

这次在北京,我们和平顺老乡座谈的时候,一共去了60多人,真正在有影响部门工作的三五个人,有一个团中央的,一个财政部的,一个农发行的,我们最骄傲的是武警指挥学院的少将。数量较多的是打工的一般人。而沁县在北京开联欢会,到不全,处级以上干部每次至少在200人以上,许多是在国家部委工作。回过头来看,为什么?沁县一中,沁县师范,功不可没。听听1977年到现在平顺教育发展的历史,你就知道人才缺少的原因在哪里,为什么? 因为平顺的教育30年了,就一直是落后的教育,所以说,你就没有出了人才,耽误了这么多年,你说我们继续耽误下去?我们平顺30年没出过几个人才,平顺的教育没有随着时代的进步而发展。你们说,平顺教育不改革行吗?我们要突破贫困,没有人才怎么突破? 我们要缩小与外界的差距,没有人才,发展不起来,怎么缩小? 人才那里来? 只有靠教育。所以说,平顺教育必须改革,必须大改,必须伤筋动骨,脱胎换骨。

我说平顺的落后当然有客观的原因,大山的封闭,交通的不便,这是客观事实,我们不可否认,但是主观的深刻反思是什么,是不是素质问题,人才问题,如果我们有了高素质的人才,有了17万英雄人民在素质的普遍提高,那我们的发展是一种什么样的局面,我说这些现象,不是要揭平顺的短,我是让大家反思一下,你们都是平顺人,你们祖祖辈辈都生活在这块土地上,你们的后代还要生活在这块土地上,你们需要不需要让平顺的历史写得更辉煌一点?想不想让你们的子孙后代将来活得扬眉吐气一点?

当然,最后的效果是看我们究竟选出来的是什么人才,最后的效果看平顺的教育管理是不是上来了,我们的教师教学积极性是不是充分调动起来了。我们教育教学的面貌是不是改变了,当然,真正的效果应该至少是三年,三年之后应该有个初见成效,六年以后有个中见成效,九年以后有个大见成效。因为教育本身周期长、见效慢,但是,我们不能因为它周期长、见效慢,我们就置之不理、放任不管。那么我们就不是平顺的父母官了。我们就不是平顺人民的公仆,我们只能是平顺人民的罪人。我们今天要当平顺人民的公仆、父母官，这是党的要求、人民的期盼。但是，这不仅是一句话，我们要实实在在、一步一个脚印，用我们的行动，不要怕他们说长道短，关键是你一步一个脚印往前走，一年以后、二年以后、三年以后，当我们这一任已经不存在的时候，若干年后，让平顺人民来评说，陈、唐那个时代平顺是个什么时代，是值得人们怀旧的时代，还是值得人们痛恨的时代，我们要答卷就交那个时候，满意的答卷。

目 录

第一章 价值目标系统

学校教育创新评价体系

《我国学校教育创新研究》是由我的导师北京师范大学裴娣娜教授负责、13 所著名高校和百余所中小学参加的教育部哲学社会科学研究重大课题攻关项目。该项研究旨在对中国学校教育创新发展进程中的若干重要问题做出理性的思考和科学的回答,探索适应社会发展和人的自身发展需要的、优质高效的学校教育发展模式与育人模式。通过教育学、心理学工作者的跨学科研究,跨校际的教育工作者协同研究,以及理论与实践工作者的合作研究,为有中国特色的基础教育改革和发展提供思路,为构建优质高效的学校教育提供一种理论准备和分析框架,为促进青少年儿童全面发展提供一种新的教育方式,为教育行政部门和教育机构的相关决策和措施的制定提供科学依据。

作为一个极具前瞻性、挑战性的系统工程,一项富有活力和体现着时代精神的教育探索,研究的核心问题是学校教育创新力指标体系的构建问题。创新力指数的构建,旨在用统计体系构建学校教育创新的内涵与本质,也就是说,将诸种外显行为要素归结为一系列相互关联的有效行为指标,建立相应的有效行为模型,用以描述学校教育创新的内涵和本质,以及学校办学的效益和水平。正是通过对不同学校教育创新力形成与发展过程的审视,确立科学的质量意识、特色意识,促进学校教育的变革与发展,使学校办出水平和特色,从而提升学校教育的创新能力。

学校教育创新,是一个具有自我更新、自我发展的生态系统

该系统由以下几个主要要素组成:

(1)教育观念的转变与创新(观念系统);(2)学校教育创新发展的方向和目标(价值系统);(3)学校教育创新的动力、源泉及内在机制(动力系统);(4)学校教育创新的基本发展模式(实践系统);(5)学校教育创新发展的体制及政策保障(制度系统)。

良好的学校教育创新发展环境条件主要有:内部环境条件和外部环境条件。内部环境条件包括:心理环境,办学自主权,教育过程中主体性的发挥;外部环境条件包括:政策机制(作为核心的权力结构,解放创造性与限制创造性的条件分析,同时揭示学校教育创新发展过程中的风险、不确定性及体制性障碍);评价机制。

学校教育创新发展的主要标志:锐意改革、张扬个性、鼓励探索、宽容失误的创新精神(学校教育创新文化);构建具有生成性(自组织自生长功能)的创新生态系统(制度与体制创新);创新型教师、创新型学生的培育成长(人才培养的创新);内外部良好环境的形成(环境创新)。

学校教育创新力评价指标体系的要素与结构:根据我们的研究,学校教育创新力有以下四个要素构成:

办学理念,办学目标组成价值目标系统;

课程开发,课堂教学,班级建设组成育人模式系统;

人事制度,组织管理制度组成制度与管理系统;

战略性谋划能力,领导者品格组成校长的领导力。

学校的创新力评价指标体系的4个特质层是价值目标系统、育人模式系统、制度与管理系统、校长的领导力。每个系统突出2~3个重点分析单元,每个分析单元分解为2~3个行为表现,从而构成学校的创新力评价指标体系的整体结构。这一结构见表一

表一　学校的创新力评价指标体系表

要素	指标名称	解释力
1.价值目标系统	1.1 办学理念	1-1-1现代教育观念系统的整体性及认同程度
		1-1-2促进全体学生主动发展的先进教育理念
	1.2办学目标	1-2-1办学目标合理、适当、有独特性
		1-2-2有预期的育人质量要求
2.育人模式系统	2.1课程开发	2-1-1开发和利用校内外优质教育资源
		2-1-2形成学校优质特色课程
	2.2课堂教学	2-2-1教学内容体现知识的整合,联系生活实际，注意挖掘人文内涵。
		2-2-2学生学习活动设计合理；形成学生多样化的学习方式;关注学生学习过程中的创造性思维品质培养
		2-2-3实施发展性教学策略,学生主动参与的有效度；合作学习与探讨的实效性；学生自主选择及差异发展；合理使用现代教育技术手段。
	2.3. 班级建设	2-3-1有创意的学生多样化活动与发展
		2-3-2民主、开放、勇于开拓创新的班级组织
		2-3-3团结、和谐的班级文化氛围
3.制度与管理系统	3.1人事制度 教师研修与发展	3-1-1考核评价制度
		3-1-2教科研制度
		3-1-3研修制度
	3.2组织管理制度	3-2-1岗位责任与分工合作制（制衡机制）
		3-2-2激励制度（动力机制）
		3-2-3信息沟通机制（反馈机制）

要素	指标名称	解释力
4.校长的领导力	4.1战略性谋划能力	4–1–1勇于改革的洞察力、判断力与胆识
		4–1–2目标设计与决策论证能力
		4–1–3资源整合与经营能力
	4.2领导者品格	4–2–1尊重事实，实事求是，讲求实效
		4–2–2民主、和谐的人际关系，组织协调能力
		4–2–3，不断反思超越自我

依据此理论，我对平顺中学的教育教学进行了系列梳理，本书以“学校的创新力评价指标体系”要点为框架，介绍了作为贫困山区的平顺中学的系列改革思路与方案。

办学理念阐释

办学理念：“为师生谋幸福，为社会担责任”。

办学理念是学校的灵魂，把办学理念定位为“为师生谋幸福，为社会担责任”，有四重含义：

释义一：教育是一项幸福的事业

教育的终极目标在于使人过上幸福美好的生活。为了教师今天的幸福，为了学生明天的幸福。杜威说：“教育即生活。”但教育是一种特殊的生活过程。教育应该关怀人的生活，首先应该是关怀人的当下的生活，关怀此时此刻此人的存在，教育应当成为此时此刻的个体获得幸福生活的一种特殊方式。

“教育为了人的幸福！”这里面有四层意思：第一，教育的本身就是幸福的事业；第二，学生在教育中享受幸福，通过学习获得幸福；终究就是取得人生的幸福；第三，教师的本身是在教育的过程中感受工作魅力的幸福；第四，不同的人在教育中取得不同的幸福却有相似的幸福观。

教育是发现、创造、享受幸福生活的艺术。教师的幸福在于为大多数人带来幸福。教师的工作，就是为每一个学生奠基幸福，为千千万万的家庭培植幸福，就是为全社会创造幸福。当代教育家朱永新教授认为：教育最重要的任务是塑造美好的人性，培养美好的人格，使学生拥有美好的人生。美好的人性，应该从幸福的童年开始。人的一生其实是围绕童年展开的，把童心和童年还给孩子，这是教育的基本要求。教育是为未来的幸福做准备，教育生活本身就应该是幸福的。这样的幸福不是简单的感官的快乐，而应该是和谐完整的。因此，给孩子多样化的教育，发现每一个孩子的世界，帮助他们获得多样性的发展，这是教育的重要使命。

成功的教育就是要开启人们认识幸福的智慧，让人体味到幸福不是物质的丰盈、生活的安逸，而是人的精神生活的充实。英国教育家约翰·怀特说“受过教育的人从拓展意义上考虑他的自身幸福，他把个人幸福推及他人，把幸福融入一种道德高尚的生活之中。”中世纪的亚里士多德·阿奎纳也认为，“教育的目的，亦即生活本身的目的，是通过培养道德和理智美德来获得幸福”。先哲们的名言一方面告诉我们什么是幸福，另一方面也告诉我们教育是人们获得精神满足，体会幸福的阶梯。

幸福是每一个人追求的终极目标，教育则是到达幸福生活的有效方法。如果说人类都是在不断寻求完美的不完美生物体，那么教育就是能使他们变得完美的、意义最为重大的工具，幸福则是他们所能想象的最为理想的生活状态。

东、西方伟大思想家对教育目的的解释都是基于不同的历史文化背景和不同的理论，但他们得出的结论却基本相同：教育的个人目的是培养趋近于完美的人类，教育的政治目的是构建和谐社会。无论以哲学或宗教的思维，幸福都是一个人究其一生所追求的东西，教育则是完善个人、构建美好社会、到达幸福的根本手段和基本元素。

释义二：办学，为教师和学生的幸福服务

师生幸福是指师生在工作和学习生活过程中所获得的主体意识、归属感和成就感。师生得到人格尊重，具有主人翁意识，广泛参与学校管理和学校建设；学校以人为本，实行人性化的管理，营造民主和谐的同事、同学和师生关系，创建浓郁的校园文化氛围，从而使师生共同享有精神上的归属感；师生通过努力，获得进步，赢得肯定，实现个人价值，享有成就感。“师生幸福”是个体生命发展的终极目标，追求的是学校教育内在价值的圆满实现。

没有“幸福的教师”，就没有“幸福的教育”。在教学活动中，学生的激情迸发需要教师激情的激荡，学生的快乐拥有需要教师快乐的感染，学生的幸福体验需要教师幸福的传递，只有幸福的教师才能托起学生幸福的人生。是什么使教师成为幸福的教师，享受到了教育的幸福？其一，业务培训促进了成长。分批选送骨干教师外出学习交流；鼓励支持青年教师考研读研；组织教师参与高中名校校际教研活动；聘请教育专家来校讲学……种种举措在促进教师业务水平和能力迅速提高的同时，也让教师有了优越的成长快乐感。其二，逐步提高的高考升学率。每年更多学子考入重点大学，奥赛获奖选手逐渐增多，省、市级优秀学生不断涌现，给教师们增添了崇高的职业幸福感。其三，努力建设和谐校园，使学校成为教师之家。2008 年以后，学校办学条件彻底改善，校园环境堪称一流。学校实行民主化、精细化、人文化管理，教师地位和待遇不断提升，教职工的主人公意识不断提高，走进校园无不产生一种强烈的归属感。爱出者爱返，福往者福来。

共产党员的信仰是“为人民服务”，作为校长，最大职责就是为教师服务，为学生服务，尽最大可能地为师生谋福祉，让教师安心从教、爱教、乐教，让学生安心学习、爱学、乐学。校长，应该让老师们精神丰富，物质丰裕。让老师们有尊严地体面地工作，创造条件，广泛化缘，让老师们的腰包鼓起来，让大家的家庭生活幸福起来。要想方设法为教职员工和学生谋利益、办实事，为师生送温暖行帮助。

我们常常说，教育要为学生终身幸福奠基。可是，终身不只是以后，也包括当下的生命状态。如果在学校里不幸福，以后能否幸福就成问题。学生重要任务是学习，我们就要思考如何让他们幸福地学习，即如何像孔子所说“游于艺”于审美状态之中。审美是超越习惯之上的一个更高境界。一个人如果有了审美心灵体验，在看万事万物的时候，就有了别样的眼光，就会有一个长久的阳光心态。这样，也就为拥有一个幸福的人生奠定了基础。

因为我的存在，让更多的人感到幸福。幸福就是我心中有你，你心中有我。农民子弟通过受教育，上了大学，就能改变一个家庭的命运，这是许多农民家长最基本也是最高的愿望，我们办学校就是要想方设法满足他们的这个愿望。“培养一人，脱贫一家；办好一中，致富一县”是我们的一个理想。农村孩子来到学校，寄托着家长改变命运的殷切希望，学校既要为他们的升学负责，也要为他们的未来发展负责。农家子弟有着肯吃苦、守规矩、心地善良和为人诚实等明显优点，但也存在着自信心不强、交往能力较差等弱点。农民是弱势群体，收入不高，对于含辛茹苦供给小孩上学的农民而言，学校必须保证他们投入的高收益，实现了教学效益的最优化，也就是实现了学生利益的最大化，就是实现了群众利益的最大化。

“教育既要给学生创造幸福，也要给教师带来幸福；即要追求明天的幸福，也要实现今天的幸福；既要谋求人类的幸福，也要获得个人的幸福。”这是教育的价值追求。

释义三：幸福教育

由教育的本体功能来定义“幸福”。教育是影响人身心发展的主导因素，促进人的发展和促进社会的发展是教育的基本功能。幸福是一种人生的追求。从教育促进人主体意识发展的角度来定义：幸福是感受到目标和理想的实现而得到的精神上的满足。幸福是一种价值的评价。从教育促进人个体特征发展的角度来定义：幸福是人们在自我完善过程中，发挥潜能和创造力而体验和感受人生价值的存在。幸福是一种能力。从教育促进人个体价值实现的角度来定义：幸福是创造美好生活的能力。幸福是一种体验。从教育促进社会发展的角度来定义：幸福是一种基于使他人快乐和幸福之上的体验。综上所述，幸福，是人所追求的生存状态与存在方式，是人的物质需求与精神需要得到统一满足时的和谐感，是人的身心健康和谐与人格充盈的完美状态，是一种生活得以更好的能力体现，包括优越的幸福感、科学的幸福观及优秀的幸福品质和卓越的幸福能力四个方面。

由教育的终极目标来定位“幸福教育”。教育的价值在哪里？世界著名教育家苏霍姆林斯基说：“在教学大纲和教科书中，规定了给予学生各种知识，却没有给予学生最重要的东西，这就是幸福。理想的教育是培养真正的人，让每一个从自己手里培养出来的人都能幸福地度过一生。这就是教育应该追求的恒久性、终极性价值。”德国哲学家康德的观点“人是目的,不是手段”是教育应遵循的原则。教育应本着“以人为本”的理念,以人的本性、人的尊严、人的潜能在教育过程中得到最大的实现与发展,最后达到人人都拥有幸福人生为终极目标。

可见,教育以幸福为目的既是一种实然事实的存在,也是一种应然价值的追求。

幸福教育的内涵是:以人的终生幸福为目的,在教育中创造、生成丰富的幸福资源,培养出能够创造幸福、享受幸福的人。

幸福教育的目标是:为学生智慧和人格的同步发展创造最佳的环境和条件,使在平顺一中接受教育的所有学生都有——理解幸福的思维、创造幸福的能力、体验幸福的境界、奉献幸福的人格。

教育的核心是:把教育当做一件幸福的事情来做,“幸福地教、幸福地学”。

幸福教育的核心内容是:“幸福课堂,幸福学习。”没有“幸福的课堂”,就没有“幸福的教育”。立足学生幸福地学,我们创设幸福课堂。

1.“幸福课堂”的总体标准:在教育原则上,秉持“以学生为本”的原则,尊重生命的独特性,理解生命的生成性,善待生命的自主性,关照生命的整体性。

在教学过程中,组织人文化的教学内容,发挥情感化的教学效能,采用发展观的评价方式,形成交往式的师生关系,实施自主探究式教学策略。

在教学效果上,生成幸福的效能。体现在四个关键词上:真诚、深刻、高效、发展。真诚,是以师生间的移情为中介,激情澎湃、乐教乐学,生成师生在幸福情感上的相互感染。深刻,是以课堂活动为载体,积极探究、合作互促,生成师生在幸福成就上的相互分享。高效,是以解决问题为线索,面向素质、减压增效,生成师生在幸福能力上的再创。发展,是以课堂文化为内容,敦品通行、热心向学,生成师生在幸福品质上的提升。

2.幸福课堂的教研支撑:没有实效教研的支撑,就没有完善的教育教学活动。“课堂观察”教研活动的扎实开展,为幸福课堂的构建和完善提供了源源不断的智慧支持。围绕“幸福地教”、“幸福地学”这一核心,“课堂观察”从教师教学、学生学习、课堂性质、课堂文化四个维度组织教师团队合作解剖教师的课堂技能活动,通过明确观察目的、选择观察对象、确定观察行为、记录观察情况、处理观察数据、呈现观察结果等行为系统,时时完善幸福课堂建构,提升教师幸福教学能力,促进学生幸福地学习。

3.幸福课堂的终极目标:学生今天是什么样并不重要,重要的是他明天将会成为什么样。教育的一切结果就是要使学生成为一个品性良好的人和合格的公民。培植“幸福目标”,为“幸福地学”增添动力。

“一个人有了远大的理想,就是在最艰苦的时候,也会感到幸福。”帮助学生培植远大理想之树,一中有着肥沃的土壤。从这里走出的无数优秀学子榜样业绩的昭示,让在校生自觉地把人生标杆抬高。学习活动充满活力,教育活动充满激情,同学之间“争自磨砺”,让每一个学生自觉地完善对美好未来的设计。成熟的心理课适时地为学生疏通现实目标与理想目标的障碍;特色的德育课、美育课准确地为学生协调个人价值与社会价值的统一。

培养“幸福能力”,为“幸福地学”提供保障。幸福是一种能力,它包括理解、发现、创造幸福的能力。人的幸福观不同,对幸福的体验就会不同。

培养理解幸福的能力,幸福教育要让学生树立正确的价值观、人生观、幸福观,让学生时时理解、感受生命和生活的幸福感。生活不是缺少幸福,而是缺少发现幸福的眼睛。

培养发现幸福的能力,幸福教育要让学生有感恩的情怀、宽厚的胸怀,让他们处处感受到人生不同阶段别样的幸福。真正的幸福不是赐予的,要靠自己来创造。

培养创造幸福的能力,幸福教育要让学生在自主的创造性活动中实现人生的追求,让他们永远洋溢着倾听自己成长拔节之声的幸福。学习吉林一中,提出幸福教育的理念,让学生接受到幸福的教育,让教师享受到教育的幸福。平顺一中,正以全新的姿态,在幸福教育办学理念引领下,沿着内涵式发展的道路,续写幸福教育的特色之路。

释义四:教育的社会责任

党的十七大报告指出:“教育为国家服务。”教育是社会意志的体现者,肩负着按照社会要求塑造人的使命。教育对社会负责,就必须体现社会意志,必须为社会发展培养人,对国家和民族负责,对人民大众负责。

只有一流的教师才能培养出一流的学生,只有一流的学生才能造就一流的社会。为社会担责任,就是要实施素质教育,培养出一流的学生,通过一流的学生创造一流的社会,建设文明富强的国家,促进中华民族的伟大复兴。任何一个社会都是由个人和许多机构组成的。学校是一种重要的社会机构。一个学校好不好,非常重要的一个标准,就是要看这个学校,是不是在这个社会中发挥着建设性的、积极的作用。所以教育的社会责任与使命就是:促进区域社会进步和经济发展,提高民众科学素质与文化素质,培养劳动技能与良好公民品格,面向全体学生,做好因材施教,面对重重困难,勇敢迎接挑战。

北京35中“双肩理论”给我们很大启示:一肩挑着中华民族的伟大复兴,一肩挑着千家万户的幸福,挑着每一个孩子的前程。学校承担着重要的社会责任,要自觉地服务于一个自由、开放、民主、文明的社会的建设。只有更多的个人和更多的机构自觉地服务于建设一个更加美好的社会,我们的社会才会变得更加美好。教育的对象是人,“人只有通过教育才能成为人。”因此,教育首先必须对人负责,对受教育者负责。真正的教育,是“照亮人的心灵”,是“促进人的灵魂的转向”,是“使心灵的和谐达到完善的境地”。真正的教育,应当是爱的濡染,是美的熏陶,是善的弘扬,是真的追求。陶行知先生曾说,“千教万教教人求真,千学万学学做真人。”这句话,不仅指明了育人的方向;更阐释了教育的责任所在。所以,成功的教育,首先体现在走出校门的教育对象,应当是对社会、对民族、对集体、对家庭,有积极性而无消极性、有建设性而无破坏性、有促进性而无倒逆性的人。教育,应当是向善的,应当是向上的,应当是向好的。

教育对社会负责,必须为社会发展服务。这既是教育的根本宗旨,也是教育的根本任务。始终坚守社会核心价值,成为社会伦理的向导、人类良知的灯塔,充分发挥教育的引领和示范作用,这不仅是教育的责任,也是教育的良知。为社会发展与变革服务,为社会进步与繁荣作贡献,是教育义不容辞的责任。维护社会和谐稳定,减少愚昧与迷信,消除贫困与落后,减少犯罪,消除不平等不公正,都是教育不可替代的重要功能。教育公平是社会公平的重要基础,教育对社会负责,就是要以教育的公平公正促进社会的公平公正,教育不公必然祸及社会。教育的效果既具有现实性更具有未来性,教育对社会负责,就是要通过对人的培养从而实现为社会现实与长远利益服务,不能一味追求眼前效果,急功近利,而忽视未来效果。

教育必须培养有责任感的公民。它必须使人甘于自我克制并勇于为社会行为承担起积极责任。这是社会对教育的第一个要求。教育必须给自身的目标、严肃性和产品质量——知识分子的素质——树立高标准。这是社会对教育的第二个要求。社会对教育的最重要的要求是:教育要树立一个关于完美的人、完美的生活和完美的社会的理想典范;教育必须树立一个关于什么是成功和失败以及目标和成就的崇高而纯粹的理想典范。教育必须是美德的教育,教育的目标必须是创造出对美德的向往。倘若不是致力于培养"优秀的人",教育将是低级的和玩世不恭的。在知识型社会中,受过良好教育的人不仅掌握高超的学习能力和实践能力,博学多识,收入丰厚,而且还拥有强大的力量成为一种威胁——如果不是成为怪物的话,除非他品学兼备。知识分子必须具有高尚的伦理观念,强烈的道德责任感和没有不轨企图的奉献精神。他需要具备的精神价值观必须基于这样的认知:关于人的不可靠性和死亡性的,关于人的不完美性和孤独性的,以及选择一位真正的或虚伪的雇主,这既是一种自由也是一种责任。

刘彭芝校长也常说:"教育者应担起更多社会责任。"最近一段时间,我们经常讲优质中学的社会责任。把学校办好,当然是履行社会责任,但这还远远不够。我们不仅要"独善其身",更要"兼济天下",让更多的学校分享我们的优质教学资源,借鉴我们的办学经验。这才是更高境界地履行社会责任,这才是墨子讲的"宇,弥异所也",这才是我们追求的目标。

落实基础教育中的社会责任,应该做到以下三点

首先,要从以获取知识为首要目标转变为首先关注人的发展,要培养具有现代意识世界眼光的人。教育的责任首要的是其社会责任。社会责任是指社会群体或者个人在一定社会历史条件下为了建立美好社会而承担的相应责任、履行的各种义务。基础教育是一种使自然人成为社会人的教育,使少年儿童具备生存和发展的基本素质、基本技能的教育。今天的教育是为明天准备的,因为今天的孩子是明天的社会主要成分。明天的社会如何,取决于今天的孩子受过了什么样的教育。教育就是要比社会多一些纯粹,多一些高尚,多一些真诚,多一些对道义和真理的坚守。因为,我们的孩子是明天社会的主力军,而我们几乎每一个教育者都真诚的希望明天更美好。美好的明天依靠的是今天的孩子们建设的,所以明天的美好就握在我们教师的手上。教育要从以获取知识为首要目标转变为首先关注人的发展,这是教育的责任,教育的社会责任。

其次,教育内容要联系生活实际,具有时代特征。长期以来,基础教育中的大多数学习内容与学生今日的成长缺乏内在联系,课堂教学内容成了与学生的日常生活隔绝的一个专门的领域,它似乎属于另一个世界;学生在成长过程中经常会出现的困惑、好奇、期望、兴趣以及许多潜在的能力等,在教学中得不到体现。国外有一个著名的"苹果原理":有一个大苹果和一个小苹果,分给两个孩子,分发的原则是,让两人进行劳动比赛,谁做得好,谁就可以获得大苹果。这样的分发原则,可以让孩子从小就明白劳动是获得财富的唯一途径。而与此截然不同的是,中国人一直都以孔融让梨的故事来教育学生,在第一次发苹果时,第一个孩子因为想要那个大苹果而受到责罚,结果只得到了小苹果。第二次他吸取教训,改要小苹果,这一次他不但受到了表扬,还得到了大苹果。从此他也就知道了虚伪的谦虚可以给自己带来好处。所以基础教育要紧密联系生活实际、学生实际,要适应当今的社会形势。

再次,社会要求受教育者的全面发展。受教育者的全面发展,包括生理和心理两个方面的发展。判断教育是否成功的标准,就是看受教育者在家庭、学校、社会和未来的社会生活中承担社会角色是否成功。基础教育应该把教会学生怎样做人放在最基本的位置,从个人(掌握生活技能)逐渐到社会人(学会承担社会角色的权利与义务),然后再发展到道德人(做道德高尚的人)和政治人(做讲政治的人)。任何社会的教育都是为了塑造其所需要的人才。我国基础教育应重视对学生社会责任的培养,为社会培养"德才兼备"型人才,培养未来社会的合格公民,为创建政治稳定;经济繁荣、精神境界高尚、环境优美的和谐社会奠定坚实的基础。

教育理念阐释

教育理念:"让每一个学生都得到相对于他自己的最优化发展"。

该理念有三个关键词语:"发展"、"每一个"、"最优化"。

发展。所谓发展,就是指人的潜在能力在适应自然环境和社会环境的生活中,有规律地逐渐展现为人的属性的过程。教育学和心理学意义上的发展,特指人的各种特征在结构上和机能上的有意义的变化。这些变化是顺序的,不可逆的,而且能保持适当长的时间(不包括因暂时性疾病、疲劳等因素而带来的暂时性变化)。此外,发展一般是向好的方向发展(至少在生命早期),并产生更有适应性、更有组织性、更有效率、更为复杂和更高水平的行为。

教育的基础应该是"人的发展"。学习活动是每个人的事;随时随地学;在教师的激励、启发下学生积极主动地去探索、发现和实践;自由发挥,独立完成作业;学以致用,终身学习。教育应该以"人的发展"为根本,并成为推动人的发展的力量。只有放飞想象的教学,切入心智的教学,唤起学生探究欲的教学,才能给学生发展的时空。而尊重学生的个性和人格是增强创新意识、培养创新能力的必要条件。让我们真正以学生为教学的主体,不断地激励,真诚地赏识,艺术地启发，以智慧呵护学生的个性心理和精神特质，让学生在课堂思维双边交流中始终拥有选择、突破和重新构建的自由。这样，学生的心智之花才能灿烂开放，创新之树才能茁壮成长。

“让学生得到发展”，即“以人为本，以学生的发展为本”，这是科学发展观“第一要义是发展”的要求，也是新课改的核心要求。其主要内涵包括“四个学会”以及“以生命哲学为底蕴，充分认识学生作为人的生命价值、主体地位和独特尊严，促进学生身心协调发展、终身发展；以信息技术为平台，扩充学生认知容量，培养学生的国际视野；以时代精神为参照，呼唤新人形象；以学生主体观为背景，培养学生的创新精神和创新能力。”概括起来说，即培养具有“一个信念(热爱祖国)，两种精神(科学精神、创新精神)，三大意识(时代意识、竞争意识、国际意识)、四种品格(有理想、有自信、能吃苦、能适应)”的新型人才。

学生发展，一般专指在学校教育情境下个体的发展，是通过教育的影响和熏陶，使学生形成相对稳定的身心组织的要素结构和及其质量。强调教育以学生发展为本，表达了依据社会发展和人的发展的实际需要，以全面提高学生的基础素质为根本目的，尊重学生的主体性和创造性，充分开发学生的智慧潜能和发展学生健全个性为目的的教育思想。

学生的发展有其特殊性。有论者指出，学生身心发展是有规律的，这些规律是学生在一定年龄阶段身心两方面发展的稳定的、典型的本质特征，主要有：①顺序性和阶段性；②稳定性和可变性；③不均衡性；④个别差异性；⑤整体性。

与学生发展相关的一些理解：一般发展：这是赞科夫提出的，指儿童的个性发展，包括身体发展与心理发展两个方面，其中心理发展有包括分析性观察能力、抽象思维能力与动手操作能力（不同于一般所说的知、情、意三方面）。一般发展不同于特殊发展、智力发展，也不同于德智体全面发展。差异发展与个性发展：差异发展是相对于“统一发展”、“平均发展”而言的，是指个体不同程度的、有差异的发展。“差异发展”不同于“个性发展”。个性是人性在个体身上的具体表现或反映，是人的共同性与差异性的统一。因此，所谓“个性发展”实际上特指个体在差异性方面的发展，是“个性发展”的一个方面或一个“组块”。由于差异性是个性独特性的具体体现，是人与人相区别的根本点，所以人们在使用“个性发展”一词时，往往更为强调的是个体在共同性特质发展的基础上差异性特质的充分发展。因此“个性发展”常常与“差异发展”在使用上接近同义。

差异发展有着不同的表现形式。一般认为，在学校教育中，体现在学生身上的差异发展主要表现为三种类型：①不同年龄的个体之间的差异发展，即年龄差异；②相同年龄个体之间的差异发展，即外部差异或个体间差异；③同一个体在生理、心理发展的各个方面不均衡的发展，即个体内差异。在传统课堂教学中，由于班级本身是按照年龄相同的原则来编排和构成的，故不涉及年龄差异问题，只涉及个体间差异和个体间内差异。全面发展、和谐发展、均衡发展，与片面发展、畸形发展相对立，指德智体美各个方面的共同发展。主体性发展：指发挥学生的主体性，让学生成为自己发展的主人。最优发展：国内有学者提出“最优发展”的概念。他们认为，教学的目的和任务就是促进学生心理机能的最优发展，一是体现在发展的速度上，要求以尽可能快的速度开发学生的智慧潜能和促进个性心理品质的成熟；二是体现在发展的水平上，每个人的发展都存在着一个发展域，最优化即希望通过教师、学生多方面共同努力，对学生的发展进行可变性调节，尽可能促进学生接近其最近发展区域的上限。要做到这两点，了解学生的现状和学生能达到的最佳水平（最近发展区）是关键。

“每一个”体现了素质教育的“面向全体，全面发展”的要求。教育应该让每一个学生都得到发展。肖川教授认为：什么叫成功？充分发挥个人潜力就是成功，这对任何人来讲都是如此。比如说一个学生以前考试都只能够得到 60 分，但是通过他的努力他能够得 70 多分了，对这个同学来说，他学习的努力就成功了。因为我们每一个人的起点都不一样，尽管在他的班上有的同学能够考 90 多分。所以，我们衡量一所学校好不好的一个重要的标准，就是学生的成长度，那就是我们所讲的，学生是不是充分发挥了他的个人的潜力。以往教师在教学中一般采用“一刀切”、“齐步走”的办法，造成优生“吃不饱”，中等生“提不高”，后进生“吃不了”的局面。无论是采取“低起点、抓基础”，还是“抓两头、带中间”的方法，教学效果都不明显，只能面向一部分而不是面向全体学生。然而素质教育要求面向全体学生，全面提高教育质量，让每一个学生都得到全面发展。面对不同层次的学生，要想真正全面提高教学质量，关键是如何对待学生之间的个体差异。

何谓“所有学生”？一所学校几千学生中有几个或者几十个学生的发展不尽如人意，他们的潜力没有得到充分发挥，这样的学校算不算好学校？“好”总有程度之别，比如用百分制的量化评价，得分为 98 是好，得分 88 也不错，只是前者比后者更好。圣贤孔子的两个学生特点不同，子路急躁好胜，冉有谨小慎微，孔子用心关注他们的发展，为他们创造各种机会，结果两人都有了成就。

“相对于他自己的最优化”则体现了“最近发展区”理论，是最大化的，也体现了个性化的要求，要求教育者要找到最适合每一个学生个体成长的科学的教育，让每个学生的强势智慧都得到充分发展。坚持全面推进素质教育，致力于让每个学生在原有基础上都得到最好的发展、最大限度的发展、最大效益的发展、真正的发展、充分的发展，培养学生的智慧，是教师专业化水平的标志。

教育的前提是首先要承认每个学生是有差异的。智商不同，情商更不一样。教育的目的不是为了让每个学生同等地发展，而是为了让每个学生在原有基础上得到尽可能的发展。这种发展的评价依据是看是否在原有基础上进步。所谓得到可能的、真正的发展，一方面指教师要尽最大努力帮助学生成长，另一方面指最大限度地挖掘学生的潜力。洞察学生的个性，对不同学生的学习水平、学习速度、学习能力倾向，给予不同的引导、帮助，为每个学生的个性特长的发展提供机会。“没有差生，只有差异”，“适合学生的才是最好的”，“适合”的发展是人才发展的关键。社会发展对人才的需要是多样的,社会未来发展更是如此。同时,人自身的发展需要与其各自的禀赋和潜能的不同而呈现多样。因此面向未来,将社会发展需要和个体自身发展结合的发展方向才是最适宜——即最好的发展方向,这正是中国自古以来崇尚的"因材施教"的真谛,也是人类教育理想的永恒追求。"充分"的发展则是追求的极致,它包含了人潜能的最大开发,人创新与实践能力的极大提高和人的全面素质提高。让每一根草都能开出自己的花。

发展目标定位

一、总体目标

造就出优秀教师,培养出优秀学生,总结出办学经验,建成一所"高质量、有特色、实验性、创名校"的人民满意的学校。

二、分期目标"基本构想"

三年目标	六年目标	九年目标	十二年目标
人心齐、校风正, 管理严、科研浓, 师资强、成绩好。	实现"四个一流", 争创名牌学校	实现名牌效应, 进入良性循环	与国际接轨, 创国家名校

三、目标分解

	三年发展目标	六年发展目标	九年发展目标
高考	首榜达线逐年分别实现60人、80人、100人	首榜达线逐年分别实现120人、150人、200人	首榜达线人数300人,突破清华、北大
办学规模	14+4	16+4	16+4
师资队伍	优化现有的教师队伍,每年引入责任心强、教学理念先进的优秀青年教师,使人人具有忧患意识、竞争意识、责任意识、创新意识,推出名师培养工程,初步建成一支高素质、高水平的教师队伍。	教师队伍稳定,思想一致,目标一致,素质大幅度提高。名牌教师、高级教师不断涌现,争、比、赶、帮、超蔚然成风。	名牌教师,高级教师充分发挥示范作用,青年教师已然成熟,学习型、研究型团队在三晋扬名。
学生队伍	使学生普遍成为"有道德、有文化、有理想、守纪律"的四有新人。	学生队伍出现整体素质提高的良好现象,良好行为习惯已经养成,主动学习、探究学习形成风气。	生源形成良性发展,四方学子竞相选择我校,并以能进入平中为荣。

	三年发展目标	六年发展目标	九年发展目标
教研工作	努力提高教科研水平，初步建立一支理念先进，实践亲为，研究严谨的教科研队伍；教研工作规范化，教研成果不断提高，形成“科研兴校”的观念。	“科研兴校”的理念深入人心，一些教师开始将成熟的科研成果转化为校本课程，承担省级、国家级实验项目开始出成果。	教科研工作稳步推进，成为三晋“科研兴校”的典范.学术交流活动经常化。
校园文化	初步实现科学、人文、人生、教育四位一体的校园文化特色，学习型校园基本成形。	形成“科学、人文、人生、教育”四位一体的校园文化特色，学习型校园已经成形。	校园文化保持特色，并做到与时俱进，不断有创新，真正成为校园内宣传先进文化的主阵地。
校园环境及设施建设	教室、办公室布置具有个性色彩，每条走廊、每面墙壁体现文化氛围，校训、标语醒目可见。现代化办公、教室设备粗具规模，周围环境基本改善完成。	整个校园体现文化艺术特色，一流育人环境的设想基本实现。	校园软硬件设施建设均达到省级一流标准，创设一流的育人环境已成现实。

“基本构想”：将 12 年发展分为四个阶段：

第一步，“打基础，成规模”。学校管理初步实现规范化、科学化，教师队伍实现动态稳定机制，教学设施齐全，教育思想端正，形成良好校风，校园经济粗具规模。

第二步，“图发展，上水平，出特色，创一流”。学校的规范化、科学化管理在全市有影响；教师队伍进一步加强，主要学科每科有 2 名以上教师成为县级骨干教师，部分学科有市级知名教师，中高级教师达到 3/5 以上；教育思想新，学术气氛浓，在体育、劳技、文艺等方面在全县居领先地位；逐步形成“全面育人，办有特色”的办学格局。

第三步，“全面育人，争取成为山西名校”。学校的教育思想反映国内教育潮流；干部、教师中有市级以上教学权威和教育专家；学生中的特长生、尖子生占有明显比例，学校成为名符其实的优秀中学生的摇篮。

第四步，文化管理，成为国家名校。狠抓“三化”（管理机构网络化，管理制度系统化，管理手段现代化），“两实”（务实——务提高教学质量之实；落实——各项工作都要抓落实，向管理要质量，要效益，要发展。

发展思路

一、办学指导思想

坚持以“三个面向”、“三个代表”重要思想和“科学发展观”为指导,全面贯彻党的教育方针,以师生发展为本,积极推进素质教育,努力办人民满意的教育。

二、办学宗旨

为师生谋幸福,为社会担责任。

让每一位学生成人、成才,成长、成功。

三、办学目标

将学校建成一所教育思想先进,领导管理科学,队伍求研务实,育人环境优良,能培养出自主发展、和谐卓越的优秀教师和优秀毕业生,能总结出先进的办学思想,能促进地区教育事业的兴旺,促进地区乃至社会文明的示范高中。

四、办学理念

(一)“教师为本”理念:实现师生员工与学校共同发展

温家宝总理说:百年大计,教育为本;教育大计,教师为本。如果说教育是国家发展的基石,教师就是基石的奠基者。国家的兴衰、国家的发展系于教育。只有一流的教育才有一流的人才,才能建设一流的国家。我们要继续发扬中华民族尊师重教的优良传统,不断提高教师的政治地位、社会地位和生活待遇,把广大教师的积极性、主动性、创造性更好地发挥出来。各级政府都要满腔热忱地支持和关心教育工作,积极改善教师的工作和生活条件,吸引和鼓励高素质人才从事教育事业,尤其是到基层、农村和边疆地区任教。中小学教师非常重要,有些国家让最优秀的人教小学。要像尊重大学教授一样尊重中小学教师。要大力宣传教育战线的先进事迹,特别是终身从事中小学教育事业的典型,营造良好的舆论氛围,让尊师重教蔚然成风,让教师成为全社会最受人尊敬、最值得羡慕的职业。

学校现代化管理最重要的管理理念就是“以人为本”。把以人为本的理念运用到学校工作中,就是要将广大教师置于学校工作的核心,确定教师的主导地位,在学校管理的所有要素中,教师管理是第一要素,因此,学校管理应该“教师第一”,在“以人为本”中树立“以教师为本”的管理思想。作为管理工作者,在学校管理者队伍中扮演着重要角色,理应具有而且必须强化这种意识,来实现教学管理。

“以师为本”的重要意义是把学校看成是教师的学校,把教师当做学校的主人。实行民主办学,充分尊重教师的主人翁地位和建设性意见。教师是学校发展的原动力,是最积极,最具创造力的因素,是学校持续发展的最重要保障。要不断激发教师工作的主动性和民主参与意识，为广大教师提供参与建设、管理学校的舞台，把广大教师的命运与学校的发展紧密地联系在一起。制定切实可行的政策，鼓励教师成“名”成“家”。不断提高教师的福利待遇，为每一位教师提供在职进修、外出学习，在校内、外展示才华的舞台，使大家充分认识到学校在提高教师素质方面的投入是最大的福利。充分尊重教师的劳动成果，充分肯定教师的人生价值。

“以师为本”的关键是促进师生与学校的共同发展。学校与师生是一个统一体，两者不可分离，只有相互关爱，学校才能得到进一步发展，师生才能得到更多的利益。学校关爱职工，体现在不断满足职工精神上、物质上的需求，增强教师对学校的归属感，提高教师对教育的忠诚度；教师关爱学校，体现在以主人翁精神、以高质量、高水平的工作为学生以及学校的发展贡献自己最大的力量。教师、学生与学校是命运共同体、利益共同体、发展共同体。只有学校发展了，教师学生才能更多地受惠于发展的成果。

坚持“以师为本”，要将学校建设成为教师个人实现其人生梦想的地方，让教职工在潜力释放和自我价值的实现过程中促进学校的发展，达到与学校的高度和谐。“大学者，非谓有大楼之为也，有大师之谓也”。是“大师”成就了“大学”，“名师”铸成了“名校”。可以说，教师队伍是学校核心竞争力的根本，是学校持续发展的不竭动力。

教师是办学的根本，是提升学校核心竞争力的根本。“当今时代，科技进步日新月异，国际竞争日趋激烈。各国之间的竞争，说到底是人才的竞争，是民族创新能力的竞争。教育是培养人才和增强民族创新能力的基础，贯彻党的教育方针，推进教育创新，培养大批高素质人才，离不开教师的辛勤劳动。”教师肩负着“传授知识、传承民族精神、弘扬爱国主义，为祖国和人民培养合格人才的神圣职责”，教师“要率先垂范，做先进生产力和先进文化的弘扬者和推动者。做青少年学生健康成长的指导者和引路人，努力成为无愧于党和人民的人类灵魂的工程师。”“教师的道德品质和人格，对学生具有重要影响。”也就是说，优质的教育必须靠优秀的教师去实现。因此，学校的建设必须“以师为本”。“以师为本”随着时代的发展将不断赋予新的内涵，但学校建设的根本，是教师是其永恒的本质。

（二）特色化素质教育：生本教育、自我教育、幸福教育、智慧教育

个性化素质教育旨在全面提高学生素质的同时，更强调要考虑到学生已有的认知基础和个性特点，在教育教学中承认个性差异，尊重个性特点，强化个性优势，进而因材施教，为每一个学生最大限度地发展自己搭建舞台，使得全体学生都能在优化个性中发展综合素质，成为人格健全、学力宽厚、合作创新、开拓进取的时代新人。

生本教育：营造民主、和谐、宽松的氛围，提供学生个性张扬的土壤。让“探究”、“对话”、“讨论”“体验”、“感悟”成为我们实现教学目标最重要的行为动词。从培养情商入手，发展学生的智商，提供每一个学生发展的机会。国内外关于智力非智力因素关系的研究表明，好奇心、求知欲、上进心和坚持性等非智力因素或个体特征对智力发展有重要的促进作用。搭建多元化、有特色的发展平台，提供多样化、针对性的服务，根据学生不同的兴趣、爱好和特长，相继

创设数学班、电脑班、外语班、艺术班、超常班等。

自我教育:只有将受教育者的自我教育能力培养起来,教育才是成功的,教育的效果才能巩固和发展。确立六“自”字当头的风气:自尊、自信、自强、自学、自律、自理。开拓指导学生自我教育的渠道,探索一条变他律为自律、变管教为引导、变规范为需求的教育内化的路子。

幸福教育:以人的终生幸福为目的,在教育中创造、生成丰富的幸福资源,培养出能够创造幸福、享受幸福的人。幸福教育的目标是:为学生智慧和人格的同步发展创造最佳的环境和条件,使在平顺一中接受教育的所有学生都有——理解幸福的思维、创造幸福的能力、体验幸福的境界、奉献幸福的人格。

智慧教育:智慧教育的目标:提升人的生命质量和生活品位,让学生成长着、快乐着;让教师工作着、快乐着;让每一个教育者和受教育者都有一个成功和幸福的人生。创建智慧的学校,让我们的教育充满思想,让我们的课堂充满智慧,让教师成为智慧型教师,给学生一个智慧、快乐的童年。为国家和社会培养出大批的智慧型、创新型、创造型、身心和谐型的智慧人才,从根本上提升人的身心素质。智慧教育的中心任务,是引导人们发现自己的智慧,开发自己的智慧,应用自己的智慧,而不是给予人们现成的智慧,更不是传授有关智慧方面的知识。智慧教育是让人们在获得智慧之后,运用自己的智慧去创造智慧,创造价值。智慧教育关注的是人的潜力如何最大限度地调动起来并加以实现,以及人的内部灵性与可能性如何充分生成。

(三)生本化教育服务:让每一位学生得到相对于自己的最优化发展

温家宝总理说:教育要符合以人为本的要求。学校要坚持“以人为本”的办学理念,以“依靠人、为了人、服务人”为基本出发点,尊重学生、关爱学生、服务学生,发现和培养学生的兴趣和特长,塑造学生大爱、和谐的心灵。

生本教育就是以生命为本的教育, 就是以激扬生命为宗旨而为学生好学而设计的教育。在生本教育中,教育教学的真正主体是学生,把以往教学中主要依靠教师的教,转变为主要依靠学生的学,教师的作用和价值体现在最大限度地调动学生的内在积极性,组织学生自主学习上。

生本教育的核心理念:一切为了学生、高度尊重学生,全面依靠学生。

生本教育的三个基本观念:①学习的发生之处是学生,学生是最大的教学资源。②教师的最高境界,是“不见自我”,是“最合脚的鞋子”。印度哲学大师奥修曾说:“当鞋合脚时,脚就被忘记了”。“他的核心任务,不是自己‘教’,而是组织学生‘学’、服务学生‘学’。他要为学生创造生机勃勃的、令学生‘忘我’的课堂。”③学生快乐、美好的学习生活,是德育的真正基础。

产生德育问题的一个重大根源,是由于教学不当而造成的学生厌学、受压抑、无心向学。反之,当学生对学习充满热情,意气风发、努力向上时,德育工作就有了一个良好的基础。学生美好德行的建立、人格的建树,不能依靠外在的说教,而必须依靠学生自身的体验和感悟,必须经过学生的内化去实现。

让每一位学生得到相对于自己的最优化发展，是我们的教育理念，教育追求。

（四）数字化校园生活：创新符合时代发展的教育模式

"校园一卡通"管理系统是以智能卡为媒介，对学校人员、财务以及校内资源进行统一管理的系统平台。该系统以校园计算机网络为依托，具有电子身份识别和电子钱包的功能，包括报到收费、发卡、圈存、结算、控水、教务、门禁、上机、查询等12个子系统，完全可替代校园中传统的学生证、借书证、洗浴卡、就餐卡以及各种体育活动设施使用凭证等，基本达到校园内任何地方、对任何人、做任何事进行管理，使学生学习、生活全电子化和智能化，大大提高了学校的现代化管理水平。

通过教学与技术的整合，完成信息管理系统，包括电子图书系统、教学资源库、教学管理库、行政管理库、学生自我管理系统。班班多媒体实现在教室在课堂上随时可以连接互联网，校园网、视频网站连接世界。在条件允许的情况下，实现教师一人一台笔记本电脑。

（五）国际化培养方向：立足山区，培养具有世界眼光的现代人才

《国务院关于基础教育改革与发展的决定》指出，要"保持教育适度超前发展"、"积极开展教育教学改革和教育科学研究"、"探索、实验并推广新课程教材和先进的教学方法"。根据著名信息技术专家、华东师大张际平教授的理解，"教育超前"意识主要表现在三个方面：第一，教育投资的增长速度应超过经济增长速度；第二，教育为未来经济发展的需要培养各类人才，培养目标应当超前；第三，先进的科技手段和方法应该尽早地用于教育水平整体提高。

顾明远先生提出："当代中国教育家最需要两方面的根基，一是中国文化的根，二是国际文化的视野。"当今世界是一个开放的世界，任何国家都不可能在封闭的状态下求得发展，也不可能拥有实现现代化的全部资源。先进的科学技术和管理经验是全人类的共同财富。在信息社会，网络技术的发展大大缩短了国与国、人与人之间的距离，"地球村"的观念逐渐深入人心，全球资源共享、信息共享成为可能。最近在苏州召开的《21世纪教育论坛》把"国际化、数字化与基础教育"作为主题，反映了时代的潮流。

开展国际视野教育体现了邓小平同志"教育要面向现代化、面向世界、面向未来"的思想，是全面素质教育的基本要求，也是实施21世纪学校优质教育的重要举措；突出了"现代化、个性化、国际化"的办学特色，激发学生的兴趣，开阔学生的眼界，增强学习的自信心、责任感和使命感，有利于教学质量和教科研水平的提高；有利于培养学生的开放意识与合作精神，有利于培养学生"独立、合群"的人格，为培养适应信息时代经济全球化需要的外向型人才打下初步基础。

（六）精细化管理模式：永远追求卓越的办学品质和效益

精细化管理的管理模式是"以尽职为中心"，每个岗位、每个环节，甚至每道工序都有详细、明确的规定。制定严细的管理标准体系，提出每项工作都按照"做什么、目的、时间、谁来做、怎么做、考核标准、检查考核人、责任、整改"等程序，严格界定各岗位的责任。

精细化管理则是提升执行力的有效途径。"视角决定高低,细节决定成败",古往今来"想成就一番事业,必须从简单的事情做起,从细微之处做起。一心渴望伟大、追求伟大,伟大却了无踪影;甘于平淡,认真做好每个细节,伟大不期而至。这就是细节的魅力"。学校工作大多较琐碎,成败往往取决于细节。精细化管理强调在追求细节中提升执行力。细节关注到位,管理就有效果,就能促进事业进步。作为决策的执行者,中层干部实行"精细化管理"就是对每一项工作都精心,对每一个环节都精细。用精心的态度,通过精细的过程,产生精品的成果。这就要求我们中层干部学会操心、时刻用心,细心关注学校的每一项工作、每一名师生、校园的一草一木和每一个角落,做到精心管理;每位干部要俯下身去,不折不扣地落实干部值班制度、级部工作组制度、深入一线听课交流制度和与师生谈心制度,及时发现教育教学及管理中的实际情况和存在的问题,把握师生思想动态,真抓实干,以干带"抓","以师为本",尊重师生,服务师生,建立和谐的校园人际关系,提高管理水平,增强执行能力。

1%的错误,就会导致100%的失败。按照海因里希理论,在每一起大事故发生前,都有29起小事故发生、300个隐患出现。事故的发生不是偶然的,都有一个量的积累过程。所以我们只要细致地做好每一项工作,就能杜绝1%失误的出现。只有大力营造精细化管理的氛围,培养追求极致、不断超越的精神,使精细化思想深深植根于每个教职工的头脑,把"精细"变为一种理念,一种文化,成为支撑个人与学校生命的一种精神力量,才能在当今激烈的竞争中永远立于不败之地。

北京市六一中学学校的教育理念:追求教育理想,享受教育幸福。办学理念:坚持个性化的教育服务——对全体学生终生发展幸福奠基;精细化的管理模式—永远追求卓越的办学品质效益;数字化的校园生活——创新符合时代发展的教育模式;国际化培养方向——培养具有国际视野的现代化人才。

卓越的学校应该具有先进的办学思想;应该具有学科、年龄结构合理,群体素质精良,可持续发展的教师队伍;应该建设科学合理,具有学校特色,符合时代理念的课程体系和教育教学模式;应该具备科学、高效的管理体制和制度;应该具有较高的办学效益,能够造就德才兼备、文理兼通、特色鲜明、可持续发展的优秀学生;应该具备充分整合学校、家庭、社会教育资源,发挥示范带动作用的能力。即:一流的办学思想;一流的学校文化;一流的教师队伍;一流的课程体系;一流的管理效益;培养一流的人才。

学校发展策略

一、创新教育理念,优先发展教师

以科学发展观引领学校,以教师的成长发展学校。"教学质量的提高首先源于教师队伍的自我超越。”教师是学校的第一因素，想要发展学校，首先必须发展教师。提高教师的师德，提升教师业务水平，提高教师的成就感，提高教师的幸福度。

新的课程改革早已全面铺开，如何实施教育方针，广大教师起着决定作用，新课改不仅仅是课程标准的改变，更主要的是教育理念、教学方法的改变，这就要求课程的施行者教师教育理念与方法要首先改变，这决定着新课程改革的成败。如何使教师优先发展？

首先要让教师认清新课改的原因和意义，使他们在思想上达到一定高度。创新精神、实践能力、科学和人文素养、环境意识是新世纪公民所必须具备的基本素质。在这些素质中最重要的是创新精神。一个国家的创新能力，一个民族的创新能力是核心竞争力，它决定一个国家、一个民族的兴衰成败。由此可见，在知识经济时代、信息化社会，一个人的创新意识、创新精神、创新能力是他的核心素质。小而言之，它关系到一个人的生存质量、生命质量；大而言之，它关系到一个民族的生存与发展。中国教育在21世纪必须把创新素质的培养作为终极目标。而一个人的创新素质必须从小抓起，创新精神是基础教育改革的主旋律。作为一名教师，要清楚自己需要担负的责任，积极主动的实践新课程改革，为国家民族的振兴贡献自己的力量。

其次，组织教师学习《新课程中课堂行为的变化》以及《新课程理念与课堂教学实施》让教师先有扎实的理论基础，让教师懂得新课程的理念。要把一种理念变成人的素质光有对这种理念的认同是远远不够的，还需要对这种理念的进一步感悟，而这种感悟只有在实践中才是最有效的。也就是要引领教师完成理念向行为的转化，新课程改革的课堂教学的改革，而课堂教学的改革成败归根结底取决于教师角色的转型。让基础教育为学生的终身发展打下坚实的基础，而不是埋下高分低能的隐患，是教育工作者的责任。教师只有有了这样的责任感、使命感，懂得担当，才会义无反顾的在课堂教学中实践新课程理念。

教师目标：高品格、高素质、高贡献、高报酬。

优化组合，培养名师，创造和谐、高效的学习型教师团队。

管理理念：要求更严，待遇更高。

让每一个教师获得成功，让每一个教师都能愉快地工作。

二、创新办学模式，凸显学校特色

实施初、高中分部管理，同时推进目标管理责任制。

初中部探索“双通道”教学改革试验。

高中部实施“普职双通道”模式试验。普高、职高、艺术类，三类高考共同发展。

三、创新管理机制，实现“科学＋文化”管理

纵观古今中外企业管理的整个历史，可以看到大致经历了经验管理、科学管理、文化管理三个阶段。从科学管理到文化管理是企业管理的第二次飞跃。

科学的管理手段，能凝聚教师，能发挥教师的积极性，能产生巨大的办学效益。在管理上我们始终坚持“科学＋民主，制度＋情感”的管理模式，坚持制度管理、情感管理、服务管理、标准管理相结合。努力发挥管理效能。

健全规章制度,创造制度管理效益;重视情感因素,发挥情感管理作用;确立合作意识,发挥服务管理作用;注意管理细节,提高管理效能。

在严格“制度+控制”管理模式的基础上逐渐向“学习+激励”管理模式发展。达到“不仅使人们勤奋工作,还要使人们更聪明地工作”的目的。

四、创新德育途径,实现“科学+人文”目标

德育教育逐步构建八大教育系统:说理教育系统、养成教育系统、传统美德教育系统、规约教育系统、情感教育系统、激励教育系统、体验教育系统和隐性教育系统。在每种教育内容的实施和操作中,不忘一个基本目标,即教会学生如何做人,并在各种教育系统的交叉和相互渗透中,寻找最佳切入点,避免形式主义,增加德育的实效性。

把德育工作放在一切工作的首位,以创新的精神大胆改进德育工作,逐步建立和完善德育工作的“现代化”体系,增强德育工作的实效性。要求全体干部教师要树立全员德育观和大德育观,努力提高德育管理和育人水平。学校逐步形成一支具有正确育人观、科学育人水平的高素质德育工作队伍,逐渐形成“德育工作”模式,即“十化”模式。

科学精神和人文精神都是人类文明的重要标志。科学精神,是求真求实的精神。人文精神是求善求美的精神。它们都是人类成熟心智的有机部分,并不矛盾。前一个是求诸外,后一个是求诸内。人文精神是人类的终极理想和方向,科学精神在人文精神面前只是一个工具性的东西,科学作为一项发明创造活动,终极目标仍然是为人的。一个是人对外在世界的把握能力,一个是人对内在宇宙的把握能力,他们都是高超的素质。两者的相互促进相互依存才能使人的文明走向前进,人的身心走向完善。

五、创新教学策略和模式,发展学生强势智慧

积极鼓励教学改革,注重教育思想观念的转变;注重整体优化,分层推进,因材施教;重视课程建设,将必修课、选修课和活动课很好地结合起来;注重对学生思维的训练和创新,注重提高课堂教学的效益;注重学生知识和能力的同步提高;提倡课堂教学中的“四个转变”,即:把以结论为中心的教学转变为以过程为中心的教学;把以知识为中心的教学转变为以能力为中心的教学;把以老师为中心的教学转变为以学生为中心的教学;把传统模式的教学转变为现代模式的教学。树立“课堂是师生学习的共同体”、“教学不仅仅是教师的一种谋生的手段,而是师生共同创造生命价值的过程的理念。”

推行“六步一循环”模式,让学生自主学习、主动探究,培养学生的创新精神和实践能力。教师要有“对话”意识,要与学生一起分享彼此的思考、经验和知识,交流彼此的情感、体验与观念,丰富教学内容,求得新的发现,达成共识、共享、共进,实现教学相长、共同发展。

人需要发现自己的强势智慧,而学校教育的责任就应该是让每个学生的强势智慧都得到充分发展。“促进学生的全面发展”,是目前很多教育工作者耳熟能详的“教育思想”。但是,冯恩洪认为,我们实际上曲解了“学生的全面发展”。“全面发展是针对一代人来讲的,而不是针对一个人来说的。在走进21世纪的这一代人里,我们有艺术家、数学家、世界体育冠军——各个方面人才辈出,然而,在我们这个哲学思维底气不足的国家里,我们用机械唯物论的观点理解全面发展为“总分第一”,是“物理不好补物理,英语不好补英语”。“教育的真谛在于实现人的社会化与人的个性化的和谐发展”,冯恩洪建议学校“发展学生的强势智慧”。打破“课程”与“时间”僵化的组合,减少“圈养”学生的时间,增加“放养”学生的时间。学校教育应以“圈养”为主、“放养”为辅,因为“圈养”出规范、“放养”出个性。

六、提高教育教学质量,抓好学校发展的生命线

加强教学质量工作的领导,以全面提高教学质量为核心,以规范教学管理为手段,深化教育教学改革,进一步突出教学工作的中心地位,强化一切为教学服务的观念;加强教学质量保障体系建设,真正体现教学工作在学校的中心地位。转变教育教学观念,树立新的教育教学质量观。加强教学管理,建立良好的教学秩序。逐步完善年级组、教研组两级管理体系,提高管理水平。突出特色,努力探索人才培养的新模式。突出重点,全力抓好毕业班和新入学年级的建设。加快现代化教学手段推广使用步伐,提升教学水平。完善并实施师资队伍建设规划,不断优化师资结构。大力推进学风建设,形成全方位、全过程和全员育人的局面。进一步加强对教学管理制度执行情况的检查和监督,严格执行教学管理规范和教学纪律。任课老师、班主任和其他教学管理人员都要切实担负起管理课堂纪律、优化教学环境的责任;要带头遵守教学纪律和教学管理制度,自觉维护教学秩序,做到有章可依、有章必依、违规必究、执纪必严,确保教学秩序的稳定,教学运行的顺畅和教育质量的提高。加大对骨干教师和优秀教师的宣传、奖励和政策倾斜。建立并完善选拔、培养、考核机制,构建包括学术带头人、中青年骨干教师、优秀教师在内的骨干教师队伍,为教师成长搭建专业发展的平台。强化教学督导机构,不断完善教学检查制度,完善教学信息的反馈和质量监控系统。进一步加强对教学的支持和保障。

七、改善办学环境,实现教育现代化

物质环境,教学大楼三座60个教室,实验楼一座32个教室,办公楼一座114间,学生餐厅一座4000平方米。总建筑面积24 000平方米。2008年5月15日进行开工奠基仪式。经过紧张施工,2008年10月底,三座教学楼基本完工,四个年级的学生在冬天来临之前搬进了新教室。旧教学楼用于住宿。2009年6月3日,办公楼交付使用,2009年9月,餐厅和实验楼交付使用。9月25日,鹏宇大厅外装潢结束。

投资80万元,教室监控系统5月20日安装结束。投资270万元,各班多媒体10月10日安装结束。投资30万元,购买图书。投资100万元,建设通用技术教室。投资100万元,购买厨具。

文化环境,投资20万元完成校园文化的整体设计。

教育现代化,首先是人的现代化,所以,物质条件只是外因,内因在于学生的成长。

八、总结反思教育实践:探索贫困山区教育教学新模式

温家宝总理说:教育的根本任务是培养人才,特别是要培养德智体美全面发展的高素质人才。从国内外的比较看,中国培养的学生往往书本知识掌握得很好,但是实践能力和创造精神还比较缺乏。这应该引起我们深入的思考,也就是说我们在过去相当长的一段时间里比较重视认知教育和应试的教学方法,而相对忽视对学生独立思考和创造能力的培养。应该说,我们早就看到了这些问题,并且一直在强调素质教育。但是为什么成效还不够明显?我觉得要培养全面发展的优秀人才,必须树立先进的教育理念,敢于冲破传统观念的束缚,在办学体制、教学内容、教育方法、评价方式等方面进行大胆地探索和改革。

教育要符合时代发展的要求。我们说教育要面向未来、面向世界、面向现代化,归根到底就是要与时俱进,赶上时代发展的步伐,办出具有中国特色、中国风格、中国气派的现代化教育。这就要求我们必须放眼看世界,牢牢把握社会发展和科技进步的潮流,学习和借鉴人类优秀的文明成果。同时,也要深深地懂得中国,结合中国的实际和国情,推进教育改革、优化教学结构、更新教学内容、改进教学方式。

发展规划

为了求得学校更快更好的发展,为了对平顺的未来负责,为了深入贯彻县委、县政府教育改革的精神,为了探索一条贫困山区办学的新路,为了建成一所"高质量、有特色、实验性"的人民满意的学校,特制定该规划。

一、指导思想

以邓小平同志提出的"教育要面向世界、面向未来、面向现代化"的教育思想和"发展要有新思路,改革要有新突破,开放要有新局面,各项工作要有新举措"的总要求为指针,以"三个代表"重要思想、"科学发展观"以及党的十七大精神为指导,以学校全面发展为目的,以为了学生的全面发展为宗旨,坚持依法治校、严格管理、规范办学、从严治教的理念,深化教育改革,推进素质教育,大力提高教育教学质量。

二、发展目标(见前文)

三、背景分析

(一)学校发展的现有优势

1. 有县委、县政府的大力支持。县委、县政府在2007年暑假期间实施了平顺有史以来最大规模的教育人事制度改革。这次改革的决心之大、力度之强、范围之广,投入的人力、物力、财力之多都是前所未有的。而这次改革最引人注目的就是我们平顺中学的改革,所以,县委、县政府特别关注,尤其是特别支持。

2. 有一位把教育当做毕生事业的旗手。举旗人张一笑校长全心全意办教育,把办学当成伟大的事业，当成人生不懈的追求。有一定经验，12年的基础教育他都做过管理，有一定理论水平，目前还在北师大攻读教育学博士学位，对山西乃至全国的基础教育做过调研，曾在4所学校担任过校长，他热爱家乡，热爱教育，孜孜不倦、上下求索，把整个身心都投入到了伟大的教育事业中。

3. 有一支高效运作的领导队伍。经过人事制度改革的洗礼，平顺中学领导者队伍在新的举旗人的带领下，团结一心，精诚合作，士气高昂，高效运作。在他们的带领下，学校迅速出台了一系列规章制度，保障了学校的连续性和稳定性，也扭转了教师的思想状态，使学校快速走上正轨。

4. 有一支富有朝气的教师队伍。我校有一批德高望重的老教师和忠诚敬业的中年教师队伍，他们教学经验丰富、专业知识扎实、业务精通、责任心强，为平顺中学的发展奠定了良好基础。近年来，我校教师队伍趋于年轻化，这些青年教师富有朝气，富有激情，富有活力，富有创新精神，他们有理想、有抱负、敢拼搏、敢创新，勇奉献，他们在工作中勇挑重担，发扬初生牛犊不怕虎的精神，积极探索，大胆开拓，是学校的生力军，是学校发展的希望。

5. 有淳朴的社会人文环境。平顺中学是我县唯一的全日制高级中学，也是全县最高的学府，学校的教育教学质量一直深受社会关注。特别是2007年的教育改革，平顺中学作为平顺教育的"龙头老大"，更是引起了社会普遍而广泛的关注，领导关注平顺中学的发展，百姓关注平顺中学教育的腾飞，家长期待孩子的成长，学生期待良好的教育环境，老师渴望自己的学生早日成才。全县人民，心系平中教育；全校师生，期待学校发展。

（二）学校教师存在的问题

1. 教育观念还没有根本转变。生怕学生不知道，只怕学生学不会，于是填鸭式、满堂灌，牵着学生走等不符合现代教育教学规律的现象依然存在。

2. 教师队伍建设跟不上时代前进的步伐。教师中懒散、疲沓、缺乏上进心、责任感不强现象还存在，教师思想封闭、知识面不宽、科研意识不强、科研能力薄弱、教学手段落后、教育理念跟不上时代步伐。

3.管理体制不健全。学校长期以来缺乏一套完整、长效的管理机制，缺乏民主、公平、公正的管理模式，人浮于事，事因人定，管理混乱。

4. 信息闭塞、资源匮乏。学校地处山区，交通不便，网络化建设滞后，造成信息闭塞，老师"闭关自守"，闭门造车，与外界差距越来越大。学校软件硬件设施不配套，跟不上时代步伐。

5. 心理不平衡。与自己差不多的人或不如自己的人都到县里有关部门当了这样或那样的领导，可以不按时上班，还有车有权，工资一分不少，而自己很勤奋却很无奈。

6. 关系网络复杂。不公平的事情让人寒心。

7. 学生基础差。高中生全部是本县学生，乡下的教育条件有限，课程开设有限，导致学生的规范养成、英语等学科的学习有障碍。以上原因也导致生源外流严重。

四、发展策略及措施

(一)创新教育理念:以科学发展观引领学校

人民满意的教育具有如下基本特征:不断提高的教育质量;满足多元化教育发展需求的有特色的教育;具有先进的教育理念和育人模式;有良好的教学环境氛围;高素质的教师队伍。

新型的教育观:新型教育观强调以大教育观的视野审视当代教育,大教育观要求我们的思想实现以下几个转变:

人力教育——人的教育。传统教育观认为教育就是传授知识,向受教育者授以生存和生活的基本知识、基本技能和技巧,教育是谋生的重要手段。而现代教育观关注的是人的教育,注重对人的终极关怀,关照人的主体性发展,致力于培养知识、能力、素质一体化高质量创新型人才。

应试教育——素质教育。应试教育是面向少数人的教育,追求片面发展的教育;素质教育强调面向全体、全面发展、尊重个性和人格,追求一般发展与特殊发展的统一。

一次性教育——终身教育。传统教育观认为教育是一次性和阶段性的,人只要在某一时期接受一定时间的教育,就足以维持一生的发展,终身教育理念的提出,革新了人们的教育观。终身教育体系既是教育发展的终极目标,也是教育不断变动的过程。"学习是我们每一个人乃至整个社会开启繁荣富裕之门的钥匙","学习只是在学校的概念已经不完全了"。

教师观——"教"转变为"导",教是为了学。学生观——"学习主体",是主动发展的人。课程观——"学科中心,知识中心,书本中心"转变为"以人为本"、"课程综合化、特色化、个性化、多功能化"。教学观——"教为中心、知识中心"转变为"学为中心、问题中心"。新型的人才观,着眼于促进每一个学生的发展和成才。新型的教学观,自觉地关注学生的学习兴趣和经验,倡导学生主动参与的学习方式,建立新型的教与学的关系。新型的评价观,倡导多主体对与评价,评价标准与内容要多元化、方法方式多样化。新型的课程资源观,教师要跳出封闭的教材和教室,贴近学生和社会,创造性地使用教材和开发课程资源。新型的学习观:工作学习化,学习工作化。让学习成为一种需要、一种习惯、一种生活。让"培训是最大的福利"深入人心。只有学习精彩,生命才会精彩;只有学习成功,生命才会成功。新型的文化观:用文化来管理学校。

实施个性化素质教育:生本教育、自我教育、幸福教育、智慧教育。

(二)创新办学模式:以现代教育观经营学校

温总理强调:"教育既要面向未来、面向世界、面向现代化,与时俱进;又要办出具有中国特色、中国风格、中国气派的现代化教育。"实现教育现代化,就是实现教育思想、观念的现代化,教育管理的现代化,教育方法的现代化,教育手段的现代化。

脚踏实地的推进学校素质教育,培养学生高尚的情操、良好的道德品行、创新精神、健康体魄、高雅的审美情趣；始终要以提高教学质量为中心，要以人的全面发展为宗旨；强化师德师表意识，提高全面育人的能力。要着力构建完善科学的课程体系，把学科类课程体系（必修课、选修课、活动课）和德育课程体系（规则教育、理想教育、自信心教育、感恩教育、生命教育、心理健康教育）作成系列。现代化的教育离不开现代化的教育方法，“六步一循环”要深入研究，探索更高效的教学模式。充分发挥信息技术等现代化的手段，为提高教育教学质量提供有力保证。

1. 初中部探索“双通道”教学改革试验。实施初、高中分部管理，同时推进目标管理责任制。

实施初、高中分部管理是基于义务教育与升学预备教育的不同特点和要求而决定的，其目的在于管理中形成两个重点。学校分别成立初中、高中领导小组，全面负责初、高中教育教学工作，在面向全体，全面提高学生素质的同时，初中重点提高中考的优秀率及特优生的数量，高中重点提高高考的上线率。分部管理后，初中、高中两个领导小组分别对校长负责，直接管理初、高中教育教学各项工作，对教师的使用、考证、奖惩有初步的决定权。与初、高中分部管理相配套，学校党总支现设初中、高中和行政三个支部。

实行分部管理后，学校向初中部、高中部分别下达工作目标。两个领导小组把目标分解到各个年级、各教研组及各位任课教师。同时，严格考评“一评五挂钩”，即考评结果与评优、与效益奖、与奖励晋级、与职称评定、与其他个人利益挂钩，从而形成新的目标管理和考评奖励机制，促进教师、部门工作的整体优化。

2. 高中部实施“普职双通道”模式试验。逐步彰显办学特色。为学生发展创设适合的环境，使每一位学生都能得到相对于他自己的最优化发展。因此，学校要逐步实现分层次教育、逐步实现扁平化管理。实行“学科类、特长类、职业类”办学模式的转变。

（三）创新管理机制：逐步实现科学化、精细化、规范化

创新管理机制，打造优质教育品牌。管理严格、科学、精细、规范。依法治校，注重观念管理，严格制度管理，渗透情感管理、实施民主管理、自主管理、人才管理和文化管理的人本管理。

管理的指导思想是制度规范下的民主管理。一方面抓制度建设，以健全完善的制度和制度规范下的教育教学行为来实现科学管理，使学校的各项工作有法可依，有章可循，避免工作的随意性。另一方面，营造民主、宽松、和谐、健康的学校氛围，这是一种宽松有度、和谐有制、民主有序、健康向上的管理，是全员参与学校管理并以此实现观念管理、情感管理、制度管理及信息管理的现代学校管理模式。

1. 实行以制度为内容的科学化管理。建立民主型的学校领导制度。实行以教代会为主要特征、以校务公开为主要形式的民主化管理。校委会、行政会、行政扩大会，共同决定学校重大事宜。实行校长领导下的年级组长为核心的扁平化管理模式。实行“三室三处一中心”的管理布局，工会在支部领导下负责维护教职工的合法权益。实行责任到人的项目管理。实行月例会制度。以目标管理体系为指导，以质量评价体系为核心，以全员业绩考核为保障，以教师业务培训为动力。向过程要质量，向细节要质量，向效率要质量。

逐步完善“642”管理机制：一是实行“六制”：校长负责制、岗位责任制、全员聘任制、结构工资制、教职工奖惩机制、教职工学习激励机制。二是建立咨询、决策、执行和监督四个系统。三是编印两份手册：①包含办学目标、管理目标、责任制、师德规范和各项制度的教师手册；②涉及学生管理相关内容的学生手册。

建立竞争型的学校内部人事制度。实行年级组长轮换制、教研组长诫勉制、课职组合制，形成“爱干是德，会干是能，多干是勤，干好是绩”的价值导向，真正形成优者上、庸者让、劣者下的崭新局面，实现人才的正常流动。

建立激励性的学校内部分配制度。实行绩效津贴，过程与终结相结合的评价体系。聘请首席教师，设立首席教师办公室，为首席教师配备助手。逐步取消课时结构工资，建立起以岗位工作绩效为主导的动态工资分配机制，以岗定薪、以质取酬。继续健全高考、中考和学期评价及奖励制度，颂扬先进。对教育教学管理差或退步大、师生意见大的有关人员实行诫勉制，处以戒罚。

建立可持续发展的师资培训制度。师徒制、带头人制、名师制，落到实处。

年级组的管理是保证教育质量的重要因素。形成“三一一”工作程序。所谓“三”是开好三个会议：教师的教学质量分析会；学生的学习质量诊断会；学生学习生活、思想工作总结会。两个“一”是指每周一次的班主任、年级组长的教育方法、教育理论的学习活动和每月一次的教研组长工作交流与汇报。

在教学管理上，坚持建管并举，章情并举，在管理上突出一个“严”字，狠抓一个“实”字。为保证制度的落实，从行政管理上建立监督、评价、保障机制，以副校长、教务主任为核心的“常规管理”的评价职能层；以政教主任为首的班级管理职能层；以教研主任为龙头的教研组长管理、指导职能层。

2. 实行以质量细则为代表的精细化管理。全校实行岗位目标责任制，层层落实管理责任；权利层层有，任务个个担，责任人人负，将管理责任具体化、明确化；人人都管理，处处有管理，事事见管理。在日常管理中，每一项工作都要精心，每一个环节都要精细，每一项工作都是精品。每周提前排出常规工作安排表，有安排有总结，做到有序高效。实行“谁的岗位谁负责”、“谁分管谁负责”的岗位目标责任制，提高工作效率和质量。坚持质量第一，服务第一，以精品的标准落实每一项工作。

立足于实现管理、师资、校舍、设备等优秀资源的最佳组合，建立和完善科学的管理运行机制。

近期各处室要完善和实施以下“六个考核”制度：教风、学风、教学质量考核；教学研究、培养教师考核；班级、班风、文明、卫生考核；服务教学，服务育人考核；工作作风，职能职责考核；自主管理，自我发展考核。

3. 在严格"制度 + 控制"管理模式的基础上逐渐向"学习 + 激励"管理模式发展。达到"不仅使人们勤奋工作，还要使人们更聪明地工作"的目的。借鉴企业管理机制，尝试建立以质量为中心的全面质量管理体系，制定《教学质量标准》，树立为学生提供服务为核心功能的全新教育观念。

"三严"和"三全"是学校一贯的治校方针。"三严"就是严格管理、严格教育、严格要求。严字当头，使全校各项规范得到切实地执行。"从严治校，从严治教，从严治学，从严治考"，实现"五严"目标："工作纪律要严格，课堂教学要严谨，思想教育要严行，考风考纪要严肃，行政管理要严密"。"三全"即全面发展、全面安排、全面负责。"全面"在胸，使学校各项工作得以有序地进行。保持刻苦学习奋发向上的校风和高水平的学习质量，与"三严"、"三全"的贯彻实施有着十分密切的关系。今后，在"三严"和"三全"的基础上，提出"三个统一"和"三个结合"的办学思想。"三个统一"即严格管理与自我管理的统一，严格教育与自我教育的统一，严格要求与自我要求的统一。"三个结合"即全面发展与个性发展相结合，全面安排与分层安排相结合，全面提高与重点提高相结合。

宿舍管理实行"三长"、"四化"制。"三长"（室长、层长、楼长）负责学生宿舍的常规管理，宿舍内务按"四化"要求，即净化（整洁、干净）、美化（常年花草盆景不断）、教育化（优美的山水画、优秀书法作品、名言警句布置）、半军事化（按部队标准进行内务布置）进行量化评比。

4. 加强情感管理。情感管理从以下四方面着手，其一是思想上的亲近。这是教职工在自愿接受"法规约束"的前提条件。建立领导与教师的谈话制度，谈心制度，走访制度，实行"三必谈，七必访"。其二是政治上信任。校党支部邀请教工团员和要求入党的同志参加党课学习，并指定专人培养，有计划地优先发展青年教师入党，使用他们时不重资历看能力，大胆起用青年人担任管理工作。其三是生活上的关心。为教师解决生活问题，逐渐为班主任、早自习教师解决早餐问题。根据青年教师多的特点举办各种文娱、体育活动，丰富他们的业余生活。其四是环境上优化。为提高教师的思想水平，购买各类图书，同时提供健身娱乐的设施。通过全方位的激励方法使教师形成爱岗敬业的良好职业道德。

（四）优先发展教师，打造高品位的教师队伍

哈佛大学前校长科南特曾经说过："学校的荣誉不在于它的校舍和人数，而在于它一代一代教师的质量。"加强培训，提高教师的师德修养和业务素质，建设一支高素质高水平的现代化教师队伍，是办学发展中的重要环节。

培养目标：教师高品格、高素质、高贡献、高报酬。优化组合，创造和谐高效的团队。

管理理念：要求更严，待遇更高。让每一个教师获得成功体验，让每一个教师的价值得到提升，让每一个教师都能身心愉快地工作。

狠抓师德建设，深入开展为师表，树形象，铸师魂，讲师德，修德行活动。进行“五个意识”教育：忧患意识，危机意识，责任意识，竞争意识，创新意识。人人都要努力树立学者形象，师范形象，师表形象。干部要有正、谦、严、慎、细、实、创的工作作风，教师要有勤、爱、精、严、博、实、创的精神，创立“精神家园”。师德修养上要实现“三变”，即变被动工作为追求自我实现；变个人主义为团队精神；变比收入为比贡献、比奉献、比爱心。对教师提出“四要四不要”，即：要勇于开拓创新，不墨守成规；要讲无私奉献，不崇拜金钱；要取他人之长，不议他人之短；要尊重学生人格，不讽刺挖苦。

构建学习型组织和教师培训工作，改善教师的心智模式，建立健全教师学习制度，实现“三个一”：每天一小时学习，每月一个报告，每学期一本书。力争三年完成一轮全体教师的外出培训学习。做到学习三保证，即“保证学习时间、保证学习质量、保证学习数量”，组织教师参加各级学术研讨会、专题报告会、经验交流会以及到先进学校和教育发达地区考察。组织教职工开展丰富多彩的教育活动，如参观、访问、看展览或录像，组织各种演讲或报告会等。

提升教师专业水平。请进来、走出去，为教师搭建学习平台。争取在学校举办高规格的学术会议。通过研训一体化的校本之路，如校内案例培训、组内交流培训，带领教师教研。期中期末实行教师学生同题目的考试，激发教师研究教学的激情。

加大对教师的信息技术和综合课程的培训力度，通过学习和掌握信息技术，丰富和充实知识结构，在未来5年内，对50岁以下的教师进行信息技术培训。初级培训要达到的要求是：掌握信息技术基础知识，操作系统、文字处理、信息技术在教学中的应用，因特网基础。高级培训要达到的要求是：掌握文稿演示、电子表格、网页制作、多媒体课件制作。组织“教育现代化与学校发展”、“教师个人发展与学校发展”大讨论，40岁以下教师确定个人发展规划，学校中层以上干部与青年教师确定联系人关系，积极创造条件促进教师专业化发展。开展评选校园名师评比活动；利用学校网站、校报校刊、宣传栏等长期宣传教师教书育人先进事迹。

加强校本培训。通过举办“精品课展示”、“风采展示”等活动，狠抓教师的说课、听课、看课、献课、赛课、评课，筛选辐射先进教育教学经验，促进全体教师教育能力的提高。

实施《36912培养计划》，即新教师经过3年的实践成为成熟教师，6年成为学校教学骨干，9年成为学科带头人，12年成为名师。3年实施“三个一工程”，6年实施“五个一工程”，即要求每个教师每年要学习一本理论专著，开展一项科研课题，参加一项科研活动，写出一篇科研论文，拿出一堂教学研究课。

一抓培训制度，对青年教师进行思想、业务水平等多方面上岗培训，确立“123”培训工作计划：“一年过基本关，二年过课堂教学关，三年过教材关。”

二抓“传”、“帮”、“带”，建立中老年教师的师徒关系，做到“三帮”，一帮备课，教案由师傅签字；二帮讲课，要求师傅听课每周不少于2节，并做到听、评、反馈环环落实，并记入教学档案；三帮汇报课，要求青年教师每学期举行公开课不少于2次。

三抓教学常规的学习。教学常规是教学管理的依据,是教师教好课的准则。

加强教研组建设,充分发挥学校教研室的组织领导作用,完善教学科研的操作程序和考核奖励办法,激励教师自觉主动地进行教研活动。教研组规定“三定”(定时间、定内容、定中心发言人);“三研究”(研究重点、难点,研究教法,研究学法);“四统一”(统一教学目标、统一教学进度、统一作业分量、统一测试内容)的常规要求,教研组有固定的活动时间,每学期开展理论学习、业务学习、教学研究、教学比赛等具体研究活动,并做到落实到人,量化优化。

加强备课组建设,强化集体备课。每个备课组办公室里尽量坐在一起,对备课组规定“三备”(备大纲、备教材、备学生)、“两法”(教师教法、学生学法)的要求。每周安排一次活动,内容主要有三项:总结上周教学得失,研究补救措施;统一下周授课内容,分析重点、难点;统一目标、进度和作业,防止单打独斗。平时大家在一起,对教学过程中存在普遍性和共同性的问题可以相互探讨。

强化校本资料。以备课组为单位,组织教师开发、编写自己的复习资料。随着时间的成熟,每个备课组每个学期必须拿出一本自己的校本资料,除了学生自己购买的外,每个学生每门学科也只能有一套复习资料。现阶段,每人每学期保证 5 本教学参考书。

(五)创新德育途径:以现代德育观构建新型育人模式

一切为了学生的成人、成才、成长、成功!

要发扬学校艰苦奋斗的优良传统,校长苦干,教师苦教,学生苦学,在现代化的育人环境中,对学生进行“学习刻苦,生活艰苦,心理能承受痛苦”的三苦教育,以“学生手册”为教育依据,为国家培养忠于祖国关心民族未来的建设者和接班人。

遵循“艰苦创业,以德立校,依法治校,科研兴校,质量强校”的思路,遵循“以文化人,智慧创新”的文化理念,建立以学生会、团委、政教处、党支部为核心的“自主管理”的德育管理系统。

加强班主任队伍建设,挑选思想作风正派,教学业务过硬,善于做学生工作的教师担任班主任,开展班主任岗位培训和岗前培训,充分重视和发挥班主任在德育工作中的重要作用,对班级德育工作和班主任工作实行量化考核,实行班主任末位淘汰制。

提高全校教职工“教书育人、服务育人、管理育人”的自觉性。强调全校教职工人人是德育工作者、是学生人生道路上的引路人。形成一支以班主任、年级组长、团队干部、政治教师为核心的骨干队伍,成立德育工作研究会和领导小组,坚持德育量化考核,做到日有评比、周有总结,学期有考评。并纳入班集体量化考核制度,在校内形成齐抓共管的局面,使德育工作落到了实处。

开展“五自”教育,调动学生主体参与的积极性;开展“五心”教育,把个人“学会生存”与在社会上“学会关心”联系起来;开展评选“五星”活动,倡导有一个聪明的脑袋瓜是好学生,有一双金子般的手同样是好学生,有一颗水晶石般玲珑剔透的心更是好学生。支持学生广播站、电视台、记者团、爱心社开展的各种工作,包括科技、文艺、体育等社团活动;严格学生一日生活常规等。

德育教育逐步构建八大教育系统:说理教育系统、养成教育系统、传统美德教育系统、规约教育系统、情感教育系统、激励教育系统、体验教育系统和隐性教育系统。在每种教育内容的实施和操作中,不忘一个基本目标,即教会学生如何做人,并在各种教育系统的交叉和相互渗透中,寻找最佳切入点,避免形式主义,增加德育的实效性。

把德育工作放在一切工作的首位,以创新的精神大胆改进德育工作,逐步建立和完善德育工作的"现代化"体系,增强德育工作的实效性。要求全体干部教师要树立全员德育观和大德育观,努力提高德育管理和育人水平。学校逐步形成一支具有正确育人观、科学育人水平的高素质德育工作队伍,逐渐形成"德育工作"模式,即"十化"模式:

管理思想现代化。即树立以育人为本、促进人的终身发展为本的德育观,为全体学生提供个性化的教育服务。

德育目标层次化。即根据不同年级学生的年龄、心理特点,从实际出发,制定不同年级的德育目标要求。

德育内容系列化。即不同年级的德育教育内容要有所侧重,由浅入深,循序渐进,形成系列,一年一度的新生入学教育培训,开学典礼,毕业生毕业教育,学生基本形象教育,爱国主义教育,传统美德教育,安全教育,环境教育,榜样教育等都形成了系列。高三毕业典礼隆重新颖举行,让学生放飞理想,憧憬未来,毕业典礼成为对学生进行理想教育、爱党爱国爱校教育、人生观教育的最好契机。校外教育,以"四个一"校外活动为载体,"四个一"活动的内容是:每天为家庭做一桩实事;每周为邻里做一件好事;每月参加一次社区教育活动;每学期参加一次社区社会实践。

德育渠道网络化。即建立学校主导教育、家庭配合教育、社会协同教育、学生自主教育密切结合的德育体系,建立家长学校,设立家长接待室、组成家长委员会、建立家教网站、建立校长论坛网站、班主任公布邮箱和上网时间。构建学校—家长—社会三维一体、立体交叉的管理网络,共同构建学校德育工作的发展平台。

德育活动制度化。即建立完善如升国旗、班会、团队活动、时事报告等制度,建设社会实践、社会考察、国防教育、生产劳动、革命传统教育五个基地。通过举办党校和团校,在高中学生中培养一大批入党积极分子。

德育考评科学化。即依据中学生日常行为规范和德育大纲,制定各个年级的德育考核质量标准,实行全方位的定性与定量的考核,形成德育质量检测体系,发挥德育考评的导向、激励和调控作用。

校风建设特色化。即在校风建设方面在细微处做文章,实施了"学生文明修身工程"。持之以恒地抓好养成教育、法制安全教育,构建"书香校园"。

德育课程化。即德育工作要进课程、进课堂，编写德育课程，校本课程开发要纳入德育内容。

德育主体化。即让学生唱主角，坚持主体教育、自主教育思想，构建新型育人模式。让学生自我教育，自主管理，自我发展，锻造人格。

各班成立以学生干部为核心的自主管理组织；深化民主治班，实行组长负责制和班主任幕后指导制，各年级、各班均提出自主管理的工作方案并组织实施，学校对有特色、效果好的班级公开授牌予以表彰。

德育工作科研化。学校把“加强德育实效性”作为重要科研课题进行立项，探索新形势下德育工作的方法和途径。

逐步实现市级德育示范校，省级德育示范校，国家级德育示范校。

（六）创新教学策略和模式：用现代教学观构建新型课程体系

积极鼓励教学改革，注重教育思想观念的转变；注重整体优化，分层推进，因材施教；重视课程建设，将必修课、选修课和活动课很好的结合起来；注重对学生思维的训练和创新，注重提高课堂教学的效益；注重学生知识和能力的同步提高；提倡课堂教学中的“四个转变”，即：把以结论为中心的教学转变为以过程为中心的教学；把以知识为中心的教学转变为以能力为中心的教学；把以老师为中心的教学转变为以学生为中心的教学；把传统模式的教学转变为现代模式的教学。树立“课堂是师生学习的共同体”、“教学不仅仅是教师的一种谋生的手段，而是师生共同创造生命价值的过程的理念。”

创新教学方法、策略。改变教学方法，从接收式教学法转向启发式教学法、体验式教学法、发现式教学法。实施分层施教，分类推进，把教会学生学习，当做主要任务。在初中各年级教学中推行选择教育，全面推广分层教学，促进学生整体质量的提高。学校启动“主体—发展—创造”教育改革，以联合国教科文组织的“提高学生整体学习质量”实验项目为载体来推进素质教育，以启发式、讨论式、互动式教学方法为主，培养学生自主学习能力。

创新教学模式，推行“六步一循环”模式。

创新课程体系。课程体系创新是“亮点工程”。学校在开设基础学科课程以外，还要开设综合能力课程（包括学习方法、思维培育、非智力因素的培养、科学研究、科技制作、礼仪社交、竞赛技巧、健身方法、艺术修养等）和个性特长课程（涵盖政治、经济、军事、科技、教育、艺术、体育等方面），形成一种套餐式的课程设置。增加选修课的门类和时间，形成选修课“超市”，建立选课指导制度，引导学生形成有个性的课程修习计划，避免选课的盲目性。逐步推进完善校本课程开发工作。成立思维培育中心，心理健康教育中心，家庭教育中心，学习方法指导中心，负责相关的课程开发。

引入十条教学规范作为努力目标：①热爱学生，从严治教，面向全体，教书育人。②尊重学生，发展个性，鼓励超常，培育英才。③失败教育只会使教育失败，成功教育才能使教育成功。

④课堂教学是信息输入、输出、反馈的可调控系统。⑤课堂教学应着眼于“综合学习”的提高。⑥强调教学＝教学生学会学。⑦课堂教学是教师要自觉体现美育，渗透美育，教师要在课堂上体现出“精气神”三个大字。⑧坚持一节好课的综合标准：目的明（前提），效果佳（归宿），中间为四大环节和八条要素：知识新、信息多，密度大、节奏快，设计精、结构巧，气氛和、方法活。⑨教学法总则：教无定法，选在定则，发挥优势，形成特色；强调一个“活”字；死教书把活人教死，活教书把死书教活。⑩学习现代教育技术，推广 CAI。

以学生参与课堂教学为中心的教学法体系，包括六个方面：

课前演讲。在每节课上课开始时学生上讲台讲解他们在课前经查阅资料、精心准备的与本学科相关的内容，然后让全班同学进行评价，让每一位同学都有登台演讲的机会，如语文课的每课一诗、数学课的每课一题、外语课的自由演讲，都受到同学们的欢迎，也锻炼了同学们自我教育的能力。

师生对话。与传统的课堂教学中教师提问学生回答的方法相比，这种教学模式的最大不同在于，它更加强调师生之间对话式的交流，要求教师善于提出适当的问题，善于启发学生思考和回答，并根据学生的需要及时地调整教学策略，而不是千方百计地将学生的思维纳入自己预先设计好的轨道。

轮流问答。在实验过程中，他们对传统的师生之间一问一答的教学方式作了改进，要求教师一要研究所提问的问题的性质，把“是不是”、“是什么”、“为什么”等复述性问题与思维性问题区分开来，并进一步区分问题的难易程度；二要研究所提出的问题的兴趣性；三要研究教师提问问题和学生回答问题的方式，如果可按顺序逐个轮流回答，也可突然无规则地跳跃性地轮流，既可让学生一一回答，也可让一位同学对前一位同学的回答进行补充，既可口头回答，也可通过板书或实物投影显示的方式书面回答。

全员参与。在课堂教学过程中，学生齐读课文，一起听录音，一起回答问题的对与否，都是全员参与课堂教学的方式，问题在于教师难于对学生作出个别评价。在实验过程中，数学教师采取让学生举牌的方式来回答问题答案的对与否，既调动了学生参与的积极性，又清楚地了解到学生的情况。

课堂讨论。在课堂教学中，讨论法运用的好，既可以使不同程度和水平的学生相互启发，又可以培养学生的协作精神。

学生主讲。在培养学生创新能力的过程中，老师们尝试运用让学生走上讲台自己主讲的方法，来锻炼学生的能力。数学课上，每两周让学生轮流讲述自己最有收获的部分；语文课上阅读欣赏课，让学生自己解释、赏析作品，而从初中三年级就开始的让学生自己开设性讲座的尝试，更为学生创设了发挥才智的舞台。

在教的方面，我们提出上课的六条要求和课堂教学的十二字要领。

六条要求是：其一，教学要求要明确具体，相对集中，切合实际。其二，教学过程中要不断激发学生的求知欲，使不同类型的学生都能产生学习的浓厚兴趣。其三，引导学生在尝试中发现、讨论、分析、归纳，自己得出结论。其四，要按照认识规律形成教学层次，构成教学“坡度”。即按认识论，从个别到一般，从具体到抽象，从实践到理论再回到实践，螺旋上升。现在有些课预习和作业两头在外；理想的课，应把认识的完整过程放在课堂里进行，课要上得有疏密起伏，有高潮。其五，要重视及时反馈，形成教师与学生、学生与学生之间的多向交流，一个教师要跟全班每一个同学连成“网络”。其六，要指导学生掌握科学的学习方法，养成良好的学习习惯。习惯、方法的培养比传授知识更为重要。

实现课堂教学“大容量、快节奏、分层次、高效益”的十二字要领。大容量是指扩充信息量；增多思维量（注意培养思维的广阔性、集中性、流畅性、敏捷性）；加强训练量；提高交流量。快节奏是一种规律，包括师生交替活动的节奏；讲练有机结合的节奏；轻重疏密搭配的节奏。快节奏不等于加快进度，而是螺旋上升，采用小步子，高频率以减小知识坡度，加快速度，缩小差距。当然，快节奏更要讲究时效，注意时间上的要求。分层次是指注意教学目标的层次性，目标包括认知、情感和技能目标。认知目标分识记领会、运用分析、综合评价，依次上升，教学中注意分散难点，突出重点，由浅入深。注意教学内容的层次性，容易题让基础差的同学回答，难题让基础好的同学回答；布置作业的层次性，可以有下限、上限，不一定让每一个学生都做相同数量的题目。注意教学措施的层次性，瞄准中间层学生的实际来备课，带动后进层，促进先进层。课外辅导也要注意层次性。高效益即基础实，能力活，素质高，创造精神强。

（七）提高教育教学质量：用现代质量观构建新型评价体系

牢固树立质量意识，教育教学质量是学校赖以生存和发展的基础，是学校发展的生命线，必须不惜一切代价提高以考试分数、升学率为标志的显性质量，全力提高以思想素质、学习方法、创新能力为标志的隐性质量。牢固树立“学生为中心、质量为核心、一切为了学生”的服务宗旨。

承诺：严格管理，让每一个学生学会做人；提高质量，把更多的学生送进大学。

落实常规管理细则，制定课堂质量标准，显性质量隐性质量同步提升。倡导“三精三实”：精心设计教案，精心组织教学，精讲多练；教学目标切实，教学方法朴实，教学效果扎实。

实施“面向全体学生，提升整体素质”；“充分张扬个性，着力培养精英”的“双轮”战略思想。

分层教学，针对不同学生确定不同的发展目标，提出不同的发展要求，提供不同的复习资料，给予不同的学习辅导。对向音体美等方向发展的考生在专业考试回校后单独编班，选优秀教师集中补习文化课；对学习困难的学生编写基础讲义和考纲，抽调专人集中时间给予补习。采取宝塔战术，从高一起便开办提高培训班，对具有一定实力的学生实施特殊培训，以后根据学生情况和意愿逐步淘汰。对确有希望向北大、清华等一流学校冲刺的学生，学校组织各科教师为他们会诊，分析优劣，找出弱项，并指派教师专人负责，对症下药，给予集中指导，以保证其均衡发展。

成立高考研究中心,成立思维培育研究中心,成立非智力因素研究中心,成立心理健康教育中心,成立家庭教育研究中心,成立艺术教育研究中心。

推进老师与学生"同吃同住同学习"制度,由分管领导和年级组长、班主任轮流值班,保证每晚每栋寝室有两位教师同学生住在一起。今后校领导与年级主任、班主任形成一条管理链,负责管理全年级学生的学习和生活。每位老师一个月一般值班三到四次。值班人的责任是督促按时作息,防止突发事件,了解学生动态,舒缓学生压力。

依科研创一流。制定科研规划,做到人人有课题,各个有总结,把培养名师、特级教师,培养科研型、学者型教师作为根本的责任,要求教师把工作中遇到的每一个问题当成研究课题来对待,形成全员学习研究的氛围。狠抓常规教学过程管理和质量管理,实行质量管理一票否决制。严把备课关,重视集体备课,利用网络资源,个人备课、集体备课相结合,向45分钟的课堂要质量。

创新学生评价。深化学生评价改革,力求评价多主体化、多元化、多样化。建立学生成长记录手册,形成发展性评价制度,淡化分数与评价,重视激励评价。以欣赏的眼光看待学生,用激励性语言评价学生,提倡多主体参与评价,用"我眼中的自己,来自同学的鼓励,老师对我说,父母的期望"等方式参与评价,使学生全面地认识自我。关注情感态度价值观的评价,提倡评价标准内容多元化。关注学生的个体差异,突出评价的过程性。

(八)改善办学环境,创建平安和谐文明高雅的校园

1. 创建平安校园。坚持以人为本,安全第一,视安全重于泰山,抓安全确保平安。师生身心健康、平安和乐是人本治校、人文理校的基本目标;是学校永续发展、繁荣兴旺的人力支撑和人才保障;是创建诚信学校,百姓放心学校的前提。

实行校内安全责任制:职能部门负领导责任,主办部门负主要责任,班主任负具体责任,加大责任追究力度。确保教师学生生命财产安全和校园安全。

抓交通安全。要大力宣传交通安全法规,利用课堂、校报、广播、宣传单等多渠道、多途径开展"念交通、守交规、爱生命,保平安"活动。努力打造"交通畅行无阻,师生安全无忧"的和谐平安交通新秩序。

抓饮食安全。加大对饮食卫生的监管督查力度,严把食品准入关,严把食品入灶洁净关,严把餐具消毒关,严把烹饪质量关,严把炊事人员服务关,实行饮食安全问责制,要以对师生生命健康高度负责的精神和态度抓好食堂餐饮工作。

抓住宿安全。要加强住宿管理,建立宿管人员目标责任制,岗位责任制,打造一支"风格高、态度好、工作细、责任心强"的宿管队伍。校外住宿生签订"校外住宿生安全管理责任书",构筑住宿安全网络,同时教育学生要自尊自爱自律自护,联手互动,共筑安全大堤。

抓心理健康教育。要充分利用课堂,课外活动,文体比赛等载体,采取个别谈心、环境熏陶、情境感染、语言感化、行为感动等方式,有针对性地、创造性地开展心理咨询,心理保健,心理保洁等活动,根除学生早恋,学习受挫,生活受难,临场紧张,意气用事等心理疾患,还学生一片洁净明亮的心灵天空。

2. 创建和谐校园。营造健康向上的八种氛围。

心理氛围:学校的发展前景、规划让每个教师觉得有奔头;以学校的不断成长让每个教师觉得有甜头;学校的教师队伍发展策略让每个教师觉得有前途。

文化氛围:创建学校文化,用文化管理学校,物质文化、制度文化、精神文化同时建设。近期目标:克服防卫心理,展示个人风采。中期目标:加强团体合作,为共同目标奋斗。远期目标:展示群体效应,个体、学校实现双赢。

工作氛围:共生共荣,高效率、快节奏。

生活氛围:关心教职工生活,尤其要让青年教师有饭吃、有房住,加强教职工生活小区建设,崇尚文明高雅的生活品质,让教职工多一点雅气,少一点俗气。

人际氛围:①努力营造宽松和谐的人际环境,不看关系看业绩,工作面前人人平等,情感面前人人平等,业绩面前人人平等,制度面前人人平等。要放低自己,高待别人,严于律己,宽以待人,互敬互重。②讲团结、讲和气、讲和睦、讲和谐、大局为重,工作第一。③加强合作,增进理解,促进交流与沟通,形成合力,发挥团队资源优势和集体效应。

教学氛围:学校工作以教学为中心,教师要有“三心”(爱心、恒心、责任心),树立“三苦观”(校长苦干,教师苦教,学生苦学),对学生进行“三苦”(学习刻苦,生活艰苦,心理能承受痛苦)教育。

学术氛围:注重教科研,举办讲座,下发学习资料,举办教师读书沙龙,教师学术论坛,学术研讨、经验交流座谈会,成立读书协会,凸显学校的学术特色。与大学合作,开展学术互动,形成学术优势,提升办学品位。

党员先锋氛围:党支部发挥思想引领作用,广大党员要以胡总书记“十七大”讲话中六个“深刻领会”、四个“坚定不移”、三个“始终”,8 月 31 日讲话“四点希望”为准绳,身先士卒,率先垂范,特别是在目前教育教学改革大潮中要识大体、顾大局、明大义,立场坚定,旗帜鲜明,敢于创新,乐于奉献,起到开路先锋作用和模范带头作用。

3. 创建文明校园。努力打造“高洁、幽雅、文明、舒适、宽松、和谐”的校园环境,为师生的学习、工作、生活提供理想的场所。

抓物质环境。要竭尽全力关注、关心、关照、关爱教职工的工作、生活物质条件,逐步提高教职工的福利待遇,尽最大努力解除教职工的后顾之忧,使教职工一心一意投入工作。后勤部要做好食堂的卫生质量监管工作,保证师生放心就餐,开心就餐,提升服务水准,保障师生饮食卫生。创建良好体育环境,让师生拥有良好的健康状况。

抓文化环境。督导室要精心抓好校园文化建设,设立精品景点,开辟系列校园文化走廊,开展丰富多彩的墙报、板报、专栏设计创新活动，彰显学生个性，展示平顺中学文化内涵，弘扬平顺中学精神。图书阅览室要全程开放。举办校园文化沙龙，教师论坛，教师读书沙龙，让书香溢满校园，让文化沁人心脾，人人洋溢书生意气，人人散发书卷气息，人人折射书香魅力。

抓人际环境。工会开展“三七访谈”活动，领导与教职工之间，同事之间，师生之间要建立交流、沟通机制，增进彼此的理解、信任、尊重和支持，全力打造“团结、务实、实干、和谐”的人际环境和情境氛围。搭建和睦相交，和气相待，和谐相处，和美发展的舞台，心往一处想，劲往一处使，充分发挥团队的凝聚力、战斗力、创造力。

4. 改善学校硬件建设。依靠县委、县政府，一年内完成新教学楼、办公楼、实验楼、学术报告厅。二年内新增一幢学生公寓楼，教室设备粗具规模，安装班班多媒体，周围环境基本改善完成。三年内新建图书楼，实现图书、阅览、实验符合国家规定标准。改造校园网建设，进一步完善校园网络系统，为教师电子备课、学生上网学习准备条件。四年完成体育场及活动设施改造。五年完成植物园、科技园建设，河岸边建造绿色长廊一条。六年后逐步建设教师新的生活园区，将现有教师住宿楼改造为学生公寓楼和实验楼。按照新的规划，学校将在东山上新增面积 30 亩，总建筑面积近 40000 平方米，校园改造投资近 7000 万元。仪器、图书、用具投资约 2000 万元。

（九）繁荣校园文化，打造有品位的校园环境

今后要依托学校人文环境，开展有实效的活动，培养教师学生正确的世界观、人生观、价值观。文化建设的基本思路是：以物质文化打基础，以制度文化添内力，以质量文化求生存，以活动文化创特色，以教学文化促发展，以共生文化聚合力，以精神文化铸品牌，以科研文化上层次。

初步做到以下几方面：环境布置，形成氛围。在校园基本定形的基础上，学校着力建设文化大校，绿化美化优化校园，营造良好的育人环境，使广大师生有一个更宜人的工作学习环境。进入教学大楼，楼梯上醒目的标语每天都给学生必要的提醒。教学大楼每层楼面均设宣传橱窗，有校史简介、校友风采、年级组活动简介、教研组园地、学法交流和文学长廊，加上墙壁上张挂的名人名言、名画，走廊里的世界著名雕塑，成为同学们每天都能见到的不说话的老师，熏陶着他们成长；45 个班级教室里的墙壁，也反映每一班级的精神面貌。建设景点文化，在校园里建设雕塑、凉亭、游廊等，不断增加教育内涵建设。建立科技园、植物园，培养学生爱科学、学科学、用科学。三年内绿化校园，校园路旁，田径运动场，凡是有师生活动之处，都有绿色相伴，并题有警句，使师生与自然和谐相处，陶情养性。建设壁廊文化，让校园的每一面墙壁，每一条走廊，每一间校舍都成为先进文化的传播阵地。

制度建设，规范行为。值日班工作进一步细化，明确职责。从卫生工作、广播操、眼保健操到其他常规工作，对各班都进行评比。有礼仪员、校园巡查人员、自行车管理员，及时防止不文明行为。培养一批学生自管成员，做到由学生自己管理自己，在自我管理中受到教育。制定“学生十无”,爱护绿化、爱护公物、不乱穿操场等条例,引导学生养成良好习惯。

理念文化,引领发展。办学理念:为师生谋幸福,为社会负责任。办学思想:人本化、人文化;科学化、学习化;民主化、平民化。办学特色:低进高出,素质第一。改革态度:低起点,小步子,稳扎稳打;高标准,严要求,快速发展。教育理念:让每一个孩子都能得到相对于他自己的最优化发展。我们的愿景:和谐、卓越、幸福。我们的价值观:学校为国家服务,教育让人民满意。我们的核心价值观:仁爱、诚信、智慧、创新。我们的校训:艰苦奋斗,自强不息。我们的校风:严格勤奋、求真务实。我们的教风:团结、合作、敬业、奉献。我们的学风:勤学、好学、乐学、会学。我们的作风:高效率、快节奏。我们的精神:传承、创新、拼搏、奉献。校园“三苦”观:校长苦干,教师苦教,学生苦学。

学校的行为准则:忠诚,勤奋,敬业,诚信,谦让,宽容,坚持,微笑,赏识,勇于创新,终身学习,尊重人才,关注团队,善于沟通,精益求精,不找借口,富有爱心,始终充满信心,有事业心和责任感,以勤俭、廉洁、奉献为荣,以献身教育事业为骄傲和自豪,追求卓越、崇尚一流、拒绝平庸、超越自我。

全面完成校园网页建设基础上,增加“校长信箱”、“校园论坛”、“心理咨询”等功能,并有专人维护,以扩大学生与老师、学生与校长、学生与学生、教师与校长、教师与教师、教师与家长之间沟通的渠道。

开展活动,激励开导。通过主题班会、校会、升旗仪式、音乐艺术欣赏、电视直播(焦点访谈,追踪报导,实话实说等)、歌会、小型体育比赛、辩论会、小品表演、自编操会演等活动,以引导学生热爱生活、热爱校园、热爱祖国,积极向上。

通过书画展览,诗歌朗诵会,优秀作业,教案评比,墙报,专栏创新设计等丰富多彩的师生活动繁荣校园文化。

开展文化活动月,重大节日纪念活动,坚持每年办好有平顺中学特色的艺术节和科技节,全力营造校园文化氛围,形成平顺中学特色的校园文化,向社会展示我校风采。

加强图书馆建设和管理,实行全程开放。三年内,更新充实学校图书室,使藏书量达到10万册。同时建立规范的管理制度,实现科学化的管理。

营造高雅的校园文化氛围,培养校园精神。追求卓越的拼搏精神,实事求是的科学精神,脚踏实地的求实精神,与人为善的合作精神。

培育平等和谐的校园人际关系,干群间协调一致,政通人和;教师间和谐团结,共同提高;师生间平等民主,教学相长;部门间积极协作,同构共进。

教师与教学文化。倡导讲大气、讲品位、讲合作;弘扬人文精神、合作精神、敬业精神、纪兰精神、创新精神;老师尊重理解学生,既注重科学教育、更注重人文教育。

学生与班级文化。以文化为切入口,以德育为核心,通过环境、信息、课程、黑板报等载体,建设高品位的班级文化。

校园与环境文化。以“文化品位、现代信息、人文精神”为理念,着眼于环境文化氛围对学生的熏陶和感染,充分利用校园的每一面墙壁,每一条走廊,每一个角落。让这些成为先进文化传播的阵地,校园文化传播的场所。

组织丰富多彩的校园文化生活。积极开展第二课堂活动,丰富学生的课余生活,培养健康的爱好。通过书画展览,诗歌朗诵会,墙报评比,专栏创新设计等形式繁荣校园文化生活,培养学生的高雅情趣,高尚情操。

(十)总结反思教育实践,探索贫困山区教育教学新模式

(1)督导室牵头成立学校文化编写组。

(2)教研室牵头成立课堂教学领导组。

(3)教务处牵头成立教学改革资料组。

(4)政教处牵头成立德育改革领导组。

(5)办公室牵头成立教育改革资料组。

管理思路

第一部分,对教育改革与学校发展的新认识

一、当代教育发展趋势

管理重心:从外控管理走向校本管理。

价值取向:从一元走向多元。

社会要求:从数量走向质量。

社会理想:公平、均衡。

教育投资:人民教育政府办。

学校发展:从知识应用走向以问题解决为本学习:①强烈的危机意识为学习的动力;②以问题解决作为学习的根本;③组织变革,实现创新;④从学习的管理走向文化管理。

发展阶段:①一个好校长就是一所好学校,完成引领和凝聚;②走向制度管理(走向法治、民主),规范化管理,激励为主;③靠文化管理(以德治校),完成由“薪”到“酬”的转变,从物质满足到精神满足。

现代学校四要素:依法办学、自主发展、自我约束、社会监督。

依法办学,法制化社会要求遵守法律法规,遵守党的教育路线方针政策,民主管理。

自主发展的核心是学校的自主定位、自我激励、自我资源调配,学校的自主发展包括学生的自主发展与教师的自主发展。

自我约束需要建立预警机制、沟通与反馈机制、自我约束机制与民主决策机制。

社会监督主要指政府监督,百姓监督,家长监督,还有老师监督。

(一)学校的自主发展的基本思路

以科学发展观为指导,精心设计学校发展目标;

以德育为核心,切实提高学生思想道德建设实效;

以人才培养模式转换为把手,全面提升实施素质教育水平;

以科研为手段,促进办学质量与效益提升;

以能力建设为突破,推动学校整体水平提高:①教师教育的能力;②管理者的组织能力。

(二)学生的自主发展思路

学生自主发展的目标是让学生各得其所,各展其长地发展(学生从成功走向成功)。

学生自主发展措施是自主选择,自主学习,自主活动,自主教育。

(三)教师的自主发展思路

教育是充满智慧的事业、它呼唤教师的创造;

教师需要有体面的生活,更需要精神充实的人生。

作为一种"专业化"的职业,与其他职业不同的是:教师职业本身不仅仅是个人谋生的手段,更应当是实现个人价值的途径,教师专业发展更应当促进教师人生价值的实现。

学校是老师实现人生价值的场所,是他们展现才能的舞台,学校发展依赖教职员工的精神追求。

(四)信念

不能自主发展的学生是失败的学生;

不能自主发展的老师是平庸的教师;

不能自主发展的学校是落后的学校。

二、新时期学生思想道德建设

(一)学生思想道德出现的新问题

外部刺激的多元化;

活动的简单重复性;

心理的逆反性;

教育艺术的简单化与学生心理的复杂化矛盾;

教育理念的滞后与混乱造成的教育效果的短视性。

(二)新时期学生思想道德建设的思路

德育是社会问题,只有联系社会、联系生活才能解决。德育社会化、生活化和本土化;德育活动的体验性、导向性、选择性;德育的可接受性。

德育是学生成长中的问题,只有放在学生发展过程中研究才能理解。德育的针对性、层次性、阶段性、有序性。

德育是情感问题,只有教育工作者投入感情才能回报。心灵需要心灵才能唤醒;诚信需靠诚信加以教育;行为需要榜样逐步加以引导。

德育是价值观问题,只有合乎目的与合乎规律统一才能取得实效。德育就是引导,引导要合乎规律;历史是无数合力作用的结果;力的平行四边形法则决定德育是社会与家庭力量作用的结果。

(三)校教学德育功能的开发

精心选择外部刺激,提高学科的“品味”;努力激活学生对刺激的认知(口味、鲜味和美味);积极强化预期的学生反应;系统设计教学目标和体系;形式多样课程,坚定学生的预期信念。

三、注重教学改革

(一)课堂教学目标

传统课堂教学目标的单一性:注重知识、智力、技能。

现代课堂教学目标的多样性:智力与非智力,知识技能、过程方法、情感态度价值观。

(二)课堂教学的理念

以学为本,因学论教。

把课堂还给学生,让课堂充满生命的活力,形成学生主动参与、师生互动与逐步生成的人才培养模式;实现学生真实的发展。

把创造还给教师,使教育成为充满智慧的事业,每个教师的价值得到充分地实现。

把世界引进教室,使课堂成为现实社会的一个真实的组成部分。

(三)课程改革的趋势

时代性:前沿科学知识进入课堂,为了明天的人才。

探究性:实践性,综合性,注重创造力的培养。

个别性:按程度分层次教学、选修课、个别教学化。

人文性:一流的教师教人、二流教师教书。

第二部分,常规管理的认识

一所学校,它的核心竞争力由五个方面构成,即:先进的学校文化;优秀的教师队伍;领导班子的决策力和中层的执行力;必要的办学条件与和谐的外部环境;教育创新能力。

一、实现管理改革

改革出发点:以育人为根本,以管理为保证;以教学为中心,以质量为核心;以经济为基础,以效益为准绳。

改革态度:低起点,小步子,稳扎稳打;高标准,严要求,快速发展。

改革思路:三步走。目前,校长应该竭力做好三件事:①不遗余力地寻求资助;②不遗余力地提高教育教学质量;③不遗余力地抓好学校文化建设。

改革的四个目标:提高教育教学质量;提高生源质量和办学效益;推进课堂改革,提高教师教育教学水平;探索办学新思路。

第一阶段:加强宣传,严格整顿。目标:统一思想,凝聚人心

1. 加强宣传、统一思想。

(1)学校的发展前景、规划使教师觉得有“奔头”。以强烈的办好学校的愿望鼓舞士气,以先进的办学理念赢得教师们内心深处的认同,以明确的办学目标(愿景规划)激励教师团结奋进。

(2)以学校的不断成长使教师们觉得有“甜头”。凸显学校教学质量和教学特色,让社会肯定学校的实力和形象,让教师的收入多起来。

(3)学校的教师队伍发展策略让教师觉得有“前途”。实现教师自我超越,实践“人本化”理念,将教师当做有创造力的最重要的生命个体来看待,学校管理以教师为本,使之产生归属感。

2.“和谐”是良性循环的目标。教的要素,学的要素,管的要素,各要素合理配合;人际关系宽松自然,人与人之间,科与科之间,年级与年级之间,平等相敬、快乐相处;德智体各方面全面发展。通过凝聚人心工程,创建和谐愉快的人际关系。

3. 以“学校的利益大于一切”的思想统一教师的个性。很多学校管理不严,已经影响到了学校的发展,甚至放纵了某些错误行为,以致校风不佳,人心涣散。对老师严格要求就是对老师负责,不然就是失职。通过实行检查通报制度、责任追究制度和经济处罚制度来规范教师行为。

第二阶段:理顺关系,职权利下放。目标:依法治校,科学管理

1. 深化部处、年级聘任制。逐步建立以班主任为核心的任课教师双向聘任责任制,建立以年级组为中心的学生管理体制,建立以部处为中心的监督工作制,建立以学科主任为中心的教研机制。实施年级主任负责制、班主任负责制、备课组长负责制。

2. 深化全员岗位目标责任制。完善规则,量化考核:不能评估,就不能管理;没有数据就没有科学管理。努力形成“严、细、全、实”的教学量化管理特色。树立质量目标,加强质量控制,从纪律、卫生、教案、课堂、成绩考核等方面的每一个细节扎扎实实地抓下去。对照规章制度,严格考核、奖罚分明,集中体现一个“严”字。

3. 提高标准,重新整改分配方案。出台激励性的分配方案。

4. 深化工作评价机制,从“师德、师绩、教改”等方面进行评价。通过建章立制、修订规则,实现上一级对下一级负责,全体领导和教职工对学生负责的良性运行状态。

第三阶段：改革教学，狠抓教研和培训。目标：提高教育教学质量

牢固树立质量意识，提高教育教学质量是学校赖以生存和发展的基础，必须不惜一切代价提高以考试分数、升学率为标志的显性质量，全力提高以学习方法、创新能力、思想素质为标志的隐性质量。牢固树立以“学生为中心、质量为核心、一切为了学生”的服务宗旨。

(1)提高教育教学质量，让每一个学生都得到最好的发展。

(2)以“三抓”(抓好课堂、抓好青年教师、抓好毕业班)为突破口，以新课程改革为切入点，启动选修课、综合实践课、研究性学习。

(3)强化教科研，成立培训部，教师培训列入章程。

(4)推出名教师。

二、管理目标定位

形成一套成熟的学校管理体制；创造一个和谐、高效、成熟的教职工团队；创设高贡献、高报酬的工作氛围。

管理手段逐步实现：科学化(思想、组织、方法、手段、目标)；程序化(人际关系程序、工作处理程序)；网络化(系统思考、网络管理)；规范化(按制度办、按标准办)。

三、如何进行管理

(一)管理准则

管理方针：民主、合作、和谐、忠诚、严格。

质量立校，以学生为中心，以质量为核心，优质教学，学生满意。

管理态度：待遇更高，要求更严。

管理目标：明晰量化考核，引入模糊管理。以法治校，注重细节，实现管理自动化；以情感人，以人为本，实现过程最优化。

管理创新：①在严格“制度+控制”管理模式的基础上逐渐向“学习+激励”管理模式发展。达到“不仅使人们勤奋工作，还要使人们更聪明地工作”的目的。②尝试建立以质量为中心的全面质量管理体系(作为课题进行研究)。树立为学生提供服务为核心功能的全新教育观念。

管理的十二个意识：安全第一意识、高质量意识、品牌意识、服务意识、效益意识、快节奏意识、高效率意识、创新意识、竞争意识、危机意识、学习意识、成本意识。

管理思路：以待遇管理为基础，以制度管理促规范，以目标管理为导向，以过程管理为关键。

管理原则：以教学为中心，以质量求生存；以学生为主体，以效益为先导；以科研求发展，以服务求生源；以机制求活力，以品牌求繁荣。

管理方法：从严治校，系统思考，从每一个细节的质量管理入手。

人本管理，以“仁”为本。一切工作围绕“凝聚人心，塑造灵魂”展开。用竞争方式选拔人，用儒家、道家思想关心人。

实施文化管理:凝结“社会文化”,弘扬“学校文化”。

组建学习型学校,实现学习型管理。

事业感召人,待遇吸引人,政策激励人,岗位培养人,培训提高人,文化凝聚人,情感留住人。

“流动管理”、“过程管理”:向过程要质量,向细节要质量。

请家长和学生参与学校管理。

凡教学质量达不到基本要求的教师,转岗!

(二)整顿管理体制,实现新的发展

(1)深化全员岗位目标责任制,从规范性、程序性、评价性、奖惩性做出若干项细化量化的具体规定。追求“稳定、质量、发展”。

(2)实行目标管理,实行目标考核监督机制。部处负责制定有关规章制度和各年级的相关考核细则及标准,并抽查教师的任务完成情况。由质量管理办公室监督执行。

目标考核要立足“标准化”,要细化、量化,做到学生入学有分析,毕业升学率、合格率、优良率有目标。

扎扎实实的内部管理是学校发展的永恒主题。任何一个成功的学校它的管理都有一整套系统的制度,且能全体人员持之以恒地执行,教师规范,学生规范、课堂常规、考勤制度、教研制度及各项评比制度,都纳入《质量管理标准》,务实严密。

(3)实施部门工作月预报制。实施部门工作周汇报制。班主任工作周汇报制。校级和班级学生常规管理周汇报制。舍务和保安日汇报制。实施部门工作学期述职评价制。相应内容在公开栏公布。各部门各年级动态管理。

(4)实施坐班工作制,教师在校集中办公,学习每天不少于2小时(由组长具体负责考核,学校抽查),班主任、部处人员每天学习不少于3小时。建立“工作学习相统一、个体集体学习相统一、学习融入工作”的学习型学校。

(5)将以下制度落到实处:

以“更实、更勤、更新、更高”的态度处理课堂教学质量。

实施全校教职工月例会制度,进行思想交心、工作交流。

实施寒暑假二级培训制度。寒暑假用一半时间进行业务培训,统一命题,统一考试。或校领导亲自布置“教师假期作业”,开学验收。

实施学科把关教师制度。抓实阶段教学,实施“每月质量验收”制度。具体方案另定。由科研处组织全校各年级统一练习。全校准备20万元用于教学同步训练题的整理。实施交叉命题、交叉阅卷制度。坚持“平时自命题,期末统一考”制度。

实施全体人员学期(学年)业务考试制度,分层次分批次进行统一考试,成绩排队公布,不合格者停职学习。

实施全员工作承诺制(学校向社会承诺、校长向教师承诺、教师向学生承诺、员工向服务质量承诺)。培养工作长期承诺和忠诚的精神。作为校长,我向大家承诺:①不谋求私利,反对任何人将个人利益凌驾于学校的利益之上,带着一颗心来不带半根草去。②不拉帮结派、不结党营私,反对与制止这种现象在校园中出现。③竭尽所能做好本职工作,凡要求大家做的,我首先做好。立此存照,请大家监督。

实施家长评教制、学生评教制。重新设计"评教表",进行学生满意度调查,凡不满意率达30%~50%者,视具体情况予以警示、待岗学习或转岗直至解聘的处理。实行每月一次校长接待日制度。成立家长委员会和家长学校,欢迎家长监督学校工作。

(三)严格规划,责任到人

(1)建立一套严密严格的管理规划,把所有的事情分成若干项,依项目制订规则,做到事事有人管,人人有责任,凡事有准则,凡事有落实,凡事有检查,凡事有结果。建立优质优酬、末尾淘汰的奖惩机制。依托管理标准,通过期末、年终的考核、评比、打分综合确定每一位教师的教学业绩,在奖励教育教学成绩突出的教师的同时,对于业绩较差的教师,特别是每学期进行的学生对教师满意率调查偏低的教师,分别给予为时半年的黄牌警告、停课学习、转岗、限期调出学校的处罚。

(2)严格领导形象。通过品格、能力、知识、情感等各方面因素形成自身的人格魅力;为了点燃别人,首先燃烧自己;开会讲话要准备,言简意赅,说完就做;待人热情,态度诚恳;正派、公正,不偏心;谋事业、谋学问、当学者,做教师的教师。

(四)改革聘任制,建立民主管理体制

让教师参与决策,集中集体智慧,达到让每一个人都关心学校的"人文管理"的目的。教师需要奖励、关爱、制度,但更需要民主,更需要受到别人的尊重,在一定范围内由他们自己做主来处理工作,是发挥教师潜能最好的管理体制。

尊重教师的创造性和主动性,相信他们,依靠他们,放手让他们去干,让他们自己做主,他们就会把工作当成自己的事业,就有用不完得劲,管理也就进入了良性轨道。

(五)以"仁"为本,激励为主

针对教师都"受过高等教育,自尊心强,爱面子"等工作特点,创造宽松环境,多正面表扬,适当进行侧面批评,将以"人"为本推进到让教师感受到领导爱心的"以仁为本"的管理境界。相信只要拥有团体力量,学校一定能建设成名校。

在条件成熟的情况下,逐步实施"自主管理"模式。

(六)用文化管理学校

管理的初级阶段是制定制度,但制度不是万能的,当人们不再需要为规则为钱而工作时,就需要超越制度实现精神的管理了,尤其教师这种职业,凭良心、凭精神是很重要的一种工作态度。况且,制度可以强制执行,但学校的精神、风气、环境等则无法强制,就必须通过文化来建设。所以,“文化建校”是变革的最好出路。

学校文化的示范、导向与凝聚、扬弃与创造、约束与熏陶、平衡与协调等多方面功能能促使老师们身心幸福,促使其发挥最大潜能。历史名校之所以成“名”,不仅指有名师、有硬件、有优生,更多的因为它拥有了自己的“文化”,因为有这样特定的文化背景,才吸引并培养了名师,名师才招来了优生。

学校,作为一个传播文明的基地,不能不讲文化,更不能没有自己的文化。通过文化建设校园的精神特区。

1. 加强教育,注重熏陶。

(1)通过人生观、世界观、价值观的分析,引导教师走向合作,走向凝聚。让每个人思考自己的核心价值(我是谁)是什么? 核心目的(我为什么存在)是什么?

(2)领导身先士卒,带头垂范,为教师做出榜样。如在语言、术语、仪式等行为规定方面,在行为标准方面,在价值方面,在引导组织如何对待其成员的政策的哲学方面,在热情待人方面,都做出表率。

(3)通过组织活动进行熏陶。如:校际间比赛、参观学习、学校内部的送温暖活动、每天晨会的朗诵、每月一次组内10分钟的价值观理解报告等都是不错的形式。通过校史、学校的价值、信仰、学校故事、文化规范、学校的传统、仪式特征、杰出人物等内容影响教师。

(4)激励全体教职工的智力、向心力和勇往直前的精神,为学校创新作贡献。

(5)把教职工个人的工作同自己的人生目标联系起来。

(6)让每个教职工认识到:学校文化是自己最可宝贵的财产,它是个人和学校成长必不可少的精神财富,以积极处世的人生态度去从事学校工作,以勤劳、敬业、守时、惜时的行为规范指导自己的行为。

2. 文化建设的程序。

(1)提高教职工对文化的认识(理解层)。让大家明白文化是学校的灵魂。让教师关心学校,“聚人气,造氛围”。强化文化内化的过程。

(2)提案并制订规划:制定不同时期的不同目标。

近期:克服防卫心理,展示个人风采;

中期:加强团体合作,为共同目标奋斗;

远期:展示群体效应,个体学校实现双赢。

(3)确立学校文化导入的推行方针,把实施学校文化和学校各层次的思想沟通结合起来,把文化与管理、提升竞争力结合起来。(实践层)

要求教师培养四种精神:一是有德性;二是有教养;三是学会敬畏;四是养成勤思索的习惯。

贫困山区办学经营理念

贫困山区办学,贫在经费,困在思想,经费解决相对容易,思想转变却非常困难。政府没钱,家长不愿出钱,教师不能只讲奉献,社会却在追求质量。

贫困山区办学,校长应该竭力做好三件事:不遗余力地寻求资助;不遗余力地提高教育教学质量;不遗余力地抓好学校文化建设。

贫困山区办学,主要有三大矛盾:一是教学质量低与社会要求高之间的矛盾;二是成本投入低与质量要求高之间的矛盾;三是落后的价值观与先进的理念之间的矛盾。

贫困山区办学,振奋师生的自信心尤其重要,打破封闭去除懒惰,增加忧患意识、危机意识、竞争意识,激发热情,产生凝聚力和向心力是第一件要做的事。

贫困山区办学,开门三件事:理想教育、竞争意识、学习方法,抓好学生的这三点教育,一定会有好成绩。

贫困山区办学,要努力引领教师价值观的转变,教师的福利待遇要逐步提高并能及时兑现,学校要尽可能多地为教师购买教学资料,“走出去、请进来”是最好的培训方式。

贫困山区办学,让学生拥有远大理想是学习的第一要著;购买学习资料尽量减少,且最好由学生自已购买;饭菜以吃饭为主,吃饱为主,吃好是少数学生的事。高消费是富人才有的权利。

贫困山区办学,务必遵守规则,收费一定要公开透明,办事一定要公开公正,否则,告状信天天有。正常费用有一部分人尚且不想交(交不起),何况补课的费用。

贫困山区办学,让教师的腰包鼓起来,让学生不交或少交钱,怎样就能寻到这些经费的支持,严重考验着校长的能力。

贫困山区办学,近期成绩、远期基础两手都要抓,高考“学科类、艺术类、高职类”三条腿都得走。高考录取分数线不分贫穷和富裕。人的生命价值相同,成长方式却非常悬殊。

贫困山区办学,没有县委政府的支持,几乎寸步难行。

贫困山区办学,要有“三补”精神,经费不足精神补,条件不足勤奋补,家长不足老师补。很多家长不懂教育,也不管孩子,导致山区老师工作时间比城市长;贫穷家庭多,需要免费的多,老师常常贴补学生,领导也得常常资助。

贫困山区办学,要多想老师难处、多念老师好处、多看老师长处,情感管理尤其重要,当没有钱发补贴的时候,“情谊”就成了最好的工作动力。

贫困山区办学,奖金是家长最动心的东西。许多优秀学生的家长选择学校就看哪个学校给的奖金多。三年后能否考上大学,那是以后的事,现在得到3万元比什么都重要。

贫困山区办学,振奋学校的美誉度需要时时考虑。

贫困山区办学，县一中是龙头，很多人关注着，所以务必要战战兢兢、如履薄冰。宇宙五尺高，身躯却六尺，不低头就碰壁。

贫困山区办学，成绩很容易凸显，家长很容易满足，只要努力，就能得到好评。

贫困山区办学，河北衡水中学的“精神特区”值得借鉴。纪兰精神、西沟精神、平顺精神，都得好好弘扬。老师们都愿意好好工作，都愿意体验成就感，就看校领导能否引领好。

贫困山区办学，“背”、“抄”、“悟”是最直接最有效益的学习方法。

贫困山区办学，有非常朴实的老师，有非常懂事的学生，关系简单，只要校长真心实意办学，大家都支持，好办！

贫困山区办学，学生与名校的学生相比，智力因素相差不大，差距主要表现在非智力因素上。要想培养出高素质的学生，今后，老师们必须在学生的理想、信心、意志、毅力、学习方法等非智力因素上持之以恒的下大工夫，逐步探索出适合贫困山区的教育教学改革道路，从而形成自己的办学特色。

贫困山区办学，县委、县政府高度重视教育，教职员工齐心协力想把学校办好，为什么依然困难重重？原因就在于受着少数学生家长个人素质的制约，造成 1+1=0，所以，在今后的工作中，不仅要用心培养学生，还得努力引领家长，通过持续的家校联系，提高家长对教育政策的理解，实现学校、家庭、社会“三位一体”，只有这样，才能办出人民满意的教育。

贫困山区办学，“艰苦奋斗，勤俭办学”的法宝不能丢。“两眼一睁，忙到熄灯”，这是贫困学校的共同特征。没有一流生源，没有一流教师，没有一流设施，除了艰苦奋斗还有什么？“日光＋灯光”、“汗水＋泪水”、“从鸡叫到狗叫”，优质学校都是这样走过来的。

贫困山区办学，“苦干＋巧干”是提升质量的关键。以前，人们批评“课本＋教参，嘴巴＋黑板，汗水＋时间，考试＋训练”式的教学方式，其实素质教育不是培养懒汉，我们不应该排斥勤奋、艰苦、考试，相反应该教育学生珍惜点滴时间用于学习。河北衡水中学实行的是全封闭式管理，学生早上 5:30 起床，晚上 22:10 休息，每天 13 节课（含晚自习），每天有 60 多次铃声，课间安排非常紧凑，作业当堂完成，有余力的学生还可以“吃”由老师集体备课设计的作业“自助餐”。他们削减了学科授课时数，但增加了自由阅览课和学科阅览课，如语文科有一项规定就是三年阅读量要达到 600 万字，读书笔记 24 万字。难道他们没有搞素质教育吗？非也，他们高三的学生与高一、高二一视同仁地上音体美等课，一视同仁地参加繁多的各项活动，高三学生还有更多的自由学习时间。巧干就是向 40 分钟要质量，向课堂效率要质量，向课改要质量。脱离了苦干的巧干等于投机取巧、华而不实，而脱离了巧干的苦干将事倍功半。只有二者有机地结合，才能取得最佳效果。

贫困山区办学，要有成为第一个吃螃蟹的人的勇气。诺贝尔曾说：我唯一的希望就是不要被人活埋。虽不敢比诺贝尔，但我最高的愿望也是“理解万岁”。

没钱也能做好的事

贫困山区办学，开门办好三件事：理想教育、竞争意识、学习方法指导，这三点既不需要花钱，见效又很快很大，是办学的捷径。

对学生进行理想教育。理想是学习的动力，要教育学生为实现理想而学习。没有人知道春风的颜色，但它绿了山川田野；没有人明白理想的确切，但它让奋斗者一往无前。什么是理想？理想就是人生的奋斗目标，按内容分：社会理想、职业理想、生活理想等。我们通常所说的“青年人应当有理想”，主要是指有科学的、崇高的社会理想。青少年一旦树立正确的理想，有了追求的目标，就可能产生强大的动力。

寻找个人理想和社会理想的最佳结合点把社会的理想内化成个人的理想，同时把个人的理想升华为社会的理想，在教育中尤为艰巨的工作。当学生追求个人的生活理想时，要引导他们着眼于未来生活的追求和创造，不要迷恋和满足于当前的生活。要教育学生在追求个人富裕的同时，要为社会多作贡献，实现社会的共同富裕，要让他们了解到，没有社会的兴旺发达，就没有个人的生活富足。把共同富裕的社会理想内化成学生的理想。

作为教师，应该从当今社会的发展趋势、国家的需要出发，采取生动而适合学生心理发展特点的形式，激发起学生为国家和社会成名成家的愿望，提高学生的抱负水平。再结合学生的喜好与个性设立一个恰当的理想，根据这一理想逐步确立理想体系，如阶段目标、学年目标、初中目标、高中目标等。当然树立理想并不难，最难的是如何让理想成为学习的动力。一旦理想真正成为动力对学生本人，对整个班级都会产生很大的推动力。

通过系列教育活动，让学生走出小我，放眼世界；走出现在，放眼未来。每学期都组织学生开展“为中华之崛起而读书”演讲会，“我的理想”演讲会；学生每天收看新闻联播和热线访谈，国际和国内形势；学生每周利用团活动时间进行国内外时事点评；学校每学期邀请社会知名专家学者为学生做形势报告，请为国家作出突出贡献的校友或社会名人为学生做成人成才成就事业的事迹报告；每次班会内容也充满“个人与国家”、“为祖国而奋斗”等主题；学校每学期都有计划地把学生拉出去参观，以学生亲眼目睹、亲身体验了解国家的经济建设和社会发展情况，唤起他们对他人、对社会、对祖国的关注和关心。除每周一次班会对学生进行集体教育外，每周开一次全校性的周讲评，全校学生参加，讲评一周内学生们的言行举止，讲评一周内发生的国内外大事，让学生时时想到国家，时刻牢记自己的职责。每个人每天心中都有一个不做凡人、俗人和庸人，要“做大事，成大器”的高层次追求，无形之中学生们也就淡化了身边的琐事和烦恼，净化了心灵，同时也使得他们把主要的精力聚焦于学习。学生这种为了成就大业，为民族振兴而发奋学习所产生的学习动力是一种稳定而强大的动力源，他不会因为阶段目标的实现或个人恩怨而减弱、消失。

培养学生的竞争意识。河北衡水中学流传着这样一句口头禅:“两眼一睁,开始竞争”,学生早晨起床15分钟穿衣、收拾床铺、洗漱、整理卫生,然后到操场列队出操。这时学校开始检查宿舍卫生情况及早操情况。在这短短的时间里就包含了七个“争”:争起床速度(但不许提前,否则按违纪论)、争宿舍卫生的质量、争到操场列队的早晚、争早操队列是否整齐、争步伐是否整齐矫健、争口号是否响亮、争精神面貌是否朝气蓬勃。这里面既有速度的竞争又有质量的竞争。学生就在这种竞争之中开始了一天的学习与生活。常言道:“一日之计在于晨”,每个学生以这样的人生态度开始自己新的一天。早操之后,又是一系列的“争”:学生们跑着进教室,争的是提前进入自习状态,自习时争的是学习效率。学生与学生之间,宿舍与宿舍之间,小组与小组之间,班与班之间,年级与年级之间,凡是学校所提倡的,事事处处时时充满竞争。今天你超我,明天我超你,学生在竞争中不断实践着、诠释着“追求卓越”的校训。学校还鼓励学生投身社会竞争,如2001年12月全国“礼仪大赛”开始报名,黄晓丹等学生听说后,想去参加,但一方面怕学校不同意,又觉得羞涩,便打消了念头。班主任老师知道后鼓励他们去搏一搏,经过数轮艰苦的竞争,黄晓丹获得了中国礼仪大赛衡水赛区冠军、河北赛区“最佳形体”奖杯。载誉而归的黄晓丹兴奋地说:“是老师给了我竞争的勇气。通过这次竞争,我实现了自我超越,获得了自信,品尝到了成功的喜悦。”同时,让学生认清面临的竞争,为学生开设各类评选、宿舍文化大赛、单项体育竞赛、班级辩论对抗赛等系列教育活动,培养学生的竞争意识。衡水中学的学生“不会走路”,任何事情都是跑步去完成,全校5000多名学生,就餐时间不超过20分钟,在衡中,浪费时间被认为是一件最为可耻的事情。老师们也在竞争,老师争谁的课上得学生喜爱、争谁的课堂效率高、争谁的班级管理得好。只要竞争,就会有紧迫感,就会有快节奏,就会有高效率,就能促使自己快速成长。

竞争就要珍惜时间。河北衡水中学的作息时间值得我们学习。他们早上5:30起床,然后跑操,跑操后有38分钟的早读时间,然后早餐,7:05~7:35为早自习,然后上午上5节课,每节课为40分钟,中间的课间操是绕操场跑两圈,中午除掉就餐时间后有1小时到寝室午休时间,下午上4节课,中间课间有做眼保健操的15分钟,晚上上3节自习,9:50下自习,10:10熄灯。比起他们来,我们的老师和学生还是太悠闲了。他的学生手里总是拿着书本,随时学习,而我们的学生课间只知道乱跑乱叫,很少有拿着书学习的,大概是氛围的问题。

训练学生学习方法。教育的终极目标以学生的终身发展为本,以学生的终身幸福为本。一个人的未来成就(包括能否考上大学这样的阶段成就)如何,能否有良好的“终身发展”和“终身幸福”,决定于他具有的知识、能力和品德。而知识、能力和品德的获得不能仅仅依靠学校教育、教师传授,关键在于个人的学习能力。在《新课程标准》当中,最关注的就是学生的学习过程与方法。所以,教学生如何学会学习(掌握学习的方法),才会使其终身受益,意义深远。一位哲人说过:“人的精神力量比人的体力更富于生命力。”要想把所有的学生的思想都统一起来,使大家心无旁骛地去学习,让他们知道在学生期间,学习是天职,学习才是现阶段最重要的事,那么就必须要从思想入手,给学生“洗脑”,要让学生明晓,进入学校的大门就必须要尽快地适应学校的所有规定,无条件地服从任何老师的安排,才能取得更好的成绩。让学生从思想上以崇拜代替挑剔,以信任代替怀疑,从心理上认同老师的做法,这样才能在学习行动上更主动,学习热情上更高涨。其次是教育学生珍惜时间,有这样一副对联:好读书不好读书,好读书不好读书。科学家巴甫洛夫给他的学生们讲过一个故事:夜深了,一位巴格达商人走在黑漆漆的山路上。突然,有个神秘的声音传来:“弯下腰去,多捡些小石子儿,明天会有用的!”商人弯下腰,捡起几颗小石子儿。到了第二天,商人从口袋中掏出小石子儿看时,才发现那所谓的小石子儿原来是一颗颗亮晶晶的宝石!自然,也正是这些宝石,使他立即变得后悔不迭——天啊!昨晚怎么就没有多捡些呢?巴甫洛夫在讲完之后意味深长地说了这么一段话:‘教育就是这么回事——当我们长大成人之后,才会发现以前学的科学知识是珍贵的宝石;我们这时也会觉得可惜,因为我们学到的毕竟太少了!’”不是吗?教育送给青少年的明明是珍贵的‘宝石’,可总是有人因为弯腰太累而偷懒,结果白白地错过了许多机会。”

法国思想家伏尔泰曾出过一个意味深长的谜:“世界上哪样东西最长又是最短的,最快又是最慢的,最能分割又是最广大的,最不受重视又是最值得惋惜的;没有它,什么事情都做不成;它使一切渺小的东西归于消灭,使一切伟大的东西生命不绝。“这是什么?众说纷纭,捉摸不透。有一名叫查第格的智者猜中了。他说:“最长的莫过于时间,因为它永远无穷无尽;最短的也莫过于时间,因为它使许多人的计划都来不及完成;对于在等待的人,时间最慢;对于在作乐的人,时间最快;它可以无穷无尽地扩展,也可以无限地分割;当时谁都不加重视,过后谁都表示惋惜;没有时间,什么事情都做不成;时间可以将一切不值得后世纪念的人和事从人们的心中抠去,时间能让所有不平凡的人和事永垂青史?时间到底是什么呢?时间对于不同的人有不同的意义。对于活着的人来说,时间是生命;对于从事经济工作的人来说,时间是金钱;对于做学问的人来说,时间是资本;对于无聊的人来说,时间是债务;对于学生、尤其是中学生来说,时间是财富,是资本,是命运,是千金难买的无价之宝。珍惜时间的理念:充分利用每一分钟,不让一分钟虚度。

怎样赢得更多的学习时间?可以从以下几方面去考虑。早日立下志向:彼埃尔?居里说:“使自己想一个嗡嗡地响着的陀螺一样急速地旋转,使外物不能侵入。”善于制订计划,明确学习任务:要根据学的进度和自己的学习状况来安排计划,使自己清楚地意识到每天必须要完成的学习任务。用顽强的毅力,排除对学习的干扰:不少学生承认,学习时间抓不紧或者被其他事情侵占,是由于自己缺乏毅力所造成的。因此,要想获得更多的学习时间,就要在克服困难,实现志向的过程中磨炼自己的毅力。不断检查时间的利用率:每天要想一想:过去的一天在学习上完成了什么任务?花了多少时间?时间利用率如何?效果怎样?怎么改进。不断调整学习时间,使时间利用率得到提高。善于利用零碎时间:达尔文说:“我从来不认为半小时是微不足道的一段时间。”一个人如果认识到学习的重要,看到自己水平不高,感到时间的紧迫,就会自觉地去利用零碎时间。零碎时间最好用来学习自己最喜欢的学科,以吸引自己的注意力。孔子曾经每日三省吾身,“迎着朝阳想一想,今天应该做什么;踏着夕阳问一问,今天做得怎么样”,我们也应该做到每日三问:今天我向老师或同学问好了吗?今天我向老师或同学提问了吗?今天的目标实现了吗?为了督促学生珍惜时间,学校有必要出台“珍惜时间一日规范”。再次,是教给学生课堂学习方法,后文有述,此不一一。最后,是教给学生个性化学习方法。人与人个性特点不同,学习方法不同;家庭与家庭不同,学习环境不同,造成的学习方法也不同。所谓“学习方法个性化”,是建立在基本学习方法之上的更适合自己学习特点的方法。

建设学习型学校的思路

构建学习型学校,就是要实现工作理念、思维方式、价值取向、伦理道德和行为方式的变化。是在完成规范化管理之后实行的一种学习模式,是学校管理模式变革的必然选择。

创建学习型学校,有利于提升教师的学习力,促进教师的专业发展,实现自身价值,激发教师的工作热情和创造性;有利于培养学生终身学习的习惯、态度、方法与技巧,让学生学会学习,学会创造,为个人的终身学习活动奠定良好的基础;有利于形成学校的共同愿景,促使组织机构扁平、精简、弹性化,克服学校内部的学习障碍,实现学校发展的总体目标。

学习型学校的学习不同于一般性的学校学习, 一般性的学校学习主要指个体的学习,学习型学校的学习主要指组织的学习、集体的学习,主体是团队或学校。

学习型学校的概貌:有一个共同的愿景,扁平化的学校结构,弹性化的管理制度,团队的学习制度,纵横交错的沟通机制,自主管理。沟通—深层对话—协作—团队精神—共同理想—系统思考。

学校活动课堂化:把学校里的每一个活动都当做大的课堂。学生生活学习化:把学生的每一个活动都当做学习的过程。吸收彼得?圣吉学习型组织理论,组建学习型学校:

一、确立共同愿景,即确立共同目标

学校有责任培养教职工对学校的长期承诺。愿景有学校愿景(组织愿景),学校的远期目标、中期目标、近期目标都很重要。将个人融入组织当中。每个人都应该思考:追寻什么——愿景:当名师、育名生、创名校。为何追寻——目的和使命:满足学生和自己成功的需求。如何追寻——以精神价值观为准则。

建立共同愿景是一个复杂的系统工程。怎样转变广大教职工的思想观念?怎样将个人愿景和学校愿景结合起来,最好的结合点是什么?首先学习什么,然后学习什么?怎样实现理想与现实的结合?五项修炼是否要同时进行?这些都是当前急需解决的问题,还需要在具体工作的进行中不断研究和探讨。

二、学会系统思考

系统思考:把事物看成一个系统,既要看到组成分也要看到其全系并从总体的角度进行分析,处理和协调。看长期处理近期,看全局掌握局部,看动态把握静态。

(1)系统思考要求:①防止分割思考,要整体思考。各科教师不能只看自己的课堂学科,还要从学生的总体发展考虑。②防止静态思考,要动态思考。学生是发展的,今天的学生可能成为明天的科学家。学习型组织有一个特点,就是把人看成不断成长的人。③防止表面思考,要本质思考。对学生哪怕是一点小小的进步也要看到其前景,透过现象看本质。

(2)掌握了系统思考的法则,就能看见小而集中的高杠杆方式,从而产生巨大力量。在系统思考中,面对学生的成长,教师应防止急躁情绪,要有耐心,要能等待学生成长。

(3)根据"结构影响行为"原理,每个人都应回避"局限思考","归罪于外"的误区,特别是领导,尤其注意:①只专注于自己的决定,忽视了自己的决定对他人的影响;②没有意识到危机存在于系统的结构之中,无视"蝴蝶效应"。

(4)只关注校内"系统"还不是真正的"系统",还得从世界、从国家看到整体的"森林"。

三、加强自我超越

重要的手段是加强个人职业生涯设计,提高生命质量。为最高愿望而活,活出生命意义。

思想上的自我超越怎样就能更好地落实在行为上, 有待于进一步研讨和实践, 但从理论上,要有以下方法:①建立个人愿景,让每一个教职工都拥有自己的理想,制定出自己的发展规划,那些将要实现但还没实现的理想制定的越具体越好。②保持创造性张力。现实与理想之间的差距,能成为一种力量,这种力量能促使人们前进。③看清结构性冲突。进步与惰性常在愿景之间对抗,告诉教职工应加强意志力的作用,加强信念的力量。④诚实地面对真相。只有每个人都说出心中的困惑,才能改变自己,团体力才能保持协调。⑤运用潜意识。利用直觉思维。

四、以年级为单位培养团队

在现代组织中,学习的基本组织是团体而不是个人。团队学习可将共识化为行动。而且融合整体能得到大于各部分总和的效力。发挥团体力量,使团体力量超乎个人力量的总和,让教职工认识到:只有英雄的团队,没有英雄的个人。

组织学习的机制:①开会(校会、总结会、研讨会、协调会、工作会),把每次会议都当成一次团体学习。再如:信息交换会议、特别会议等。②教育与培训:做到全员、全过程、全方位,培养一支稳定的高素质的,对学校目标、学校文化有着强烈认同感和归属感的核心员工队伍。③班子议事制度:处室每周一次晨会,每月一次例会,每季一次总结性沙龙。④进行深度会谈与讨论(畅所欲言)。⑤开展教后分析,说课、评课等活动。

团队学习的两大方法:一是学以致用的培训体系(加大投资):①构建培训学校,举办培训班。②对新教职工进行全面培训,并深化愿景沟通。③全面培训,哪怕是清洁工人。④宽大培训开支和教职工自学时限。⑤以终生学习协助教职工成长。⑥制定规范的培训制度(明确责任,训后考核)。二是知识分享:①成功经验的分享。②讲课分享。③即席发言分享。④主题辩论。⑤资料分享。⑥新书推荐。⑦中、高考信息分享。⑧教改信息分享。

发挥团队智慧。团队智慧是集体智慧的凝练,但不一定是机会均等,为了团队,有时需要在协作中产生英雄。发挥团队智慧的最好方法是头脑风暴法!“头脑风暴”即自由和有创造性地讨论,解决复杂而重要的问题时实行的一种无限制、无规则、封锁干扰地进行的个人脑力速动,通过畅所欲言,团体思维互动的思考而求解的方式。

五、改善教职工心智模式

心智模式即心理素质和思维方式。心智模式源于对过去事物的认识过程,人的心智模式影响着看待世界、对待事物的态度。①把镜子转向自己(审视自己)。②有效地表达自己的想法。③以开放的心灵容纳别人的想法。传统认识的信条是管理、组织与控制,学习型组织的信条是愿景、价值观、心智模式。旧的心智模式会影响人们的判断。业已形成的思维方式、观念、价值观对我们会造成束缚,这使得我们的思维不能很好地聚焦于出现的新事物、新现象、新问题,从而研究出新的解决方法或提出有创意的办法。

世界的发展、教育的发展要求人们改变心智模式:系统论、控制论、信息论、结构论、协同论、突变论之六论要求人们从整体性、系统性、动态性的角度认识和把握世界;1984年罗马尼亚第十七届世界哲学大会上宣布:当代世界哲学的重点已从科学哲学转向以人类全部文化(包括知识)为认识论基础的文化哲学,这标志着一个从人出发,更富有人文精神的大科学时代的来临。作为一个教育者必须在存有心智模式的基础上进一步学习,重新审视今天的教育;教育不仅研究科学,也研究哲学、艺术、宗教等,它们共同组成人类文化;教育不仅研究事实与现象,也研究意义、情感、价值、信念,考虑人生价值层次。

也就是说,新的时代的文化哲学要求教育不仅要有过去的理性,还应该注重理想的、情感的、个体的、直觉的和价值的层面,以完整的生活培养完整的人。这与新一轮课程改革的目标是相同的。

每个学科都有自己的特殊品质。教育学的特殊品质是什么?是积极思维,即永远从正面、从光明面去理解和赏识教育对象,去发掘他们的潜力。只要我们认同教育学应该“以人为本”,而不是“以书为本”;认同教育学研究的是“人——人关系”,即师生之间的互动——建构关系,那么,我们就应该同时认同,教育对学生要以鼓励、表扬和正面教育为主,减少处罚、叱责、讽刺等消极教育行为。我们不少教育工作者信奉这样的信条:“优点不说跑不了,缺点不说改不了。”他们特别善于发现学生的缺点,动辄对学生进行体罚、斥责、讽刺,伤害了学生应有的安全感和自尊心。这些消极行为,反映出传统教育学“以书为本”的“拟物化思维”特征。

我们认为,教育要永远盯住孩子身上的优点、亮点、特点,永远朝正面的、积极的、健康的、亮丽的角度去看待问题。一个现实生活中的孩子,身上肯定是有长有短、有好有差的,但教育者不是用苛刻的眼光去挑剔他的短处和缺点,加以喋喋不休地训斥和指责,就像一个医生把病人放在一台大显微镜底下，把他的每一个病灶统统放大，然后手术除之。这不是“以人为本”的教育的态度。教育的态度正好是医疗态度的反面，就是放大受教育者的优点和长处，使之充分发挥。甚至受教育者的优点和长处还在萌芽状态，还不明显，还处于鼓励、鼓励、再鼓励。

主张鼓励为主、强调积极思维，反映了教育学应有的内在品质，而皮克马利翁效应正是它的生动体现。

教育要面向世界。东方文化、西方文化都应该学习并将其融合，如此才能培养出全面的学生来，所以正确理解中华民族文化心理结构对现代教育的影响，对教育的目的、教育的手段都有重要的意义。

所以，心智模式应走向：团体、合作、文化、学习！

在理论指导下

当一种理论转化为人的一种思维方式的时候，它就会改变他的行为方式，最终变为他的存在方式或生活方式。理论不仅规范和引导人们“做什么”，而且规范和引导人们“不做什么”。人们总是以某种理论、观念去观察现实，并用这种理论、观念规范自己所要解决的问题，以及解决问题的途径与方式。马克思说：“光是思想力求成为现实是不够的，现实本身应当力求趋向思想。”（《马克思恩格斯选集》第1卷，人民出版社1995年版，第11页）没有理论的实践是偶然性的。在学校管理中，我们应当坚持理论联系实际，坚持把教育的基本理论与办学实际联系起来，用科学的理论去思考和回答教育实践中的问题，将自己的实践活动上升到理论的高度去反思，这是提高教育教学质量的必经之路。所以，探索教育改革之路，不能不认真学习教育理论。

裴氏理论

主体教育理论：每一个学生都是特殊的个体，需要充分理解、尊重和关怀；相信所有的学生都会学习，应给每一个学生提供思考、创造、表现及成功的机会；所有的学生都能学习，不存在绝对意义上的差生，应尊重差异；实施有特色的教育，使每一个学生能主动发展自我。

主体教育理论的若干命题：确立现代教学观，关注学生的文化生存环境，关注教与学活动的方式，实现学生真实、真正的发展。学生的学习具有选择性、研究性、体验性和反思性，学校教学进程应体现学生学习的内在机制及学习特点。教学内容的选择与设计，重在理解和掌握知识，加强学科知识的整合，面向生活实际，体现教学的实践性和文化性。通过教与学的行为分析，实施以主体参与、合作学习、差异发展、体验成功为内涵的发展性教学策略。确立体现学生发展的课堂教学质量观与价值观，进行有效教学的水平评估，促进教学方式变革，使学生学会学习、学会创造。

同时提出了，学生主体性发展是培养全面发展的人的基础和核心；学生是发展的主体，是具体的、活生生的、有丰富个性、不断发展的认识主体，是具有主观能动性的独立个体和群体；主体性，作为主体的本质属性，是主体在同客体的相互作用中表现出来的能动性。自主性、主动性和创造性，是学生主体性的内在规定性。

“实践是人特有的存在方式”，主体性是实践主体的个性。学生的主体性在活动中产生，在活动中发展，在活动中表现。为此应该坚持活动的客观性、目的性、群体性及创造性。

个体在群体交往中得到发展，通过合作与交往，促进学生主体性的发展；主体间性是主体与个体间相互交往的特性，是人的主体性的重要组成部分。通过主题在群体中的交往，人的主体性才能得以真正的发展。

学生主体性发展的基本条件是：主体素质结构——思想品德发展水平、成就动机、知识结构、智力水平、身体素质、活动能力、科学方法、人格特征等内在因素决定了学生主体性的水平及发展。

以学习活动为中心的现代化教学理论：教学设计是将教学活动科学化，是提高教学实效性的一种有效的途径。所谓教学设计，是指教师以现代化教学理论为基础，依据教学对象的特点和教师自己的教学观念、经验、风格，运用系统的观点和方法，分析教学中的问题和需要，确定教学目标建立解决问题的步骤，合理组织和安排各种教学要素，为优化教学效果而制订实施方案的系统的设计过程。现代化教学设计理论家美国学者加涅提出“为学习设计教学”的思想，并提出教学设计的目的在于帮助个体学习，应当实质性地影响个体发展等体现一切为了学生发展服务的价值取向。

教学活动设计的过程不仅是按照教材、课标要求和学校教学规定静态书写教案，而立足学情分析诊断，选择实施印证最佳教学方法的过程。教学活动的意义不在大小、而是着眼学生发展需要，尤其要关注细节和有价值的片段过程。

主体教育的发展性教学策略系统

根据近年来进行的主题教育理论与实验研究，我们认为，教学策略的类型划分应依据学生学习的策略，立足于学生认识的主动建构与发展，因此构建了由“主体参与、合作学习、差异发展、体验成功”为内涵的“发展性教学策略”。所谓发展性教学策略，指的是：以学生为主体，通过学生主动学习促进主体性发展的一种教学思想和教学方式。这是20世纪80年代以来我国教育工作者，通过理论与实验研究，在对原有不合理教学策略积极改造基础上，形成的以促进学生发展为本的一套教学策略系统。

发展性教学策略，是一种以培养和发展学生主体性为主要目标的教学策略，它体现主体教育思想，首先追求的是一种境界。这种境界表现在尊重学生的主体地位和主体人格，培养学生自主性、主动性和创造性，使他们在掌握人类优秀文化基础上学会学习，学会创造。发展性教学策略，作为一种教学策略，它提供给人们的是一种在一定理论框架指导下的思维方式和行为准则，而不是照一定操作规程机械套用的“傻瓜相机”。教育实践工作者通过掌握科学合理的教学策略，结合教育教学实际进行生动丰富的创造，这才是发展性教学策略的生命力所在。

发展性教学策略是一个系统，主要包括以下几个具体策略：主体参与、合作学习，差异发展、体验成功。

主体参与的教学策略。参与，指学生在外部思维上积极主动地参加各种教育活动。正是作为认识发展的主体的主动参与，体现了教学过程中科学实践和主体能动性的统一。主体参与的目标是，通过构建学生的主体活动，完成认识和发展的任务，促进学生主体性的发展。首先是完成知识的社会建构，使学生深刻、灵活、扎实地掌握知识。学生主体参与的活动，不仅是构建、保持和应用知识的基础，而且促使学生认识活动的发展，提供获得道德、审美价值经验的基础。借助于学生主体参与，学生真正掌握凝结在精神文化中的社会道德准则、理想、审美意识、情感、责任感，形成内在的价值目标，从而实现从道德认识向道德行为的转化，培养良好的个性和人格。其次，是学生参与中促进学生主体性发展。活动，是主体性生成和发展机制。人作为主体正是在活动参与中生成、在活动参与中发展。通过主体的活动参与，还学生学习的主动权；通过主体的活动参与，拓展学生发展空间；通过主体活动参与，引导学生自我挖掘自己的创造潜能，自我开发自己的创造力，自我培养自己的创造性学力。

主体参与教学策略的实施，核心问题是学生主体参与状态、参与度问题。教学活动中，学生高的参与度主要表现在两个方面：一是能动性。不仅指学生有明确的参与目的，并以此制约活动的方向、进程以及对结果的解释，而且表现在强的思维能力，特别是创造性思维能力及动手实践的能力。他们有自己的独到见解，敢于冒险，不断超越自我，从而发挥出强的创造性。二是参与度低的学生则表现为等、听、看的观望态度，注意力不集中，消极模仿或进行重复性行为，被动地回答老师问题。而是全面性。全面性指一个学习群体中所有学生的主动参与。学生主体的参与度，不仅取决于学生自身的主体意识和活动能力，而且也取决于教师教学观念以及对教学内容、教学方法的整体把握。

要使学生积极主动地参与学习，要特别处理好以下几个关系，以排除影响学生主动参与的不利因素。一是教师讲授与学生接受的关系，文化知识的传递与文化知识的选择、应用、创新的关系。二是整体推进与个别化关系，既要保证班级整体教学的高质量、高水平，又要适应学个体的差异性，注重学生个性发展，分层分类指导和推进，使每个学生都能积极主动参与。三是学生参与中合作与竞争的关系，形成学习共同体，以产生整体效应。当然，学生主动参与，关键还在于教师在教学中采用什么样的策略，比如营造民主、宽松、和谐的氛围，形成相互尊重、信任、理解、合作的人际关系;创设问题的情境;引导思路,展示思维过程,使学生有较高的思维活动的质和量;注意个别差异;从多方面培养学生主体参与的意识和不断提高他们主动参与的能力等等。

合作学习的教学策略。合作学习的教学策略将教学过程作为师生共同构建学习主体的过程,在充分尊重人格的基础上,通过多样、丰富的交往活动,不仅为学生提供一个自由和谐的教育环境,而且使教学认识成为一种社会文化活动,将主体间的社会交往纳入认识活动过程,承认教学认识活动的社会性,并作为学生发展认识中的一个重要内容。合作学习的教学策略关注教学活动中体现出来的群体人际关系和交往活动,积极建立群体合作学习关系,这就是:使教师在"权威、顾问、同伴"三种角色的选择中,使学生在"竞争、合作"两种关系的处理中,师生在主动与受动角色扮演中形成良性促进的和谐关系。这种关系是一种相互接纳、相互理解的合作、民主、平等、和谐的人际关系。如果真正做到了让学生轻松、宽裕,不仅有利于使学生获得集体意识和行为规范,提高自我教育的水平,实现个体与社会的沟通,同时也将极大地激发教师与学生的主动积极性和创造性,使师生都获得自我的充分发展。

合作学习教学策略的目标是,通过实践活动基础上的主体合作与交往,促进学生主体性发展和学生社会化进程。首先,通过合作学习,促进学生认识的发展。合作学习,不仅是一种学习形式,更重要的是作为一种教学思想和教学方式。教学中的社会交往、民主平等、合作融相互尊重信任、共同参与的师生关系,在学生的认识发展中起着重要作用。第二,通过合作学习,培养学生的社会适应性。包括:强化学生社会交往意识和社会角色规范,培养学生的任务意识、合作意识是责任感及团结合作精神,并获得一定的社会经验。第三,通过合作与交往促进学生主体性的发展。

合作学习的基本要素主要包括:对合作性目标结构的适度认同,成员间的积极互赖,个人责任,社交能力与合作意识,小组自评。其中尤其是目标认同,只有认同才能保证学生合作动机的真正激发,保证学生合作需要的真正内化,使小组确实作为一个"利益共同体"而存在。合作意识及良好合作技能行为主要表现为:倾听(尊重与信任)、交往(理解与沟通)、协作(互助与竞争)、分享(体验与反思),而且不同年级、不同学生还呈现出一定的差异性。

合作学习的核心问题是实效性问题。为避免课堂教学中那种仅仅是形式上的合作学习,关键在于教师在教学中采用什么样的教学策略。为保证合作学习高的实效性,教育实践工作者们经过进行探索,积累了宝贵的经验,比如小组合作学习的任务应有一定难度,问题应有一定挑战性,有利于激发学生主动性与小组学习活动的激情以及发挥学习共同体的创造性;处理好集体教学、小组合作学习的时间分配;每个学生自主性学习的质量是合作学习实效性的基础;小组研讨的民主性、超越性是保证合作学习实效性的关键;适时引进竞争机制及激励性评价,使小组间通过竞争共同得到提高的同时,个人及小组群体分享成功的快乐;保证合作学习实效性的两个基本条件:一是培养学生的合作意识与交往技能。二是教师正确的教学观念,等等。

差异发展的教学策略。差异，指学生个体之间稳定的个性特定的不同。差异是客观存在的，不同学生有不同的成就感、学习能力倾向、学习方式、兴趣爱好及生活经验。如何面对有差异的学生，最大限度地利用学生的潜能实施有差异的教学，引导并鼓励学生形成独特性，实现差异发展，是现代化教学十分关注的问题。这里的“差异发展”，是相对于“平均发展”而言的，“差异发展”意味着学生在生理、心理、品德、价值观、审美、技能等各个方面都能得到不同的发展，是学生个性的全面发展。差异发展教学策略的实质是在于，在个性差异中揭示学生作为单个个体的独特性，不仅使每个学生都得到发展，而且能更快地培养一批有鲜明个性特色的高素质人才。

按照学生个别差异形成的几个主要变量，课堂教学中学生的个别差异可以分为以下几种主要类型：①学生自我意识的差异。自我意识是由自我认识、自我体验和自我控制组成的自我调节系统。自我意识集中体现在自我监控能力上。自我监控指“某一客观事物为了达到预定的目标，将自身正在进行的实践活动过程作为对象，不断地对其进行积极、自觉的计划、检察、检查、评价、反馈、控制和调节的过程。”自我监控能力高的学生表现为：特别善于计划、安排自己的学习时间和内容，善于做笔记，有自己独特的学习方法和策略，更善于自我提问和自我检查。而自我监控能力低的学生则不善于计划、不会安排自己的学习时间和内容，不善于做笔记，谈不上有自己独特的学习方法和策略，更不善于自我提问和自我检查。②学习态度的差异。学习态度，作为学生对学习对象的一种心理倾向，包括动机、情感、理想、意志及个性等因素。有的学生有强的积极的学习动机，远大的理想，意志坚强，情绪稳定，谦虚勤奋，富有开拓创新精神，而有的学生则表现为对学习的冷漠，缺乏理想，意志薄弱，情绪不稳定，骄傲懒惰，墨守成规。③学习风格的差异。学习风格涉及人知的、情感的和意志的三个方面的心理要素上的差异。④智力或能力的差异。学生对一定概念、原理的掌握以及与之相关的智力发展水平（如推理能力、理解能力、记忆力、信息加工能力、分析能力等）上呈现的差异。

为了促进学生的差异发展，近年来在我国一些学校正在进行“分层递进教学”、异步教学、弹性教学、分层次教学等实验。按照学生的不同特点分类，分别确定不同的教学目标（如基本目标与层次目标，或共同性目标与选择性目标），有差异的教学内容，以及差异作业、差异评价。为不同能力、学业水平及兴趣的学生，提供选择的余地，包括学习内容的深度、广度，训练的难易度等。另外，通过选修课、综合实践活动等途径使学生充分发挥各自的创造性潜力，为实施差异发展教学策略提供了生动丰富的教学经验。

体验成功的教学策略。情绪体验是影响认得认知活动、行为表现及性格形成的重要因素，不断获得成功的体验是树立自信心的基础，是形成良好个性的基础，也是发展学生主体性的基础。长期以来，在传统不合理的教育观念、教育体制影响下，很多孩子不是在体验成功，而是在反复体验失败，甚至从小一直充当“失败者”，导致学生的自我否定，灵性被扼杀。

近年来，随着我国教育改革的深入，广大教育工作者越来越认识到培养学生积极的情感体验，在教学中实现人文与科学的有机整合，一是培养面对21世纪科学与社会发展挑战的高素质人才的重要内容。二是以促进学生主体发展为目的，体现现代化教育特征的发展性教学，将体验成功作为现代化教学的一个基本特征和一条基本教学策略，从而开拓了一个极具价值的研究领域。

体验成功教学策略的实质在于以改善学生自我观念、活的积极的情感体验为核心，提高学生的自我效能感。实施体验成功的教学策略，旨在促进学生认知发展和培养学生良好人格。苏霍姆林斯基认为："成功带来的愉快是强大的情感力量，儿童想当一名好学生的愿望就是依靠这股力量。""教学和教育的艺术和技巧就是在于发挥每个儿童的力量和可能性，使他感到在脑力劳动中取得成功的喜悦。"原因在于：人的发展，是主客相互联系作用的过程，每个人都是再把自我作为对现实世界的认识和行动尺度的基本参照系，如果他自认为自己是一个好学生，他就会处处表现出一种好学生的样子；他自认为是一个不合格的学生，他也会处处表现出消极的态度。心理学的有关研究表明，从自我心理角度看自己心目中的我，比真实的我更重要。正是积极的自我观念，作为一种巨大的能量，成为个人行为的动力和挖掘自身潜能的工具，促进良好个性形成的一把钥匙。正因为如此，国外有学者指出"没有失败者的学校"。

有学者指出，关于体验成功教学策略的实施问题，关键是在教学中如何体现以下基本命题：①看到每个学生都是特殊的个体，需要充分信任、尊重和关怀。在尊重差异的前提下，引导学生体验成功；②要给每个学生提供思考、创造、表现及成功的机会，引导学生在主动参与中自主地体验成功；③相信所有学生都能学习，都会学习。创造良好的环境，引导学生在合作与竞争中体验成功。尤其需要指出的是，关于体验成功的教学策略的探索，具有典型性代表的首推江苏南通市第二师范附小李吉林老师从1982年至今的"情境教学"改革实验。实验借鉴中国传统文化和教育中的意境学说、人文主义语言观，以及西方现代科学研究成果，在长期教学实践摸索基础上构建了"情境教学系统"。情景教学系统的实质在于，创设优化环境，激发儿童相应的情感，做到知、情、意统一，以文启人，以情动人，以理育人的有机结合。

现代教育管理再认识

管理，指经由他人达到组织的目标，其核心价值是效率。通俗地说："管"即健全制度，系统管理；"理"即理顺关系，搞好团结。

教育管理的突出特点是"产品"参与自己"产出"的过程。学生的素质必须经过自己的认识、感受、体验及至欣赏、品味才能真正形成。因此，学校的管理也是一种教育的方式，管理具有内生性、柔性、教育性等特征。

任何管理都存于特定的环境之中，环境对管理有着激励和制约的双重作用。现代教育管理就是在特定的社会环境下，遵循教育的客观规律，对各种教育资源进行合理配置，以实现教育方针和教育目标的行为。

东北师大邬志辉教授认为，现代教育管理思想主要有两个源头：一是东方孔子为代表的“以德治教”思想；二是西方苏格拉底为代表的“依法治教”思想。东西方教育管理的两个源流在许多方面有着重大的差异：从人性假设上看，东方相信人性善，西方相信人性恶；从管理特点上看，东方强调上线道德，西方强调底线道德；从管理重点上看，东方重视管理人的思想，西方重视管理人的行为。

现代教育管理思想诞生于西方，西方的管理思想引起现代教育管理的含义先后经历了十次重大变迁，主要表现在

（1）以泰勒为代表的科学管理思想认为管理就是提高效率，经由斯波尔丁与博比特将此思想引入教育管理中，极大地提高教育效率。

（2）梅奥的人际关系理论使现代教育管理走向了民主化，人际关系理论认为教育就是充分调动教育人员的工作积极性。

（3）目标管理理论综合了泰勒科学管理与梅奥人本管理两者的长处，使职工在满足自我需要的同时实现了组织的目标。目标管理使教育着眼于未来，认为教育管理就是有效达成教育目标，同时不可忽视目标管理存在时间陷阱、量化陷阱、奖励陷阱等弊端。

（4）一般系统理论是关于任意系统研究的一般理论与方法论，它对教育管理也有着重要的方法论意义。教育作为一种社会系统具备目的性、整体性、层次性、动态性。一般系统理论运用到教育管理中就是要使教育系统的效能持续放大，即在既定的质量目标下追求全面卓越。

（5）西蒙认为：“管理就是决策。”教育管理就是教育决策，是西蒙的决策理论在教育管理中的应用，决策不只是做决定、想对策，决策就是做正确的事情。教育决策的过程就是要不断研究新情况、解决新问题，发挥各种力量寻求最佳方案。

（6）教育管理是一门科学，但它的最高境界是艺术，管理者需要掌握一定的科学管理知识，但在具体实践过程中要把这些知识灵活地运用，使管理活动达到一种艺术境界。

（7）教育管理就是教育服务，在这种情况下，学校变成了提供教育服务的场所；学校与教师、教师与学生的关系转变为教育服务产品的提供者和消费者、服务者和被服务者；学校和学校之间的关系从合作转变为竞争。

（8）教育管理就是教育组织文化，管理的关键在于在学校日常管理中用自己的行动表达自己的理念、信条、规范和准则。

（9）教育管理就是教育经营，学校自我负责、自主经营，进而提高教育质量与效率，办出特色与水平。

（10）教育管理就是教育创新，对教育管理含义的理解，应是动态的、综合的，而不能是单一的。

进入21世纪,传统的教育管理面临巨大挑战,新一轮课程改革中的校本化管理、研究性管理、开放式管理和人本化管理,使传统的教育管理方式不相适应;现代学校“重建”运动,要求建立现代学校制度和重塑现代学校精神,要求加快教育管理方面的改革;信息化和网络化,挑战着传统的学校组织结构、管理方式,对学校管理提出了全方位的挑战;知识经济使知识成为社会竞争的核心力量,传统的知识观、人才观和学习观遇到了新的问题。

中国的大量教育管理理论都来自于西方、来自于企业界,教育管理研究既满足不了实践发展的需要,又缺少国际交流与对话的能力。中国教育管理学在21世纪应主要研究进口化与本土化、企业化与教育化、落后化与现代化、务虚化与务实化等问题。

当代,西方教育管理主要是科学主义、人文主义和自然连贯主义的理论流派。三种理论思潮在理论和实践中的融合,已成为当代中国教育管理改革的一种理论导向。近20年来,我们引进了不少外国的管理思想,主要有三类:即20世纪20年代兴起的泰勒的科学管理理论;30年代兴起50年代完善的行为科学理论和70年代后形成的“管理科学丛林”。20世纪20年代的美国,教育界的一些学者,为了证明教育对社会的贡献,也为了改变传统的教育管理方法,将泰勒科学管理的方法运用于教育。运用的结果,在宏观教育管理、特别在教育统计分析方面是成功的,它证明了教育投入的社会效果,说明了美国的进步得益于教育。但在微观学校管理方面,运用是不成功的。他们认为,教师不是雇佣劳动者,任何压制、约束和物质刺激,都不能替代教师创造性的劳动,行为科学在教育领域的运用更加普遍。它注重情感因素对教育管理的作用,其实效是非常明显的。但在美国,过分强化情感在管理中的作用,结果削弱了学校制度和纪律,影响了教育的质量。系统管理、过程管理、目标管理、质量管理等被统称为“管理科学丛林”的思想,也在美国教育界运用过。20世纪80年代,正当这些管理思想盛行,并在企业管理获得成功的时候,教育界派了一些优秀企业家到学校当校长,但后来都未能成功。结果他们认为,对人的管理和对物的管理,是有本质区别的,把对物的管理思想运用到对人的管理中,要十分慎重。

西方教育管理理论及其模式对我国教育管理理论和实践具有重要的借鉴意义。我国教育管理理论和研究主要是以经验总结为主。西方教育管理理论及其模式为改造我国教育管理理论发展和实践的模式提供了思路和基本观念。首先,我国教育发展和整个社会处于现代阶段,教育管理乃至所有的管理有一个从经验、人治管理到理性和法制管理的转换过程。其次,由于我国的现代化是以西方发达国家的现代化为参照系的,西方管理现代化的历程中有成功的经验也有失败的教训,这就要求我们在借鉴西方的管理和教育管理理论的时候不能盲目照搬,要避免他们走过的弯路,所以我们借鉴古典组织理论和教育管理科学理论的时候,同时要学习和借鉴人本主义教育管理理论以人为本模式,把教育组织作为一个开放系统,处理好教育管理中科学主义与人本主义、教育组织与个人、社会与教育组织等关系。再次,虽然我国社会还处于现代阶段,但由于高科技的发展和信息大众化、全球化使得我国在许多方面也具有后现代的因素，因此，在建设我国的教育管理理论和实践模式的时候有必要吸收西方后现代理论及其教育管理思想，这对理解和解决我们所面临的教育管理理论和实践问题无疑具有重要意义。

结合我国国情，预测在21世纪我国教育管理将迅速发展，并呈现出科学化、民主化、整合化、现代化、伦理化、规范化、终身化、国际化的发展趋势。

北京教育学院贺乐凡教授在美国考察时，芝加哥的一位教育官员说："中国基础教育是一流的。"贺乐凡教授问他这一评价的标准是什么？他说："标志有三条：第一是中国的家庭和学校管理严格、规范；第二是中国学生聪明，智力水平高；第三是中国学生学习刻苦。"他说："第三条是最本质的一条，任何成功都是刻苦追求的结果。美国学生学习不够刻苦，结果吃了亏。希望中国的教育改革能继续发扬学生刻苦钻研的优势。"美国的许多教育官员、校长、教师和家长，他们都称赞中国的基础教育。

我国教育管理的实践经验是非常丰富的，外国在教育改革的过程中非常重视对中国中小学办学思想的研究，如中国和谐的家庭教育、科学严格的班级管理、规范的双基教学、刻苦的求学精神、严格的考试考查制度等等，都是他们研究的内容。他们千方百计地想从中吸取改革的营养，当我们提出取消小学升学考试和改革各级升学考试的时候，美国却十分欣赏中国严格的升级、升学考试，认为这是中国基础教育所以获得高质量的重要原因。美国近年来基础教育的教学改革，正在实施几条最重要的措施：第一，编制全国统一的教学大纲和州一级的通用教材；第二，取消免试升级、升学的制度，逐步实行严格的升级、升学考试制度；第三，实行州一级的统考和学校考试质量评估制度，把评估的结果作为国家对学校拨款多少的依据；第四，国家拨专款，为双职工和单亲子女实行节假期补课的制度；第五，实行"家长择校，学校问责"，强化社会和家长对学校管理的监督。不难看出，他们这些做法，主要是学习中国的经验。但是，美国在学习中国的同时，并没有丢掉自己注重培养学生个性和生动活泼的教育优良传统。相反，越是强调全球化、国际化，他们越重视本国教育的优良传统。我们进行教育改革，不能以否定本国教育优良传统为代价。我们的许多思想，如教学为主、依靠教师、全面发展、因材施教、重视德育、严格考试考查等等，不能轻易放弃。教育改革要建立在发扬成功经验的基础上，改正确实存在的弊端。

在本土与世界之间，教育充满摇摆。作为一种文化，管理的方式不但会改变人的生活，而且会影响人的思维。为了适应素质教育的要求，教育管理需要创新。

人民教育政府办

过去是人民教育人民办，现在是人民教育政府办。我理解这句话，表达的意思有两点：一是义务教育政府出钱了；二是只有政府支持才能办好教育。平顺的教育改革就充分证明了这一点。

平顺中学的校园里流传这一句话："没有共产党，就没有新中国。没有陈书记，就没有新一中。"陈书记是县委政府的一个代表，其实是没有县委政府的决策和支持，就没有崭新的平顺中学。教育改革三年来，平顺中学的每一点变化都凝结着县委政府的心血：全员下岗，竞聘上岗；面向全省公开招聘校长；投资6400万元建设教学楼和实验楼；三年招聘60个新教师；"三名"工程的评选和津贴的发放；中高考25万元奖金和优秀穷孩子20万元入学资助金的发放，教育经费的大力补充，都大大激发了教育的活力和老师们的工作热情。平顺是个穷县，一年的财政收入刚刚一亿多元，可用财力不过4000万元，穷县办教育，困难可想而知，没有一定的魄力谁也不敢轻易动动这个奶酪。但平顺的教育就是变了，老百姓也由不理解到理解，这是政府的功劳。

过去有句话，一个好校长就是一所好学校，根本不是这回事，校长的能力是有限的。教育需要花钱，如果政府不给钱，校长没有钱怎样办？学校缺老师，政府不给编制，校长怎么办？学生的薄弱学科需要辅导，政府不给环境，校长怎么办？所以，只有政府支持才能办好教育。

下面是县委书记在教育大会上的发言，从中我们不难读出政府的信心和决心。

同志们：我们为什么要重视教育、关爱教师？

首先说为什么要重视教育。教育是培养人、塑造人的实践活动。如果把教育比做一座大厦，那么教师就是支撑教育大厦的一块块基石。近代以来，大国的崛起，国与国之间的较量，说到底，拼的就是国民素质，拼的就是人才，拼的就是教育。这一点，我们从战后日本的迅速崛起可见一斑。众所周知，日本是一个人多地少、资源极其匮乏的岛国，在第二次世界大战后的一片废墟上快速崛起，归根到底，得益于日本人对教育的高度重视和对人才的大力培养。正是发达的教育和众多的人才迅速成就了日本世界第二大经济强国之梦。他们靠先进的技术和尖端的产品突破了资源的瓶颈，雄踞世界市场，吞食着越来越多的国际蛋糕。而日本重视教育的历史可以一直上溯到明治维新时代。日本还是世界上最早在全国范围内普及义务教育的国家，比美国早4年，比法国早10年。他们重视教育的程度足以让全世界为之刮目。正如日本前内阁总理大臣福田赳夫坦言："人是我国的财富，教育是国政的根本。"一句话道出了日本崛起奇迹的根源。从日本这个近邻身上，我们也得到很多有益的启示：一个国家的昌盛离不开教育，一个家庭的兴旺离不开教育，一个社会的进步更离不开教育。我县作为一个尚未脱贫的山区小县，要加快发展、科学发展、转型发展、走向富裕，根本还得靠教育。所以，我们重视教育，就是重视平顺的可持续发展；我们重视教育，就是重视平顺人民的幸福安康。

接下来说一下为什么要关爱教师？我们平顺之所以经济发展水平相对较低，广大群众的幸福指数还相对较低，从表面上看，我们缺的是资金、缺的是项目。但透过现象看本质，我们最根本缺的是人才。平顺人很聪明，平顺的孩子也很优秀，但这些优秀的孩子为什么没有成为高素质的优秀人才？究其原因，最关键、最根本的原因是我们教学手段落后、教育水平低。现在我们提出了实施“双五”战略、主攻“五大”目标的治县方略，想通过一段时间的努力缩小与外界的差距，这就需要大量的人才做我们坚实的后盾。人才哪里来？一方面靠引进，一方面靠培养。引进是治标之策，培养是治本之法。要培养自己的人才，就必须有一批高素质的教师队伍。可以肯定地说，能否建设一支高素质的教师队伍，关系到平顺的孩子能否享受到和大城市的孩子一样高素质的教育，关系到平顺人民能否靠知识改变命运，关系到17万平顺人民的希望和未来。我们关爱教师，就是关爱平顺一代又一代优秀孩子的健康成长；我们关爱教师，就是关爱一代又一代平顺人文化水准和道德素养的不断提升；我们关爱教师，就是在表达勤劳朴实的、英雄的17万平顺人民对辛勤园丁和“蜡烛精神”的崇高敬意。所以，教改结束后，从2009年到现在，我们出台了一系列的政策，真诚关爱每一位人民教师，不断提高大家的待遇。我们这样做就是想激发广大教师的内在活力，使平顺的教育事业尽快地兴旺起来，使我们的教育成为人民满意的教育，使平顺的优秀学子享受到高水平的教育，为平顺的子孙后代造福。而广大教育工作者也一定要清醒地看到自身肩负的责任和使命，把“没有最好，只有更好地”当做自己毕生的追求，不断地超越自我，追求卓越，真正办出平顺人民满意的教育，为平顺人民脱贫致富奔小康，为平顺辉煌灿烂的明天作出自己应有的贡献。

一定要把提升教育教学质量作为教育工作不懈追求的永恒主题。

教育无小事，事事皆育人。教育工作千头万绪，而教学工作是整个教育事业的核心。在这个核心中，教育教学质量就是教育事业的生命线，也是所有学校工作的生命线。穿衣要穿名牌，上学要上名校，老百姓花钱供孩子读书，就是希望孩子受到高质量的教育，靠知识去改变命运。现在提倡素质教育，学生的学习成绩不是衡量教育教学质量的唯一因素，但一定是主要因素。教育工作者必须统一思想，把提升教育教学质量作为教育工作的永恒主题，任何时候都不能变。因为素质教育也不是“空挂”的教育，文化成绩也是其重要的组成部分，中高考还是目前社会认可、比较公平、比较有说服力的检测学生学习质量的标尺。前几年，我县的优秀学生之所以都涌向市里，就是因为市里教学质量好、升学率高，考入名牌大学的机会多。所以学校建的再漂亮，工作汇报的再好，质量上不去，就不能让社会和家长满意。只有质量上去了，保住了牌子、树起了形象、亮出了风采，才能够赢得家长和社会的信任，我们的教育工作者才能真正在社会上有名有望有地位，才能真正得到广大人民群众的尊重和社会的厚爱。所以必须把提升教育教学质量作为教育工作不懈追求的永恒主题，一切工作都要围绕这个主题展开。要牢固树立“以质量求生存”的理念，向课堂要质量，向教改要质量，向教师要质量。要千方百计，提升教学水平，提高教学质量。要以高素质的教师队伍支撑学校，带动质量，打造品牌，树立形象。

2007年，县里将要出台实施一系列新的配套激励措施，目的就是要进一步激发广大教师的内在动力，挖掘大家的内在活力，让广大教师的智慧得到充分涌流，才能得到充分展现，推动我县教育事业健康发展。从2007年开始，我们每年在全县教育战线评选200名教学能手、

100名名师、10名扎根山区、献身教育的标兵、10名名校长、15名优秀员工。尤其我们要在全县评选10名师德楷模。我们对评选出的教学能手和优秀员工都要给予一定的物质和精神奖励。今后就是在教学能手里面评名师，在名师里面评师德楷模。我们对评选出的名校长也要给予一定的物质和精神奖励，但是对评选出的名师、师德楷模和扎根山区、献身教育的标兵，我们要发奖励工资。评为名师的，每个月增发100元的奖励工资，以后每年连续评为名师的，第二年200元，第三年300元，第四年400元，第五年500元，连续五年评为名师的，只要在平顺工作，每月500元奖励工资的待遇终身享受。同样，评为师德楷模的，每月增发200元奖励工资，第二年继续评上的增发400元，依此类推，第三年600元，第四年800元，第五年1000元，连续五年评为师德楷模的，只要在平顺工作，每月1000元的奖励工资终身发放。这次会议上我们把教育教学质量明确地提出来，把关爱激励机制正式地建立起来，这样我们每年评选出的优秀教育工作者就达到了350名左右，占到了目前全县在岗教职工的将近1/5。我们就是要扩大先进面，让广大教师不是教学能手争教学能手，当上教学能手争名师，当上名师争师德楷模。我们就是要让在教育战线为教育事业发展，为优秀穷孩子的健康成长作出突出贡献的人，政治上有前途，社会上有地位，经济上得实惠，就是要让广大教育工作者在平顺这块土地上活得扬眉吐气。我们还要对在岗的代课教师，也就是原来的民办教师，在2009年年度考核之后，根据每个人不同的表现情况，给予适当的工资奖励。不仅要涨工资，特别优秀的，我们将积极向上争取，力争每年能解决一部分代课教师的进编问题。我们就是要全方位、广覆盖、大力度地对优秀教育工作者进行奖励，从而调动起所有教职工献身教育事业的积极性，有效地持续提升我县教育教学的整体质量。不论教师还是员工，不论正式教师还是代课教师，我们对各方面的优秀教育工作者，都要真诚关爱，都要保障他们的生活。谁干得好，我们就保障谁，谁为教育事业默默地奉献，我们就关爱谁。对于不能尽职尽责、滥竽充数的教师，教育局还要出台优胜劣汰的办法，还要建立淘汰机制，不仅评好的，每年还要把各个学校最差的教师选出来，不是予以辞退，而是全部送到进修校进行培训，培训期间只发放基本工资。什么时候培训合格、通过了，再返回学校重新上岗。

教好书是一个教师最基本的要求，做到了这一点，你就是教学能手。而名师不仅要教好书，而且必须得到广大群众的公认，这就比教学能手的要求高了一层。而扎根山区、献身教育的标兵，是那些长期在条件恶劣的贫困山区任教的老师，且不说教学质量，仅是十几年甘于清贫、乐于奉献，把青春和热血献给山里穷孩子的精神就值得大力提倡。我们平顺是一个山区小县，山区的孩子都渴望受到教育，都渴望有优秀的教师引领他们人生成长的道路。我们平顺的教育事业就需要有一批教师站出来，到艰苦的地方为教育事业默默地耕耘，为优秀穷孩子的成长去奉献自己的力量。之所以又要评选师德楷模，就是因为做人先立德，做事德为首。教育培育的是未来的希望，是国家的栋梁，教师的师德在潜移默化中将影响到学生的一生。古语说“学高为师，德高为范”，人民教师的一言一行都将对学生产生直接影响。师德问题是个关乎人品的问题，一个好老师首先必须是一个好人，是一个高尚的人，是一个纯粹的人，是一个正派的人。做人是做事的基础，做事是做人的延伸，没有一流的人品就没有一流的师德，没有一流的师德就不会成为一流的教师，不是一流的教师就培养不出一流的学生、一流的人才。不可能人人都成能为名师名教，但必须人人都要成为一个有高尚情操的教师。评选"师德楷模"就是要把那些爱岗敬业、爱生如子、德才兼备、德行突出的教师推上前台，成为全县教师学习的榜样。今后我们在评职称、提待遇、给荣誉上，就是要打破平衡求平衡，不论资历论能力，不论级别论业绩，为每一位踏实肯干、爱岗敬业的优秀教师提供一个充分发挥个人聪明才智的广阔空间。同时，2007 年我们还将在全县开展平安校园、书香校园、绿色校园、文明校园"四园"创建活动，为广大教育工作者放心、放手、放胆、安心从教创造一个和谐优美的环境。我们就是要通过一系列措施，在全县营造出尊师重教、优先发展教育的浓厚氛围，使平顺的教育事业越办越好、越办越兴旺，成为平顺取之不尽、用之不竭的优秀人才成长的摇篮。经过一代又一代优秀人民教师坚持不懈的努力，切实把我县的教育办成人民满意的教育。会后，分管教育的领导和教育局的同志要根据今天的讲话，抓两头带中间，进一步出台政策，进一步完善创新机制，进一步完善考核办法。

同志们，什么是平顺人？特别能吃苦、特别能战斗、特别讲奉献、特别重情义的，就是平顺人；什么是平顺人？从不叫苦、从不喊累、从不畏难、从不言败的，就是平顺人；什么是平顺人？能够把不可能变为可能、能够把不现实变为现实、能够把办不到变为办得好的，就是优秀的平顺人。走进平顺门，就是平顺人，大家都是平顺人，我们平顺人"四特"、"七不"的优秀品质，我衷心地希望能够在教育战线的广大教职员工身上得到更加充分的展示。只要大家能够肩负起历史的重任，能够承担起时代赋予的神圣使命，我县的教育工作就一定能够再上一个新的台阶，我县的教育教学质量就一定能够再上一个新的水平。新的一年，我县教学教育质量提升正攻坚，衷心祝愿全县教育事业能够好戏连台、捷报频传。我更坚信，新的一年我县教育事业经过广大教育工作者的辛勤耕耘，一定能够好戏连台、捷报频传。县委、县政府期待着大家的好消息，期待着广大教育工作者在 2008 年的教师节表彰大会上都能够走上领奖台。

教育幸福论

哲学家们都承认：人生最高的目的是幸福。费尔巴哈在《幸福论》中提出："一切有生命和爱的动物，一切生存着和希望生存的生物之最根本的和最原始的活动就是对幸福的追求。"教育是一种生活，生活以幸福为目的，所以教育以幸福为目的。世界著名的教育家乌申斯基说：教育的主要目的在于使学生获得幸福。苏霍姆林斯基就曾指出，教育(目的)是培养幸福的人。我们的办学理念"为师生谋幸福，为社会担责任"就突出了教育的幸福目的。新教育实验发起人、苏州市副市长、苏州大学博导朱永新教授曾提出：过一种幸福完整的教育生活。

教育是一项幸福的事业。这里面有四层意思:第一,教育本身就是幸福的事业;第二,学生在教育中享受幸福,通过学习获得幸福,终结就是取得人生的幸福;第三,教师本身在教育的过程中感受工作魅力的幸福;第四,不同的人在教育中取得不同的幸福却有相似的幸福观。所以,教育,为教师今天的幸福努力,为学生明天的幸福奠基。

教育是发现、创造、享受幸福生活的艺术,教育的终极目的在于使人过上幸福美好的生活。教育家杜威说过:“给孩子一个什么样的教育,就意味着给孩子一个什么样的生活。”教育通过传授知识、发展智力、丰富情感、培养德行、强健体魄,使学生掌握获取幸福的各种本领,进而通过自己的努力去追求各自的幸福。教师的工作,就是为每一个学生奠基幸福,为千千万万的家庭培植幸福,就是为全社会创造幸福,教师的幸福在于为大多数人带来幸福。

教育部前部长周济曾寄语广大教师:“当老师的,要真正把教书育人作为最幸福的事情。”教育是人类通向幸福的阶梯,不仅因为教育帮助人获得幸福所需的物质条件,更重要的是教育在精神层面上关怀人的生活。沙洪泽在《教育,为了人的幸福》中认为:课程,是师生走向幸福的阶梯。

一个普通教师,培养幸福感来自三个方面。首先是全身心地投入工作,做出一定的成绩,获得学校领导和学生、家长的认可与尊重,这是最根本的幸福源。其次是要多和学生沟通,赢得学生的信任和尊重,这是在学校保持心情愉悦的根本。第三个就是要保持一颗平常心,安于当教师的辛苦和收获,宁静致远,这是很重要的一条。

贫穷不是社会主义,社会主义是要人们过上富裕、幸福的生活。我在清华大学培训时,一位陈老师曾掷地有声地说:“不要说你没钱,那是因为你没本事。”但也要清醒:教育使人通过头脑、智慧变得富裕,而教育者却是相对比较清贫的。

教育的真谛在于启迪智慧

阿尔佛雷德?诺斯?怀特海在《教育目的》说:“理想的消失是人类努力失败的可悲证明。在古代学校里,哲学家们渴望传授的是智慧,而现代学校,我们降低了目标,教授的是学科。从神圣的智慧——这是古人向往的目标,沦落到学校教材知识——这是现代人追求的目标,标志了多少世纪以来教育上的一种失败。”

如果说传统教育的内核是知识,那么未来教育的视野应该是智慧。所以,今天我们的教育观必须实现由知识观向智慧观的转变。知识文化观以人的知识、学历和科研成果的拥有量作为评价人的文化水平高低的唯一标准,而智慧文化观则以人对文化的创造性的含金量作为评价文化水平高低的标准。所以教师一定要打破书本知识的迷信,要鼓励学生在学习书本知识的同时,又要善于放下书本,从周围生活中去汲取信息、学习知识。真正的教育,应该让学生有三种收获:知识和技能,学习方法和思维方法,人生智慧。

教育的过程就在于使人日益成其为人,它不仅使受教育者获得知识,更重要的是培养受教育者成为追求知识的智者和思想者。我们对智慧的追求通过"个性化素质教育"来实现。

个性化素质教育旨在全面提高学生素质的同时,更强调要考虑到学生已有的认知基础和个性特点,在教育教学中承认个性差异,尊重个性特点,强化个性优势,进而因材施教,为每一个学生最大限度地发展自己搭建舞台,使得全体学生都能在优化个性中发展综合素质,成为人格健全、学力宽厚、合作创新、开拓进取的智慧型人才。

一、生本教育

生本教育是郭思乐教授创立的一种教育思想和方式。生本教育是为学生好学而设计的教育,也是以生命为本的教育,它既是一种方式,更是一种理念。以学生为本,营造民主、和谐、宽松的氛围,提供学生个性张扬的土壤。让"探究"、"对话"、"讨论"、"体验""感悟"成为我们实现教学目标最重要的行为动词。从培养情商入手,发展学生的智商,提供每一个学生发展的机会,国内外关于智力非智力因素关系的研究表明,好奇心、求知欲、上进心和坚持性等非智力因素或个体特征对智力发展有重要的促进作用。搭建多元化、有特色的发展平台,提供多样化、针对性的服务,根据学生不同的兴趣、爱好和特长,相继创设各类特长课程班。怀特海认为学生是发展的主体,发展的本能来自内部,发展是主体的主动行为。而学生的发展主要是通过学习来实现的,学习是学生发展的主要方式。用怀特海的话说,教师有两个作用:一个是以自己的人格和个性激发起学生的热情,起示范、引领作用;另一个是创造出具有更广泛知识和更坚定目的的环境,促成学生的主动发展。人的发展总是在和他人、和环境交互影响中实现的。教师的作用就是创造环境,创造一个以自己的人格精神和个性激发学生热情的好的发展环境,创造一个有目的、有计划地引导与促成学生发展的环境。

二、自我教育

自我教育作为学校德育的一种方法,要求教育者按照受教育者的身心发展阶段予以适当的指导,充分发挥他们提高思想品德的自觉性、积极性,使他们能把教育者的要求,变为自己努力的目标。要帮助受教育者树立明确的是非观念,善于区别真伪、善恶和美丑,鼓励他们追求真、善、美,反对假、恶、丑。要培养受教育者自我认识、自我监督和自我评价的能力,善于肯定并坚持自己正确的思想言行,勇于否定并改正自己错误的思想言行。要指导受教育者学会运用批评和自我批评这种自我教育的方法。只有将受教育者的自我教育能力培养起来,教育才是成功的,教育的效果才能巩固和发展。确立六"自"字当头的风气:自尊、自信、自强、自学、自律、自理。开拓指导学生自我教育的渠道,探索一条变他律为自律、变管教为引导、变规范为需求的教育内化的路子。

三、幸福教育

北京师范大学檀传宝教授《幸福教育论》认为"幸福需要教育,教育需要幸福。"苏霍姆林斯基说过:"要使孩子能成为有教养的人,第一,要有欢乐、幸福及对世界的乐观感受。教育学方面真正的人道主义精神就在于珍惜孩子有权享受的欢乐和幸福。"教育就是要以人的终生幸福为目的,在教育中创造、生成丰富的幸福资源,培养出能够创造幸福、享受幸福的人。幸福教育的目标是:为学生智慧和人格的同步发展创造最佳的环境和条件,使在平顺中学接受教育的所有学生都有——理解幸福的思维、创造幸福的能力、体验幸福的境界、奉献幸福的人格。教育的核心是:把教育当做一件幸福的事情来做,"幸福地教、幸福地学"。幸福教育的核心内容是:"幸福课堂,幸福学习。"没有"幸福的课堂",就没有"幸福的教育"。立足学生幸福地学,我们创设幸福课堂。

四、智慧教育

把智慧学习全面渗透到教育教学的每一个环节中去,以此作为培养学生的实践精神、创新能力、合作分享等优秀个性品质的突破口。在课堂教学中着眼于学生实践意识的养成,帮助学生面向生活并学以致用。让实践活动课程正式走进课表,为学生个性的充分发展创造空间。引导学生开展丰富多彩的课外活动,以先进的科学和高尚的文化来滋养学生的心田。智慧教育的哲学基础:让每一个人热爱智慧、追求智慧,让每一个人得到全面发展。智慧教育的本体观:教育是一项智慧的事业,促进人的智慧成长,让师生拥有快乐幸福的人生,是教育的使命。智慧教育的价值观:智慧照亮人生。

靖国平先生认为,智慧教育的宗旨在于培育"智慧活动主体",促进人作为智慧活动主体的全面生成与发展,培育人的完整、健全的智慧能力、精神和人格,引导人过有意义、有价值的生活。当代教育变革的一个基本方向是由培育"知识的受体和载体"转向"智慧活动的主体"。一个完整智慧活动主体的成长,应包括其"理性智慧"(求知求真的智慧)、"价值智慧"(求善求美的智慧)和"实践智慧"(求实践行的智慧)三者之间的综合、协调、有机地发展。

人本管理

从人性出发来分析、考察人类社会中任何有组织的活动,就会发现人类社会中有一种较为普遍的管理方式,这种管理方式以人性为中心,按人性的基本状况进行管理,这就是所谓的"人本管理"。

人本管理作为一种新的管理理论,核心之点即通常所说的尊重人,爱护人,理解人,关心人。管理科学的发展也说明,从泰勒的"管理科学"开始,发展为"行为科学",到当代的"现代管理",就是从不见人,忽视人到逐渐重视人,发挥人在活动中的主体作用的转变过程。

具体来说,主要包括如下几层含义:依靠人——全新的管理理念。开发人的潜能——最主要的管理任务。尊重每一个人——企业最高的经营宗旨。塑造高素质的员工队伍——组织成功的基础。人的全面发展——管理的终极目标。凝聚人的合力——组织有效运营的重要保证。

学校是一个以人培养人的地方,人占据着学校的主导地位,也是决定因素,管好了人也就管好了一切,因此,在学校管理中实施“以人为本”的管理应当是恰如其分的。“以人为本”既是“以教师为本”,学校对教师实行人本管理,也是“以学生为本”学校对学生实行生本管理。

一、“人本管理”含义:就是在管理活动中把“人”作为管理的核心

学校办学成功的关键因素在于人,在于那些富有激情和敬业精神的管理人才;在于务实、勤奋、高素质的教师队伍。人本管理思想不仅表现为重视人和调动其积极性,还表现为发展人,为人谋福利。

人本管理的出发点。面对学校,我们在思考:学校是什么?学校为什么?学校发展靠什么?我们认为:

(一)学校即师生

有教师、有学生的组织才叫学校,学校当然应该以教师、学生为本,把教师、学生的因素放在第一位。

(二)学校为师生

教育为国家服务,办学是公益事业,是为了满足学生、社会的需求,同时也是为了提高教职工的工作质量和生活质量。

学校的客观价值是什么?是为了让学生得到发展,将来过上幸福生活;是为了教师得到发展,创造今天的幸福生活。

(三)学校靠师生

学校管理主体是全体师生,办学也是靠全体师生的共同努力。如果没有了学生,没有了教师,何来学校?学校的发展只能靠师生。投资只是教育的物质基础,师生才是教育的灵魂。应该说大多数教师是忠诚的,这是中国的文化“求安定,求平稳”的大背景的特点决定的。所以,绝大多数教职工愿意在一个靠得住的单位里长期工作,而不愿跑来跑去。因此,只要学校真正以教师为本,教师安心工作是可能的。

二、人本管理的五个层次

人本管理作为一种以人为中心的管理,其中涉及情感管理、民主管理、自主管理、人才管理和文化管理。

(一)情感管理

情感管理是通过情感的双向交流和沟通实现的有效管理。例如,“走动式管理”就是鼓励走出办公室,深入教室、课堂,与各层次各类型人员接触、交谈、加强感情沟通,建立融洽关系,了解问题,征求意见,贯彻落实学校的战略意图。这种以情感为主要特征的管理方式可以减少矛盾,融洽关系。

情感管理注重人的内心世界,根据情感的可塑性、倾向性和稳定性等特征进行管理,其核心是激发员工的积极性,消除员工的消极情绪。情感管理,就是应该诚心诚意地相信,“每个人都有自己的专长”,“无论你多么忙,也必须花时间使别人感到他们重要”,“一个教师怎样才能

使人们感到自己重要？首先要倾听他们的意见，让他们知道你尊重他们的想法，让他们发表自己的见解”。即要人承担责任，就要向他们授权，不授权会毁掉人的自尊心，应该用语言和行动明确告诉人们你赞赏他们。

情感管理就是要经常地鼓励人们去取得成功。作为一个领导，应当意识到人人需要表扬，而且必须诚心诚意地去表扬。因为每个人都希望得到这种机会。表扬的方式多种多样，如口头赞扬，请被表扬人上台接受众人的鼓掌祝贺，在刊物上公布先进名单与事迹等。虽然物质鼓励也是需要的，但是促使人们“取得优异成绩的因素，远远不只是金钱”，“上台接受同行们的赞扬比接受一份装在信封里的贵重物品重要得多”。

（二）民主管理

民主管理不是仅挂在口头上的辞令，而应确确实实体现在日常工作之中。学校领导应多听少谈，“听”是一种艺术，这种艺术的首要原则，是全神贯注地听取对方的意见，绝不可心不在焉。应鼓励部下反映来自下面的意见。

民主管理就是让员工参与决策。人人都有自尊心。领导在做出涉及部属的决定时，如果不让相关的其他人来参与，就会损伤他们的自尊心，引起他们的激烈反对。如果你能让其他人参与决策，即听取他们的意见，那你非但不会挫伤他们的自尊心，反而会提高他们的士气；被征求意见的人多一些，人们的士气就会更高一些。如果员工感到自己对有关的事没出一份力，就会觉得自己被别人瞧不起，由别人摆布。

民主管理就是要求集思广益。办学校必须集中多数人的智慧，全员经营，否则不会取得成功。集思广益，并不是说遇事必找人开会或商量，更不是要取消自己的主见，不是左右摇摆拿不定主意。集思广益要的不在于形式，而在于经营者心里经常装着“要集思广益地办事”这一原则，要有随时随地听取别人意见的思想习惯。这样的态度，就会造就一种让员工自由说话的民主氛围，欢迎下级自由地并可越级提出建议。

民主管理还要求领导坦诚地、不受自己的利益、感情、知识及先入为主意识的影响，要按事物的本来面貌去看问题。只有心地坦诚，才能知道事物的真实面貌和事物的本质，并顺应自然的规律；才能倾听员工大众的呼声，集中广大员工的智慧，才会产生该做的就做，不该做的不做的真正勇气，也才会产生宽容心态和仁慈心态。

（三）自主管理

这种新型管理方式，是民主管理的进一步发展。这种管理方式主要是员工根据学校的发展战略和目标，自主制订计划、实施控制、实现目标，即“自己管理自己”。它可以把个人意志与学校的意志统一起来，从而使每个人心情舒畅地为企业做奉献。

“信任型”管理和“弹性工作时间制”都是自主管理的新型管理方式。它是以广大员工的良好素质为基础的，企业主管不单凭职务权力和形式上的尊严去领导下级。员工自己制定实施与上级目标紧密联系的个人工作计划。自主管理的根本点在于对人要有正确的看法，因为经营是靠人来进行的,身负重任的经营者是人,员工也是人,顾客以及和各方面的关系户也都是人。可以说,经营就是人们相互依存地为人类的幸福而进行的活动,正确的经营理念必须立足于对人们正确的看法之上。

怎样正确地看待人,日本著名企业家松下的回答是:“人就是万物之王,是伟大而崇高的存在。”这里所说的“王”,一方面是指人是自然界万物的主宰,可以驾驭自然规律,支配万物,自己给予自己生机;另一方面是指人能自主地担负起使一切事物发挥其作用的责任。根据对人的正确看法来看待学校,就是要自觉地认识到,学校中的每个人都可以成为自主的管理者,都是经营组织内的“王者”。校领导要信任人,不要随意解雇人,而要实践“新的人道”,即要在承认人的自主性的基础上,看清万物的天赋使命和本质,按照自然规律进行恰当的处理和对待,充分发挥每个员工的积极性,这就是人道的本义和自主管理的根本要义。

(四)人才管理

善于发现人才、培养人才和合理使用人才是人才管理的根本。人才的重大特点是热爱学习,注意广泛获取信息。学校给教职员工创造学习和发展的环境与机会,就是在爱护人才。学校竞争的利刃是人才——受过教育,又有技能,渴望发挥自己的潜能,促进学校成长。人才的创造性是可以通过学习实现的,要激励和保护创造性人才的创造精神。在使用人才的过程中,要遵循人才管理的规律,建立人才信息管理系统,使人才的培养、使用、储存、流动等工作科学化,真正实现人事工作科学化、合理化、做到人尽其才、才尽其用。

(五)文化管理

从情感管理到文化管理,人才管理层次向纵深方向推进。文化管理是人本管理的最高层次。它通过学校文化培育、管理文化模式的推进,使员工形成共同的价值观和共同的行为规范。

文化管理,就其重视人和文化的作用而言,是行为科学的发展和继续,但绝不是行为科学的简单重复。文化管理充分发挥文化覆盖人的心理、生理、人的现实与历史,把以人为中心的管理思想全面地显示出来。文化是由一定的集体所共享的理想、价值观和行为准则形成的,使个人行为能为集体所接受的共同标准、规范、模式上的整合。

三、人本管理上的激励

激励是人本管理中的核心问题,它是指行为主体采取一定的措施,激发个体的动机,使个体产生一种内在的动力,朝向所期望目标方向前进的过程。领导者应该让每一位教职工享受权利、信息、知识和酬劳,从而使人人都有授权赋能的感觉。

管理活动的目的是要充分调动职工的积极性。管理理论中的激励双因素理论即“激励因素”和“保健因素”,在教育管理中发挥着至关重要的作用。特别是“激励因素”更是以德治校不可缺少的因素。它主要表现在四个方面:教育管理者应与下属保持良好感情,要善于发现并利用教职工的长处,注重对教师的工作成就感的激励,加强教育培训提高教师的素质。

四、学校可以采用的激励管理模式主要有

（一）目标管理

教育结果目标、教学结果目标、课程教学的目标、课堂教学的目标（如堂堂清、天天清、周周清）、班级管理目标等等。

（二）参与管理

让教职员工发扬主人翁精神，关心学校、奉献学校，主要手段就是让大家融入组织，当成自己的家。①让全体教职员工参与；②创造动力；③赋予教职员工工作意义；④强化教职员工工作认同；⑤增加教职员工在单位中的利益。

（三）团队管理

完成从优秀的个人到卓越的团队的跨越。管理的目标：实现双赢，三赢。

（四）由“薪”到“酬”

报酬，可以是薪水的方式，也可以是地位性的，精神满足性的，且后者比前者更重要。报酬体系：报酬分为“内部报酬”和“外部报酬”。内部报酬指：①参与决策；②更大的工作自由和权限；③更多的责任；④更有趣的工作；⑤个人成长机会；⑥活动多样化。外部报酬指：①直接报酬（基本工资或薪酬，绩效奖金，加班费和假期津贴，利润分红，股票期权）；②间接报酬（保险，非工作日工资，服务和额外津贴）；③非金钱性报酬（满意的午餐时间，满意的分工，有魅力的头衔，更高的地位）。

以“仁”为本，从心出发

工作绩效 =f（能力 × 激励）

麦克·里兰认为，人类有三类最基本激励需求：权力的需求，归属的需求，成就的需求。

马斯洛认为激励的前提是，一方面，人是有需要的动物，只有尚未满足的需要才能影响行为，而已经满足的需要不再是激励的因素；另一方面，人的需要是按重要性的等级排列的，一旦一种需要被满足，另一种需要就会出现，并要求满足。这个进程是没有止境的，人就是为了满足需要而不断地生活和工作的。马斯洛在 1954 年发表的《激励和人》一书中，把人的需要划分为五个等级。依次为：生理需要、安全需要、社会性需要、尊重的需要、自我实现的需要。马斯洛的这些基本思想被后来的实际管理人员广泛接受，在教育管理中如何用更高层次的需要手段来激发教师和学生的积极性，是教育管理人员普遍研究的课题。所以，学校领导首先应该让员工满足基本的生存需要，然后再提出更多的文化或心理需要。同时，自我实现的人性观也启示我们，不仅要“用人”，还要“发展人”，充分调动其积极性。

亚当·斯密的功利主义哲学认为：人的一切行为都是为了最大限度地满足自己的利益，人是由经济诱因来引发工作动机的。

道格拉斯·麦格雷戈的“x–y”理论认为：x 人需要强制，y 人需要诱导。他强调运用 y 理论调动人的积极性。

杰伊·洛希和约翰?莫尔斯的"超 y 理论"认为人是复杂的(符合马克思主义),提出权变人性观。认为有的人喜欢 x 理论,有的人喜欢 y 理论,y 理论不一定比 x 理论优越。管理应进行变量分析。

威廉·大内认为:业主与雇主可走向一致,员工是企业成员之一,企业应在关心生产的同时也关心员工的劳动和生活。

赫次伯格提出了双因素论:赫茨伯格同他的助手在调查研究中发现,人们不满足于工作时,是对工作环境不满;如满意工作时,则是满意于工作本身。1959 年他在发表的《工作的激励》一书中提出了激励的两因素论。即:第一,保健因素或维持因素。这种因素是维持一个合理的满意水平所需的,没有它们,职工就不会满意,但它们的存在并不构成强烈的激励。第二,激励因素。这些因素构成对职工强烈的激励,能使职工高度满意于工作。激励理论明确指出人们的工作效率决定于人们的工作态度,而工作态度又取决于人们需要被满足的程度;而人们的需要是否能得到合理的满足,又受到工作本身和工作环境的影响。保健因素——工资、职务、工作条件、人事关系;激励因素——发展前途,成就、赏识、赋予责任等。这也启示我们要从工作本身调动教职工的积极性,不断进行工作再设计。20 世纪 70 年代以后,马斯洛、赫茨伯格的管理理论对教育管理的影响与日俱增,"自我实现"既是教育管理者自身的一种追求,他们也认为,以人文主义为导向的管理思想就是要帮助每个人成为自我,如格里菲思就断言:"学校全体教师中士气的高涨,是和管理人员帮助他们每个人在工作中获得的满足所能达到的程度直接联系在一起的。"

弗鲁姆的"期望理论":激发力量来自效价与期望值的乘积。亚当斯的"公平理论":公平的报酬有激励作用,公平来自相互之间和对历史的比较。

他们这些理论均可以用于学校的管理。学校领导应针对教师都"受过高等教育,自尊心强,爱面子"等工作特点,创造宽松环境,多正面表扬,适当进行侧面批评,将以"人"为本推进到让教师感受到领导爱心的"以仁为本"的管理。

同时,在优秀的群体中采用沟通式管理、参与式管理、授权管理等管理方式,长期激励,从而充分调动教师的工作热情和创造性。相信只要拥有团体力量,学校一定能建设成名校。

古人云:重赏之下,必有勇夫。今人云:重赏之下,必有智者。企业家说:天下没有白吃的午餐。员工们说:天下没有白干的活。不管怎么说:严格高效的制度和满足基本生存是管理的基础,柔性激励和精神追求是在实现这些基础之上的高度。

冰山理论

举世闻名的泰坦尼克号为什么会沉没呢?因为船长忽视了冰山在水面下的八分之七。这就是冰山理论的本质所在——表面和实质的关系。

冰山理论认为:人是表象、价值观和假象这三个层面的简单总和,而价值观影响表象(行为，穿着）。但通常人们看到的只是一个人的外表，即“冰山浮在水面部分”，很少能洞察到你的全部，如同“冰山隐于水面看不见的部分”。这会导致人们常常依据一个人的外表推断一个人的好、坏、善、恶等等，这种对人的评价往往产生偏差，从而错误地估计和评论一个人。

在学校教育管理中，有不少的管理者不善于解决问题，常常以罚代管，学生犯错误，轻的罚他劳动，重的有体罚的，更有甚者，干脆罚款，如此等等。这就没有真正从体系上解决问题，做表面工作，就事论事，以罚代管。这就同在大海里航行遇到冰山时，只知道砸“冰山角”，而却不知道水下面的冰山更大。这种砸“冰山角”的做法最终结果是使“冰山”露出的部分越来越大，最终不能航行。学校管理只是砸“冰山角”也是行不通的，最终导致管理失误，教育就会产生危机。

斜坡球体论

学校管理既然不能砸“冰山角”，那么就必须继续寻求新的理论和实践的依据和借鉴，比如从众多企业管理实践中寻找依据和借鉴。我们从海尔集团成功的企业管理理论和实践中，可以得到有益的启示，就是斜坡球体论。学校从“吾日三省吾身”的中国传统自律方法中悟出，学校教育好比斜坡上的球体，由于受到来自社会竞争和学校内部教职工惰性的影响形成的制约力，有向下滑落的本性；要使它往上移动，需要两个作用力：一个是支撑力，保证它不向下滑，这好比学校的教育教学基础工作；一个是拉动力，促使它往上移动，这好比学校的创新能力，且这两个力缺一不可。斜坡球体论的图示见图 1-1.

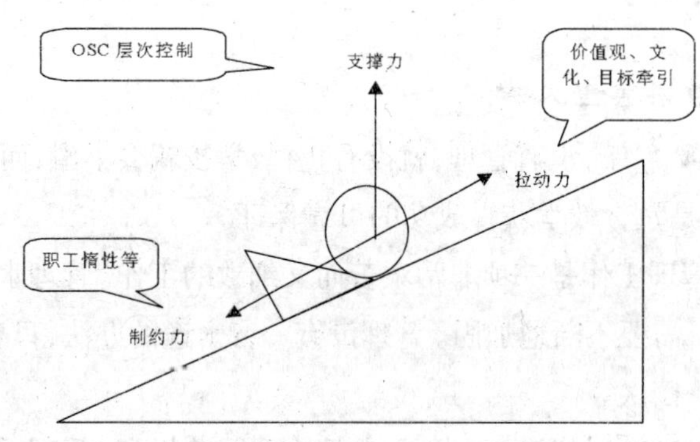

A：学校发展的加速度　M：学校的规模

图 1-1 斜坡球体论示意图

斜坡球体论的图示及加速度公式表明当促进学校成长的因素（拉动力）大于制约学校教育成长的因素（制约力）时，学校就能稳步发展；反之，当拉动力小于制约力时，学校教育就会

下滑;当拉动力等于制约力时,学校教育就处于平衡状态。影响学校教育发展的三种力量的含义分别是:

一、拉动力

简单讲就是促进学校教育进一步成长的力量。一般包括教育教学创新能力和开发能力的增强,教学水平的提高,教学骨干的不断涌现,教职员工素质的提高,教育教学管理人员管理能力的增强,职工收入水平的提高,学生素质提高、高考升学率提高,学生和家长满意的提高,学校知名度扩大等等。其中,最关键的是三个,一是教育教学管理的止退力。二是优秀的教学质量,学生素质,高考升学率的提升力。三是创新能力,而其中创新是拉动学校不断进步的主要力量。

二、制约力

简单讲就是限制或阻碍学校向前发展的力量,一般包括同类层次学校的竞争者增多、教职员工自满情绪的增长、惰性的增加、教学设施的老化、教职工知识老化、创新精神减弱、管理结构庞杂,对教育动态反应迟缓、基础管理削弱、教职员工素质下降、教师流动频繁、领导威信不高……这些因素会促使学校成长缓慢、甚至滑坡。上述因素最主要的还是教职工的惰性和自满情绪的增长。尤其是在学校规模扩大,有了一定的成就之后。近年,一些曾经获得成功的普通高中教育滑坡现象清楚地表明:学校发展最大的敌人是传统的思维定式。

三、支撑力

是支持学校正常运行的力量或防止学校下滑的力量。在学校里主要是指一些基础性的管理若能做到科学化、规范化、制度化、标准化,学校的运行就可以做到正常化。桂山中学经过近五年多的经验总结出来的 OSC 管理法的核心——“目标层次控制体系”就是斜坡上球体的支撑力。

(一)OSC 在管理上的深层含义有三

1. 管理是学校成功的必要条件。没有管理,就没有止档,学校就会下滑,而不可能成功。那么,致力于管理制度创新,就是教育教学获得成功的可靠保证。

2. 抓管理要持之以恒。管理工作是一项非常艰苦而又细致的工作。管理水平易反复,也就是说止档自己也会松动下滑,需要不断地加固。管理没有一劳永逸的办法,只有深入细致地抓反复、反复抓,才能不滑坡,上档次。

3. 管理是动态的,永无止境的。学校向前发展,止档也要跟着提高。管理无定式,需要根据学校的目标进行调整,根据内外部条件的变化不断进行动态优化,而不能形成教条。

(二)OSC 管理法——目标分层控制体系

1. 校长一班人要善于把握时机。改革必须有理念,有理论,还要有实施办法。由于有了危机意识,要保证学校教育不滑坡,斜坡球体论和冰山理论给了我们有益的启示,那么,OSC 管理法是怎样诞生的呢?《海尔的管理模式》一书中 OEC 管理法给学校管理提供了有益的借鉴:

日本机场的清洁工，每半小时来擦一次门窗玻璃和地面，本来这地方就一尘不染，为什么要反反复复地擦呢？原来这是他们的工作流程规定的。由此我们也可以联想到我们国家学校里也规定清洁工每天要多次清洁厕所和走廊地面，为什么就没有效果呢？这里存在着工作态度问题：训练日本人每天擦六遍门窗，他一定会这样做；而中国人就有创造性了，第一天擦六遍，第二天觉得五遍、四遍也可以，最后索性不擦了，因为觉得还看得过去就可以了。

中华民族自古就有自强不息的进取精神，但是普通人中也不乏传统的劣根性：做事的最大毛病是不认真，做事不到位，每天工作欠缺一点，天长日久就成了落后的顽疾。我们在创立新的管理制度时，认为要专攻教职工中这一带有普遍性的毛病，就要有一个完善的管理制度来调动教职工的积极性，于是创立了 OSC 管理法。

2. OSC 管理法的含义。OSC 管理法，其中的 O-Object 目标，S-Sort 分类，C-Control 控制，也就是目标分类控制体系。OSC 管理法由三个体系构成：目标体系——分类体系——激励机制。即首先确立目标；分类是完成目标的基础工作；分类的结果必须与正负激励挂钩才有效。这样，从班级教师到学校管理干部都知道自己每学期应完成哪些任务，做哪些工作，甚至可以自己考核自己的工作，明白自己应得的报酬。

3.OSC 管理法的构成。总体上看“目标分类控制”管理法，是由三个基本框架构成的，即目标体系，分类体系和有效激励体系。这三个体系恰好形成了一个完整的管理过程：首先由目标体系确立目标，然后由分类体系来完成目标的基础性工作，为了使基础性工作能朝着对学习有利的方向运动，必须对分类的结果进行正的或负的激励，这便是有效激励机制所要达到的目标。

项目管理

所谓项目管理，就是项目的管理者，在有限的资源约束下，运用系统的观点、方法和理论，对项目涉及的全部工作进行有效的管理。即从项目的投资决策开始到项目结束的全过程进行计划、组织、指挥、协调、控制和评价，以实现项目的目标。

项目管理是基于被接受的管理原则的一套技术方法，这些技术或方法用于计划、评估、控制工作活动，以按时、按预算、依据规范达到理想的最终效果。

项目管理是第二次世界大战后期发展起来的重大新管理技术之一，最早起源于美国。有代表性的项目管理技术比如关键性途径方法（CPM）和项目评估和反思（PERT）技术，它们是两种分别独立发展起来的技术。

20 世纪 60 年代，项目管理的应用范围也还只是局限于建筑、国防和航天等少数领域，但因为项目管理在美国的阿波罗登月项目中取得巨大成功，由此风靡全球。国际上许多人开始对项目管理产生了浓厚的兴趣，并逐渐形成了两大项目管理的研究体系，其一是以欧洲为首的体系——国际项目管理协会（IPMA）；另外是以美国为首的体系——美国项目管理协会(PMI)。在过去的30多年中，他们的工作卓有成效，为推动国际项目管理现代化发挥了积极的作用。

项目管理发展史研究专家以20世纪80年代为界把项目管理划分为两个阶段。项目管理(project management pm)是美国最早的曼哈顿计划开始。

科学化管理

百年以来，凡是研究管理学的人，都无法绕开“泰勒”。事实上，泰勒《科学管理原理》以时间和动作研究为基础，进而以标准化、流程化、制度化和激励机制为主要内容，这在西方乃至整个世界管理科学发展史上具有划时代的意义。

泰勒科学管理最根本的目的是谋求最高劳动生产率，用标准化、流程化、制度化的管理方法代替经验管理。他的一切管理思想是从他在工厂的管理实践、试验中而来，作业管理、定额管理、标准化管理等管理思想在美国和欧洲大受欢迎。

日本丰田管理的根本是责任管理的成功，中国海尔管理的成功还是责任管理的成功，世界上所有的“人造”危机统统可以在责任管理上找到答案，世界上所有持续成功的企业都把责任管理作基石，这是被许多人常常忽略掉的。因此结论：现代科学管理＝泰勒科学管理□责任管理。

现代管理学认为，科学化管理有三个层次：第一个层次是规范化；第二个层次是精细化，第三个层次是个性化。精细化管理就是落实管理责任，将管理责任具体化、明确化，它要求每一个管理者都要到位、尽职。第一次就把工作做到位，工作要日清日结，每天都要对当天的情况进行检查，发现问题及时纠正，及时处理等。

泰勒的科学管理主要有两大贡献：一是管理要走向科学；二是劳资双方的精神革命。前者是有效管理的必要条件，后者是有效管理的必要心理。古希腊哲学家柏拉图曾构筑一段故事：航行在海上的一艘船上，在部分水手的拥戴下，某年轻力壮的水手杀了有点年老且耳聋的船长。结果船失去了方向，结局只可能是Titanic！在当今，精神革命的实质就是通过合作将蛋糕做大，否则只能在沉默中死亡。当然，科学管理存在过于重视技术、强调个别作业效率、且对人的看法有偏、忽视了整体功能等历史局限因素，所以，科学管理不是万能的，但没有科学管理却是万万不能的。

规范化管理

规范化管理，在20世纪的90年代末，还是一个多少有些生僻的概念，现在它也已开始成为一个最时髦的概念了。可惜人们更多的是把它等同于制度化管理,或叫标准化管理。尽管规范化管理最终也要落到制度层面上,通过规章制度来实施,但制度化管理仍远不等于规范化管理。制度仅仅是一种形式,任何一种形式的管理都可以以制度的形式予以界定和贯彻。所以,人们所说的制度化管理仅仅是强调要把企业老板或上司主管的稳定意志——不是心血来潮的冲动,以制度的形式予以界定。它仅仅是相对于由情感主导的上司老板的随意性管理行为而言的,是与能人强权管理相对立的一种管理,强调的是事事有章可循的"法制"化管理。

规范化管理是与泰勒的科学管理相对立的,强调的是在管理的过程中,要充分体现人的价值,而不是把人当做一个机器上的螺丝钉和齿轮,是在对人的本质特性准确把握的基础上,通过确立一套价值观念体系来引导下属员工的意志行为选择。

规范化管理的完整定义:①以达到"八零"境界为目标;②以满足"十化"行为要求为基本标准;③通过健全完善一套公开透明、上下认同的游戏规则;④为管理的实施构造一个抓手,以保证"4E"控制标准的实现;⑤在达成"八化"措施上不断努力;⑥以协调企业发展的利益关联主体相互之间的关系;⑦诱导他们为企业发展贡献自己资源的意志行为。

规范化管理的 4E 控制标准:企业的每一个岗位、每一个活动、每一份资产、每一个时刻,都处于受控之中。

管理规范化的行为标准:决策程序化、考核定量化、组织系统化、权责明晰化、奖惩有据化、目标计划化、业务流程化、措施具体化、行为标准化、控制过程化。

规范化管理的措施要求:系统化,常态化,流程化,标准化,专业化,数据化,表单化,信息化。

规范化管理实施过程中的一个关键点:效率、效益。

规范化管理的特征:制度化管理、标准化管理都不等于规范化管理,规范化管理必须具备四个特征。系统思考:贯彻整体统一、普遍联系、发展变化、相互制衡、和谐有序、中正有矩六大观念。员工参与:让每一个员工都参与到游戏规则的制定过程中来,以保证其理解、认同和支持。体系完整:有完整的思想理论,对企业管理的方法和技术进行整合和协调。制度健全:有能构成企业组织运行游戏规则,健全组织成员行为激励诱导机制的管理制度。

精细化管理

精细化作为现代工业化时代的一个管理概念,最早是由日本的企业在 20 世纪 50 年代提出的。"天下大事,必做于细。"精细化管理的理论已经被越来越多的企业管理者所接受,精细化管理就是一种先进的管理文化和管理方式。

精细化是一种意识、一种观念、一种认真的态度、一种精益求精的文化。

现代企业对精细化管理的定义是"五精四细",即精华(文化、技术、智慧)、精髓(管理的精髓、掌握管理精髓的管理者)、精品(质量、品牌)、精通(专家型管理者和员工)、精密(各种管理、生产关系链接有序、精准),以及细分对象、细分职能和岗位、细化分解每一项具体工作、细化管理制度的各个落实环节。“精”可以理解为更好、更优,精益求精;“细”可以解释为更加具体,细针密缕,细大不捐。精细化管理最基本的特征就是重细节、重过程、重基储、重具体、重落实、重质量、重效果,讲究专注地做好每一件事,在每一个细节上精益求精、力争最佳。

精细化管理:要求对于管理工作要做到制度化、格式化、程式化,强调执行力。

“把每一件简单的事情做好就是不简单,把每一件平凡的事情做好就是不平凡”。

扁平化管理

扁平化管理是企业为解决层级结构的组织形式在现代环境下面临的难题而实施的一种管理模式。

“扁平化管理”是相对于传统的等级结构管理模式而言的。传统组织的特点表现为层级结构,即在一个企业中,其高层、中层、基层管理者组成一个金字塔状的结构。董事长和总裁位于金字塔顶,他们的指令通过一级一级的管理层,最终传达到执行者;基层的信息通过一层一层的筛选,最后到达最高决策者。而扁平组织则是指当企业规模扩大时,改变原来的增加管理层次的做法,转而增加管理幅度。当管理层次减少而管理幅度增加时,金字塔状的组织形式就被“压缩”成扁平状的组织形式。

扁平化管理是针对传统组织结构“金字塔”式管理而言。金字塔式组织结构是与集权管理体制相适应的。在现代企业组织结构中,金字塔式和扁平化共存。

之所以“扁平化”成为现代组织变革的关键词,是因为传统的组织形式难以适应快速变化的市场环境,造成决策链过长、反应缓慢,为了不被淘汰,就必须选择那些与市场关联度高的部门,分权、授权管理,使企业集团在规模扩大的同时,组织机构趋向“扁平化”。特别是现代信息技术的发展、计算机管理信息系统的应用,使严格意义上的多层级、层层汇报的垂直管理不再有效,从另一方面加速了企业组织机构“扁平化”的趋势。

扁平化得以在世界范围内大行其道的原因,一是分权管理成为一种普遍趋势,金字塔状的组织结构是与集权管理体制相适应的,而在分权的管理体制之下,各层级之间的联系相对减少,各基层组织之间相对独立,扁平化的组织形式能够有效运作。二是企业快速适应市场变化的需要。传统的组织形式难以适应快速变化的市场环境,为了不被淘汰,就必须实行扁平化。三是现代信息技术的发展,特别是计算机管理信息系统的出现,使传统的管理幅度理论不再有效。在传统管理幅度理论中,制约管理幅度增加的关键,是无法处理管理幅度增加后指数化增长的信息量和复杂的人际关系, 而这些问题在计算机强大的信息处理能力面前迎刃而解。

第二章　和谐高效的教师团队

师表风范：师德的魅力

师德，即教师的职业道德，是对教师职业行为的基本要求和概括，从道义上规定了教师在教育劳动过程中应该以什么样的思想情感、态度、行为标准对待学生、同行、领导和家长，去处理教育问题，以做好教育工作，为社会尽职尽责。师德建设，就是要对教师坚持正确的导向，教育其树立正确的价值观、质量观和人才观，增强教书育人的自觉性和以身立教的社会使命感，培养教师严谨求实的治学态度，倡导教师发扬敬业、爱业、乐业的精神，从而肩负起国家、民族所赋予的培养"适应21世纪现代化建设需要的社会主义新人"的历史责任。

改革开放以来，我国提出了一系列师德建设的法律和政策要求。《中华人民共和国教师法》明确提出"教师应当忠诚于人民的教育事业"、"遵守宪法、法律和职业道德，为人师表"，"关心、爱护全体学生，尊重学生人格，促进学生在品德、智力、体质等方面全面发展"。1984年，教育部、全国教育工会联合颁发了《中小学教师职业道德要求（试行草案）》；1991年，颁布了《中小学教师职业道德规范》，提出了依法执教、爱岗敬业、热爱学生、严谨治学、团结协作、尊重家长、廉洁从教和为人师表等八项要求。2005年，教育部制定了《关于进一步加强和改进师德建设的意见》，指出师德建设要围绕实施素质教务、全面加强青少年思想道德建设的目标要求，以"热爱学生、教书育人"为核心，以"学高为师，德高为范"为准则，以提高教师的思想道德素质为重点，弘扬高尚师德，力行师德典范。

中华民族在几千年的教育实践中，逐步形成了一系列优良的师德要求。孔夫子毕生从事教育工作，广收弟子，"有教无类"。他提出教师要"以身作则"、"循循善诱"、"教学相长"、"学而不厌，诲人不倦"，提出学生要"当仁不让于师"。墨子强调教师要"言行一致"、"言必信，行必果，使言行之合，犹合符节也，无言而不行也"。孟子从人性论的角度提出培养人的"恻隐之心，善恶之心，辞让之心和是非之心"。人要学会反省、知耻与改过。韩愈在著名的《师说》中强调教师的任务是"传道，授业，解惑"，强调"弟子不必不如师，师不必贤于弟子，闻道有先后，术业有专攻，如是而已"。陶行知先生则更是伟大的师德楷模，他脱下西装革履，穿上布衣草鞋，用他的行动实践他的"捧着一颗心来，不带半根草去"的师德主张。还有蔡元培，被后世所标榜的，师德远胜于学术——虽然师德也被归于教育学的范畴。人们对于他的评价"学界泰斗，人事楷模"。蔡先生提出的兼容并包思想作为其教育管理理念就多少带着人性化的魅力——胸襟广博、宠辱不惊。即使排除学术，单是这一点，也足叫学生受益一生了。鲁迅先生真正对于那一时代青年的感染力,也集中体现在他“师德”的魅力。“横眉冷对千夫指,俯首甘为孺子牛”,他的血性,他的认真,他的犀利,他的狂热,他的无私,他的忧国忧民,都深深地在那个时代的青年心里烙下亘古不朽的痕迹。鲁迅留给后世的不仅仅是他的文字,更多的是他为人师表的使命感,他把“师德”当做一种武器,直接用来指向敌人。从孔夫子到鲁迅,一代代先圣先哲成为中国千千万万教师心中的师德典范。

师长之于每一个学生,既要授之以学问,又要传之以道德。渊博的学识仅仅叫学生膺服,而崇高的道德品质衍生出来的人格力量,才能使声音更有力量,使学问更有灵魂。这也许就是师德的魅力所在,这也是我们为人师者毕生追求的目标吧。在学生心目中,教师是社会的规范、道德的化身、人类的楷模、父母的替身。他们都把师德高尚的教师作为学习的榜样,模仿其态度、情趣、品行、乃至行为举止、音容笑貌、板书笔迹等。因此,可以说教师道德素质比教师文化素质更为重要。师德才是教师的灵魂,是教师人格特征的直接体现。

和谐社会的一个重要特征是“公平、公正”。教育公正既是社会教育关系的公正,又是教育活动的公正。教师是教育活动公正的承担者。教师只有形成公正的价值信念,才会有公正的教育行为。特别是在市场背景下,公正更是教师的美德,是人民教师人民性本质的显现。

作为教师,爱心比什么都重要!老师的幸福源于对牺牲的超越感。“一个人的幸福不是因为他得到得多,而是因为他计较得少。”台湾教育家高振东先生说过:“爱自己的孩子是人,爱别人的孩子是神。”苏霍姆林斯基指出,“教育中的皮带和拳头……是我们教育工作者的羞愧与耻辱……教师在学生手册里写上:‘你们的儿子不想学习,请采取措施。’这实质上就是教师经常把一根鞭子放在学生的书包里,而父亲就用这跟鞭子来抽打自己的儿子。试想一下这样的情景:一个复杂的外科手术正在进行之中,技术高超的外科医生正俯身在露出的伤口上动手术。突然,一个腰里别着斧头的屠夫闯进了手术室,让拔出斧头就朝伤口砍去。那么,这把脏斧头,就等于是教育中的皮带和拳头。”(《公民的诞生》)如果认真阅读过如此精彩生动的论述,教育中的“皮带和拳头”是不会出现在我们的教室和校园的。“爱心教育”是学校管理和教师队伍建设最重要的奠基工程,“爱心育人”应该包括爱心、诚心、细心、耐心、恒心这五个方面的准则。我深信,拥有爱心是一个教师走向成熟和成功的事业“护照”,一支拥有爱心的教师队伍是学校最可宝贵的财富。

如果我们把那种只管上课、批作业称为教师的话,那么,那些不仅讲课、授业、解惑,更注重“传道”——传人生观、价值观之道,传真正的成才成人之道的教师,工作更难做,因为“他”要关心学生、研究学生,因人施教、为人师表。十年树木,百年树人,踏上三尺讲台,也就意味着踏上了艰巨而漫长的育人之旅。怎样才能做一名好教师呢?我非常认同赵国柱教授的意见:

一、倡导人文精神

人文精神是一种以人的生存、发展为本的人类自我关怀的精神,其核心价值为“求善”。教师的人文精神表现为教师的尊严、价值、命运、生命的维护,倡导人文精神,就是倡导一种正确的人文导向，倡导教师确立新的价值信仰目标、教育教学观念、人生处世哲学，以自身对社会、对教育的关注与作为，不断完善自身德性，从而引导学生健康成长。

教师的人文精神集中体现在德性和规范两个层面，在德性层面，教师必须树立以人为本的教育思想，以学生的全面发展、终身发展为出发点，培养主动、健康发展的一代新人。在规范层面，教师在教育实践中要关心、爱护全体学生、尊重学生的人格，平等、公平地对待每一位学生。不讽刺、挖苦学生，不体罚和变相体罚学生。一句话，倡导人文精神，就是要倡导爱的精神，让学生在关爱中成长。

二、倡导法制精神

教师的法制精神在德性层面表现为：教师对国家法律特别是教育法律法规的信仰、尊重和认同。教师依法执教，在教育教学工作中体现国家意志。努力培养德智体美几方面全面发展的社会主义事业的建设者和接班人。教师的法制精神在规范层面表现为：教师的教育教学工作必须在国家法律法规规定的范围内进行，在工作中自觉遵守法律法规，自觉执行教育法律，尊重和保护学生的合法权益与人格尊严，特别是尊重和保护学生的受教育权、人身权、财产权等基本权利不受侵犯，在工作中杜绝任何侵害学生权益的语言和行为，不传播任何有悖于党和国家方针、政策和有害学生身心健康的思想和内容，依法规范教育行为。

三、倡导敬业精神

教师敬业是一种职业态度，是尽心尽力、尽职尽责、专心致志、勤奋认真地对待教育事业的态度。敬业是教育本质属性的反映和要求，是师德建设的核心。敬业精神在德性层面表现为：献身职业，把教育作为一项崇高的事业，把教育看成是自己的使命和责任，全身心地投入到教育的劳动和创造中，在教育实践中成就忘我品格、高尚情感和奉献精神。教师的敬业精神在规范层面表现为尊重职业，把教育作为一项社会分工，看做一种工作职责，圆满完成教育任务是教师在法律层面上应尽的义务，教师在工作中必须恪尽职守，认真备课，认真改作业，认真辅导学生，认真完成学校的各项任务。“通过实践，通过课堂，教师显现他作为教师独特的生命气质、生命品质、学识素养、教学艺术，实践着的教师才会表现出不同的品质与素养的差异。课堂是释放教师的才情、气质、个性的地方。在其他地方，他不能体现他的价值，英雄无用武之地。只有课堂才是真实的教师显现才能的地方。”（刘铁芳：《课堂真好》）

四、倡导科学精神

教师的科学精神是教师在教育教学实践中对“真”的不懈追求的品格和精神，是教师在教育教学实践中尊重规律、实事求是、追求真理、勇于探究、勇于创新的集中体现。其核心价值是“求真”。教师的科学精神在德性层面表现为：教师严谨治学，树立优良教风，刻苦钻研业务，不断学习新的知识，不断探究教育教学规律，不断改进教育教学方法，不断提高教学科研水平，不断提高教学质量。教师的科学精神在规范层面表现为：禁止在教育教学实践中弄虚作假、徇私舞弊、禁止抄袭剽窃他人的学术成果和劳动成果，堂堂正正地做人做事。

五、倡导协作精神

教师的协作精神是以教育事业发展为核心、以和谐相处为基础、以共同合作为方式的一种思想观念和优良品质。教师劳动是多科学合作、互动、交流的共同劳动，只有团结协作、开放融合，才能培养出优秀的一代新人。教师的协作精神在德性层面表现为：真诚无私、团结互助、关心集体、维护学校荣誉，维护集体利益、服从领导，顾全大局，遵守校纪；维护其他老师在学生中的权威性，在竞争中合作；尊重家长，理解家长，体谅家长，虚心听取家长意见，与家长共同教育学生。教师的协作精神在规范层面表现为：不以自我为中心、不以自我的利益为出发点，不以个人喜好为标准处理问题；不搞文人相轻、自以为是；不无故训斥家长、指责同行。

“做老师不是为了钱，是因为我们真的相信这份工作对芬兰很重要”，芬兰罗素中学的史亚利老师深信不疑，“师资即国力，老师愈好，国家就愈强大”。

教师生活是重复存在，这就是生存的特点。经验肯定是好的，但会产生缺少新鲜的感觉，造成职业的倦怠。重复经验是可怕的，可能会失败：正如野兔走路，它找到脚印才放心，智慧的猎人，在野兔脚印下设陷阱。野兔败在哪里？留下的脚印。经验是可贵的，是要警惕的。所以，教师要找到创造的价值，太阳和昨天不一样，要把第十次看做第一次。运送学生此岸到彼岸，当做第一次，才能不断改变。教师的职业是道德的事业，以道德的方式来进行。有价值的知识和以道德的方式存在。教师的工作是一种精神生活，教师的人格是超越知识、超越技能，教师的人格是最美的，教育是一种有道德的事业，追求人生价值。

捧着一颗心来，不带半根草去。教师良好的思想品行将是教师最伟大人格力量的体现。师德，不是简单的说教，而是一种精神体现，一种深厚的知识内涵和文化品位的体现。师德需要培养，需要教育，更需要的是每位教师的自我修养，让我们以良好的师德，共同撑起教育的蓝天！

提升人文素养，培养智慧教师

如何培养教师队伍？第一要著应该是：“打破封闭，去除懒惰；解放思想，建立自信。”

教师队伍目标：一是教师高品位、高素质、高贡献；二是优化组合，创造和谐、高效的团队；三是培养名师，创建学习型教师队伍。

教师管理：让每一个教师都获得成功！让每一个教师都能快乐地工作。

抓住了教师素质就抓住了素质教育的根本。

建成一支优秀的教师队伍是校长的重要责任。本着教师第一的原则，把教师队伍建设当做学校建设的核心。拥有了优秀的教师，就拥有了优秀的学生，就拥有了优秀的教育质量，也就拥有了社会声望。

一、加强师资队伍建设的认识

用真诚的情感在沟通中吸引和感染教职员工，长时期地培育“坦诚、忠诚”的信念；用对事业的追求和卓越的办学理念来感化和调动教职员工，利用一切机会进行理念教育，把理念变成每一个人的血肉；用待遇和前途来稳定队伍；用竞争来激发动力并强化和优化工作效率；用制度来规范操作并使双向选择有据可依，执行制度必严，该批评时批评，该表扬时表扬；用足够的力气和适度的调整来使教职员工工作富有活力和实效；用整体事业的进步发展与个人的进步发展密切联系，使之持久而常新；用有计划的培训来提高素质，增加个人和学校的发展后劲。

教师队伍建设思考如下：①实现教师队伍的高品位，高素质，高贡献。②将“要求更严，待遇更多”落到实处。③以教研组、年级组为载体培训教师。④以“青蓝工程”，“名师工程”为重点。⑤以课题研究、观摩教学为突破口。⑥培养“遵循教育心理规律，从德育出发，从校情学情出发”的优秀班主任队伍。⑦让教师安居乐业，从而实现学校的可持续发展。

建设有品位的教师团队。品位，《现代汉语词典》释义：名词，①矿石中有用元素或有用矿物含量的百分率；②泛指人或事物的品质、水平。显然，教师的品位即指教师的品质、水平。教师的自我形象与其社会地位决定着他的品位。而教师的品位也诠释着他的风格和举止，决定了教师的行为和语言。品位不仅仅表现在穿衣、吃饭和谈话的方式，更决定了教师的教育教学、善待学生和家长、同行的方式，品位决定了他们该拥有什么、该和谁交往与怎样交往。

一个有品位的教师，一定有社会责任感，一定会关注人类命运。家事国事天下事，事事关心。为学生的今天负责，为学生的未来负责，为民族的未来负责。“为学生谋幸福，为社会负责任”。

一个有品位的教师，具有和善的合作精神，能够诗意的栖居。他不断地进行换位思考，讲尊重，也讲共赢，以一种积极浪漫主义的心态生活在这个世界上。

一个有品位的教师，豁达潇洒，胸怀教育理想，充满教育激情。不斤斤计较于得失，宽容大度，宠辱不惊，有着执著的信念，为了“追梦”一腔热血引领学生的发展，成就学生的同时也成就自己。

一个有品位的教师，具有理性精神，具有人文关怀，闪烁着人性善良的光辉，其博大的爱惠及与之接触的每一位学生。生命的阶梯为铸造他人的成就而熠熠闪光。

一个有品位的教师，不只传授知识，更是启迪智慧。是让学生感悟人类智慧的高妙，体会伟大心灵的美好。使教育达到了激发学生创造力、挖掘学生潜能、弘扬学生个性的目的。

一个有品位的教师，追求高超的教育技巧，注重教学的有效性，懂得引导学生交流，进行心灵的沟通，激起智慧火花的碰撞，让学生体会山穷水尽后的豁然开朗。

一个有品位的教师，具有良好的生活习惯和修养，在任何生活细节方面都表现出是一个有教养的人，是有着良好、温和而优雅性格的人，礼貌而懂得关照别人。品位来自气质。不仅要穿着得体，说话有分寸，还要不断提高自己的学识、品德修养，修身悟道，彬彬有礼。

一个有品位的教师，是一个有真性情的人，有信念和理想，可以不依赖现实而生存。即使在贫乏的环境中也能自得其乐，享受着心境宁静而精神富足的生活。

一个有品位的教师，一定有自主意识，会用自己的头脑去判断、去思考、去行动，会因此获得一种挺立的人格，保持着内心的澄静与清明。

一个有品位的教师，追求卓越，充满创新精神。在成长的道路上，自强不息，学历、经历、阅历，不断反思不断积累不断进步，形成了自己的独有特色。

一个有品位的教师，精神追求神圣，物质追求平凡。贤哉，回也；贤哉，回也！

二、加强师资队伍建设的办法

加强师资队伍建设的办法有三：提高教师职业道德，提高教师业务水平；建立学习化队伍。

第一，改进思想工作，提高教师职业道德。由于市场经济的刺激，青年教师面对低收入和“低地位”，自己的愿望和人生价值得不到实现，自己仿佛成了“临时工”，于是产生了“打工心态”，“怠工心态”，这样的消极心态大大影响了凝聚力和工作热情，怎么办？在不断致力于物质环境，工作环境改善的同时，还得进行思想工作。

首先是领导转变作风，以人为本，从内心深处关爱教师，用人之长，用心对待每一个教职工。把自己当成服务者。其次，加强思想工作，方法如下：

(1)健全思想工作网络，加强沟通。党内和行政分成两个系统分别负责，上一级对下一级，层层关心，层层落实，以平等的心态互相面对，让教师们以快乐坦诚之心愉快工作。

(2)加强理想与信念的教育。从马斯洛的需要层次出发，让教师们在个人实现方面得到满足。同时，让更多的优秀分子加入党组织。让教师们学习外校的经验，远离庸俗，远离低级趣味，远离铜臭，为事业、为理想努力奋斗。

(3)提高教师主人翁地位，强化主人翁责任心。让教师们：①参与学校决策；②审议校级干部；③决定中层任免；④了解学校状况；⑤设立“校长接待日”对话会；⑥领导必须在一周内答复教师们的意见；⑦设立“好建议”奖。

(4)增进教师法制意识，减少自由主义心态。让青年教师充分认识到组织、纪律、法律是每个人都要面对的，个性不等于我行我素。个人必须融入组织，以集体的规范来约束自己。既重视独立行为的弘扬，又重视角色行为的培养。

(5)优化职业道德，加强行为管理。师德方面：忠诚教育事业的奉献精神；奋发有为，苦学新知，勇创一流业绩的上进精神；加强师德培养，坚持严于律已，为人师表的模范行为。

(6)提高教师经济待遇，解决其后顾之忧，使教师安居乐业。

(7)加强沟通。①事业发展的沟通：相信每个人都能成长，择你所爱是权利，爱你所做是责任；用人所长，设计职业生涯。②责权利的沟通：提供舞台，重用员工，赛马机制，目标奖励。③满意度沟通：随时随地沟通，每月一次沟通大会，半年一次满意调查，每年一次专家咨询。

设立《教职工师德测评表》,制定师德评议评分标准,由学生为教师打分,综合排队后记入个人总评价。

第二,成立培训部,提高教师业务水平。培训理念:学习是制度,培训是责任。

(1)培训的原则。①以校为本(立足学校自身特点和需要),走出去,请进来。②整体优化原则(根据木桶理论,扬长避短)③针对性原则(针对校情,教情,学情)④效益性原则,培训是一种投资,要讲究效率,监控过程,学以致用。⑤可持续发展原则:克服急功近利思想,系统地理性地做出培训安排。协调好培训和工作的关系,抓好学校机制、环境上的创设和教师个人内动力的催化。⑥加强情商培训。注重教师的动机、情绪、需要、意志等的培养。

(2)培训方式。①日常教材教法统一学习和交流。②学校组织比如《教育学》、《心理学》、《教学法》的系统学习。③学校组织学者报告会,介绍国内外教改动态。④学校组织"教育理论研讨班"、"班主任工作培训班",进行系统培训。⑤组织干部、教师到市内外考察,学习。⑥支持教师参加校外学术活动。⑦凡骨干教师每年享受一定数额的图书资料费。在条件允许的情况下,还可以:①送学科带头人进修研究生。②实行全体教师每 6 年中有半年脱产学习的制度。③与名校联系,互派教师进行教学交流。④普及现代化教学手段。⑤组织"教学精英""教学新秀"竞赛,推出骨干教师和尖子教师。⑥进行教学研究,论文达到一定数量时,优先选送参加学术会议。

(3)培训方法。长期请北师大、山师大、省教科院等教授对教师进行培训。固定培训时间,培训内容如:师德培训,教育理论培训,教学实践能力培训,科研能力培训,专项能力培训,名师培训。(现代教育观念,现代教育思想,评价教学质量的标准,流行的教学质量标准,决定学生课上学习达成度的意义变量,提高学习积极性的理论及其教学策略,增加学生参与学习机会的教学策略,课上照顾不同学习水平学生的教学策略,优选课堂教学模式的教学策略,对教学过程进行有效调整的策略,主体性教学的理论及其操作,主体性教学与师生良性互动,教育是什么,知识与理解,自主与互动,纪律与约束,平等与效率以及国内最前沿教改信息,班主任案例分析等等)。

以"务实、高效"的态度抓好教师业务学习。"早来半小时,晚走半小时。""谁能升起谁就是太阳",鼓励青年教师自觉参与竞争,自觉学习,自主成长。

凡外出学习者,回来之后都要积极主动的向学校提交"四个一":提供一组镜头,展示一份材料,撰写一篇心得,做一次教研组或全校性的汇报发言。

第三,建立学习化队伍。

一、学习型学校教师"学习"的特点

(1)教师的工作与学习相统一。工作学习化(把工作的过程看成学习的过程,加强自我反思)。学习工作化(把学习当成是一项工作——这也是"学而不厌,诲人不倦"的时代意义)。

(2)教师的个体学习与学校学习相统一。①注重教和学的过程中师生共同的信息研究。

②以反思自己的教学行为为主要方法。③以经验共享为学习的最高目标。

(3)学以致用,工作学习相融合。实现学习与工作的整合:工作需要学习,学习促进工作。教研活动成为一种重要的学习方法。

二、怎样创造学习型学校

学习型学校没有现成的地图,需要探索独特的道路。创建学习型学校是一个不断学习、不断改进、不断提高的过程,它只有起点,没有终点。

领导带头,制定规则,创造环境。动员宣传,让每个人认识到学习的重要性,认识到组织学习和各项活动的意义,认识到学习型学校的含义,力争做到全员参与。加强教育:如共同目标的教育,思想道德的教育,专业技术的教育,同时,健全规章制度并保证经费投入,加强横向、纵向的合作。运用激励机制,首先是利用“鲶鱼效应”产生竞争,其次是通过树立榜样产生导向,再次是运用“使命故事”产生激励。通过反思和质疑求得发展,从领导到教师,都要反思自己的工作,得到合理化建议,如:开辟“校长信箱”,开通“校长热线”等措施。建立创新机制,为创造学习型学校,建立一套相应的规章制度,针对不同的发展阶段采取相应的措施,强制→自制→自觉,逐步发展。未来的管理将更多依靠教职工的自律和理念,依靠共同愿景。

管理机制创新是组建学习型学校的制度保障!在技术创新、管理创新、文化创新中管理创新似乎更重要。如建立学习卡制度、听课制度、反思卡制度等。

克服障碍需要机警、反思和创造,不是硬拼。“以师为本”随着时代的发展将不断赋予新的内涵,但“学校建设的根本是教师”是其永恒的本质。

(1)坚持“以师为本、热情关怀、大胆使用、严格要求、加速培养、鼓励成名”的思想,树立尊重知识、尊重人才、尊重创造的观念,真正做到“事业留人、感情留人、待遇留人”。努力营造积极进取、平等竞争、民主和谐的工作环境。

(2)加强师德建设,转变教育观念,增强教师爱的能力和责任意识。

树立师容严整的仪表美、举止文明的行为美、谈吐高雅的语言美、甘做“红烛”的心灵美的一中教师的光辉形象和为人师表、严谨治学、业务知识宽广厚实、现代化教学技术娴熟、积极投身教育教学研究、具有终身学习的自觉性是我校教师队伍建设的主要内容。修订《教师职业道德规范》,明确师德底线,加强师德考核,实行一票否决。教育是爱的事业,教师要爱满情怀,用爱心去赏识学生、帮助学生、教育学生,促进学生成长,用爱育爱、以德育德。尊重是爱的前提,教师要学会尊重学生,把学生看成是一个自由、独立、完整、有其独特天性、人格特征和尊严的人,要重视、理解和宽容地看待学生的一切。教育决定着共和国的明天,教师影响着学生的未来。因此,教师的责任意识和对学生爱的能力、尊重的习惯将是师德建设的重要内容。通过各种途径,在全体教师中开展学习、践行教师核心三项师德“爱心、责任、敬业”活动。促使教师励志修德,使我校的广大教师都能成为时代的仁者、智者、勇者。

(3)建立科学的教师选聘制度,严把入口关;切实落实全员聘任制,让不称职的教师“下课”。确保高素质的教师队伍。

在选聘教师上一方面重视学历层次，另一方面又注重实际能力。想办法延聘、返聘优秀的老教师，总结老教师教育教学思想，最大限度的发掘老教师宝贵的精神财富。

（4）加强教师队伍“三大工程”建设，为教师成长搭建台阶、铺路架桥。

①进一步完善“名师工程”评审程序，促进优秀教师成长。我校“名师”每年一评，有效期一年。连续三届荣获“名师”称号的教师，命名为终身名师。“名师”在校内结构工资上享受特级教师待遇。

②进一步加强“杰出青年”建设，使青年教师中的优秀分子脱颖而出。杰出青年教师每年一评，有效期一年。

③进一步规范“教坛新秀”评选办法，加速青年教师的成长步伐。“教坛新秀”一年一评，有效期一年。连续三届荣获“教坛新秀”称号，第三届起在有效期内享受高一级校内结构工资。完善“名师”、“优秀青年教师”和“教坛新秀”管理办法，充分发挥他们的示范、带动作用，使荣誉、权利和义务协调一致，使教师队伍建设工程前有拉动，中有动力，后有压力，使全体教师在事业上都有明确的追求目标。

（5）开展多种形式的学习活动，打造“学习型”教师队伍。

①做好新教师入职培训，帮助新教师做好生涯设计，树立和学校发展一致的愿景，确定人生发展规划和阶段性目标，尽快融入学校教育工作之中。

②制订教师继续教育方案，强化校本培训和教师在职进修工作，与北京师范大学合作，在我校创办了“课程与教学论研究生课程进修班”。从严管理、学有实效，努力提高教师知识结构和学历水平。

③“走出去，请进来”进行多种形式的在职培训。学校不惜重金派出大批教师外出考察学习。深入开展理论学习和实践研究，努力开发校本教材、有效地开设校本课程和研究性学习，使教师与新课程共同成长。开展丰富多彩的读书活动，向全体教师推荐必读书目《多元智能与建构主义理论在课堂教学中的应用》、《积极学习》等，打造学习型教师团队。

④为每一名新教师指定“指导教师”，师徒结对，教学相长，互帮互学，优势互补。

⑤开展“特色课”、“研究课”、“展示课”、“公开课”、“汇报课”等多种形式的听评课活动，提高学科组教研活动的实效。鼓励教师从身边找榜样，边工作边学习。

⑥加强同步教辅资料的编写和试题库建设，形成我校自编自用的、正规出版社出版、面向全国发行的同步教辅资料和主要学科试题库。增进教学工作的客观性、科学性，减少盲目性和简单机械重复，使教师的业务水平在继承中不断提高。

（6）加强教育科研，进行教学反思，在不断总结中发展提高。学校鼓励教师立项目、担课题，并设奖励、常督导。高度重视创新在教育战略上的重要性和紧迫性。认真组织有关教育教学理论的学习，注意破除创新的神秘性和高不可攀，用教学中随处可见的创新个案启发教师求异思维另辟蹊径。学校专设了创新研究课、专题研讨课,并鼓励教师积极申报各级教育科学规划课题,开创教育教学研究新局面。

(7)建立科学的教学质量评价体系,充分发挥评价对教育教学工作的引导作用。学校通过三个维度考核评价教学质量。一是面向班级的《班级教学质量考核办法》;二是面向学科组的《学科组教学质量考核办法》;三是面向教师个体的《2211测评办法》。同时,加强教学过程的督导和评价,由学校领导和德高望重、教育教学经验丰富的"名师"组成的学术委员会专职进行听课、评课和指导青年教师工作。

(8)开展"师德标兵"、"优秀班主任"、"学生最喜欢的教师"、"优秀教研组(备课组)"等针对教师个人或集体的评优评先活动,大力表彰先进,鞭策后进,努力营造一种比、学、赶、帮,竞争向上的良好氛围。

制订发展规划,促进专业成长

美国20世纪70年代中期提出教师专业化的号召,目的是提高公共教育质量,推动教学成为真正的专业。1976年美国教师教育大学联合会报告预言,教学能够并将自我实现为专业,同时激励为此作出专业的和有组织的努力。美国认为教学是使所有其他专业成为可能的重要专业,是形成今天教育和美国未来的专业。美国教师专业化发展,要求扩大教师教学教育的自主权,在教育实践中提倡反思,提倡研究,形成了教师反思运动,教师成为研究者运动。经过十多年的实践,美国教育界认为:学校既是学生学习场所,也是教师发展场所。教师专业化发展就是要在学校教育过程中使教师和学生都获得成功。

促进教师专业发展,我们初步的目标是要让教师职业成为不可替代的职业,让每一位教师都成为不可替代的从业者。由于教师职业的综合性和创造性要求,首先从教师个体层面探索和实践了教师专业化发展的路子,逐步过渡,让所有教师都具备从事学生教育工作的专业素养,即达到专业标准。学校的成功来自于教师的能力和他们的精神,这种能力与精神并非全部来自职前培养,学校的现实环境才是培植、巩固和不断发展它们的重要场所。重新发现教师,重视教师的发展是当代教育的一个重要特征。教师专业化发展是我国教师教育改革的一个重要取向,已成为教师教育实践的主流话语。

一、教师是专业成长与发展的主体

学校中并不只有学生才是学习者,教师也应把自己看做是学习者。学校中教师的学习关注的不仅是知识学习,还有倾听、阅读、反思和询问他人等行为学习。通常教师的学习被狭隘地理解为举办在职研讨班或周末的培训,而类似的培训时常停留在字面上或表层,教师的教育思想往往是在被动条件下接受与形成的,其主体精神没能在观念上得到有效的发展和提升。知识社会发展的突出特征是通过主体间的理解和主体的创造活动去实现社会的进步。从每个学生的成长出发，教师的工作总是在实现着文化的融合、精神的建构，充满着研究与创造。教师专业发展是一个连续的过程，它更多的是个人的责任，而不仅仅是学校教师发展计划的一般程序。

教师的自我更新是专业发展的内在机制，"自觉"、"自主"成为教师专业发展的关键词。它具体表现为专业发展的自主意识与能力，即教师能自觉地对自己的专业发展负责，自觉地对过去、现在的状态进行反思，对未来的发展水平、发展方向与程度做出规划，并能自主自觉地遵循自己专业发展的目标、计划、途径，并付诸实施，成为自身专业发展的主人。可以说没有一个优秀的教师是师范院校可以直接造就出来的，优秀教师都是在工作过程中成长起来的。

教师职业发展是一个动态的学习过程，它能使教师更好地理解和掌握学科内容，对教育理论有一个高度的认识，从而促使其对常规进行批判性的接受。与教育实践的密切联系是教师发展的基本手段，而教育教学实践的变化，教学质量的提高，学生的健康成长则是教师专业化发展的目的。

教师专业成长的知识结构。一个学识渊博的人并不一定就是一个好教师，他必须具有"专业化"教师的"知识结构"才能胜任教师之职。教师最佳的"知识结构"应该是怎么的？在我国，一般认为，从教师专业知识功能出发，教师专业知识可以分为四个方面的内容：通识性知识、本体性知识、条件性知识、实践性知识。

教师的通识性知识。处于教师知识结构最基础层面的应该是有关当代科学、人文及艺术几方面的通识性知识，即通常意义上的一般科学文化知识。中小学教师的"专业化"是不同于其他专业的"专业化"标准的，在"博大"与"精深"这两个维度中，中小学教师知识的"博大"显得比"精深"更为重要。教师的"通识性知识"从何而来？一种方法：广博的阅读。创建"书香校园"是为了营造一种师生共同读书、共同学习的文化氛围。"通识性知识"的发展要能帮助教师成为"有思想的"教师。

教师的本体性知识。教师"本体性知识"是指教师所具有的特定的学科知识，是教师知识的"主干"和"核心"部分，也是教师职业"身份"的标志。所谓"术业有专攻"。在一般意义上，教师的本体性知识应包括四个方面：①广泛而准确的理解，熟练掌握本学科相关的技能、技巧；②相关的知识，尤其是相关点、相关性质、逻辑关系有基本的了解；③再次，需要了解该学科的发展历史和趋势，了解推动其发展的因素，了解该学科对于社会、人类发展的价值，以及在人类生活实践中的多种表现形态；④学科所提供的独特的认识世界的视角、界限、层次及思维的工具与方法，熟悉学科内科学家的创造发现过程和成功原因，以及在他们身上展现的科学精神和人格力量。

教师的条件性知识。"教育学"和"心理学"的知识被称为教师成功进行教育教学的"条件性知识"。主要由帮助教师认识教育对象、教育教学活动和开展教育研究的专门知识构成。教育学思维:价值引导;心理学意识:自主建构。

教育的实践性知识。"实践性知识"是指教师在面临实现有目的的行为中所具有的课堂情境知识以及与之相关的知识,或者更具体地说,这种知识是教师教学经验的积累。比如教育机制。

教师专业成长的教学观与学生观。教是为了学,教学的本质在于教会学生学习。教给学生知识重要,教会思维方法和灵活运用知识解决问题更重要。学习是学生的事情,教师代替不得。学生是有主动性的,要尊重学生。要注重差异,要使每一个学生都得到发展。教师亲密地教,学生扎实地学,追求真诚、深刻的课堂。教育观——教育神圣。人是神圣的,人是"宇宙的精华,万物的灵长",人是独一无二的生命,人有尊严,人要发展;教育是神圣的事业,教师是光荣的职业。教育工作者、服务者、学习者,从事的都是人的工作,建立尊严和幸福。师生观——你就是奇迹。富有激励性的评价语言。人的潜能是无限的,通过教育、学习可以"起性化伪","创造奇迹"。多元智力理论,决定我们对每一个人的看法,人人都可以成功,教育应该做到有教无类,因材施教。人是独特、完整、发展中的人,教师不是蜡烛,学生不是容器,我们的教育应该尊重生命的主体性。质量观——进步、幸福。办学质量不在于片面追求数量和速度,更应该体现素质教育,体现教育的根本价值指向。大而言之,进步秉承"少年强则国强,少年进步则国进步"的训导,进步为国富强,民族复兴;小而言之,进步包含道德思想进步和学习能力、学业水平进步;幸福是教育要实现的个人目的,也含有"教育即生活"的理念,教育和学习过程、生命成长过程的快乐与幸福。幸福指数的提升,应该是办学质量的评价指标之一。

教师专业成长的课堂管理。有效的课堂管理更多着眼于学生的学习,而科学化的班级管理更多着眼于秩序的维持和纪律的建立,二者虽侧重点不同,但都服务于教育教学这个最终目的。特别是在全面推行新课程改革的今天,有效的课堂管理与科学化的班级管理越来越显示出其作用与价值。从这个意义上讲,不懂管理的教师就是不合格的教师,不懂得有效与科学化管理的教师就不是优秀的教师,有效的课堂管理与科学化的班级管理知识已成为教师乃至优秀教师专业化成长的必备知识。教师要形成"有尊严"的课堂规则,"脊柱"般的班纪班规,高效负责的班干队伍,同时要机智处理意外偶发的课堂班级事件。

教师专业成长的家校沟通。家庭和学校教育的相互连接、相互沟通体现的是父母、教师及社会对学生个体成长的义务、责任、爱心和关怀。家校沟通的过程中,教师的人格魅力和道德情感是教师最美丽的光环,是折服家长和学生内心情感的有力武器,是教师能带给家庭最宝贵的财富。家访是教师和家长面对面沟通的最主要形式,也是教师了解学生生活、学习以及家庭状况的最好方式。校访是与家访相对的一种交流方式。它是家长联系教师的一种沟通方式,一般而言,校访分两种情况:一种是家长主动地利用自己的空余时间和教师沟通孩子近来的学习、生活情况;另一种是教师请家长来学校与其沟通。学校开放日活动是学校为家长参与学校教育而设立的活动日。家长会是家校沟通的重要方式,是教师和家长交流信息、相互理解、协调一致的重要渠道。开家长会重点在于教师和家长就学生近期的学习、生活状况进行沟通，让双方更好地了解最近学生家庭和学校生活、学习情况，从而使家长和教师达成默契，形成合力，更好地规划学生个体的发展。家校通，在通讯高度发达的现代社会里，书信成了感动心灵的一种独特表达。手机的频率也越来越高，很多教师为方便与家长沟通向家长公布自己的手机号码。班主任教师通常也备有家长的联系方式，以便能够及时与家长沟通。利用网络进行家校沟通已经不再是新鲜的事情，一些家长和教师已经能够自发、主动地利用网络进行沟通。

沟通不是一个终点，而是一个过程；不是我们将要去的地方，而是我们远航的指明灯。当沟通变成幸福人生的发源地，当家校沟通成为学校和家庭共同努力的方向，教师的幸福人生从此在这里起航。

二、教研组是教师专业成长的园地

随着教师资源的进一步开发，教研组需要具备教研、科研、培训等职能。发挥传统教研活动的优势，改进传统教研组的局限性，才能更有利于教师的专业成长与发展。从教研组对教师的培养来看，传统的方法大多是采取“以老带新”的形式，这种传统指导形式，指导者既可以是老教师个体，也可以是教研组、备课组、教学协作指导小组等教师群体。其指导方式还有组织同一学科或同一教研组的教师进行交流、互相切磋教育经验，共同研讨课程标准教学大纲、教材、教学计划以及教学方法，以达到共同提高、共同进步的目的；或是组织教师听优质课、示范课、观摩课等学习教学技能、教学方法，以及教师之间互相听课，然后再进行交流、研讨等来提高教学效果。

教研组可以以课题研究的形式开展校本教研。所谓的校本教学研究就是教师为了改进自己的教学，在教学实践中发现“问题”，并在自己的教学过程中以“追究”或汲取同伴的经验解决问题；其目的不在于让教师去验证某个教学理论或假设，而是让教师去改进与解决自己教学实际中的问题，提升教学的有效性，它强调的是在真实的教学情景中改进实践，改进教学实践的过程，就是行动研究的过程。校本教学研究是在“教学问题—教学设计—教学行动—教学反思”的过程中展开自己的教学工作。日常教学的“问题”并非都能构成研究的“课题”，只有当教师持续地关注某个有意义的教学问题，并“有心设计”了问题解决的思路之后，教师日常教学的“问题”才能转化为研究“课题”，这也意味着教师的“问题意识”上升成为“课题意识”。

为了有效地促进教师的专业成长与发展，建立学习型（或称为研究型）的教研组是非常必要的，应在保留原有教研组格局的基础上对教研组进行适当的改造，如由教研组长负责建立教研组的课题，合并有相近研究方向的个人小课题，形成合作课题或子课题群，开展有目的、有计划的课题研究；教学与研究是“共生互补”的，即在教学中研究，在研究中教学，形成教研相长的良性循环。注意将科研成果迅速地转化为教育效益，用科研指导教育教学实践，有了研究的参与，教学的品质、水平与境界会不断提升。这是一个连续不断的、面向未来的过程，也是保证学校与教师可持续发展的重要途径。

校本培训,强化组长自主管理意识。实施"学科组长负责制"以来,学科组长的地位、角色发生了巨大的变化,他们在教师队伍中发挥着举足轻重的作用。要求组长不满足于已有的工作方式、思维习惯,避免自我固化,在角色转化和学习提升中获得新的价值观念、思维方式和行为方式,从而不断超越旧我,走向新我。

设计规划,关注教师需求。每学期,教研组都要制订教研计划,以往的计划往往都是事务性的罗列,缺少对教研组建设的设想,更没有教师个人发展的预设。而现阶段要求学科组从组级层面出发,对计划进行改良,制定学科组三年发展规划。

变革方式,加强科研力度。抓住各类研讨课、评教课的研究资源,所有教师参与组内研讨课前的分组、合作教学设计,对研讨课进行先行研究,从而让组内的所有教师提前介入整个研讨活动。研讨的"前移",改变了学科组长的管理理念,他们不再把管理的重心放在解决一个个"教学任务"上,而是把"研讨课"作为学校群体教师共同发展的切入口,真正地把"成事"与"成人"结合起来,努力为每一位处在不同梯队的教师提供成长的空间。

三、学习型学校是教师专业成长的环境

建设学习型学校需要在管理与学校文化建设上给学校提供足够的发展与变动空间,从过去过于精密的控制走向不确定性,而从不确定性走向创造性则需要学校具有一个知识生产与分享的系统。这就要求教师成为一个不断学习的学习者;教师间相互学习,形成双赢的教学共同体;学校领导者不断学习,并关注教师的专业成长。

在学校内部发展方面,学习型学校要能够合理制定、实施、调整学校发展规划,并能设计有关教学组织的方案。根据自身发展的状况与本校教师的专业发展需要制订校本培训计划。从根本上看,校本培训计划乃是学校全体教师的专业发展计划。

教师专业成长学校要进行的建设。制定教师专业发展学校的总目标、教师发展规划,尤其是骨干教师的专业发展规划;制定促进校本培训顺利展开与深入的各种规章制度,如教研活动制度、课题制度、校验考核评价制度,形成具有特色的教师专业发展活动,如磨课中的花色接龙、车轮大战以及网上研讨的智慧加油站、主题接龙等。形成教师专业发展坊、教师专业发展周、教师专业发展日等系列载体;推出学术沙龙、课题研究、观摩研讨等专业发展策略。

教师专业发展学校的活动:通过专家学者的讲座,丰富教师的教育理论;通过专家学者的启示,促进教师的行动反思;通过专家学者的课题参与,促进教师教学经验的升华。新教师通过"顾影自怜"、"课堂协助"、"教学沙龙"总结自己教学中的经验与教训,获得相关的教学理论与策略;熟练教师则通过"顾影自怜"、"车轮大战"、"专题攻关"等活动分析自己教学中的优势与不足,集思广益,奉献教学经验,吸取教育教学理论;专家教师通过"外出研修"、"自主实验"拓宽教育视野,吸取国外经验,并做到教育理论与经验的完美结合。

四、教师专业发展规划表(略)

搭建多维平台，促进自主发展

教师自主发展是当前教育改革中的一个热点话题，用科学的发展观来引领教师的专业化发展，促进教师专业化成长，是摆在每一所学校，每一位校长面前的十分紧迫的问题。为了使老师尽快适应新课程的需要，提高走进新课程的能力，我们尝试着通过多种形式，搭建成长的多维平台，唤醒教师自主成长的意识，促进他们的专业成长。

阅读工程

学会读书，爱好阅读，是新时期教师工作的最主要内容。《给教师的建议》、《帕夫雷什中学》、《怎样培养真正的人》、《新教育之梦》、《我的教育理想》、《精神的雕塑》、《发现母亲》、《班主任工作漫谈》、《爱心与教育》、《走进心灵》、《智慧教育》等好书在我校图书馆随处可见。建设书香校园，创造文化育人氛围，是提高办学品位的重要途径。读书可以提升教育的理想和信念。苏霍姆林斯基说："学校应该成为书籍的王国"、"要天天看书，终生以书籍为友，这是一天也不断流的潺潺小溪，她充实着思想的江河。"

为了改变过去那种教师只教书不读书的懒散习惯，学校从青年教师读书工程抓起，并以此带动全体教师及学生"读好书，爱读书"的全校读书活动，为此学校专门出台了，《平顺中学教师读书制度》，并由"青年教师进修校"负责，学校先后为全体教师购买了《追寻教育之梦》、《教育智慧》、《语文课程与教学论研究》、《教师课堂教学的十大技能》、《赢在课堂》、《一个教育的函数式》、《给教师的一百条新建议（郑杰著）》、《高中新课程给教师的一百条新建议（周成平著）》、《给教师的一百条建议（B.A.苏霍姆林斯基著）》、、《孙维刚谈立志成才》、《爱的教育（埃.德.亚米契斯著）》、《改变思路、改变出路》、《魏书生班主任工作漫谈》、《工作就是责任》、《你为谁工作》、《诱思与创新》、《责任胜于能力》等二十多部优秀著作，开展读书沙龙活动和学习心得体会比赛活动等。

下面是刚进我校不到两年的新教师王鹏老师读了《孙维刚谈立志成才》的一点体会："听到学校要求，我就四处寻找教育专著类书籍来读。说实话，我不太爱看书，再加上有个刚出生的孩子，也没精力去看书。但为了提高自身素质，充实自己的大脑，使自己适应时代的发展，逼着自己多读书，读好书。"

为强化青年教师的读书活动，学校规定阅览室全天开放，要求教师每天进行 1 小时的读书活动并成立读书沙龙和读书协会，每周交一篇读书心得，每学期对读书活动写一篇专题总结。学期末时学校对教师读书心得进行专项评比，对优秀的读书体会选编入《平顺中学教师改革资料汇编》，通过读书活动的开展，大大改变了过去那种教师只教书不读书的坏习惯，养成了以读书为荣、人人爱读书的好习惯，提提升了教师整体的学习品位。

从班级和学生的角度研究，目前班班、组组均有图书角学生在自习课做到节节有任务，课课有落实，就连放学回家和到校上课都要以手中拿课本为荣，我们的“书香校园”工程正在进行中。

名师讲堂

作为经济薄弱、教育质量较差的山区学校，要在短时间内创建成名牌校，没有名师的引导和帮助是不可能办成的，为了培养自己的名师，借鉴外校的办学经验和合作交流是非常必要的，为此我校决定采用“走出去，请进来”等办法以缩短我校与名校的差距。为使教师近距离和名师接触，学校专门邀请了省内外的特级教师、大学教授及著名专家来校讲学。请名师来我校传递先进的办学理念和经验，引领教师的专业成长和发展，为我们的课堂把经号脉，促进我校的课堂教学改革。从 2007 年 8 月以来，我校先后聘请在我省乃至全国享有盛誉的教育界知名专家来我校作专题报告，教育部著名专家北师大教授裴娣娜、中科院教授秦志海、我省著名教育家原省教科院院长陈茂林教授、享受国务院专家津贴的著名教育家原长治二中校长缑国喜、山西省教育学会会长张从善教授、山西省教科院师资培训处刘刚喜处长、常学勤处长、原山西省教育科研所杨进发所长、山西省实验中学专家组的特级教师贾燧、于若昕、杨瑞光、陈海红、杨霞芳、徐芮、郭泰、李佩雯、北京八中的名师王宝勤、山西省青年教育改革专家太谷县教研室主任张四保、我国教育改革旗舰学校——山东省杜郎口学校的四位名师、我国的著名劳模申纪兰、长治市教育局业务局长张志秀、平顺县党政领导等各个方面的优秀代表先后登上我校的讲坛，抽课余时间或节假日进行，为我校的教师进行传经布道。向我们讲解了教师专业发展的背景，教师专业发展的内涵，教师专业发展的标准以及教师专业发展途径等内容，使我们的教学在迷茫中明确了方向，在困惑中找到出路。其中山西省实验中学专家组几位教师先后五次来我校调研指导，并拟出了暑假和寒假《印象、意见、建议》各 11 条。

我校优秀青年教师吕静梅在她的心得体会中写道：名师就是名师，我今天是第一次听这么有水平的专家讲解，心灵真得很受震撼，原来专家对“想给学生一滴水，教师就必须具备一桶水”这句话有这么深的解读。这几天几位辅导教师讲的课就充分印证了这句话。他们用渊博的科学文化知识旁征博引给学员们讲述深奥的理论知识，讲得通俗易懂，让我们深受启发。我们面对的是一群对知识充满渴求的孩子，将他们教育好是我们的责任和义务。这就要求我们加强“教育艺术”的学习，加强科学文化知识的学习。例如学习“如何提高教学的有效性”、“如何做好班主任工作”、“如何对学生进行教育”、“新课程理念下课堂评价策略”等。我们只有不断的加强学习，不断加强修养才能胜任教育这项工作。

除此之外，我们利用每学年的第一学期开展了年级组评课议课活动和学科组赛课等活动，学校在此基础上举办每年一次的全校性魅力课堂教学大赛，从中产生了一批的优秀教师和自己的名师，为教师的上进树立了榜样，为课堂改革的顺利进行铺平了道路。

专家工程

为了最大可能地发挥学校优势资源，借鉴外校的办学经验，我们成立了专家工作室，实行首席教师工作制度。目前因条件所限,我们先从艺术组开始试行专家工作室制度。如对上级和学校举办的大型晚会、文艺专题活动、校园艺术节等活动,以赵军平老师为首席教师组成核心团队,对各项活动从策划准备到具体实施,均收到了很好的效果,这项工作近期将在各学科逐步推进。

教师论坛

为了促进我校教师教科研意识促进我校的教师专业化成长，我们开辟了“教师论坛”专栏,要求以学科教研组为基本活动单位,通过举办专题讲座、教研沙龙及校园网等方式,对学校管理、学科教学、学生成长等各方面进行广泛的交流,把教师的心声通过“教师论坛”传出校园、传向社会,营造更加和谐的校园氛围,提升教师的文化品位。

外派学习

我们的理念是让教师外出学习和接受培训成为最大的盈利。两年来，我们校后派出 300 人次的教师到省内外的名校实地感受名牌学校的办学思想和发展历史,寻求我校快速发展的捷径,从 2007 年 12 月 23 日高三教师 28 人赴太原参加山西省高考研讨会议至今,为学校教师外出学习拉开了序幕:2008 年 3 月 11 日高一、高三年级教师共 67 人赴衡水中学学习;2008 年 4 月 24 日初中教师 23 人赴杜郎口中学学习;2008 年 5 月 17 日初中教师级管理人员共 35 人赴许衡中学学习;2008 年 9 月 18 日语文教师代表 6 人赴重庆参加赛课;2008 年 10 月 15 日高中班主任代表 7 人赴衡水参加交流学习;2008 年 11 月 27 日高中教师 3 人赴金华学习;高中各科教师 31 人赴省实验中学进行听课交流;2009 年 3 月 21 日初中各年级教师 41 人赴长治听课学习;2009 年 3 月 27 日高三年级教师共 10 人赴太谷学习;2009 年 4 月 8 日 ~25 日;实验中学专家组特级教师来学校作讲座;2009 年 4 月 7 日初一、高一年级教师共 71 人赴太谷中学学习;2009 年 4 月 2 日 5 初三、高三年级教师共 16 人赴长治交流学习;2009 年 4 月 28 日太谷县教研室主任来校做课堂改革专题报告;2009 年 5 月 8 日 ~11 日教学骨干教师及年级和处室管理人员共 14 人赴北师大学习;2009 年 6 月 8 日初三教师共 28 人赴太原西山十三中进行课堂教学交流;2009 年 6 月 15 日高三年级全体教师共 37 人赴杜郎口中学实地观摩课堂改革情况;2009.7.14~15 特邀杜郎口中学名师来我校上课堂改革示范课;2009 年 7 月 16 日 ~17 日特邀太谷中学三位优秀教师来校上课堂改革示范课;2009 年 8 月 11 日 ~25 日高一、高二年级各学科 68 人赴长治听课交流;2009 年 9 月 18 日近两年新聘青年教师共 42 人赴杜郎口实地感受课堂教学改革的成功。

今年刚刚跨进学校的新聘教师宋小红在她去杜郎口中学的学习心得中写到:“10 月 19 日,学校组织我们青年教师赴杜郎口中学参观学习,这已经是我第二次去杜郎口学习,虽然只是短短的一天,但是这次短暂的学习触动了内心深处的很多感想,也结合自己的工作实际进行梳理与反思。总结起来有以下几点:

第一,学生个性得以张扬。在杜郎口中学,我感到了学生人格的独特风姿。每个人的发展的欲望是那样的强烈，对知识的渴求是那样的执著，犹如看到一种生机盎然的无形的力量。在那里，每个学生都在展示着自己与众不同的风姿，每个学生都在主动构建自己人生的知识阶梯。而杜郎口的教师，也给了学生一个打拼的舞台，他们帮助学生开发出他们的潜力，成为未来社会的可造之才。杜郎口中学，他们打破了传统的教学方式，没有讲台，没有教师的喋喋不休，教师真正成为学生在构建知识路途中的引路人，教师更多的时候是在倾听。而学生则完全主宰了课堂，他们或坐或站，时而静心思考，时而激烈讨论，时而表述自己的观点，时而去书写反馈学到的知识。

第二，高效的课堂教学。杜郎口中学一节课的时间，老师的讲解时间在整节课中不能超过10分钟，其他35分钟的时间由学生支配。在课堂上，老师讲得更少，老师的作用当然就是一个字："导"。预习目标的指导者，课堂的组织者，一起学习的引导者。学生成为课堂的真正主体。由于分组合围而坐，教室里没有了讲台，首先从形式上没有了高高在上的老师，师生们可以平等地进行交流；人人都有展示自我的机会。更重要的是，由于时间上的保证（或者说是限制），学生们有了更多的学习探究的机会。正是学生们在自主学习中，在成为课堂学习的主人后，在展现才思时快乐心情的写照。

第三，管理机制健全。杜郎口中学虽然实行无制度化管理，但全校师生的各种规范性意识都很强，之所以能够这样，一方面是学校有一个执行力很强的中层干部队伍，另一方面更主要的是其无时无处都存在着各种评比和竞争，这些评比和竞争有学生与学生之间的、学习小组与学习小组之间的、班级与班级之间的、年级与年级之间的、老师与老师之间的、学科组与学科组之间的。所有的评比都有评比细则和量化指标，每月都要打出各个参评对象的具体名次并在全校进行公示。

总之，杜郎口给我最深的启示就是：作为一名教师要想上好一节精彩的课，必须相信学生，给学生充分的探索时间，真正走到学生身边，去聆听学生真实的一面。相信我在今后的工作中会慢慢地探索和实践，为使自己成为一名名师而奋斗。

目前，我们外派教师的学习已经成为一种制度，即让优秀者更优秀，让后进者变优秀，让培训学习成为最大的盈利，让教师的竞争意识进入学校的各项活动中。

教学反思

"不反思就找不到自己的差距，不反思就不能进步"。这是我们对教师在各项培训活动中常说的一句话，为了提高教师的整体素质，学校专门出台了《平顺中学教学反思》从寒暑假培训反思、出外学习反思、名课课堂反思、教学管理反思到课堂反思，形成了时时反思，处处反思的反思型教师团队教师的教学反思周周有检查，月月有评比，对优秀的教学反思学校积极出版了《平顺中学教学反思专集》，通过这项活动的开展，教师专业水平和业务能力迅速提高。2009年新聘教师李玲玉在她的教学反思中写到："第一次走进课堂，第一次站在'讲台'，第一次以教师的身份上课，第一次接触高中新课程……在开学的两个星期内经历了许许多多的第一次，虽然自己以前也是学生，但新课改后的课堂和以前是截然不同的，高一新课程教学，它是一次从教育理念到教学实践的全面改革与创新，也是一次充满智慧的挑战。经过短暂的教学实践，感到既有成功与喜悦又有许多问题与困惑。两个星期的教学实践，让我对新课程有了更加深刻的教学感触。"

在本学期青年教师的汇报课和跟踪课活动中我们可以看出我们的教师业务水平跟一年前相比进步很快，教师在课堂教学设计及各环节处理上已经和先进校相差无几，我们相信名师是在不断反思的过程中产生的，在我们的反思制度下，大批的名师将会脱颖而出。

课例研讨

在实施教师反思工程的同时，为了加快教师的课堂教学品位，我们在教师中开展课例研究活动。特别是对同年级同学科的教师，在互相听课的活动中对教学课例进行研讨交流。在本学期青年教师汇报课、跟踪课及第三届魅力课堂大赛活动中，我们均采用了"同科异构"方式，让同科的教师同讲一节课，在评课中，同评一节课。

学期末每位教师至少交一篇优秀教学案例，学校对评比中的优秀案例向上级专业报刊推荐发表，并结集出版《平顺中学优秀教学案例集》，所有这些，都为我校课例研究工程的开展提供了更多的素材，为教师的课例研究水平提高提供了平台。

专题研讨

专题研讨活动的开展是反映我校教师专业化成长的重要工程，为了保证专题研讨会活动的正常开展，每学期各学科组须组织 1～2 次全校教师参加的专题教研活动。任课教师人人申报课题、人人准备发言，学科组在每周三的教研活动中所做的三项常规活动之一就是"本周课堂活动反思交流"，教研组长和备课组长在交流活动中逐渐生成自己的专题研究项目，在学期末向学校写出专题研究的书面报告，对即将的课题学校课科组通过对研究过程和研究成果的验收立即推广。例如目前我校的年级组和处室班前会、学生读书项目评价、课堂教学模式推广等都取得了很好的效果。

主题论坛

随着我校规模化办学思路的进一步落实，教学管理和教学质量逐步提高，为了给优秀者创造更新的平台，学校专门开辟了"主题论坛"活动。对论坛的主题和参与者提供了更广阔的空间。活动规定只要是对学校建设和发展有自己见解的人士都可以登台演讲，对优秀者学校将推荐其外出讲学，同时也邀请社会名流、上级领导甚至学生家长或学生进行专题交流，为此学校在校园网和校报中开设"主题论坛"专栏，为我校开门办学，办人民满意学校创设较高的文化氛围。大举学术研究之风。

从优秀的个人到卓越的团队

人本与伦理

以伦理规范和价值观去代替直接的管理，既体现了一种学校的文化，又表现为一种管理的伦理。

关于伦理，《现代汉语词典》的定义是："人与人相处的各种道德准则"。如果推而广之，则所有的社会关系也都可以泛称为伦理。小至家庭，大到单位、社会、国家，乃至国际关系。或者把眼光投射到一条马路上，我们也可以领略到伦理的作用——伦理维护着秩序。我们在马路上开车，要遵守约定俗成的交通秩序；与人相处，要遵守社会上为人处世的规则。这些规则大而论之是国家的律法，小而论之就是企、事业单位的各项规章制度，再小至家庭就是大小和长幼的爱敬了。

那么，在管理中的伦理究竟是什么呢？那就是管理的次序。按照不同的管理次序，分配不同的职责。为了行使这些职责，就需要赋予管理者一定的权力，也就是分责分权，不相互紊乱。作为一个高层领导者，什么都要去管吗？当然不是。如果你做不到这一点，或者是即使做到也做不好，那么，也就触及了违背管理伦理的问题。

管理所要切实依据的就是明确的分工。只有分工明确，做到各司其职了，每一个管理阶层的管理者才能有所作为，才能使管理工作有条不紊，才能做好本职工作。如果违反了"管理伦理"，那么就是"管理乱伦"。而"管理乱伦"的危害是很恐怖的。

在学校管理过程中凸显伦理精神和道德价值日益成为学校管理理论研究和实践发展的一个重要趋势。

文化是影响教师行为的一大重要力量，文化渗透在管理的方方面面，越来越多的人认同用文化进行管理是一种高明的管理方式的观点。在我国学校管理中，通过塑造校园文化，实施伦理管理也渐渐被一些管理者所重视。有不少学者从学校文化的视角引申出学校管理伦理的问题，认为文化是学校管理伦理的深层制约因素，同时伦理与道德如果能成为学校文化的核心价值观，成为学校群体共同的理想和信念，将直接影响学校管理伦理精神的体现，包括学校管理制度、管理行为、管理者的伦理关怀。

有学者认为学校管理制度过分注重严格管理而忽视人文关怀是当前我国学校管理实践中存在的一大伦理问题，提出学校制度文化建设是校园文化建设的重要组成部分，学校管理目标的实现离不开充满人文关怀的学校规章制度的制定，人文关怀是制度文化建设的一个核心部分。

制度伦理是分析学校管理制度的一个全新视角，不少学者认为制度伦理是建设学校管理伦理的一个重要方面，充满人文关怀并富含公正伦理的学校管理制度，不但是一所学校文化的历史积淀，也是管理伦理的很好体现。学校文化的重建需要特别加强制度建设，尤其是制度在伦理道德方面的建设，这一方面表现为制度本身的公正性，另一方面更体现在人们自觉维护、自动履行制度的态度上。

就学校文化而言，如果能将对人的关怀和对善的追求作为全校师生共同的价值观念，也就是当伦理成为学校文化的核心价值观时，那么这种伦理管理的思想将会渗透到学校的管理制度和具体的管理行为当中并对学校教育的实践状况和效益产生不容忽视的影响。

美国学者萨乔万尼认为校长的伦理管理应该是“实现学校共同利益意识及对每个人的良好愿望、承诺与职责”，领导的道德权威主要来源于教师在广泛享有共同价值、观念和理想时所产生的义务和责任。校长应当树立一种伦理管理的理念，这比仅仅关注校长自身的道德修养更为重要。所谓的道德领导并不是要求校长成为一个道德方面的圣人，它更要求一种对价值伦理的关注，一种对善的追求，一种管理中的伦理导向。

有学者认为我国教育管理学界过分热衷乃至神话了“管”在教育管理过程中的性质与功用，认为那种试图凭借统治术与管理术、强调效率理性的科学管理将在学校管理中失去其原有的生存空间，相反，那种以对话文化理论为原则，以“理”为中心的管理将受到越来越普遍的认同和欢迎，关注学校管理中隐含的价值伦理问题，将是未来教育管理学理论发展的一个重要走向；并且提出今后教育管理学将从以“管”为中心走向以“理”为中心，不管什么样的理论，都将不约而同地把对道理与情理的阐释作为构建教育管理学理论的基点，既讲道理又充满人情味是未来学校管理的一个“道德底线”。

教师与学生之间的伦理关系。师生关系是一种“人—人”关系，而不是“人—物”或“物—物”关系，在人—人关系的活动中，如何看待人的存在，如何满足人的本性需要，如何发挥人的主体性作用，如何处理人与人之间的关系，都在一定程度上决定了活动本身，也体现了活动本身的伦理意义。其一，教师在学生观上的伦理问题。教师的学生观是决定教学目标、教学方式的直接依据。自主性教学要求建立具有伦理意义的师生关系。教师应注重学生的人格发展，师生在人格面前、在科学面前平等，在活动中民主，尊重学生参与教学过程的主体权利，注重学生现实生活的需要，赋予课堂以生命意义。其二，教师在处理与学生个体的关系上的伦理问题。教师在教学过程中要处理与学生集体、与学生个体的关系。在处理这种关系时，教师对每个学生的态度是否相同？给予每个学生的发展机会是否一致？这反映了教师在处理与学生个体的关系时的伦理和道德问题。自主性教学要求教师平等对待每一个学生，一视同仁，给每个学生相同的发展机会，遵循教学的公平原则。

学校管理本身就具有强烈的人文精神与浓厚的伦理色彩，学校管理本身就是一项充满道德性的事业。教育管理与人的成长和发展密切相关。教育管理的教育性决定它不可能没有基本的价值立场和道德取向，决定了它不应当蜕变为纯粹的专业技术化和职能化的活动。由此，学校管理活动本身的道德价值向度和公共伦理精神，决定了精神价值和伦理标准不仅应该成为学校管理理论研究的一个观点，更应该成为学校管理的实践追求。

科学与人文，团队管理的实践品质

李政道说："科学与艺术就像一个硬币的两面。"科学与人文，教育的追求。

学校的发展应该是多元的，作为一所山区县城学校，我们力图站在较高的高度去思考学校的发展问题，建立一个"和谐校园"，最终达到办学的最理想的境界，实现学校跨越式发展。

一、建立以"尊重"为核心的人文校园，营造和谐的人际关系

这是建立和谐校园的核心因素，也是学校多元发展的根本保证。我们从传统的"文明礼貌""行为习惯"上升到倡导"尊重"，师生之间的尊重，思想之间的尊重，行为之间的尊重。这就要求在教育教学中真正实行民主、平等。课堂上看到老师的微笑感到无限的幸福。我们在学生中提出要"学会感恩"就是让学生感谢父母的养育之恩，老师的教诲之恩，自然的赐予之恩，当我们的老师每天听到"老师好"的时候，心情愉悦，精神抖擞。我们在教师之间提倡"和谐竞争"互助共进，就是创造一种温馨的人际关系和工作环境，于是同事之间可以听随堂课，可以随时请教讨论问题，可以共享教学资源，更重要的是流派可以并存，风格可以各异，这样就使学校由单调枯燥变得异彩纷呈。我们将过去的强调教师的无私奉献改为提高自己的生活质量，实现自己的人生价值。教师在这样的环境里，感受到集体的温暖，环境的温馨，精神的自由，工作的劲头大增。

二、建立适合各种人成长的机制，让师生享受生活。

坦率地说，现在教师难以享受生活的快乐，学生难以感受学习的乐趣，主要是我们的机制有问题。学校应该为各种人的成长提供发展的条件。在我们学校，人才都有使用的机会，没有论资排辈的现象。职员可以做教师，教师也可以做职员，课堂可以多种教学方法。特别在学生的发展上，我们把"让每一个学生都得到最优化发展"变为现实，我们承认学生之间存在着差异，但是我们不让有差异的学生成为"差生"。通过各种途径、多种方法让学生的特长得到进一步发挥，个性得以张扬，水平得到提高。我们有艺术团，有演讲辩论队，有各类适合学生需要的活动和组织。各种活动促进了学生的成长，学生表现出不寻常的发展后劲。

三、探寻教育的根本规律，让教育真正回归本原

我们认为教育的理想境界就是"智慧教育"，或者就是当今所谓的"素质教育"。我们不回避矛盾，而是寻求解决问题的根本方法。我们毫不遮掩地说我们追求升学率，但是我们反对"死教"，我们追求教育的理想境界，但我们不回避广大人民群众的升学要求。我们的做法是让所谓"应试体现素质教育的要求，素质教育为应试提供更广阔的天地"，因为谁也不喜欢没有升学率的教育和改革，我们更多地从规范、从研究、从调动学生的兴趣入手，这是我们的追求，当然我们没有做得很好，但是我们在不断探索。希望以我们的努力在一定的时间内处理好各方的关系，给人们一种真的教育，给群众一个满意的结果，给社会一个人民满意的学校。

四、努力实现教师成长人性化

专家引领，登高而望远。教研室成立了“专家工作室”，邀请各学科的专家，给教师的课堂“把脉”，帮助教师解决一些困惑及问题，不断给予一些具体指导。有了专家的引领，广大教师不断走出思想上的认识误区，提升了理念，拓展了视野，夯实了基础，培养了技能，获得了专业发展。学校还实行“师徒结对子”，请经验丰富、业务精湛的骨干教师收徒弟、带队伍，促进了青年教师的成熟和进步。

同伴互助，在资源共享中前行。近两年来，学校以教研组（学科组）为基本单位，让每个教师参与其中，开展形式多样的交流活动，为教师之间的信息交换、经验共享提供平台。

1. *集体备课活动*。我们一直坚持教研组“集体备课制”。学期初，由备课组长与组员共同学习《课程标准》，根据学科特点，明确学期教学要求，制订详细的教学计划。然后，把备课任务进行合理分解。这样，每个老师的教案中，有独立备课的部分，也有共享的部分。对共享的部分，教师必须进行第二次备课，要求体现自己的教学思想，体现班级学生特点，可以修改部分章节，也可以重新备课，这样把独立思考与合作交流有机地结合起来，有利于老师进行思想碰撞，萌发出新的思维，最终孕育出智慧的果实。现在，我们要求全体教师每天集体备课30分钟。

2. *课堂教学研讨活动*。学校注意用学术氛围感染教师，为教师们搭设课堂展示的舞台。每学期都要组织各个层次的教学研讨活动，如骨干教师展示课、青年教师评优课、新教师的亮相课、教研组内的研究课、教学日等活动，以课堂为研究室，加大对课堂教学的研究力度，解决新课程、反思新课程、实践课程，真正把教育科研与课堂教学有效结合起来。

3. *学术交流活动*。学校为教师争取更多的学术交流的机会，特别是“走出去”参加各级各类专业研讨会，让他们在学术氛围中强化专业自豪感，在专业领域中找自己的生长点。两年来，我校教师外出学习参观讲课达230多人次。同时，学校规定，凡外出学习的教师回来后都要向全体教师做一次学习汇报，不但讲外出学习吸收的新观点、新理论，而且要加入自己的观点与教学实例，以增强说服力与可操作性。有的老师根据教材的安排要求和学生们的学习需求，主动提高自己，或几人结伴参观学习；或组织学生成立课题组研究考察。

4. *课题研究活动*。我校充分发挥教育研究的指导作用，把指导课题研究作为提高教师专业素养、专业化程度的有效渠道。目前学校有国家级科研课题2个，长治市科研课题2个，科研给予教师发展的更大空间，探索带给教师更开放的心态，从而使教师更快、更好的成长。

5. *专题研讨活动*。每学期各个教研组都有至少8次的“以课例为载体”或“以问题为核心”的专题研讨活动。由教研组拟出研究主题，全员参与，大家共同备课、听课、评课，根据主题开展研究。研究过程中,我们尤其注重了参与与互动,每次课后除了执教者的说课外,及时的、即兴的评课是不可或缺的环节,针对问题的不同观点的碰撞,使老师们的思考愈加深入。专题研讨过程的详细记录放在校园网上发布,形成资源共享。在新课程教育理念的实践中,我校教师积极探索教学策略和教学模式的创新,提出了"三自主"和"五放手"的教学策略:即让学生自主地选择学习方法;自主地选择学习伙伴;重点、难点、疑点放手让学生议论;提出问题放手让学生思考解答;结论或中心思想放手让学生概括学习规律放手让学生寻找;知识结构放手让学生构建。为了实现这个策略,老师们则对自身提出了更高的要求:一要注重创造性地使用教材;二要注重教师教育机智的培养;三要注重学生实实在在的收获。

教育反思,梳理成败得失的一面明镜。专家研究发现:经验 + 反思 = 教师成长。反思是教师必备分职业素养,自我反思意识和能力较强的教师,其发展欲望就越强,成长就越快。学校积极提倡教师撰写"教育反思":意识随笔类反思日记。可以写成故事性的随笔故事,把校园里的点滴故事写下来,写整个事件中自己是怎么处理的,有哪些收获,采取了哪些有效的方法,或者写自己的一些失败经历,进行反思剖析。二是围绕课堂教学的教后记。"教然后知困",教师只有经常梳理自己的课堂,总结经验,研究困惑,才能不断提高自己的专业化水平。每学期,教师们上交的教育教学案例、反思、随笔等近千篇,学校从中评选出优秀作品编辑成册,《教育教学长短录》、《思与悟》教师论文集、《践与行》教师案例集、《我最满意的一节课》优秀教案选等,为老师提供展示才华的机会。

我们正努力追求一种"研究工作化,工作研究化"的境界,在这样的追求过程中,"在研究状态下工作"正在成为我们的一种工作方式、生活状态、自然现象。

成长与超越,团队管理的价值追求

完善团队成员人格,提升团队整体品质,促进每一个教师成长与超越,是团队管理的价值追求。人和其他生物的不同点主要就是他的未完成性,人必须从他的环境中不断地学习那些自然和本能没有赋予他的生存和发展的能力, 因而人的生存是一个无止境的学习和完善过程。文化是人的灵魂,科学知识、社会实践是心理素质发展和完善的必要条件。学习型教师团队所进行的学习不仅是读书求知,而且注重在实践中形成种种能力,同时注重培养成员的责任感、敬业精神、自立自信自治自律能力、正直诚实、遵守社会公德等良好个性品格。学习既是一个内化过程,同时也是一个外化过程,即从内部精神动作向外部物质动作转化的过程,也就是说,已经内化了的价值观念、思想品质、能力、情感、意志等心理素质,总是要不断地转化为行为和习惯,而这种外化,又将进一步巩固已经内化的成果。人就是在这种循环中不断地获得发展与完善。改善心智模式:让教师有效地表达自己的想法,并以开放的心灵容纳别人的想法。鼓励自我超越:鼓励教师个人以专著、真诚、主动及开放的心态学习和成长,并自发对终身学习的承诺,使其在团队中无论做什么都要达到专业精通的水平。

学习型教师团队是具有生命力的实体,因而与其成员之间也存在着这样一种循环、互动关系。团队成员追求自我成长与自我实现的热望以及由此而产生的勤奋学习的精神,通过成员间的密切交流、相互影响和感染,将为团队不断地注入活水,促进团队形成群体动力,提升团队整体品质。

增强团队竞争力。当代社会的一个重要特征是新知识层出不穷,呈"爆炸性"增长态势。任何组织和个体,只有不断地学习才能在汹涌而至的信息浪潮中,在即将到来的知识经济时代安身立命。知识、信息、软件、文化已成为今日社会的支柱,教师捕捉和利用新信息的学习型教研,一定能够充分发挥科学技术所具有的乘法效应,促进个体与学校的共同发展。

我认为教师超越自我,首先是一种责任。教师是人类文明的传承者,是知识财富的创造者。教师担负着培养社会主义建设者和接班人的重任。教育者的这种社会责任,要求老师必须超越自我,胸怀大爱,用满腔真情、无限真诚教育我们的学生,奉献教育事业。教师超越自我是一种职业规范要求。每个职业都有特定的职业要求,教师这个职业就要求教师不断追求自我超越。因为只有不断超越自我,才能应对日益加快的知识更新和时代进步,才能不断提高教学质量和教书育人的本领。教师超越自我是一种境界,是一个教师通过自觉追求可以达到的一个个具体目标,也是引导教师不断努力向前的航标。教师超越自我也是一种修炼,是知与行的统一,需要通过实践才能实现。

教师如何超越自我?作为教师来说,对照"爱岗敬业、关爱学生;刻苦钻研、严谨笃学;勇于创新、奋发进取;淡泊名利、志存高远"的要求,找差距,明目标,不断努力,实现自我超越。一是要树立超越自我的勇气和信心;二是要学习超越自我的方法和手段;三是要追求不断超越自我的目标和境界。教师必须把修炼良好的师德作为超越自我的前提,追求理念的超越作为自我的必要条件,把追求教书和育人水平的不断提高作为超越自我的落脚点。具体说来,一个能超越自我的教师,必定是怀有"五爱"、"五气"、"五力"的教师。所谓"五爱"是指教师总是爱学生、爱生活、爱集体、爱思考、爱美德,是一个情感丰富、心地善良、品德高尚的人,它能够"让年轻人满怀信心地迎接未来并创造未来"。"五气"是说教师很讲义气、底气、秀气、灵气、大气,为人坦荡,学识渊博,智慧过人,使学生由衷地信服他,同行真心地敬佩他。"五力"指的是教师的教育定力、专业功力、育人效力、人格魅力、生命活力,他坚定而灵活,敏锐而深刻,勤奋而快活,是领悟到教育真谛、享受到育人幸福的教师。

教师实现自我超越的最终目标是"大师":有强烈的责任心;富于理想与激情;有一颗善良慈悲的心;有智慧的脑袋,勤学习、善创新,管理有方法;受得住寂寞吃得起苦。这样的教师就可以称为大师,他们不仅是学生学习知识的引导者,更是学生健康成长的标本;他们不仅能对学生一段时期的发展负责,更能对学生整个人生的发展负责,这才是我们作为教育工作者的最终目的和最高境界。

“自我超越”既有专业能力的发展,也有精神成长和发展的含义。构建整合个人反思、同伴互助、专业引领三者力量,聚教、学、研、训为一体的复合型学习平台更能催化团队学习效益的核变,更能促进教师个人专业能力和专业精神的成长,从而实现教师的自我超越。

1. 自我反思:学习化。反思是一种随机性学习。教师的学习是“即时即学,即地即学,即用即学,即教即学,即研即学”,而要达到“即学”,就必须通过反思。反思是一种行动性学习。它要求教师在行动中反思,既对自我的教学行动反思,也对他我的教学行动反思;通过行动反思,坚持在做中学,用行动催生自己反思的意念和动力;为了行动反思,为了改进自己的教学行动而反思。反思是一种合作性学习。它要求教师的反思即学习不是一种自给自足的“冥思苦想”,不是一家一户的“孤耕苦作”,而是大家手携手,肩并肩的合作化学习。

2. 同伴互助:有效化。要让同伴互助走出“亚状态”必须致力于有效教师研究团队的打造。一要有共同的研究意向。研究伙伴的选择首先要有共同的研究志趣、共同面临的教学问题、共同的研究需求和渴望,唯其如此,才能携手同心,将教学研讨引向深化。二要有宽松的研究氛围。同伴教师做到宽容大度,彼此之间互相尊重各自的教学自由和教学责任,做到平等交流,相互倾听,互补互益,坚守“百花齐放,百家争鸣”的教学研讨取向。三要有互助的研究机制。

3. 专业引领:网络化。专业引领网络化是指以网络为依托,以专家和教学骨干为龙头,以平台互动、论坛研讨、博客营建为基本形式,以教师间的互动研修为基本方式来引领教师的专业成长。专业引领网络化以其时空的超越性、学习成本的低廉、研修的可持续性、互动的有效性等特点,极大地提升了校本教研的实践效能。

青年教师培养的策略和机制

毛泽东同志说:“世间一切事物中,人是最宝贵的因素”,青年教师是学校教育教学中最为活跃的因素,是办好一所学校的关键,努力建设一支具有良好的政治业务素质、结构合理、相对稳定的青年教师队伍,对学校的生存发展和学生的健康成长无疑具有决定性意义。

近年来,我校在以人为本的管理理念指导下,积极探索加强青年教师队伍建设的策略和机制,初步形成了一套行之有效的做法,具体包括以下几个方面:招聘时择优录取,注重素质。实行岗前培训,不培训不上岗。参加工作以后,主要办法是:

(1)竞争激励:理念——谁先升起谁就是太阳。艰苦锻炼前三年。

(2)目标激励机制:实施《36912 培养计划》,即新教师经过 3 年的实践成为成熟教师,6 年成为学校教学骨干,9 年成为学科带头人,12 年成为名师。

(3)模范激励:十大杰出青年,魅力教师,一年就能评名师。

(4)利益驱动:高考奖金,班主任费,超课时津贴。

(5)重用优秀:将优秀青年提拔为处室主任,年级主任,备课组长,优先到高三教学。

(6)常规考评:从常规教学抓起,师生同题考试,高三教师每人最少做3000道题。

(7)技能过关:十项技能过关。抓培训制度,对青年教师进行思想、业务水平等多方面上岗培训,确立“123”培训工作计划:“一年过基本关,二年过课堂教学关,三年过教材关。”

(8)学习机制:发书以后,集中培训和个人自学相结合的方式。建立健全教师学习制度,实现“三个一”:每天一小时学习,每周一篇心得,每月一个报告。力争三年完成一轮全体教师的外出培训学习。做到学习三保证,即“保证学习时间、保证学习质量、保证学习数量”,组织教师参加各级学术研讨会、专题报告会、经验交流会以及到先进学校和教育发达地区考察。

(9)读书沙龙:青年教师进修校。

(10)外校看课:每人都要去,回来做反思。

(11)业务竞赛:教学新秀大赛,魅力课堂大赛,参加省市比赛。

(12)现场诊断:校领导,专家,优秀教师、组长等亲自为其诊断。

(13)教学反思:没有反思就没有进步,坚持写教学反思。

(14)鼓励做班主任:班主任坐进教室,与学生同吃同住同学习。

(15)实施“青蓝工程”:抓“传、帮、带”,建立中老年教师的师徒关系。做到“三帮”,一帮备课,教案由师傅签字;二帮讲课,要求师傅听课每周不少于2节,并做到听、评、反馈环环落实,

并记入教学档案;三帮汇报课,要求青年教师每学期举行公开课不少于2次。

(16)严厉管教:要求更严,待遇更高落实到实处。要求青年教师每天早来半小时、晚走半小时。

(17)今后,鼓励青年教师参加学术会议,开阔眼界,了解学科发展动态;有计划选派青年教师到重点院校或重点实验室进修学习,鼓励他们进一步提高学历、学位。

意见与建议(一)

——“暑假专家建议11条”讨论纪要2008年8月

2008年4月~7月,太原专家组来我校进行了讲学和指导,回去后针对我校的情况写了《印象意见建议(一)》,学校召开校委会、行政扩大会进行了讨论,并请全体教职员工进行了讨论。

一、教师整体精神面貌欠佳,专业发展的动力不足,专业精神、专业知识与专业技能急需提高

(1)继续加大“走出去”“请出来”的力度。要更有针对性,专家要面向不同层次的教师进行专项指导,让专家走进课堂,听听课,把把脉,加强交流。通过学生评教的形式,明确我校课堂

教学与先进学校的具体差距，明确我校学生的“择师”倾向，从而有针对性地打造校本“名师”。

(2)加强政治理论学习，安心教育事业，“干一行，爱一行”。党的十七大文件，县委陈书记关于教育问题的讲话，以及改革以来历次校委会决议等，都应当成为教师政治理论学习的必修课，特别是《平顺中学教育改革资料汇编》。管理人员要从行政管理的角度分批分期考核，教学人员要从教学教研的角度考核，青年教师政治理论培训学习的次数要多一些，考核的方式要活一些，次数多一些，要求严一些，此项工作由办公室、教务处、政教处负责。

(3)要把教育当做事业。提高管理者的管理水平和管理艺术，处理好领导与职工的关系。以青年教师为突破口，以老带新、以新促老，整体推进精神面貌的改观，增进师生交流。教师要注意仪表，佩证上岗。开展教师课外活动，至少每周有一次娱乐活动。组织青年教师继续过好教学技能关，在此基础上，以信息技术为中心搞好教师的“网络教育和培训”，6 年以下青年教师计算机考核不符合国家规定等级的年度考核按不合格对待。

(4)注重教育教学理论学习的同时，加强教学技能、专业知识的培养。

(5)各年级、各学科要多采取讲座、辅导等形式、根据各学科的知识体系，有针对性地提高教师的专业知识与技能。语文组要继续开展“我为平中添光彩”征文，诗朗诵以及读书活动，成立文学社团，发行校报，组织好“十一”、“元旦”两大校园文化活动。数学组可以趣味活动的形式，选取生活与数学的结合点，提倡“乐中学、玩中学、做中学”。建议外语组举行口语比赛和英文阅读大赛。政史地、理化生等学科均可以从自身出发，盯准学生的薄弱环节，采取补救措施。学科讲座每周一次，必须做到“四定”：“定时间、定地点、定内容、定主讲人”。

(6)继续强化教师考试制度。继续推进期中期末师生同题考试，加速促进教师成长，近三年分配的教师参加高三各项考试。考试成绩立即予以通报公布。

(7)要尽可能提高教师教学兴趣，积极创造促进教师发展的生活、工作氛围，通过教师评价、奖惩兑现等手段，给教师一定的成就感、成功感。

二、教师本身的情感、态度与价值观有待端正与提升

(1)专业精神是价值观的一种体现，教师的价值观是育人是奉献，必须通过有效的制度引领教师的价值观，引领教师成为学生认可、社会认可的“名师”。尽量让更多的教师外出学习，开阔视野；尽量让更多教师有参与教学能手赛，县市“名师”评选的机会；尽量合理地评价教师业绩的优劣，优点要亮出来，缺点也要亮出来，逐步推行教师评价结果逐项公示制度。

(2)教师的情感、态度、价值观的提升应从教师与学生课外接触、沟通入手，从而增进师生感情。学校提供一定的时空，让师生在课堂之外能有一个和谐共处互通有无的平台，如师生同台演讲，同台文体比赛等，在活动中培养师生感情。

(3)教师要热爱学生，只有对着学生的后脑勺叫出他的名字的时候，你才具有了做一个优秀教师的资格。我们要求老师们一个月之内认清所有学生，并与他们进行个别谈话，也就是要求老师们要热爱自己的事业。

(4)我们无法要求老师都为学生奉献,但要求老师们做好自己的本职工作。也许我们无法真正去热爱每一个学生,但却能公正地为每一个学生提供帮助。也许我们不能跟每一个学生做朋友,但我们能够做到在任何情况下都以积极的态度面对每一个学生。教师应该有自己的专业态度:心平气和,心态积极,尊重学生,帮助学生,始终把学生的人格成长和学业学习放在第一位。

三、教师对学校的内涵发展,特别是教育质量的进一步提升与快速提升,缺乏信心

学校一年来的卓有成效的改革,已使广大教师看到了希望,部分教师对此持怀疑态度,一是观念没有大幅度更新;二是学校教育教学质量提速较慢。

对青年教师以鼓励为主,学校要积极搭建有效的目标性阶梯,从管理上引领,抓好抓紧青年教师的培养。学校应制订出青年教师学期达标要求和近三年逐年发展目标。

四、教师普遍抱怨学生,抱怨学生基础差,而不从自身、不从"教"的方面去找原因,找出路

面对现实,从实际出发,深入学生,研究学生,了解学情,通过阶段性教师问卷调查,理性地研究教材,采用实质性的措施,使所有学生学有劲头、学有所得、学有信心,逐步进入良性循环。师生双方双向测评,双向问卷调查,形成均衡机制;师生同学教材,同研教材,甚至可以同讲教材,找出共性问题。

教师要面对学生、面对学情,认识自己的地位、作用,因材施教。关注学生的点滴进步,设立学生课堂收获登记簿,及时记录学生逐课逐堂收获,找出不足,一则鼓励学生,二则鞭策教师。

从某种意义上讲,抱怨也是一种责任心,教师必须抛弃客观,注重主观精神,学校考评教师教学业绩时要与上届同期学生考试成绩作比较。课堂教学目标要分层进行,让不同水平的学生在各自的层面有提高,考试可以分类分层设计考卷。

对期中、期末的考试结果及时做出分析,对教师的付出,学生的进步要给予肯定,设立教师、学生进步奖。

加强学生期中、期末考试中监堂、阅卷的精细化管理,严惩监堂不负责,阅卷舞弊的不道德行为,建立监考、阅卷不良行为举报制,一经查实即以师德一票否决。设立考生考场举报制度,对不负责任的监考教师予以曝光。有的老师不顾师德,为了在考试成绩上超过别人,不是在平时下工夫,而是在阅卷上动脑筋,做手脚,有的仔细辨认自己学生笔迹,有的挑破密封套,抬自己的分,压别人的分,还有的随意改动分数,"一夜暴富"。要设立阅卷问题即时举报制度,开通阅卷问题热线电话,直接由校长负责,发现评卷中有舞弊行为即时查办,严惩不贷!通报全校,取消其已有的各种荣誉和待遇,重新调整工作岗位。

对学生的评价要分开层次,拉开档次,优班、平行班不用同一种考题,让平行班的学生也能充分享受成功的喜悦。

教师要向学生学习。陶行知说:"师生接近,人格要互相感化,习惯要互相锻炼。"李镇西老师感叹:“面对学生晶莹剔透的童心,我们会常常感到自己心灵的斑斑锈迹!”其实,“人之初,性本善”,在很多方面,学生要比我们纯洁得多,可爱得多。

学生的同情心比教师强。学雷锋,搞捐款捐物,学生往往比老师热情慷慨。

学生的神圣感比教师强。学生的创造力比教师强。“几乎任何一个孩童都能在没有事先计划的情况下即兴创作一支歌、一首诗、一个舞蹈、一幅画或一个剧本、一个游戏。”(马斯洛)。教师呢,没有创造,不敢越雷池一步,难怪有人讽刺一位老师说:“你不是有30年的经验,你只有1年的经验,不过是重复了29次罢了。

学生的纪律、自律观念比老师强。学校平时的环境卫生工作,学生总比教师做得好。每次市里来检查卫生,我校往往是教师办公室过不了关。

学生的求知欲、责任感、正义感、对人生理想的追求、敢于怀疑否定的批判精神;学生的表达交往能力、动手实践能力、礼貌待人尊敬他人的态度、少做作少虚伪的品性,也都比教师强。也许,在许许多多方面学生都比教师或强烈或优秀。

世界上最真最善最美的东西在哪里?在孩子的心理。也许,自觉地向学生学习,才是一位优秀教师真正成熟和睿智的标志。

五、许多教师对学生作业不能全批全改,对作业或试卷不能精细讲评

(1)对作业、教案的查评要定一个非常具体的查评方案,奖惩办法。

(2)学校应加大查评力度,查评要细,应配备专业人员查评。

(3)作业、教案查评要体现量与质的结合。

(4)在减少班容量的基础上,强调教师对作业全批全改,并有针对性的评价,教研室查评要有力度。

(5)作业、教案查评落实在年级组,抽查由学校统筹,建议每位校长负责管一个年级作业、教案的查评督导。

(6)“堂堂清、日日清、周周清、月月清”要规范落实,从考试、阅卷、分析等节节把关。

向社会承诺:“服务家长,每月汇报”、“低进高出,高进特出”。今后考试,每张试卷的背面都印一张《学习情况反馈评价表》。表格有三栏:一是学生的自我分析,对一个阶段以来自己在该学科的学习情况、主要收获、存在问题进行评价;而是学科老师评述,主要是对该生在本学科的学校态度、学习方法和具体知识的缺失进行评议,并对学生和家长提出配合的意见;三是家长建议。以此来加深家长对学生的了解,加强家校联系和合作。

六、建议进一步加强教师教育,促进教师的专业化发展

首先要采取多种措施,千方百计提高教师的专业精神,特别是提高教师的师德,教育教师敬业爱岗爱学校爱学生。

(1)做好正面引导工作,在本职岗位上呆一天就要干好一天,克服应付思想。

(2)青年教师的培养应从师德入手,首先应该有个过得去的工作态度,要以严格的制度引导青年教师,加大工作压力,“压”出敬业精神。从理论修养,日常行为,教学业绩,学生评教,社会满意度,五个方面建立青年教师师德档案,每个青年教师每学期必须结合自己的成长和工作实践作一次师德报告,记入师德档案。

(3)教师要爱岗敬业,爱校敬业,从加强师德师风建设入手,强化师德考评,并且突出其在整个考核机制的地位和比重。不论参加什么评比,师德一票否决雷打不动。

七、建议完善学校的各项规章制度,特别是教学管理制度,抓好教学常规管理,用制度教育人管理人,有奖有罚

(1)管理要制度化。专人负责,做好记录,以档案说话,要实行流程化管理,注重落实,奖罚要明确,及时,立竿见影,对事不对人,真正实现以法治校,依法治校。教务处落实好查课制度,逐节记录,当日公示制度,不能错记漏记,查课结果要接受教师监督,凡出现查课,查自习虚报,错报,汇总出现大的失误,要追究值班人员责任,任课教师的课时补助等经济损失由值班人员负担,学校从该值班人员补助中扣除。

(2)实行精细化管理,责任到人,过程和目标相结合,推行责任追究制度,谁的责任谁负,谁的荣誉谁领,谁的过错谁担,完善制度,用制度管理学校、教师、学生。处室人员要建立个人工作目标职责承诺制度,各负其责,绝不能出现工作期间办公室无人的情况,绝不允许推诿责任,互相扯皮,建立处室工作人员工作作风举报机制,设立举报电话,教师对各处室工作人员的服务态度,服务质量,工作作风要及时举报,完善责任追究制,一经查实,该工作人员的当日补助,年度资金均受影响,反响较大的,即时调离工作岗位。

(3)对教师的评价要公平、及时、准确,这主要体现在教师业绩考评,出勤考评,(签到、签退、查岗),表扬要及时,到位,从制度上满足教师的需求。

(4)强化签到、签退、查岗等管理,把请假、替课落实到位,强化年级主任的权威,管理人员要避开人情,秉公办事。

(5)强化听课管理,必须在听课后对主讲教师提出意见和建议。

(6)学科带头人的管理要具体化,要加进学生、家长及社会满意度的反馈。

八、建议认真抓好校本教研,校本教研活动的时间、内容、活动方式等方面都要制度化、严格执行制度

校本教研,关键是落实。教研目的要更加具体化、系列化,划分到每月甚至每周的教研活动安排中,教研分为教研组活动(一周一次)和备课组活动(一周三次),备课组活动时,同年级同科教师一块研究课程的重点、广度、难度,作业有目标、有检查、有落实,建议开展同年级同科同课题教学大赛。大型教研活动要求全员参与的,教研室要与相关处室做好协调,不能出现教师有课,处室人员值主班也必须搁下课,放下值班任务去签到的情况,对没有到会的教师,必经须作好调查落实,不能随意以缺签、缺会论处。

(1)强化教科研活动,增强教研激励机制,促进教师科研水平的提高,建议每学期搞一个小的具体的东西或动作，从提高课堂技能的角度实实在在搞。

（2）教研应一次解答一个问题，应有主讲教师，又有专题内容及补充，逐渐形成共识，将成果印成教研材料存入信息库，逐步形成科研专题题库。

（3）在全面评估教师的基础上，应加大教学成绩的比重，加大教科研成就的比重。

（4）一节课的好坏应从三个方面评定：A.学生满意度；B.学生的成绩；C.学生的能力（表达能力）。

（5）发挥学科带头人的教研龙头作用，建议学科带头人尽量担任学科组长。

（6）强化集体备课，突出备课组的作用，建议学科组长兼备课组长。

（7）成立青年教师导师团，积极听、评课，指导和推动青年教师成长。

（8）“走出去”、“请进来”的活动应继续加强，注重实效。

（9）及时总结写出教学反思，建议将有见解的教学反思汇编出版。

九、建议培养学科带头人。每个主要学科都应有1~2名学科带头人，充分发挥他们的榜样作用、引领作用

（1）名师、学科带头人的培养要有持续发展的安排。

（2）学科带头人要均衡发展、科科有，学科带头人的考评要具体化，学科带头人必须讲好示范课，学科带头人必须有一定的社会知名度。

（3）学科带头人要发挥引领带动作用，要和青年教师多交流、多沟通，发挥传帮带作用。

十、建议在学校发展进程中，逐步提高教师的各种待遇

（1）班主任费每月增到300元。待遇提高了，班主任管理水平、管理力度也要跟上。

（2）班主任费发放不能搞“大锅饭”、平均主义，要有明确的考核细则，以工作绩效定班主任费的等次，要拉开档次。

（3）超工作量的按照制度予以奖励性补贴。

十一、建议加强学生德育，强化师生自信心教育，优化师生关系

（1）走近学生，走进学生心里，进行交流，提高学生学习兴趣，班主任平均每月做20名学生的思想工作，科任教师每周联系1~2名学生进行情感沟通。

（2）强化主题班会，做好学生德育工作。

（3）加强家校合作，继续开展家长座谈会工作。

（4）要推名班、树名生，开展班级文明建设，促进班级和谐，学校和谐，社会和谐。

（5）举行必要的有益的文体活动，要求人人参加，改变教师面貌，振奋教师精神。

（6）德育工作坚持全员育人、全程育人、全面育人的宗旨，所有教职工都参与对学生的关爱、管理、教育，关注每一个学生的变化、关注学生每一天的变化，关注学生每一处的变化。

印象意见建议(二)

太原专家组 2009年1月

(1)教师精神面貌有较大变化,专业发展的主动性和积极性见长。具体表现为:

多数教师备课较认真,在教室缺乏多媒体设备的情况下,运用小黑板,加大了课堂教学的容量。

课堂教学有一定质量,其中有的课质量较高。教师们积极参与议课评课活动,与专家们研讨时情绪高昂,态度认真,虚心好学,表现出强烈的求知欲与进取心。

(2)多数教师课标(大纲)意识不强。建议进一步重视课标(大纲)的学习、研究与贯彻落实。要切实弄清楚"三维目标"的内涵与相互之间的关系:

"知识与技能"是实现一维与三维目标的载体,要解决的问题是知道什么?理解什么?运用什么?

"过程与方法"是连接一维与三维目标的桥梁,要解决的问题是怎样知道?怎样理解?怎样运用。

"情感、态度与价值观"是实现一维与二维目标的动力与升华,要解决的问题是学生的学习主动性、积极性与创造性,学生的学习兴趣、学习态度、学习习惯,学生的情感倾向与价值追求。

(3)有的教师还不能准确把握教材,不能熟练驾驭教材,讲课不敢脱离课本,辅助性教材处理不当。

(4)更多的教师缺乏教材开发的意识,不能有效开发教材,即有效开发课程资源,致使课堂教学缺乏高度、深度与广度,含金量不高。开发教材必须注意每节课教学内容的系统性与综合性。系统性,即把每一节课置于本学科的整个体系之中,站在系统的高度进行教学,上挂下联,既要联系高中学段的,也要联系初中学段的,还要贴近高考。综合性,既要与其他学科联系,与自然社会联系,与学生的生活经验联系。

(5)要进一步改进教学方法。要贯彻新课改的理念,变革学生学习方式,倡导学生自主、合作、探究学习。每一节课要给学生留出自主合作探究的时间与空间,更要设计好高质量的、具有挑战性的、值得学生自主合作探究学习的问题,防止搞形式主义,防止无效教学。

(6)要进一步强化校本教研,强化教研组建设,强化集体教研活动。集体教研活动的主要内容应该是:组织教师们着重学习、研究、理解与掌握课程标准,着重研究如何把握教材、驾驭教材、开发教材,着重研究如何变革学生的学习方式、进行有效教学与高校教学。

(7)常规教学必须做到教必备、备必好、学必练、练必精、习必常、错必纠,保证每堂课上

90%以上的学生达标。

(8)要高度重视实验教学,做好教师演示实验和学生分组试验。实验教学的缺失和落后状态再也不能继续下去了。

(9)各科教师都要认真学习高考考纲和教育部考试中心编写的试题分析,研究近几年来的高考试题,领会其中的奥妙,从而运用于课堂教学之中。

(10)要重视中等生,强化中等生的管理与激励,抓中间带两头。

(11)平顺中学的教师们是有希望的,平顺中学的学生们是有希望的,平顺中学是有希望的。

第三章　因学论教的教学

课堂教学改革研究的展望

基于对20世纪90年代以来我国课堂教学改革的初步思考,我们认为,我国课堂教学改革的深化研究迫切需要解决以下几个问题:

(1)面对社会转型、大变革时期多种教育观念并存的特殊环境,立足于对现代意义的课堂教学时代转型的把握。要加强理论学习和对课堂教学改革基本问题的理性思考,从而减少研究的盲目性以及防止经验的狭隘性。关注如何实现学生的差异发展;把握学科教学的基本规律;揭示现代化课堂教学的基本特色,形成教学的不同流派与风格。

(2)研究问题域的重新界定。重点研究学生通过学习是如何实现发展的。涉及基础知识、基本能力、问题意识、创新意识、实践意识、合作意识的形成,以及发展的关键等问题。从研究课堂教学策略模式与方法,进而深入到教与学行为方式变革层面,这是一次重要的研究转型。

(3)以主体教育理论作为改造原有教育理论的依据和理论基石。主体教育,作为一种动态生成,开放的有强烈的反思、批判意识的教育理论,它所关注的是在回应当前基础教育重大的理论和实践问题中不断生成新的思想和观点。主体教育强调:价值性追求与工具性追求结合,将责与权真正还给教育主体;在活动、实践基础上通过交往促进主体性的发展;在社会化过程中实现个性化发展;优化育人环境,实现个体与群体主体有差异的发展。这些观点为课题研究提供理论分析框架。

(4)坚持"教育实验首先是教育思想实验",重点放在实践第一线教师教育观念的变革、基本素养和教育能力的提升,引导参与研究的教师主动进行创造性工作,进而探讨具有中国特色的教育实验观和方法论。研究方法上,加强研究学理性的同时,强调进行实证研究(调查、实验、典型个案分析等)。坚持研究的原创性,将"形而上"的理论引导与"形而下"的实验研究结合,体现教育实验所具有的理论性、社会性、主动性和整合性。

课堂教学的"主体"理论

学习"中国教育创新研究"课题组研究成果,从教与学的角度深入认识我们的课堂教学,可以得出这样的观点:

课堂教学的改革与发展离不开哲学、心理学、社会学、文化学等相关学科所提供的价值导向、思想方式和理论观点。

哲学的发展为研究课堂教学提供上位的理论优势以及合理的思维方式,从实体思维走向关系思维,走向以历史的、动态的为特征的实践思维,将导致和促进课堂教学研究主题及范式的转换。

现代心理学的研究,特别是认知心理学的发展以及元认知的提出,从不同的角度揭示了学生心理发展的动力、结构、程序等,为研究课堂教学中学生学习与发展的基本规律以及学习方式的变革提供了内在依据。目前心理学领域,众多的理论流派所形成的不同观点,有利于开拓研究者的思路,从多角度多方面研究课堂教学这一复杂现象。同时,借鉴心理学实验研究方法,将有助于提高研究的科学化水平。

教学研究不能离开文化学分析,教学研究的文化性质探讨,目前集中在学校课程与教学文化的构建。课堂教学活动是体现学校课程与教学文化的重要方式,集中表现为按照一定社会对下一代获得社会生存能力的要求,对人类文化的选择、整理和提炼而形成的一种教学观念和教学活动形态。也就是说,课程文化作为现代课堂教学的重要内容,作为学校教育活动的生存方式,纳入了现代教学研究的视野。

正是将现代课堂教学研究置于多学科发展的基础上,以人的发展为主题,借鉴哲学、社会学、心理学、文化学等研究成果,采用多种不同的研究方法,从不同视角,按不同研究规范,对课堂教学进行创新性实践与研究。

现代教学论认为:现代学习,是学生在教师指导下通过实践活动,在合作、交往基础上主动构建知识,主动发展自我的过程。现代学习方式的基本内涵是:主动参与、合作学习、自主学习及差异发展、探究创新。

发展性课堂教学的基本特点:基础性、发展性(建构性、生成性,差异性)、开放性、文化性。它所蕴含的深层次的现代学习的发展观念为:学习的选择性,学习的实践性,学习的自主性(自主选择学习内容,自我调控学习进程,自主评价反思学习结果),学习的社会性,学习的创新性。

在实践、活动基础上通过交往,实现学生真实的发展而不是虚假的发展。

课堂教学,作为一种建构性与生成性的文化,承担起培养学生的生成与建构意识、能力及文化主体身份的使命,是通过协商、互动的方式共同实现对文化的理解与建构的。基于对教学认识活动中主体能动性与认识论的唯物主义基础相统一, 即科学实践观与主体能动性的统一,将教学认识作为一种社会实践活动、社会交往活动、积极主动创造的认识活动来研究。

优质课堂四要素:自主,高效,差异,创新。

所谓主体教育,简单地说就是依靠主体来培养主体的教育。它是以尊重学生在受教育过程中的主体地位为特征,以培养和发展学生的主体意识和主体能力,塑造学生的主体精神和人格为己任,进而促进学生全面发展的一种新型教育思想和教育方式。主体教育的最终目标是使每个人全面、自由、充分地发展。主体教育关于尊重学生主体性的思想,关于促进学生个性自由、充分发展的思想，关于发展自主性、主动性和创造性的思想，是素质教育有了一个较高的目标定位。主体教育为素质教育提供了新的教育价值观念及实现人的全面发展的基本途径。

这里，“新课堂教学”的“新”主要是相对于传统教学而言。所谓传统教学主要指新课改前我国许多中小学存在的那种以“教师中心”、“书本中心”为课堂中心显著特征教学。而“新课堂教学”所提倡的“新”教育理念和“新”教育教学实践是建立在当前我国正在进行的新一轮课程改革的基础上，建立在对当前我国基础教育发展状况的分析基础上，并在与学校教育实践的互动过程中确立起来的。

“主体教育价值取向下新课堂教学”的实质是：立足主体教育教育的思想内核，把握新课程理论的精神实质，以教师指导下的学生主动学习为基础，以民主、平等、和谐的新型师生关系为纽带，通过教师、学生与教学目标、教学资源、教学媒体的交互作用而使学生在知识能力、情感态度、创新精神等方面得到主动发展的一种有组织、有计划的育人活动。

“主体教育价值取向下新课堂教学”包含四个要点：

第一，亲和度。提供一种亲和的、“安全”的、促进学生学习的良好氛围。民主平等的人际关系，尤其是民主、平等、和谐的师生关系以及由这种关系营造出的活泼生动、和谐的教育氛围，是学生主体性发展、新课堂教学实现育人标准的基本条件和依靠力量。一个好的课堂，应是充满真诚、相互关心、相互融洽、相互支持、相互理解的心理气氛。

第二，参与度。主体参与是“主体教育价值取向下新课堂教学”的基本特征。要实现主体的发展，必须有主体参与。这里的主体参与是师生主体的共同参与，即在教师的组织和引导下，学生主动参与、积极探索、意义建构的过程，最终实现双方的主动发展。

第三，互动度。交往互动是“主体教育价值取向下新课堂教学”的本质属性。教师和学生都是教学过程的主体，具有独立人格价值的师生之间的关系应是一种平等、双向的人与人的关系，是主体间的“我”——“你”关系。师生之间交往动态地表现出来的是主体间的相互作用、相互交流、相互沟通。教学过程就是师生交往、共同发展的互动过程。

第四，共创度。教学中，学生是主体，学生的主体地位，教师无法也不能够代替；这一过程中教师也是主体，教师并不因为学生是主体而退居次要。因此，教学过程是师生共创的。“主体教育价值下新课堂教学”强调开放生成，鼓励师生在互动中的即兴创造，要关注学生，把学生看成重要的课程资源，为教学过程的动态生成创造条件。

构建高效课堂模式

优质课堂四要素——“自主，高效，差异，创新”。

什么是“高效课堂”？简单地说：高效课堂是一种理想的教学境界的追求，表现为教师教得轻松、学生学得愉快、目标达成度高。就是在不增加学生在校时间和作业负担的前提下，通过构建“自主、合作、探究”课堂，让学习成为学生自己的事情、喜欢的事情，让学生在全面提高学科素养的同时，幸福快乐地成长。

李炳亭认为，高效课堂必须符合三个标准：①每一个学生在每一个时间段都有事做。②在具体的一节课里达到厚积知识、破疑解难、方法优化、能力提高、学习高效；③必须让学生在课堂上心情舒畅，有安全的学习心理环境。高效课堂要符合三个“量”：①信息量；②思维量；③训练量。高效课堂要达到三“动”：①形动，课堂上学生动起来了；②心动，思维在动；③神动，思想在动。我们的课堂要符合两个目标：①教学的需要；②学生的需要。上面的三个“标准”、三个“量”、三“动”和两个“目标”，揭示了高效课堂的一些最本质的东西，值得我们借鉴。

判断一堂课是不是高效课堂，有专家提出“八看”标准：一看教学目标是不是落实了“三维”要求；二看教学程序是不是实现了“先学后教”；三看课堂上是不是由“教教材”变成了“用教材”；四看教师的角色是不是由“主演”变成了“导演”；五看学生的角色是不是由“观众”真正变成了“主角”；六看教学手段是不是实现了现代化；七看教学过程是不是由封闭走向了开放；八看课堂教学效果是不是实现了“堂堂清”。这“八看”的标准，从不同层面细化了高效课堂，对教与学的辩证关系作了清楚的阐释和要求。

传统课堂模式下，教师是教学的主宰，主宰知识，主宰学生，主宰课堂的每一个空间，忽视了学生创新思维、合作意识以及探究能力的培养。学生没有足够的思考时间和空间，在学习过程中参与的质量与程度较低，始终处于被动接受的地位。

反思追问我们的课堂教学，老师讲的东西，有多少是老师不讲学生也能讲出来的？有多少是老师不讲学生也能掌握的？有多少是老师讲了也不能掌握的？有多少是学生喜欢听的？为什么学生越是语文课上越不爱发言了？有多少是对学生的语文素养提高有用的？

想一想课堂上应该谁忙活？是谁在忙活？不难发现，被动接受的课是老师导，学生读；老师讲，学生听；老师演，学生看。而自主学习的课则是学生读，老师导；学生讲，师生听；学生演，老师赏。

我们曾做过一个调查，“你喜欢怎样的课堂”：“你觉得哪种复习课你的收获更大？”A. 老师提问为主一起对答案。B. 先小组交流答案，不会的课堂讨论，同学都不会的老师点拨讲解。结果 100 人中选 A 的 3 人，选 B97 人。“小组交流时，你希望用哪种方式？”A. 小组长自己说。B. 每个人轮流说。结果选 A 的 10 人，选 B 的 90 人。

教学的终极目标是为了学生，教学的本质是为了教会学生学习。教师的职责就在于创造一种安全、愉快与和谐的学习环境，保持一个充满赞扬和肯定的环境，使学生感到安全，受到鼓励，得到尊重和富于挑战；在教学中，过程和结果同样重要：在学习过程上，应当充分展开高层次思维过程和交互活动；在学习结果上，让学生达成对知识的深层理解和灵活应用。教学中应强调哲理内涵与理性色彩，着力发展学生的思辨能力，特别是批判性的思考力。学校教育不仅应该对学生的升学考试负责。更要对学生终身幸福负责：要为学生的幸福人生奠定一个坚实的基础。

既然课堂是为了学生，为什么教师不能从学生的角度来组织课堂呢？所以，我们必须构建新的课堂模式。新的课堂模式是什么样子的？主要特征是：自主、高效、差异、创新，这是课堂教学的最高追求。让学生幸福快乐地学习是教育者的至高境界。有效的课堂对话昭示着平等、民主、互动的教学关系，凸显着生成、创造、发展的精神魅力。课堂的激情昭示着课堂的灵动与和谐。课堂是人气、神气、灵气的统一。课堂是学生、教师、教材、环境构成的共同体，传承与创新的共同体。

“自主高效”的课堂，是以尊重、信任和发挥学生的能动性为前提，以学生发展为本，在课堂教学中让学生掌握学习的主动权，充分发挥学生的主体作用。教师要尊重学生的个体差异，鼓励学生选择适合自己的学习方式，使每一位学生的才能都得到发挥。教师、学生在课堂上、学习中，拒绝无效、低效，追求高质、高效。

自主高效课堂评价标准：学生参与状态良好（积极性高，主动性强），学生参与率高，学生参与方式多样，师生参与有深度（提问有价值），满足学生认知前提，导学设计及反馈设计实用高效，教学层次分明，教学节奏紧凑有序，教师调控适度（四讲四不讲，讲课少于10分钟），教学目标明确具体，达成度高（当堂检测，反馈矫正）。

新的课堂应该明确“一个中心”：让学习成为学生喜欢的事情。通过一切有效的形式与方法调动学生发展的内在积极性，激活学生自主活动的内动力，为学生的自主学习提供动力源——改革的根本价值追求。把握两大主题：自主、互动。文本由学生自己解读体悟，问题由学生自己发现解决，规律由学生自己探索应用，反思由学生自己总结感悟。学生帮助学生，学生启迪学生，学生考查学生，学生影响学生。遵循三个原则：化零为整，模块推进。把过去两堂课、三堂课或一个单元的教学内容作为一个整体安排教学程序，进行“模块”推进，留给学生更多的是自主学习时间和空间，以便于学生从整体上思考和把握学习内容、学习方法，增强教学的整体性，提高学习效率。“减少讲与听，增加说与做”。减少教师讲和学生被动听的时间，增加学生说、学生做、学生互动的时间。一个人能掌握他读过信息的10%，听到信息的20%，说出信息的70%，经历过的事情的90%，讲过一遍，掌握100%。

“删去无效环节，减少无效劳动”。删去低效无效的教学环节和教学行为，如不必要的问答环节，假问题、死问题，做到“四讲、四不讲”。“四讲”是指：教师在课堂上必须对重点难点知识；易错易混淆的知识；知识交汇点；思维拓展之处。“四不讲”是指：①学生已知的不讲；②学生通过自学能弄懂的不讲；③学生经过小组合作研讨后能弄清楚的不讲；④学生经过实验弄懂的不讲。

新的课堂，第一个关键字是：变。转变教师心态、教育理念、思维方式，把“讲堂”变成“学堂”，把课堂时间、课堂空间、提问的权力、评价的权力、学习的过程还给学生，使课堂成为学生自主学习、合作探究的场所。变关注教师的“教会”、“会教”、“乐教”为关注学生的“学会”、“会学”、“乐学”。

自主课堂流程：重申目标；自主学习，问题汇总；课堂展示，互助合作；精讲点拨，归纳提升；反馈矫正，反思升华。这与我们倡导“六步式”课堂模式“示标，自读，质疑，释疑，练习，小结”异曲同工。

为了更好地突破课堂，提高课堂效率，实现“让每一个学生都得到相对于他自己的最优化发展”的教育理念，今后，我们将实践这种新的课堂教学模式。新的课堂教学模式流程：示标，自读，交流，释疑，训练，小结。从教师的角度看，即：教师示标，教师导学，小组交流，师生释疑，展示训练，课堂小结。这些侧重于教材学习和学案的学习，通过“一循环”拓展到课外，进行补充内容的学习。

六步式课堂模式另外的一种表述是：提问复习，分组讨论，展示成果，整合形成网络，达标测试，布置预习。各学科导学案的内容：目标定向、重点难点、学习方法、背景链接、学习过程（杏坛传道、基础梳理、整体感知、局部探究、质疑反思）、归纳小结、反思升华等。

第二个关键字：学。大量事实证明：教师讲得好，不如学生学得好，要在学生的头脑中，在学生的手头上解决问题。要相信学生——你给他一个机会，他会还给你一个惊喜！“以学为本，因学论教”正是以学生学习为核心的体现。新的课堂走向学生思维培育为主要任务，能记、能说、能想、能做的“四能”成为一种追求。

构建高效的课堂，是新课程背景下深化课堂教学改革、提高课堂教学效率、提高教育教学质量的迫切需要。要克服“少慢差费”的现象，真正实现“优质高效”，还需要老师们不断提高自身学科素养，提高教育学、心理学的理论素养，在教育教学实践中提高自己的管理能力。

课堂教学的冷思考

黎巴嫩著名的诗人纪伯伦曾经感叹道：“我们已经走得太远，以至于忘记为什么出发。”有人批评说，现在的教育是越来越把孩子教傻了。“为什么现在我们的学校总是培养不出杰出人才？”面对钱学森之问，作为一个教育者，我们该怎样回答？我们天天在从事教学，那么教学的本质意义到底是什么？让我们回到“原点”，重新思考这个最熟悉却又最困惑的话题：教学是什么？教学为什么？教学怎么办？

17世纪，捷克教育家夸美纽斯(J. A. Comenius，1592-1670)所著《大教学论》(1632)是教育学产生的标志，它的副题为《把一切事物教给一切人的普遍的艺术》。这是西方教育史上第一部体系完整的教育学著作，它全面论述了人的价值、教育的目的及作用、旧教育的弊病、改革教育的必要性和可能性、学制、教学法、体育、德育、宗教教育、学校管理等。班级授课制为全世界的课堂教学奠定了基础。

教学是教师教与学生学的统一,这种统一的实质就是师生之间的互动。没有互动,没有交往,就不存在或未发生教学。

现代教学论认为:现代学习,是学生在教师指导下通过实践活动,在合作、交往基础上主动构建知识,主动发展自我的过程。现代学习方式的基本内涵是:主动参与、合作学习、自主学习及差异发展、探究创新。

首先,教学是一种涉及教师与学生双方的活动过程,所以,它一定是动态变化的过程,是一种交往实践行为,是一种涉及两个人以上的实践活动。

其次,它是一种学习的活动,本质上是学,而不是教。因此,活动的主体是学生,没有学生的学习活动,就没有现代意义的教学。只有在教师组织下学生实现了有效学习,才是教学。

再次,教学是一种特殊的学习活动,他是由教师组织的有目的、有计划的学习活动,是一种指向性很强的学习活动。教师的最主要任务是教给学生"类知识"、"类方法"。

最后,凡是一切有利于学生学习活动进行的手段,教师都应该利用,而教师利用这些方法、途径、媒体的唯一目的,就是为了让学生的学习活动能够真正进行下去,能够收到切实的成效。

比如数学的学习,学生的数学学习过程不能只是接受现成的数学知识,而是一个以学生已有的知识和经验为基础的主动建构的过程。许多东西是教师难以教会的,要靠学生在活动中去领会。只有学生主动参与到学习活动中,才是有效的学习。一堂好的数学课,教师应十分关注学生的学习过程,向学生展示知识的发生发展过程,引导学生参与概念、法则的形成过程,暴露学生学习知识的思维过程。关注学生的学习过程,影响他们提供充分的从事数学活动和交流的机会,帮助他们在自主探索的过程中真正理解和掌握基本的数学知识和技能、数学思想和方法。在这一过程中,凡是能让学生自己学会的,让学生去亲自体验,绝不去教;凡是能让学生自己去做的,让学生亲自动手,绝不替他做;凡是能让学生自己去说的,让学生自己动口,绝不代他讲。为学生多创造一点思考的时间,多一些活动的空间,多一点表现自我的机会,多一点体验成功的愉快,真正做到"学生是数学学习的主人,而教师则是数学学习的组织者、引导者与合作者"。

今天的课该怎样上?新课程总结为"课堂十化":课堂教学生活化,学生学习主动化,师生互动有效化,学科教学整合化,教学过程动态化,教学内容结构化,教学策略综合化,教学资源优化,教学对象个别化,教学评价多样化。

"新基础教育"认为:教学过程的基本任务是使学生学会实现个人的经验世界与社会共有的"精神文化世界"的沟通和富有创造性的转换,逐渐完成个人精神世界对社会共有精神财富具有个性化和创生性的占有,充分发挥人类创造的文化、科学对学生"主动、健康发展"的教育价值;教学过程中师生的内在关系是教学过程创造主体之间的交往(对话、合作、沟通)关系,这种关系是在教学过程的动态生成中得以展开和实现的;"多向互动、动态生成"是教学过程的内在展开逻辑。要把教学过程看做是师生为实现教学任务和目的,围绕教学内容,共同参与,通过对话、沟通和合作活动,产生交互影响,以动态生成的方式推进教学活动的过程。换言之,教学过程中师生的内在关系是教学过程创造主体之间的交往(对话、合作、沟通)关系,这种关系是在教学过程的动态生成中得以展开和实现的。

顾明远教授认为:"推进素质教育,最根本的途径就是提高课堂教学的效率和质量。"教是为了不需要教",这就要求教师不满堂灌,不包办,要培养学生提问题,想问题,自己分析问题,解决问题的能力。教学讲求实效,教师虽然讲得不多,但深入浅出,解疑释惑,学生在课堂上学懂了、学会了,课外的负担就减轻了。这样,课外时间就可以还给学生,就像温家宝总理所说的:给学生"留下了解社会的时间,留下思考的时间,留下动手的时间。"

从现代教学论出发,我们将"课堂理念"确定为:以学为本,因学论教。

新的课堂应该明确"一个中心":让学习成为学生喜欢的事情。把握两大主题:"自主、互动"。遵循三个原则:"化零为整,模块推进"。"减少讲与听,增加说与做"。"删去无效环节,减少无效劳动"。

自主课堂流程:重申目标;自主学习,问题汇总;课堂展示,互助合作;精讲点拨,归纳提升;反馈矫正,反思升华。这与我们倡导"六步式"课堂模式"示标,自读,质疑,释疑,练习,小结"异曲同工。

新的课堂教学模式流程:示标,自读,交流,释疑,训练,小结。从教师的角度看,即:教师示标,教师导学,小组交流,师生释疑,展示训练,课堂小结。这些侧重于教材学习和学案的学习,通过"一循环"拓展到课外,进行补充内容的学习。

"六步一循环"课堂教学模式由"六步式"加一个"循环"组成。其基本模式为"六步式",是否"循环"教师可以根据具体情况而定,主要适用于新授课型。

第一步:示标。这一步包含两个内容,一个是上课的"导语",一个是出示"学习目标"。人们说,看一节课,只要五分钟就能掂出轻重,充分说明了这两个内容的重要性。
"示标"就是以《课程标准》为导向,以"三维目标"为准则,教师依据教学计划、教学内容和学生的实际,在集体备课的基础上制定出的具体可行的教学目标,上课前出示给学生。学生在目标导引下,以自主学习、合作讨论等方式最终掌握目标所要求的内容。让学生带着目标学习,充分体现教师主导作用和学生的主体作用。学习是学生的事,教师不能包办代替,让学生知道本节课要学习什么,达到什么目标,学生的心里明明白白,是教师上好课的基础。目标要有层次性,照顾到学生的差异性,让不同的学生都能有收获。

方式:教师口述,或者媒体展示,或者小黑板上写出。

第二步:导学自学。"导学"是老师的事情,"自学"是学生的事情。"导学"就是教师根据教学目标的导引,引导学生自主学习的过程,充分体现教师的主导作用。这个过程主要体现在学生的自主学习方面,特别是自己阅读课本。旨在培养学生的学习习惯、自学能力和独立思考能力,充分发挥学生个体的主观能动性。自学的方式主要是以学案中的"导学提纲"进行引领学习。要求教师在编写自学提纲时必须做到"五要五忌":

(1)要认真钻研课标和教材,准确分解课时目标和任务;切忌目标不明、任务不清。

(2)要围绕目标紧扣重点,言简意赅、简洁明了;切忌面面俱到,题目繁多。

(3)要富有启发,诱导学生去积极探究和思考;切忌空洞无物,无效自学。

(4)要具有操作性和任务性,让学生会动脑思、动手做;切忌浅看粗读不思考,水过地皮湿。

(5)要创设情境,灵活多变地出示提纲,或口头提示、或下发预案、或媒体展示、或临场发挥;切忌千篇一律,死板教条,磨灭学生的兴趣和好奇感,耽误学生学习时间。

这一环节,教师对学生的"学习方法指导"是很重要的一个内容。

第三步:导疑、质疑。爱因斯坦说过:"提出一个问题往往比解决问题更重要,因为解决问题仅仅是方法和实验的过程,而提出新的问题则要找到问题的关键、要害。"中国学生善于做题、擅长计算已是世人皆知,常能在世界奥林匹克各科竞赛中争金夺银,但同时动手能力差、创造能力弱等问题非常突出,造成这一现状的根本原因,正是长期以来我们的教育重结果、轻过程,重间接传授、轻亲身体验,满足于学生"懂了",没有问题了。学生没有了问题,必然导致他们不再作追根究底式的探究,从而形成了教育中存在的最大问题。

现代研究表明:放手让学生自己提问题比通过被动的阅读寻找答案的策略更有效,因为学生提出问题的过程实际上就是对教学内容的初步感知和整体把握的过程,它是学生对教材的认知、理解及掌握程度的具体体现。当学生发现并提出一个高质量问题时,必然伴随着分析综合、比较归纳、演绎推理等思维活动,这是学生认真阅读思考的结果。大哲学家苏格拉底甚至说:"问题是接生婆,它能帮助新思想的产生。"可见发现问题、提出问题是多么重要。"学起于思,思源于疑",现代心理学认为,一切思维都是从问题开始的。培养学生的问题意识,训练学生发现问题、提出问题的能力是培养创新性思维的基础和前提。

"导疑"就是指教师根据教学需要提出启发性的"问题组",同学之间可以互相提问、互相讲解、互相补充、互相纠错,教师也可以不直接提出问题,而是创设情景,诱导学生自己提出问题,也可以从"知识问题化,问题具体化"(即教师通过对教材的再加工,把教材知识转化为发人深省的问题)的思路入手,将陈述性的知识转化为问题的形式,以问题的方式切入知识落实或能力培养之中。

"质疑"是指学生在自学和小组合作交流的基础上,提出自己的问题。教师对学生存在的热点、难点、疑点、盲点等问题,指点迷津,启迪心智。本环节的活动一般可融入学生的合作研讨及交流展示等过程中。对释疑过程要求教师必须遵循以下"四条原则":第一,学生有疑问时必须先让其通过再看书自学或在小组合作研讨中去解决;第二,学生自己和小组内都没有解决的问题教师要先进行启发或引导,让学生再思考以求解决(即学生在不互相帮助解决问题之前教师不讲课）；第三，经过教师的启发和引导仍解决不了的问题或各个小组普遍存在的问题由教师当堂解决；第四，教师在课堂上难以解释清楚的问题课后通过师生查阅相关资料合作解决。

这个过程，要注意发扬民主，让学生有问题敢问；引导探究，让学生有问题要问。教学中教师要通过创设质疑释疑的情境，通过教师的点拨、诱导，引导学生去体会、去感悟，打破已有认知结构的平衡状态，唤起学生思维，激发其内驱力，使学生在情境中产生困惑，发现问题，提出问题，并作进一步的探究以解答问题，从而在理解的基础上掌握新知，提高能力。其次要在“最近发展区”设置目标。目标设置过低会降低学生思维训练的要求，自然不会发现问题；过高则会使学生无力突破而受阻，产生畏难情绪而导致学习搁浅，也就不可能产生问题。因此教学实践中要根据学生的实际，根据不同层次学生的认知基础，设置恰如其分的与学生“最近发展区”相贴近的认知目标和学习内容，从而激发起学生的认知欲望，产生强烈的问 题意识，在积极的思维中发现问题，分析和解决问题。再次要全面倡导探究式学习。学校教育须重在培养学生对知识的渴求、探索和创新的欲望，以及形成科学思维的习惯与能力。研究性学习作为一种国际社会比较认同的学习方式，它在获取知识的方式和渠道、特别是在知识探寻中孕育一种问题意识，亲自寻找并实践解决问题的途径，引发整个学习方式的变革。思维方法的训练是教学的重点，教完一个知识点或一道题的时候，都要让学生想想“为什么”，在做题的过程中采用了什么样的思维方式，并且教师不直接告诉学生，而是引导学生自己去思考、去想，这样不但能够加深学生对知识和方法的掌握，而且会激发学生的成就感。

在处理学生提出的问题时，可运用这样两个策略：一是横向处理，即学生提的问题由学生来解决。思考学生提的问题，学生一般不会紧张而能主动地思考、议论和分析问题，甚至发现和提出新的问题。二是延迟判断，对一个问题，不要当即作出判断，要不断鼓励学生产生新的想法，让他们品尝到提问过程中的无穷乐趣，使他们在不断的提问中发展思维、获得新知，逐步养成不懂就问的好习惯。

第四步：合作研讨、规律点拨。“合作研讨”是课堂教学活动的中心环节，也是体现教师教学智慧的重要环节。学生在自主学习的基础上，自觉主动地在小组或课堂上交流展示自己的学习成果。学生的个性能否得到张扬，心智能否得到启迪，思维能否得到发展，潜能能否得到发掘，学习积极性能否得到维护，兴趣爱好能否得到延伸，成就感能否得到认可……关键要看教师组织调控的水平和艺术。

从个人自学到小组交流，从小组交流到全班展示的原则，交流和展示的方式应灵活多样，要给学生创设宽松和广泛的交流环境和氛围，让学生的智力因素和非智力因素都得到充分调动。二是注重组织交流的语言引导。教师导引的语言要以启发、诱导或激励为主，应多使用类似于“谁愿意展示一下自己的成果?谁的想法和他的不一样？ 谁还有其他的或更好的想法?能把你的观点和大家一起分享吗?你还能再说一遍吗？”等语言引导学生的积极思考。教师一定不要越俎代庖，不要给学生当翻译，更不要替代学生回答，剥夺学生思维的权利。

“合作研讨”的形式可以是学生之间、师与生之间、组与组之间、师生与多媒体之间等多维互动式，也可以采用互相讨论或答辩等方式，还可以通过黑板板演、课本剧、游戏、生活模拟、小品、绘画等方式进行展示。通过自主合作学习，力争突破难点，解决重点，以加深对知识的理解，通过交流展示，促进学生的共同提高。在“合作研讨”的过程中，教师不仅要注意学生合作小组的讨论，更要关注合作小组的互助和督查作用，让每一个学生都动起来，大脑转起来，逐步培养学生合作学习的学习习惯，提高合作学习效率。让学生通过交流和展示学习成果，表达自己的见解和感悟，进行知识的迁移和运用，最终达到穿插巩固、展现提升的目的，培养学生的实践能力和创新能力。

“规律点拨”也是课堂教学的一个亮点，该环节是指教师在通过学生的交流和展示之后，组织全班学生，针对普遍性的问题，结合教材的重点、难点（因为通常重点、难点是不能完全依靠自学解决的）以及学生自学中存在的问题和在自学中生成的问题及教师预设的有拓展性、提高性的问题，通过教师或学生的研讨与互动，将问题归纳整理成若干的规律、公式，或形成知识板块及知识网络。

知识存在的规律要让学生自己找，当学生实在找不出时，教师一定要告诉学生。

第五步：训练。“练习”是指学生对已学知识进行针对性的巩固或检测训练，学后的练习是检验学习效果、巩固所学知识、化知识为能力的主要手段。课堂教学效果的高低就取决于训练过程中能否扎实落实到学生身上。教师在设计达标检测或单元训练题时，既要有面向全体学生的巩固性基础练习题，又要有针对优生的拓展性、提高性的训练题，对学生的要求可设计必做题和选做题。当堂练习则要求学生快速高效、独立完成作业。教师巡视督查，随时提醒和纠正学生的不良习惯和做法。要求学生当堂完成的作业，教师要尽可能地即收即改、现场批阅，可以面批，也可以组织学生互相批改，及时反馈和纠正作业中出现的问题。

教师在设计当堂训练时，必须把握好“四性”原则：

一是针对性。练习题应紧扣课标，保证当堂知识当堂练，学一点就要学到位，练到位。

二是多样性。根据各自的科目和课型设计出不同类别、梯度合理的训练题型，如说写训练、诵读训练、背诵默写等；练习可以是一般性的练习作业题，也可以是类型题训练，还可以是解题思路或技巧方面的训练或随堂达标训练、检测。

三是层次性。训练题中既要有基础达标题，又要有能力训练题，还应有拓展拔高性的试题，以满足不同层次的学生进行练习。

四是及时性。当堂训练题的题目设计不能过多，对练习题必须要精选精编，要求当堂问题当堂清，当堂练习当堂反馈。

在课本内容基本完成的情况下，要拓展性的进行加深训练，如高考题的练习，奥赛题的渗透，遇到困难，学生必然会有困惑，问题主要还是出现在概念不清和举一反三的变式应用上，于是，回过头来，再让学生看教材（自读），提问题（质疑），辨析清楚（释疑），实现会做题（训练），完成拓宽加深的“一循环”。

第六步：小结。“小结”是指师生对所学内容进行归纳整理，并形成正确的认知和思考方法等。这个环节要求以学生的自我总结为主，在下课前，让学生在小组谈自己对本节课所取得的收获；小结应包含以下两方面：一是通过本节课的学习在知识或方法等方面有哪些收获；二是在本节课的学习中还有哪些困惑，有哪些需要注意的问题等。特别要注意的是总结不应只是简单地复述一节课的重点内容，更要关注学生在学习过程中的学习态度、参与程度与机会、表现欲、自信度、成就感及学生的自我反思等情感因素和价值观，通过长期引导学生的自我归纳总结，逐步培养起学生的自省习惯和归纳、概括的逻辑思维能力和表达能力。

学生通过小结和自我反思过程，不仅在知识巩固、能力提升、方法应用等方面会逐步提高，同时也是思想和心灵获得升华的一个重要过程。小结结束，布置学生预习下节课内容。

教学的本质在于教会学生学习。教学的终结目标是为了培养学生的智慧，让每一个学生得到发展。

再谈学习方法的指导

学习，是把“学”和“习”复合组成的词。孔子说：“学而时习之，不亦说（yuè）乎？”意思是，学了之后及时、经常地进行温习和实习，不也是很快乐的吗？这里强调了学之后要习。《辞源》指出，“学”乃“仿效”也，即是获得知识；“习”乃“复习”、“练习”也，即是复习巩固。按照孔子和其他教育家的看法，“学”就是闻、见，是获得知识、技能，主要是指接受感性知识与书本知识，有时还包括思想。“习”是巩固知识、技能，一般有三种含义：温习、实习、练习，有时还包括行的含义在内。“学”偏重于思想意识的理论领域，“习”偏重于行动实习的实践方面。学习就是获得知识，形成技能，培养聪明才智的过程。实质上就是学、思、习、行的总称。

心理学认为，学习是主体在客体的作用下引起头脑和行为变化的过程。

知识的特征、人的特征都对学习过程有着直接的影响。客体——知识自身的特征与规律。主体——人学习时的特征与规律（大脑的思维特点、信息输入的特点）。主体作用于客体——如何高效学习规律。从学习知识到掌握智慧是求学的真正目的。

学习是有方法的，学习方法的困惑是中学生常常出现的问题。17世纪法国的数学家、哲学家和科学方法论者笛卡儿说：“最有价值的知识是关于方法的知识。”学习有方法，但无定法，学习方法因人而异，只有符合自己个性特点的学习方法才是最好的学习方法。每个人如果都能形成一套有自己特色的学习方法，那么，他就向着学习成功的道路迈进了一大步。

一、学习的特点及规律

学习：学习是指学习者因经验而引起的行为、能力和心理倾向的比较持久的变化。这些变化不是因成熟、疾病或药物引起的，而且也不一定表现出外显的行为。

学习的特点及规律。特点：认识性、心智性、社会性、时间性。规律：与需要相适应、与全面发展相一致、主体客体相统一、循序渐进、学以致用。

学习方法：学习有法，但无定法，贵在得法。适合自己的就是最好的。最笨的也就是最好的，如：背书，做题，领悟。再如：认真、刻苦，信心、恒心、耐心、专心和细心。

谈学习方法，首先应解决的一个问题是如何理解学习的科学含义。通俗地说，学习是指通过阅读、观察、听讲、研究和实践获得知识或技能的活动。学习的任务有三个方面：一是获得知识和技能；二是发展智力及能力；三是形成良好的思想、品德及行为习惯。

学习能力是多方面的，它包括注意力、观察力、思考力、应用力、自觉力、记忆力、想象力、创造力等。

有人认为学习有三种境界。第一层为苦学。提起学习就讲“头悬梁、锥刺股”，“刻苦、刻苦、再刻苦”。处于这种层次的同学，觉得学习枯燥无味，对他们来说学习是一种被迫行为，体会不到学习中的乐趣。长期下去，对学习必然产生了一种恐惧感，从而滋生了厌学的情绪，结果，在他们那里，学习变成了一种苦差事。第二层为好学。所谓“知之者不如好之者”，达到这种境界的同学，学习兴趣对学习起到重大的推动作用。对学习的如饥似渴，常常到废寝忘食的地步。他们的学习不需要别人的逼迫，自觉的态度常使他们能取得好的成绩，而好的成绩又使他们对学习产生更浓的兴趣，形成学习中的良性循环。第三层为会学。学习本身也是一门学问，有科学的方法，有需要遵循的规律。按照正确的方法学习，学习效率就高，学的轻松，思维也变得灵活流畅，能够很好地驾驭知识，真正成为知识的主人。

目前，中学生的学习中，第一层居多，第二层为少数，第三层次更少。我们应当明确，学习的一个重要目标就是要学会学习，这也是现代社会发展的要求。21世纪中的文盲将是那些不会学习的人。所以，同学们在学习中应追求更高的学习境界，使学习成为一件愉快的事，在轻轻松松中学好各门功课。

二、学习的条件

外部条件：狭义地讲，就学生的学习环境可分为学校学习环境、家庭学习环境和社会学习环境。学校学习环境是指学校的校舍、师资、教学条件、教学手段、校风、学风等，这些都是影响学生学习的因素；家庭学习环境是指家庭为学生学习而提供的物质条件，如安静舒适的房间，和睦的家庭关系，能够辅导学生学习的家庭成员，必要的物质投资。社会学习环境是指影响学生树立正确的人生观、世界观和学习目的的社会氛围。

内部条件：心理准备、精力准备、体力准备。包括非智力因素（动力系统）——动机与兴趣、情感、意志、性格、求知欲的准备和智力因素（操作系统）——注意力、观察力、想象力、思维能力、记忆力、创造力的准备。

学习最佳的时间：①清早可能学习需记忆性的内容效果好些，如语言。②.晚上回顾、总结性的记忆内容要好些。③一般学习中注意力只能集中大约30~40分钟,因此,隔一段时间应休息一下,适当运动。④愉快的内容可以帮助、加强记忆。⑤学习与记忆是密不可分的,所以在学习某些经验或技能后一小时内最好及时记忆。也就是说,在进行专门学习后的一小时内是此次学习的最佳时间。⑥如果要想有好的学习效果,建议在对某个事物产生兴趣的同时进行研究。

三、知识掌握的规律

知识掌握有五个阶段:动机激发、培养兴趣;感知摄取,形成表象;理解领会,形成概念;巩固知识,储存记忆;运用知识,形成技巧。信息论认为:掌握知识包括知识的获得、巩固、应用三个阶段。输入阶段指导学生如何观察、如何思维、如何想象、如何集中注意力等。知识的存储阶段指导学生如何记忆、如何理解、如何强化、如何系统化等。输出阶段指导学生如何分析、如何概括和综合、如何创造、如何解决问题等。

四、课堂学法指导

1. *课堂教学特点*。教师根据教学计划按照一定时间安排对学生进行集体教育。是有目的有计划的教学活动,是有特定教学程序的教学活动,是大信息量的知识能力综合训练,有很强的规定性。

2. *课堂学习特点*。学习安排的计划性,学习内容的全面性,学习情境的优越性,学习方式的间接性,学习组织形式的集体性。

3.*课堂学习方法*。凡事,都有一定的方法,学习也如此,学习有学习的方法。课堂学习方法流程大致如下:

自我规划(制订计划):远期计划近期计划,学期计划、月计划、周计划、日计划,都要有。预则立,不预则废。小学生自己不会制订计划,可以让父母亲或老师帮助制订自己的学习计划。

预习:预习是自学的一种方式,为了带着问题听课,课前一定要预习。不管是老师布置的预习还是自主进行的预习,都要把疑难处、不懂处勾画出来,自我质疑,带着这些问题有目的的听课。

上课:听课准备,集中注意力(眼睛看着老师,带着问题听,紧跟教师思路,课上不钻牛角尖,注意上下课的前后几分钟),理清思路,抓住重点,做好笔记(要领,方法,课后整理),自主思考,积极提问(不敢问、胡乱问都不好),勇于回答(听清同学的回答,不说废话),合作讨论,立即记忆,当堂清结。

具体说来:第一,课前准备好上课所需的课本、笔记本和其他文具,并抓紧时间简要回忆和复习上节课所学的内容。第二,带着强烈的求知欲上课,希望在课上能学到新知识,解决新问题,取得新收获。第三,上课时要集中精力,铃声一响,立即进入积极的学习状态,有意识地排除分散注意力的各种因素。第四,听课要抬头,眼睛盯着老师的一举一动,专心致志聆听老师的每一句话。紧紧跟随老师的思路,注意老师叙述问题的逻辑性,问题是怎样提出来的,以及分析问题和解决问题的方法步骤。第五,如果遇到某一个问题或某个问题的一个环节没有听懂,不要在课堂上“钻牛角尖”,而要先记下来,接着往下听。不懂的问题课后再去钻研或向老师请教。第六,努力当课堂的主人。认真思考老师提出的每一个问题,仔细观察老师的每一个演示实验,大胆举手发表自己的看法,积极参加课堂讨论。第七,重视老师讲课的开头和结尾。老师的“开场白”,往往是概括上节内容,引出本节的新课题,并提出本节课的目的、要求以及所要讲述的中心问题,起着承上启下的作用。老师的课后总结,往往是一节课的精要提炼和复习提示,是本节课的高度概括和提升。第八,养成记笔记的好习惯。最好是一边听一边记,当记与听发生矛盾时,要以听为主,下课后再补上笔记。记笔记要有重点,把老师板书的知识提纲、补充的课外知识、典型题目的解题步骤和课堂上没有听懂的问题记下来,供课后复习时参考。

复习:课后利用几分钟(休息或上厕所)时间要将课堂内容回忆一遍,便于系统化和记忆,课后黄金两分钟很重要。我们的学生存在一个严重的问题,下课铃一响,立即往教室外面冲,根本不冷静思考,宁愿在楼道里大喊大叫,也不去回忆上课的内容,陋习要改。做作业以前先回忆课堂知识,回忆教师的言语细节。把模糊的知识点搞清楚再做作业。利用周六日对本周知识进行自我整理归纳。

具体一点,第一,当天的功课当天复习,注重复习的时效性。老师讲授的主要内容,在全面复习的基础上,应抓住重点和关键,特别是听课中存在的疑难问题更应彻底解决。基本要领和定律等要能准确阐述,并能真正理解其意义;基本公式应会自行推导,晓得它的来龙去脉;弄清楚知识前后之间的联系,注意总结知识的规律性。低段在课堂上复习,高段则利用课堂或回家复习。第二,单元复习。在课程进行完一个单元以后,要把全单元的知识要点进行一次全面复习,重点领会各知识要点之间的联系,使知识系统化和结构化。有些需要记忆的知识,要在理解的基础上熟练地记忆。请家长检查。第三,期中复习。期中考试前,要把上半学期学过的内容进行系统复习。复习时,在全面复习的前提下,特别应着重弄清各单元知识之间的联系。第四,期末复习。期末考试前,要对本学期学过的内容进行系统复习。复习时力求达到“透彻理解、牢固掌握、灵活运用”的目的,能合上书把内容大致说下来。第五,复习过程中,要重视基础。考试都是中低档题,或者是基础题的灵活形式,所以只要把基础题目抓住,再力所能及攻克一些中高档题,分数肯定能提高。复习时还要注意积累,尤其是语文、英语学科,这两科覆盖面较广,是循序渐进提高的,功在平时。所以平时读书、读报要随时留心,遇到读不准的字音、不确定的词汇要及时查字典。一般来说,语文、英语考高分的同学都有着深厚的功底,是靠日积月累得来的。

复习要注意的问题:(1)及时复习。当天学的知识,要当天复习清,决不能拖拉。做到不欠“账”。否则,内容生疏了,知识结构散了就要花费加倍时间重新学习。要明白“修复总比重建倒塌了的房子省事得多”。

(2)要紧紧围绕概念、公式、法则、定理、定律复习。思考它们是怎么形成与推导出来的?能应用到哪些方面?它们需要什么条件?有无其他说法或证明方法?它与哪些知识有联系?通过追根溯源、牢固掌握知识。

(3)要反复复习。学完一课复习一次,学完一章(或一个单元),复习一次。学习一阶段系统总结一遍。期末再重点复习一次。通过这种步步为营的复习,形成的知识联系就不会消退。

(4)复习要有自己的思路。通过一课、一节、一章的复习,把自己的想法,思路写成小结、列出图表、或者用提纲摘要的方法,把前后知识贯穿起来,形成一个完整的知识网。

(5)复习中遇到问题,不要急于看书或问人,要先想后看(问)。这对于集中注意力、强化记忆、提高学习效率很有好处。每次复习时,要先把上次的内容回忆一下。这样做不仅保持了学习的连贯性,而且对记忆有很好的效果。

(6)复习中要适当看点题、做点题。选的题要围绕复习的中心来选。在解题前,要先回忆一下过去做过的有关习题的解题思路,在这基础上再做题。做题的目的是检查自己的复习效果,加深对知识的理解,培养解决问题的能力。做综合题能加深知识的完整性和系统化的理解,培养综合运用知识的能力。

作业:课堂内容没有掌握以前不急于写作业,应先把知识搞清楚。先看书后做作业,看书和作业相结合。只有先弄懂课本的基本原理和法则,才能顺利地完成作业,减少作业中的错误,以达到巩固知识的目的。作业及时完成,快速高效不拖沓。每做一道题,都要想清为什么,找到规律,把握"通法",达到举一反三。做作业过程中,要认真审题,搞清题目中所给予的条件,明确题目的要求,应用所学的知识,找到解决问题的途径和方法,思路清楚了再答题,答题要规范,解题时先在草稿纸上"演练",思路成型后再上作业本,切忌写了又改,改了又擦,使作业涂改过多。书写要工整,解题步骤既要简明、有条理,又要完整无缺。作业时,各科都有各自的格式,要按照各学科的作业规范去做。做完作业回头总结检查一遍,避免不应有的错误发生。作业本发下后,尽快检查一遍,特别是出错的地方,要仔细反思,认真改正,这正是自己的薄弱环节,预防下次再错。作业要独立完成。只有经过自己动脑思考、动手操作,才能加深对知识的消化和理解,才能培养锻炼自己的思维能力,检验自己掌握的知识是否准确,进而克服学习上的薄弱环节,逐步形成扎实的基础。作业要保存好,定期将作业分门别类进行整理,复习时,可随时拿来参考,多背诵,积累是最基础的方法,记忆是聪明的窍门。准备一个《错题摘录本》。多做练习是理科学习的重要办法。

总结:研究发现,有几个时间有利于巩固记忆,一是学习后的最初几分钟,二是16~48小时,三是一周时间。日清日结,周清周结,月清月结,学期总结,都是不可少的学习方法。

考试:考试是一种能力。要有一颗平常心。分配掌握答题时间,合理安排答题顺序,解答题目有技巧,答题过程沉着冷静,做完题目要检查,正确分析考试结果,都是很重要的。目前,为了抓好过程,我们实行日清周结月考的办法。

4. 课外学习方法。

时间安排:每天学习流程定好时间,严格执行。

使用工具书:《新华字典》、《现代汉语词典》、《古汉语词典》、《英汉词典》必不可少。

积累资料:学习在于积累。常搜集各种资料,分类整理,将有得焉。

初中生年龄小,自制力差,在业余时间家长定时陪读陪学,进行餐桌汇报,对孩子形成学法、养成良好习惯有很好的帮助。

课外阅读、课外写作,是提升一个学生素养的最好途径,不可缺少。

这些方法长期运用便能形成良好的学习习惯。

五、良好的学习习惯

习惯是后天经过反复练习逐渐养成的较为稳定的不易改变的行为特征。学习习惯是提高学习质量的一个重要条件,长期有规律地安排学习的人,有利于建立稳定的"动力定型",使得通过生物钟和条件反射自动提醒自己去做某件事,通过下意识的作用自然而然地去做,同时,良好的习惯还能调动潜意识为学习服务。学习习惯是非智力因素中非常重要的内容。

学习习惯在小学低年级就形成了,好习惯不会随着年龄的增加自动形成,且习惯一旦形成很难改变。所以,尽早培养孩子的良好习惯是非常重要的,年龄越小越容易养成良好习惯越容易巩固,不良习惯发现得早也容易纠正。

萨穆尔斯迈尔说:播种思想,收获行动;播种行动,收获习惯;播种习惯,收获性格;播种性格,收获命运。

怎样养成良好的习惯?首先,持之以恒,坚定不移。如背乘法口诀,每天一句;英语单词,每天10个;完成作业后再看电视,等等。要坚持,要在反复的重复中强化习惯,形成条件反射。其次,要自我控制。难抵诱惑自己管不住自己时,请家长、同学帮助,让他们约束自己的活动时间和活动方式。这对小学生非常重要。再次,不断反思。坏的习惯要不断地改正。通过改变环境分散注意力来消除外部干扰,通过做具体的事情转移注意力来改善自己的心情。

良好的习惯有哪些?

积极处世的习惯,热爱生活,对自己的生活负责。

喜欢学习的习惯,明白学习的意义,相信自己能够学好。以勤奋的态度对待。

专心致志的习惯,抓住重点事情不分心,全神贯注的去做,思想一分一秒也不开小差。

先定目标的习惯,有了目标就有了动力。远大理想是勤奋学习的基础。

严格执行学习计划,目标定准,定时定量,必须做到。当天任务当天完成,不轻言放弃。

勤于思考的习惯,训练思维能力,养成善于发现问题、分析问题、解决问题的好习惯。

独立思考的习惯,所有的问题都要问个"为什么"。

归纳整理的习惯,站在系统的高度,理清思路理出头绪,摸索规律。不放过细微的错误,即错即问。

珍惜时间的习惯，做事不拖拉，高效率快节奏，该做什么的时间就做好什么。

效率第一的习惯，快速、准确、轻松。重要的事情要先做。

善于阅读的习惯，晨读晚读持之以恒，各类书都要读，勤做读书笔记。阅读是写作的基础。

学以致用的习惯，与生活现象相联系，活学活用，多实践，不盲从书本。

合作学习的习惯，合作探究，能实现双赢。别人的长处值得我学习。先理解别人再争取别人理解。

锻炼身体的习惯，每天有一定的时间活动，劳逸结合，保证有一个健壮的身体。

善于观察的习惯，观察 = 眼睛 + 心灵。明确目标，学会观察方法，观察与表达、联想结合起来。

丰富想象力的习惯，仿生法、组合嫁接法、白日梦等都是好方法。

训练记忆力的习惯，小学生机械记忆最发达，要强化。中学生理解记忆最发达，要利用。情景记忆和联想记忆是最常用的两种办法，首尾记忆，形象记忆，分组归类记忆，试背记忆，串词记忆，谐音记忆，数字记忆，编码记忆，浓缩记忆，都是好办法。

六、不同学科有不同的学习方法

1. 从语文学习的特点出发。①语文的人文性、实践性、综合性特征。②重在感悟。③遵循汉语汉字自身的规律。④学习的社会性特点。语文学习法主要有三点：多读、多写、多悟。小学生学习语文 40 种办法值得借鉴。

2. 从数学学习的特点出发。学数学的最大特点就是做题和感悟，每天要做一定的练习，专门准备一个错题本，注意解题思路的积累和解题方法的总结。小学生学习数学 25 种办法值得借鉴。

3. 从英语学习的特点出发。每天定量背单词，早读定时间，大声朗读，听说读写四管齐下。准备一个单词本随时带在身上。多说多交流是一个好办法。

“四步十环节”学习法

学校任何改革，最终都要落实到学生身上。学生发展是学校发展的终极目标。坚持“课堂因互动而精彩，学生因自主而发展”的理念，发现学生的潜力，淡化”管”，强调”理”，引导学生发挥积极性，给学生搭建表现的平台，促进学生自主成长。

四步学习法：“来到学校，快进教室；打开书本，自主学习。遇到困难，独立思考；自己不会，去查资料。资料没有，去问同学；同学不会，小组讨论。小组不知，再问老师；获得思路，认真总结。”

配合课堂教学，我们制定课堂十环节学习法：制订计划、课前预习、明标上课、质疑释疑、规范训练、课堂检测、复习作业、及时总结、课外阅读、单元验收等。

1. 制订计划。无论是初中还是高中，每个学生的课桌上都有一个计划本——成长日记，这是专门用来制订日计划用的。从进校门的那一刻起，学生就人手一本，统一配备，在计划本的扉页上，学生确定自己三年为之奋斗的理想大学，在总目标确立前，班主任老师先介绍某些大学的情况，唤起学生心中的激情与向往。

学生跑步进入教室，坐定，先拿出 5 分钟的时间制订日计划。从初一开始，就在老师的引导下，养成良好的制订计划的习惯。凡是学生自己支配的时间，都作了非常详细的安排，复习或是预习，阅读或是做题。学生不但要制订计划，还要学会按照计划学习，只要是制订了，就一定要完成。完成一项计划，就在计划本上用对号标出。

学生在每日计划的基础上，要制订每周的计划和学期计划。在制订计划过程中，班主任是具体指导者，要帮助和督促学生们，力求制订的计划具有持久性——要求学生必须坚持下去，直到形成习惯；具有有效性——计划的内容必须有利于学生知识和素质水平的提高；具有可操作性——计划忌大忌空，要切实可行，适合学生个性。班主任要不断对学生计划制订及落实情况进行检查和指导，实现日清日高。

2. 课前预习。学习新课之前，学生要专门拿出时间充分预习，要求不动笔墨不读书。预习有两种：一是自己主动学习；二是带着老师布置的任务去预习。学生在预习中只找出问题还不够，还要养成探究领悟的习惯。预习过程中，学生会遇到许许多多的问题，对这些问题，教师要鼓励学生自己大胆动手解决，可以通过自我研究、查阅资料、同学讨论等种种方式公平解除困惑，不清楚或解决不了的做好标记，上课解决。

通过课前预习，学生形成了学习的良性循环，使学习变得主动，从而提高了学习效率。

3. 明标上课。可以说，课堂是学习的主要阵地，上课的准备要从课间休息时就开始，从心理上调节好自己的状态，做到精神饱满。教师上课，首先要出示本节课的学习目标，以及问题组。学生明白课堂教学的目标以后，要认真对照导学案进行学习。课堂上要以思为主，充分听取别人理解，但为了预防"一听就会、一放就忘、一做就错"的问题，必须记好课堂笔记作为辅助。充分利用老师留下的 3~5 分钟的时间，做好小结并把课堂疑点记在"备忘录"上。

4. 质疑释疑。学生在教师的指导下充分自主学习，找出难点和疑点。通过做预习学案，进一步巩固知识。学生要特别关注同学的回答和讨论，通过师生互动、小组讨论等方式答疑。学生掌握了知识点，学会了解题方法之后，学生解决问题的能力和举一反三的迁移力也会随之增强。

5. 规范训练。当堂训练当堂完成，规定时间，限时训练。作业是思考的锻炼，所以，要求学生要在作业过程中养成多问几个"为什么"，多考虑几种新的解题方法，并将其独立运用到作业中去的习惯。对作业书写要求要严格：字要一笔一画地写，不准用涂改液，不准乱涂乱画，有错误用尺子画两条直线划去。作业按时完成后，及时上交。通过强化时间观念，让学生养成更科学的思维步骤、思维方法，从而锻炼学生迅速、规范的思维能力。学生人手一本"错题及典型习题档案本”,作业发生错误,都要记入错题档案,立即改正,并认真反思总结。

6. 课堂检测。可穿插在教学过程中,也作为课堂内容及例题讲解后的巩固训练,以检验所学知识,培养多种能力。要求所选题目具有梯度性(按考试要求的层级和学生多层级),典型性(选择一些规范的有代表性的),时效性(要有时代性、关注当年热点),和针对性(针对考点、针对学生实际)。不求多,不求难。

7. 复习作业。课后利用几分钟(休息或上厕所)时间要将课堂内容回忆一遍,便于系统化和记忆,课后黄金两分钟很重要。做作业以前先回忆课堂知识,回忆教师的言语细节。把模糊的知识点搞清楚再做作业。

8. 及时总结。各科准备一个总结本,每周都要把本周学习内容和收获做一个整理、小结,知识成线成网,画出知识树,提高学习效率。

9. 课外阅读。为提高学生的阅读水平,学校拿出专门时间开设阅读课。周六周日阅读。

10. 单元验收:这个环节是针对考试的,因为在中学,尤其是高中阶段,考试可以说是家常便饭,既然考试这么多,根据老师安排的时间,由学生自己先研究失分及其他原因,找出实得分、应得分和不该失的分。根据上面分析,对于主要失分的原因,学生要制定相应的改正措施。接下来便是认真听老师讲评。之后,再与其他同学积极交流,学习其他同学的优秀解法和思路,取人之长,补己之短。在此基础上,认真规范地在答卷上按要求进行纠错,每个错题都要注明错因并认真体会,对于和自己做法不同的优秀解法,更要认真整理并写到答卷上,最后写出后记。之后,要把本次考试的感悟总结出来,并加以体会和反思,写出简单后记,供以后学习参考。

实践证明,规范化的学习活动能彻底改变学生的学习习惯,学生上课会听,自习会学,由不会学习变得善于学习,由不愿学习变得乐此不疲。

为培养学生良好的学习习惯,应对学生提出具体要求。比如:要求学生每天有日计划,每天记一篇日记,每天预习和积累,每节课前按要求预习,每节课前演讲,课后自留作业,每次测验后整理错题集,每章(单元)学习结束后自出考试题等。

同时,改进、完善评价方法,通过定期的监督、检查、评价保证对学生学习习惯培养的效果。教学管理部门定期组织人力进行检查,将检查结果进行汇总,一评任课教师,二评班级,并把这些评价结果直接纳入对教师的业务考核之中,使对学生良好学习习惯的培养工作既持之以恒又保证质量。(“个性化学习方法”请参阅《智慧教育》及《追寻教育之梦》)。

怎样上好一堂课

——在青年教师课堂教学培训会上的讲话

"怎样上好一堂课"？这个命题是一个很普通的课题，却是一个永恒的课题，一个说不清的课题，一个没有标准答案的课题，一个常说常新的课题，也是一个老大难的课题。

他把教材上的内容抄到自己的教案本上，上课时又把教案上的内容抄到黑板上，抄完了黑板后就对着全文念一次，不算好课。用论文的方式写成了很高水平的教案，上课时他把教案放在自己的眼皮底下，眼睛不看学生，只看着教案，在40分钟的时间里把教案用朗诵的方式读一遍，也不算好课。教案写得很规范，但他的声音不高，语速太慢，缺乏激情，他花费了40分时间很费力讲的知识，学生用20分钟自己阅读也能全部掌握，这样的课信息量不够，激情不够，也算不得是一堂好课。

杜郎口中学教改的典型意义：把课堂还给学生。实质：教是为了学，帮助学生形成学习的兴趣和自主学习的习惯。培养学生学习的主动性——核心是让学生学会思考，从思考中体验成功的快乐。让学生在主动的、具有表现的学习过程中发现自己的潜力，树立自信。课堂教学的成功不仅是认识的成功，还是组织的成功：流程重组、小组学习、组织氛围、学生干部的作用。工具和手段的使用要有利于学生的学习的积极性的调动。

其实，我们大家都知道，运动员奥运会拿奖牌是靠自己训练出来的，不是靠教练讲出来的。同理，学习是学生自己的事，必须学生自己来做，不是靠教师的喋喋不休。因此，我们需要把以往主要依靠教师教的教育，转变为在教的引导下主要依靠学生学的教育。

真正的好课，应该是从学生的实际出发，传授的知识符合学生的接受程度，课堂信息大，能够激活学生的求知欲，能够让学生开展真正意义上的研究性学习；授课教师的语调、语速能够凝聚学生的注意力，并富有较强的感染力……这样的优秀课堂的境界，就是一个教师专业化形象和能力的具体体现。

一、青年教师怎样上好一堂课

教学是一门科学，又是一门艺术。上课是教学活动开展的基本形式，教学是教师引导学生按照明确的目的，循序渐进地以掌握教材、教学内容为主的一种教育活动。怎样上好课是一名教师多方面综合素质的体现。正像爱因斯坦在谈到教师修养时提出的三条基本要求：一是"德"，即崇高的思想品德；二是"才"，即知识渊博；三是"术"即高超的教学艺术技能，他认为教师的创造性活动同尊重学生的独立性结合起来，才可能掌握真正的教学艺术。

德国著名教育家第斯多惠说："教学的艺术不在于传授本领，而在于激励、唤醒、鼓舞。"所以，成功的教学是唤起学生兴趣的教学，也是能让学生喜欢学习的教学。

古人说得好，"教学有法而无定法，贵在得法"。因为课堂丰富多彩，所以对好课的看法也就仁者见仁、智者见智。我们先听听过来人的说法，看法一，一堂好课，教师起码应该体现以下几点：讲课内容熟练，讲课思路连贯，语言表达清晰，板书工整清楚，仪表仪态大方。看法二，教师要上好一节课要做到：要有充实的内容，注重新课的引入，注意揭示知识的本来面目，注意运用逻辑，注重概念教学，要认真备好课（名师是认真准备出来的）。看法三，一堂好课要做到以下几点：能正确确定教学目标，包括能力和情感（非智力素质）方面的目标；能根据学生实际和教材内容，确立教学的重点、难点和关键，突出注意点；根据本学科的特点，能充分地、有效地使用教具，包括传统教具和现代教学媒体；要从各方面关注自己的学生：①容许学生犯错；②真正与学生交流；③时刻观察学生的表情和表现；④深情地关注每一个学生。

对于一个青年教师来说，怎样做才能让学生喜欢自己的课堂呢？第一，积极备课——寻找激发兴趣的切入点。备课是一个再创造过程，此间，教师不但要备知识，还要从学生的实际出发，了解他们已有的知识储备，努力寻找能够激发他们学习兴趣的切入点；在对教材的把握上，首先要解读文本，对本学科的有关概念要正确理解，并能随时了解本学科理论前沿的动态和发展，上升到哲学的高度，始终把最新最科学的知识传授给学生，并善于将学科知识与现实社会、学生生活实际相结合进行教学。其次，教师还要具备基本的社会知识和生活常识，有相关学科领域的知识储备，并能灵活地把各知识点联系起来，能从哲学的高度引导学生学习。

第二，认真授课——营造宽松的学习环境。在课堂教学过程中，教师要能针对学习内容，学生的经历、兴趣、知识水平、理解力等，以问题组的方式设计出富有弹性的灵活多样的教学活动，营造宽松的课堂学习环境，创设自主学习、积极互动参与、探究交流的课堂教学模式（合作学习），激发学生的学习自觉性和主动性，师生一起去发现问题、研究问题、解决问题。真诚、深刻，是好课的特点。

第三，语言和板书——课堂的通行证。马卡连柯说过这样一句话：“同样的教学方法，因为语言不同，效果就可能相差20倍。”教师应做到语音标准，用词恰当，表达连贯，清楚准确，精练简洁，形象生动，有亲和力。好的板书简洁、形象，字迹工整清秀，带有很强的启发性和欣赏价值，也有助于学生对知识的理解和记忆，并能给学生以美的享受。

第四，充满热爱之情——注入人生不竭的动力。演员演戏需要进入角色，教师站到讲台上讲课同样需要进入角色。赋予角色意识的教师，能够深入学生的内心，体验学生当时所产生的感情，能在教学内容与学习主体之间建造一座沟通的桥梁，能使师生双边活动配合默契，情感相通。正如赞可夫所说的：“如果教师本身燃烧着对知识的渴望，学生就会迷恋于获取知识。”教师教学中自然流露的激情、广博的知识和精湛的授课技巧都能潜移默化地感染学生，形成师生之间情感的交融。这种情感的互动能激发学生的潜能和创造力，使学生学习兴趣得以巩固和持久，促进其学业的发展。

二、一堂好课的特征是什么？有什么特性

什么样的课是一堂好课，向来是教育决策者、教育研究者和教师关注的焦点问题。但是正如“什么样的知识最有价值”一样对于好课的评价标准也是见仁见智。从评价的一般意义上看，任何评价本质上都是价值判断的过程，教学评价就是评价主体在事实基础上对客观的价值所做的观念性的判断活动，由于评价客体（对象）的复杂性和评价所依据的价值的多元性，所以评价标准呈现出纷繁多样的特征。

文喆认为：能够让学生实现有效学习的课是好课；让大多数甚至让每个学生都能在相当程度上实现有效学习的课是最好的课；而不能让大多数学生实现有效学习的课，则不是好的课，是失掉了课堂教学价值的课。在班级授课制的条件下，有效学习形成的条件有五项：学习内容要适切；学习环境应力求宽松；学习形式应多样；学习组织过程要科学与学习活动评价应有较强的包容性。为了实现学生的有效学习，教师在努力创设有效学习环境条件的同时，还应积极关心学习活动的参与度、学习活动的效度以及学习氛围等学生内隐性学习行为的外显标志，并且应力争通过对外显行为的观察与诱导来激活学生的内隐学习活动。评价一节课，应该从教师组织学生活动的角度去观察，从教师关注活动的直接效果——学生是否能够实现有效学习，有多少学生在多大程度上实现有效学习的角度去观察，这样才会充分发挥课堂教学的积极导向作用，也才能促进课堂教学评价自身的健康发展。

叶澜基于其“新教育基础”实验，提出了一堂好课的基本要求：①有意义的课，即扎实的课。即学生在课堂中的学习是有意义的，主要表现在首先他学会了新的知识，其次是锻炼了能力，再次是有良好的积极的情感体验，使其产生更进一步学习的强烈要求，最后是在这个过程中学生越来越会主动地投入到学习中去。②有效的课，即充实的课。就面而言，对全班学生中的多少学生是有效的，其包括了好的、中的、有困难的具有不同的效率；二是效率的高低程度，如果没有效率，或者只是对少数学生有效率，这都不能算是一堂好课。③有生成性的课，即丰实的课。即这课堂不完全是预设的，而是在课堂中有教师和学生的真实的、感情的、智慧的、思维的、能力的投入，有互相的过程，气氛相当活跃。在这个过程中既有资源的生成，又有过程状态生成。④常态下的课，即平实的课。平平常常、实实在在的课。⑤有待完善的课，即真实的课。因为生活中的课本来就是有缺憾的，任何课都不可能是十全十美的，如果是，那么假课的可能性就比较大。只要是真实的，总是有缺憾的。

王光明从建构主义的视角提出，好课的标准包括以下几个方面：学生学习的主动性、有效的互动性（教师创设一些具有一定思考性、探索性、思想性、趣味性的或能引起学生认知冲突的问题；对学生的回答应给以有效的反馈）、自行获取知识的实践性、学生真正的理解性、预备学习材料的良好组织性与学生学习的反思性。

肖川提出自己的“好课”观——开放的课堂，好课应该实现“价值引领”和“知识建构”，它具备的基本特征：①宽容并鼓励学生提出有深度、开放性的问题，允许有不同的答案，鼓励多元思考，培养理性的怀疑与批判精神。②学生有着情绪上安全感的课堂。③重视学生实质性的参与教学过程，师生之间是平等地协商沟通。④不囿于教师课前设计好的教学流程而展开，它关注学生当下的生活,关注学生的处境,学习的需要与感受,关注不同学生的已有经验背景。

郑金洲将"好课"的标准概括为"十化":课堂教学的生活化、学生学习的主动化、师生互动的有效化、学科教学的整合化、教学过程的动态化、教学资源的优化、教学内容的结构化、教学策略的综合化、教学对象的个别化、教学评价的多元化,这可以说是给"好课"提出了一个全景式的描述,评价对象包括了学生、教师以及课堂教学活动的各要素,但侧重点仍然在评价教师。从标准的设计策略来看,既有教学要素分割策略,又有教学行为分析策略,因此在标准之间难免出现重叠。

从上述学者的探讨中可以看出,"好课"的标准是相对的,不同的评价主体与客体,不同的理论基础与价值取向,都会形成不同的评价标准。但在差异中又有共性,这种共性反映出课堂教学评价标准研究趋势:①突出主体性。评价对象从关注教师的"教"转向关注学生的"学"综合的发展趋势,从以往侧重教师的教转向面向教学结果的同时考虑教师的教和学生的学。在关注教师的教学行为的同时,也关注学生的自主性、创造性。②注重全面性。从关注知识的掌握转向关注"知识和能力"、"过程和方法""情感态度和价值观"的养成;③加强实效性。教学评价既关注"有效教学"结果的达成,也关注师生在教学过程中的状态表现;对课堂教学的实效性关注更多,从关注教学效果转向追求效果与效率的统一。好课要讲"三量":信息量、知识量、训练量。学生要紧张而忙碌,过去的学生一分钟1000转,现在则要求学生一分钟1200转,就是要朝着思维的深度、广度、速度下工夫。且最好让学生自主的按照思维的深度、广度、速度去努力。④关注发展性,把学生的发展置于重要地位,要讲效益,充分关注学生平等意识、合作能力、参与意识、质疑精神的培养,评价标准从单一性走向多元性,从静态走向生成性。

但是,我们也应该看到,在有关课堂教学评价标准的研究与实践中,还存在很多问题。这些问题突出表现在以下几个方面:①评价标准的"本土化"问题。我国当前的课堂教学评价标准,主要是建立在国外相关的理论基础之上的,如建构主义理论、多元智能理论、后现代主义理论等。②评价标准的情绪化问题。课堂教学评价标准具有很强的情境性,对于不同时代的学科、不同教学对象其评价的标准往往是不同的。因此,任何评价标准都只能给教学评价工作提供一个参考依据,不能将其绝对化。

从新课改的角度看,一堂好课必须具备以下五个特性:体现了学生的主体性(学生参与教学有广度和深度);体现了课堂的有效性(学生有实际的收获);体现了课堂教学的生成性(能根据实际情况调整预设的教学目标、教学过程及教学进度,能与学生共同生成课堂的教学内容和新的教育教学资源);体现了课堂教学的互动性;体现了课堂教学的反思性。

三、评价一堂好课的基本标准是什么

由于评价主体的背景、观念、经历、价值观等存在差异,所以对课堂教学的评价标准会有不同的理解,因此,不可能存在放之四海而皆准的课堂评价标准。在实际课堂评价中,往往会对同一堂课会作出不同的评价结果。

按照过去常规的理解，好课的标准有十个：①目标明确；②重点突出；③以生为本；④流程科学；⑤注重内化；⑥体现沟通；⑦启迪创造；⑧. 媒体得当；⑨讲究实效；⑩多元评价。

专家们把好课的标准归纳为十二个字：教得有效，学得愉快，考得满意。

从教师的角度出发，专家们认为好课应具有以下特点：①结构严谨；②思维流畅；③应变自如；④节奏适中；⑤启发得当；⑥语言有魅力；⑦板书精美。

《基础教育课程改革纲要》指出：①好课应体现学生的主体性，重视学生全方位的主动参与，使课堂焕发出生命的活力，并营造一个友好、民主、平等的教学氛围；②好课重视学生创新意识和创新思维习惯的培养（启发学生思维、尊重学生不同的意见和观点，允许学生自由讨论和争鸣，有意识地表扬有独立见解的学生，形成有利于发展学生求异思维、多向思维的氛围）；③好课重视价值观与人生观的养成。好课不仅是让学生获得一种知识，还要让学生拥有一种精神、一种立场、一种态度、一种不懈的追求。好课留给学生的精神是永恒的。好课求善，好课求真，好课高效，好课有个性。

我们对观课议课暂时执行《教师观课议课笔记》所列标准。

“魅力课堂”听课评课注意事项

本学期魅力课堂大赛即将拉开序幕，在竞赛开始以前先交流三个问题，希望引起大家注意并能达成共识。

第一个问题，什么样的课堂才是有魅力

怎样的课堂教学才是有魅力的，似乎还没有人对此作过确切的论述，我们认为：魅力课堂，应该是和谐高效的课堂，应该深入挖掘“学科魅力”、“人格魅力”、“教材魅力”、“教法魅力”，融“四个魅力”于一体，使课堂成为“趣味课堂”、“激情课堂”、“动态课堂”，是能吸引每一个学生的课堂，以培养学生的学习兴趣为出发点，充分挖掘学生的内在潜力，让学生在自主自愿的、轻松愉快的氛围中完成学习任务并受到教育的课堂。

魅力课堂，应该在五个方面展示出独特魅力：

（1）思想的魅力。课堂是产生思想的地方，课堂应该是教师、学生放飞思想的精神天堂。

（2）文化的魅力。课堂要成为知识的课堂，但更要成为文化的课堂，知识、风俗、教化、艺术，都应该成为学生的精神成长食粮。

（3）个性的魅力。这是魅力课堂的核心。智慧的教师创造出智慧的课堂，灵秀的教师创造出灵秀的课堂，豪放的教师创造出豪放的课堂，幽默的教师创造出幽默的课堂。

（4）情感的魅力。一节课要上得好，教师要有充满激情的心灵。有了这样的心灵，在上课的时候，首先感动的是自己，然后用自己的情感的真实流露去感染在座的学生。

第五，艺术的魅力。以前很多人戏称教师是教书匠，什么是匠？匠就是指技术。我们的课堂不仅有技术，更应该充盈着艺术。课堂是教师的也是学生的，但归根到底是学生的。教师要运用教学艺术引导学生去探寻，在探寻的过程中，巧妙点拨，突破要点。

第二个问题，魅力课堂评价的十条初级标准

（1）精神饱满，教学态度热情、认真、投入。带着笑脸进课堂，讲课感情充沛，富有激情，以教师的科学精神感染激发学生对学科的爱。

（2）教学语言简洁，富有启发性。要有较高的普通话水平，教学语言流畅，力求有感染力，总结性语言简练，指导性语言具体。

（3）教学民主，教态亲切。课堂规则明确，努力营造民主、平等、和谐、宽松的氛围。在启发学生思考与回答的情境中展示灵活性。

（4）引导学生积极参与教学活动。通过问题组实现“分层教学”，先学后讲，精讲多练；要给学生留出充分的思维时间和空间，创设研讨氛围，引导学生多提问，多质疑。教师要及时反馈，及时调控教学过程。

（5）注重思维和能力的培养。扩大课堂容量，引导学生积极主动地思考问题，特别要鼓励学生发表独创性的见解，努力培养学生的创造性思维和创新精神。要注重培养学生的学习能力，形成科学的学习方法。

（6）运用六步模式，优化时间分配，掌控教学过程。节奏要快，科学合理地分配用时，善于调控教学过程。富有教学智慧，恰当处理课堂偶发事件。根据教学需要灵活调整教学方案和教学策略。

（7）精心设计板书，必须使用媒体。板书力求呈现教学的重点内容，纲目清楚，各内容之间构成完整的网络。

（8）充分挖掘教材中的活动性因素，安排学生进行实验、制作、操作、演讲、表演、游戏等实践活动。教师作必要的指导，提出建议，让学生在活动中获取结论，增长才干。

（9）减轻学生负担，分层布置作业。训练效率要高，数量要适宜，质量要保证，对错误多的问题进行形成性练习。当堂作业当堂完成，课外作业只布置阅读性、预习性、探究性的作业。

（10）展示个性风格。说课、讲课、评课，要有创意并构成自我系统，充分发掘诗意课堂、激情课堂、有灵性的课堂、趣味的课堂。

魅力课堂评价的十条探究性标准：

（1）目标明，本节课的学习目标是否适当、明确。

（2）条件好，学习资源、学习环境、媒体使用充分、恰当。

（3）自主学，教学内容是教师灌输还是先让学生自学。

（4）重活动，课堂气氛好，不会的问题通过相互讨论和帮助来解决。

（5）点拨精，教师的点拨是否精当并在“最后一步”。

（6）重方法，教师是否注重引导学生掌握知识的规律和学习的方法。

(7)巧组织,基本功扎实,教学环节是否恰当、是否活而不乱。

(8)有特色,学科的专业知识和学科素养体现明显。

(9)高效率,学习效果是否达到目标要求并为每个学生掌握。

(10)高品位,教师的人格魅力和智慧是否得到有效展示。

第三个问题,体现时代性和创新精神。魅力课堂大赛不同于青年新秀大赛,水平层次要更高,艺术性要突出。评课时将下面三点作为重点,分值适当加大

(1)目标定位与落实。本节课学习目标是什么,一定要准确、明确。"教学目标"包含"教师教的目标、学生学的目标"两个方面。教师教的目标自己掌握,不予展示,学生学习目标必须展示给学生,且要让每一个学生明明白白。目标要有层次性,照顾到学生的差异性,让不同的学生都能有收获("学习目标"一般从课标、教材、学情三个方面来确定)。同时,目标要落实,这是一节课成功与否的关键。本节课结束,多少学生达标了,多少学生没达标,教师必须心中有数,心中无数就会培养出差生,日积月累,差生成堆。为了保证落实,课堂上一定要注意训练后的"检测"这个环节,通过检测把握目标落实程度。检测可以用提问、学生板演、媒体测试、学案检查等,方式很灵活,但一定要测量出学生的学习效果。没有达标的学生要及时辅导。

(2)教材的把握与开发。作为教师,教材的知识点、重点、难点、疑点,必须把握住,且要突破。教材开发,主要解决用教材教,而不是教教材。教材只是个例子,一节课,课的高度、深度、广度,含金量的关键就是看教师对教材的开发。教师要多方面开发教材,创造性地使用教材,这是最能体现教师水平的地方。每一节课的内容都要注意"纵横联系",构成知识网络。纵向,要与过去学过的知识进行联系,要与未来将学习的知识进行联系,在系统中上课,不能孤立。横向,指学科之间的联系,要全方位多角度联系,如经济的、社会的、生活的、经验的、高考的,特别是高考将要考的重点,要讲清楚该知识点哪年考过,题型如何,得分在哪,失分在哪,注意事项等等。同时,要注意课堂上"生成"问题的开发,预料不到的问题的出现,正好显示出教师的教学功力,正是课堂增色的地方,也是魅力所在。

(3)有效变革学生的学习方式。新的课堂,教师不能独霸,要留给学生自主、合作、探究的时间和空间,不要只图形式,一定要追求效果!没有效果的合作学习是没有意义的。听课、评课不能只关注形式,更要看内容,看这节课的内涵,牢牢把握内容重于形式。要避免历来评课只重形式不重内容的弊病,要关注教师讲的内容有多少,学生学的内容有多少,学生是怎样学的,是否进行学习方法指导。

面对教育,整个社会谁都可以评论一番,但课堂教学却是一门艺术,不是谁都能够做好的,特别是教材的把握与开发以及学生思维的培育,极具专业性,这正是作为老师的专业化体现。

艺术标准只有底线,没有上限,所以,百花齐放的境界才是真正的价值追求。希望本次魅力课堂大赛能充分展示出各位老师的教学感悟和艺术提升,展示出共性追求和个性品位。

平顺中学课堂教学改革实施纲要

改革开放的30年,也是教育教学改革的30年。从《关于教育体制改革的决定》、《中国教育改革和发展纲要》到《关于深化教育改革,全面推进素质教育的决定》,学校课程发生了巨大变化,教与学的方式也发生了巨大变化。

人间四月芳菲尽,山寺桃花始盛开。山沟沟里的平顺教育走在艰难探索的道路上。"教育要面向现代化、面向世界、面向未来",当外面的世界已经将素质教育做的硕果累累的时候,平顺的教育还在困惑之中。

2007年教育人事制度改革以来,我校的各项工作都有了长足的发展,特别是校园建设和教学秩序有了更大的突破,作为学校的核心工作——课堂教学改革也在快速推进中有了显著的成效。

近两年来,围绕课堂教学改革问题,新一届校领导在进行大量的调查研究后一致认为,我校目前的课堂教学是一种"时间+汗水"耗时低效的懒惰式教育教学方式,这种教育方式引发了如下的严重后果:其一,无效劳动严重透支了教师的身体健康;其二,学生的被动性严重制约着学生的可持续发展;其三,它是以牺牲学生的兴趣和个性发展为代价的低效过时的淘汰式教育;其四,它必然会导致学生成绩的两极分化现象。反思我校的工作,用大量的事实足以证明,这是我校教学质量长期处于低谷的症结所在,也是制约我校快速发展和教育教学质量提高的瓶颈。

课堂教学不改革就没有出路,不改革就不能大面积地提高教学效率和教学质量,不改革学校就不能发展。为此,我们采取了"两手抓"的方针:一手抓学校的制度建设,一手抓师资队伍培训。我们在"摸清底子、定对调子、选对路子"的基础上,通过各处室和年级组等行政管理机构制定和完善相关的规章制度,并通过教代会对学校的办学理念、办学思路及中长期发展规划等重大方针进行了大会表决,确立了学校的发展方向和师生管理、工作协调等良性发展机制;另一方面对教师进行自逼加压的方法,通过寒、暑期集中培训、开展多种业务培训等方式进行充电。

由于我校地处偏僻、信息封闭,对外面的课堂教学改革知之甚少,学校不惜花费大量的人力和财力,先后组织学校教师到山东杜郎口中学、安丘四中、江苏洋思中学、河北衡水中学、河南许衡中学、山西太谷中学等省内外名校对课堂教学改革进行了广泛的调研和观摩,教师回校后又通过大会汇报、学科组交流、年级组讨论、撰写个人学习心得和体会、反思课堂等措施,提升了老师的内在素质,更新了观念。

通过各种培训和学习交流掌握了先进的教学理念,了解了当前我国中学教学改革的基本要求和发展趋势,许多教师即学即用,对外校的先进经验和做法在自己的课堂上进行了尝试,并获得了成功，特别是高一年级和初中各年级在课堂教学改革中先走一步，已经开始了大规模的实践尝试，并取得了阶段性成果。但对其他年级和许多教师来说，仍然守望着传统的“填鸭式”、“满堂灌”教学方式，为了尽快扭转教师登台就讲、独霸课堂，学生少数表演、多数陪坐陪读的耗时劳神、效率低下的状况，切实将以学生的终生学习和发展为根本的“以人为本”的人本化教育新理念、新思想融入我们的课堂教学过程中，加快我校课堂教学改革的步伐，经过我们对课堂教学的反复思考和定位，特别是在参考了其他兄弟学校课堂改革经验的基础上经过反复调研、实践和探索，初步确定出富于我校特色的“六步式”（“六步一循环”）课堂教学模式为我校课堂改革的基本模式。从2009年暑期开学后，学校将全面彻底推行新模式下的课堂教学改革。

我校的“六步一循环”课堂教学模式体现了“人本化，人文化，科学化、学习化，民主化、平民化”办学思想和“让每一个学生都能得到相对于自己的最优化发展”教育理念，根据我校“教会学生学习”的教学理念和“以学为本，因学论教”的课堂理念，结合我校实际情况，经过部分年级和学科多位教师由理论到实践、由实践到反思、再到实践反复讨论，逐步形成了一种适合我校教学实际、体现我校特色的课堂教学新模式。

“六步一循环”课堂教学模式由“六步式”加一个或若干个步式的“循环”组成。其基本模式为“六步式”，是否“循环”教师可以根据具体情况而定。

“六步一循环”课堂教学模式简介

第一步：示标。“示标”就是以《新课程标准》或《高考教学大纲》为导向，以“三维目标”为准则，教师依据教学计划、教学内容和学生的实际，在集体备课基础上制定出具体可行的教学目标（目标的设计意在指导学生由易到难、循序渐进，通过自学、达到预想的目标），上课前出示给学生。学生在目标导引下，以自主学习、合作讨论等方式最终掌握目标所要求的内容。让学生带着目标学习，充分体现教师主导作用和学生的主体作用。学习是学生的事，教师不能包办代替，让学生知道本节课要学习什么，达到什么目标，是教师上好课的基础。

第二步：导学。“导学”就是教师根据教学目标的导引，引导学生自主学习的过程。这个过程主要体现在学生的自主学习方面，特别是自己阅读课本。旨在培养学生的学习习惯、自学能力和独立思考能力，充分发挥学生个体的主观能动性。自学的方式主要是以学案中的“导学提纲”进行引领学习。要求教师在编写自学提纲时必须做到“五要五忌”：一要认真钻研课标和教材，准确分解课时目标和任务；切忌目标不明、任务不清。二要围绕目标紧扣重点，言简意赅、简洁明了；切忌面面俱到，题目繁多。三要富有启发，诱导学生去积极探究和思考；切忌空洞无物，无效自学。四要具有操作性和任务性，让学生会动脑思、动手做；切忌浅看粗读不思考，水过地皮湿。五要创设情境，灵活多变地出示提纲，或口头提示、或下发预案、或媒体展示、或临场发挥；切忌千篇一律，死板教条，磨灭学生的兴趣和好奇感，耽误学生学习时间。

第三步：导疑、质疑。“导疑”就是指教师根据教学需要提出启发性的问题组，同学之间可以互相提问、互相讲解、互相补充、互相纠错,教师也可以不直接提出问题,诱导学生自己提出问题,也可以从"知识问题化,问题具体化"(即教师通过对教材的再加工,把教材知识转化为发人深省的问题)的思路入手,将陈述性的知识转化为问题的形式,以问题的方式切入知识落实或能力培养之中。

"质疑"是指学生在自学和小组合作交流的基础上,提出自己的问题。教师对学生存在的热点、难点、疑点、盲点等问题,指点迷津,启迪心智。本环节的活动一般可融入在学生的合作研讨及交流展示等过程中。对释疑过程要求教师必须遵循以下"四条原则":第一,学生有疑问时必须先让其通过再看书自学或在小组合作研讨中去解决;第二,学生自己和小组内都没有解决的问题教师要先进行启发或引导,让学生再思考以求解决(即学生在不互相帮助解决问题之前教师不讲课);第三,经过教师的启发和引导仍解决不了的问题或各个小组普遍存在的问题由教师当堂解决。第四,教师在课堂上难以解释清楚的问题课后通过师生查阅相关资料合作解决。

第四步:合作研讨、规律点拨。"合作研讨"是课堂教学活动的中心环节,也是体现教师教学智慧的重要环节。学生在自主学习的基础上,自觉主动地在小组或课堂上交流展示自己的学习成果。学生的个性能否得到张扬,心智能否得到启迪,思维能否得到发展,潜能能否得到发掘,学习积极性能否得到维护,兴趣爱好能否得到延伸,成就感能否得到认可……关键要看教师组织调控的水平和艺术。

这一环节必须要做到"两个注重":一是注重学生交流与展示的形式。要遵循"二人一小组,四人一大组",从个人自学到小组交流,从小组交流到全班展示的原则,交流和展示的方式应灵活多样,要给学生创设宽松和广泛的交流环境和氛围,让学生的智力因素和非智力因素都得到充分调动。二是注重组织交流的语言引导。教师导引的语言要以启发、诱导或激励为主,应多使用类似于"谁愿意展示一下自己的成果?谁的想法和他的不一样? 谁还有其他的或更好的想法?能把你的观点和大家一起分享么?你还能再说一遍吗?"等语言引导学生的积极思考。教师一定不要越俎代庖,不要给学生当翻译,更不要替代学生回答,剥夺学生思维的权利。

"合作研讨"的形式可以是学生之间、师与生之间、组与组之间、师生与多媒体之间等多维互动式,也可以采用互相讨论或答辩等方式,还可以通过黑板板演、课本剧、游戏、生活模拟、小品、绘画等方式进行展示。通过自主合作学习,力争突破难点,解决重点,以加深对知识的理解,通过交流展示,促进学生的共同提高。在"合作研讨"的过程中,教师不仅要注意学生合作小组的讨论,更要关注合作小组的互助和督查作用,让每一个学生都动起来,大脑转起来,逐步培养学生合作学习的学习习惯,提高合作学习效率。让学生通过交流和展示学习成果,表达自己的见解和感悟,进行知识的迁移和运用,最终达到穿插巩固、展现提升的目的,培养学生的实践能力和创新能力。

"规律点拨"也是课堂教学的一个亮点,该环节是指教师在通过学生的交流和展示之后,组织全班学生,针对普遍性的问题,结合教材的重点、难点(因为通常重点、难点是不能完全依靠自学解决的)以及学生自学中存在的问题和在自学中生成的问题及教师预设的有拓展性、提高性的问题,通过教师或学生的研讨与互动,将问题归纳整理成若干的规律、公式,或形成知识板块及知识网络。

知识存在的规律要让学生自己找,当学生实在找不出时,教师一定要告诉学生。

第五步:训练。"练习"是指学生对已学知识进行针对性的巩固或检测训练,学后的练习是检验学习效果、巩固所学知识、化知识为能力的主要手段。课堂教学效果的高低就取决于训练过程中能否扎实落实到学生身上。教师在设计达标检测或单元训练题时,既要有面向全体学生的巩固性基础练习题,又要有针对优生的拓展性、提高性的训练题,对学生的要求可设计必做题和选做题。当堂练习则要求学生快速高效、独立完成作业。教师巡视督查,随时提醒和纠正学生的不良习惯和做法。要求学生当堂完成的作业,教师要尽可能地即收即改、现场批阅,可以面批,也可以组织学生互相批改,及时反馈和纠正作业中出现的问题。

教师在设计当堂训练时,必须把握好"四性"原则:一是针对性。练习题应紧扣课标,保证当堂知识当堂练,学一点就要学到位,练到位。二是多样性。根据各自的科目和课型设计出不同类别、梯度合理的训练题型,如说写训练、诵读训练、背诵默写等;练习可以是一般性的练习作业题,也可以是类型题训练,还可以是解题思路或技巧方面的训练或随堂达标训练、检测。三是层次性。训练题中既要有基础达标题,又要有能力训练题,还应有拓展拔高性的试题,以满足不同层次的学生进行练习。四是及时性。当堂训练题的题目设计不能过多,对练习题必须要精选精编,要求当堂问题当堂清,当堂练习当堂反馈。

第六步:小结。"小结"是指师生对所学内容进行归纳整理,并形成正确的认知和思考方法等。这个环节要求以学生的自我总结为主,在下课前,让学生在小组谈自己对本节课所取得的收获;小结应包含以下两方面:一是通过本节课的学习在知识或方法等方面有哪些收获;二是在本节课的学习中还有哪些困惑,有哪些需要注意的问题等。特别要注意的是总结不应只是简单地复述一节课的重点内容,更要关注学生在学习过程中的学习态度、参与程度与机会、表现欲、自信度、成就感及学生的自我反思等情感因素和价值观,通过长期引导学生的自我归纳总结,逐步培养起学生的自省习惯和归纳、概括的逻辑思维能力和表达能力。学生通过小结和自我反思过程,不仅在知识巩固、能力提升、方法应用等方面会逐步提高,同时也是思想和心灵获得升华的一个重要过程。

小结结束,布置学生预习下节课内容。

"六步一循环"课堂教学模式的操作流程

过程目标指向	课堂教学基本程序与学法指导模式
教师以导为主	①示标、②导学、③导疑、④规律点拨、⑤导练、⑥小结
学生以学为主	①明标、②自学、③质疑、④合作研讨、⑤练习、⑥小结

其中的“一循环”是指六步中的小循环或大循环，它可以适应于任何的学科和任何的课型：如上新课时可以在六步式中的②~⑤进行再循环一次或若干次，也可以在②~④中进行一次或若干次的再循环，还可以重复进行①~⑥的大循环。复习课中可以在六步式中的③~⑤进行再循环，也可以在④~⑥中进行一次或若干次的再循环，还可以重复进行⑤~⑥的再循环。

“一循环”的意义在于由课内延伸到课外，由课本的练习延伸到课外练习，要体现出难度，集中体现在拓宽加深的层面上。

在“六步一循环”课堂教学模式下，教师要充分发挥好主导作用，课堂上教师要扮好“四种角色”：一是课堂活动的引导者。要出示课标和导学提纲，让学生明确自学的目标和任务，引导学生独立自学。二是课堂活动的组织者。无论是小组合作研讨还是在全班交流展示，必须尽可能地挖掘学生的潜能，给更多学生自我表现的机会和空间，力争使每节课都精彩高效。三是问题评判的首席官。在学生的交流展示过程中，要抓准时机，运用启、导、讲、帮相结合的方法解惑释疑，帮助学生掌握知识的来龙去脉，做好从知其然到知其所以然的过渡。四是既当指挥又当帮手。教师要不惜时机地指挥并指导学生开展各项活动和训练，帮助学生将知识从巩固、内化并逐步形成技能，找到解题的技巧和思路。

在“六步一循环”课堂教学模式下，学生作为课堂活动的主角，必须充分发挥其主体的作用，在课堂活动中要努力做好“四件事”：一是勤奋自学独立思考。学生必须积极主动地、有创造性地完成教师布置的导学任务，为合作研讨做好准备。二是积极参与合作研讨。在小组的合作研讨或全班的交流展示中善于表现自我，敢于发表自己的观点，敢于标新立异提出不同的见解。三是善于倾听互帮互助。当别人发表观点、见解或展示学习成果的时候，当教师或别的同学释疑解惑之时，自己要洗耳恭听，认真思考；当别人遇到疑惑时，自己要积极思考解疑的途径和方法，互帮互学，共同提高。四是认真练习勤于反思。学生必须积极主动地参与教师组织的课堂训练，认真完成当堂的训练作业，全身心地参与小组的合作研讨，弄清弄懂当堂所学知识，坚决做到当堂练习当堂完，努力做到堂堂清。（教研室陈主任整理）

决战课堂的几项管理措施和策略

1. *转变课堂教学思路，推行“六步一循环”模式。*将原来传统的以教师讲、学生听，教师念、学生写，课堂上教师为中心，学生只能被动接受知识的旧课堂教学模式，改变为“以学生的终身学习和发展”为宗旨的新的教育教学理念下的“六步一循环”课堂教学模式。实行“15+25 分钟”的授课制度，要求课堂上学生的总活动时间不少于 25 分钟，教师的讲课时间不得超过 15 分钟。强制全体教师实现教与学行为的大转变。为学生的自主学习和创新课堂搭建平台，全面促进学生的智力发展和能力的提高。

2. *从学生的座位革命开始，改变传统的就座方式。*将面向讲台、排排就座、整齐划一、被动静听的点阵式座位，变成品字形或秧田式、面对面、整体考虑、和谐搭配、交流互动的小组型就座形式。学生就座形式的改变，逼着教师走下讲台，深入小组巡回指导，帮扶释疑，把课堂、时间和空间尽可能地还给学生。学习小组为四人制,每组一个组长,三个组员。其具体分组方法是将全班成绩排名后,以三分之一分为三大组(上、中、下)分别排队,三个组队的3个第一名组成第一小组,3个第二名组成第二小组,3个第三名组成第三小组……以此类推。分组时以班主任为主导,分好组后各科都以这个分组为准,不得随意变动。每两个4人小组以首末次序再组成一个大组,小组有小组长,大组有大组长,均由成绩较好的同学担任。以4人小组为主要学习组织,小组解决不了的问题大组解决,大组解决不了的问题,再提交到课堂上由教师集体解决。座位的编排采用好差搭配1+1、2对2排座,互帮互学,互相促进。组内实行"生生科代表制",全班同学人人都当科代表。

3. 变教案编写为学案设计。为了扭转教师写教案时照搬参考、应付检查,备课上课两张皮的现象。要求教师变教案的编写为学案设计。在学案设计中,必须凸显出新课程理念中的"五为"目标(即教师为主导,学生为主体,训练为主线,能力为目标,思维为核心),教师围绕教材,要重点设计五部分内容:① 分解教学目标与任务;② 设计指导学生自学的导学提纲;③ 设计指导学生交流释疑的方式和方法; ④ 设计指导学生当堂训练的题目; ⑤ 课堂小结的方式方法。真正做到备为教用、备为学用、备中有法、教无定法。

4. 改变学生的作业方式,将减负高效落到实处。为了改变以往学生作业做一遍、抄一遍、应付检查、重复劳动、不及时反馈等现象,我们在继续推行日日清、周周练、月月考制度的同时,对所有作业限时完成,及时评讲。这不仅能加强学生做作业的紧张感,而且能训练做题的速度,非常有利于提高学生学习和考试的效率。要求教师认真研究各学科作业的典型性和代表性,减少作业数量,提高作业质量。学生的作业可分为课堂作业、课外作业和"自助餐"等三个层次。课外作业必须人人都做,而且在规定时间内完成。"自助餐"就是选做试题。"迫"使教师研究教材,研究教法,研究学生,研究作业的设置,从根本上改变"时间+汗水"式的"题海战"做法。

5. 变革教案作业查评的方式办法。学校对教师课堂教案(学案)和作业的检查,要改变以往的数节数、查页数、评等级、计分数的简单、机械做法,实行不定期抽查和随堂检查相结合的办法。具体办法是"一推四看":"一推"即不定期推门进教室查看教案作业。"四看"是指:一看当堂教学活动是否与备的一致;二看备课内容的导学和训练部分是否突出重点;三看学生作业和训练内容是否与教案(学案)上备的一致;四看教师是否走下讲台,指导和组织学生自主研讨、合作学习,交流展示。

6. 坚持课堂教学中的"754"。教师在课堂上要求做到"七要、五点、四不讲"。"七要"是指:①教材要让学生读;②问题要让学生提;③过程要让学生说;④规律要让学生找;⑤实验要让学生做;⑥习题要让学生解;⑦结论要让学生得。"五点"是指:教师在课堂上必须对以下五方面进行关注性点拨或讲解:①重点知识;②难点知识;③易错易混淆的知识;④知识交汇点;⑤思维拓展之处。"四不讲"是指:①学生已知的不讲;②学生通过自学能弄懂的不讲;③学生经过小组合作研讨后能弄清楚的不讲；④学生经过实验弄懂的不讲。教师的主要任务就是组织、指导、帮助、调控课堂的活动，教师是学生学习和成长过程中的帮手和舵手。教师在课堂上要讲的内容必须是学生不知道、不理解、不清楚的难点、疑点和盲点。

7. 坚定不移地推行集体备课制度。集体备课由各备课组长负责，集体备课时要求做到“456”。其中“四定”是定时间、定地点、定内容、定中心发言人；“五统”是统一进度、统一课标、统一导学提纲、统一活动设计、统一作业练习；“六备”是备教材、备重点、备学情、备教法、备学法、备练习。从暑期开学后，我们在坚持每周一次教研活动的基础上，要求各年级组组织开展以学科备课组为单位、每天一小时的备课专题活动。各备课组必须提前一周对下周的教学内容进行共同讨论、集思广益，并在此基础上分解任务、设计教案（学案）和训练题目，并编写成案。

学校对教师的考核采取如下三条措施：一是将算一头改为算两头。即既算优生也算差生。对教师教学业绩的考核，在原来算均分、及格率和优生的基础上，加上算差生的转化率。其算法是优生与差生并重，成绩各占20%，平均分和及格率一样，各占30%。考试结束后按考核规定算账，并与绩效工资挂钩。二是将奖一项（优生）改为了奖全面。改变以往只按考试成绩颁奖的做法。要做到考试和考察学科并重、考试成绩与做人、做事并重。音、体、美、地、生、综合等非中高考科目教师，凡辅导的学生参加县以上各类比赛获得较好名次的，与考试学科教师一样奖励，让他们都能体验到成功的喜悦和快乐！三是将教师课堂行为由学校主评改为了学生自评。学校对教师的课堂教学行为表现和作业批改等考核评估均采用学生调查问卷的形式。将评判权和考核权交给了学生。

9. 建立班会活动的新模式。建立“个人评、小组评、教师评、家长评”的四评班会模式；开展行为规范“周周评”，班级建设和班主任工作“月月评”的“周评月总制度”，培养和规范学生学习、生活的良好行为习惯，充分利用行为习惯的正迁移促进学生自主、健康地发展。

一节好课不能忘记的理念：“一二三四五”。一本：以学为本，因学论教；二讲：讲“教的方式”，更讲“学的方式”；三导：目标引导，规律指导，学法指导。四自：课本自己读、问题自己提、答案自己得、规律自己悟；五为：教师为主导、学生为主体、训练为主线、能力为目标、思维为核心。

我所理解的课程改革

传统的方法也培养出了许多杰出的人才，我们不应否认传统。孔子、夸美纽斯、赫尔巴特、凯洛夫，他们的思想至今仍发挥着重要作用。但事物总是在发展变化着，教育理念也要与时俱进。教育要面向现代化、面向世界、面向未来。东西方的教育理想正在强烈的碰撞着、借鉴着，道德教育与创新精神正在走向融合。

1999年6月《进一步推进新课程改革的决定》指出:“调整和改革课程体系,试行国家课程、地方课程和学校课程。2001年《国家基础课程改革纲要》指出:“改变课程管理过于集中的状况,实行国家、地方、学校三级课程管理,增强课程对地方、学校及学生的适应性。”“学校在执行国家课程和地方课程”的同时,应视当地社会、经济发展的具体情况,结合本校的传统和优势、学生的兴趣和需要,开发或选用适合本校的课程”。

校本课程的开发,是指学校根据自己的教育哲学思想、为满足学生的实际发展需要、以学校教师为主体进行的适合学校具体特点和条件的课程开发策略。其中“开发”是指从课程目标的拟订、课程结构的设计、课程标准的编制、课程材料的选择和组织到课程的实施与改进等一系列的课程行为。

什么是课程? 顾明远先生主编的《教育大辞典》认为:课程,即“为实现党的教育目标而选择的教育内容的称谓”。课程有广义与狭义之分:广义的课程,指学生在学校获得的全部经验;狭义的课程,指各级各类学校所开设的学科及其目的、内容、范围、活动等的总和。可见,课程绝不是人们通常所理解的学校课程表上仅有的学科,而是包括所有的为实现一定教育目的的教育内容与教育(含教学)活动。从教育内容看,教材是教育内容的载体,教育内容主要指教材;而教材又不仅仅指教科书,教师上课前通过备课所形成的教案(称“运作课程”)也属于教材,教师备课中使用的教参与搜集的教学资料(含图片、录像资料)等也属于教材。

课程改革的内涵是什么?课程改革即课程改革与开发。课程改革主要包括三方面内容:一是课程设计改革;二是课程实施改革;三是课程评价改革。所谓课程设计改革,包括对已有课程的调整(如综合课的提出)与新课程的增加(如活动课的提出),这其中自然包括相应的教材编制;所谓课程实施,即课程运作,包括教育、教学活动的全部过程,包括从教师备课开始的教学(含教师“教”与学生“学”)的全部过程,亦即教材使用的全部过程:所谓课程评价,即指通过教育、教学实践对课程、教材实际价值的判断。可见,课程改革与开发,不只指学科的增删、整合与教材编制,更重要的指课程实施即教学活动的全部过程。我们正是从这种意义上讲,课堂教学改革是课程改革的重要组成部分,是一项长期的课程改革任务。

主体教育是近年来我国教育改革与发展研究的重要课题。它认为人的主体是现代化社会人的核心要素,在教育中应注重培养和发展人的主体性。①学生是自身生活、学习和发展的主体。②现代教育过程应该是教师与学生双主体协同活动的过程。③现代教育应把发挥和培养学生的主体性作为一项核心目标。④现代学校教育中应建立平等民主、相互尊重的新型师生关系。

以主体教育理论为基础的课程设计应确立以下的课程观:一是课程应着眼于学生发展,以人与社会协调发展,为学生获得终身学习能力、创造能力、实践能力以及生存与发展能力打好基础作为课程的基本目标;二是适应现代科学综合化发展趋势,符合学生学习认识发展规律,应强调课程的综合性,并使人文与科学结合;三是强调课程的特色和个性,为教师和学生留有自主选择的时间和空间;四是强调课程应面向社会和学生生活实际,让学生体验过程,习得某种经验、经历或体验,使学生在研究现实问题中进行学习。

对高中新课程改革理念的认识和思考:

一、对新课改理念的认识

与过去不同,改革后的普通高中课程将由学习领域、科目、模块三个层次构成,由必修、选修两部分组成。让学生能够按照自己的兴趣和特点选择要上的课程,这是新课改带来的最大变化。

新课程分为必修和选修后,以往高中实行了几十年的"统一"课程表将结束使命,取而代之的将是学生的个性化课程表,这样在一个班级甚至一所学校中,找到两张完全相同的课程表将很困难。学生因选修内容不同,上课时,会像高校一样出现"走班"现象。

在这样的背景之下,选择了不同的选修课,就意味着有可能选择了不同的未来。这种选择权掌握在学生手中,就必然要求学生必须了解自己兴趣和特长所在,学会选择,学会对自己的未来负责。

新课改后授课将实行学分制。高中学生要达到144学分,其中必修学分116分,选修学分也需达到28分。同时,三年中学生必须参加不少于10个工作日的社区服务,获得2个学分。总学分达到144学分方可毕业。在新课程设置科目中,占必修学分最多的不是各占10个学分的语文、数学、外语,而是新设立的研究性学习活动,占到了15个学分。课程设置体现模块特点,每个模块通常为36学时,一般按每周4学时安排,可在一个学段内完成。

在这样的模式下,高中学习大学化。高中生必须更主动地学习,像大学生一样自主地学习。这对于过去习惯于填鸭式教育模式的师生而言会感到不适应。

普通高中课程由三个层次构成:①学习领域:8个学习领域:语言与文学、数学、人文与社会、科学、技术、艺术、体育与健康、综合实践活动);②科目(各个领域有不同的学科组合);③模块(分必修和选修模块)。

在这场围绕新课程改革而开展的基础教育深刻变革中,无论是先进的教育理念,还是优秀的教材,终将体现在教师的教学方式行为上。那么,在新课程改革中,教师的教学方式应有哪些转化呢?

应由传授知识向引导发展转化。新的课程改革要求教师转变教学观念,确立起与新课程相适应的体现素质教育精神的教学观念。教师要形成全面发展的教学观,在教学中做到重结论更应重过程、关注学科更应关注人,使教学的三维目标有机结合起来;教师要形成交往与互动的教学观,把课堂变成师生真诚对话与交往的场所,实施民主教学;教师要形成开放的教学观,不能把课堂封闭起来,要关注学生的学习需要,解放学生的心灵手脚,重视知识与生活的联系,激发学生自主探究学习的愿望,要把课堂教学当做教师自我提高、自我发展、自我完善、自我实现、自我欣赏的一种创造性劳动,形成教学相长的和谐氛围;教师要形成基于模块的教学策略和技术，提高教学的技能和效率，重视运用现代教育技术改进教学方法；教师要重视课程标准和教学指导意见在教学中的指导作用，开展有效教学。而传统教学往往以教师为本，只重视知识传授，却忽略学生的主体性。因此，教学重点要由传授知识向引导学生全面发展转化。正如美国教育家布鲁纳指出："教学生学习任何科目，决不是给学生心灵中灌输固定的知识，而是启发学生主动求取知识与组织知识。"教师在发挥教学中主导作用的同时，应创设一个民主、平等、生动、活泼的教育环境，充分发挥学生的学习积极性和潜能，提高学生的自学探究能力，体现学生的主体地位，使教学过程成为在教师启发诱导下学生积极参与的学习过程，形成一种激励学生能够独立思考并能培养创新精神与能力的教育机制，从而实现学生的全面发展。

应由组织教学向探究教学转化。教师的课堂教学过程直接影响着教学效果，新的课程改革要求教师应由善于组织教学向善于探究教学转化。为此，教师应及时地帮助学生制定合适的学习目标，并找到达到目标的最好方法；教师应指导学生养成良好的学习习惯，掌握正确的学习策略；教师应激发学生的学习动机，培养学生的学习兴趣，创建一种和谐、宽容、热烈、有序的课堂气氛。新课程认为，教学过程是师生互动的过程，教师的教与学生的学，应转为师生互教互学，形成一个真正的"学习共同体"。当教师以组织教学为主时，他的基本做法就是分解教材中的知识，将知识有组织地呈现山来，学生通过倾听、练习和背诵，再现教材的知识，问答课本的问题。而教师以探究学为主时，他就要引导学生不断提出各种问题，使学习过程变为学生不断提出问题、分析问题、解决问题的探索过程。教师还可指导学生集体利用学习资源，帮助他们设计适宜的学习活动，并针对不同的学习内容，选择不同的学习方法，使学生的学习过程变得丰富而且富有个性。

应由教学权威向学习伙伴转化。长期以来，"师道尊严"成为传统的师生关系准则。教师不仅是教学过程的组织着、设计者，而且是教学内容的确定者和学生成绩的评定者，从而形成了教学上的绝对权威。教师往往习惯根据自己的设计来教学，习惯忽略冷落学生有创新意识但与教材观点不符的见解认识。在新课程改革中，教师应由传统上的教学权威逐步向学生的学习伙伴转化。教师是学生学习上的合作者、参与者和引导者，教学过程是师生交往、共同发展的过程。在师生交往中，教师应改变居高临下的地位，与学生做到平等对话。教学过程不能仅是忠实地执行课程计划的过程，而是一个充满合作、充满个性的创新过程。

应由传统教法向现代教法转化。现代社会是信息社会，信息社会需要信息人才，信息人才的培养有赖于教育的信息化。当今的教材以文字教材为主，音像教材和电子教材为两翼，正向多媒体教材发展。多媒体教材比传统教材更加直观形象、生动活泼，更加有利于教师指导，有利于学生自主探究，有利于培养学生的创新精神和实践能力。教育的信息化要求教师必须具备良好的信息知识、能力和素质，教师应善于将信息网络上的新知识新信息与课本上的知识信息结合起来，不断了解和掌握学科发展新动向，以新的知识信息开阔学生的视野，启迪学生的思维。教师必须能熟练地操作计算机、多媒体,将教学软件、网络等信息技术运用到教学中,还要能正确指导学生进入信息高速公路检索信息获取知识。现代信息技术的飞速发展及日益应用,给教师的教学方式带来新的变革。

应由依赖教材向科研创新转化。在传统教学过程中,教师往往是严格执行课程计划,向学生照搬课本知识,过多地依赖教材,而缺少自身创造力的发挥。科研创新是提高教师素质和教学质量的重要方面,但在当前广大教师队伍中,具有科研创新意识的人相对来说还比较少。许多教师在教学上单纯凭积累的经验,教参成为唯一的参考书,很少想到运用新的教育理论对教学进行思考和研究,从而造成教育观念陈旧僵化,教学工作完全被教材和教学大纲束缚,教学方法呆板单一,忽视了学生学习的积极性和主动性。另外,由于缺乏科研创新意识,有些教师只能年复一年简单地重复劳动,教学水平很难得到真正地提高。

新课程鼓励教师积极从事科研创新,强调教学过程是师生共同开发课程、丰富课程的过程,并使教学过程成为师生富于个性化的创造过程。为此,教师需要不断对自身的教学进行反思与评价,分析不足,不断改进。此外,教师还应积极开展与自己教学有关的科学研究,善于打破常规,突破传统理念,追求创新,推崇创新,不断提高自己的业务理论水平,做到用全新的教学模式来教学,使学生成为学习的真正主人。教师自身应具备雄厚的学科知识和现代信息素质,形成多层次、多角度的知识结构,拥有广阔的视野,善于分析综合知识信息,以创新的教学模式、创新的教学方法来培养学生的创新精神与实践能力,为学生提供最广阔的发展空间。

二、对新课改实施过程的思考

新课改给教师带来巨大压力,今后我们应该怎样教?

困惑一:理念困惑。在讨论新课改具体实施操作时,浙江的一个老师举了一个例子:我们学校的一位老教师打了一个比喻:我们老师就好像是一群篮球教练,带领学生打篮球,这时候有个篮球专家过来说:你们一定要瞄准了投!不说还好,一说反而糊涂了,到底什么才是瞄准了投?我们过去没有瞄准投吗?“瞄准了投”意味着两手应该怎么动,球儿应该怎么持,方向应该怎么掌握的具体操作方法。对于新课改,很多一线教师感到最困惑的是,课改的理念了解了不少,但太虚,而教师做的是具体而细微的工作,要研究一个个章节怎么上,要面对一个个不同的学生。

实行新课改,虽说参加了新课改教师培训,但连新教材都未见面的“空对空”的纯理论培训只是摆摆花架子而已,根本谈不上对新课改实践的科学模式指导。因此,在教学实践中,面对新课改经验几乎为零的现状,教学极易误入两个极端:或者“故步自封”、“穿新鞋走老路”,仍用老模式教新课程;或者“激进得很”,把课堂变成了随意“创新”的“天堂”!说穿了,就是无模式可言!这样,新课改的优势、效果便会大打折扣!新课改就会形同虚设!

困惑二:学生管理。选课制带来的最大问题是,原先传统的班主任逐渐失去了对学生的监管意义,如何管理学生是学校亟待解决的问题。新生入校后,学校按照一定的编班原则将学生编排成若干个班级,每个班级有班主任负责管理,这样的班级即为行政班,一般情况下高中三年行政班基本不变。在同样的地点学习同样的课程的同一批学生组成的班级,即教学班。传统意义上,我国高中的行政班就是教学班,二者是统一的。

高中新课程方案实施后,学生将按照自己的特点和需要选课,并允许学生跨年级选课和再次选修,学生的流动性增大,所以就遇到了一个新问题:在同一教学班内有来自同一年级但不同行政班的学生,也有来自不同年级的学生。这样原有意义上的班级将不复存在,行政班的传统意义淡化,甚至相应的年级概念也淡化,取而代之的是教学班和行政班并存的班级模式。同一行政班的学生在一起的时间相对减少了,行政班还有没有存在的必要?

困惑三:教学方式。新课程与原有课程有很大的不同,这种差异将对教师构成严峻的挑战,并促使教师在教学控制上进行根本性的变革。

困惑四:课时严重不足。以高一第一学期为例,传统的语文教材第一册共 24 篇课文,每个班级每周安排 5 课时教学,一学期教学刚好完成。课改后,必修的部分一学期有 2 本教材,共 50 篇课文,但每周仅安排 4 课时教学,按照每学期 20 周计算(包括复习应考时间),每篇课文仅有 1. 6 课时教学时间,根本不够用。此前每篇课文最少要用 2 课时,一些课文甚至会用一周时间讲解。要想在规定课时内讲完课文,唯一的办法就是要让学生在课余先把课文读通读懂,上课时只给他们解决一些读过后还不懂的问题,这也是新课标提倡的学习方法。但现实是,学生目前课后把很多时间花在了数学、物理上,根本没时间看书,也没有养成这种自主学习的习惯。

困惑五:教师水平不够。新课标的教育理念很好,但能否落实还要看教师的水平。目前教育部门规定每个教师每周必须完成 10~12 课时的工作量。由于课改后每个班级每门主课的课时为 4 课时,主课教师每学期得带 3 个班级才能完成任务,这对一些老师来说工作量很大,不太可能完成,唯一的解决办法就是教师兼带上一些选修课。选修课也不是那么好开的,要开选修课,教师得有相关资质,要经过培训,即使能开也要看有没有学生选上你的课,因为按照规定满 25 人才可开课,所以教师要吸引学生还得有他的特长,压力和挑战是巨大的。

困惑六:学校设施不全。课改后,课程设置分为选修和必修两个部分,选修课程可以自由选择,不仅可以跨时段还可以跨年级,这些对学校的压力也是巨大的。因为跨时段或跨年级选课,加上学生选修的科目不同,因此学校的课表安排十分困难。另外,目前高中每班人数在 50 人以上,而课改选修课的人数是每班 25 人,势必造成学校班级个数增多。加上新课改注重动手操作,物理、化学、生物等课程的实验课也将增加,实验室的数量也得增加。这对目前一些规模有限的学校来说是一个巨大的挑战。由于选修后,行政班被打破,原本每个班的班主任可能不复存在,而是会给一定数量的学生指定一位生活指导老师,这样一来,这些时而分散时而集聚的学生们的管理就会很困难。

困惑七:高考方案"悬而未决"。课改要想成功,关键看高考制度,如果课改后,学生平时学什么高考考什么，那各校都会对新课改重视起来，出现的问题也会尽最大力量解决。但实行了30年的高考制度已经造就出极为固定的、功利化的教学模式，考什么，就教什么、学什么、练什么。如果高考一卷定终身的方式不改、学校对老师教学的评价尺度不改、选修课的最终评价方式与课改理念不配套或不科学，高中课改就有可能变味。

困惑八：新课改的评价体系社会能否认可。从理论上说，新课改对教师的评价较以前增加了许多新指标，但从新课改实践来看，学生考试成绩——“分数”仍然是评价教师工作的最重要指标。因此，不论对学校、老师而言，还是对家长、学生而言，所有与“分数”无关的事情往往都是次要的，甚至被视为负担、累赘！如果哪位老师在“分数”面前不过关，肯定会挨领导的批评，甚至有“下课”的危险；如果哪个学校在“分数”上栽了跟头，学校领导也会挨上级领导的批评，会受到学生家长的谴责。久之，学校就会在社会上威信扫地，给学校的未来发展蒙上阴影！这是不争的事实！是整个社会环境的产物！

新课程标准还未实施，就充斥着这么多的疑问和困惑。诚然，这似乎是任何事物发展变化的规律，但教育改革，作为影响一代人，甚至几代人的终身发展的大事，我们不得不持审慎的态度来对待它，也不得不进行及时而深刻的反思。

创新课程体系

世界经济合作与发展组织最新教育质量调查结果显示，芬兰拥有世界上最好的中学教育，课程设置非常合理，学生的数学和阅读能力名列世界第一。现今中国开展的新课程改革在很多方面都是借鉴芬兰的。

世界上最好的中学是芬兰的罗素中学，它的办学理念是：未来、信任、自由度、国际化。罗素中学认为：课程安排应因人而异，有800名学生就应该有800种课程设计。学校现有800名学生，70名教师，开设300门课程，13门外语。

弹性的学制和“不分年级制”的最大优点，在于学生的自我需要得到了充分的尊重和满足。在选择了自身感兴趣的并适合自己的课程后，学生在学习中表现出了浓厚的学习热情和主动性。即使在课间仅有的10分钟里，抓紧分分秒秒看书学习的学生也比比皆是。教师的压力也非常大，不想被淘汰，就必须不断地充实和提升自己，完善教学内容，改进教学方法，使课堂充满趣味性，让学生们在有效的课堂时间内获取更多的知识，思考更多的问题。今后，老师将不再是过去的单一学科类的教师，而是一专多能的能兼任几个学科课程的老师。

课程体系创新是“亮点工程”。学校在开设基础学科课程以外，拟开设：

综合能力课程(包括学习方法、思维培育、非智力因素的培养、科学研究、科技制作、礼仪社交、竞赛技巧、健身方法、艺术修养、道德讲座、三生课程、传统文化、儒家文化课等)。

个性特长课程(涵盖政治、经济、军事、科技、教育、艺术、体育等方面),形成一种套餐式的课程设置。

增加选修课的门类和时间,形成选修课"超市"。设置阅读课、每日赠言课、日记课、新闻课、演讲辩论课、写字课(书法课)等。高中三年实现"12345",一副好口才,200首古典诗词,30场名人报告,40本文学文化名著,50部经典影片。

建立选课指导制度,引导学生形成有个性的课程修习计划,避免选课的盲目性。逐步推进完善校本课程开发工作。成立思维培育中心,心理健康教育中心,家庭教育中心,学习方法指导中心,负责相关的课程开发。

新课程实验班

近几年来,随着普通高中和职业教育的普及,办学规模逐渐扩大,中考成绩良莠不齐,想念高中的初中毕业生统招进来,特别是贫困山区,初中办学水平不一,"九年寒窗难开口"比比皆是,给高中办学和管理带来了新的课题。为了实现"让每一个学生都得到相对于他自己的最优化发展",我们采取了"宽基础、活模块、多渠道"的教学管理模式进行教育管理,由此产生了课程实验班。

所谓课程实验班就是学生在中考结束后,根据学生的志愿和学生的基础,我们学校走两条腿走路的办学模式,即普通高中和职业高中同时办学;普通高中又有直升班和特优班、普通班、艺术特长班等多种模式供不同基础的学生选择。

学生在高中阶段学业基础不好而动手能力好的同学上职业班,毕业后直接参加工作。其教学模式为高一、高二时采用普通高中的教材及教学模式,但学生同时必须参加职业中专的专业课学习和考试,高二后学生根据自己的学业成绩进行分流,可选择美术、体育、舞蹈、音乐、计算机、文秘等不同专业进行专业训练。这种班既可考大学具有上大学的机会,同时又可直接就业。职业班选择一个专业参加对口的高职单招,同样可以圆学生上大学的梦,其课堂教学就是这个"梦"的场所。

直升班从本校的初三学生中选择100名成绩优秀并自愿在我校读高中的学生组成两个班,提前开高中课,为这些学生将来考入更好的大学打下良好的基础。

特优班从中考后,正式录取到我校的学生中选择100名中考成绩优秀的学生组成两个班,使这些成绩好的学生得到更好的教育,为孩子们的将来打下好的基础。

艺术特长班是把录取到我校的有特长或爱好艺术的学生组成两个特长班,使他们能够更好的发挥自己的特长,丰富他们的人生。走自己喜欢的路。

平行班是把剩下的录取来的学生和择校生平均分成10个班,打好基础,稳步提高,使他们顺利完成高中学业,并尽可能考入他们理想的大学。

课程实验班课堂教学的认识和思考。课堂教学是学校对学生传播知识、掌握技能,提高能力,开发智力的重要场所,是实施素质教育的主要阵地,综观教育发展历史,课堂教学意义之深远;作用之大,是其他任何教育形式所不能替代的,随着教育的发展,教育改革的深入,社会对不同人才的需求的扩大和增多,人们对普高热的现象,和对职业教育课程的热爱在同样蓬勃发展,对社会的发展和经济建设都在发挥着应有的作用,但作为新的多样化的教育模式,课堂教学有其自身的特点和属性,我们很有必要对课程实验班的课堂教学进行认识和思考。

课程实验班与单纯的普通高中班的课堂教学内涵有根本的区别。普通高中班课堂教学侧重于知识的传授,理性思考,思维能力的提高,通过掌握已有知识、概念、思维进行观察思考,发现问题,重在动“脑”上,注重智力的开发,而课程实验班的课堂教学;需要根据不同的班级除要求掌握文化专业理论知识外,重在能力和技能的提高方面,侧重于适应社会,“动手”操作上,两种课堂的教学相同之处,就是都必须掌握基本的概念,思维等理论知识,运用知识进行思考,发现问题,解决问题,提高思维能力,其根本不同在前者重“思”后者重“动”,不同的内涵也对课堂教学提出了不同的要求。

课程实验班课堂教学类型的多样性。课堂教学类型的多样性,决定了必须采用不同的教学模式,其课型可分为文化课,专业理论课,专业实践课,课堂类型可分为讲座、讲解、习题课、复习课、演示课、探究课、实践课,不同的课型其课堂类型也可相同,也可不相同,同一门课,同一内容,授课人不同,教学模式可能不相同,所以教师在课堂教学中不能固定施教格式,为达到课堂教学目标,最大地调动学生学习的自主性、积极性、参与性,提高课堂教学效果,教师要非常清楚地明确学生学习中的主体地位,发挥教师的组织、指导、引导、督促和检查的作用。

对课程实验班课堂教学实践的思考。《国家基础教育课程改革纲要》明确指出:“教师在教学过程中应与学生积极互动,共同发展。”那么,课堂实验班课堂教学更应强调学生探索新知的经历和获得新知的体验,“讲堂”式的课堂或“教案表演剧”式的课堂已逐渐为广大教师所摒弃,取而代之的是实现学生主体,关注师生思想交流和情感沟通的互动式课堂。我听过一位教师的课,课堂的标题《直线运动》。教师课前让学生做了些准备工作,课堂上学生很活跃,学生分组讨论得出结论,经过热烈而富有成效的讨论后,学生总结出直线运动的一些规律及公式,同时有的学生对公式提出质疑:这个教师很民主,既然学生提出这些问题,那他就让学生讨论。你说我评,最后一堂课也没能讨论出个结果来。而教师则始终在“倾听”学生的讨论,也没有解答,更别说如何去应用了。显然,必要的教学任务没能完成,评课时,我向该教师请教:“你为什么要这样处理?”他回答:“不是说让学生互动,锻炼实际思维技能吗?”诚然,我们的老师是理解现代教育理论的一些含义,可关键是在新课程背景下的课堂教学应坚持“一切为了学生发展”的教育方向,重过程的目的是为了获得更多更好的结果,而不是不要结果。其实,重过程而轻结论的教学只会使问题悬而未决,降低课堂教学效率,教学任务的完成难以保证,教学只有结论与过程并重,才能有助于学生形成一个既有肉体又有灵魂的活的学科知识结构,才能使学生的思想和整个精神世界得到实质性的发展和提升，教师应该适当改变教学方式，并不是所有的课堂教学都要学生亲自经历知识的发展过程，技能的完善，也不是每一节课都要学生进行收集资料，实践操作，合作讨论。凡事预则立，不预则废，教学是有目标、有计划的。没有预设方案的准备，教学只会变成信马由缰的活动。教师课前应有应付课堂上可能会出现种种意外的心理准备，这样在课堂上才会游刃有余，就不会过分强调互动，技能思维的生成而使课堂教学偏离目标，不难看出，一个富有经验的教师在课堂教学中会结合学生表现，灵活选择，弹性安排，动态修改，做到心中有案，教中无案，富有形的预设于无形的动态的教学中，随时把握课堂教学中闪动的亮点，把握促使课堂教学动态生成的切入点，促进学生在更大的空间里进行个性化的思考和探索。

注重个性差异，因材施教，让学生热爱学习，是课程实验班的愿望。因材施教原则要求教师从学生的实际情况出发，依据学生的年龄特征和个性差异，有的放矢地进行教育和教学，使每个学生都得到充分发展。因材施教原则是学生身心发展客观规律在教育教学中的反映。一定年龄阶段的学生，他们的身心发展有一定的稳定性和共同性，但是，每一个学生在兴趣、爱好、才能、性格等方面也都存在个别差异性，如果千篇一律，用“一刀切”的模式进行要求和培养，必将使有特殊才能的学生遭到埋没而失去发展机会。因此，教育和教学应尊重学生客观存在的这种差异。

第一，由于每个儿童的先天素质和后天影响在事实上存在着一定的差别，这种差别的结果必然会反映在他们的学习兴趣和动机、学习气质和能力、学习方法和习惯等方面的个别差异上。这包括两方面的原因，一方面是先天的，主要有学生智力水平存在的个体差异，智力是影响学生学习快慢的最主要因素；学生人格特质存在的个体差异，不同的人格特质会影响学生的学习方式；学生的素质存在的个体差异，学生发展中的素质会对学习起加速或减速作用。另一方面是后天的，包括家庭的影响，生活学习中意外事情的影响。

为了使每个学生都得到发展，就要打破班级授课制的单一教学组织形式，把班级授课与小组教学、个别教学结合起来。如日本为了照顾学生的个性差异，采用小组学习、个别学习等形式，实行“适应个性的教学”。德国也提倡分组教学，并注意通过这种形式，培养学生互助合作的精神。目前我国也在探索怎样在班级授课制的前提下，尽可能地运用小组教学、个别教学的组织形式。

第二，新课程从课程目标到教材内容都体现了尊重学生的个性差异，尊重学生的多样化，允许学生发展的不同，采用不同的教育方法和评估标准，为每一个学生的发展创造条件。利用新技术带来的可能和机遇，为各种不同特色的学校和不同程度的学生，开发和提供相适应的课程和教材。教学内容上，素质教育要求教学内容具有基础性、范例性和综合性，让学生掌握扎实的基础知识和学科知识的基本结构，重视教学内容的文化内涵，体现人文性与科学性、社会性相结合。新的课程标准提出的课程目标不是固定的，它允许教师根据实际情况对学生提出“较高要求”、“一般要求”和“最低要求”，把原来统一的教学内容变为不同层次的教学内容，让不同层次的学生自主选择适宜自己的目标要求，并在学习中表现为达到目标所做出的积极行为。例如数学的计算，它对不同学生的要求就是不同的，它可以允许一些学生用多一点的时间达到要求，对计算速度的要求也可以适当调整，计算只要求达到“会”或“比较熟练”的内容时，在速度上就不要不切实际地提出过分的要求，另外鼓励学生选择合理的方法和工具进行计算。这样可以根据不同的学生提出不同的要求，不一定要达到统一的要求。

第三，新课程评价关注学生的全面发展，不仅仅关注学生的知识和技能的获得情况，更关注学生学习的过程，方法以及相应的情感态度和价值观等方面的发展。新的评价方法改变了以前以分数为唯一标准，力求让学生在达到最基本的统一标准的前提下积极主动得到发展，其目标包括文化科学素养、思想品德素养、身体心理素养、审美艺术素养、劳动技术素质和完善的人格。这说明了对一个人的评价应该是多方面的、客观的。其次，随着社会的发展，社会对人才提出了更高的要求，也需要不同类型的人格。学生可以根据自己的实际情况进行不同的选择，所以，我们可以让学生选择喜欢的、最适合的、最需要的知识。

面向全体与注重个别差异是辩证的也是统一的，我们在教学教育中只要爱护和调动每一个学生学习的积极和自觉性，就能不断提高他们学习的能力，使不同的学生都能在原有的基础上有所进步和提高。

总之，课程实验班课堂教学的当务之急，已不仅仅是各种文化课理论细节的讨论，更应该让所有教师都站在一个新的起点上，这个新起点就是：每一位教师都必须有现代教育的观念和意识，在课堂教学中必须体现素质教育理念、开放教育理念、能力本位理念等，唯有这样的新起点，课堂教学观念才能得到全面更新，课程实验班教学改革才能真正有所突破，课堂上才可能有更多的时间留给学生自己思考，自主探索，学生才能学到终身受益的东西。唯有这样的新起点，教师才能驾驭课堂，完成教学计划，使课内、课外有机地统一起来，教学时空才能真正开放，课堂的利用率才能提高，学生才能圆自己的大学梦。

关于自主学习的思考

新课程倡导学生“自主学习”、“合作学习”和“探究学习”，这三种学习方式从根本上改变了以往学生在学习中的客体性、受动性和依赖性，鲜明地凸显了学生在学习中的主动性、独立性和规划性。阅读了《生本教育》、《自主学习》、《中学生自主学习探索》等文章后，我的片段理解与思考如下：

一、什么是自主学习？如何理解自主学习

自主学习，是指学生在教师指导下有明确的学习目标、对学习内容和学习过程具有自觉的意识和反应的学习方式。简单地说，就是学生自觉主动地学习，不是自己做主学习，也不是自学,它是指学习的内在品质,相对的是“他主学习”。自主学习与“被动学习”、“机械学习”相对立,是建立在自我意识发展基础之上的“能学”,建立在学生具有内在学习动机基础上的“想学”,建立在学生掌握了一定学习策略基础上的“会学”,建立在意志努力基础上的“坚持学”。合作学习与“个体学习”相对立,指学生在小组或团队中为完成共同的任务,有明确分工的互助性学习。探究学习,是指学生在教师指导下,从学习生活和社会生活中选择和确定研究主题,主动获得知识、应用知识和解决问题的学习活动。

自主学习是一种主动学习。主动性是自主学习的基本品质,它对应于他主学习的被动性,两者在学生学习活动中表现为:我要学和要我学。我要学是基于学生对学习活动的一种内在需要,要我学则是基于外在的诱引和强制。自主,一方面表现为学习兴趣,有了学习兴趣,学习活动对他来说就不是一种负担,而是一种享受、一种愉快的体验。相反,如果学生在被逼迫的状态下被动学习,学习效果必定是事倍功半。另一方面表现为学习责任,学习是学生的责任,不能把学习跟自己的生活、生命、成长、发展有机联系起来,这种学习就不是自主学习,只有当学生自觉地担负起学习的责任时,学生的学习才是一种真正的自主学习。从他主到自主有一个过程,教师要逐步引导;从他主到自主有系列方法,教师要逐步示范和要求。要引导学生自主提出问题、分析问题和解决问题;要使学生能够展示和交流自主学习的所得,让学生自始至终积极主动参与教学的全过程;要引导学生进行自读、自解、自悟、自探、自品、自得的自主学习,使学生的学习成为有效的学习,高效的学习。

自主学习是一种独立学习。独立性是自主学习的核心品质,如果说主动性表现为我要学,那么独立性则表现为我能学。每个学生都有一种独立的要求,都有一种表现自己独立学习能力的欲望。用动态发展的观点看,整个教学过程实质上是学生从依赖到独立的过程,在这个过程中,教师的作用不断转化为学生的独立学习能力,随着学生独立学习能力的由弱到强,由小到大的增长和提高,教师的作用在量上也就发生相反的变化,最后是学生基本甚至完全的独立。

自主学习是一种规划性学习。在学习过程中,需要学生做好自己的规划,如时间规划,内容规划,目标规划。还需要做好自我管理,能够自主约束,自主成长。

所以,真正意义上的自主学习应是在教师指导下,遵循不背离学习目标的要求,让学生对学习内容拥有适当的自主选择权;在不误解或曲解文本思想意义的基础上,让学生拥有对文本的自我解读权;在不脱离教学实践的基础上,让学生拥有学习方法的选择权。

自主学习,有课外的学习,也有课内的学习,我们这里主要研究课内的自主学习。个体要做到自主学习,自己首先必须“会学”;也就是说,必须掌握一定的学习策略,并且在学习过程中能够有效地运用这些策略。在自主学习过程中,人们使用的学习策略各种各样。它们既有一般性的,也有具体性的;既有用于处理外部信息的认知策略,也有用于调控认知过程的元认知策略;既有情绪自我调控策略,也有时间管理策略。

教师和学生都是教学系统中具有主体能动性的人,教师和学生在课堂教学活动中的作用以及二者之间的关系,是整个教学系统最基本的关系之一,也是教学理论研究的一个根本问题。就课堂教学而言,教师和学生之间的关系集中表现为教师引导、示范与学生自主学习、自我表现在课堂教学活动中的地位和作用问题。国内理论界关于这一问题的讨论,先后有以下几种观点:

第一,人们从主客二元对立的思维方式出发,认为教师是课堂教学的主体,而学生是被教师认识、改造的客体。基于这种观点之上的课堂教学,不是把学生看成是一个有着生命价值和发展需求的活生生的人,而是把学生看做一种“物”的存在,一种工具性的存在,因而整个课堂教学只注重学生知识的传授和技能的规训,忽略了对教学根本意义和价值的追求,其结果是造成了学生的片面发展和畸形发展。

第二,受哲学界关于“主体”问题研究的影响,认为教师和学生都是作为主体而存在,因而都是课堂教学活动的主体,主张用“双主体”的观点来看待和处理课堂教学活动中的师生关系。这在一定程度上破除了过分注重教师主体作用的传统观念,提升了学生在课堂教学活动中的主体地位。

第三,与第二种观点密切相关,认为教师在社会地位、阅历、知识等方面具有很强的优势,理应在课堂教学中发挥主导作用。课堂教学活动的内容与形式、过程与方法都应主要由教师控制,而学生则在教师的指导下充分发挥其主体作用。这就是在我国课堂教学领域影响最大的“教师主导、学生主体说”。

从理论上讲,“教师主导、学生主体说”在一定程度上解决了教师和学生在课堂教学活动中的相互作用,由此建立起师生之间的民主、平等、合作关系。但是,由于教师和学生在社会关系、资历、个人经验、专业知识、能力等方面存在事实上的不均衡,师生之间的关系就必然以一种非对称性存在,传统教学中教师的权威地位正是因为这种先赋性而获取的。随着现代化教师观和学生观的确立,随着教育界关于学生主体问题的研究,传统的教师地位受到了剧烈的冲击,而学生则首先在理论上获得了前所未有的平等地位和自主地位,但由于师生之间事实上的不平等和力量上的不均衡,在课堂教学实践中很难找到一个合理分割教师和学生地位作用的临界面,并由此产生了教师和学生在地位、作用上的脱节与错位。目前课堂教学活动中的很多问题都产生于此。因此,正确认识教师和学生在课堂教学中的地位、作用,正确理解和处理教师引导、示范与学生自主学习、自我表现之间的关系,对课堂教学尤其重要。我们认为,由于课堂教学活动与社会要求的特殊关联,由于学生本身在身体、心理上的不成熟性,教师应该加强自己对课堂教学活动的组织与管理,充分发挥自己对学生的讲解、引导与示范作用,而不能对学生放任自流;由于学生作为能动的学习主体,不是被动地接受外部信息,而是主动选择的,而且学生的学习过程最终主要是由学生自己完成的,这决定了学生的学习又是在教师引导与示范下主动进行知识构建,体悟学习的过程与方法,从而进行自主学习的过程。因此,教师应该在培养学生强的学生动机、学习能力、合理的学习方式及方法上发挥自己的引导与示范作用，最终实现学生的自主学习和自主发展。就目前我国课堂教学的实际情况而言，学生自主学习的时间与空间极其有限，学生自主学习的意识与能力相对贫乏，其关键原因不在于教师引导、示范作用过于强势，而在于教师仍然没有科学合理地发挥自己的引导、示范作用，导致课堂教学效率低下，并由此大大压缩了学生自主学习、自主发展的时间与空间。

接受与发现，是学生认识活动的两种基本方式。反映在课堂教学领域，一直存在着接受式教学与发现式教学的争论。接受与发现是学生学习的两种基本认识方式与活动方式，也是课堂教学的两种基本活动方式，二者各有其特点和优势，因而不能相互取代。接受式的教学强调学生学习知识，不仅要反映概念、原理的内在联系，而且反映知识的生产者在探索、创造知识的过程中理论思维的过程及研究方法；不仅反映既定的发展到一定成熟阶段的知识，而且反映客观事物的多样性、丰富性和不确定性，追求开放的多种结论；学生不仅要将科学知识作为认识的条件，而且也要将自己作为认识的客体，不断对自己进行反思评价，不断进行自我认识、自我调节。教育心理学家奥苏贝尔指出，接受学习不能等同于机械学习与被动学习，只要教师所讲解的内容具有内在的逻辑与意义，又与学生的原有知识经验发生联系，而且学生也有主动将自己的原有知识经验与新知识联系起来的倾向，那么，接受学习也可以成为有意义的学习，同样可以促进学生认知结构改组和智能的发展，因而也是课堂教学的一种基本方式。因此，我们不能简单地将接受式教学与“注入式”教学等同起来，不能简单地把当前我国课堂教学中存在的问题归纳为接受式教学本身。发现式教学以掌握学科知识为基本任务：强调学生认识活动的指导性与可控性；关注学生的自主学习能力。而发现式教学强调学生通过综合运用所学的知识，在解决问题中——教师预设的、学生从现实生活中发现的，发展创新意识和实践能力；强调学生的主动探究，强调过程与方法，强调理性质疑、实事求是的科学态度和精神。与接受式教学相比，发现式教学的基本特点是：以增进学习者的创造才能为主要任务；以解决问题为主题；重视教学的非指导性与学生的自主选择；关注探究性的学习过程。应该说，发现式教学有利于克服以往课堂教学中过分重视知识讲解与接受，过于强调模仿、死记硬背和机械训练的教学倾向，有利于学生在体验—探究—创新的架构下进行学习，从而更好地培养学生的过程意识、方法意识、创新意识与探究能力。教师在课堂教学中应该正确认识接受式教学与发现式教学各自的地位和作用，根据具体的教学内容、教学任务和学生的实际情况，将接受式教学与发现式教学有机地结合起来，从而将学生的认知与情感、指导与非指导、抽象思维与形象思维、能动与受动、外部物质活动与内在意识活动等因素加以协调、平衡，使课堂教学成为一个完整的人的认识与发展过程。

二、建立自主学习的学习方式体系，全面提高学生学习质量

自主学习，要求学生在学习习惯和学习观念上发生较大转变，要有自主学习的意识，培养积极的学习兴趣，养成良好的学习习惯，保证个性心理发展和健康人格形成。如何在课堂主渠道培养学生的自主性?

1. 把学习的自主权交给学生,培养学生自主性。交给学生自主学习的时间,开放学生自主学习的空间,还给学生自主质疑的权利,尊重学生自主探索的意识和探索思路,并引导他们比较鉴别最佳思维方式。教给学生自主求知的方法,学法指导是新的课堂必须的。课堂上,教师的角色只是“培根”,知识也好,德行也好,教师只是让它们在学生的心目中扎根,接下来就是学生自己感悟了。

2. 把成功的机会留给学生,激发学生的成就动机。学习目标分层,不搞统一要求。鼓励学生根据教材要求,结合自己的实际,自行拟定学习目标。对各层次的学生起到定位、导向、激励作用,并为学生的进步设立台阶。一方面,针对不同层次学生的知识基础和能力,采取不同的施教策略,分层要求,分层设问,分层练习,使教学适应每个学生的学习需求和现实水平;另一方面根据教学内容,由浅入深,层层递进。用不同层次的标准衡量不同层次的学生,体现差异性,注重激励性,重在有所发展。

3. 为学生创造思维性的发展提供广阔的空间。鼓励学生求新求异,当学生提出不同的见解时,教师给予客观的评价,充分肯定学生的求新求异的思维品质。全方位、多角度地拓展学生思维。在课堂教学中,应尽量引导学生加强各学科的横向联系,融会贯通课内外知识,通过集体讨论形式,建立一个多向流通的信息网络。

三、形成有利于学生自主学习的课堂教学模式

1. 协调师生的认知关系、心理关系、伦理关系。为教学创造良好氛围,让学生在轻松、快乐、紧张的状态下积极学习。

2. 建构自主参与课堂教学模式。自主性教学的根本目的是建构学生在教学过程中的主体地位,使之成为学习的主体。自主性地位不能“给予“,只能靠主体在参与教学过程中自我确立。因此,教师要从建构学生在教学过程中的主体地位出发,着重研究如何遵循学生主体的认知规律,引导学生在课堂上亲历包括感知、理解、探究、发现、记忆、运用等环节在内的认知全过程,将其教学行为的着眼点,放在引起教学过程中学生自主参与行为的发展上。

“六步式”课堂自主性教学程序要点

1. 明确目标——初步参与。教师用设置情境的方法使学生产生较强的求知兴趣,学生由感兴趣开始引起内在兴奋,教师由情境引出学习课题,明确学习目标,提供参与机会,示范或指导参与方法。学生由内在兴奋转化为外在兴奋,将参与欲望外化参与教学活动的行为。学生在这个教学环节的参与是以感性和形象思维为主的参与,对应的认知阶段是感知新知。

2. 引导自学——独立参与。教师精心安排自学内容,提供充分的参与时间,加以适当引导,使全体学生以高涨的情绪参与到异步、高效的自主学习中。这一环节学生由感性参与向理性参与过渡,对应的认知阶段是理解知识及探究知识。

3. 质疑交往——合作参与。小组交往前学生经历一个短暂的深思内蓄的时间,由外在兴奋转化为强烈的内在兴奋。教师组织、指导、调控小组交往,学生以合作方式参与小组学习活动,发表、交流,畅所欲言,相互启发,加深知识理解,获得新发现,出现不同程度的参与冲动,兴奋再一次外化。

4. 精讲释疑——深入参与。教师针对小组学习反馈,作评价式、解疑式或引深式精讲,师生进行有深度的问答交流,学生在更高的学习难度上进行更深入的参与,情绪强烈。

5. 巩固演练——拓展参与。精心安排变式的综合的操作演练。学生通过总结巩固知识,在演练中拓展参与。全班情绪在一定程度上保持兴奋状态。这一环节学生的参与是感性理性融为一体的参与,对应的认知阶段是巩固、运用和完善知识。

6. 教师点拨、启发学生进行学习总结,完成新知识的建构。"四环十步学习法"正在研究实验中,希望能成为我们的主流方法。

四、形成可供学生选择的校本课程体系

从学生主体的现实生活世界出发,组织设计活动课程的内容系列。活动课程的教学内容应着眼于学生主体的现实生活世界,强调直接经验的感受和体验,强调学生的主动参与和亲自操作。从这一指导思想出发,开展自主性教育活动课程教学内容组织设计的研究工作。

一是社会实践类活动,如有"五心"公德活动、"走向社会"系列活动。二是科技信息类活动,如发明家活动、电脑朋友活动。三是文艺特长类活动。如音乐活动、舞蹈活动、美术活动。四是体育卫生类活动,如军训活动、群体操活动、夏令营活动。

自主性教育活动课程的教学策略。一是鼓励学生自主选择活动项目。将活动课分为必修、选修两类,除国家课程计划规定的活动课之外,一律为选修活动课。给予学生自主选择权利:即每个学生可根据自己的条件和需要,自主选择活动内容、活动伙伴、活动方式、活动目标。二是引导学生自主参与活动过程。从不同年龄段学生的生理、心理特点和学习需要出发,对活动课内容的知识深广度和学生操作的难易度有一个梯度安排:初一初二一般为单一内容活动课;初三高一多为综合性活动课;高二高三年级偏重于开展各种主题组合活动。三是组织学生在活动中学会创造。首先,精心选择有关智能开发内容的活动课,启迪学生的创造意识。其次,鼓励学生大胆自我表现。再次,着力培养学生的创造能力,不断增强创造意识,进一步培养创造能力。

从教师来说,对高一学生注重自主学习主观内在构成机制的研究和实施,即重视其学习动机、学习策略、学习计划、学习监控等方面的引导和构建,使学生初步学会怎样进行高中课程学习;对高二学生,注重对学科具体学习方法的引导构建,使不同学生结合不同的学科富有个性的学习;对高三学生,重视其考试心理和考试技能的提高。对全体学生重视品德教育和培养,树立德育为教学保障的思想。

关于合作学习的思考

合作学习的思想早在2000多年前就已提出,“独学而无友，则孤陋而寡闻”、“三人行,必有我师焉”、“教学相长”等观点中就已体现。夸美纽斯的《大教学论》也阐述了学生自主学习当小老师让他终身受益的观点。

合作学习(cooperative learning)是20世纪70年代初兴起于美国,并在70年代中期至80年代中期取得实质性进展的一种富有创意和实效的教学理论与策略。我国自20世纪80年代末、90年代初开始合作学习的研究与实验,由于它在改善课堂内的社会心理气氛,大面积提高学生的学业成绩,促进学生形成良好非认知品质等方面实效显著,很快成为当代主流教学理论与策略之一,被人们誉为“近十几年来最重要和最成功的教学改革”。

一、合作学习的定义及特点

合作学习的定义很多,我们所说的“合作学习”,简单地说就是指将全班学生按照学力、性格、爱好、特长等方面的特点,分成若干个学习小组,每个小组有两个或两个以上的学生一起相互讨论,相互帮助,相互竞争,相互鼓励,学生在小组或团队中完成共同的目标与任务,有明确责任分工,以团队的成绩为评价标准的互助性学习。“小组合作学习”作为一种教学模式走进课堂,是基础教育改革实验的一种新举措,是素质教育的重要内容。

我们所提倡的合作学习具有以下特征:合作学习的前提是自主学习、自主探究。自主学习也要穿插接受学习,也需要教师教。教什么？教“类知识、类方法”。

合作学习的心理价值是一种目标导向活动。合作学习将教学建立在满足学生心理需要的基础上,使教学活动带有浓厚的情意色彩。

合作学习的哲学价值是学生与教学内容之间的矛盾,为了解决学生与所学内容之间的矛盾,才产生了教师与学生、教师与教学内容等矛盾,因而它们是从属性的矛盾,是次要矛盾。合作学习的艺术价值是提倡教师当好“导演”学生当好“演员”,在合作学习中,教师要充当“管理者”、“促进者”、咨询者“、“顾问”和“参与者”等多种角色,旨在促进整个教学过程的发展,使学生与新知之间的矛盾得到解决。教师不再把自己视为工作者,而是合作者。

合作学习的资源价值是多维互动。生生互动是教学系统中尚待进一步开发的宝贵的人力资源,是教学活动成功的不可或缺的重要因素,并作为整个教学过程中一种十分重要的互动方式来加以科学利用。

合作学习的教学价值是将合作、竞争和个人行为融为一体,并进行优化组合加以利用,符合教学规律和时代的需要,是对传统教学的单一竞争格局或情境的一大变革。

合作学习的评价观与传统教学也有很大不同。合作学习把个人之间的竞争变为小组之间的竞争，把个人计分改为小组计分，把小组总体成绩作为奖励或认可的依据，形成了“组内成员合作，组间成员竞争”的格局，使得整个评价的重心由鼓励个人竞争达标转向大家合作达标。

合作学习的优势。合作学习有助于培养学生自主学习能力。我们提出的合作学习。其实质还是学生的自主学习。个人自学是个人自主，小组合作是群体自主。我们强调在个人自主学习的基础上进行合作讨论、探究，决不能因合作而削弱了自主。

充分调动每个学生参与的积极性，激发学生的学习兴趣，从而提高课堂效率。每个成员都要对其他成员的学习负责，体现“人人为我，我为人人”的要求。通过小组讨论，互相激化、互相评价、互相反馈，互帮互学，互为师生等合作活动，学生的合作意识潜移默化地得到培养。

实现学生的差异。合作学习为不同层次的学生提供了有利的学习条件。优等生可在合作中使自己的各种能力得到更大的提高，学困生可在优等生的帮助下达到求知的目的，中等生也可在自己的最近发展区内有所收获，从而逐渐达到“人人求进步，人人求发展”的境界。

有利于培养学生的创新能力。合作学习为学生积极的思维创作了条件。每个学生在合作过程中，都必须运用自己已有的知识去寻求新的答案，有时还需要大胆的设想。在彼此交流中，会不时碰撞出创新的火花。

有利于教师教学艺术的创新。合作学习中师生关系是民主平等的。教师要以引导者、组织者、促进者、沟通者的角色出现，通过师生合作、生生合作、家校合作等，为学生的发展提供广阔的空间。

根据组织形式的不同，学生在课堂教学中的学习形式可以分为集体学习、合作学习和个体学习三种。理论界普遍认为，集体学习仍然是我国课堂教学的主要组织形式，并以合作学习和个体学习作为补充形式。当然，在班级授课制度的形式与发展过程中，集体学习不可避免地产生了一些弊端，诸如过于注重整齐划一的教学模式，过于强调竞争式和个体式的学习方式，等等。在这种情况下，班级授课制度和集体学习面临着改造和完善的问题，于是合作学习便由此产生。合作学习的产生是为了克服传统班级授课制度忽略师生之间、生生之间交流、合作的倾向，其目的是改造传统的教学关系和培养学生的合作意识和合作技能。更重要的是，合作学习鼓励教师与学生之间、学生与学生之间的交流、合作，为学生的学习提供足够的人际关系支持，真正把学生的认识发展和个性发展建立在交往的基础之上，从而丰富了我们对人的发展的内在机制的认识。同时，课堂教学本身就是一种实践活动，这客观上也需要教师与学生之间、学生与学生之间的合作、交流与对话。正因如此，目前课堂教学中教师非常注重学生与学生之间的合作学习，并通过合作学习这一学习形式为学生提供足够的人际关系支持，为学生创造尽可能多的语言交际机会。应该说，合作学习的引入，极大地改变了我国传统的课堂教学模式，反映了课堂教学中学生学习的一些规律，也在一定程度上提高了课堂教学的实际效率。同时我们必须看到，合作学习实践中也出现了一些问题，主要表现在：一是教师在课堂教学中有过于注重合作学习的倾向,而对集体学习、合作学习与学生个体学习在课堂教学中的时间分配把握不当;二是教师在注重学生小组合作、交流的同时,却削弱了教师的讲解、示范作用,也没有对学生的个体学习引起足够的重视;三是合作学习本身的实效性存在问题。由此看来,学生通过教师讲授、示范进行集体学习,通过个体的主动加工、理解和内化从事个体学习,以及通过师生之间、学生与学生之间的交流、合作进行合作学习,都是课堂教学中学生学习的必不可少的学习形式,三者之间是密切联系的,离开任何其中任何一种学习形式,或者过于强调某一种学习形式,都不可能解决学生学习中的一切问题。

二、实施小组有效合作学习的策略

第一,建立合作运行机制,创造小组合作学习条件

物质条件。教室的布置要力求美观、灵活。有利于学生在组内或组间交流与互评,便于教师的巡堂辅导,有利于信息的流通、互动。我们提倡采用小组围坐形式。4~6 人一组为宜,人数太多不利于交流和小组管理。除了教室原有的黑板外,可以为各小组每一位学生准备能灵活移动的小黑板。

心理条件。师生通过培训和学习从思想上对合作学习有认同感。在组织学生合作学习中注意保护学生的好奇心和探索性行为;不仅赞赏学生的大胆猜测,而且鼓励学生发现问题,发表自己的见解;对学生的错误有高度忍让精神,以真诚的态度对待学生,使他们敢于、乐于合作探索。

建立合作小组。(1)分组。我们提倡“组内异质、组间同质”的分组原则。

分组时还要注意以下几点:一是 8 人小组、6 人小组一定要再分成两个小组;组内要有固定的两人小组,以便开展日常活动,提高课堂效率。二是,小组按照 1、2、3、4、5、6……n 编号。因为人数不一,我们统一约定,1 号为综合最优秀的学生,2 号为次优秀学生,3 号为学习最困难学生,4 号为学习次困难学生,其余为学业中等学生。这样小组搭配“一拖一”时就可以捆绑 1、3 号成员,2、4 号成员,5、6 号成员。也便于各科老师备课、上课抽学生回答问题,尤其照顾到了教多个班的小学科教师。三是,小组设立组牌,放置在小组中间,一面写上组号和组名,一面写上小组座右铭,小组提示语。既方便老师又激励学生。

(2)分工。

①按任务分工:组长、记录员、监督员、汇报人、作业管理批改、测验记录等;②按学科分工、分别标号,选定为不同学科的组长;③按问题分工,确定不同问题的组长。为了便于管理最好是同一层次、承担同一工作的组员为同一号码,这样教师在进行同一层次的评比、作业布置、任务分配时更容易落实到位。

每个成员都分配到一个角色,如小组长(主要负责本组成员进行分工,组织全组人员有序地开展讨论交流合作,关注本小组合作情况;负责与老师或其他小组联络)、记录员(将小组合作学习过程的重要内容记录下来,并写小组报告)、汇报员(负责陈述小组的主要结论或答案)、噪声控制员(负责控制小组交流时的声音,在声音过大时提醒小组成员)等。

分组时为了使学生有新鲜感,提高合作学习的兴趣,组间各角色采取轮换制,使小组成为动态的小组,这样可以改变学生在小组中长期形成的地位,避免有的学生始终处于控制地位,有的学生始终处于从属地位,给每个学生提供发展的机会。

建立小组评价机制。教室内外均可设置小组评价、评比、表扬专栏。评价要涉及方方面面,评价基本以小组为单位进行。合作学习以“基本分”(以往学习成绩的平均分)加“提高分”(检测分数超过基础分的程度)作为评价方法,学生只要比自己过去有进步就算达到目标。把“不求人人成功,但求人人进步”作为合作学习教学所追求的一种境界和评价的最高境界。所有教师对组长的培训指导与评价要持续跟进。组长是我们的助手,培训不到位你的教学效果将大为削弱。学校要求每位教师每两个星期要召开一次组长会,把组长喊道教室外面就可以解决问题。每堂课一下课就要对表现好的组长予以表扬,对表现欠佳的组长立即喊道面前指导,这样你会看到你的课堂一堂比一堂漂亮。

第二,小组合作学习的课堂基本模式。遵循六个环节,体现五种特征

我们倡导的小组合作学习,课堂基本模型为“示标导学—自主学习—小组互动交流、合作研讨—师生释疑(多维展示、生成提升)—训练拓展(延伸反馈)—小结(建构)。”简言之“导”“学”、“研”、“展”、“练”、“结”六环节。与过去倡导的“读读、议议、讲讲、练练”似有异曲同工。

中学的课堂教学学科多、课型多,基本课堂模型难以适应各学科和各种课型。各学科组要探索适合学科各种课型的课堂课型。无论哪个学科、无论什么课型,我们的课堂都应该体现出“五个方面的特点”,即:体现学习的自主、探究性;体现学生参与的积极性;体现差异发展的实效性;体现教师引导的激励性;体现方法和能力的融合性。

教师要明确自己的主导作用,做个引导者。有些老师,常常是布置完合作学习的任务后没有进一步引导学生学习,有的在一旁等待,有的看教案设计,有的只是巡巡堂,维持纪律。也许教师们认为:既然放手让学生小组合作学习,应该让他们畅所欲言,不去干扰。殊不知,没有规矩,不成方圆,没有规则的合作学习嘈杂无序,成了自由市场。其实这时,我们教师应该深入到学生中去,观察各小组的行为,洞悉学生对问题的理解程度,解决合作学习中出现的问题。如果小组活动开展得好,应予以表扬;小组提前完成任务时,应检查他们完成的质量;发现小组分工不清、讨论混乱时要耐心讲解;发现讨论偏离主题时要及时点拨。充分发挥教师的主导作用。

关注个体的独立学习,教给学生合作技能。小组合作学习确实增加了学生参与的机会,但是好学生参与的机会更多、往往扮演了一种帮助的角色,困难学生成了听众,往往得不到独立思考的机会而直接从好学生中获得信息,致使困难学生在小组合作学习仍然学不到什么知识,这就要教给学生合作的技能。低年级学生刚接触小组学习这种新的学习方式,一开始实施时,在方法上不免有些生疏,合作时要么七嘴八舌乱讲一通,要么干脆不说坐享其成,要么人云亦云盲目随从，对小组内的意见根本无法提出真正意义上的赞成或反对。作为教师，应该教给学生一些基本的合作技能。比如：在小组合作分工学习时，要教给学生分工的方法，根据不同成员的能力，让他们承担不同难度的任务，保证任务的顺利完成。在小组合作讨论、交流学习时，教给学生要尊重对方，理解对方，善于倾听对方的意见；有不同意见，也要等对方说完，自己再补充或提出反对意见；碰到分歧或困难，要心平气和，学会反思，建设性的解决问题。当然我们应该看到，这些技能和品质，是不可能一朝一夕能练成的，我们要有意识地长期培养，潜移默化。

要保证合作的时间和空间。犹如"蜻蜓点水"的合作学习就会剥夺大部分学生思考的时间，影响他们参与教学活动的积极性，主动性。因此在教学中，我们应给予大部分学生足够的思考、合作的时间，重视生生互动。在此基础上，再引导交流。课堂把一定的时间留给学生，能使他们有机会进行相互切磋，共同提高。只有保证了合作的时间和空间，才能保证合作的质量。这一点，教师无论在教学设计还是在课堂教学中都应加以重视。

萧伯纳曾说过："你有一个苹果，我有一个苹果，互相交换各自得到一个苹果；你有一种思想，我有一种思想，互相交换，各自得到两种思想。"小组合作学习是一个新事物，在小组合作学习的教学实践中出现一些问题是正常的。而我们作为一名推行课改的教育者，关键任务就是要努力探索、研究怎样通过理论学习和教学研究去解决这些问题，使小组合作学习发挥其应有的作用。

第三，合作学习的操作策略

改革教案学案，体现学法指导。学案分为预习案、教学案、巩固案。每一类学案都要体现出对学生学习的指导。关于自学，我们的核心观点是：自学不仅是课前预习，它更是课堂教学的重要组成。

更新预习观念，保证自学成效。我们进行课堂教学改革，其核心就是要培养学生自主学习的能力，理所当然，我们的课堂就要特别重视个人的和群体性的自主学习。我们去观摩学习的学校都特别重视自主学习的环节。课堂中要遵循"独立尝试在前，合作交流在后，资源共享"的原则，进行生生、师生互动。独立尝试有自读、自思、自练等形式，合作学习有互学、互查、互议、互评等方法，有同桌、小组、全班等合作方式。教师参与薄弱小组的讨论交流，并给予适当的指导，帮助他们取得一致的看法。

培养合作意识和合作技能。亲切、和谐的对话，紧张、热烈的讨论，有序、严密的问答，凡是真正实施了小组合作学习的课堂，大都比较活跃，学生们的精神状态都比较好，但是也发现，我们很多课堂仍然处于假合作或浅层合作的状态。现在大家都有一个共识，就是让每个人动起来，问题是怎样让每个学生动起来。办法有二：首先，细化学法指导，让每个学生尤其是组长能力较弱的小组不至于无所适从。其次，用纪律约束，让每个人遵守规则。

小组奖励。与传统教学的个人奖励不同，小组合作学习实行小组奖励。即对测验中个人成绩较好的成员以及均分较高的小组进行奖励。基本式小组合作学习这种侧重奖励优胜小组的做法，能大大激发学生的集体荣誉感，促进下一阶段合作学习的顺利进行。

评价合作技能。对于个人的评价，包括个人对小组合作学习的参与度、积极性、独创性等；对于小组的评价可以包括分工是否合理、合作方式是否得当、学习结果汇报是否科学正确、思维的创新性等，最后，在评价合作技能的基础上实施小组奖励。可以表扬优秀组长、最佳汇报员、最佳纪律员等组员，以激励全体同学积极开展合作学习。

避免简单重复，预留机动空间。自主、合作的课堂是生成的课堂。课堂互动，随机生成是生本课堂特有的风景。这种课堂随处都是讲台，多元互动随时都有新信息出现，教师顺势引导、点拨，往往在课堂上形成很多兴奋点。每次听实施得比较好的课，总会给人意想不到的惊喜。教师在教学设计时，要充分考虑活动的有效性，要为生成的课堂预留 3～5 分钟的空间，灵活调剂。

还应培养学生以下交流的习惯：表达自己的见解习惯：在“主持人”的协调下，组内成员轮流发表意见(相同的意见不再重复)，若经过争论后意见不统一，则由“记录员”记录下来，待小组汇报时提交全班讨论。尊重别人的发言习惯：在小组合作学习时，每一位学生要认真倾听同组成员的意见，要学会尊重他人，不要随意打断对方的发言。还要会听，能够听出别人说的重点、问题。小声交流习惯：小声交流的目的是给大家提供一个良好的学习环境，避免互相干扰。

第四，把握合作时机，选好活动方式

把握切入点，选好合作学习时机。教师选择好合作学习的切入点是有效开展合作学习的关键所在。那么，如何选择合作学习时机呢?

教学中出现一定挑战性、探索性的内容，仅仅靠学生个体力量往往不能很好地解决，学生会觉得有讨论的需要和必要，这时教师可组织学生合作学习从而发挥集体的智慧。

在学习重点、难点内容时可进行合作学习。在学习任务较大、需分工协作的时候，可采取合作学习。在学生对已有的知识进行整理复习，构建知识体系时，可开展合作学习。复习阶段，采用合作学习的方式，可有效帮助学生对所学过的知识进行梳理、总结，形成知识网络。

大部分学生都有发表意见的愿望，教师提出某个问题后，学生举手如林，都急于向大家倾诉自己的想法，而教师又不能满足每一个学生的需要，这时是安排合作学习的最佳时机。学生有想法有需求时，就让他们讨论，效果才会好。教师要对整堂课把握准确，应善于因势利导，敢于打破自己的设计思路，捕捉学生中突现的灵感，并让这灵感的火花自然地碰撞，产生出人意料的结果。这样学生的认知得到提高，个性也得到张扬。

学生意见出现较大分歧，这时教师可充分让学生在小组间或小组内讨论争议，给学生创造一个生动活泼的学习氛围，这样不仅使学生的主体性地位得到了提高，也使学生的创新思维得到发展。

根据任务需要，选择活动方式。问题讨论，角色表演式，游戏——竞赛式，实验探究式，疑难破解式，小组辩论式，分部讨论汇总成体式。

三、尝试合作作业，增强团队精神

新课程下学生面临很多探究性作业，同时，从作业的时空来看，课程的开放性，使大量的作业已不再是个人能独立完成的，而需要与社会、家庭以及他人协同合作。传统的“独立完成作业”的观念将受到挑战，而合作性作业将成为学生作业的重要理念。因此，在布置作业时，要注意培养学生的合作意识和合作方法，要设计一些只有合作才能完成的作业和活动，如参与社会调查、合作撰写小论文、自办手抄报、举办辩论会等等，这样，学生在这些活动中就可以体会到合作意识和方法，体念到合作的成功，作业也就不会演变为“教的补充”、“教的强化”，自然也就不会成为学生的沉重负担。如：开展小组阅读、开展小组作文。

可以尝试组内检查、批改、纠错，教师监控的形式。

师生合作，参与命题。命题的过程就是复习的过程，一份好的考题要求覆盖面宽，重点突出，联系实际，难易适当，实用性强，让学生参与命题，可以使学生通过命题全面、系统、深入地掌握教材内容；通过命题，充分培养学生的综合能力；提通过命题，教师还可以从中发现学生掌握知识的程度和存在的问题。让学生参与命题是期中期末复习的一种好方法。

小组评价体系的建立，小组团队的凝聚力是实施小组合作学习的基本保障，如果没有这个保障，教学效果将会大打折扣。小组文化建设的形式很多，目前学校采用的较多的大致有以下一些形式：小组日记等成员互相激励的形式。小组竞赛（学习、文体等活动）。小组行为习惯考评。小组学习状况考评（作业、预习、听课、发言、讨论等）。

第四章　以德为魂的学生

学生发展目标

学生发展总目标：成人、成才、成长、成功。

学生发展分项目标：

理想高远　信念坚定、追求卓越。

阳光心态　富于爱心、顽强拼搏。

优秀学业　知识渊博、勤奋刻苦。

国际视野　视野开阔、卓越素质。

合作素质　奉献同学、认真负责。

一流口才　特别好问、积极发言。

明显特长　才艺出众、一技之长。

体格健全　身心健康、人格健全。

一、发展目标解读："理想高远、阳光心态、优秀学业、国际视野、合作素质、一流口才、明显特长、体格健全"

"理想高远"：就是要树立起人生远大的理想与目标。孔子说："志于道"。这个"道"，就是为人之道。首先必须是一个道德高尚，有健全人格的人，其后才能称得上是一个好的科学家、医生、政治家、企业家、将军、艺术家或其他。立志包括志向和志气。志向反映人生观和奋斗目标，志气反映人的决心、毅力，也决定着人的行为方式和态度。立志应该解决理想信念与人生目标问题。一旦立志者的人生观和价值观出了问题，即便是志气再大也是无用的。那些与人民为敌的立志者，立志追求醉生梦死、损人利己的，无疑将被社会发展所淘汰，甚至钉在历史的耻辱柱上。所谓立大志，不仅指的是志向完好无损，同时还指的是"志当存高远"。

"阳光心态"：能正确认识自己、认识他人、认识社会；具有较强的责任意识和诚信意识，尊敬师长，孝敬父母，感恩社会；有较强的自主发展意识，具备进行自我诊断、自我设计、自我完善的意识和能力；有正确的是非观、价值观和明确的奋斗目标，能以坚强的毅力、不懈的努力去克服困难，实现自己的目标；有健康的体魄和心理、有健全的人格，能正确面对和承受来自社会、家庭和升学的压力，有一定的自我保护意识和能力。

"优秀学业"：好学善思，成绩优异；高成长性，在原有基础上有较大幅度进步；高品质的思维能力；较强的科学精神、实践能力和创新意识。

"国际视野"：能从历史、文化与社会等不同角度去了解、认识国际热点问题；能与不同国籍的学生相处，理解、思考不同的文化；在国际教育交流中呈现出卓越的素质和能力。

“合作素质”：领导人，善用智慧与信念的力量克服人际关系障碍；说服人，善于与人合作沟通，保持人际关系和谐；团结人，善于化阻力为助力、化危机为机会；包容人，善于消除情感阻隔与潜在障碍，与人合作共赢。

“一流口才”：善与人交往、沟通；有演讲、辩论才能；“厚脸皮、出风头”，善于质疑，敢于“打破砂锅问到底”，善于利用一切机会展示呈现自己的才能。

“明显特长”：有独特的兴趣、爱好；动手能力特强；口才特好；特别好问；富有探索精神；质疑、创新能力强；有文艺、体育专长。

“体格健全”：真正的身心健康 = 健壮的体格 + 健全的人格。健壮的体格，可以抵御各种躯体致病因素的侵袭；健全的人格，才能抵御各种心理致病因素的侵袭。健壮的体格，要靠坚持不懈的锻炼方能获得；而健全的人格，则要靠在生活实践中不断地培养、陶冶和锻炼。一个人，只有在这两方面都下了工夫，才能达到真正的身心健康。

儒家的成人观——人之初，性本善。但是向善要靠教育，教育的终极目的，就是培育以仁爱为核心的具备完善道德理想人格的人。

让每一个学生得到相对于自己的最优化发展，就需要开发每个学生的潜能，使学生的强势智慧得到充分的发展。就需要强化学生智商的培养和情商的培养，且从情商入手来发展智商。

二、学生的“核心品格”。何谓品格？品格就是人格，包含了个人的世界观、人生观、价值观，是个人立身处世的观念、价值、态度与行为的完整体现

缑国禧校长认为：人格包含三个内容，一是人的能力智慧；二是人的道德品质；三是人的主体意识。这三个方面的总和，就构成了一个人理想人格的真善美的和谐统一，也构成了一个受教育者在求真、至善、达美之中，寓真善美于一体的理想人格。借鉴邯郸一中经验，我校“做人”教育的核心也确定为从培养学生良好的品格出发，使学生具有正确的价值观念与实践能力，坚定个人对美的认知和理想的追求。

我校学生的“核心品格”包含了以下基本道德价值

1. 诚信。诚实守信乃立人之本、成功之基，它是做人的基本品质，是中华民族的传统美德。诚实就是言行一致，表里如一，忠诚老实，不弄虚作假，不文过饰非，不歪曲事实真相。毛泽东同志就要求大家：做老实人，说老实话，办老实事。平顺人以“老实”著称，但此老实更多指“厚道”，淳朴，反向理解即遇事不够灵活，缺少变通，有山的庄重却缺少水的流动，所以，此“老实”还不能完全等同于“诚实”。诚信具体要做到：

①诚实待人，诚实做事，绝不作弊，尊重事实。②拒绝谎言，不说违心话，不做违心事。③信守承诺，言而有信，一诺千金。④懂得只有靠自己的努力获得的能力与知识才是真正属于自己的，靠自己努力获得的好成绩和荣誉才具有真实价值，养成自己的事情自己做的良好态度和

习惯。⑤运用智慧处理问题。

如果说人与人之间的交往是一架桥梁，那么诚实就是支撑桥梁的钢筋铁架。“君子养心莫善于诚”。作为祖国的未来，我们应该信守承诺，拥有诚实的品格。

2. 勤奋。勤奋乃做学问之本，立业之基。勤奋就是坚持不懈地努力学习、工作和生活。表现为勤学、好问、乐读、善思。具体要求做到：①勤学：在学习上全神贯注，珍惜时光，除了睡眠、休息、适当的运动以外，把绝大部分的时间用在学习上。②好问：在学习中遇到问题，首先通过自己的刻苦钻研努力加以解决。实在解决不了的，向老师、同学请教。③乐读：“腹有诗书气自华”。就是要博览群书，除了上课用的教科书，还要多读各类适合中学生阅读的书籍，吸收信息，拓展知识面，陶冶情操，做一个博学儒雅的人。④善思：古人说，学贵有疑。在学习过程中，不能一味地吸收，而要开动脑筋，多问几个为什么，学会思考问题，敢于提出问题。有思考才能有创新，有创新才能有发展。

天道酬勤。怕苦累莫入此门，图轻松另寻他处。智慧来源于勤奋，成功来源于勤奋，一个有希望的民族，必定是一个勤奋的民族；一个有伟大志向的人，必定是一个勤奋的人。勤奋需要行动，勤奋需要毅力来自制。一中的学子要靠艰苦奋斗、勤奋好学争得第一。

3. 自信。自信就是相信自己，就是面对挫折毫不退缩，面对失败毫不气馁，面对挑战奋勇争先，面对绝境用希望去挑战。具体要求做到：①正确评价自己，悦纳自己，在改进缺点的同时更多地看到自己的优势，相信自己能行。②认真对待学习和实践活动，掌握必要的知识技能。这是培养自信的基础。③越是知识丰富、能力强大的人越有自信。要学会做好学习中、生活中的每一个细节，用点点滴滴的成功来证明自己的能力。④勇于面对挫折，相信自己能取得最后的胜利，这不仅是一种积极的进取态度，更是一种难能可贵的顽强拼搏的精神。

自信让我们昂起了头，挺直了脊梁；自信教我们从容成长，给我们不竭的动力和源泉。自信是成功的第一秘诀，自信成就了王者之师。自信在手，人生的法则会变得简单；自信在手，全世界都会为你让路。学海无涯，让我们以自信为舟，渡过激流险滩；书山有路，让我们以自信为车，碾过漫漫征途。

4. 责任。责任是指一个人担负的使命和应尽的职责。“为社会担责任”是我们的办学理念。学生的责任包含四个层面含义：对自己负责，对他人和集体负责，对家庭负责，对社会和国家负责。具体要求是：①对自己负责。培养自尊、自信、自律、自主、自强的意识，对自己的前途和未来负起责任。②对他人和集体负责。尊重与接纳他人，富有爱心与合作精神。主动关心爱护集体，珍视集体的荣誉，自觉参加集体事务和各项活动并履行应尽的义务。学会共享，主动为集体发展尽职。③对家庭负责。尊老爱幼，为父母分忧，营造温馨和谐家庭氛围。④对社会和国家负责。讲爱心与奉献，积极参与公益活动，爱护环境，树立远大理想，立志报效祖国。

“天下兴亡，匹夫有责。”一个敢于承担责任的人，才是善于挑战自己、勇于争先的人；一群敢于承担责任的人，才能组成一个团结互助、争先奋进的集体。一中学生要努力培育责任意识并外化为责任行为,正确处理个人与他人,个人与集体,个人与国家,个人与社会的关系。

5. 感恩。感恩就是把受到他人帮助后的感激之情呈现出来,感谢别人所给的帮助与关怀,并设法以自己的努力来报答。具体要求做到:①不断培养感恩意识,形成"知恩"的道德共识。懂得每个人都在享受着别人给自己带来的帮助,并用实际行动来报答家庭、学校和社会对自己成长的关心和爱护。②树立良好的道德风尚,学会对别人报以微笑,乐于助人,努力塑造一颗善于感恩的心。③要善于从身边小事中学会体察生活,常怀报恩之心,知恩图报,努力回馈。④学会尊重他人,帮助、爱护他人,对待需要帮助的人要躬身弯腰伸出援助之手。

"谁言寸草心,报得三春晖",讲的就是感恩。"滴水之恩,涌泉相报","衔环结草,以恩报德",中国绵延多年的古老成语故事,告诉我们的也是感恩。学生要懂得感谢父母的精心呵护,感谢师长的谆谆教导,感谢朋友的耐心聆听,感谢花的绽放、鸟的鸣唱、水的流淌。心怀感恩,你将会看到一个更美好的世界!我们每个人都懂得感恩,家庭、学校和社会就将成为一个充满爱的天堂。

学校进行品格教育,要抓住五个环节

1. 示范。教师要以身作则。"身教重于言教",教师的一言一行对学生行为与思想的影响不容忽视。比如,我们教育学生要负有责任,教师的具体实践和榜样作用就成为学生重要的学习典范。

2. 理解。品格教育不能仅靠灌输。教师要以阐释、对话、讨论、座谈等方式,让学生思考、讨论,帮助学生真正理解品格的含义及践行的原则,使学生遇到具体问题时能够分辨是非,践行美德。

3. 激励。要从感情上激发、引导学生趋善厌恶,坚贞向上,并激发学生实践的勇气。如果我们赞美学生的成就,学生就会努力去获得成就;如果我们赞美孩子的品格,孩子就会努力完善品格。

4. 环境。提供一个优良的环境,以教师的示范、激励、表扬等方式,形成重视核心品格实践与人文素养的校园文化,这对学生品格的培养至关重要。

5. 体验。鼓励学生积极参加社会实践,教会学生一些有效的助人与服务的技巧,创设一些让学生为他人、为班级作出贡献的机会,让学生切身体验劳动的价值、服务的价值,肯定学生的劳动成果,从而激发学生追求向上的主动性。

除高尚的精神文化之外,先进的学校文化还包括科学的制度文化、优良的行为文化和富有教育特质的物质文化。可以说,先进的学校文化是一所学校核心竞争力的核心,是需要着力培植、长期积淀并不断地赋予具有时代特征的崭新内涵。因此,学校文化建设是一个动态过程,需要全体师生共同参与、共同学习、共同创造,并在广泛的实践中形成共同的内在价值观念和外在行为方式。

三、学生奖项设计:"阳光心态"

尊师感恩奖、爱心奖、顽强拼搏奖、乐于助人奖、任劳任怨奖;"优秀学业":学业优秀奖、学科竞赛奖、知识渊博奖、勤奋刻苦奖;"国际视野":友好交往奖、视野开阔奖、卓越素质奖;"合作素质":奉献同学奖、认真负责奖、出谋划策奖、团结和谐奖、善于协调奖、优秀小组长奖、班级工作奖、最佳合作奖、优质服务奖、安全标兵奖;"一流口才":敢出风头奖、特别好问奖、最佳辩才奖、积极发言奖;"明显特长":竞赛功臣奖、功勋演员奖、体育功臣奖、创新奖、才艺出众奖、敢于质疑奖、妙笔生花奖。

同时,我们发动学生会征求同学意见,提出"十佳"之最:①最讲礼貌的同学;②最乐于助人的同学;③最热心集体的同学;④最会学习的同学;⑤进步最大的同学;⑥时间观念最强的同学;⑦特长最明显的同学;⑧做事最认真的同学;⑨最负责任的生活委员;⑩最可信任的考勤员。各班先选出本班"十佳"之最,人人参加提名,给候选人写出事迹,然后交流。经过全班投票最多的前几名的事迹制作成可展示的卡片,报到学校,德育处集中公布各班评选出的"十佳"候选人事迹,经全校同学投票,选出校园十佳。

进行十佳班长演讲竞选,十佳环境卫士竞选,十佳宿舍长竞选,十佳体委竞选。

德育主题系列

"举纪兰旗,做现代人",应该成为我们德育教育的主旋律。

全国学纪兰、全市学纪兰,纪兰在身边,我们怎么办?申纪兰同志的一生是对党无限忠诚、为人民奋斗的一生,是扎根山区、自强不息、艰苦奋斗的一生,是无私奉献、淡泊名利、为民谋利的一生。纪兰精神是中华民族的传统美德与时代精神的完美结合和集中体现,是太行精神的重要组成部分。

以"四个典范"入手。纵观申纪兰同志大量的先进事迹,最难能可贵、感人至深的主要在于;她是听党的话,信念坚定走社会主义道路的典范;她是不谋私利,不脱离群众,不脱离劳动的典范;她是自力更生、艰苦奋斗、与时俱进、勤俭创业的典范;她是廉洁自律、无私奉献的典范。她是平顺人民的骄傲,是推动平顺经济社会发展不竭的动力,是永远值得我们学习的榜样。她用一生的心血和奉献谱写了一个共产党员的壮丽篇章,为我们解读了什么是自力更生、艰苦奋斗,解读了一名共产党员应具备的优秀品质。

弘扬"五种精神"。2009 年 9 月 11 日,长治市委再次做出《关于向申纪兰同志学习,永葆党员先进性的决定》对纪兰精神作了五个方面的概括,那就是要学习她无限忠诚、心怀感恩的爱党精神,学习她淡泊名利、永葆本色的奉献精神,学习她不怕吃苦、开拓进取的创业精神,学习她以身作则、带头实干的先锋精神,学习她植根于民、赤诚为民的公仆精神。她的这些精神应

该在平顺的孩子身上发扬光大。

“举纪兰旗，做现代人”，要化成具体的活动，形成系列。学生是在活动中成长的，系列的活动必不可少。

艰苦奋斗的养成教育系列。①营造良好的教育氛围。一是制作大型宣传牌，将学校校训、培养目标等内容书写其上，时时警示学生。二是将各阶段学校重点工作凝练成标语书写张挂于教学楼前；三是更新文化阅览橱窗，同时展出多种报纸；四是对寝室、饮食文化实施规范管理，有机渗透精神文明建设；五是组建校园广播站，开辟校园新闻、学生生活、好人好事、英语角等专向播音，使学生道德品质和思想情操方面受到感染和熏陶，从而使学生达到对自身行为进行自我抑制和约束。②加大自我教育力度，利用团队活动、周会、主题班会等活动形式，组织学生开展各种专题演讲会、讨论会、辩论会，提高学生思想认识，矫正其不良习惯。③利用每周星期一的升旗仪式、晨会和周会对学生进行全方位的说理教育，使学生的行为习惯始终不脱离学校要求。④以早操、课间操为突破口，加强学生的纪律教育。⑤每年新学期对新生进行军训，增强学生的国家意识和集体观念。

中学生文明交往、个人仪表与礼仪、学习与生活习惯养成、做名优秀的共青团员、学习习惯与行为深化、快乐度过“思想转型期”、建立正确是非观、规范行为、从小事做起、情绪管理的有效技能、细节决定成败、习惯与人生、自我教育、自我管理、社会责任意识建立、成功人生从细节开始。

法制教育系列。以深入学习贯彻《义务教育法》、《预防未成年人犯罪法》、《未成年人保护法》、《治安管理处罚法》和《刑法》及相关法律法规为重点，以全面贯彻《中小学生守则》和《中学生日常行为规范》为基本内容，以“知荣辱树新风”、“争做学法用法好少年”等系列教育活动为载体，认真查找发生在学生中间的不文明、不礼貌和不道德行为，特别是以大欺小，以强凌弱，寻衅斗殴等违规违法行为，认真分析产生问题的原因，采取有效的帮教方法和预防措施，不断提高依法治校水平和校园安全管理水平，提高广大中学生的遵纪守法意识，牢固树立“以遵纪守法为荣，以违法犯罪为耻”的社会主义荣辱观，切实预防和减少青少年学生的违法犯罪。

道德的力量、解读校园纪律、法律与青少年、传统美德的传承与发扬、身边的真善美与假丑恶、生活与法。

感恩教育系列。利用各种场合或时机在学生的心底播种善的种子，好让学生逐步形成正确的世界观、人生观和价值观。让学生用感恩之心去感受世间的亲情、友情和恩情，在接受他人关爱、支持和援助时，给他人以回报，不要只图索取和享受。教育学生将他人恩惠铭记在心，增强责任感，要有一颗感恩之心，懂得怜悯，懂得尊重，懂得负责，与人为善，善待自然界中的一草一木。①讲述“感恩”的故事。在班中开展以“感恩”为主题的故事会，通过丰富的肢体语语言进行演讲，使学生们认识到“孝心、爱心”是“立人之本”，是一切德行之源。②创办“感恩”小报。

用新颖的排版、立意鲜明的内容,定期出刊有关“感恩”的个案,使学生亲眼目睹“孝星”的形象,从而受到感染。③设计“感恩”的广告,编排“感恩”的节目。让学生将文化艺术融入“感恩”活动中,从中得到熏陶。④经常问候,让父母舒心。鼓励学生经常对父母说说体贴或感激的话。⑤将“感恩”迁移到爱社会,爱党爱国上。结合节日,开展活动,如:国际三八妇女节、母亲节、教师节、国庆节、重阳节、通过这些节日对学生进行传统道德教育。

感谢亲人、感谢老师、感谢同学、感谢社会、解读朋友、发现亲情、感悟师生情、回味同学情、再品恩师、感谢母校、假如我是班主任、今天我当家、十年之后、一封写给×××的信、理解,架起爱的桥梁、做一个负责任的人、感受他爱、践行关爱。

安全教育系列。责任与尊重、珍爱生命、生活中的安全问题、社会与校园安全、安全问题与自我防范、如何自救、交通安全、食物安全、交往安全、财产安全、网络安全。

爱国爱党教育系列。新时期中学生爱国主义教育要以“三个代表”重要思想为指导,贯彻科学发展观的要求,在遵循中学生身心发展基本规律的基础上,着重抓好马克思主义理论教育、优秀传统文化教育、国情教育、荣辱观教育、国家新安全观教育等几个方面的教育。爱我校园、爱我家乡、爱我中华。

理想教育系列。自信与目标、合作与发展、树立远大的理想、成功需要的素质、做祖国的好少年、青少年对社会的推动、理想与信念、我谈高中学习与生活、班级与个人成长、学校与自我发展、自我理想的实现、规划人生,从高中开始、中国大学你了解多少、非智力因素与成功、自我人生规划设计。

情感意志教育系列:适当让学生有一些“吃苦”的机会,让他们经受一些挫折和失败,这对培养他们坚忍不拔的意志品质很有好处。意志磨炼的过程就是吃苦耐劳、坚韧艰苦的过程。指导学生识别他人的情绪。指导学生理解他人的情绪。指导学生学会宽容。指导学生学会关心。注意培养学生对他人感兴趣,乐于了解他人,乐于帮助他人,使学生在助人的过程中获得愉快的情感体验,获得自我肯定后的自信感和乐趣。

习惯和责任心、磨难与恒心、挫折与信心、危机与转机、竞争与合作、班级与我、三苦教育。

民族传统教育系列。一个人,如果他从来不知道老子、孔子、孟子、庄子是何许人,从来没有读过《诗经》、唐诗、宋词,如果他对“富贵不能淫,贫贱不能移,威武不能屈”和“己所不欲,勿施于人”等都一无所知的话,他就没有资格说他是一个真正的中国人,因为它无法融入中华民族的精神生活。

自强不息、立志勤学、诚实守信、见义勇为、敬业尽责、传统美德、民族精神、民族英雄事迹、感动中国、祖国辉煌60年等。

心理健康教育。考试焦虑,控制抑郁,减少强迫,恐怖原因,人格障碍与人格缺陷,早恋与性,进食障碍矫正,睡眠障碍解除。

德育教育与“德育十化”

今天的德育,应该从非智力因素切入,高度关注非智力因素的培养,抓好“三生教育”,抓好“三适教育”,逐步实现德育十化。

一、“三生教育”指:生命教育、生存教育、生活教育

所谓“学生”,即学习生命的意义,生存的本领,生活的知识。

人是由生命、生存和生活构成的有机体。人的发展是生命发展、生存发展和生活发展三者之间相互影响、相互作用的整体运动过程。教育促进人的全面发展,是从生命、生存与生活三个维度来展开。生命是人之根本,是人生存、生活的物质前提,生命价值是人首要的价值,生命价值是人的生存价值、生活价值的根本指向。生存是沟通生命与生活的中介和桥梁,是实现生命价值、生活价值的基础,生命价值与意义要落实到实践层面、生活价值与意义要上升到理论层面,都要通过生存领域才能更好地实现。生活是生命、生存是实践“场域”,是实现生命价值与生存价值的基本指向,生命与生存领域中的实践要实现的基本目标就是生活价值。生活领域中的实践以及产生的问题会对生存、生命产生深刻的影响,很多生存困境、生命危机就是直接来源于生活领域。

生命教育是帮助学生认识生命、珍惜生命、尊重生命、热爱生命,促进学生主动、健康、积极地发展生命,提升生命质量,实现生命的意义和价值的教育。生存教育是帮助学生了解生存知识,掌握生存技能,提升生存意志,增强生存本领,确立正确生存意识,掌握生存规律的教育。生活教育是帮助学生获得生活常识,掌握生活技能,确立生活目标,实践生活过程,获得生活体验,树立正确的生活观念,追求幸福生活的教育。

生命教育、生存教育、生活教育三者之间互为条件、密不可分、相辅相成。生命教育是前提、是根本,生存教育是基础、是关键,生活教育是方向、是目标。实施“三生教育”是全面推进素质教育的基本要求,是现代教育的基本任务,是促进学生全面发展的基本途径。实施“三生教育”要坚持建设社会主义核心价值体系,大力实施素质教育,弘扬以爱国主义为核心的民族精神和以改革创新为核心的时代精神;坚持树立正确的生命观、生存观和生活观,培养学生的高尚心智、创新精神和实践能力。

“三生教育”有着极其丰富的内涵,它既是一种教育理念,又是一种教育行为;既是学校教育应有的自觉行为,又是家庭教育、社会教育应有的自觉行为;既强调教育的认知目标和情意目标,又强调教育的能力目标和价值目标;既强调教育者的主导作用,又强调受教育者的主体作用;既强调外因的作用,又强调内因的作用,更强调在一定条件下主客体的相互作用。“三生教育”是一项整体性强、关联度高的系统工程,涉及教育工作的各个方面、各个层次、各个环节。随着"三生教育"实践的不断推进,我们对其丰富内涵的认识将不断深化。

生命教育的主要内容:生命教育的主要内容是认识生命、尊重生命、珍爱生命和发展生命。认识生命是前提,尊重生命是基础,珍爱生命是关键,发展生命是目的。要让学生认识人类自然生命、精神生命和社会生命的存在和发展规律,认识个体的自我生命和他人的生命,认识生命的生老病死过程,认识自然界其他物种的生命存在和发展规律,最终树立正确的生命观,领悟生命的价值和意义。要以个体的生命为着眼点,在与自我、他人、自然建立和谐关系的过程中,促进生命的和谐发展。

生存教育的主要内容:生存教育的主要内容是使学生认识生存及提高生存能力的意义,把握生存规律,提升生存适应能力和创造能力,强化生存意志,树立人与自然、社会和谐发展的正确生存观。通过生存教育,要帮助学生学习生存的有效知识和技能,建立适合个体的生存追求,学会判断和选择正确的生存方式,学会应对生存危机和摆脱生存困境,善待生存挫折,形成一定的劳动能力,能够合法、高效和较好地解决安身立命的问题。

生活教育的主要内容:生活教育的主要内容是使学生认识生活的意义,热爱生活,奋斗生活,幸福生活,树立正确的生活观。要使学生理解生命的终极意义就是追求幸福生活。要帮助学生确立为个人、家庭、国家和人类的幸福生活而努力奋斗的理想。要让学生理解生活是由物质生活和精神生活、个人生活和社会生活、职业生活和公共生活等组成的复合体。要让学生了解生活常识,学习生活技能,提高生活能力。要培养学生的良好品德和行为习惯,培养学生的爱心和感恩之心,培养学生的社会责任感。要帮助学生形成立足现实、着眼未来的生活追求。要教育学生学会正确的生活比较和生活选择,理解生活的真谛,能够处理好收入与消费、学习与休闲、工作与生活的关系。

实施"三生教育"的基本途径和方法,主要包括学科课程教育、学生主体实践教育、校园文化教育、家庭行为教育、社会环境教育等方面。实施"三生教育"需要解放思想,更新观念,深化认识,创新体制机制;需要加强领导,抓好指导,统筹协调,构建整体合力;需要强化研究,探索规律,宣传引导,营造良好氛围;需要精心策划,提供条件,培训队伍,落实具体工作;需要试点先行,总结经验,以点带面,不断引向深入。

"生命教育"以帮助学生认识生命、珍惜生命、敬畏生命、欣赏生命为目的,唤醒生命状态,认识自我,悦纳自我,珍惜生命,实现自我价值。提升生命质量,实现自我和谐,与他人和谐,与自然和谐。释放生命潜能,彰显个性,发挥特长,绽放生命之花,焕发生命活力。在生存教育的部分,重点要培养的是学生抵御自然灾害和处理危机的能力。培养学生的生活能力,让其学会自爱、爱人,感受生活的乐趣,体验生存的价值,懂得尊重生命。

二、"三适教育":即教育要适应学生个性特点,教育的时机要适时,教育的量要适宜

适性教育——适合个别性向的教育。适时教育——适合学习时机的教育。适量教育——适合个别容量的教育。

教育要“适性”。我国大教育家孔子在两千多年前就提出了“因材施教、有教无类”的原则，也就是指要根据人的性格特点决定其发展的道路，这就是现在所提出的“适性”观点。可是社会发展到今天，我们的教育在很多时候还是在追求整齐划一，大家忽视了个体自身特点，都跟着潮流走，各个孩子统一要求，都往重点大学重点中学挤，结果使许多孩子错失了性向，没能找到适合自己的方向。有幅漫画对此有很形象的比喻：在园林养护工人用桑剪修剪得很整齐的绿化带旁边，也有一位教育工作者在用同样的方法“修理”学生，把孩子们都“修剪”成一样的高度。这幅漫画是对教育观认识的极大讽刺，也是对我们的极好提示。

“适性”教育，就是要我们教育者善于发现学生的个性特点，根据孩子的性向给予适合孩子的教育，满足个体的自我发展需求。未来社会需要高智商从事科研的人才，也需要技术工人、服务人员、体育、艺术人才，需求是全方位的。学校教育重要的是对学生品德的培养，发展性向的引导，要积极培育孩子的兴趣，要相信个个是人才，行行都能出状元。我们在让孩子打好基础的同时，更要提倡个性化的发展，让孩子都能至少拥有一技之长，满足未来社会多样化人才之需求。

教育要“适时”。“适时”教育是指要根据人的年龄阶段开展教育活动，对哪个时间段适合学习什么内容，要有准确的把握。古时候“拔苗助长”的寓言故事大家耳熟能详，拔高的苗长不成，就是违背了事物发展的规律。同样，人的教育也是要适合年龄的特点，如果提早、推迟教育，不顾个体的年龄特点，会产生物极必反的效应，在当今时代，在激烈的竞争压力下，一些人瞄准了家长望子成龙的心态，千方百计搞早教。很多校外教育辅导班打着“不能让孩子输在起跑线上”的幌子，提前搞奥数辅导，不管“白猫黑猫”都来学奥数，结果呢，真正适应的没有几个，淘汰的却是一大批，孩子学得身心劳累，又伤了自尊，以至于对其他方面的学习都失去了信心。看到种种不利孩子发展得早教现象，我们对孩子的教育时机问题要有清醒的认识，要熟悉儿童各年龄段的发展特点，要遵循儿童的认知规律，抓住教育的最佳时机，适时开展相应的教育活动。

教育要“适量”。“适量”是指学习的量要适当。我们的食量是因人而异的，力量是各不相同的。同理，不同的孩子，学习能力也是有差异的，需求量是不同的。不顾孩子学力，给予过多的课业，势必也会影响孩子的身心健康发展。有一个关于水龙头的故事很值得我们去思考：有人家中的水龙头坏了，请人来修理。修理师傅换了一个新的橡皮圈，很快就修好了，并对主人说：“以后关水龙头不要拧得太紧，水正好止住就可以了。”“拧紧一些不是更好吗？”主人很疑惑。“不，拧得太紧会使橡皮圈失去弹性，磨损起来更快，反而造成漏水”水管工人回答。本以为水龙头拧得越紧越好，可是，太松了会漏水，太紧了，时间一长也会漏水，只有恰到好处才更好。由此可见，教育我们也要适量，适量才是最好的。试想我们的孩子如果一直给予过多的作业，那么心理上就时常有压力，就会感到学习上的紧张，会失去信心，严重的就会产生厌学情绪了，学习又有何快乐可言？

减负问题一直是教育行政部门三令五申的事情，实质上就是要求教育者遵循“适量”的原则。教育者在工作时，应该严格遵守规定，既要考虑整体性的适量，又要照顾不同个体的需要，布置有差异的作业，适合个体的不同需求。做到了适量，学生就会对学习产生兴趣，身心得到放松，有积极的学习心态，保持持续的学习动力。

教育在遵循这“三适”原则的时候，也需要将这三方面有机联系起来，统筹考虑教育工作。做到了“三适”，即体现了因材施教、遵循了孩子身心发展的规律，符合孩子的需求，教育就能和谐发展，可持续发展。所以，教育的发展，也需要科学发展观理论的指导，要倡导科学发展，才能让教育和谐，才能使教育有可持续发展的动力。

三、“三全”德育齐心抓

“三全”德育即全员德育、全程德育、全面德育。全员德育就是要确立人人都是德育工作者的新德育观，抓德育应树立处处都是德育工作阵地，事事都有德育工作内容和“校园无空地，处处可育人；校园无小事，事事可育人”的思想，使每个地方都成为育人的场所，人人负起育人的责任。全程德育就是对学生教育要有整体性和一贯性的观念，自始至终和任何环节都不能放松对学生的教育。要从对学生一生发展负责的高度来开展德育活动。全方位德育就是要加强同宣传部、文明办、关工委、妇联、团委、科协、公检法司、综治等相关部门配合协作，充分发挥各部门的作用，建立起“以学校为龙头，社区为平台，家庭为基础”的三位一体的网络。要借势借力，整合资源，构建以教师为主导、学生为主体，学校、家庭、社会教育三结合的开放型、立体化的德育模式，使中小学生在和谐的德育氛围中健康成长。

四、学校把德育工作放在一切工作的首位，以创新的精神大胆改进德育工作，逐步建立和完善德育工作的“现代化”体系，增强德育工作的实效性

要求全体干部教师要树立全员德育观和大德育观，努力提高德育管理和育人水平。学校逐步形成一支具有正确育人观、科学育人水平的高素质德育工作队伍，逐渐形成“德育工作”模式，即“十化”模式：

管理思想现代化。即树立以育人为本、促进人的终身发展为本的德育观，为全体学生提供个性化的教育服务。

德育目标层次化。即根据不同年级学生的年龄、心理特点，从实际出发，制定不同年级的德育目标要求。

德育内容系列化。即不同年级的德育教育内容要有所侧重，由浅入深，循序渐进，形成系列，一年一度的新生入学教育培训，开学典礼，毕业生毕业教育，学生基本形象教育，爱国主义教育，传统美德教育，安全教育，环境教育，榜样教育等都形成了系列。每年的高三毕业典礼都举行得隆重新颖，让学生放飞理想，憧憬未来，毕业典礼成为对学生进行理想教育、爱党爱国爱校教育、人生观教育的最好契机。

德育渠道网络化。即建立学校主导教育、家庭配合教育、社会协同教育、学生自主教育密切结合的德育体系，建立家长学校，设立家长接待室、组成家长委员会、建立家教网站、建立校长论坛网站、班主任公布邮箱和上网时间。构建学校—家长—社会三位一体、立体交叉的管理网络，共同构建学校德育工作的发展平台。

德育活动制度化。即建立完善如升国旗、班会、团队活动、时事报告等制度，建设社会实践、社会考察、国防教育、生产劳动、革命传统教育五个基地。通过举办党校和团校，在高中学生中培养一大批入党积极分子。

德育考评科学化。即依据中学生日常行为规范和德育大纲，制定各个年级的德育考核质量标准，实行全方位的定性与定量的考核，形成德育质量检测体系，发挥德育考评的导向、激励和调控作用。

校风建设特色化。即在校风建设方面在细微处做文章，实施了“学生文明修身工程”。持之以恒地抓好养成教育、法制安全教育，构建“书香校园”。

德育课程化。即德育工作要进课程、进课堂，编写德育课程，校本课程开发要纳入德育内容。

德育主体化。即让学生唱主角，坚持主体教育、自主教育思想，构建新型育人模式。让学生自我教育，自主管理，自我发展，锻造人格。各班成立了以学生干部为核心的自主管理组织；深化民主治班，实行组长负责制和班主任幕后指导制，各年级、各班均提出自主管理的工作方案并组织实施，学校对有特色、效果好的班级公开授牌予以表彰。

德育工作科研化。学校把“加强德育实效性”作为重要科研课题进行立项，探索新形势下德育工作的方法和途径，现已取得初步成效。

逐步构建德育教育八大系统：养成教育系统、法制教育系统、传统美德教育系统、规则教育系统、情感教育系统、理想教育系统、感恩教育系统、自信心教育系统。在每种教育内容的实施和操作中，不忘一个基本目标，即教会学生如何做人，并在各种教育系统的交叉和相互渗透中，寻找最佳切入点，避免形式主义，增加了德育的实效性。

班级管理

管理原则：严格是最大的关爱。好学生都是管出来的，好学生都是夸出来的。

尊重学生：尊重学生人格，对学生一视同仁，用积极的心态期待学生成长，使学生受自尊心的驱动，不断进取，完善自我。

尊重个性：遵循年龄阶段发展特点，因势利导，开发学生个体潜能。

因材施教：智慧教育、分层教学。以高分升学，以智慧成才。

严格管理：以身作则、制度约束、注重小事、奖惩得当。

班主任工作制度：班干部会议制度、家长会议制度、评比检查制度、晨检晚报制度等。

学习制度：学习纪律制度、考试常规制度、课堂常规制度、实验常规制度等。

生活制度：作息制度、卫生值日制度、早操制度、住宿管理制度等。

文体制度：课外活动制度、文化艺术节制度、校园比赛制度等。

评比制度：三好学生、单项标兵、文明班组、文明班集体等。

班级文化：教室文化、公物保护制度、环保制度、校园规则、考勤制度、宣誓制度等。

严格是最大的关爱

中国有句古话：慈不掌兵，义不掌财。严格才是最大关爱。"严格管理，真诚关爱"，应该成为管理学生的座右铭。"严格管理，真诚关爱"就是严、爱有度，严中有爱，严中有格，严中有导，严中有情，从关心学生的思想品质和身心发展出发，细致入微，春风化雨，引导学生自尊、自爱、自立、自强。

老师教育学生，要有一点威信，而这种威信的树立，就在于老师要严格要求学生，而要严格要求学生，就要做到"三管"：一是"想管"。发现学生有违纪行为，不管是在课内还是在课外，不管是自己班上的还是别班的，不管是顽皮的还是老实的，都要管，都要过问，都要主动处理。如果抱着"事不关己，高高挂起"、"各人自扫门前雪，休管他人瓦上霜"的态度，学生自然不会买你的账。二是"常管"。不要时管时不管，不要闲空时管，忙碌时不管，不要心情好时管，心情不好时不管。这样，在学生心目中，你是一个负责任的老师，就会信任你，就会听你的。三是"善管"。学生中的违纪原因有多种因素，有故意的，也有无意的；有本人惹事的，也有他人惹事受牵连的；有情节严重的，也有一般的违纪。你既然管了，就要出以公心，主持公道。学生是受教育者，一般来说，都是一些生活小事，作为老师应对他们"动之以情，晓之以理，导之以行，束之以规"。要使他们真正认识到错没错、错在什么地方、今后怎么办。要本着"惩前毖后，治病救人"的宗旨教育学生。这样，学生才会真正受教育，才会相信你、尊重你。

教育者们真正做到"严格管理，真诚关爱"还需要做到以下几点

全面关心学生。关心每一个学生，平等对待每一个学生，要把自己对教育事业的忠诚和热爱倾注到每一个学生身上，不以感情亲疏、个人好恶和学生品德的优劣为热爱学生的依据，使每个学生都能实现其自身条件下最优化的发展。关心学生的所有方面，促进学生的全面发展。

尊重和信任学生。老师尊重学生是学生接受教育的前提，信任学生是培养学生自信和使学生向好的方面发展的重要保证之一。尊重学生的人格，相信每一个学生都是可教育的，经过教育他们都能成为最好的学生。

严格要求学生。严格要求和尊重信任是相辅相成的。马卡连柯说过："我总是尽可能地相信一个人，也总是尽可能地严格要求每一个人。"在某种意义上讲，严格要求本身就是一种尊重和信任。好成绩是管出来的、苦出来的、拼出来的。教会学生做人，最重要的就是培养学生的行为规范:“您好,谢谢,请,对不起,再见”常挂嘴边。见了老师要问好,见了废纸弯弯腰,走路靠右轻声慢步,上课老师好弯腰30度,下课谢谢老师弯腰60度。男生一律短发,女生马尾辫或剪短发。

理解和宽容学生。理解和宽容本身就是一种积极的教育方式。学生正在成长中,是一个思想未成熟的人,正因为如此,才需要老师的教育和引导。所以,教育者们在教育学生时,也应进行一下换位思考,理解学生在特定情境下的行为,给他们反思和纠正不良行为的机会,不要一棍子打死;有时候宽容比说教更能打动学生的心,教育效果自然就会更好。

解放和放飞学生。给学生时间、空间和权利,让每一位学生能够在老师的引导和指导下,做自己的主人,创造性地学习,自发地学习,积极地生活。

严师出高徒。严格要求也是教育者对学生高度责任感的体现,严中有爱,严就是爱。当然,对学生严格要求,并不是越严越好,教育者应该掌握一定的分寸,严而得当,并且还要严中融入自己的情感,一分严格掺入九分感情之蜜,这样的甘露才能滋润幼苗的健康成长。“严格管理”就是不能纵容学生的坏习惯,不能放任学生的缺点。要求全校教职员工对学生的管理要细,要及时发现并及时纠正学生中的违纪现象,要防患于未然。严格出入校制度,严格请假制度,严格清查学生作业,严格检查学生一日常规,严格各班每日、每周的操行评比,严格上课纪律,严格考试纪律……除了《中学生守则》、《中学生日常行为规范》的约束外,学校在方方面面都制定非常细非常严的管理制度,校有校纪,班有班规,学生的学习和生活无不囊括在学校严格的管理制度中。

教育者对学生的严格要求有人概括为四个方面:一是严而有“格”,在教学和德育工作中,都应该按照相应规章制度和各种行为规范中的具体要求,来约束自己的学生;二是严而有“度”,教育者必须根据学生各阶段的心理和生理特点,从学生的实际出发,合理要求,得当处理;三是严而有“恒”,即要求教育者工作应持之以恒,这充分体现教育工作的复杂性和持久性;四是严而有“方”,即要求教育学生时要讲究方法,刚柔并用,寓刚于柔。只有这样的严格要求,教育者的权威才能给孩子安定感。

“练习,练习,练习!”重复是一切事物之母。习惯养成至少需要21天,养成良好习惯需要90天。教养必须成为第二天性,像呼吸或消化那样,不必透过理解,就能发挥作用。

要把孩子教导成规范的主人,而非成为规范的奴隶。萨勒姆王宫中学毕博校长呼吁大家“忍心”要求孩子服从纪律,从小处坚持,为孩子建立秩序,让孩子有更多余地发展自己,掌握未来的幸福。

学会“吃苦”

我们有一句口头禅:好成绩是管出来的、苦出来的、拼出来的。从校训“艰苦奋斗,自强不息”，到鹏飞厅大门上写的“怕苦累莫入此门，图轻松另寻他处”都体现着我们对“苦”的执着。

贫困山区是一个以“苦”为核心的地方，吃苦是我们的长处。所以，面对学生的吃苦，我们就衍生了一个“三苦”理念：学习刻苦，生活艰苦，心理能承受痛苦！试想，作为一个山沟沟里的穷孩子，当我们连苦也吃不了的时候，我们还有什么？

我们不怕吃苦，但吃苦是有方法的。

去栟茶中学考察学习的人都会提出一个问题：高考这么好，学生苦不苦？校长坦言：不刻苦、不吃苦怎能取得好成绩？“吃苦”是免不了的。“栟中人”的“吃苦观”反映了他们一贯坦诚实在的精神和为人风格。高考是人生的一个重要“节骨眼”。对此，学生毫无疑问要有充分的攻坚克难的心理准备，要吃得了苦头。谁想轻轻松松，谁就不可能走向成功。但“吃苦”并不意味着不要遵循规律，更不意味着要使学校和高三生活变成“人间炼狱”。在升学竞争非常激烈，高三学生普遍都较为辛苦的情况下，怎样去“吃苦”，或者说“吃苦”是不是“讲科学”，或许才是“栟中”学生与其他一些学校及学生之间形成大差距的根本原因所在。“栟中”科学“吃苦”的理念和经验值得我们学习和借鉴：

首先，姚止平要求教师要多吃苦，以此赢得学生的相对轻松。严格禁止用现成的试卷，要求教师尽量多占有资料，在此基础上，把最精华的试题筛选出来，整合成新的试卷，尽最大可能使每一份试卷、第一道题目拥有较强的典型性、代表性，都能让学生举一反三，以简驭繁。为了筛选和重新编制试卷，每一位教师每学期都要用掉几盒划纸刀，同此可以想见，他们涉猎了多少资料，花费了多少心血。相应的，学生练习的题目就变得少了，他们根本不需要去钻题海，进行大量的重复，低效、无效甚至负效的劳动，所以“苦”也就“苦”得有限了，以少数人的“苦”换得大多人的“不太苦”这当然是“合算”的，是符合“节约高考成本”之原则的。我们每学期给老师们买七八种资料，逼迫老师们至少做3000道练习题，就是为了苦自己、轻学生。

其次，姚止平十分重视“劳逸结合”。这应该是老生常谈了，问题是有些学校或者口是心非，说的一套，做的一套；或者平时还能注意，到最紧张时就有意无意地抛之脑后，让学生拼消耗，打疲劳战。而姚止平十分“当真”，通过制度、纪律和管理，“逼迫”、要求和引导学生学习时倾尽心力，休息时彻底放松。如，保证学生每晚有七个半小时睡眠，另外，每天还有一小时午休，这样学生的疲劳度得到控制，精力相当充沛。他们还切实加强体育锻炼，学校自创的“课间拳”动作协调、舒展，能在很大程度上消除学生的紧张。学生说，20分钟的打拳活动就像是一个很好的加油站，后续的学习因此有了强劲的动力。学校的文娱和文化生活也不打折扣，每年都搞一次全校性的科技节、体育节、艺术节，这些活动客观上有利于学生身心的调节，使学生在徐疾有致、张弛互济的心境中健康成长。800米慢跑对缓解压力放松心情有很好的作用。

再次，给“苦”涂上一层“糖衣”。所谓“糖衣”就是心理的疏导，是精神的鼓励、意志的激发。人们都有这样的体会：对自己感兴趣的事情再苦也觉得甜，乐此不疲，欲罢不能。“栟中”正是这样的，越是到紧张的时候，学校领导、年级主任、班主任及任课教师等越是多找学生谈心，多给他们“打气”;越是学生感到苦恼和困惑的时候,越是多去寻找和发现他们的优势和优点,使学生对自己产生一种良好的暗示心理,相信自己能行,从而产生强大的内驱力量。每一个个体的精神都是振作的,这样很容易形成众志成城的局面,形成和谐奋进的氛围。该校教师之间、学生之间、师生之间特别团结和融洽,这种宽松的人际环境实际上就是一种很好的“糖衣”。

在一个教学条件相对落后的山区,在各级政府对高考升学率的要求还没有改变的今天,在其他学校的做法也没有改变的情况下,单纯要求一所学校减少学习时间减少吃苦,没有了分数和升学率保证,家长是不会满意的,所以,苦,在相当长时间不会消失。

“吃苦”是不要紧的、要紧的是“科学”。“吃苦”一旦和“科学”结合起来,就能产生意想不到的“裂变”威力。

学生自主教育

著名特级教师陈钟梁先生在素质教育研讨会上曾幽默地说:“酒杯在于晃动,朋友在于走动,教学在于活动。”一句话揭示了教学的真谛——在于学生自己活动。而素质教育的功能则体现为“不求人人升学,但愿个个成功”,实行扬长分流,让每个学生都成为成功者,在校学有所得,学有所获,将来事业有成。素质教育所主张的主体性,从根本上说,就是教师要尊重学生在教育过程中的自觉性、自主性,应把学习的主动权交给学生,善于激发和调动学生的学习积极性,让学生有自主学习的时间和空间,使他们广泛主动参与教学活动,积极思考、积极实践,以培养学生的自主意识、竞争意识,不断开发学生潜能,促进其主体性的进一步发展。主体性原则是教育的一个基本原则,发挥学生的主体作用是教学的灵魂。课堂应该是学生积极主动学习的场所,学生不仅是教学的受教育者,更应是教学活动的直接参与者。这样才有利于形成产生学习的内驱力,即把学习不作为任务,而当成自身发展的内在需要,感觉到学习不是外在强加的,而是自己选择的结果。

一、实施自主型教学策略,激发学生自主发展,在课堂主渠道培养学生的自主性。主要策略如下

(一)将学习的自主权交给学生,培养学生自主性

交给学生自主学习的时间。教师力求精讲精练,使学生能有时间、有精力去“自主选择、主动参与”,学习自己所需要的东西,发展自己的个性特长。

开放学生自主学习的空间。在学生课堂座位的编排上,采取灵活多样的形式,便于学生小组学习。另外,学生的学习空间可以延伸到课外。

还给学生自主质疑的权利。教师要尽可能鼓励学生质疑,激起学生自主学习的欲望。

尊重学生自主探索的意识。学生都有其独立的思维方式,教师应尊重学生的探索思路,并引导他们比较鉴别最佳思维方式。

教给学生自主求知的方法。让学生学会学习,这在各科教学中,是作为常规来要求的。

（二）把成功的机会留给学生，激发学生的成就动机

学习目标分层，不搞统一要求。鼓励学生根据教材要求，结合自己的实际，自行拟定学习目标。对各层次的学生起到了定位、导向、激励作用，并为学生的进步设立了台阶。

施教分层。一方面，针对不同层次学生的知识基础和能力，采取不同的施教策略，分层要求，分层设问，分层练习，使教学适应每个学生的学习需求和现实水平；另一方面根据教学内容，由浅入深，层层递进。

评价分层。即用不同层次的标准衡量不同层次的学生，体现差异性，注重激励性，重在有所发展。

（三）为学生的合作学习架设桥梁

①组内交往。②组外扩散交往。

（四）为学生创造性思维的发展提供广阔的空间

鼓励学生不唯书，不唯师，求新求异。当学生提出不同的见解时，教师给予客观的评价，充分肯定学生的求新求异的思维品质。全方位、多角度地拓展学生思维。在课堂教学中，应尽量引导学生加强各学科的横向联系，融会贯通课内外知识，并采取集体讨论形式，建立一个多向流通的信息网络。

二、实施“自主学习”策略，构建自主型活动课教学模式，充分利用拓展课教学灵活开放的优势，体现、巩固和发展学生的自主性。课堂自主性教学程序要点

1. 创设情境——明确目标。教师用设置情境的方法使学生产生较强的求知兴趣，教师由情境引出学习课题，明确学习目标，提供参与机会，示范或指导参与方法。

2. 引导自学——独立参与。教师精心安排自学内容，提供充分的参与时间，加以适当引导，使全体学生以高涨和情绪参与到异步、高效的自主学习中。这一环节学生由感性参与向理性参与过渡，对应的认知阶段是理解知识及探究知识。

3. 组织交往——展示交流。教师组织、指导、调控小组交往，学生以合作方式参与小组学习活动，发表、交流，畅所欲言，相互启发，加深知识理解，获得新发现。

4. 精讲解疑——质疑释疑。教师针对小组学习反馈，作评价式、解疑式或引深式精讲，师生进行有深度的问答交流。

5. 总结演练——拓展训练。教师点拨、启发学生进行学习总结，精心安排变式的综合的操作演练。学生通过总结巩固知识，在演练中拓展参与。

6. 课堂小结——学生自己总结本节课收获，构建新的知识板块。

三、实行“民主型班级管理”，实现“自理、自主、自治”目标，充分利用班级活动主阵地培养学生的自主性。自主性教育学生班级管理的基本策略

1. 鼓励学生参与班级管理。一是参与干部竞选。学生干部一学年或一学期改选一次，鼓励学生人人参与新一届干部竞选。并设置本人书面申请、家长表态支持、发表竞选演讲、预备干

部培训和军训、实习、上岗等系列程序，营造竞争上岗和积极参与班级管理的氛围，培养学生的参与意识与管理能力。二是参与班级事务讨论。班级讨论会为每个学生参与班级管理提供机会。学生人人有权就班级生活提出讨论话题，主持讨论，可以在会上畅所欲言，为班级管理出谋划策。三是适当增加班、组干部编制，将班级事务一一“承包”到人，做到事事有人管，人人有事做，全员参与管理。

2. 引导学生实行自主管理。一是设置一日岗位职责。如值日班长、班长助理、纪律督查、卫生检查、好事登记、晨会主持等，班主任老师在与不在，各项工作照常进行。二是设计自主管理程序。为学生设计《自我评价本》，内有班级规章制度、家庭行为规范、奖励细则，学生每天放学前和睡觉前分别对自己的在校表现和在家表现评分，一周总计得分写出简短评语。三是实行“小组自治制”。即竞选小组长，由组长提名确定一名副组长，然后召开全组会议制定小组集体学习、活动等方面的“组规”和创争先计划，参与全班优秀小组竞争，培养学生自主管理的能力和合作、竞争的意识。

3. 建立相应的激励和约束机制。一是通过有效的“扶”（指点管理方法）和“放”（放手让学生自主管理班级事务）以及各种奖励措施，激励学生大胆参与班级管理和切实加强自我管理。二是实行民主评议干部制度。定期或不定期召开民主评议会，先由班队干部汇报各自管理工作情况，然后由同学一一进行评议。民主评议会不仅有效促进了班队干部自律，也是人人参与班级管理的有效途径和锻炼管理能力的有力措施。

四、构建自主管理网络，完善自我管理和自我教育机制

联合团委、学生会，落实更多的学生参与班级管理、宿舍管理、食堂管理、校园管理，完善自主管理委员会的功能，把“理想、感恩、自信、责任”等深化为自主常规教育，做到：教室内无零食，校园内无垃圾，宿舍内无脏物，对师长讲礼貌，对同学讲友爱，对所为讲诚信。通过让学生担任校长助理，成立学生自律委员会、校风巡查队，实行班长负责制和班干部轮换制等，培养学生管理能力；让学生自行负责每周一次升旗仪式，策划、组织每学期的科技节、体育节、艺术节等大型活动，自办广播台、电视台等，培养学生交际能力；成立贫困学生自强社，建立护卫队，培养学生爱护校能力；通过组织学记团、法学团、种子文学社等，培养学生综合能力。

五、组建活动社团

舞蹈队、书画社、健美操队、大合唱队、摄影小组、文学社，有计划、有组织、有记录，保证时间、场地、人数。

1. 以德育促自主。我校德育工作围绕“成人、成才、成长、成功”的教育理念，加强社会主义核心价值体系教育，积极开展以“三生教育”为主要内容的主题实践教育活动，培养学生公民意识和社会责任感。

（1）突出课堂主渠作用，让课堂成为彰显和传播社会主义核心价值体系的主渠道。教务处统一安排计划，根据三个年级学生的年龄特点开展“三生”教育，高一年级安排每周一课时，高

二、高三年级通过讲座等专题活动进行。学校要求教师认真落实新课程标准，钻研教材，领会教材中的思想政治教育，将思想性、知识性、趣味性科学地有机地组合，将“三生教育”渗透到各学科教学中。

（2）积极利用班队组织和校园文化的氛围，加强学生的行为习惯和养成教育。主题班会重点突出，成系列，如安排了以下的主题班会：庆祝祖国六十华诞的爱国主义主题教育活动；结合创卫和申报文明学校、创建绿色校园工作，发起告别不文明陋习、向“两乱”行为说“不”等主题教育活动。

（3）加强学生的安全教育，增强学生的安全意识，提高自我保护能力。生命的意义和价值必须以安全作为前提并得到安全保障，不断强化学生安全意识，使学生初步了解来自于各方面的不安全因素，掌握一些简单易行的防范与自救办法，避免危险与伤害。以珍爱生命为主题举办防震、消防知识普及及自救、逃生演练活动。

（4）开设学生心理健康教育讲座，加强学生心理健康的辅导，稳步推进学生的心理健康教育。

（5）加强环保教育。环保是全球性的问题，正受到社会各界的广泛关注。孩子是未来的主人，对他们的环保教育意义深远，它将直接关系到我们的“今天”和“明天”能否成为真正的绿色家园。学校是对中学生进行环保教育的重要场所，我校充分利用创建昆明市绿色学校的平台，在广大师生中渗透环保教育。

（6）认真落实有关德育工作文件精神，强化德育常规：学校利用班会、国旗下讲话、合唱比赛、开展纪念活动等形式，对学生进行爱国主义、集体主义和理想前途教育。各班以主题班会、黑板报比赛、手抄报、撰写学习心得等形式积极参与学校的宣传教育工作。

（7）加强学生养成习惯的培养，我校通过军训、校纪校规等对学生的日常行为规范常抓不懈。政教处针对学生仪容仪表、宿舍内务、卫生责任区、广播操、眼保健操等方面进行经常性检查，加强学生养成习惯的培养。

2. 以体育促自主。阳光体育大课间体育活动是在推进素质教育过程中出现的一种新型课间操形式，它是实现新的体育目标的有效载体，它在全面实施健康、快乐教育，促进学生主动、和谐发展的过程中显现出重要而特有的功效。

我们本着健康第一和把快乐还给学生的原则，创造和谐师生关系的指导思想，科学设计了我校的大课间活动。在运动形式的选择上，我们改变课间操的单一形式，全面实行学校自编操的活动形式。例如有：娱乐竞赛活动；趣味游戏活动；身体素质练习运动。在音乐的选择上也进行有意识的安排，使音乐美和学生自身的动作美融为一体，让学生感受和欣赏音乐之美、韵律之美、节奏之美、培养艺术素养，陶冶美的情操。实现以美健体，以美育德的目的。

目前，大课间体育活动已经成为我校体育工作的一道亮丽风景线，受到了全校师生与家长的欢迎，真正实现了“把时间还给学生，把空间留给学生，把方法教给学生，把健康带给学生,让学生到阳光下、到操场上、到大自然中去活泼健康地成长”的构想。

3. 以艺术促自主。进一步丰富校园文化活动,努力营造积极向上,百花齐放,健康文明的校园文化氛围。我校通过开展一系列文化、艺术竞赛活动,激发广大学生爱党、爱国、爱校和热爱艺术,勤奋学习,努力成材的热情与动力,不断提高自身全面素质,推动校园精神文明建设。

我校每年举办一次校园艺术节,每年的活动都有不同的主题。校园艺术节的活动内容有:“青春旋律杯”合唱比赛;“唱响校园”校园十佳歌手选拔赛;器乐类才艺展示;校园群舞、双人舞、独舞比赛;“青春ABC”校园英语短剧、演讲比赛;“书香校园”读书周活动;“五彩校园”书画周。

校园艺术节的活动形式采取比赛、演出、展览等,积极挖掘丰富艺术节活动的形式,体现艺术节活动的多样性。艺术节通过各部门、学生社团、年级、课题组承办的形式开展上述活动。成果体现形式:艺术表演类,学校将选拔优秀节目校园文化艺术节参赛。艺术作品类:学校选拔优秀作品,通过作品展的形式,在学校展出。

4. 以社会实践促自主。我校组织学生积极开展研究性学习和社会实践活动。

研究性学习方面:研究性学习是指学生基于自身兴趣,在老师指导下,从自然社会和学生自身生活中选择和确定研究专题,以小组合作方式进行研究,从而主动地获取知识,培养解决实际问题的能力。从而使学生初步形成科学精神和科学态度,激发出潜在的创新意识和创新思维。

我校坚持在高一年级学生中实施研究性学习,在选题方面,学校要求学生必须有一定比例的环保方面、健康生活等方面的科研课题。我们高中学生都自主选择了环境、资源、人口、健康等课题。如:“青羊镇的历史与现状调查”、“健康生活快乐人生”、“校园垃圾的回收与利用”、“凝结在谷物中的精华”、“网络与中学生”等系列课题。学生们的研究性学习课题,大多数从身边做起,深入社区,走入环境,感受生活,思想观念有了巨大的改变。如:变了解环保为关心环保,认识到生态环境的危机性,尝试着提出解决环境问题的策略,树立保护环境的使命感和责任感,这对学生相应的人生态度、行为习惯、价值观念的养成起到积极的作用。

社会实践活动方面:我们每年组织学生到西沟参观学习,参观大红袍辣椒酱制作流程。

5. 以减负增效促自主。减负增效是落实素质教育的关键,受到了全社会的广泛关注。我校坚决贯彻落实“减负”工作,主要措施有:①学校要求广大教职工必须依法执教、廉洁从教,必须以科学发展观指导教学实践,努力提升自己的业务知识水平,积极树立正确的人生观和价值观,要努力激发学生自我教育,自我发展,自我完善的内在要求,引导学生实现人生价值和社会价值。②加强课堂教学管理,保持良好教学秩序,优化教学过程,提高教学质量。学校领导深入班级,进行随堂听课评课,课后及时与教师交换意见,发现问题教师,对其进行跟踪性的集体听课会诊;丰富校园文化生活,减轻学生心理负担。③做好舆论宣传工作,争取家长社区支持为了作好“减负”的宣传工作,解读“减负”政策,得到社会、家长、学生的理解和支持,学校通过召开各年级学生会、家长会等形式向社会广泛宣传“减负”的实质，自觉接受家长及社会的监督，确保“减负”这一工程得到全面贯彻实施，并收到积极效果。

“到处绿杨堪系马，何愁无路到长安”，教育只要依托人的天性，学生就会做出许许多多令我们惊奇、感动、超乎我们预期的事。除了德行，还有智慧。

六、让学生从圈养走向放养

走出课堂也可以进行教学和教育，这是一种开放型的教育。开放型的教育也是学生互动式的学习，是学生通过现场得到第一手资料，分析和理解研究的问题并获得体验。

这是以学生为主体的学习。学生在大自然中轻松自由地学习，是在自由开放的情况下的一种主动学习，然而却也是一种最有效的学习。它的教育效果是教师极其企盼却又无法在课堂上达到的。反映生活实际的教育。学生通过自己的远足郊游，关注身边的生产实际、生活实际、乡土实际，尝试从与周围密切相关的生活中发现问题，把所学的知识运用到实践中来，在大自然中探寻到知识的奥秘。学校要大胆放手。学校和教师应该注意几点重要的策略：给学生创设一个和谐的、自由的、吸引人的环境；鼓励学生自己提出问题，并独立解决，以此来体验自尊和责任感；支持学生提出更多更好的新观念，即使是不适当的观念，也不要立即否定，而是让学生自己亲身体验。

“问君哪得清如许，为有源头活水来。”因此，教学首先要立足于课堂，走进生活，走向更广阔的天地。在学校中学习，可以建立阅读实验室、举行辩论会、进行课本剧会演和各种形式的学习竞赛活动等；在家庭中学习，可以看电视、听广播、读报纸、看杂志、与家人谈话讨论等；在社会中学习，可以参加展览会、报告会、访问、游览、社会调查等。总之，要让学生从各种渠道吸取各方面的知识，开阔视野，丰富情感，使教学真正回归生活，让学生获得创造的源泉。

学生手册目录

①中学生守则。②中学生日常行为规范。③中学生尊师礼仪规范。④学生诚实守信公约。⑤升国旗制度。⑥班级量化考核办法。⑦学生一日常规。⑧学生安全管理制度。⑨大型活动安全管理制度。⑩课外活动管理制度。⑪对违纪学生处理程序和规定。⑫学生发展目标及奖惩制度。⑬学生考勤考勤制度。⑭校外住宿生管理制度。⑮学生公寓管理条例。⑯住宿生管理细则。⑰住宿生生活规范准则。⑱宿舍检查评比方案。⑲学生阅览室规则。⑳学生课堂行为规范。㉑学生常规学习制度。㉒团员管理制度。㉓团员发展制度。㉔团费收缴、使用和管理制度。㉕团关系、《团员证》管理制度。㉖关于爱护公物的暂行规定。㉗卫生制度。㉘学生值日生卫生工作任务。㉙教室卫生条例。㉚教室、环境卫生考核。㉛学生网络道德公约。㉜学生军训制度。㉝学生手册管理制度。㉞学生在校评价表。㉟校领导及老师的联系方式。

附值班说明和具体要求：

1.值班时间(周一到周六)6:20—12:20;1:45—10:45(周日为早上7:30—12:20;晚6:30—10:45)。值班期间值班组长和政教员在正常上班时间和学生上下学时间必须在岗处理临时和常规事务;晚上6:00—7:00轮流在岗,防范和处理突发事件。

2. 学生上学时间。主值班人员在教学区负责班主任签到、各班卫生区打扫、校园音乐播放和其他临时工作等。

副值班人员必须到校门口迎接学生到校,督查学生仪表、行为习惯、手持课本上学、自行车摆放、迟到登记和班级礼仪值周等。

3. 早自习时间。主值班人员要巡查三栋教学楼各层的卫生和教学区卫生区情况,发现问题当时解决,并做登记。

副值班人员检查各学生宿舍的卫生和物品摆放,登记留宿学生姓名和班级并及时通知其班主任。

4. 学生上课时间。主值班人员检查并负责登记班主任坐班情况,其他政教员到在办公室完成当日常规工作的汇总、评比等。

副值班人员完成学校领导要求的临时性工作等。

5. 学生下课期间。主值班人员负责高中两栋教学楼学生不文明和违纪行为,并做登记和教育,保证学生课间安全和预备铃响后及时回到教室。

副值班人员负责初中楼的相关内容。

6.学生放学时间。主值班人员在教学楼检查学生早退现象,并及时清园,保证10分钟内没有后续自习的学生安静、安全离开校园。

副值班人员在校门口督促学生注意安全、按时回家。

7. 晚上静校后。当日值班组长和值班人员检查各教室的门窗关闭情况和学生宿舍情况,并做详细登记,保证校园夜间安全和学生按时休息。

8. 政教其他人员常规要求。

(1)保卫人员:6:00—23:00期间,严守大门,来客要登记,出入要有记录,保障学校财产安全和我校师生人身安全。

(2)生活教师:严格按照学校有关宿舍方面制度执行,并能按时保质完成临时性工作要求。

(3)保洁员:保证校园时刻无一处有废纸、时刻无一处有死角、时刻无一处有垃圾,协助政教员教育乱扔废纸、乱吐痰等不文明行为。

第五章 制度与管理系统

依法治校

“制度”一词有广义的解释与狭义的解释。就广义而言，在一定条件下形成的政治、经济、文化等方面的体系就是制度，如政治制度、经济制度、社会主义制度、资本主义制度等等。就狭义来讲，是指一个系统或单位制定的要求下属全体成员共同遵守的办事规程或行动准则，如财务制度、作息制度、教学制度等等。制度有正式和非正式之分，权威机构通过一定的程序制定的具有一定强制性的行为准则是正式制度，而由社会文化习俗所自发确定的行为规范是非正规制度。

从根本上来说，制度是什么？经济学和社会学认为它指的是规范化的社会关系系统。它的核心要素是权力关系和利益关系。前者是指不同层次的组织和个人所具有的决定行动或不行动的法定权限以及他们之间的互动关系。权利关系涉及人们的作为。后者是指在一个社会体系中人们之间的分配关系，它关系组织中各种资源和报酬分配的合理性和公正性问题，因此它更与组织和个人创新的积极性有关。管理学承认上述分析，但是它还强调制度除了规范人与人的关系以外，还注意人与事和事与事之间的关系，并从这个角度提出制度还是操作事情的程序。

学校创新制度在这里是指鼓励或限制人们创新活动的各种规范以及反映创新活动规律的程序安排。这些规范既包括学校外部的相关法律、政策和组织制度，也包括学校内部相关的组织规则、激励政策、人事制度、管理体制和业务流程。这些内容都应当成为学校创新制度研究的对象。

重视学校创新制度建设，起码可以在以下几个方面获益：

1.减少创新行为者面临的不确定环境，提高他们对于自己创新成功甚至回报的预期，减少创新风险和不稳定性，使得创新可以持续进行。我国教育发展仍然处于转型阶段，改革面临较多的不确定性，他们在给学校带来发展机遇的同时，也可能造成混乱甚至学校发展的危机。这些不确定性既来自宏观制度和政策，也来自微观环境和学校自身的行为。“制度学”的研究者指出：制度本身具有规制性、规范性和认知性，制度的规制性反映了制度对个体参与者选择的限制；制度的规范性，反映了制度对所有参与人的行为选择的限制；制度的认知性表明制度是所有参与者共有信念的构建。通过制度建设降低不确定性，可以使得各级教育管理者和各个层面的参与者明确学校创新的价值取向，形成合作性的自我规范的契约，明确利益回报而提高创新的积极性，减少创新过程中的冲突，预防不适当的创新给区域和学校教育发展带来长期损害。

2.制度建设有利于学校创新的生态效益,形成和谐的竞争环境,实现教育最优化。教育在各个层面上、一定程度上都具有博弈的性质,也就是各个主体之间通过智慧和策略的竞争以期获得最大利益。竞争提供的高能激励在最大限度激发人的潜能和创造力的同时,也导致了狭隘私利的膨胀。创新本身没有错,但是在一些存在缺陷的制度框架下可能导致教育价值的泯灭,也可能导致学校间办学条件的差距加大而发生教育的不公。我们目标应当是通过合理、公正的创新制度的建设,约束利用创新进行无序竞争的行为,促进竞争基础上的合作,真正实现双赢和多赢的格局。

3.制度创新是学校创新的前提,研究制度创新的规律和方法,增强学校创新能力对教育发展需求的适应性。社会发展导致教育的环境发生不断变化,为了适应新的需要,学校的创新就要不间断地进行。学校创新活动受到制度的制约,有效的制度安排将会协调各种利益关系,使得组织和个人愿意投入更多的智力劳动进行创新。随着环境的变化制度也需要不断地调整,但是调整的规律应当是怎样的?这个问题的一般理论观点是什么?我们的学校创造了哪些生动的本土经验?

4.从制度建设的视角分析检视各种具体的学校创新经验,揭示各种类型创新的机制,为学校创新活动提供模式参考。我们现在不缺乏对于中小学创新经验的介绍,但是对于这些经验的制度背景和其自身的制度基础深入解剖和分析很不够,这就让很多人感到对这些经验难以理解和仿效,其自身也很难深入发展。

5.关注国内外"(学校)创新教育"在体制改革与制度创新方面的探索。正如有的专家指出的,现在各国都在制定国家战略,积极谋划21世纪的教育发展。他们既强调更新教育观念,推进课程改革,注重学生的创新精神的培养,全面提升人才培养质量,也非常强调在制定宏观发展战略、教育管理体制等制度层面的创新。2006年2月,美国国家科学院、工程院发表联合报告《迎接风暴:振兴美国经济,创造就业机会,建设美好未来》中提出"创新将成为确定美国在21世纪成败与否的唯一的最重要的因素"。报告提出了一系列激励教育科技创新的政策,例如每年吸引一万名最聪明的学生担任基础教育科学和数学教师,国家重点支持科学和工程的基础研究,撒播创新的种子,营造激励创新和投资创新的宽松环境等。在加强基础教育,强化教师队伍建设方面的措施也非常具体。2006年6月26日,美国教育部"未来高等教育委员会"发表调查报告草案,从四个方面分析了美国高等教育存在的问题,并提出了较为详细的改善和提高的建议。第三方面"高等教育质量提高与创新"提出各类高校要积极开发新的教学法,设置新课程,使用新技术来提高学习效果,尤其要提高学生的科学、数学素养。要大力倡导不断创新、持续提高教育质量的科研活动。提出要建立"国家创新伙伴"(national innovation partnership)竞争性计划。将联邦基金发给各州,鼓励教学项目设计、学分转移等创新。在国际层面上,2007年6月在莫斯科召开G8教育部部长会议通过的"莫斯科宣言"把教育创新放在核心地位,大力倡导各国努力营造有利于创新的政策环境。

国家教育体制改革与制度创新是学校教育创新的支柱与基础，在论及教育创新和借鉴国际经验时，要注意把握制度层面创新和学校层面教育创新的互动和制约关系，不可忽视制度保障对学校教育创新的支撑作用。——摘自《我国学校教育创新研究》。

平顺中学改革，首先是人事制度改革，接着就是管理制度的改革。2007 年 8 月 8 日宣布了校长任命，至 8 月底，教师聘任结束。2007 年 10 月 3 日，全体教职工牺牲休息时间，以年级组、处室为单位，集中研究学校发展规划，下午 6 点，以组为单位用大张的白纸在教学楼前公布各组讨论结果，晚上校委会成员加班，继续汇总大家的意见与建议，行政会研究并将方案修改后，公布再让老师们讨论，重新提出建议后，进一步研究，至此初步确定了学校发展方案。从此，凝结全校教职工共同追求的发展规划产生了。有了目标，便有了方向，便有了凝聚力。

经过半年的准备，广泛地征求意见，三易其稿，较大范围地修改了过去的管理制度，于 2008 年 1 月 17 日，隆重召开了 20 年没有开过的“教代会”，大会通过了各项管理办法。并明确宣布：制度一旦确定，都要认真执行。管理从此由有事找校长变为遇事找制度，“严格管理，规范办学”得到了制度上的落实。之后，把有关制度汇编成册，印刷了《平顺中学教育改革资料汇编》。老师们第一次拿到了属于自己的“圣经”。

哲学家说：懒惰、自私，是人的本性。无论一件事情、一个组织还是一个国家，靠人性的自觉，靠说服教育，靠他人的监督都解决不了问题，只有完善的制度，才会让人抛弃利己的私心遵从规则、做于己于人于国都有利的事情。制度松懈，对人的监督诸多疏漏，必定会纵容更多的人去做坏事。《中国青年报》曾报道，湖南冷水江市红日实验小学的 102 名学生用积聚的 600 多元钱买了 102 盆鲜花，陈列在市区锑都中路上以美化城市环境。不料不到三天就被偷走了一半以上。事实上，只摆花而没有严格管理的鲜花，只会诱导一些人滋生坏的念头。这当然让 102 名小朋友伤心，也让大多数本来能够受惠的群众遗憾。

同时，我一向以为，管理是管理者向被管理者学习的过程。从这个意义上说，我校管理制度的汇编本《平顺中学教育改革资料汇编》是我校全体师生智慧的结晶、心愿的结晶，它凝聚了大家的意志、追求和教育理想，当然也就有了它神圣性和指向性，有了约束人、引导人的强大集体的力量、精神的力量、文化的力量。

我对老师说，当你吃不准学校“政策”拿不定主意的时候，当你碰到个人利益和学校利益发生冲突的时候，不要急于请示领导询问他人，也不要埋怨自己迁恨他人，重要的应该是拿起这本书，好好地向它倾诉和它交流。制度第一，校长第二，在学校里，最有权威的应该是学校制度，而不是校长和领导。作为当任校长，我的责任是维护制度、建设制度，为制度服务，为制度效力。我常想，我最应该为学校做些什么？我拿什么献给我的同事和事业？也许大家希望看到的答案很多，然而，建设一个好的学校制度，营造执行制度的人文环境，用制度规范行为、凝聚人心，从而保证学校的兴旺发达和办校目标的实现，肯定也是大家共同的期望。

改革以后，学校购买的第一件物品就是大大的挂钟，并将其挂在了办公楼前，时时提醒教职员工遵守时间。第一件大事就是在县委安排下招聘了 20 名新教师。第二件大事是邀请全体退休老教师回学校参加“教育献计献策座谈会”,并承诺:增加年底福利,每年召开一次座谈会。第三件大事是邀请教育专家、特级教师对全体教职工进行教育理念的培训,暑假、寒假均进行为期 10 天的学习。

对老师提出的第一个要求是“不要旷课,有事先调课”,牛文艳老师因为忘记了作息时间的调整,自己主动去会计室交了 100 元罚款,做出了很好的表率,年底大型晚会组织优秀,牛老师得到奖金 200 元。对学生提出的第一个要求是“手持书本跑步上学”,接着进行了学习方法和行为的规范性要求:日清周结月考,统一发型穿校服,回校住宿保安全。为遏制打架现象,提出了两条底线:打架者一律开除,偷盗者一律开除。整顿校园的第一件事是打扫卫生,理念是“让我们的校园没有一片废纸”。第一次开校委会和全校大会的第一个话题是:团结!忠诚于党的教育事业。有什么不要有病,缺什么不要缺德。

年底,正式任命了副校长。年底,校园建设规划公布,投资 6400 万元新建学校。

管理出效益,管理出质量。实现管理创新,构建和谐发展新机制,这是发展的需要。学校建立了“法、理、情”相结合的管理新机制。一方面加强制度建设,即学校的“法”。另一方面坚持民主集中制和民主管理,坚持校务公开,即管理上的“理”。再一方面就是坚持以人为本,即管理上的“情”。做到倾向一线,深入一线,真正理解教师、尊重教师,形成了风正、气顺、信任的人际氛围和公平、公正、公开的工作环境。领导班子自觉树立服务意识、责任意识,做到廉洁自律,务实勤政,率先垂范,吃苦在前。从而大大激发了教师安心、放心、实干的工作积极性。

依法办学、规范管理,学校按照要求,切实减轻学生课业负担。坚持学生体育课和活动相结合。严格按照课程计划,开全开齐课程,上足课时。不硬性要求购买教辅资料,不乱收费,保证每一个进入平顺中学的孩子上好学。

学校的人文管理

贫困山区,人们对情感的认同远远大于规则。单位越大规则越有意义,单位越小越难以规则控制。

人文管理的思想核心是什么呢?第一,学校的成就、质量、荣誉、效益都是全校人员共同努力的结果;第二,校长要尊重、理解、信任、帮助每个人;第三,学校发展和老师发展是同步进行的;第四,校长要把上级组织的任务、要求与教师的态度、感情、利益的需要结合起来。

学校的发展,不仅需要物质方面的基础,更重要的是需要精神方面的动力,这一精神动力包括学校的办学理念、团队精神、校园文化中的核心价值观念和校长对教师的积极影响力等多方面。学校作为一个培养人的组织,其根本任务是通过训练有素的教师所组织的活动影响、改变和发展学生。所以,学校管理的核心是对教师的管理,有了良好的教师队伍,学校必然得到发展。

当今，学校对教师的管理的类型很多，有依靠个人权威实行的“人治管理”，这种管理优点是效率高，但易形成个人专断；有一切以法律、法规为依据“法治管理”，这种管理简易公正，但缺少人情味，且许多在当今中国社会很难执行；有有利于营造自由、宽松环境的“无为管理”，这种管理有人情味，但易出现放任自流的状况；有强调“以德治校”，把领导的品格和群众的道德素养作为基本支柱的“德治管理”，这种管理有后劲，但见效较慢。在当今，一些学校管理的成功人士提出了一种融多种管理模式为一体的管理形式——“人文管理”。

人文管理是“德治”和“法治”的管理，它既强调个人权威又注重法律法规，既重视人在管理中的能动性，又重视人在管理中的自我完善，人既是管理的出发点，又是管理的归宿。人文管理是以规范作为基础，以人为中心，以人的文化为基点构建的管理模式，它主张以人作为一切社会生活和活动的出发点和目的地，是以人为基础开展各种活动，而不是以活动目标为根本来支配人的行为。学校本身即以教育人、引导人、发展人为工作内容的，它应该关注人的生命体验，尊重人的情感，理解人的行为内涵，并通过各种形式和手段创设一种氛围，开发出个体意识的潜力，激起创新欲望和自省意识，把个人的努力转化为学校目标的追求。

人文管理是一种“德治”和“法治”的结合，是以人为本的管理。人文管理讲个人权威，但这权威是建立在校长个人人格魅力基础上的；人文管理也讲法规，但强调法规是为人服务的；人文管理尤其讲管理文化，强调人的观念和情感在管理中的作用；人文管理既重视人在管理中的能动性，又重视人在管理中的自身完善，人既是管理的出发点，也是管理的归宿。

学校人文管理的主要内容是：①理念形态的人文化。许多学校根据校长的教育哲学和学校的文化积淀，把办学理念提炼为一句话，赋予丰富的文化内涵，并以此作为学校文化的内核。②方式形态的人文化。在管理时少些说教，而以文化的形态表述，可以显示更多的亲和力，产生润物无声的效果。③关系形态的人文化。在学校文化构建过程中，不可避免地会碰到各种矛盾，人文管理则强调处理这些矛盾要具有人文的特点，在关系形态方面，重要处理的是：①个人和集体的矛盾。②利益与奉献的关系。③培养与使用的关系。④实体形态的人文化。学校是育人的殿堂，物质文明建设应当与精神文明建设有机地结合，校容校貌应当成为物化的学校文化。走进一些学校的校园，流连其间总感到一草一木总关情，每一堵墙壁都在“说话”。其原因就在于学校的物质建设是匠心独具的结果，不仅有实用性，而且有审美性、教育性，这样的校园魅力就在于到处流溢着人文的光泽。这就是学校人文管理的内涵。

全力服务教师，善于发现问题，是人文管理的基础。校长是学校的“精神教练”，是以调动人的积极性为出发点，讲求影响力和推动力的。校长首先应发挥引领作用，把握教育理念，教育实践和教育政策三大层面的脉络和前沿动态，用自己的睿智帮助和促进教师们逐渐走向专业化道路；其次，校长作为学校的领导者应该发挥服务作用。在一所学校中，校长要以学校为本，学校要以人为本，学校管理应体现人文关怀。人是有感情的，而感情在人的工作和生活中有着特殊的作用。有了情感才有同情、有理解、有爱心、有热情，而这一切又能在学校这样的集体中能起到一种亲和与凝聚作用。学校管理的主要对象是“人”和“物”两大类，要坚持“先人后物”的原则，要将资源和设备充分为师生服务。

人文管理对校长提出了许多要求。校长要有问题意识，要善于发现问题。只有发现了问题，才能做到心中有数，做出符合多数人利益的决策，让教师心情舒畅地工作，让学生快乐地成长。校长一定要尊重教师，有亲和力。校长和教师在政治上和人格上是平平等的，除是领导与被领导关系外，还是同事、朋友关系；要尊重教师在学校的地位，要激励教师的主人翁精神，要尊重教师人格的自我完善和知识更新的要求。校长要搞好服务，要把自己的事放到一边，以极大的努力去为教工着想、服务。美国的一名校长说：“作为一位校长，我的工作是使教师的工作更容易、更好，只有他们教好了，学生才能学好”；校长不要轻易向教师说“不”，要关心教师，想尽办法去满足他们的合理要求，以对教师施以人文关怀。了解教师是关心教师的前提，在工作中建立谈话制度，通过正式和非正式场合，寻求合适的时间，根据不同教师的性格，通过交流了解教师的工作情况和家庭情况，兴趣爱好，特别是当教师遇到什么困难时，更要主动关心，并积极地给予鼓励，询问“学校能帮助你做些什么”，尽力地去帮助他们战胜困难；在信息化时代，可以充分地运用这一技术，在节日，教师个人的生日等日子，通过手机短信、电子邮件等向教师表示祝贺，向他们问好；同时，就是在自己遇到困难不愉快时，也不轻易地发火，更不将心中的不快转嫁给教师；在平时养成使用文明用语的习惯，如打电话及日常交往中更是注意，以增强亲和力。

借鉴“五个做法”是人文管理的好措施。“一视同仁，量才是用”的做法。要坚持“金无足赤，人无完人”和“既要见其短，更要见其长”的思想方法，深入实际，以诚相待，平等待人，充分了解每个教师的思想修养、学识水平、工作能力、兴趣爱好、身体状况、气质性格等情况，然后根据“扬长避短，量才适用”的原则，安排好每一个教师的工作，努力做到才能与职级相当，并设法为其创造发展潜力的条件，使每个教师充分发挥自己的聪明才智，从而达到学校整体工作的最佳效能。

坚持“民主化管理”的做法。一所学校办得好或差，取决于过程管理的状况。因此，只要坚持民主化管理的做法，抓好过程管理，就会取得一定成效。各个部门根据自己的职责和工作需要，所有的教师各负其责，参与到学校的过程管理中。

“及时发现，化解矛盾，协调人的关系”的做法。学校人际关系处理的关键是校长，每一所学校都存在着各种各样的矛盾，如人与人、部门和部门等。但只要校长正视矛盾，及时发现，认真分析矛盾，正确处理和化解矛盾，学校的各项工作就能沿着健康的方向发展。为了及时化解矛盾，校长要注意帮助教师解决困难，使他们得到愉快的情感体验，不断强化联系群众意识，以达到增强理解，化解矛盾，创造和谐、友好的人际关系。

“创造竞争环境，促人进取”的方法。积极进取，不甘落后是教师的主流，要通过竞争评比，促进全体教师奋发向上。校长在制定评定标准和评定活动中，强调同类的具体性和个别的特殊性。如在“出勤、纪律、卫生”三评比活动中，可分年级、学科、班级等不同类型，并根据不同的类型，确定不同的标准。同时，把评比结果和奖罚挂钩。这样有利于激励同类竞争，促人进取。

“坚持树立典型，鼓励多数”的做法。校长不论做什么工作，都要立足于大多数人的观点，都要有利于调动群众的积极性，这样才能使校长的工作有一个可靠的群众基础。如在期末综合评估时(评估和奖金挂钩)，既坚持根据教师的出勤、教学质量、群众关系突出贡献等标准认真评定，又本着“树立典型，鼓励多数”的做法，确定一等、三等少，二等多数的比例，规定评上一等者为先进教师，体现了树立典型、鼓励多数的目的。

要把一个学校治理得有条有理，校长除了要有人情味，同时还要弹性用权，柔中有刚，能够处事果断，坚持原则，敢于承担责任。对那些思想消极、工作长期不认真的教师，有时也需要采取一些“硬手段”，不能姑息和妥协，这是对他们爱护。在人文管理中，对一些全局性的重大问题，校长还是要讲原则的。

校长要有坚强的意志，不怕困难，乐观豁达，保持蓬勃向上的精神状态，给人以激励和鼓舞；要有强烈的服务意识，坚持以教师为本，以学生为本，心中时刻装着师生，实实在在为师生排忧解难；要有谦虚和蔼的美德，不骄不躁，心胸宽广；要以身作则，言行一致，真诚与师生平等对话，创造一个温馨的人文管理氛围。校长要时刻注意加强修养，不断完善自我，把提高思想道德素质和完善人格作为终身的追求。

激励与约束

所谓激励，就是组织通过设计适当的外部奖惩形式和工作环境，以一定的行为规范和惩罚性措施，借助信息沟通，来激发、引导、保持和归化组织成员的行为，以有效的实现组织及其成员个人目标的系统活动。这一定义包含以下几方面的内容：激励的出发点是满足组织成员的各种需要，即通过系统的设计适当的外部奖酬形式和工作环境，来满足员工的外在性需要和内在性需要。科学的激励工作需要奖励和惩罚并举，既要对员工表现出来的符合企业期望的行为进行奖励，又要对不符合员工期望的行为进行惩罚。激励的最终目的是在实现组织预期目标的同时，也能让组织成员实现其个人目标，即达到组织目标和员工个人目标在客观上的统一。

约束机制：是指为规范组织成员行为，便于组织有序运转，充分发挥其作用而经法定程序制定和颁布执行的具有规范性要求、标准的规章制度和手段的总称。约束包括国家的法律法规，行业标准，组织内部的规章制度，以及各种形式的监督等。

在目前学校管理系统中，激励机制和约束机制的失衡已经成为制约学校管理质量与管理效率的主要因素之一，虽然校章、校规是学校办学经验的结晶和反映，它对稳定学校秩序、提高教育质量起着保障作用，但是面对新形势学校应考虑清楚什么是制度该管的，管到一个什么“度”？什么是制度不该管的或管不了的，那又该怎么办？制度与人应该怎样协调？即除了一个规范管理之外，还应该有一个“人本化”的管理，这就是谋求激励与约束机制的最佳结合点，研究这两大机制的相互作用，相互依存，相辅相成的关系，是精细化管理的基础。

现代学校管理是一种系统管理，管理者应该把对象作为一个动态的系统，以整体优化的观点协调各基本要素之间的关系，使之向共同的管理目标逼近。寻求激励与约束机制的最佳结合点，旨在帮助每一位教师在教育工作中取得成功，从而促进每一位学生获得诸方面的成功，整体提升学校的办学水平。

以科学的制度约束人。随着现代社会的不断进步，学校有了较大的发展，学校人数增多，课程门类增加，教学内容更为复杂，教育手段也不断改进，这时的学校管理就显得愈加重要。管理离不开制度，要保证学校工作的顺利进行，就必须加强学校制度建设。

实践告诉我们，一所秩序良好的学校，不是建立在人人都是圣人的假定之上。相反，它既要有严格的制度，规范每一位师生的言行，提防人性恶的一面，又必须有正面的表彰激励措施，宣传和弘扬人性善的一面。因此，有人说，一个好的制度能使魔鬼变成天使，而一个坏的制度能使天使变成魔鬼。

以真诚的情感激励人。学校管理者要想充分调动广大教职工的积极性，就必须在“情”上下工夫，以最大程度地激发全校教职工的内在潜力、主动性和创造精神，消除情感障碍，减少人际摩擦，形成和谐、奋进、具有凝聚力的人际环境，从而实现有效的管理。用真情，解决教职工日常生活中的实际问题，赢得人心。用真心，转化教职工对规章制度的对立情绪，温暖人心。由于人在性格特点、认知情感、兴趣需求等方面的差异，因此对同一事情的看法会不同，甚至同一态度的表达方式也会不同。管理者应该以尊重和宽容之心对待每一位教职工，尤其是对待一些“不同的声音”。有些时候，教职工的意见是因为制度本身阻碍了教学、工作过程中的创新，他们的意见正是学校改善管理的动力。当自己的“牢骚话”受到了学校的重视，当自己的意见被学校欣然采纳，他们会意识到学校对自己的重视，也将会用更加合理的方式来表达自己的建议。对于少部分因为自己的私利而对学校制度产生对立情绪的人，管理者的尊重与宽容同样会让其感受到人与人交往的一片真心，逐渐消除对立情绪。

那么怎样辩证地处理制度约束与调动人心的关系呢？约束是指学校的一切规章制度，即“硬件”；“调动”即是管理者灵活地、有机地，但又不机械地利用这些“硬件”。约束的目的在于“调动”，强调“调动”，凡事从调动着手，争取人心，力求把有形约束化为无形约束，寓约束于调动中。制度是死的，管理是活的，人的管理首先是人心的管理，抓住了人心，就是抓住了纲，凝聚了人心，就是凝聚了力量。这就要求学校各项制度的制定程序要规范，广泛听取师生的意见，尊重他们的意愿，从师生中来，到师生中去执行落实；要讲科学，讲实效，不定不切实际的目标，不定有悖于法律法规的规章；不因特人特事另立“特规”，在制度面前人人平等；要不断进行规范和完善，以形成科学化、规范化、人性化的管理体系，让制度深化为约束人的一种强大的集体力量、精神力量、文化力量，真正实现以科学的制度约束人的目的。

寻求激励与约束机制的最佳结合点既要改革原有的管理目标，又要改革原有的管理方法，其目的是在于发挥人的价值，发掘人的潜能，发展人的个性。把激发、形成教师的内部动力机制作为管理目标，改革管理方法即要改变传统的外压式的强制管理，让教师积极主动参与学校工作，使教师转变消极自卑的自我概念，改变被动接受的行为方式，将学校管理的要求内化为自身价值的需要，自我开发内在潜能，保证自身主动、全面发展，并促进全体学生主动、全面发展。

转变教育思想。首先是转变管理者的办学思想，要以提高教师、学生的素质为目标；其次是转变管理者的管理思想，要坚信每一位教师都具有潜能，要变管理者对教师外压式的强制管理为教师内调式的自我管理，充分调动教师的积极性、主动性、创造性；再次是转变全体教师的教育思想，先进的教育思想只有被广大的教师掌握，才能成为转变教育思想、改革教育方法的锐利武器。要让全体教师掌握更多先进的教育理论，并形成先进的教育理念。

创设教育环境，建立管理机制。建立民主参与型的学校领导制度，充分发挥教职工代表大会的作用，发挥全体教职工共同参与学校管理，人人争当学校的主人，重要事务民主决策。进一步发挥家长学校的作用，让家长参与学校的管理，共同担负起教育的重任；建立激励型的学校分配制度；建立可持续发展型的师资培训制度，使每位教师都能找到自己的坐标，都有实现自我和超越自我的机会，实现教师队伍建设的可持续发展。管理者要花大力气把先进的教育思想转化为相应的教育方法，要创设宽松民主、开放多元的教育环境，鼓励教师大胆实践、不断创新，在每个教育的实际环节中都能自觉地运用正确的方法对学生进行教育。在政治上要帮助教师树立追求目标，激发他们的工作热情、事业心、成就感，促使他们大胆创造机会，不断发展；在业务上要提供施展才华的舞台。

我们需要终端激励机制，激励全体教师为着一个共同的目标而努力奋斗，激励教师为取得优异的成绩而不懈追求。我主张尽量减少不必要的津贴发放，增加“激励因素”，将节省下来的相应经费投入到各种奖励中，特别是业绩的考核及升学奖的发放中，加大终端激励作用。但人都是有惰性的，人总是在不断地战胜自我中不断地完善自我，不断地发展自我，因此校长还必须重视过程的管理，特别是教学过程中各个环节的管理。每月对备课情况进行检查考核，考核结果与师德考核、月课时津贴挂钩。重视通过随堂听课及时地发现课堂教学中的一些问题加以指导与矫正。从而较好地优化了教学过程，贯彻了素质教育的思想。

物质奖励不可少。2009 年奖励高考达线学生 20 万元。25 人受到上级表彰，61 人次受到教师节大会表彰，其中，功勋教师 4 人，杰出管理者 2 人，优秀党员 4 人，优秀员工 2 人，十大名牌教师 10 人，十大名牌班主任 10 人，十大劳动模范 10 人，十大魅力教师 10 人，十大杰出青年 10 人，支持教育先进集体 5 个，奖金分别是 5000 元，3000 元，1000 元，300 元。高三年级奖金28万元,初三年级奖金3万元。需要英雄的时代产生了很多英雄,王俊明老师在教师节拿到了3万元奖金,这在平顺中学的历史上是从没有过的,甚至在两年前是想都不敢想的。

要健全和完善目标评价制度和奖惩激励机制,充分发挥目标管理的导向激励功能,使目标管理成为学校凝聚人心、引领方向、激励干劲的有效方式。学校领导要关注过程和环节,加强督查和指导,不能放任自流,自主性管理不能变成自由管理。

刚性与弹性

中国古代哲学家老子,一天把弟子们叫到床边,他用手指了一下自己张开的嘴,问弟子:"你们看到了什么?"在场的弟子面面相觑,都没有回答。老子对他们说:"满齿不存,舌头犹在。"老子要表达的意思是:牙齿虽硬,但它的寿命有限;舌头虽软,但它的生命力更强。

制度建设是一种钢性的过程,人性化管理是一个柔性的过程。一个学校如果没有刚性的管理就不能形成规矩,没有柔性管理就不能具体问题具体分析。在管理中,实行刚性管理是基础,实行柔性管理是升华。刚柔相济,相得益彰,这样的管理就能称为较完善的人本管理。

东方文化不同于西方文化,西方文化制度大于一切,而东方则制度无情人有情。西方是同工同酬,东方是能者多劳。东方文化中"忠"、"恕"是血脉,人性化显得极其重要。上海高院院长应勇有三句话:"搞定就是稳定",把事情矛盾解决了;"摆平就是水平",把各方面的诉求照顾到,减少信访;"没事就是本事",稳定了和谐了,就天下太平了。大社会小政府,人民群众自己管理自己是社会最高的管理模式,是管理国家最高的境界。所以,利益平衡是一种司法的智慧和艺术。他的这种理念恐怕也是很特色的,法院尚且如此,下面的普通单位更是和稀泥,怎样就能搞定、摆平,彰显着一个领导的协调能力和工作水平。

学校的根本任务是培养人才,即教职工在学校管理者的管理下开展教育和培养学生的活动,所涉及的三个方面是:学校管理者—教职工—学生,是一个由"人—人—人"构成的管理系统。所以学校管理归根到底是对"人"的管理。陈水泉校长"人性化"治校的"方圆"理论着实让我佩服!在学校管理中,他的观点是:坚持以人为本,需要在加强对人的管理过程中,正确处理好约束与调动、服从与尊重、使用与培养、求同与求异等"方"与"圆"的关系。

一、约束与调动:从圆到方

怎样"从圆到方"辩证地处理约束与调动的关系?关键在于"从圆"两个字。"从圆"就是强调调动,凡事从调动着手。争取人心,凝聚人心,力求把有形约束化为无形约束,寓约束于调动中。人的管理首先是人心的管理。任何人在感情上都需要尊重、理解和信任。教职工受到尊重、理解和信任时,他们才会自觉遵守规章制度,自觉接受约束。

校长要从调动教职工的积极性、能动性着手,采取多种激励手段,如目标激励、荣誉激励、信任激励、情感激励等。调动的一个重要因素,就是学校领导要以身作则,在教职工中起表率作用。学校要完善规章制度,既要有约束性的,也要有调动性的。制定规章制度,如果只注重约束性,而忽略了调动性,无视或忽略管理对象的内心体验和内在需求,管理与评价行为往往是冷冰冰的,执行时无视或漠不关心管理对象的感受,这样学校管理工作会陷入"刚有余而柔不足、手有规而目无人"的困境。调动的另一层意思是要防止"力"的抵消,注意及时排除离心力。要设法变约束为竞争,形成竞争机制和良好氛围。

二、服从与尊重:以圆促方

在处理人际关系上,往往有两种不同的态度:一种是一味要求下级服从,强调教职工听话;另一种是讲究民主,尊重下属,让教师置身于宽松的工作氛围和良好的人际关系之中,以尊重促服从。后一种才是教育管理正确的态度和管理的理想境界,这就是"以圆促方"。"以圆促方"强调处理好人际关系,应努力建造一个共同的思想基础,树立一个共同的奋斗目标。学校领导班子成员之间要精诚团结、以诚相待,做出表率。领导班子要适度淡化教师之间的竞争。校长要鼓励和提倡教师间的合作。校长必须真正做到爱护教职工,尊重教职工,进行心理互换,将心比心,设身处地地考虑教职工在工作、学习、生活上的困难和问题,随时注意调节各方面的关系,以取得协调配合。

三、使用与培养:圆中求方

对人管理的一个重要工作,要研究对人的使用和培养。教师队伍的培养是办好学校、提高教育教学质量的核心问题,要用人必立足于育人。这两者之间的关系应是立足培养,在培养中求使用,即"圆中求方"。要树立学校职能新观念,把培养教师作为学校的重要职能之一,改革现行学校只培养学生的单一职能的管理体制。校长必须确立"素质教育首先是对教师素质的教育"的观念,认真分析本校教师素质状况,把培养教师列入行政议事日程和工作计划,要根据学校具体情况,采取形式多样、行之有效的培养、培训措施,特别要注意把培养年轻教师和骨干教师作为重点来抓,努力促进教师的专业成长,发挥教师的潜能,激活他们的创造性,使教学管理从制度的评判约束走向人本的引领关怀。

四、求同与存异:小圆大方

在做人的工作时,经常会碰到求同存异这个问题。所谓"小圆大方",即在细节问题和局部问题上允许存异,在原则问题和全局问题上必须求同。一所学校,思想工作做得再细,管理制度再好,矛盾和不同意见总是存在的,不必大惊小怪。教职工的思想有多种多样,个性也是各不相同的,根本的问题在校长能否坚持在大事上讲原则讲求同;在小事上,容人之短,谅人之过,允许存异。校长要讲究管理艺术,造就一个既有全局上的"同",又有局部上的"异",既有整体的统一,又有个性发展的良好局面。

先圆后方的亲和管理也是求同存异的好办法。校长要脚踏实地,眼看、耳听、心想、口问、深入研究、熟悉学校内外情况,让自己与教师心理距离拉近,让自己与教师彼此间在无拘无束的交流中互相激发灵感、热情与信任。先圆后方管理关系能起到加强亲和力、维系人心、增进团结、实现学校教育管理目标的凝聚作用。

“以人为本”是现代学校管理的一种基本理念，以约束人、制裁人为主要特征的“刚性管理”模式已经不完全适应现代学校管理的发展趋势，现代学校管理应从“刚性管理”向“柔性管理”转化，作为校长必须学会教师管理中“方”“圆”艺术，即对教师管理要原则性与灵活性有机结合。换言之，校长对教师管理的规范和范围的原则性要“方”，对管理的用人的技艺和策略灵活性要“圆”。

我欣赏的人格境界是外圆内方，但内方容易，外圆却难。方圆之间，说来容易做来难。

提高中层的执行力

管理是执行的艺术，是让每个人都干活的艺术。校长不做校长的事，而做中层该做的事，说明必定有一个人是多余的。余世维教授有一本书《赢在执行》，连同《工作就是责任》，我把它发给了中层领导。

何谓执行力？执行力就是实现预定计划或行动方案的能力。用正确的人（人员流程），做正确的事情（战略规划流程），把事情做正确（运营流程）。执行力，指的是贯彻战略意图，完成预定目标的操作能力。从某种程度上说，一个学校能否成功，30%靠决策，40%靠执行，其余靠机遇等因素。执行是把办学理念、发展规划、学校计划、学校决策转化为学校发展、教师专业成长、学生理想放飞的关键。执行力，就个人而言，就是把应该干的事干成功的能力；对于学校，则是将长期战略一步一步落到实处的能力。穷则思变，贫困学校更需要强有力的执行力。

杜郎口中学的改革不是纯粹理论指导的产物，而是由改变学校的生存危机和学生的学校生活痛苦状态出发的，面对学校生存危机，不是要回避，不是要“熬”和“等”，而是要变革。以色列政治学家德洛尔（Y.Dror）：战胜“逆境”要依靠变革，应当坚持以下原则：①组织改造：彻底的调整和变革，实行有选择的激进主义，反对渐进主义。②达到临界质量：干预力度、涉及范围、手段数量、时间跨度、完备程度。③承担风险，同时防备万一。④积极强制干预：领导权威。一所农村学校，生源流失，教学质量低下，向那里找原因？两种取向：抱怨客观条件，物质条件落后，生源质量不好；从主观找原因，教师水平不高，教学管理不到位。

归因理论：如果我们寻找的是客观的和稳定的主观因素时，就会丧失变革的勇气；但是如果更多从主观和可以改变的因素考虑问题的时候，就会努力寻找解决问题的办法。杜郎口崔校长：改变教学质量从学生的课堂活动做起。有人说：杜郎口中学的教育模式是变了形的应试教育。全面地说，应试教育并非全部是负面概念，从现代教育的角度看，它有消极因素，但是也有积极因素。杜郎口的教育是在杜郎口的环境中把应试教育与素质教育局部、有机地结合起来，结合点便是课堂教学活动的内容和形式。对此，我们不认为“楔子策略”（观点歧视）是完全的。

提高学校领导的决策力和中层的执行力是提升学校核心竞争力的关键。

执行力的品质:领导全局统驭能力——熟悉全局,权威到位;目标系统,责任到位;中层有力,各负其责;团队合作,竞合有序;制度完备;作风细致,拈轻若重。主要领导者方向明确,目标合理,决心坚定,思路逐步清晰,领导集体认识一致,强有力的领导措施。

香港的经验值得借鉴:小齿轮大齿轮。小齿轮:学校改进的具体项目,可以是教学方法的改进,新课程的建设,学生的特色活动,教师的培训项目等。大齿轮:学校管理的整体改进,学校文化建设。大齿轮和小齿轮构成学校的整体,从学校改进来说,大齿轮决定学校长期、稳定的发展,但是小齿轮可以推动大齿轮。大齿轮可以通过万向节带动一系列小齿轮转动。

微软的缔造者比尔·盖茨曾说过:"微软在未来十年内，所面临的挑战就是执行力不足"。一所学校要想生存、发展,就应该注重执行力的培植。有人打过比喻:如果学校是个人,那么校长就是脑袋,他代表思想;而中层干部则是手和脚,他们是校长办学思想坚定而不可取代的执行者。由此可见,学校工作的执行力主要来自中层干部。中层干部是联系上层与基层的纽带和桥梁,是增强工作执行力的关键所在。怎样提高执行力?

善学好思,提高政治理论素养和政策领悟能力是提升执行力的前提。科学的理论、正确的思想是行动的指南。每位干部要做学习的表率,树立终身学习观念,把学习作为工作的一部分,作为生活的一种习惯。一方面,要以先进理论武装头脑,提高思想品德修养,深入学习领会有关教育政策和法规,增强依法治教的执行水平。另一方面,必须全面、深入学习并准确把握学校的办学理念、校训、教育教学工作指导方针和教师"核心师德"等思想内涵,成为学校办学思想宣传和实践的表率,以此推动工作的开展。再一方面要勤于思考,提高政策领悟能力。真正领悟学校领导的决策意图、决策内容,做到执行时不片面,不偏向,不走样,增强工作的执行力度。要忠诚于学校,要明白:品德永远是第一,可靠永远是第一,能力是其次的东西。脖子以上的部位很重要,智慧就在那里,要把这一部分尽可能地丰富起来。

领导者要以身作则,己所不欲,勿施于人。敬业重德,做践行"爱心、责任、敬业"三项核心师德的典范是提升执行力的基本条件。中层干部的个人修养和业务水平,是在教师中建立威信的基础条件,也是个人魅力的折射。这就要求每位中层干部都以发展学校事业为己任,以满腔的忠诚、爱心、热情投入到工作中。在业务上勤于钻研,成为业务的精兵强将;在作风上,做严于律己、廉洁执教的表率,真正做到干净、干事、干成事;在功利上,做到困难敢上,荣誉谦让,少一点个人利益的盘算,多一些事业大局的考虑;在管理上,精益求精、抓干并举,突出"干"字,敢于为发展尽责任,敢于为创业发真言,善于为事业做实事,甘于为事业做奉献。

科学计划、精细化管理,是实现执行力提升的有力保障和有效途径。古人云;"凡事预则立,不预则废"。中层干部在正确领悟学校领导的决策意图、决策内容的基础上,应学会采用科学的、有条理的执行方法完成工作,在工作执行前、执行中和执行后的各个环节做到"三明三重三及时"。即在执行前做到目标明晰,任务明确,时间明确;执行中要注重自我询问,注重协调，注重细节管理；执行后做到及时总结、及时反思、及时反馈。在执行的过程中要有优先级的概念，分清轻重缓急，形成“急重优先，轻缓错后，急而不躁，忙而不乱，有条不紊，紧张有序”的工作习惯。体现在具体工作中，如每学期各处室都要根据学校整体工作计划制订详细的部门计划，围绕学校的总体思路，结合部门特点，提出可行的措施。重大活动、重点工作还要有具体的实施方案，分清事情的轻重缓急，拿出时间表。为保证部门与学校工作的整体性、一致性、连贯性，在制订计划、方案的过程，多请教师参与，多听取教师的意见、建议，把部门的要求变成教师的自觉认同。

“视角决定高低，细节决定成败”，古往今来“想成就一番事业，必须从简单的事情做起，从细微之处做起。一心渴望伟大、追求伟大，伟大却了无踪影；甘于平淡，认真做好每个细节，伟大不期而至。这就是细节的魅力”。学校工作大多较琐碎，成败往往取决于细节。精细化管理强调在追求细节中提升执行力。细节关注到位，管理就有效果，就能促进事业进步。作为决策的执行者，中层干部实行“精细化管理”就是对每一项工作都精心，对每一个环节都精细。用精心的态度，通过精细的过程，产生精品的成果。这就要求我们中层干部学会操心、时刻用心，细心关注学校的每一项工作、每一名师生、校园的一草一木和每一个角落，做到精心管理；每位干部要俯下身去，不折不扣地落实干部值班制度、偏平化管理制度、深入一线听课交流制度和与师生谈心制度，及时发现教育教学及管理中的实际情况和存在的问题，把握师生思想动态，真抓实干，以干带“抓”，“以师为本”，尊重师生，服务师生，建立和谐的校园人际关系，提高管理水平，增强执行能力。

领导者要敢于承担责任，不断寻求工作新的“增长点”是提升执行力的不竭动力。吕日周书记曾号召党员干部发扬“三敢精神”：敢吃苦、敢吃亏、敢惹人。自己职责范围内的事情主动办好，多一点勤奋少一点懒惰。海尔集团首席执行官张瑞敏曾经说过：“没有思路，就没有出路。”处于机遇和竞争并存的信息化时代，就要使自己的思维始终处于活跃状态。执行不是简单复制领导的命令，不是机械地照搬教条，而是一种创造性的劳动。在制订计划、实施方案和决策落实的过程中，中层干部要有自己的智慧，要有“另辟蹊径”的胆识，创新思路、找好办法，不断地在工作中发现问题、研究问题、解决问题；要善于适应事业发展对自己提出的要求，抓住工作中的机遇，锻炼自己、发展自己，不断提升自己，丰富自己，最终超越自己；要摒弃思想保守、故步自封，不断积极主动地寻求发展；要经常反思自己的工作，哪些符合科学发展观，哪些工作还要加强，自己是否主动工作了，认真工作了，自己的工作是否对学校发展有利，对增强学校核心竞争力有利。工作中忌讳办事拖拉，“雷声大，雨点小”或是“只打雷不下雨”。只有主动积极用心工作，雷厉风行地工作，才能不断提高管理效能。

有情领导，无情管理，顾全大局，增强团队意识和协调组织能力是提升执行力的保证。足球，只有发挥每一个球员的作用才可能获胜。教育是团队的事业，管理也是团队的事业，学校中层干部的大局意识、团结意识、协作意识是学校各项决策和工作目标、任务顺利实现的重要保证。每位中层干部应时刻牢记全心全意为一中事业发展服务的宗旨，不管做任何事情、从事何种工作，必须树立全局观念。一切要以促进工作、发展事业为重，善于团结、协作、交流、配合。要学会真诚的沟通，研究表明，单位内存在的问题70%是由于沟通不力造成的，而70%的问题也可以由沟通得到解决。中层干部应该既要及时上传下达，做好内部沟通，又要理顺部门与部门之间的关系，团结协作实现共赢。首先，要从自己做起，多看别人的优点，接纳或善意提醒别人的不足，相互沟通，相互尊重，相互激励。各部门之间应各司其职，分工合作，互相沟通，相互理解和包容，达成共识和合力，增强战斗力。其次，要敢于负责，不讲借口，多一些实干，少一些推卸；要严格履职尽责，做到谁主管、谁负责，谁在岗，谁负责。执行不力应该把责任自己挑起，这不仅有利于团结，而且是对上对下的最好交代。再次，管理要出于公心。在管理过程中、坚持公正，少有偏心私心。尤其当工作中超出自己权限、需向领导汇报的更要注意实事求是，不能任意夸大或缩小问题，只有这样才能不断提高管理效能。四是提高组织实施能力，坚持开好处务会，抓好处室人员的学习和业务素质的提高，强化敬业创新意识；开展争优创先活动，以争创文明处室，争当服务标兵为目标，最大限度地激发每个人的潜能，积极主动完成所布置的工作；同时要强化检查、激励、反馈的过程管理，确保各项工作顺利实施，落实到位。

总之，提高、加强学校中层干部的执行力至关重要。中层干部执行力的提升，将有利于中层干部的桥梁作用充分发挥，形成政令畅通的中枢；将有利于中层干部的纽带作用充分发挥，形成凝聚队伍的合力；将有利于中层干部的骨干作用充分发挥，形成“能战能胜”的团队。这一切均将推动学校事业的创新与发展。卢志文校长是这样要求的：学校中层干部做“法家”，落实“制度第一”的管理理念；副校长做“儒家”，处理好学校各种矛盾；校长做“道家”，把握大原则，放眼光，拿策略。

竖直化与扁平化并行

王殿军校长认为：学校管理有四重境界——人治、法制、文治、自觉。

学校管理之人治。体现出一个好校长就是一所好学校，学校管理依赖校长的人格魅力、决策能力，校长依赖自己的智慧、谋略、人脉，危险之所在：一旦校长的离职或退休，学校会面临突然滑坡的危险。缺乏规范，领导拍板，容易专断。

学校管理之法治。聪明的校长，为了学校可持续发展，会结合学校实际，制定一套完善的规章制度。制度保证学校规范运行，较少依赖个人。制度能保证规范、合格，无法实现卓越。制度就是最低要求，就是做事的底线。制度运行的危险：例外、权威。

学校管理之文治。制度保障学校的良好运行。文化引领学校的卓越发展。文化的要素就是师生的共同价值取向，师生对学校发展愿景的高度认可，领导凝聚力、号召力的充分体现。

学校管理之自觉。管理之最高境界就是：无为而治。没有前三重境界就无法达到这个境界，无为而治就是达到了教育管理的自觉。个体自觉形成群体团结,群体合力促进个体自觉趋向一个共同的大目标。

为优化常规管理,丰富教学发展内涵,推进有效教学,全面提升教育教学质量,促进我校各项工作的均衡发展,试行竖直化与扁平化双线并行的管理模式。

竖直化,由副校长分管相关处室,对全校相关项目进行管理和督察。对外主要采用竖直化,内部管理主要采用扁平化;业务主要采用竖直化,行政主要采用扁平化。"扁平化"管理方法,力求"明确责任,落实责任",并在工作中摸索,摸索中工作,总结经验,寻求发展。

学校实行校长领导下的扁平化管理,实现年级主任负责制,班科组合制。年级主任聘任班主任,班主任和任课教师双向选择,强化责任分工,注重统筹协作,严格目标考核,激励发展活力。

细节决定教育成败

沃尔玛是2008年全美五百强之首,全球7500家商场,210万员工,年销售额达4056亿美元。它的成功,靠的是薄利多销,但沃尔玛的企业文化也是它称雄世界的不贰法宝。如"三米微笑原则",指员工要问候所见到的每一位顾客;"沃尔玛欢呼"——公司以沃尔玛(WAL-MART)的每一个字母开头编了一套口号,内容为鼓励员工时刻争取第一。每次会议前、每天开门营业前都要高呼这些口号。"日落原则"——根据追求卓越的理念,当天的问题须当天答复。

麦当劳是著名世界性大公司,之所以独步全球,和其严格细致的管理分不开。其生产和管理过程中至纤至细的专门技术就有25000条之多。比如柜台高度统一为92厘米,决不随意降低或抬高,因为研究表明这一高度最适合顾客掏钱付账;全球麦当劳的吸管直径都是统一的,系根据"吸饮料时能体现母乳进入婴儿口中的速度则口感最好"这一实验原理而设计;汉堡包的厚度和气孔大小也有明确规定,因为研究证明那样的面包味道最好,其中的牛肉分量为45克,要放在A厘米的铁板上,以B度的温度烤制C分钟,ABC当然都有具体的讲究和规定。正是这些管理的技术和学问,造就了麦当劳这一享誉全球的食品行业中的航空母舰。"M"的招牌挂遍了全球,连锁店达15000家以上。

管理的艺术是相通的,学校管理和学生教育往往体现在一言一行、一举一动的细枝末节上。因此,我们既要注重抓好诸如主题活动、节庆典礼、考试比赛之类的重要工作,追求"情节"的生动,更要花大力气抓好这些情节发展过程中和每日每时的一些"细节"管理。因为在一定程度上,精彩的细节更能吸引成长,更能提高活动的品位档次。

班会课上,学校政教主任广播讲话,班主任却伏在讲台上忙着不知写些什么。请问,教师的这一"细节"会给学生留下什么印象,会产生怎样的"身教"效果?一会儿,广播会结束,班主任讲话，下面的同学也是做作业者有之，打瞌睡者有之。以为学生都没有吵闹，便自顾自地喋喋不休。忽视了学生不在听你讲话这一“细节”，你讲话这一“情节”又有多大意义呢？再来看看我们周围。我校要求，校园内自行车一律推行，但一些老师往往不能自觉执行，特别是早上或晚间仍照骑不误。有这样两句话：其一，“校园无小事，事事育人；教师无小节，处处楷模”；其二，“每当你在校园骑车时，请回头看看，你的身后总有学生在看着你。”

学校要求，学生见了老师要问好，而老师们总是不予理睬，时间一长，问好者越来越少。要求学生在老师面前要双手接受老师的东西，不允许一只手接拿。事实上一般学生都做不到，总是一只手。问题表现在学生身上，根子却在老师。老师一方面没有对学生提出此严格要求，另一方面更没有言传身教，因为老师给学生递东西时总是缺一只手的，心情不好的时候更往往是将东西扔过去、丢过去甚至摔过去的。请听听苏霍姆林斯基的箴言：“品德基础的建立不是靠长篇大论的说教，而是因榜样的砖块一天一天地铺砌起来的。”

教育是一种做的哲学，管理是一种细节文化。人格浓缩在细节里。良好的校园风尚，理想的办学质量，一位位优秀教师，一个个优秀学生，都要在这种严格的细节管理之中脱颖而出。

其实，教育也是一种精神服务，所以，张万祥校长提出了如下呼吁和要求：

管理贵在发现。就如每天的太阳都会带来一个崭新的日子一样，一个教育工作者只要用心去发现，他的生活就会充满阳光、充满生机、充满创造的乐趣。

服务贵在沟通。沟通是人的心理需求，沟通是教育的起点，也是一种方式和一种一艺术。我们号召每一位教工要先做学生的朋友后做学生的老师。

教育贵在真诚。学生的需要是教育服务的范围，学生的满意是教育服务的标准，学生的成功是教育服务的目标。君子之交淡如水，只要真诚地对待每一个学生，这水就会永远清纯甘甜。

事业贵在奉献。奉献是教师职业的基本内涵，是对每一位教师的基本要求，奉献会使每一位教师充满智慧的美德、树立高尚的人格。天道酬勤，付出总有回报。而为名为利、心术不正者永远成不了气候，也成就不了大业。我们提出，优厚的工资待遇也许只能换来优秀的劳动力，先进的制度却能够激发教师的创造性劳动，而唯有乐于奉献的良好校园文化环境才是培养教育家的沃土。

品牌贵在规范。只要想想商店、宾馆、医院、银行、航空、军队等行业的经营和管理情况，我们就能理解规范之于教育之于品牌的意义了。为什么全世界的航空小姐都笑得那么灿烂，为什么全世界的军队都有非同一般的纪律和力量，这一切的一切都诞生于规范。

附录：

参与型的民主管理：教职工代表大会制度，平顺中学校务公开制度，行政会议事制度，平顺中学行政领导考评制度。

竞争型的人事管理机制：平顺中学班科组合制度，平顺中学处室工作人员聘任制度，平顺中学教职工转岗制度，全员业绩综合考核评价制度，处室主任诫勉制。

激励型的分配管理机制：平顺中学高三教师高考奖励办法，平顺中学中考奖励方案，平顺中学“教坛新秀”、“活力课堂”评选和奖励方案，平顺中学教科研成果奖励办法，平顺中学名师奖励办法，各项津贴标准。

可持续发展的教师培训机制：平顺中学导师制，平顺中学教科研工作制度，平顺中学教师学习制度。平顺中学名师制度，平顺中学青年教师读书会章程，青年教师教学技能过关制度，平顺中学青年教师进修校章程，平顺中学学科带头人制度，平顺中学教案共享制度，平顺中学听课制度，平顺中学问题研究制度。

效率型的学校管理机制：班主任负责制，班主任进教室制度，平顺中学目标管理实施办法，年级组负责制，平顺中学情感管理实施意见，平顺中学全员坐班制度，平顺中学文化管理实施意见。

注重学习的教学管理机制：平顺中学班科会制度，平顺中学分层施教实施意见，平顺中学教师考试制度，平顺中学教学常规管理制度，教师教学工作规程，平顺中学教学质量监控和保障系统，平顺中学项目管理实施办法，平顺中学班前会制度，平顺中学月例会制度，平顺中学教育科研课题管理制度，平顺中学学生常规学习制度，平顺中学扶优补差实施办法，临时调课制度，平顺中学中等生转化实施办法，平顺中学期中、期末考试教学质量考评方案。

以人为本的服务管理机制：教师生活小区建设规划，平顺中学教师办公服务管理制度，平顺中学学生食堂管理制度，平顺中学学生宿舍管理制度。

平顺中学政教处项目管理制度汇总：平顺中学学生安全管理制度，平顺中学大型活动安全管理制度，平顺中学课外活动管理制度，平顺中学升国旗制度，平顺中学校外住宿生管理制度，平顺中学卫生制度，平顺中学学生奖惩制度，平顺中学学生公寓管理条例，平顺中学住宿生管理细则，平顺中学住宿生生活规范准则，平顺中学宿舍检查评比方案(试行)，平顺中学政教工作岗位职责，平顺中学政教工作人员职责，平顺中学政教一日常规检查表，平顺中学门卫工作人员职责及考核办法，平顺中学生活教师工作职责，平顺中学校园保洁员岗位职责及考核办法，平顺中学学生公寓生活教师考核办法，平顺中学班主任工作职责，平顺中学班主任工作量化考核办法，平顺中学对违纪学生处理程序和规定，平顺中学学生一日常规，平顺中学学生值日生卫生工作任务，平顺中学教室卫生条例，平顺中学教室、环境卫生考核，平顺中学公共卫生公约。

第六章 校长的领导力

我们的“愿景”解读

我们的愿景:和谐、卓越、幸福

愿景:愿,就是心愿,景就是景象,即希望实现的景象。就像佛教的释迦牟尼念佛学达到西方极乐世界,这就是一个愿景,基督教、天主教也是。这是一个预见未来的美景,这个美景给人动力去做一件事情。也就是“所向往的前景”。愿景介于信仰与追求之间,类似于人们常说的理想,愿景比信仰低一层(信仰通常是永恒不变的),比追求高一层(追求通常是短期的)。愿景是人们永远为之奋斗希望达到的图景,它是一种意愿的表达,愿景概括了未来目标、使命及核心价值,是哲学中最核心的内容,是最终希望实现的图景。人活着,不能没有信仰、理想、追求。

和谐。和 = 禾 + 口:“民以食为天”,粮食丰收了,可以养家糊口,肚子吃饱,整个社会安居乐业为“和”;谐 = 言 + 皆:大家都可以说话,言论自由,说出的话有道理,让人信服,你信任我,我信任你,为“谐”。简单地说,就是:人人有饭吃,人人有话说。

“和谐”是中国传统文化的核心理念和根本精神。《周易》就追求“太和”思想。“保合太和”是《周易》的核心思想。差异与统一、秩序与和谐的完美结合,谓之太和。太和即最高的和谐。“太和”汲取了儒、道两家的和谐思想。儒家侧重于追求社会人际关系的和谐,道家侧重于追求天与人的自然和谐。中华文化的和谐精神可以归纳为“和而不同、求同存异”。

胡锦涛主席把社会主义和谐社会定义为“民主法治、公平正义、诚信友爱、充满活力、安定有序、人与自然和谐相处。”

构建和谐校园,就是追求教师与教师和谐、教师与学生和谐、师生与校园和谐、物品与物品和谐、学科与学科和谐。校园内人际关系和谐,就能使在学校学习、工作和生活的每个人都能获得人身的安全感,归宿感,就能使学校每个成员的积极性、创造性得到充分发挥,进而实现校园结构稳定、关系融洽,广大师生员工能够心气平和地学习、工作,干事业、求发展,从而就能不断增强校园的创造活力,推动学校的前进与发展。和谐凝聚人心,和谐团结力量,和谐促进事业的发展。

卓越。卓越包含是很广的,没有一本书写过究竟什么是卓越,也没有一个权威机构评选出过真正卓越的人或者学校。我们这里实际上强化的是追求卓越,成就卓越。

追求卓越、止于至善,昭示的是一种永不止息、创新超越的“进取”心态,是一种对完善、完美的境界孜孜不倦追求的崇高精神。奋勇拼搏,不停顿地向新的更高的目标攀登,实现创新、跨越和突破,永远朝着更好、更高、更强奋进。其精神实质是,激励并引导广大教师保持崇高的精神追求,自强不息,锐意进取,积极向上;推动学校保持不懈奋斗的态势,与时俱进,勇往直前,永续辉煌。作为一个教育者,应当胸怀振兴国家教育事业的大目标,有为学生一生负责的大作为,在履行教师使命的漫漫征程上,敢闯新路,勇攀高峰,敢于胜利,满怀信心,永不停步。

在学校,就是要成为卓越的老师,就是要培养出成就伟业的学生。

我们认为,优秀是一种习惯,衡水中学品评学生的“优秀”与“卓越”有一条不成文的规矩,即在一弯腰之间,弯腰捡起你脚边的废纸即为“优秀”,捡起并能上前指出其他同学或制止其他同学再扔即为“卓越”,如此易得的“优秀”与“卓越”,有谁不乐而为之?

幸福。让每一个教师过上幸福的生活,让每一个学生过上幸福的生活,是我们的最高向往。幸福是一种体验,是对教育生存状态的一种高级的、愉悦的情感体验。教师的幸福是一种精神享受。教师的幸福就是教师在自已的教育工作中自由实现自己的职业理想的一种教育主体生存状态。教师职业的特殊性决定了教师幸福的精神性,教师幸福的给予性与被给予性,教师幸福的集体性,教师幸福的无限性,怀有教育理想,才能体会到教师的幸福。获得与感受幸福是一种需要磨砺和培养的能力,这份能力来自于对事业的追求,对自我的完善,对境界的提升。这时,幸福不再是经济的丰厚回报,不再是职位的逐步提高,不再是别人的点头肯定,它是我们心中怀着的梦想,是实现梦想的每一种体验,是感动生命的每一个细节,是超越自我的每一点进步。心若在,梦就在,梦想在,则幸福在。

建立共同愿景不是解决某一具体问题的回答,也不是一种形式性的东西,而是必须由学校各级管理者和全体员工全过程、全方位、全方法、全面地将共同愿景贯彻落实在教育教学和工作的各个方面。

我们的核心价值观解读

我们的核心价值观:仁爱,诚信,智慧,创新

价值观:是一种处理事情、判断对错、做选择时取舍的标准。价值观是支撑人类生活的精神支柱,是一种内心尺度,它决定着人类行为的取向,决定着人们以什么样的心态和旨意去开创自已的新生活,因而它对于人类的生活具有根本性的导引意义。是我们对待自已、家人、工作、同事、学生、家长,以及做事时的一种判断标准。

什么是核心价值观?所谓核心,就是指最重要的关键理念,数量不会太多,它必须是核心团队或者是全体教师发自内心的肺腑之言,是老师们在教育教学过程中能够长期身体力行并坚守的理念。核心价值观就是指学校在教学过程中坚持不懈,努力使全体教职员工都必须信奉的信条。

仁爱。宽仁慈爱,亲爱。中国传统思想:仁义。

仁:从人,从二。右边的二是重文。本义:博爱,人与人相互亲爱。孔子,仁。“仁爱”:仁者爱人。宽仁慈爱,爱护、同情的感情。对谁也不要生坏心,对所有的人都要仁爱。

孟子,义;舍生而取义者也。孟子的这一思想,千百年来一直为人们所推崇。“义”字的含义后来变得十分广泛,包括科学真理、爱国主义、社会公德、民族精神、个人气节等等。以“信”为基础,与理想联系,人人皆有“仁爱”。

西方的“仁爱”:爱人如己是人类最高理想,行为符合这种理想即符合诚信原则。

所谓的仁,是说其从心底里欣然地去爱别人;他喜欢别人也有福,而且不喜欢别人有灾祸;这是从心中生起而不能停止的情感,是不求回报的情感。

一个人想要被人爱,首先要去爱别人,只有付出爱,才能得到爱的回报,才能组成家庭、家族乃至人类社会。因此,“爱人”,就是人类社会之所以发展的规律,遵循仁爱的规律,人就能得到幸福与快乐,违背了这个规律,人的一生也就是痛苦的了。所以,我们一直倡导忠诚、敬业、合作,宽容、善良、博爱。

诚信。诚,是先秦儒家提出的一个重要的伦理学和哲学概念,孔子时期,“诚”还未形成理论概念。孟子时不但已经形成理论概念,而且位置十分重要。他说:“是故诚者,天之道也;思诚者,人之道也。”在这里,诚不但是天道本体的最高范畴,也是做人的规律和诀窍。荀子发挥了“诚”的思想,指出它为“政事之本”。他说:“天地为大矣,不诚则不能化万物;圣人为知矣,不诚则不能化万民;夫诚者,君子之所守也,而政事之本也。”在《礼记·中庸》里,“诚”成为礼的核心范畴和人生的最高境界:“唯天下至诚,为能尽其性;能尽其性,则能尽人之性;能尽人之性,则能尽物之性;能尽物之性,则可以赞天地之化育;可以赞天地之化育,则可以与天地参矣。”至诚如神,有了诚笃的品德和态度,就可以贯通多种仁义道德,成己成人,甚至能够尽人之性,尽物之性,赞天地只化育而与天地参,达到“天人合一”的境界。《大学》把“诚意”作为八条目之一,格物,致知,诚意,正心,修身,齐家,治国,平天下。“诚”成为圣贤们体察天意,修身养性和治国平天下的重要环节。宋代周敦颐进一步认为“诚”为“五常之本,百行之源也。”把包括诚实在内的“诚”看做仁、义、礼、智、信这“五常”的基础和各种善行的开端。

在长期的社会生活中,诚实之主要的道德要求逐渐明晰为:忠诚、正直、老实。忠诚的主旨是对祖国、对人民、对正义事业的忠诚。当然,这种忠诚不是盲目和狭隘的“愚忠”,而是认同于崇高的理想,为实现理想而不懈追求和努力奋斗,从而表现出乐于奉献,勇于牺牲的精神。正直,是指为人正派,处事公正坦率。老实,则特指说老实话,办老实事,做老实人。

信,也是中国伦理思想史的范畴。“信”的含义与“诚”、“实”相近。从字形上分析,信字从人从言,原指祭祀时对上天和先祖所说的诚实无欺之语。孔子认为,“信”是“仁”的体现,他要求人们“敬事而信”。他说:“信则人任焉”,“人而无信,不知其可也”。孔子和孟子都将“信”作为朋友相交的重要原则,强调“朋友信之”,“朋友有信”。‘汉代董仲舒将’“信”与仁、义、礼、智并列为“五常”,视为最基本的社会行为规范。并对“信”作了较详尽的论述:“竭遇写情,不饰其过,所以为信也”。他认为“信”要求诚实,表里如一,言行一致。朱熹提出“仁包五常”,把“信”看做是“仁”的作用和表现，主要是交友之道。他说：“以实之谓信”，其说与孔子、孟子基本相同。在儒家那里，诚与信往往是作为一个概念来使用的。“信，诚也”，“诚”与“信”的意思十分接近。今天，就是：诚实守信。

由此看来，传统伦理将诚信作为人的一种基本品质，认为诚实是取信于人的良策，是处己立身，成就事业的基石。总之，是一种个人生活的准则。

从哲学的意义上说，“诚信”既是一种世界观，又是一种社会价值观和道德观，无论对于社会抑或个人，都具有重要的意义和作用。我们的追求是团结、务实、实干，履行承诺，遵守规则。

智慧。不仅我们要追求个人智慧，而且要拥有教育智慧，实现智慧教育。

从汉字构成来看，“智慧”这两个字，“智”是每天都在认知，“慧”是用双手抓住思想的丰硕成果。所以“智慧”强调的是不断认知和思考。《现代汉语词典》对智慧的解释是：智慧是辨析判断、发明创造的能力。钱学森先生认为：“智慧是一个包含知识、能力、情感、意志和价值观在内的复杂系统。”

智慧是一种境界，是一种只可意会，不可言传的境界。智慧不能直接传播，需要在获取知识、经验的过程中经由教育的呵护而不断得到开展、丰富和发展。

在本体论意义上，人类教育是一种通过知识促进人的智慧发展，培育人的智慧性格和提升人的智慧本质属性的活动。教育的真谛就是培养人的智慧。一个完整智慧活动主体的成长，应包括其“理性智慧”（求知求真的智慧）、“价值智慧”（求善求美的智慧）和“实践智慧”（求实践行的智慧）三者之间的综合、协调、有机地发展。

智慧的教育需要智慧的教师，这是时代的呼唤，是教师专业成长的需要。教师的最高境界是做智慧型教师。

智慧教育应该是让每一个教师得到幸福、让每一个学生得到进步的教育，是学生把学习当做一种乐趣、一种享受的教育，是学生自己教育自己、成为自己的教育，是用教师心灵之火去点燃学生心灵之火并使之熊熊燃烧的教育。智慧教育就是让兔子去跑步，让乌龟去游泳，让老鹰去飞翔的教育。

创新。创新是人类社会发展与进步的永恒主题。国际竞争的日趋加剧和人类生存环境的种种挑战，把创新提到了前所未有的高度。在以高新技术为核心的知识经济社会中，作为创新主体的人，必须具备创新意识、创新精神和创新能力。个体获取知识、使用知识和创新知识的智慧发展水平不仅决定了人类的发展速度，也成为影响各个民族生存和发展的基本因素。21世纪，中国进入了一个创新时代。

我国近年来全面推进的素质教育，就强调培养学生的创新精神和实践能力，

创新是今天世界各国都在认真思考的话题。我国政府提出到2020年把我国建设成创新型国家的目标。国务院总理温家宝在出席2007年非洲开发银行集团理事会年会开幕式前在上海考察工作时（5月16日）说，一个城市、一所学校、一个企业，不在于搞多大，有多么气派，

而在于创新精神和创新能力，这是最根本、最长远的。（最根本、最长远的是创新精神和创新能力）

江泽民说："面对世界科技发展的挑战，我们必须把增强民族创新能力提高到关系中华民族兴衰存亡的高度上来认识，教育在培养民族创新精神和培养创造性人才方面，肩负着特殊的使命。"

在欧洲：欧盟提出《创建创新型欧洲》(2006)。美国竞争力委员会《创新美国》：

创新精神是决定美国在21世纪获得成功的唯一最重要因素...... 创新精神一直深深地植根于美国的国家精神之中......"我们美国人一旦停止创新，就不再是真正的美国人"。

当面临挑战时，我们就进行了发明：从第一部电话到全球卫星通讯；从第一部计算机到互联网(www)；从怀特兄弟(Wright Brothers)到尼尔·阿姆斯特朗(Neil Amstrong)。在美国人看来，创新(innovation)……意味着创造一个更富生产力的、更为繁荣的、更易变化的、更为健康的社会。创新激活我们的生活方式并提高我们的生活质量，而创新之源则在于教育。

尼尔·阿姆斯特朗，"阿波罗11号"的指挥官兼驾驶，于1969年7月21日登上月球表面，成为在地球之外的天体上活动的第一人。他的月球之行，是人类历史上最重大的事件之一，对此他曾说过一句名言："这是个人的一小步，却是人类的一大步。"

布什总统2006年《国情咨文》要点：为了保持美国的竞争力，我们的承诺是最为必需的:我们首先必须继续在优秀人才和创造力上引领世界。我们在世界上的最大优势是我们总是有受过良好教育、勤劳工作且富有雄心的人民，我们将继续保持这一优势。

美国为什么如此关注创新和竞争力？在这一创新的时代，我们今天能向他国学习什么？能向美国学习什么？这是我们需要思考的话题。

教育应该如何创新？第一，教学生学会如何学习；第二，培养激情和好奇心；第三，学会与他人友好相处；第四，开发右脑（全脑），尤其着重于艺术教育。

每个组织都有其精神内核和灵魂，不管有没有写到纸上，也不管是否挂在嘴边。一个清晰的愿景、一个明确的目标，可以成为不断促进和激励人的因素，愿景能够建立起一个共同体。一旦你清晰地表达出了自己的愿景，并且对这个愿景充满了信心，那么你就要使每个接触到这个组织的人都能够了解这个愿景，实现共同奋斗。

相传佛教创始人释迦牟尼问他的弟子："一滴水怎样才能不干涸？"弟子们面面相觑，无人回答。释迦牟尼说："把他放到大海里去。"

一个人再完美，也不过就是一滴水；一个团队，一个优秀的团队才是大海。所以，我们要不遗余力地依托核心价值观打造优秀的团队。

校长是一个领跑者

我们有一个信念:“培育一人,脱贫一家;办好一中,致富一县。”教育好一个学生,幸福一个家庭;而办好一所学校,则幸福一方社会。著名教育家陶行知也说过,“当一个校长,不仅是几百个学生的导师,而是几百户、一二千人的导师。”“一个好校长也就意味着一所好学校,校长是学校的精神支柱,是一所学校的灵魂。”做一个学校的校长,谈何容易!说得小些,他关系千百人的学业;说得大些,他关系到一方百姓的幸福,关系到国家、民族之兴衰。

北京师范大学著名教育家裴娣娜老师说得好,校长是一个领跑者,领着教师,领着一茬又一茬的孩子在不停地向前奔跑。

一个优秀的领导,不只是领导事物,更是领导目标,领导使命。校长应该做什么?有人认为,校长,应该做三件事:出思路,用干部,搞服务。其实,校长,应成为学校思想文化的领跑者,先进文化的倡导者、传播者和建设者,在教育思想、教育观念上走在时代的前沿;用新知识、新理念不断充实自己,为事业、为自身发展奠基;引领师生共同建设学校特色,营造浓郁的校园文化氛围,实现育人的教育使命。有人认为:校长的领导能力包含:把握战略发展机遇的能力,把理念落实到行动的组织协调能力,完善制度与建立良好决策机制能力,对学校现状的判断与诊断能力,争取上级支持与社会资源能力,课程开发与组织能力,指导教师提升课堂教学有效性的能力,促进教师专业化发展的能力,组织学生有效学习的能力。

一、校长要注重思想的引领和指导,要有超前的规划思想、要有系统的管理思想、要有开阔的办学思想,不能忙于事务,迷失方向

陈孝彬教授认为,办学思想有下面几层含义:它是校长的教育理念、信仰、价值观在学校工作中的体现,是校长的智慧和创造才能的展示;办学思想体现了校长在学校发展中的思路、计谋、策略和韬略,就是说,它不完全是一个根据文件怎么说就怎么做的问题,而是在实践上级文件中体现他的计谋、策略和韬略;它是校长向自我的智力和体力极限挑战的过程;办学思想不是抄来的,是校长在实践中体验和领悟的结果。办学思想首先反映的是校长的思想境界,一个人追求的目标有多大,他的才能就会发挥得有多么充分。校长要有创新精神、科学精神和奉献精神,要耐得住寂寞。校长不是只关心正确做事,更要关注做正确的事,要引领思想、引领实践、引领管理。校长是管理者也是服务者,是组织者也是协调者,是领导者也是执行者,是大校长也是好朋友。校长要扬人之长,念人之功,谅人之难,帮人之过;校长要宽容、理解、团结、协作;校长要公正、正直、勤于学习、勤于工作、讲究工作艺术;校长要有良好的精神面貌。

办学思想可以分解为三个层次。第一层次是理性化层次。它体现为校长的使命感、责任感和追求的目标,能够用明确的语言或文字表述出来。第二层次是战略发展层次。它体现了校长的智慧、计谋、策略和韬略,包括怎样处理学校内部和学校与外部的各种关系。这是实现理性目标的中介。第三层次是操作层次,就是采取的具体措施。如果前两个层次没解决,光有操作层面是不行的。办学思想不是去照搬,搬过去也会走样,关键是领会、把握好办学思想的第一层次。

一个领导干部的权威20%来自权力,80%来自人格。人格是无形的力量,比有形力量还要大。人格不是靠权力压出来、自己封出来、金钱买来的,而是靠一言一行长期积累而形成的。校长的职责比较繁多,但归根到底就是两件事:决策与用人。因此,校长的工作如果出问题,也就出在决策和用人上。决策是否科学,是否规范,关键是看其决策的民主性,学校的事不能校长一人说了算,要增加透明度。常规工作分工负责,重大问题和非常规的工作,要民主决策。校长能注意听取班子成员的意见,并放手由分管领导具体去负责,校长的工作就会更主动、更超脱。

当前主流的教育思想有哪些呢?一是教育的终极目标是让人活得更美好,更有意义,更有价值,更加幸福,教育必须面对现实,面向未来;二是教育要以学生的发展为本,让学生生动、活泼、主动地得到发展;三是教育要开发学生智慧的潜能,人的智能是多元的,又是不平衡的,教育的任务就是让人变得更聪明;四是科学教育和人文教育要同步、和谐地发展;五是课程不只是解决知识、能力的培养问题,还要促进态度、情感和价值观的形成;六是未来的社会必将是一个学习化的社会,教育要培养学生终身学习的意识和能力;七是学生是学习的主体,教学就是唤起学生对学习的热情、求知的渴望、学科的兴趣和成就的欲望,这样才能产生主体精神;八是教法与学法的统一,教法为学法服务。作为一个成功校长,他的办学思想及他所进行的教育教学改革,都深刻地反映着当前这些最先进的教育思想或教育理念。

一所学校的核心竞争力可以从三个核心要件上加以观察:一是学校是否能为每位学生提供最适合学习的支持性条件与环境,从而使学生潜能得到充分的发展,表现出超强的发展力;二是学校能否拥有一支优秀的师资队伍,形成了强大的因材施教实力;三是学校在同类同质学校乃至整个中小学学校转型的过程中,是一个积极的建设者还是一个被动的跟随者,这种建设性贡献是整体性的还是局部的。

二、校长要成为班子的引领者

班子建设有"五个力":领导力,凝聚力,发展力,执行力,形象力。领导力表现为科学决策、快速执行、率先垂范;凝聚力表现为人气旺、人心齐、人思进;发展力表现为精细管理、效率优先,每个人都有责任感、荣誉感、使命感;执行力表现为快速反应、立即就办,有明确的激励与约束机制;形象力表现为注重学校形象、注重团队形象、注意个人形象。

一流的领导班子,其成员一方面要有较高的思想素质,另一方面要有过硬的业务素质。严格领导形象。通过品格、能力、知识、情感等各方面因素形成自身的人格魅力;为了点燃别人,首先燃烧自己;开会讲话要准备,言简意赅,说完就做;待人热情,态度诚恳;正派、公正,不偏心;谋事业、谋学问、当学者,做教师的教师。无论是哪一个都能独当一面。要团结,要忠诚。整个领导班子要形成一种共识,即要坚持德育为首,教学为中心,科研为先导,更新教育理念,深化教育教学改革,改进教学方法,全面推进素质教育,提高教育教学质量。要强化管理,从制度建设入手,规范办学行为,向管理要质量,要在教学常规管理和学生日常行为规范管理方面狠下工夫,建立以人为本、科学高效的学校管理模式。学校领导班子要充分意识到,振兴学校的关键在教师。提高师资素质要从教师可持续发展和终身学习的战略高度出发。通过教师师德、教学基本功、教育教学能力、教育教学科研能力的培训。造就一支具有现代教育理念,掌握现代化的教育手段和科学民主的教育方法,师德高尚、业务精良、结构合理、教育教学水平和科研能力具有示范性,符合新世纪素质教育的专家化教师队伍。

学校领导班子还要有全新的战略眼光,必须明确,学校规模的扩大,这既是一个全新的发展机遇,也是一个前所未有的挑战。年轻教师的骤增,使师资队伍建设成为学校的当务之急。校长应该是个"刘备"式的管理者。在学校,校长要让"诸葛亮、关羽、张飞"都有展示机会,获得展现自己才能的舞台。

三、校长要成为教师专业成长的引领者

世界上没有完美的个人,只有完美的团队。在学校的舞台上,校长是领跑者,校长跑得多快,老师们跟着就会跑多快;校长是船长,是掌舵的,你要指挥学校这艘航船乘风破浪远航,达到理想的彼岸。认真制定教师专业发展规划,优化教师培训措施,帮助教师确立专业发展目标,给予教师专业发展机会,充分激发教师自我发展的"内需",让每一位教师都能成长为名师、特级教师。

教师的成长是校长的责任,否则,就是校长在犯罪。一流的师资队伍,是一支能团结起来打造青春的校园、民主的校园、开放的校园以及平等和谐的师生关系、教学相长的学术氛围的队伍。一流的教代会。通过民主选举,组建起来的学校教代会,不再是形同虚设,学校的重要活动,重要决策,都应在教代会的有效监督下决定和实施。学校的建设和发展离不开广大教职工的辛勤工作。改善工作条件、提高福利待遇也是教职工队伍建设的一项重要工作。一流的教代会,就要多为教职工利益着想,把维护广大教职工的合法权益放在第一位,多为教职工说话,多为教职工办事。一流的班主任。好的校风,是建立在好的班风的基础上。好的班风,又是由好的班主任带出来。在具体的教育教学工作中,必须承认,班主任压力最大,工作最辛苦。因此,理应享受到较好的待遇。在这方面,学校已经制定出一套强有力的措施,要逐步形成一种人人都想当班主任个个都争着当班主任的良好势头。一流的年级组。随着学校规模的扩大,在教育教学过程中,全校性的统一活动将不复存在,取而代之的是以年级组为单位的活动。要形成一流的年级组,就必须有一流的年级主任。一个年级主任,既是校长的得力助手,直接对校长负责,又是一个名副其实的小校长。不仅具有从宏观上指挥管理全年级教育教学的能力,而且从微观上也具有调整调配全年级教学资源的能力。一流的教研组。学校把加强教学科研工作作为全面提高教育教学质量的重要组成部分,积极创设浓厚的科研氛围,制定教学科研工作的有关制度。每学期都要认真做好课题的申报,每学期都要出应有的研究成果。教研组长一定是名副其实的学术带头人,科研攻关的领路人。

校长要引领课堂,要研究课堂,听课评课,发表文章。校长要深入课堂教学这个主阵地兼课和蹲点,校长都是从优秀教师岗位上选拔上来的,当了校长以后,不能陷入行政事务中,不去钻研自己的学科,甚至不上课了。听课是校长了解、检查教学工作最有效的办法,是了解教师课堂教学的有效抓手,校长听课,可以了解教师上课的情况和学校教学实际,这也是推进高效课堂的基础。校长听课更能找出教师教学中的问题,从而促进教师不断改进课堂教学。校长听课还能增进领导与教师之间的情感交流,凭借听课,校长能发现教师的长处,并及时给予肯定和表扬,给教师以激励,促进教师的教学工作。"上课是反映教师教育素养的一面镜子,是衡量教师的智力财富的尺度,是评价教师能力和知识面的标准。"评课时校长不要以领导者自居,不把自己的观点强加给教师,要明确教无定法而只有更好的方法,与教师共同探讨课堂教学中的问题,一起研究。发现教师的教学上的缺点时,要找教师个别交谈,帮助教师解决问题。校长要特别重视考试后的分析,每次月评价、期中评价、期末评价后,要求教务处组织各年段进行质量分析,因为教师课堂教学上的问题最终都要从试卷上显示出来,校长一定要参加这些会议,与教师一起分析,讨论,及时解决出现的问题。

四、校长要成为学生的引领者

校长应该成为学生学习的榜样,成为高标。应该重视德育,坚持对学生进行理想、道德、情操教育,充分发挥学校团支部的作用。高一军训,高二进行适当的农训,高三集中思想教育。德育工作要有针对性、实效性和主动性,为培养学生树立正确的世界观、人生观、价值观和建立良好的学风、校风奠定基础。努力形成教书育人、管理育人、服务育人、环境育人的氛围和学校、家庭、社会相结合的育人体系。学校重视学生科技和文体活动,重视学生非智力因素培养,校园生活丰富多彩。要有学生科技协会、文学社等学术团体,乐队、舞蹈队、合唱团等文艺社团和足球、篮球、乒乓球、田径等体育团体。

高中生在身心发育和社会成熟方面互有一些交叉,生理发展迅速走向成熟,而心理的发展却相对落后于生理的发展,他们在理智、情感、道德和社交等方面,都还未达到成熟的指标,所以他们与家长之间多有摩擦。作为家长,怎样去了解自己的孩子呢?这是一个策略问题,现给各位家长提出几点建议:教育要从了解孩子,理解孩子开始,加强与孩子的感情交流,建立良好的家庭人际关系。了解,就是要懂得孩子的性格、兴趣、爱好以及心里想什么,平时主要做什么,交往的人是些怎样的人等。理解,就是不要忽视孩子在家庭中的作用,在家庭中有他发表意见的一席之地,而不能说"小孩子懂什么"。家中大事应听取他们的意见,建设民主化家庭,即让家庭中的每一个成员的权利和地位得到尊重。尊重孩子在家中的权利、地位,不是一味地宠爱娇惯孩子,对孩子百依百顺,是尊重,不是溺爱。教育要身教重于言教。在家庭中,孩子是在家长的影响和教育下,在认识周围的世界中成长的,家长对待人生、事业、生活以及对待他人的态度，都对孩子产生重要的影响。因此，家长要不断提高自身素质。你不必花许多钱去提高孩子的学习兴趣，而要让孩子们看到你在读书。要开诚布公地交流。挤出时间与老师进行交流，同时询问、观察孩子正在学习什么，得到这些的确实信息是十分重要的。尽量全家共进晚餐。最重要事就是父母要花些时间和孩子在一起。研究表明，全家在一起用餐很重要。家长需为孩子创造一个无忧无虑的学习环境，不要给他们太多的压力。如果孩子是个全优生却不能告诉你他为获得这样的好成绩都做了些什么，那么这时父母还要对他的学习过程进行全面的了解。

五、校长是人格魅力的引领者

一位好校长必须有人格的影响力，思想的辐射力，道德的感召力，威信的穿透力。校长的核心作用是靠他的办学思想体现的，不是单纯靠权力。我们的工作不能仅仅按标准化、规范化、程序化去做。当然，这里所指的不是说不要规矩，不要规章制度，规章制度是跟在思想后面的。先进的办学思想，具体而言，即以人为本的办学思想。应理解为，第一，学校的成就、质量、荣誉、效益都是全校人员共同努力的结果；第二，校长要尊重、理解、信任、帮助每个人；第三，学校发展和老师发展是同步进行的；第四，校长要把上级组织的任务、要求与教师的态度、感情、利益的需要结合起来。结合这样的理解，我们就可以这样说，校长的最大价值不在于自己做了什么事，而在于发现了多少人才和培养了多少人才。要把专注于发现教师问题、找教师毛病的心态，调整为更多地关注教师优点、长处的心态。

校长崇高的人格魅力，概括起来有四句话：一是“无欲则刚”。凡事都要体现一个公字。不能出现一经校长手物品就涨价的现象。校长只有无私欲，才能一身正气，两袖清风，责在人先，利在人后；才能立世有威信，改革有底气；才能团结人，有感召力。二是“有容乃大”。厚德载物，宽容得众。当校长，器量要大，心胸须宽，要记人之功，容人之过。这样才能团结各种性格的人才，听得进各种不同的意见，才能保护好、调动好、发挥好所有人才的积极性、主动性和创造性。三是富有爱心。当校长，要爱群、乐群、利群。所谓爱群，就是要热爱你的集体，热爱你的同事。与教师要有距离，这种距离应该是等距离，不能对一部分人亲，对另一部分人疏。作为下级都有让领导重视、器重的期待，因此，校长要对所有教职工一视同仁，公平公正。太近，就会有失原则与公正；太远，就会有失民心与感情；所谓乐群，就是要把与同志的共事当做一种缘分，当做一种至高的乐趣；所谓利群，就是要敢于并善于为教职工排忧解难，为每位教职工创设良好的工作条件与心理环境。四是充满激情。一个想干事、会干事、干成事的校长，必然是一个充满激情的校长。校长要有干事的冲动，要有成功的渴望，要不断提出新的奋斗目标。校长的激情可以感染教师，教师的激情可以感染学生，大家的激情相互交融，校园才能充满浩然正气，蓬勃朝气，昂扬锐气，学校的事业才能永葆生机活力。

桃李不言，下自成蹊。校长的影响力和号召力很大程度取决于校长的人格影响，因此校长要增加自己权威系数中的人格因素，人格魅力。把实现好、维护好和发展好人民群众的根本利益，作为想问题、作决策、办事情的出发点和落脚点，干事创业，干净廉洁，摆正个人与学校、学校与群众的位置，善待群众、善待教师。要正确运用手中的权力，把权力运用置于人民群众的监督之下，决不允许以权谋私，真正做到严于律己，勤政廉洁。事业为重，用信念的力量成就人。作为校长的你，你的所思所为，你为学校所付出的一切，为学生付出的一切，为教师付出的一切，首先必须符合社会的要求，符合党的要求，顺应时代的发展。而当个人的利益与社会的利益，或者个人利益与理想发生矛盾时，你才会毫不犹豫地“舍鱼而取熊掌”，以实现人生的价值！

“教育是人与人心灵上的最微妙的相互接触”，人格是人在长期的生活和实践中形成崇高的道德、情操、先进思想、智慧、才能等主体精神的外在感性显现。人格对人的心灵上的辐射和震荡是最强烈的。对校长来说，管理理论固然重要，但是无法取代人格的力量。在学校管理中，教师接受管理的前提是对校长的认同，校长对教师的管理应重在心灵的感召，心底里的佩服，校长是一本教科书，描述了校长主要的思想、学识、言行和完善的人格，师生读后产生敬爱感。吸引师生去模仿，并成为一种无形的巨大的道德力量，具有很强的感染力和最可靠的威信。新时期校长人格力量的基本要素应该包括四个方面的内容：一是坚忍的意志。要具有不达目的决不罢休的顽强毅力，不随波逐流，不半途而废。为实现目标，即使困难再大也不放弃。二是豁达的性格。有广博的爱心，宽大的胸怀，有爱人之心，容人之量，扬人之长，与人为善，助人为乐。三是稳定的情绪。无论在什么时候，校长始终保持向上、乐观、稳定的情绪。能经受得起“权威”的挑战、舆论的压力和紧张的工作，努力做到用理智来判断、调节自己的行为。四是成功的作为。通过自己的不懈努力，提高了一所学校的办学条件，办学质量，办学声誉，自然会得到尊重，赢得信任。办好一所学校，带好一批教师，教好一批学生，我们始终以为这是校长最大的人格魅力。

高尚的人格魅力是校长办学成功的保障。自身的示范作用引导教师，这样校长才有威信，才能使教师亲而近之，才能产生良好的感染力和上下同心，产生“其利断金”的合力。一名校长，有了人格的魅力，有了鲜明的思想，有了学习的习惯，那他就将踏上成功的道路，就将能建设和发展一所独具特色的学校，带出一茬又一茬成功的孩子。

六、校长是文化的引领者。学校文化是一所学校最重要的特征

它是学校的灵魂，是师生成长的必要条件，是学校持续发展的动力源。为了保证学校的持续发展，在加强制度建设的同时，还要大力加强学校文化建设。学校文化建设是一项长期而艰巨的任务。它既不会自然生成，也不能一蹴而就，在学校文化建设中，以下几点需要特别注意。

学校文化建设要融入办学实践过程中。学校文化本身就是一所学校办学经验的总结、积累和升华，它来源于教育教学实践，又对教育教学实践产生着指导作用。学校文化建设要突出自身特色。学校文化是一所学校的个性体现，独特和鲜活是它的生命力所在。因此，学校文化不能移植、不能引进，更不能照搬照抄。校长在学校文化建设中，首先要明理，确立正确的办学理念，设计明确的办学目标，梳理清晰的办学思路，培养良好的校风、教风和学风。其次要动情，要有对事业的激情，对师生的真情，对家长的热情。再次要得法，要实现原则性与灵活性的统一，事业发展和人的发展的统一，突出重点与整体优化的统一，以求得学校文化建设的理想图景：环境怡情，教学养性，氛围育心。

校长的领导能力

在校长必须具备的许多能力中，尤其要强化以下六种能力

第一，校长必须具备敏锐的洞察能力。校长要心明眼亮，要善于对社会发展的形势，对教育发展的趋势作理性、科学、客观的观察、思考，尤其要从纷繁复杂的现象中透视事物的本质，不迷糊，不迷失，教海探航，把握航向，站稳脚跟。校长要见多识广，与时俱进，要善于跟随时代的变化更新自己的思维观念，要善于从外地成功的经验中得到借鉴启发。校长要识大体，顾大局。善于从全局的角度来思考问题，处理问题。校长必须具备准确的政策把握能力。学校是精神文明建设的重要场所，是执行国家教育法律、法规及规章的主体。校长是学校的法人代表，是学校管理的最高负责人，负责领导学校的教育、教学和行政工作。在整个学校管理中要全面贯彻国家的教育法律、法规和上级行政管理部门的政策，校长就必须要有完备的法制意识，并且要求其他行政领导也要掌握相应的法律法规，以保证学校工作全面贯彻党和国家的教育方针、政策、法规，自觉抵制各种违反教育方针、政策法规的行为。校长要做执行法律、法规规章制度的楷模，要坚决克服和杜绝顶风违纪，巧立名目，违规收费……面对安全隐患，熟视无睹；事故既发，匿而不报的错误行为。

第二，校长必须具备良好的谋划能力。一个比较成熟的校长，往往比较讲究方法和策略。一是善于放弃局部利益而服从整体利益，二是善于改变对方的意见而保全对方的面子。三是善于以退为进，适当让步。非原则性问题或无碍大局的事，可以做一些让步，或者做一点变通处理。事情往往是这样，你校长显示了一种大度，他也会见好就收，甚至回帆转舵，从而达成新的统一。科学管理的宗旨是营造一种宽松而不紊乱的工作环境，让每个成员张扬个性，释放能量。把所有不符合人性化要求的羁绊统统解开，把所有冗杂繁琐的形式主义规矩统统废掉，建立一套轻便而富有激励功能的运行机制，让机制去管理人、激励人。当代校长至少面临三项主要责任：一是岗位责任。校长既要引导教师教书育人，为人师表，更要身体力行，以身作则，爱岗敬业，无私奉献，带头践行“学为人师，行为示范”的职业精神。二是社会责任。人民群众把子女送到学校，就是把整个家庭的希望寄托给了学校，我们有责任把学校办好，有责任把学生教好，有责任让家长放心。三是国家责任。党的十七大报告提出了优先发展教育事业，建设人力资源强国的宏伟目标，实现这一目标，就是要把沉重的人口负担转化为巨大的人力资源，这是全体教育工作者对国家、对民族、对未来所肩负的崇高使命，更是校长义不容辞的责任。

第三，校长必须具备一流的经营能力。谦虚谨慎，宽以待人。为人谦和，人皆敬之；自满自足，人皆弃之。凡成大事者，无不重视群体的力量，而且乐意听取别人的意见，并能做到取人之长，补己之短，用欣赏的目光看别人，以挑剔的目光看自己，对待同志的不足或失误，能理解、能包容，真正做到"腹中无地阔，常有渡人船"。知人善任，选贤任能。一校之内，人才济济，谁可"带兵"，谁宜"打仗"，应细考明察，避其所短，用其所长，务求人尽其才，各得其所。①校长是一名能够清晰认识到自己的价值和使命，具有奉献精神和人文关怀的校长。②校长是一名不懈追求自己人生理想和办学理念，具有独特办学风格的人。校长要在学校发展中，学在前，想在先，成为学校发展的实践者和领航者，终生学习的带头人。③校长是一名具有海纳百川的宽广胸怀，具有极强的感召力和凝聚力的校长。校长是学校的第一负责人，校长一定要从教师发展的角度理解教师、构建文化、营造环境。④走学校的内涵发展之路，深入课堂、研究课堂，亲自实践、不断反思，坚持在生活中学习，在实践中消化，在反思中提升，把自己的教育理想转化成全体教师的理想，转化成全体学生的行动，鼓励教师以充分的认同和合作，全身心投入到学校发展中去。⑤校长要提供空间，关注课堂，营造文化氛围……尽力创设教师之间、师生之间、领导与教师之间共同研究、探讨的人际文化氛围，真正实现教师的发展。

第四，校长必须具备良好的管理能力，我认为校长至少应重点关注三个方面。一是校长必须要有足够的威信，以其品德、学识、才能、作风、气度等凝聚成校长角色的特有魅力，对全校师生产生足够的个性吸引力、工作吸引力和学术吸引力；要善于运用感情的力量，凝聚人心，最大限度地发挥群体的积极性，为实现校长所确立的办学目标进行创造性的工作。二是要有科学的管理行为。校长应遵循对学校职能和管理职能的认识，根据办学规律，运用一定的手段和方法，消除管理障碍，创造多种条件，使学校的常规管理、教学管理和教师管理处于良性运行状态。校长的管理行为是否科学，要看校长在行使职权、教育改革的一系列实践活动中所作出的计划、决策、组织、协调、控制是否能使学校朝着既定的目标顺利地运转，并体现出和谐发展的特色。科学在于按照规律，实事求是，把握时机，正确决策，正确地处理好人与事、内与外的关系，使工作目标、运行机制、工作态度、工作方法和绩效成为一个整体。因此，校长的科学管理就是通过主体管理达到群体性的效果，充分发挥管理客体的主观能动性。三是校长要善于抓大事。中国的中学校长恐怕是世界上事情最多的校长，管了许许多多教育教学以外的事，这是国外校长难于理解的。但越忙就越应该头脑清醒，事越多就越应该抓大事，决不能把自己变成一个事务工作者，碰到什么干什么，什么着急干什么，只抓事，不抓人，只抓工作，不抓思想，结果往往会辛辛苦苦但成效甚微。

故事一：A 校长工作很认真，每件事都亲力亲为。每天清晨，他都是第一个来到学校，在校园里巡视一周，查看一下校园的卫生情况；上班时间快到时，他总是站在校门口，看看有没有师生迟到；每到课间，他总是在教学区巡视，发现学生玩危险游戏，就立即制止；每次教研活动，他总会到各个教研组转转，记录教研组的活动情况；每天下午，他总会到操场上看看，监督有没有体育课“放羊”的现象……A 校长在校时,学校的各项工作开展得都很好,各个部门都能出色地完成任务,可他一旦有事离开学校(如开会或外出学习等),校园里就乱了套……

故事二:B 校长与 A 校长相比就“懒”多了,他并不像 A 校长那样任何事都亲力亲为,反而有点“撒手不管”的味道,但他对学校情况却了如指掌。原来,B 校长注意对学校的发展进行整体规划,在具体操作过程中,实行权力分解,充分发挥每一位领导班子成员和每一位教职员工的优势,相信每一位中层和每一位教师,能不管的事就坚决不插手,如教学工作交给教务处,后勤工作交给总务处,不但放权,而且放心。B 校长善于发挥下属的积极性,使学校的管理工作质量与效益俱佳。

看着 A 校长疲惫的身影,心里除了敬意,还有一种说不出的滋味;看着 B 校长对学校“撒手不管”的潇洒,忍不住从心底里佩服!校长不应事无巨细、事必躬亲,而应该充分发挥中层干部的管理智慧和才能。衡量一位校长的管理能力的高低,最重要的是看他是否善于发挥下属的潜力,他带领的管理团队是否具备了较强的解决问题的能力。

有一则故事:有家酒店需要招聘一位厨师长。这家酒店的湖蟹很有名,每天都能卖很多。湖蟹在进蒸笼前需要用塑料绳捆绑起来,人稍不小心就会被湖蟹夹住手,所以谁都不愿意做这事儿。没办法,只好厨师长带头绑,这样,其他员工才会陆续加入进来。

有两位厨师同时来应聘,按常规,两人将各自上岗试工 3 天,酒店 6 天后决定聘用谁。第一位试工的厨师很勤快也很有管理头脑,他除了自己带头绑湖蟹外,还邀其他厨师进行“绑湖蟹赛”。比赛时,大家都尽量加快手脚,但其他厨师无论如何都比不过他。包括酒店老板在内的所有人都为他娴熟的技艺所折服——他 5 分钟能绑 20 只湖蟹,而其他厨师最多只能绑 12 只!让老板更为满意的是,他懂得用比赛的方法来提高大家绑湖蟹的效率。要知道,在这之前,这些厨师 5 分钟最多只能绑 10 只。

接下来 3 天试工的是另一位应聘者。他也是一位非常有管理经验的厨师,而且他与前面那位厨师一样,也懂得“竞争”的妙用。每天一开始绑湖蟹,他就号召大家来比赛。但是他不用手表记录时间,而是光比谁手脚麻利、数个数。几乎让所有人没想到的是,这位厨师的手脚并不比常人快,虽然他的喊声最大,但是每次一开赛,别的厨师一认真起来就很容易超过他,于是,他几乎成了大家的笑料。尽管如此,这位厨师也没有感到羞愧,反而用更大的声音喊着,一定要追上其他厨师。他拼命加快速度追,其他员工自然也就拼命地加快速度不让他追上。直到试工结束,他绑湖蟹的速度依然不是最快的。

但是,当老板公布自己的决定时,所有人郁怀疑自己听错了,老板录用了第二位厨师!厨师长干活速度比不上员工,怎么服众?

酒店老板说出了其中的奥秘:第一位应聘厨师虽然手脚很快,也很有发动精神,但正因为他的速度没人能及,所以尽管他组织了比赛,但他总是赢,让大家缺乏了自信和动力。也就是说,虽然大家都响应了比赛,但实际上大家都觉得这对自己来说是一个不可能赢的比赛,这样，谁还能有积极性呢?而第二位厨师虽然手脚慢，但他的“步步紧迫”逼迫着大家既兴奋又紧张地拼命加快速度。就在这追与被追之间，每个人都在无意识中提高了劳动效率。接着，老板让所有员工再绑一次湖蟹做试验，结果让所有员工都感到意外——他们竟然5分钟可以绑18只湖蟹了!

的确，如果仅仅是在第一位厨师与第二位厨师之间进行“干活”的比较，那绝对是第一位厨师占上风;但如果是在两者所带领的团队之间进行比较，那绝对是第二位厨师遥遥领先!其实，我们的学校管理何尝不是如此呢?俗话说:“火车跑得快，全凭车头带”，作为一名校长，他的价值不在于他创造的个体效益如何，而在于他是否调动了下属的积极性，他所管理、带领的团队创造出来的整体效益如何。

校长应该是以校为家、爱校如家的人，但更重要和关键的是，教育家应该是学校就是“家”的人，然而，现在的情况是，学校都是国家的。现在的情况还让人感到遗憾的是，有钱也想真正办教育的人却不懂教育，懂教育也想成为教育家的人却没有钱，如果这种尴尬状况延续下去，也许永远出不了理想的教育品牌和真正的教育家。校长应该有一些风险意识和创造意识，“做第一流的教育家，干第一流的事业，要有创造精神和开辟精神”，这才是追求创造型、文化管理的真正校长。

第五，校长必须具备实干能力。能不能承担起教育改革与发展的重任，办一流学校，出一流质量，这是校长的政治追求和事业追求，是党和群众评价校长的一个重要标尺，也是一个校长各方面素质的综合体现。因此，要牢固增强求真务实意识，切实转变作风，干实事，出实招，见实效，真正把精力集中在抓教学、育人才上。要把整个教育教学工作放到经济社会发展大局中去考虑，使教育教学与经济社会发展有机结合，使教育与经济社会发展同步共振，互促互进。要从广大师生最关心的事情抓起，从广大师生最需要解决的事情做起，全心全意为学校和师生多办实事，用实实在在的工作赢得广大师生的拥护和支持。要抓住主要工作，突出重点工作，做到重点一个一个地解决，目标一个一个地实现。要少说多做，说到做到，力戒浮躁，既不能急功近利，好大喜功，搞花架子，也不能平平淡淡，不思进取，要脚踏实地，埋头苦干，致力于打出品牌，办出特色，创出效益。

校长是教师的教师，他应该是一所学校中最有学问的人，他应该是一位道德高尚并富有人格魅力的人。一位优秀校长的人格应该是高山仰止，随着时间的推移将会日益清晰地化做一座永远值得怀念的人格丰碑，化做永远滋润校园的美好的精神营养。校长应有孜孜不倦的学习精神。我的导师中国教育学会会长顾明远先生说过:教育的发展在于改革，教育的改革在于创新，教育的创新在于学习。我们已经进入一个知识迅速更新，技术频繁换代，信息几近爆炸的时代。在这样的一个时代，终身学习不仅是一种观念，一种态度，而是变成了一种必需，无论什么人，不坚持学习，不善于学习，就要落伍，就要被淘汰。“三更有梦书当枕，半床明月半床书。”校长要有自己的书库，要有自己系统的学习目的。学习领导学，使校长成为一个善于用梦想、用理想激励团队的人；学习管理学，使校长成为一个不断实现梦想并取得工作成效的人。向实践学习，学习活跃在教育战线及其他行业的成功经验、榜样模范，通过尊贤学范，提高自己的管理素养。校长的学习，是为了组织好教育。教育的终极目的，是使人一生幸福。校长就是在用自己的学习和实践，写就着别人的幸福人生。

一个好学的人不一定是好校长，但一个好校长必须是好学的人。一名好校长，要学习，学习，再学习，活到老，学到老。当校长的过程，就是不断学习的过程，就是不断将所学到的知识运用于实践的过程。

校长是学校的第一负责人，校长的办学思想是学校的灵魂。教育的本质意味着一棵树摇动另一棵树，一朵云推动另一朵云，一个灵魂唤醒另一个灵魂。我们追求：用爱心培养爱心，用智慧启迪智慧，用人格塑造人格。让教师的生命之光与学生被点燃的生命之火交相辉映。不断求真、向善，获取生命的意义和辉煌。

第六，校长还要具备不断超越自我的反思力。反思自己的思想，反思自己的学校，反思自己的教育教学质量。运用反思这种思维方式，通过描述事实、建构问题、寻找假定、生成理论、完善行为等五个反思流程，采用个人和群体活动等反思方法，促使校长专业素质不断提高。

平顺一中的反思：

为人为己谋幸福，都要舍身受折磨，古老的时候就这么说。

平顺中学的学生与名校的学生相比，智力因素相差不大，差距主要表现在非智力因素上。要想培养出高素质的学生，今后，老师们必须在学生的理想、信心、意志、毅力、学习方法等非智力因素上持之以恒地下大工夫，逐步探索出适合贫困山区的教育教学改革道路，从而形成自己的办学特色。

县委、县政府高度重视教育，教职员工齐心协力想把学校办好，为什么我们的教育依然困难重重？原因就在于受着少数学生家长个人素质的制约，造成1+1=0，所以，在今后的工作中，我们不仅要用心培养学生，还得努力引领家长，通过持续的家校联系，提高家长对教育政策的理解，实现学校、家庭、社会“三位一体”，只有这样，才能办出人民满意的教育。

校长六字经

可以肯定地说，每一个校长都思考过这三个问题：安全、质量、特色。这六个字是校长们天天念叨的最多的话语。

一、安全大于一切，稳定压倒一切

抓安全工作的领导说：“工作再好，出再大成绩，如果安全方面出了事故，就意味着一票否决。”话很直白，一针见血。教育工作中的安全是重中之重，是头等大事。“安全不保，谈何教育？”为了确保校园师生的安全，在工作中，校长首先要做到：“一二三”。

一是要强化一个意识："校园安全重于泰山"。人的生命大于一切，尤其是学生，面对歹徒他们是典型的弱势群体，学校的每一个教职员工都有责任保护他们的生命安全，"安全不保，谈何教育？"为孩子们提供一个平安成长的空间，保护孩子，是每一个教师的责任。老师们自身的安全也很重要，身体健康、心理健康是做好工作的保证。

二是要明确两条工作思路。一是切实抓好显性的安全防范：如交通、水、电、火、饮食卫生、外部侵扰伤害等。二是切实抓好隐性的安全防范：主要是教师、学生的心理健康教育工作，这项工作务必要重视，不出事则已，出事就有可能是大事。

三是要狠抓"三项措施"：一是强化责任。校长是学校安全的第一责任人。对照文件精神，建立责任体系，构建工作网骆，落实承包责任。要进一步强化责任追究机制、安全督查机制，加强防范培训和经费投入，畅通信息传输和上报渠道，健全突发事件处置工作的预案体系，重大事件要及时报告，以便超前应对，把损失降到最低程度。

二是预防为主。安全工作重在预防，防得到位，就能控制出事的几率。加大对教学楼、实验楼等建筑物的隐患、交通（特别是校门口）隐患、消防隐患、周边隐患等的巡查力度并及时消除隐患；教育学生不能私自下河洗澡、不能乘坐无证小三轮、拖拉机、农用车、摩托车等不安全的车辆，宁可步行走，也不坐无证驾驶车辆。针对校内易发生群体踩塌事故、食物中毒、雷击、火灾等事故情况，加强学生上下楼梯的管理，完善教学楼楼梯、扶手、楼梯间照明等设施；加强学校食堂的管理，采购食品原料，必须坚持采购索证制度，不得购买无检疫证明的鲜、活、冻禽及其产品，要保持食堂环境和食品加工操作的卫生清洁，加强学校生活饮用水水源的管理，消除传染病发生和流行的条件；要加强学校建筑物防雷装置管理，电器线路管理，严禁私拉乱接，线路发生故障时要及时通知专业电工进行维修，防止火灾。同时要加强学校周边安全的综合治理工作，确保学生安全。加大"技防"投入，借助科技创安。

三是认真做好日常安全管理工作，落实安全防范措施。在教学设施，饮水饮食，取暖、用电，开展体育、劳动和其他集体活动等方面采取安全防范措施，保证师生安全。财务、档案、食堂、宿舍、各类专用教室、传达室等部门和场所要指定人员负责，建立岗位责任制，严格管理。节假日要安排人员值班、护校。非学校人员未经许可不得进入学校。非学校及学校人员的车辆未经允许不得进入或穿行学校。校园要整洁、有序。宿舍空气流通，被褥干净，物件安置有序。厕所的设置应符合国家标准，保持清洁。预防传染病在校园内传播。为增强学校应对突发事件的能力，要加强应急预案的制定、落实和演练工作，积极探索建立学校安全工作长效机制的途径。

二、质量就是生命

质量是学校的生命，教学工作是学校的中心工作。我们反对片面追求升学率，但不反对追求升学率。学生不能升入高等学校深造，将来就不能参与高层次的竞争，那就不是培养了高素质的人才。不能一提素质教育就反对考试，就反对追求升学率。素质教育，我的理解就是全面贯彻党的教育方针,开足开齐各门课程,为学生终身发展打好基础。在这个前提下,就应实事求是、旗帜鲜明地提高升学率。升学率不高,学校怎么生存与发展?政府、老百姓、社会不买账、不认可、不领情,办的什么学校?一句话,人民群众不满意,我们的办学就不成功。教育教学质量关系到学生的前途和家庭的希望,我们必须牢固确立“质量第一”的理念,旗帜鲜明地引导教师抓素质、抓质量、抓升学,形成名师荟萃、人才辈出、竞相发展的局面,

一位合格校长应做到:更新理念,确立正确的教学观,把教学工作放在首位。校长既要研究教师的教,又要研究学生的学。重视学法指导,寓学法于教法之中,达到教与学的统一,尽快实现“教是为了不教”的目标,把教书和育人统一在教学活动中,使学生在增长知识的同时,提高能力。

*目标管理是提高教育教学质量的核心。*制定、实施教学规章制度,建立良好的教学秩序。建立健全教学指挥系统。制定各种教学管理规章制度,没有规章不成方圆,有了制度师生才有章可循。协调好课堂教学与课外活动的关系。

*师资培养是提高教育教学质量的关键。*学校教学的高质量,体现在学生,根源在教师,提高教学质量的关键就是要建设高水平的教师队伍,而要建设高水平的教师队伍,校长是关键,一个好校长能够使他学校的教师业务能力强,干得出成绩;教育科研行,说得出道道;理论水平高,写得出论文;学校不仅是培养学生的场所,也是培养教师的场所。

校长要把教师培训作为对教师的最大福利,以此来满足教师自我发展的需求。要广泛开展“请进来,走出去”的教学交流活动。

*严格要求是提高教育教学质量的重点。*提高教学质量必须强调一个“严”字,即严格要求学生,严格要求教师、严格要求学校,校长要严格教学常规管理,要建立从备课、上课、课后反思到作业布置、批改、错题订正、单元小测,考后满分等一系列的教学常规检查监督机制,做到“日事日毕、日清日高”,要严格教育常规管理,建立班主任、年级组长、教研组长等日常工作检查监督机制。

*家校配合是提高教育教学质量的保证。*家长如果不重视教育,不让子女上学了,你还怎么教育,怎么提高教学质量?再说我们教师要面对许多的学生,而家长只要面对一个孩子,所以要促进学生成绩的提高,实现全面发展,调动家长的积极性是前提是保证。“谋”在决策,“活”在方法,“善”在待人,“严”在管理,“成”在事业,“贵”在总结:六个字值得揣摩。

三、特色彰显品位

打造学校特色可以不求大、不求全,从小事做起,从细节做起,把每一件小事做好、做精、做到与众不同,就能形成特色。所以作为一个校长在工作中不能只局限于学校的常规管理与发展,要学会一手抓基础,一手创特色,善于以特色兴校、用特色强校。

办学特色的内涵:“所谓办学特色,就是在认真贯彻教育方针的前提下,形成自己学校的办学风格和特征。包括:办学模式的特色、课程教学的特色、教育途径的特色、学校管理的特色

等。”“办学特色可以理解为教育者在实施教育过程中所表现出来的独特的、优化的、稳定的教育特征。”“校长的办学风格，是在坚持把马列主义、毛泽东思想作为指导思想，坚持社会主义办学方向，全面贯彻党和国家的教育方针的前提下，善于思考，充分发挥自身的优势和主观能动性，确定适合本校的工作目标和标准、管理措施和办法，大胆改革实验，创造性地开展工作，形成自己的办学特色。”“办学特色”至少应包括三层意思：要选准教改“突破口”，并表现出具有独特的、优化的、稳定的教育特征；实质是为了创办特色学校，由“突破口”带动学校实现整体优化；办学特色是理论与实际相结合的产物。

创办特色学校的意义：创办特色学校是由“应试教育”向素质教育转轨的需要，是全面贯彻教育方针的需要，创办特色学校是形成具有中国特色的社会主义教育体系的需要。

创办特色学校的途径：必须突出校长独特的办学思想，确立一个富有特色的办学思路。必须加强学校的教育科研。必须注重教师队伍建设，充分发挥教师的群体特长。要培养出一批又一批各具特长的学生。

一个人被大家公认为是杰出人物，往往不是因为他的全面，而是因为他的特别。一所学校被大家公认为是一流学校，也不应该因为她的全面，而是因为她的特色。不同的人应该担当不同的社会角色，而不同的学校应该肩负人才培养的不同责任，只有这样才能适应社会发展对人才的需求。

平顺县是个贫困县，他的历史与现状决定了平顺中学的办学特色在相当长一段时间还是“和子饭”，只能从现在做起，从办学理念、教育理念、办学模式、德育理念、课堂理念及课堂模式做起。

办学特色：落实“为师生谋幸福，为社会担责任”的理念，实施“个性化素质教育”。“个性化素质教育”指“生本教育，自我教育，幸福教育，智慧教育”。

德育特色：“举纪兰旗，做现代人。”首先，是弘扬纪兰精神。全国学纪兰、全市学纪兰，纪兰在身边，我们怎么办？申纪兰同志的一生是对党无限忠诚，为人民奋斗的一生，是扎根山区、自强不息、艰苦奋斗的一生，是无私奉献、淡泊名利，为民谋利的一生。纪兰精神是中华民族的传统美德与时代精神的完美结合和集中体现，是太行精神的重要组成部分。纵观申纪兰同志大量的先进事迹，最难能可贵、感人至深的主要在于，她是听党的话，信念坚定走社会主义道路的典范；她是不谋私利，不脱离群众，不脱离劳动的典范；她是自力更生、艰苦奋斗、与时俱进、勤俭创业的典范；她是廉洁自律、无私奉献的典范。她是平顺人民的骄傲，是推动平顺经济社会发展不竭的动力，是永远值得我们学习的榜样。她用一生的心血和奉献谱写了一个共产党员的壮丽篇章，为我们解读了什么是自力更生、艰苦奋斗，解读了一名共产党员应具备的优秀品质。2009 年 9 月 11 日，长治市委再次做出《关于向申纪兰同志学习，永葆党员先进性的决定》对纪兰精神作了五个方面的概括，那就是要学习她无限忠诚、心怀感恩的爱党精神，学习她淡泊名利、永葆本色的奉献精神，学习她不怕吃苦、开拓进取的创业精神，学习她以身作则、带头实干的先锋精神，学习她植根于民、赤诚为民的公仆精神。她的这些精神应该在平顺的孩子身上发扬光大。其次，是进行理想教育、自信教育、责任心教育。

课堂特色：“六步一循环”教学模式。

管理特色：观念管理、制度管理、情感管理、信息管理。

办学模式：学科类、特长类、职业类并驾齐驱。

校园精神：三苦精神，三补精神。三苦精神——校长苦干，教师苦教，学生苦学。学生“三苦”教育——学习刻苦，生活艰苦，心理能承受痛苦。“三补”精神——经费不足精神补，条件不足勤奋补，家长不足老师补。

团结是领导班子的生命

博恩·思希有一个著名的理论：1∶25 裂变定律，即你认识一个人，那么通过这一个人你就可以再认识 25 个人。这一理论被西方商界广泛采用，后来成了事业成功的黄金定律。人们完善它，认为无论你的产业有多大，人脉有多广，你一生所面对的，说到底就身边的那几个人，相互琢磨和相互提防的，迫切需要应对的，也是你身边的那几个人。当然，能真正给你爱和你真正能爱的，也是那几个人。既然就这么几个人，还有什么不能携手共进的呢？

湖南省委书记张春贤说：在团结问题上，最能看出一个人的党性，也最能看出一个人的人品。一个团结和谐的班子，不仅能出成果，而且能出人才；不仅能形成合力，而且能得到享受。

班子成员走到一起来共事，这是党组织的安排、人民的重托、事业的需要。说得通俗点，这也是一种缘分。我们要十分珍惜领导班子的团结，像爱护眼睛一样爱护团结。

领导班子团结，什么样的问题都可以解决，什么样的压力都可以化解。一个团结和谐的领导班子，不仅能出政绩、出成果，而且能出人才、出干部；不仅能受到上级的重视，而且能得到群众的认可。

讲团结，就是要互相尊重，互相支持，严于律己，宽以待人。宽容是领导干部必备的素质和修养。在一个领导班子里，不可能每个人的性格、风格完全相同，也不可能每个人的意见完全一致。作为领导班子的一员，要善于尊重和欣赏别人多姿多彩的个性，谅解和包容别人工作中的一些失误。特别是一把手，要摆正个人与人民群众、与党的组织、与集体领导的位置，做到当决策者，不搞个人武断；当一把手，不搞一手把持；当“班长”，不当家长。

讲团结，不能凡事一团和气。在维护党的团结统一、维护党中央权威、维护党的纪律、维护领导班子集体决议等重大原则问题上，必须讲原则，不能让步。要提倡说真话，说新话，说短话，有意见充分发表，集体决定后坚决服从，做到谋事不谋人，形成清正、实在、简单的工作交往关系。

团结是领导班子的命根子。一个喜欢背后搞小动作、习惯于搞“小圈子”的人，不但不配做一个好党员、好干部，连做一个好人都不够格。我们每一个人都要有海纳百川的胸怀，各级领导班子的团结搞好了，就有了凝聚力和战斗力就不会辜负中央信任，不会愧对父老厚望。

孟建柱说：团结的领导班子是事业发展的关键。团结干事很重要，一个单位领导班子的团结与否，在某种程度上决定这个单位的局面。心齐才能气顺，气顺才能劲足，一个团结的领导班子是事业发展的关键。对党员干部来说，团结是党性和作风的体现，也反映出一个人的思想道德和个人修养。一个单位领导班子的团结与否，在某种程度上决定这个单位的局面。

团结干事很重要。我们要创业、要发展，需要一个充满活力而又协调有序的和谐社会，更需要一个团结和谐的领导班子。领导干部要做到胸襟开阔、光明磊落，潜心谋事、精心干事，与人为善、和衷共济。大家在一起，要经常交心通气，有话当面说，不在背后议论人。要用事业来凝聚人心，团结班子。

搞好团结，关键在党政“一把手”。在团结的问题上，“一把手”要做到以下四点：统揽不包揽，善断不武断，信任不放任，大度不失度。主要领导作风要民主，懂得尊重别人，善于集思广益，既要坚持原则，把握全局，又要听得进不同意见，不搞“一言堂”，对班子成员既要注意放手工作，又要注意检查督促，大事讲原则，小事讲风格，最大限度地把各方面的积极性调动起来。

作为副职也要做到四点：到位不越位，服从不盲从，补台不拆台，分工不分家。班子成员要识大体、顾大局，既要按照分工，积极主动地做好所分管的工作，又要维护班子的集体领导，不利于团结的话不说，不利于团结的事不做。做到这几点，党政班子的团结，班子正职与副职的团结就可能会解决得比较好，从而保证思想上同心、目标上同向、行动上同步、事业上同干，形成干事业的良好环境和氛围。

团结是领导班子的生命。领导干部只有搞好团结的义务，没有破坏团结的权力。搞好团结，讲话才有人听、做事才有权威。宽容是维系团结最好的纽带，懂得尊重和欣赏别人多姿多彩的个性，谅解和包容别人的缺点和不足，大事讲原则、小事讲风格，不揽权、不争功、不诿过，团结共事就会有一个坚实的基础。

实践证明，领导班子只有搞好团结，才能出凝聚力、出战斗力，讲话有人听、做事有权威；才能出智慧、出成绩，什么压力都可以化解，什么难题都可以解决；才能出干部、出人才，有健康成长的沃土，有成就事业的舞台。我们一定要识大体、顾大局，用高尚的人格增进团结，用坚强的党性保证团结，用共同的事业维护团结，像珍惜自己的生命一样珍惜团结。

搞好团结，最重要的是按规矩办事，严格执行民主集中制的各项规定。凡是重大决策、重大项目、重要人事任免和大额度资金使用，都要充分发扬民主，广泛听取意见，多沟通多商量，集思广益，择善而从，集体讨论决定，绝不能搞“一言堂”，一个人说了算。集体决策一旦作出，即便个人有保留意见，也要各负其责，不折不扣地贯彻执行，绝不能搞自由主义，发出“两种声音”。必须明白，两个“一把手”是事业上的搭档，不是竞争的对手；是工作上的分工，不是权力的分配。相互理解、相互支持、相互配合,不揽权、不争功、不诿过,班子和谐之路就会越走越宽广。

懂团结是大智慧,会团结是大本事,真团结是大境界。班子成员来自五湖四海,工作经历、认识水平、性格特征各不相同,看问题难免有意见分歧,干工作难免磕磕碰碰。维护团结,还要加强党性修养,以高尚的人格魅力为班子营造心情舒畅、和谐共处的良好环境。

宽容是维系团结最好的纽带和黏合剂。领导干部要有宽广的胸襟,懂得尊重和欣赏别人多姿多彩的个性,谅解和包容别人的缺点和不足,做到容人、容言、容事。要坚持大事讲原则、小事讲风格,使班子成员之间成为政治上志同道合的同志、思想上肝胆相照的知己、工作上密切配合的同事、生活上相互关心的挚友。私心是影响团结的大敌,也是导致不团结的主要根源。把党和人民的利益看得重一些,把个人的得失看得淡一些,小我服从大我,个人服从组织,不图名,不争利,不谋权,团结共事就会有一个坚实的基础。

毛泽东同志指出:"所谓团结,就是团结跟自己有分歧的,看不起自己的,跟自己闹过别扭的,跟自己做过斗争的,自己在他面前吃过亏的那部分人。"班子成员不存在矛盾和斗争,更应该搞好团结。

许多学校搞得不好,不是教师没水平,主要原因就是班子不团结、内耗,导致教师团队精神涣散,领导与领导之间,教师与教师之间,相互指责,相互推诿,结果是学生吃了大亏。

校长与教育家碎思

教育家的特征是什么? 有人说:教育家就是教育理论家和教育实践家融为一体的复合式人物,教育家既有自己的教育理论体系又有自己的教育实践成果。一只脚踩在大学教授学术的氛围里,要顶天;一只脚踩在中小学教育教学的课堂里,要立地;只有顶天立地,理论联系实际,才能成为解决问题的专家。那种既懂理论,又会办学,既会用人,又会干事的人,就是教育家型的人。

教育理论家的天职是坐而论道,论得越系统化,论得越让人称赞,越是一个高明的教育理论家。教育实践家,他没有自己的理论体系,而是把别人的理论变为现实的践行者,正如建筑上的项目经理,能把别人的设计蓝图变成现实的高楼大厦一样。

如此看来,伟大的或者是平凡的教育家,更多的是产生在各个层次的学校校长或各个层次的教育实践管理者身上。校长要想成为教育家,并不是说非得有庞大系统的教育理论上的一级指标和体系。而是能把庞大系统的教育理论上的一级指标和体系分解成二级、三级的指标和体系,分解成适宜本土的具体的、可操作的教育理念,就是说有自己独到的能自圆其说的教育理论的见解,在教育理论方面是敢于亮剑的,是敢于有自己的理论主张的。同时,还能在自己校长的岗位上付诸于实践并取得良好的实践效果。

我很仰视既有自己的教育理论体系又有能产生客观实际效果的英明校长，这样的校长就是教育家。不管怎么说，小成就是小成就的教育家，大成就是大成就的教育家，只要有自己的教育理论和实践的成功探索者，就是教育家。没有自己理论体系，没有自己实践成果的人，是当不了教育家的。

温家宝总理说："教育事业还是应该由懂教育的人办。"社会环境为教育家的诞生提供了良好的条件，对校长而言，成长为教育家的过程，是一个极富创造性和挑战性的过程。那作为校长应该怎么办呢？

首先，校长要认识到自己的价值与使命，要有成为教育家的理想。校长要热爱教育事业，全身心地投身于教育事业。要成为教育家，就应在感情上认同教育事业，而不是把教育看作谋生的手段。要成为教育家者，就必定要以教育为其终身追求的事业，乐在其中，忧在其中。校长有了成为教育家的梦想，就有了成长的可能。

其次，学习教育理论，研究教育理论。校长绝大多数具有副高以上的专业技术职称，这说明在自己的专业领域里有了一定的成就。但这并不意味着他们不用学习教育科学理论就能管好一所学校。2000 年，哈佛选聘新一任校长。当时即将卸任的总统克林顿和副总统戈尔的呼声很高。但哈佛校长选聘委员会未予理睬。在他们看来，克林顿、戈尔作为政治家固然很成功。但管理一个国家和管理一所学校存在很大的差别。要管理好一所大学，特别是一所世界顶级的大学，其校长必须具有丰富而深刻的学术背景和涵养，这其中就包括了丰富的教育理论知识。教育的发展有其自身规律，校长如果不懂教育科学，不研究教育科学，就不能形成正确的办学思想，办出有特色的学校。

再次，校长要追求自己的办学理想与信念，教育理想是校长成长为教育家的核心。教育家要有自己的教育理想，很多时候，这一理想是融合在学校的办学理念中的。纵观近代教育史，许多教育家和成功校长都有他们自己独特的办学理念，这是他们成功的根本标志，如苏霍姆林斯基以"相信孩子"的思想缔造了国际著名的帕夫雷什中学；陶行知以"生活即教育"、"民主教育"、"创造教育"的教育思想创立了具有"开明、平等、实干"风格的晓庄师范；上海建平中学老校长冯恩洪提出"合格＋特长"的育人思想，创建了闻名全国的建平模式。

在实践中，当校长有了办学理念后，就必须把这种理念转化为具体的，大家认同的观念，并形成具体的可操作目标，这是一项长期而复杂的系统工程，不是短期内就可以实现的。

最后，校长应该站在教育教学第一线。要想成为教育家型的校长，我想，校长至少要有三种意识。第一是引领意识。当校长把办学实践，自身成长和学校的发展、学生的成长紧紧联系在一起的时候，当校长的办学理念在学校管理中得到和体现的时候，当全校师生高度认同校长办学思路的时候，这位校长离教育家的目标也就不远了。第二是实干的意识。校长要成为教育家，还应坚持实践的路径取向。我国著名教育家吕型伟说："教育实践，社会实践是校长们成长的最好环境，真正的教育家都是诞生于教育实践中，而不是出现在书斋里。"校长只有深入教育改革实践，在教育第一线中开展调查研究，才能把握教育发展的规律，创新教育理论，提升学校教育质量。因此，校长要成为教育家，就必须有扎实的实践品质。当然，教育实践并不排斥教育理论，相反，教育实践需要教育理论的有力支持，只有在实践中生成、并经过实践检验的理论才是真的理论、活的理论。校长要耐得住寂寞，受得住清贫，“三苦观”是贫困山区校长办学的法宝。第三是学校意识。首先校长要全心全意地热爱自己的学校。一所好学校，其声誉不是靠吹捧出来的，而是全体教师用汗水浇灌出来的。要建设好一所学校，首先要求校长摆脱追名逐利的浮躁心态，把全部身心献给学校。校长首先要学会做人，要知道，校长的权威不是来自职位和权力，而是来自人格力量。在学校的利益分配中，校长更应用强大的人格魅力去感染师生，既对领导负责，又对教师负责。要把自己全部心身都投入到学校的建设中去，深深地热爱学校，全校老师和每一个学生。把自己的命运和学校荣辱紧紧地连到一起，和学校一起成长。在办学中，校长要处理好各种各样的关系，像外部的学校和社会关系，像内部的领导和老师之间的关系等，这许许多多的矛盾和冲突交织在一起时，校长的立足点应该在哪里？校长的成长必须基于自己的学校，在理顺这些关系中不断学习，不断研究，而且，只有基于学校，校长的教育改革才会有丰厚的土壤，校长的成长也才会具备丰富的资源。应明确指出，教育管理能力是校长的第一能力。一名优秀的校长，必须有一套科学合理的管理办法和治校方略，“健全制度，系统管理”是“管”，“理顺关系，搞好团结”是“理”。

教育家型的校长标准是什么？教育家苏霍姆林斯基曾对校长有一精辟的断言：“校长必须具备一名教师所具备的一切素质，一校之长应是师者之师。”“有什么样的校长，就有什么样的学校”、“差学校也有好校长，但好学校绝不会有差校长”。菲律宾教育家赫查说过：“我从来没有见过拙劣的校长能办成好学校，也没见过好校长办出坏学校。”随着社会的发展，学校规模日渐扩大，教育目标日益完善，学校内部管理和对外联系日益增加，为了提高教学质量和办学效益，校长作为一个管理者的职能越来越重要。他们既要执行教育方针政策，又要组织教学，还要协调内外各种关系，其主要承担的是一种管理者的角色。这个时期涌现出一批以管理见长的校长。当然，今天变革中的社会以及我国特有的国情还要求校长承担起一些其他角色，如：资源短缺是我国学校所普遍面临的困难，校长应随时抓住机遇，盘活教育资源，谋求学校发展，使学校的经济、人才资源长盛不衰，这时校长应成为学校资产的经营者；同时，学校的发展离不开宽松的政策环境和社会环境，需要方方面面的支持和认同这样一个良好的外部空间，为此，校长又不得不成为一个公关者，等等。有人说，校长要像三种动物：狮子、狐狸、绵羊。

当前，我国基础教育正处于改革发展的活跃时期，教育观念、办学体制、育人模式、课程设置和品德教育都在不断进行改革和探索，这就要求校长必须以敏锐的战略眼光、锐意改革的精神，主动应对挑战，理清改革思路，创建富有特色的学校，使自己承担起“教育改革者”的角色，向“教育家”型的校长努力。同时，一名优秀校长还要能够站在时代的高度，把握历史的机遇，对学校的办学价值取向进行正确的选择与定位，尊重教育规律，带动群体，进行创造性办学;他的办学思想、办学特色、办学成效要能为其他学校所借鉴。

校长怎样才能转变教师的观念呢?教师作为一个有知识的群体,不唯上、不盲从,对自己充满信心(特别是名牌学校的教师群体)。但同时,也有一些教师对自己反省少,埋怨领导和学生多,因此校长必须花大力气,让教师重新认识自认为所熟悉的教育教学,重视对自己角色进行重新定位。要转变教师的教育观念、教学观念、学生观念、课堂观念,我的看法是尽量站在教师专业成长角度,以一个合作者和指导者的角色,在理解、沟通、商讨的情景中,将自己的理念渗透其中,以便构建一个学习、研究、探讨的交流系统,使自己成为一个交换意见的合作者,一位帮助他们发现问题、分析问题的指导者。

建设高质量的教师队伍,是校长重要的职责,也是校长的治校之本。“一个好校长带出一批好教师,就能办出一所好学校。”那么,校长怎样才能带出一批好教师呢?应该说,没有一个校长是不重视教师队伍建设的。校长要抓好两种人的培养:一种是学科带头人和名师的培养。一流学校需要有一流的教师队伍,名校需要名师支撑,再整齐的教师群体也必须有自己的带头人,没有带头人的群体,必然会产生群体惰性,使整个队伍走向平庸。尽管大多数名师的成长主要靠自身,但校长所起的作用也不可低估。比如,校长要不断地鼓励教师成就一番事业,强化他们的事业心和使命感,同时,还要为他们的成长铺路搭桥,舍得在他们身上下本钱,为其成长提供良好的机制、宽松的环境和活跃的学术氛围。第二种是青年教师的培养。青年教师的培养关系着一个学校的可持续发展,没有一支强有力的青年教师队伍,学校的发展就没有后劲。在实践中,我们可以采取岗前培训、师徒合同、分段考核、压担子、铺路子、给法子等措施,使青年教师迅速成长起来。

校长的主要职责是管理,因此校长应具有卓越的管理能力。在英国的“国家校长职业资格”培训中,学校发展战略和学校管理是重要组成部分,一个学校办学理念再先进,没有管理,就不会有成效。一个校长如果没有管理才能,就如同一个小说家只有想象力,而没有表达力。作家的成功在于能把自己想象到、感悟到的东西,用语言和文字表达出来,没有这种能力,就不成其为作家了。校长如果只有理念,没有卓越的管理才能就很难把学校搞好。

学校管理不是校长一个人的事!“夫运筹策惟帐之中,决胜于千里之外,吾不如子房;镇国家,抚百姓,给馈饷,不绝粮道,吾不如萧何;连百万之军,战必胜,攻必取,吾不如韩信。此三者,皆人杰也,吾能用之,此吾所以取天下也。”(选自《史记·高祖本纪》)这是刘邦的取胜之道,亦应是校长的管理之道。

在实际管理工作中,高水平的校长宽严结合、刚柔相济,既有硬管理,又有软管理。硬管理是用严格的规章制度进行管理和考核,使学校的一切工作有要求、有标准、有规范、有约束,以此保证学校的管理有章、有序、有力。软管理就是理解教师,构建文化,营造环境。

教师的幸福人生

博士阶段的学习，很重要的一个内容就是到报告厅听报告，去图书馆看书。名牌大学之所以有名，就是因为它拥有许多国际级的大师，并且，校园里时常有著名大师的讲座。我在北师大听了很多场报告，其中，肖川教授做的关于教师幸福的报告引起了我更多思考，我把它整理出来，供同志者参阅。

一、什么样的学校就是一所好学校

首先，看一所学校能不能让所有的学生获得成功。什么叫成功？充分发挥个人潜力就是成功，这对任何人来讲都是如此。比如说一个学生以前考试都只能够得到60分，但是通过他的努力他能够得70多分了，对这个同学来说，他学习的努力就成功了。因为我们每一个人的起点都不一样，尽管在他的班上有的同学能够考90多分。所以，我们衡量一所学校好不好的一个重要的标准，就是学生的成长度，那就是我们所讲的，学生是不是充分发挥了他的个人的潜力。平顺中学的教育理念是“让每一个学生都得到相对于他自己的最优化发展”，不也正是体现着如此的追求吗？

何谓“所有学生”？一所学校几千学生中有几个或者几十个学生的发展不尽如人意，他们的潜力没有得到充分发挥，这样的学校算不算好学校？“好”总有程度之别，比如用百分制的量化评价，得分为98是好，得分88也不错，只是前者比后者更好。

学校是为学生而存在的，是为了促使学生的健康成长与发展而存在的。学校的使命就是为了促使学生的成功，所以我把这个标准作为评价一所学校好不好的首要标准。

其次，看一所学校能否成为社会大家庭中富有建设性的成员。任何一个社会都是由个人和许多机构组成的。学校是一种重要的社会机构。一个学校好不好，非常重要的一个标准，就是要看这个学校，是不是在这个社会中发挥着建设性的、积极的作用。

一所学校，不仅要对学生的成长负责，要为学生的幸福人生奠基，我们的学校也承担着重要的社会责任，要自觉地服务于一个自由、开放、民主、文明的社会的建设。只有更多的个人和更多的机构自觉地服务于建设一个更加美好的社会，我们的社会才会变得更加美好。

再次，就是看一所学校能不能让所有的教师体验到作为生活者的幸福感和职业的内在尊严。我们知道，学校是教师工作的地方，是教师的生命活动得以展开的地方。关注教师的校园生活质量，关注教师生活的幸福指数，是“以人为本”精神的最重要的体现。“为师生谋幸福”不正体现着这种目标吗？“人是目的”，这是康德提出的绝对命令。人是目的和手段的统一，而目的是第一位的。人之为人，其存在本身就是目的，而且是这样一种目的，这种目的是不能为其他任何目的所代替的，是不能仅仅作为手段为其他目的服务的。因为如果没有人，就根本没有什么具有绝对价值的东西，人是一切价值的根据和源泉。人的自由、人的幸福本身就有着无需证明的、自足的价值。

在任何社会中，教师都是一个有着重要的影响力、人数众多的职业群体。这个群体的人们生活的幸福指数如何影响着整个社会的福祉与和谐。一所学校，如果它的教师感到很苦、很累，不能够感受到生活的幸福和美好，不能够感受到职业的内在尊严，即使其他方面都很好，那也不能够算一所好学校。更何况如果我们的教师不能够感受到生活的美好，体验到作为生活者的幸福感和感受到作为教师的内在的尊严，那学生要取得成功也是不太可能的。因为优质教育一定建立在师生共同的既善又好的生活之上的。只有教师能够感受到生活充满希望、充满阳光，工作过程是一种享受而不是一种劳役，是自我实现的过程而不是单纯的付出，他才能创造出充满生命温暖的课堂，才可能为学生提供优质的教育服务。教师比较好的生存状态和精神面貌就是精力充沛、信心十足、情绪饱满、热力四射，并能真切地感受到工作的价值和意义，觉得有成就感。

二、幸福的真义

幸福是个极富有魅力和诱惑力的字眼，其不同于职业、安全、社会地位、自由、金钱、收入等其他生活追求，这些只是提供给人们获得幸福的可能性，本身并不是目的。而幸福则具有本体性意义，是人们存在和生活的基本目标，“生活和幸福原来就是一个东西，一切的追求，至少一切健全的追求都是对于幸福的追求。”古往今来，无论是在西方还是在东方，人们都在普遍地追求幸福，探寻幸福，而对幸福真义的把握无疑将有助于人们获得并创造幸福。那么究竟什么是幸福呢？

幸福是个古老而神圣的话题，伊壁鸠鲁说：“幸福是一种快乐的体验”，“幸福生活是我们天生的善，我们的一切取舍都从快乐出发，我们的最终目标乃是得到快乐。”还说：“快乐就是有福的开端与归宿”。心灵的快乐就是对肉体快乐的观赏，心灵的快乐之唯一高出于肉体快乐的地方，就是我们可以学会观赏快乐而不观赏痛苦；因而与身体的快乐相比，我们更能够控制心灵的快乐。阿德勒则把幸福感同生活的意义联系起来，认为：“生活的意义不是为个人优越而奋斗，而是在于如何满足人类和谐友好的生活，渴望建立美好社会的需要，在于对人类全体发生兴趣。”一个人一旦体会到这种生活的意义也就获得了幸福。

在我国，人们对幸福的探讨则十分突出“己悦”与“众乐”。孔子有言“学而时习之，不亦乐乎？有朋自远方来，不亦悦乎？”孟子也说人生有三乐“父母双全，兄弟无故，一乐也；仰不愧于天，俯不怍于地，二乐也；得天下英才而教育之，三乐也！”这里的“悦”与“乐”即是一种情感的满意状态，也即是一种幸福。

首先，幸福是人类个体认识到自己需要得到满足以及理想得到实现时产生的一种情绪状态，是由需要（包括动机、欲望、兴趣）、认知、情感等心理因素与外部诱因的交互作用形成的一种复杂的、多层次的心理状态。

其次，幸福与快乐关系密切，一方面幸福离不开快乐，但并不等同于快乐。快乐通常与较低的目标相联系，具有瞬时性，但幸福是长久的，具有稳定性。它通常与重大的目标、价值实现相联系。“幸福是对于人生具有重要意义的需要、欲望、目的得到实现的心理体验”，“幸福是人们在社会生活实践过程中，由于感受到人生价值的实现而形成的一种精神上的满足”，“幸福的体验，就是对做人意义、价值的体验，就是对于做人状况的体验，就是对于作为人的存在的自由而健康发展状态的体验。”另一方面快乐是幸福的前提，幸福是对人生有重大意义的快乐，日常生活中的快乐只有与人生价值和目的相联系，只有与人的至善完满的幸福相 联系，它才能获得人生存在的意义。

再次，从内容上来说，幸福无外乎涵盖了三个方面：衣、食、住、用、行等诸领域优裕的物质生活条件；不同个人和群体间的协调关系；个人良好的内在精神状态。所以幸福包括了物质的幸福、社会的幸福和精神的幸福。物质的幸福涉及的是人和自然的关系，即人类如何抵御饥饿、严寒、疾病等威胁，获得相对于自然界的安全感和自由感。社会的幸福实际上就是人与人的关系，涉及的是个体如何在社会关系网络中获得安全感、归属感和自由感。精神的幸福涉及的是个体的无限心灵与其所处的有限现实之间的关系，或者说是超越世界与现实世界的关系，其所面对的是如何在有限的现实中追求永恒的价值和获得生活的意义。

幸福是一种物质幸福和精神幸福的统一，教师的劳动更多的是一种精神的创造，是一种良心，是一种无形的影响力。教师的幸福更多的是一种精神的幸福。而且教师作为其生活的创造者和最终承受者，是营建自身幸福的主体。诚如一位教师所说虽然外在的客观条件我们无力改变，但我们不能习惯于固守，在习惯的模式下总应该有所反思，有所突破，在既定的生存空间中总应该留有一片属于自己的自由天空，虽然不免有时困惑、迷惘，但心灵是自由的。所以即使外在的条件我们无力改变，但教师依然可以做一名幸福的教师。

只有幸福的教师才能培养出幸福的学生，教师是一种知识转化与智慧增值的职业，是一种心灵浸润与人性化育的职业。对于教师而言，幸福更具有特殊的意义。而教师的幸福是教师在教育场景中自身需要得到满足后的一种感受（包括心理的与物质的），是教师在自己的教育工作中自由实现自己的职业理想的一种教育主体生存状态。教师的幸福也称教育幸福。对自己生存状态的意义的体味构成教师的幸福感。

教师的幸福和幸福感有以下几个主要特点：教师的幸福具有精神性，教师的幸福具有关系性，教师的幸福具有集体性，教师的幸福具有无限性。教师最大的幸福，就是看到学生的成长，在学生的进步与对社会的贡献中体会到一种他人无法达至的快乐。

陶行知先生就曾说过：“教师的成功是创造出值得自己崇拜的人，先生之最大的快乐，是创造出值得自己崇拜的学生。”徐特立也说：“教书是一种很愉快的事业，你越教就越热爱自己的事业。当你看到教出来的学生一批批走向生活，为社会作出贡献时，你会多么高兴呀！”教师从自己独特的工作对象——学生身上看到自己的劳动成果，进而体验到精神上的无限幸福。学生的学业进步、道德成长、个性萌发，桃李满天下，便成了教师最大的幸福。

托马斯·杰斐逊起草的《独立宣言》就宣称:"我们认为以下真理是不言自明的,即所有的人天生平等,上帝赋予了他们一些不可剥夺的权利,其中有生命、自由和对幸福的追求。"而人的生命、自由与幸福是生活的重要内容,高质量的生活也正是对人的生命、自由与幸福的关照,可见,追求幸福是教师一项不可剥夺的基本人权。

三、怎样获得教师的幸福

做一名师德高尚的人。高尚的师德是构成幸福的重要内容,亚里士多德曾说:"幸福即是某种德性","幸福即是合乎德性的现实活动"。一个没有较高精神追求的教师、一个缺乏起码道德水平的教育工作者像芸芸众生一样沉溺于感官生活,追名逐利,习惯于病态的幸福,而师德高尚的教师则拥有对真正幸福的感受力和创造力,诚如包尔生所说:"对于意志完全由德性支配的人来说,有德性的行为始终是最大的幸福和喜悦,即使它并不带来外在的幸福,即使它反给他的肉体带来磨难。"青年马克思曾经在《青年选择职业时的思考》一文中指出:"那些为共同目标劳动因而使自己变得更加高尚的人,历史承认他是伟人;那些为最大多数人带来幸福的人,经验赞扬他们为最幸福的人。"对于"人类灵魂的工程师",对于一个有精神追求的教师来说,更应该行为示范,以身作则、为人师表,使自己的幸福具有相当的道德水平和德性因素。在当今物欲横流的时代,自觉地抵制各种诱惑,热爱教育事业,真诚奉献,尊重和爱护学生,不断地净化自己的人格,以满腔的热情、高尚的人格去感召学生,最终达到幸福的境界。

关心自己,保持健康的体魄。身体健康是干好工作的保证,是实现理想目标的基础,是增强教师幸福感的关键。教师应树立良好的生命意识,学会关心自己,保持健康的体魄。为了精神的高尚而不惜牺牲肉体,那只能是一种悲剧性幸福。

走科研之路,做一名创造型教师。人只有积极地投入到自己的生命实践中创造人生,才会活得有意义、有智慧、有尊严、有深层次的快乐和幸福。无意义的工作只会孵化出无意义的人。同样,今天教师生活的无意义,很大程度上缘于教育教学工作的呆板僵化。场景在变,学生在变,可内容形式不变,用同样的方法,教同样的内容,接受同样的考试,被同样的标准评价……一天天,一月月,一年年重复着不老的"旋律"。重复就是无意义的代名词。重复容易疲劳,被动产生痛苦,唯有创造,才能幸福并快乐着!如果要想给自己增加乐趣,使上课不再是无聊的劳役,那么作为教师就应当自觉地把自己引导到从事教育研究这条幸福的道路上来。不研究事实就没有预见,就没有创造,就没有丰富而完满的精神生活,就不会对教育工作产生兴趣。不去研究、积累和分析事实,就会产生一种严重的缺点——缺乏热情和因循守旧。重复只会让教师觉得枯燥、单调、乏味,只会失去教育教学兴趣,学生也会因此而失去学习生活的快乐。只有研究和分析事实,才能使教师从平凡的事物中看出新内容、新特征、新细节,才能感受教育工作的真正意义,享受教育的快乐和幸福。教育是一个创新的天地。思考学生的个性,分析教学内容与组织方式,考虑学习方法与教学策略,在生活中反思这些内容,会发现这里有收获和发现,有欢乐和痛苦,是积累而不是重复。教师生活因为研究而不断丰富起来,教育的幸福因为创造而获得意义。

研究可以提升教师的职业幸福感，只有做一名创造型的教师，让研究成为自己的行为方式，我们每天的生活新鲜、有趣，才不会总是“重复每天不变的旋律”，个人的价值才能实现最优化。

树立崇高的职业理想。教师只有摆脱了职业感的束缚，不把教师当成谋生的手段，而是出乎自己的需要，像孟子那样以得天下英才而教（育）之为乐，那么他才能在教的活动中自由地、有创造性地发挥自己的全部才能和力量……只有教、学双方在互动之中都抛弃一切世俗的、外在的各种顾忌，沉浸在艺术的创造过程之中，才能达到“孔颜乐处”的境界。

幸福人生需要心中盼头，有目标、有追求、有所期待、有所成就、有所向往，教师的幸福就是教师在教育工作中自由实现职业理想的一种教育主体生存状态。对有追求、有目标，树立了崇高职业理想的教师来说，困难就不是困难，而是磨炼；挫折也不是挫折，而是动力。而对于缺少崇高的职业理想、没有精神追求的人，再轻松也不一定能获得真正意义上的幸福感。

幸福是社会和人生追求的重要目标，也是我们教师群体孜孜以求的目标，我愿以“快乐是一种美德，微笑是一种力量，歌唱是心灵的阳光，简单就是享受，优秀是一种习惯，成功是一种心态，清白是温柔的枕头，幸福是灵魂的香味。”与老师们共勉，积极乐观的去创造属于自己的幸福人生和属于我们大家的美好社会，成为“心中有盼头，手中有事做，身边有亲友，家中有积蓄”的“四有新人”。

肖川教授说：快乐是一种美德。言外之意是，不快乐是一种缺德。何以能这么说呢？因为每一个人都生活在一定的社会之中，我们都是构成他人生活环境的一部分。人的情绪，不论是积极的情绪，还是消极的情绪，都会相互感染。我相信没有人会喜欢一个整天愁眉苦脸、唉声叹气、充满抱怨的人，我们都会喜欢那些能够唤起我们对于生活的热爱与柔情的人。

肖川教授说：微笑是一种力量。在我们的身边有一个精灵，它产生于刹那之间，却可以定格成为永恒。它不会因为你富甲一方不需要它；也不会因为你的一贫如洗而不能拥有它。它如夏花灿烂，它如春风温暖，它如清泉甘冽，它就是微笑。“微笑是心灵的阳光，微笑是扑面的春风。”的确如肖川教授所说，微笑富有魅力，微笑招人喜爱。英国著名诗人雪莱曾经说过：“微笑，实在是仁爱的象征，快乐的源泉，亲近别人的媒介。有了笑，人类的感情就沟通了。”确实如雪莱所言，微笑可以缩短人与人之间的距离，化解人与人之间的矛盾，沟通彼此的心灵，使人产生一种亲近感、亲切感、愉快感。当你向别人微笑的时候，事实上就是以巧妙、含蓄的方式告诉对方，你喜欢他，你尊重他，他是一个受人欢迎的人，你很喜欢与他交流，与他交谈，与他相处。这样，你在给予别人友好的同时，也就赢得了别人的热情，也更容易博得别人的喜爱。

“优秀是一种习惯。”在我们校园里曾经挂过一条标语：“优秀是一种习惯，文明是一种收获”。一个人能不能取得成就，变成优秀，关键是这个人有没有养成好的习惯。他说，一个人的成功，一个人的失败，都是由一点一滴的小水珠组成最后的汪洋大海。人生就是由每一天、每一个事件、每一个工作的业绩组成的。如果你在小事情上苟且，那么你在大事上、你在一生中一定是一个苟且的人。优秀是什么？优秀就是早到五分钟，就是坚持最后一分钟。

肖川教授所说的习惯，自然是指好的习惯。他结合听报告的人的不同表现说：比如今天的会场上，有的人听得很认真，听得很专心，眼光很专注，一直盯着我，不时地往笔记本上记着；而有的人就截然不同，要么昏昏欲睡，在那儿打瞌睡，要么交头接耳，讲个不停，要么玩手机，信息发个没完。你说这两种人哪一种更有可能成为优秀呢？毋庸置疑是前一种。孔子说："性相近，习相远。"意思就是说，人的本性是很接近的，但由于习惯不同便相去甚远。我们可以遍数名载史册的成功者，哪一个没有一些良好的习惯在影响着他们的成长，在推动着他们走向成功呢？

成功是一种心态。肖川教授在讲到教师专业成长的三个维度"观念、行动、个性"中的"观念"时，特别强调了教师的职业心态，他说：是什么能使我们的生活100%变得完满？不是金钱，不是知识，也不是爱情，不是好运，而是心态；正是我们对待工作、生活的态度，能够使我们的生活达到100%的圆满！听了以后，觉得非常有道理，事实也的确如此。

其实，每个人都是一座有待开发的金矿，而决定个人含金量高低的则是心态。根据心理学家的统计，每个人每天大约会产生5万个想法。如果你拥有积极的心态，那么你就能在快乐与创造之中，把它们转化为迈向成功的能量和动力；如果你的态度是消极的，那么它们就会成为你走向成功的阻力和障碍。所以，人与人之间的差别既小又大，说"小"是指人的智力相差无几，说"大"是指人的心态截然不同。

肖川教授说，消极和悲观是我们追求卓越的最大的心理障碍。我们往往以为人生当中有太多的"不可能"，其实它们无不是我们自己所设置。我们总是被受挫、失败的想象吓住，并且害怕这种经历令自己蒙羞。我们总是把"不可能"的圈子划得很大，"可能"的边界也就越来越小。其实，任何有所成就的人，必定把许多"不可能"变成"可能"。

"拿来主义"

我们准备编辑校园第四本书，原计划是以近一年来涌现出的英雄人物为核心，弘扬校园精神，彰显教师魅力，提升办学品位。但校长助理刘琦老师告诉我说，本书第二部分是"引领篇"，需要把校长的一些理念印进去，理由是要把引领大家前进的"红旗"竖起来。这让我很惶恐，因为这二年多来我们一直是摸着石头过河，学校的重大决策都是校委会研究并决定的，我个人实在没有什么突出之处，但刘琦助理的话又不是没有道理，因为校长的重要工作内容就是"引领"，苏霍姆林斯基说"校长首先是教育思想的领导，其次才是行政的领导。"一个好校长，必须是一个有思想的校长。陶行知也曾经说"校长是一所学校的灵魂。"这"魂"便是思想。校长的办学思想应成为全校教师的思想，教师是学校的主人，也是学校的办学主体；校长的办学思想只有成为全体教师的思想，才能真正成为学校发展的动力。校长要想把自己的办学思想内化为教师的自觉行动，必须先把自己的办学思想转化为全体教师的思想。所以尽管我的教育思想尚不成熟，但为了竖起红旗让老师们有共同的追求，我必须把我思考的东西“晒”出来，抛砖引玉，共同成长。因此，我把我在各个师范大学听到的部分名家重要的新理念简要的列出来，希望能引起老师们的关注。今后，我们将拿出一定时间共同进一步学习，比如主体教育、建构主义、多元智能理论、学习论等重要论述。

北京师范大学·顾明远教授

顾明远，曾任北京师范大学副校长、研究生院院长、教育管理学院院长、国务院学科评议组教育学科组长等职，并曾在世界比较教育联合会任两主席之一。现任北京师范大学教育管理学院名誉院长、国际与比较教育研究所所长、博士生导师，中国教育学会会长、教育部社会科学委员会副主任等职。主编的《教育大辞典》、《世界教育大系》和《世界教育大事典》，被誉为传世精品。

今天的教育理念

世界正发生着剧烈的变化，我国也不例外。21 世纪是一个“学习化”时代。教育工作的重心不再是交给学生固有的知识，而是转向塑造学习者新型的人格。学校教育的根本任务在于使学习者学会如何学习，学会如何工作，学会如何合作，以及学会如何生存。因此，教师的知识与观念的自我更新便显得比以往任何时代都更加急迫了。一个成功的教师，首先是一个善于不断自我更新观念的学习者，只有在及时地汲取当代最新教育科研成果的基础上，才能立于不败之地。

任何教育行为都应以教育理念为指导，教育教学理念贯穿于教育教学的全程，很难想象缺乏理念或理念单一的教育教学过程，将带来怎样的后果。

宏观教育理念如下

终身教育思潮，学习型社会。

一般教育理念如下

全民教育：满足所有人的基本学习需要；

后现代主义教育：对现代教育的深刻反思；

合作教育：塑造新型的师生人际关系；

范畴教育：传授知识和培养能力的统一；

环境教育：可持续发展的战略举措；

创新教育：培养创新人才的必由之路；

创业教育：第三本教育护照；

学习型组织:优质学校的组织模式;

校本管理:学校管理的国际趋势;

教师专业化:以高标准求高质量;

多元智力理论:素质教育的最好诠释。

教与学的理念如下

发展性教育:以最好的教学效果,促进学生的一般发展;

掌握学习理论:让差生得到同样的发展;

学科基本结构理论:以学科结构发展儿童智力;

范例教学:举一隅以三隅反;

交往教学:个性的“自我实现”;

情商说:对智力本质的追问;

认知学习:当代学习理论的主流;

建构主义学习理论:创新型人才培养的合理选择;

最近发展区:儿童在与成人的合作中发展;

教学过程最优化:用最少的时间达到最大的效果;

智力操作图式说:在活动中成长;

发现教学:让学生做学习的主人;

暗示教学:无意中的收获;

校本课程:国家课程的重要补充。

顾明远先生对基础教育的理念:以人为本的教育价值观。所谓基础教育,就是要为人一生的发展打基础的教育。基础教育对于个体的发展来说,有如楼宇的基础,打得坚实,楼宇就能盖得高大。个体的基础打好了,他将来发展的空间就大。基础教育要打好什么基础?顾明远认为有以下三个方面:一是为学生身心健康发展打好基础,使学生在智力、心理、身体各方面得到发展;二是为学生今后进一步学习打好基础,包括接受高一级教育以及终身学习的基础;三是为学生打好走向社会的基础,这不仅指给学生一技之长,有就业的能力,而且要培养学生的社会意识和职业意识,有社会责任感。顾明远先生的这个论述和联合国教科文组织国际21世纪教育委员会的报告——《教育——财富蕴藏其中》可谓“英雄所见略同”。

近年来面对基础教育均衡化发展,顾明远先生大声疾呼:“教育均衡发展是教育平等的问题。”受教育权作为一项基本人权,教育公平问题有三个内涵:一是机会公平;二是过程公平,就是学校提供的条件、设备、教师等方面水平差不多;三是结果公平,结果公平不是说人人都上大学,而是能够考虑到学生的差别,要给学生适合他的最好的出路。结果公平是指根据每一个人的能力和条件得到相应的发展。正是在这个基础上,顾明远先生又提出了“公平而差异”的教育原则。

主客体统一论视野下的师生关系。顾明远更进一步指出:现代教育观念是民主的,师生关系是平等的,在教育过程中要充分发挥学生的主体性、主动性;教师的主导作用在于启发、引导、帮助学生,并且设计有利于学生学习的环境。顾明远先生"主客体统一论"的思想要解决的是人的构成的哲学层面的分析,研究的是人的良好素质的全面构建。这里面蕴含了关于尊重学生主体性的思想,关于促进学生个性自由充分发展的思想,关于发展自主性、主动性和创造性的思想,使后来的素质教育改革有了一个高的目标定位。他为素质教育提供了新的教育价值观念及实现人的全面发展的基本途径。第一,弘扬人的主体性是现代社会发展的主题。教育应主动适应社会发展的要求,加强对学生主体性的培养,为社会培养既具有相应的知识技能,又具有开拓进取的创新意识、竞争和合作精神以及随机应变、办事能力强、工作效率高的人才。现代教育最重要的特征就是高扬人的主体性,这一点已取得共识。第二,顾明远先生正是针对传统教育中严重忽视人的发展这一问题提出来的。长期以来,由于封建教育传统的影响,新中国成立后不加批判地全面复制苏联的经验以及教育自身存在的问题,使学生在教育教学活动中应该表现出来的高度的自主性、主动性和创造性受到压抑。第三,顾明远先生的"主客体统一论"衍生出来的主体教育思想是推进教育现代化的必然。中国的基础教育正面临一场深刻的变革,推进这场变革的关键在于现代教育的确立。现代教育是着眼于受教育者及社会长远发展的要求,以面向全体学生、全面提高学生的基本素质为宗旨,以注重培养受教育者的实践能力、创新能力,促进他们在德智体等诸方面生动、活泼、主动地发展为基本特征的教育。

倡导素质教育的人才培养观。人才培养观是教育现代化思想的重要组成部分。"教育现代化的内容很多,包括教育思想、教育课程、教育制度、教育手段和教育方法、教育管理等的现代化,而它的最终目标是要把人的素质提高到空前的高度。"从教育现代化的思想出发,顾明远多年以来都倡导多元的人才培养观,为素质教育上下奔走。素质教育不仅仅是基础教育的问题,但素质教育必须从基础教育开始抓起。素质教育的素质主要是指在先天素质的基础上经过教育而获得的各种品质。从做人的角度来讲可以概括为四个正确对待,即正确对待自然,正确对待社会,正确对待他人,正确对待自己。有了这四个正确对待,就可以说是一个高素质的人。

顾明远先生强调对学生创造精神和实践能力的培养,他指出:"只有掌握扎实的基础知识才能创新,同时也只有培养学生创造性思维,他们才能深刻理解基础知识,把知识学活。创新能力的培养首先是创造性思维的培养。中小学的任务是给学生打基础的,这种基础不仅是指掌握基础知识,而且也包括基本能力的培养,其核心是创造性思维能力。我们不能要求中小学生有重大的发明创造,但我们可以培养学生创造性地学习,培养他们的创新意识。创新意识要从小培养,使之从小就有一种探索精神,凡事问一个为什么,可不可从另一个角度思考,用另一种方法解释。从小有了这种创新意识,长大了,掌握的知识丰富了,他就能够在事业上有所创新。"我国基础教育有着优良的传统,就是重视基础知识、基本技能的训练。这个传统应该继承和发扬，但是基础教育的实际工作却不重视对学生创造性思维的培养。特别是受到应试教育的干扰，考什么教什么，教什么背什么，处处都以标准答案为准，这就抑制了学生的创造性思维。长此下去，形成唯书、唯权威是从的思维定式，这怎能适应知识经济和创新时代的需要！因此，改变教育观念，把传授基础知识和培养学生的创造性思维、创新意识结合起来，是当前教育界的当务之急。

北京师范大学·裴娣娜教授

裴娣娜，北京师范大学教育学院教授，博士生导师，曾任北京师范大学教育系系主任、教育与心理科学学院副院长、教育科学研究所所长、课程与教学系系主任。主要研究领域：教育基本原理、课程与教学论、教育研究方法。先后主持、参与 17 项国家级、省部级重点科研项目和 4 项国际合作研究课题。现兼任国务院学位办教育硕士专业指导委员会委员、秘书长，教育部全国中等职业教育教学指导委员会委员，教育部中小学教师继续教育教材评审专家，中国教育学会学术委员会委员，全国教育学会教育学分会副理事长，教学论专业委员会主任，天津师范大学教育科学学院院长等职。

主持的《主体教育视野下课堂教学改革的深化研究》，是全国教育科学“十五”规划国家重点课题，目前，在全国范围内组织的《我国学校教育创新》研究，是教育部哲学社会科学研究重大课题攻关项目。

1.“回到原点”，探讨教学方式的变革，实现学生真实的、真正的发展。“原点”，具有“起点”和“终点”的双重性。作为起点，是一事物发展的内在逻辑起点，是具有生命力的核心基本要素。作为终点，是原点发展的文化积累的结果，是起点所追求的终极目标。因此，“原点”是一个历史与逻辑相统一的范畴。抓住了原点，就抓住了问题的根本。课堂教学是学生生存与发展的重要方式，是实现学生发展的原点。只有真正揭示课堂教学发展的内在规律，才能彻底摈弃片面追求升学率而压抑学生发展，以及目前在急功近利价值取向影响下所造成学生虚假发展的眼中弊端。

2.以人的发展为核心，有助于促进教育观念的转变。通过研究，帮助教育工作者反思和克服当前教育实践中不合理的传统教育观念，增强实践活动的合规律性与合目的性，增强教育改革的意识，明确教育科学研究的方向和主题，提升教育能力。

3.为研究当前教育问题，为改造原教育理论提供一种理论依据和科学方法。深化课堂教学改革，抓住“实践与活动”、“合作与交往”这些重大命题，探讨通过教与学的学习活动，个体与群体的交往活动，学生是如何学会学习、学会发展的。一方面，将引发对现代教学认识特质的重新思考。另一方面，在强调教学过程的实践性、文化性及主体性等特质基础上，将实践活动、交往、主体性作为理论基石，为重新构建现代教学的理论框架，提供一个新的解释系统，这是一种真正意义上的思辨的提升,理性的思考。

4.将“形上”与“形下”研究结合。理论研究、调查研究、实验研究相结合,尝试构建有中国特色的教育实验研究方法论。

华东师范大学·叶澜教授

“新基础教育”研究是中国教育学会副会长、华东师大基础教育改革和发展研究所所长、上海新基础教育研究所所长、上海市新基础教育实验学校名誉校长叶澜教授主持的一个全国“九五”规划重点课题。主要任务是要形成21世纪新的基础教育观念和创建面向21世纪中国基础教育的新型学校。

顾明远先生曾对我开着玩笑说:“当今,中国的基础教育改革研究,可分为南北两派。北派注重传统与历史的研究,掌门人是北师大的裴娣娜教授,北师大的教育学院和心理学院在中国是第一流的;南派注重国外教育的借鉴,掌门人是华东师大的叶澜教授,华东师大在新课程改革上立下了汗马功劳。”我曾问裴教授是不是这样,裴教授笑着说:我和叶澜教授是好姐妹,没有派别,我一直在向叶澜教授学习。

“新基础教育”研究分三个层面展开:一是理论研究,重点在对现有的教育观念进行批判性反思,在把握时代精神的基础上,建构新基础教育的观念体系;二是为学校教育活动整体改革作出设计;三是学校教育改革的实践研究,通过课题组与一线教师、校长的密切配合,相互启发、互动学习、积极创造,在课堂教学、班级建设和学校管理方面取得突破,使学校焕发生命活力。

新基础教育的“新”既表现为理论创新,又体现在实践创新,主要表现在如下三个方面:

新基础教育观念的更新。新基础教育重新奠定了基础教育的本质,把基础教育看做是为学生的终身学习和主动发展奠定基础,由此形成了一整套以生命观为核心的涵盖着目标、价值、对象、活动及管理的现代化教育观念体系。

学校教育日常活动方式的更新。新基础教育从活动的观点出发,强调通过革新学生浸润其中的以课堂教学与班级生活基本内容的日常实践,为每一个个体生命意识的觉醒与生命力的勃发创设良好的成长氛围和发展基础。

师生学校生存方式观念的更新。使师生在学校的生存方式由消极被动的适应性生存方式向积极主动、不断自我更新的发展性生存方式转化。

“新基础教育”宗旨:就是要从生命和基础教育的整体性出发,唤醒教育活动的每一个生命,让每一个生命真正“活”起来。

“新基础教育”三个转换:一是以生命观为核心的教育观念转换;二是改革学校日常的教学生活与班级生活,实行实践层面上的转换;三是转变师生在学校的生存方式,实现师生生命在生存意义上的转换。

"新基础教育"四个"还给":把课堂还给学生,让课堂换发出生命的活力;把班级还给学生,让班级充满成长的气息;把创造还给老师,让教育充满智慧的挑战;把精神发展的主动权还给学生,让学校充满勃勃生机。

课堂教学七条:保证学生自主学习的时间和空间(自主学习的时间不得少于1/3,学习空间的结构要体现开放性、多样性与灵活性);关注每一个学生的学习状况;实现师生之间的民主与平等;培养学生的质疑问难;促进师生的有效互动;实现学生的"书本世界"与"生活世界"的沟通;注意教学行为的反思与重建。

班级建设七条:学生自主参与班级建设,体现学生主人翁意识;班级管理中岗位设置的广泛性与动态性,让每一个学生都能拥有自己的岗位,培养学生的责任感;关注每一个学生的发展,体现发展的均衡性;班级建设中体现学生的创新性与特色;关注学生在班级日常生活中的质量;班级群体中对学生评价的多元性;班级建设中家长的参与性。

苏州大学·朱永新教授

朱永新:苏州大学教授、博士生导师,原苏州市副市长。因其《我的教育理想》、《新教育之梦》、《创新教育论》、《享受教育》等著作的相继问世和"新教育实验"突飞猛进式的发展,被人视做当今中国教育上的一匹黑马。我在苏州中学听了他的报告。"新教育实验"有五个核心理念:

核心理念之一:为了一切的人,为了人的一切。这里不是强调"一切为了学生的发展",而是突出"一切人"。新教育实验的目标是"追求理想,超越自我"。朱教授说,只有追求理想,超越自我,才能培养积极的态度,真正地让教师、学生和学校一起成长。新教育实验的价值取向是"行动"。朱教授认为,只要行动,就有收获。不要坐而论道。你去做,你就行;你去做,你就能成功。

核心理念之二:教给学生一生有用的东西。朱教授说,目前以成败论英雄、以金牌论英雄、以升学多少论英雄的观点是错误的。新教育实验行动方案的关键是,教一些让学生一辈子真正有用的东西。朱教授说自己是苏州大学毕业的,但他并不认为自己比北大、清华的学生差。他说,我甚至可以到北大、清华去做老师做教授。关键是怎么样让学生有一个真正辉煌的明天,而不仅仅是辉煌的今天。

核心理念之三:重视精神状态,倡导成功体验。朱教授对精神的作用高度重视,甚至有点儿夸大。他说,好多人都问他:你的身体怎么这样好呢?他说不是身体好,是精神好。自己也有高血压、高血脂。但有了好的精神,就有了一切。重视精神,就要让人们不断地感受成功,从而不断地相信自我,不断地挑战自我,从一个成功走向另一个成功。

核心理念之四:强调个性发展,注重特色教育。特色并不意味着圆满,但特色就是卓越。朱教授是一位最具人文气质的市长,他透过历史的眼光,长久以来一直探问社会人心的发展,人类文明的演进,深切感到在万众一心发展经济,人文精神的教育严重缺失、人文关怀异常匮乏的当下,人心的异化、社会的失衡以及城市的病态繁荣已是愈演愈烈。正是源自于这种“社会良心”深处的忧虑,朱永新一直在大力倡导关注人文精神的培养,倡导民族精神的变革。这就是个性,就是特色。

核心理念之五:让师生与人类崇高精神对话。朱教授认为,如果说当今的教育对人的问题已经开始注意的话,那么,真正对于人类的问题,对于人类的命运,对于人类文化的发展延续,对于文明的进程,却没有引起足够的关注。要想让我们的孩子、老师能够真正地融入社会,真正地具有强烈的社会责任感、使命感、正义感,就要与人类崇高精神对话。他认为,阅读中外名著是对话的最好途径之一。

新教育实验的“六大行动”:营造书香校园、师生共写日记、聆听窗外声音、熟练应用外语、建设数码社区、创建特色学校。每一个“行动”都有着独具的特色和丰富的内涵。

朱永新教授说,新教育实验的目的不单单让人拥有知识,更重要的是让人拥有智慧。

杭州师范大学·王光龙教授

语文学习方法指导的最终目标是培养和提高学生的学习素质。学习素质的构建,包括学习认识、学习动机、学习兴趣、学习意志、学习方法、学习习惯、学习能力、学习管理等。

对学生进行系统的学习方法指导,是提高学生学习质量的有效途径。

语文学习方法指导,需要理论与实践相结合,建立一个指导系统。在实际的学习中,每个学生也在使用一些学习方法,但大都不是自觉的。教师在教学中也教给学生一些学习方法,但大都是零碎不系统的,难以形成学习方法的集合效应。

语文学习方法指导需要探索总结出成系列的多种指导模式。学生学习和教师指导学习的活动主要体现在课堂教学过程中。在课堂教学过程中教师对学生的语文学习方法指导,不仅要追求其指导的艺术性,更要追求其指导的科学性。

也谈素质教育

袁振国,教授,博士生导师,现任中央教育科学研究所所长。

素质教育是今天教育的主导观念。自 1993 年 2 月《中国教育改革和发展纲要》提出:“中小学要由‘应试教育’转向全面提高国民素质的轨道,面向全体学生,全面提高学生的思想道德、文化科学、劳动技能和身体、心理素质,促进学生生动活泼地发展,办出各自的特色”的号召以来,从“应试教育”转向“素质教育”,已多次写进了教育的政策文件,并成为广大教育工作者的自觉语言。特别是1999年6月中共中央国务院做出了“关于深化教育改革全面推进素质教育的决定”,“素质教育”进一步被确定为我国教育改革和发展的长远方针,成为我国各级各类教育追求的共同理想。《中共中央国务院关于深化教育改革全面推进素质教育的决定》(以下简称《决定》)指出:“新中国成立50年来特别是改革开放以来,教育事业的改革与发展取得了令人瞩目的巨大成就。但面对新的形势,由于主观和客观等方面的原因,我们的教育观念、教育体制、教育结构、人才培养模式、教育内容和教育方法相对滞后,影响了青少年的发展,不能适应提高国民素质的需要。”《决定》开篇对我国教育的估计是相当严峻的。我国教育虽然取得了巨大的历史成就,但历史的发展太快,相对于历史的要求,我们的教育滞后了。我们知道,教育最基本的职能就是促进青少年的发展。但我们现在的教育未能很好地履行这一职能,“影响”了青少年的发展。这种“影响”,来自于教育体制、培养模式、教育内容和方法等多方面,但首先是因为教育观念的滞后。《决定》号召全党、全社会从社会主义兴旺发达、从中华民族的伟大复兴的高度来认识素质教育的意义;同时强调,“全面推进素质教育,是我国教育事业的一场深刻的变革,是一项事关全局、影响深远和涉及全社会各个方面的系统工程。”

有一则寓言。狮子先生做了校长,于是在全体动物中进行教育改革。为了让每一种动物都得到全面发展,开设了门类齐全的各类课程,跑,跳,飞,爬,游泳,等等。结果,大象怎么也爬不上树,兔子怎么也学不会游泳,老鹰跑步不及格,乌龟学习飞翔受尽了折磨,大家意见很大,纷纷提出要退学。狮子校长长叹一声说:“素质教育怎么就这样难呢?”

其实,不是素质教育出问题了,是狮子校长错了。素质教育并不是平均教育,不是要让每个人都得到同样的结果。素质教育的目的是让每一个学生都得到相对于他自己的最优化发展,让学生的强势智慧得到发展。

素质教育的本质在于它的思想性和时代性,在于它是引导我国教育在向21世纪迈进的过程中,提出的一种新的教育理想,它期望形成一种新的教育价值观,达到一种新的教育境界。

一、素质教育是一种理想

任何教育都是功用性与理想性的结合。教育事业本来就是一项具有理想性的事业,没有理想的教育是不存在的。从孔夫子到陶行智,作为我国教育家的杰出代表,无不充溢着教育的理想情怀。古希腊的柏拉图寄希望于教育养成理性国家的“智者”,法国的思想家卢梭希望通过自然主义的教育培养“自由发展”的人,美国的杜威希望通过“无目的”的教育培养有民主意识的公民和建立民主的国家……没有一位有影响的教育家不富有教育的理想,没有一种有影响的教育理论不是一种富有理想的教育主张。教育理想是教育活动的指南,是教育行为的向导,也是动员人们为之努力的精神力量。

素质教育是这样的一种理想:第一,它涵盖了教育的所月方面。《决定》明确指出:“实施素质教育应该贯穿于幼儿教育、中小学教育、职业教育、成人教育、高等教育等各级各类教育,应当贯穿于学校教育、家庭教育和社会教育等各个方面”，“实施素质教育，必须把德育、智育、体育、美育等有机地统一在教育活动的各个环节中。”第二，它倡导在教育中每个人都得到发展，而不是只注重一部分人，更不是只注重少数人的发展。每个人、每一位学生都能得到发展，不仅是民主的基本理念，而且是我们每个学生的基本权利，我们应该尊重这种权利，保护这种权利，创造条件实现这种权利。第三，素质教育倡导的是在教育中使每个学生都得到比较充分的全面的发展。全面发展一直是我们的教育方针，这是因为人的生命体本身蕴涵了多方面发展的潜能，全面发展是人发展自身的要求；社会生活的丰富多样性也要求人的全面发展，社会发展的程度越高，对人的全面发展的要求也就越高，人的全面发展当然是一个不断接近的没有终点的目标，素质教育就是要求尽可能充分地实现这一目标。第四，素质教育倡导的是每个学生富有个性的发展。尽可能充分地全面发展是共性，是对所有学生的共同要求。但每个学生都有其个别性，不同的认知特征、不同的兴趣爱好、不同的欲望要求、不同的价值指向、不同的创造潜能，铸成了千差万别的每一个独特的学生。

可见，从 20 世纪世纪末到 21 世纪世纪初，把素质教育作为一种目标，作为一种方针，作为一种理想，引导教育的改革和发展，有着明显的时代意义和历史意义；同进，我们看到，素质教育超出了教育自身的范围，它需要广大教育工作者和全社会的共同支持和努力。

二、素质教育是一种价值

教育是什么？教育为什么？这是教育的基本问题，或者说是教育的本质问题。但在实际中，这一问题经常被转换成这样一个问题，或者说人们更关心的是这样一个问题：什么样的教育是好的教育？ 也就是说，人们更关心的是教育的价值问题，或者说它被落实在教育的价值上。

怎样一种教育才是好的教育？对教育的理解不同，对教育的理想不同，对这个问题的回答也就不同。比如在教育满足社会的需要与促进人身发展的关系上，长远地说，这两者是统一的，但在每个具体历史阶段，却难免有矛盾。在这两者之间作何种选择，不同的教育思想就有了不同的价值倾向。强调前者的极端观点就是“社会本位”说，强调后者的极端观点就是“个人本位”说。

素质教育无疑是对应试教育价值观的否定和更新，是根据时代变化、社会发展的形势，提出的一种新的教育价值观。

首先，素质教育是强调以人为对象，以人自身的发展为目的的教育。在很长时间的古代教育和旧式教育中，受教育者被看成是一个接受现成观念和知识的容器，教师所采取的教育方式主要是恫吓与灌输，要求学生学习的方式主要是死记硬背。学生是不是学得主动、学得愉快，教育者并不很关心。这种教育方式与当时专制的政治制度和思想统治是相辅相成的。

需要说明的是，素质教育取代应试教育，并不是要取消升学和分数。分数和升学无疑体现了一部分重要的素质内容，但是素质不是以分数的高低和升学率的高低为评价标准，更浊以此为唯一评价标准。分数和升学是素质教育的自然结果，而不是它刻意追求的目标。

其次，素质教育强调学生有个性的发展。学生的有个性的发展是学生自身发展的落脚点和最终体现。学校应该成为促进每个学生的特点、优势更加明显的场所，而不是把不同的人变成相同的人的场所。应试教育因为过于强调统一的标准和筛选淘汰，没有可能认真地去关心不同学生的个别性的发展，长此以往，逐渐形成了肯定共同性而否定个别性的价值倾向和人际态度。

*再次，素质教育注重可接受性，更注重可发展性。*20世纪60年代后期出现了终身教育的概念，到20世纪70年代便成为一种被普遍接受的教育观念。其根本的原因在于它反映了一种新的社会趋势和新的价值追求，即社会节奏加快，知识更新周期缩短，一次教育终身受益观念被打破的趋势和通过教育、并在教育中提高自己的生活质量和实现人生意义的价值追求。受教育既是手段又是目的，既是接受更是发展，教育不再是一个被动的短暂的消极接受过程，而是一个主动的终生的积极发展过程，素质教育正是顺应了这样一种潮流，是面向未来的教育。它重视书本知识的积累，更重视现实生活能力的发展；重视接受性的学习，更重视独立的、创造性性格的养成。素质教育关心学生学什么和想什么，更关心他们未来的学习能力和发展可能性。而应试教育基本上一种“手段”教育，是以获得高分、升入高一级学校为目的的手段教育。学生的实际生活能力怎么样，独立性、创造性的程度怎么样，并没有特别的地位。事实上，统一性、标准性与独立性、创造性在应试教育中几乎是一个无法调和和矛盾。

*最后，素质教育是指向大众主义的教育。*近代以来，是英才教育大众教育一直是不同的教育理想和政策的根本分歧之一。但第二次世界大战以后，大众主义的教育观逐渐成为教育尤其是公立教育的主导价值观，大众教育成为教育的中心。大众主义教育虽然并不排斥英才教育，并且为英才的成长提供渠道，但在制定教育政策，安排教育财政时，不再将英才教育作为优先考虑的对象，而是以多数人的利益为考虑问题的出发点。应试教育虽然不一定是英才主义的教育，但基本上也是以英才为核心的，是为了英才和有利于英才的教育。

以学生为本位、以学生的个性发展为本位、以学生的可发展性为本位和以大众教育为本位的素质教育，是一种价值观的转变，也是种思维方式的转变，是从单一价值观向多元价值观的转变。学生是千差万别的，社会的生活和社会的需要是千差万别的，而应试教育却是一种评判标准和选拔标准，这怎么能够引领中国教育面向现代化、面向世界、面向未来呢？

三、素质教育是一种境界

素质教育是要创造这样一种境界，学生好学、爱学、乐学，教师喜教、爱教、乐教。学生学习的压力主要是学习内部的压力，而不是分数的压力、升学的压力；教师教学的压力主要是学生挑战的压力，而不是集体总分的压力、升学指标的压力。师生关系是平等的、朋友式的关系，是互通有无的关系，而不是“警察与小偷”式的紧张对立的关系。科学家们认为，在国际互联网的时代，个人与个人在知识上的差距，几乎可以忽略不计，人们在互联网络面前永远是无知者。当互联网络走进教室、走进家庭后，师生关系必将发生深刻的变革，那时，师生关系的本质将发生变化，将变知识、经验、道德等的授受关系为朋友式的讨论关系，为社会角色间的交往关系。毫无疑问，能否适应这种趋势，能否达到这样一种境界，教师将首先受到严峻的挑战。

我们说素质教育是一种境界，是指素质教育是一种整体风貌，是一种完整人格的养成，而不是无数单个元素的相加。整体不等于部分之和。我们说的素质，其实就是日常生活中为人们所称道的素质，是一种心胸宽广、自强不息、乐观向上的气质；是一种自尊、自信、自谦、自持的精神；是一种关心人、关心社会、关心自然的情怀；是一种求实致远、质朴高雅的品位；是一种“富贵不能淫、贫贱不能移、威武不能屈”的人格。这样一种气质，这样一种精神，这样一种情怀，这样一种品位，这样一种人格，需要相应的教育境界的濡化，需要一种真诚、公正、平等、友爱的教育氛围才能养成。

给教师创造一个辉煌的舞台

上海建平中学，冯恩洪校长。我在东北师大听过他做的报告。

我曾在记录我校教师精神风貌的报告文学集《奠基者的风采》中这样写道：书中所记载的都是十年改革的日子里所涌现的真人真事、凡人琐事，坦白地说，对这些事、这些人我都很熟悉，甚至于连细节，我都能回忆起来，可是我在翻阅案几上的《奠基者的风采》的稿件时，我仍然按捺不住内心的激动，是他们播撒希望，收获辉煌，有了他们，才有了希望，才有辉煌。一流的学校关键是师资的一流。十年来，我们致力于给教师创造一个辉煌的舞台，形成一支朝着一流方向迈进的队伍。

辉煌的舞台是改革的舞台。应试教育不仅压抑学生个性、扼杀学生灵性，同样也压抑了教师个性，扼杀了教师灵性。改革呼唤忠诚，改革需要勇气，改革依靠科学。人是有潜在能量的，开发人的潜在能量是个体社会化过程中的重要方面。在计划经济向社会主义市场经济转轨的过程中，我们把建平改革定位在学生成长需要和社会发展需要的结合点上，尊重学生人格(即校园里既要有正式人际关系——师生关系，也要有非正式人际关系——朋友关系，创造一种让学生不好意思不好好学习的情感氛围环境，像爱惜金钱一样爱惜学生时间，(变命令为商量，变包办为建议)，提供选择的机会(创造选择氛围、扩大选择范围、发展选择能力)，允许落后，鼓励冒尖(引导学生选择合格 + 特长的发展方向，走出将全面发展曲解为均衡发展的误区)。改革要敢想，改革要敢干，建平人没有把改革停留在会议桌上，停留在空泛的议论上，而是实实在在付诸行动，探索了一条由外围向核心逼近，从建设第三课程(对学生的行动和情感施加影响的课程，让学生的强势智慧得到发展)入手，开辟育人的第二课堂(学生各得其所、各展其长的选修课程)，改革第一课程的发展思路。十年来，建平人咬定青山不放松，任尔东西南北风，表现了一种执著、一种追求。十年改革，锻炼出一支坚韧开拓、顽强求索、顾全大局、善于合作的教师队伍，建平教师在开发学生潜能的同时开发了自身的潜能，一批教师在改革实践中成长为全国劳动模范、全国优秀教师、全国优秀班主任、全国优秀园丁、特级教师，一批小字辈在改革的实践中脱颖而出，建平中学的三尺讲台呈现一片群星灿烂景象，改革构筑了辉煌。

"你们是春天的苗，我愿做灌苗的水；你们是炉中的钢，我愿做炼钢的煤；你们是远航的帆，我愿做扬帆的风；你们是待发的箭，我愿做引箭的弓。"这是建平教师创作的一首小诗，也是面对市场，我们建平教师交出的一张具有人格魅力的答卷。教师工作是平凡的伟大，谓其平凡，教师工作是具体的、琐碎的；谓其伟大，教师工作的意义在于托起21世纪的太阳。针对教师工作特点，我们注意帮助教师两个方面富裕起来，既要富裕口袋也要富裕脑袋，我们引导教师用童心拥抱校园生活，学生在我心中。新生报到前，我们的教师带了妻子儿女，打扫教室，是为了给尚未见面的新生留下良好的第一印象。通宵联欢时，患心肌梗死从昏迷中醒来的老人握住女儿的手说："你的学生盼望今晚盼了几个星期了，我有医生照顾，你的岗位是学校。"因为老人深知女儿的爱生之情。无论是科技节上热气球升空，艺术节上美食街人如潮涌，还是一年一度"庆元旦听钟声通宵文艺联欢"，无不渗透着建平教师对学生的一片爱心。第三十五届世界奥林匹克数学竞赛金牌获得者张健的母亲对上海电视台的记者说："建平的教师不仅给了我儿子知识，而且帮他弥补了他从小没有得到过的父爱。"一位澳大利亚外交官的儿子在给亲人的信中说："在这里度过的时间是我有生以来最快活的时间。"人与人之间，以美好的心灵相互映照，以赤诚的襟怀相互温暖，是我们这个舞台的又一明显特征。实际上，也是告别温饱以后，知识界的一种心理需要，这种需要的满足，导致了我们学校讲台上出现了逆向流动；从国外向国内流动，从合资企业向教育单位流动，从机关向基层流动，从大学向中学流动。

毋庸讳言，一个知识分子实现人生价值的辉煌舞台，不仅事业留人，感情留人，而且待遇留人。教师解除后顾之忧，才可能潜心研究教育教学艺术，把学校理想—人人都得到发展—转化为个人工作目标。仅1998年，学校就从校园经济收入中拿出250万元，改善教职工福利，保证教职工体面生活，学校实行了校长负责制、教师聘任制、结构工资制，实现了上岗和待岗明显不一样，学校对教师的小康负责，教师对学生成长负责，情顺理通，合理的待遇，反映了对教师工作的正确评价，调动了教职工潜在的积极性，学习外语，学习电脑，研究中国文化与中国现代化，一个学历达标后再学习的热潮在校园里掀起，教师队伍实现了由只能上一门必修课—人人"三合一"—上一门必修课，开一门选修课，带一个活动小组的历史性转变。

谈非智力因素

天津师范大学，沈德力教授。在南京师大，他做了自己研究结果的报告。

智力因素的高低，称为智商，非智力因素的高低，称为情商。一个人能否成功，智商占20%，情商占80%。

非智力因素不直接参与认识过程，就是说在认识过程中，非智力因素不直接承担对机体内、外信息的接收、加工、处理等任务。非智力因素对认识过程的直接制约表现在它对认识过程的动力作用和调节作用中。在心理学研究中所涉及的非智力因素概念是相对于智力因素而言的,故多指狭义的非智力因素。

非智力因素与智力因素有什么区别呢

第一,非智力因素与智力因素在组成上不同,它们分别包含了不同的心理因素。非智力因素包括动机、兴趣、情感、意志、性格等基本因素;而智力因素则由观察能力、记忆能力、思维能力、想象能力等基本因素构成。

第二,非智力因素与智力因素在结构的完整性上不同。构成智力因素的诸基本因素,虽然性质不同,但它们并非完全独立地去各自发挥作用,而是以抽象思维能力为核心,由诸基本因素构成一个完整的结构。在智慧活动中,智力因素诸基本因素是作一个完整的整体去发挥作用的。这就是说,一个智力优异者,其观察能力、记忆能力、思维能力和想象能力都应该是优异的,这是智力优异的先决条件。如果只有某一因素优异(如记忆能力)而其他因素均很差,则其在智慧活动中所发挥的作用将是极其有限的,在变化万千的现实世界中,不会有什么出众的智慧行为。诸多的"白痴学者"就是如此。尽管有的"白痴学者"能背诵百年以上的日历,能正确说出几十年或者百年以后某月某日是星期几,但他却不会简单的四则运算,甚至连生活都不能自理。

非智力因素与智力因素不同,不是由诸基本因素构成一个完整的、统一的结构。在智慧活动中,非智力因素的诸基本因素各自发挥着独特的作用。有人说"天才就是毅力",这是说"毅力"(属意志)这种非智力因素在智慧活动中起了决定作用;有人说"天才就是勤奋",这是说"勤奋"(属性格)在智慧活动中起了决定作用;有人说"天才就是入迷",这就是说"入迷"(属兴趣)在成才中起了决定性作用……由此看来,一方面,在非智力因素的诸基本因素中不存在一个核心因素。另一方面,在智慧活动中,非智力因素的诸基本因素分别独立地发挥作用,某一基本因素水平的高低不一定影响其他的基本因素的水平;同样,某一基本因素在智慧活动中的作用,一般亦不受其他基本因素的制约。所以我们认为,非智力因素优异者,并非是组成非智力因素的各种基本因素都优异,而是只要其中某一基本因素有突出发展,就可以在智慧活动中取得非凡的成功。

这也告诉我们,开发智力必须对构成智力的各种基本因素全面开发,方可取得较好的效果;而培养非智力因素则不必求全,只要根据自己的特点,着重培养一种或几种非智力因素并得到突出发展,即可以取得较好效果。当然,非智力因素中诸基本因素都很好,对一个人身心发展和事业成功会更有利,但这是一般人们所达不到的。

第三,非智力因素与智力因素在智慧活动中的作用不同。智力因素的诸基本因素,在智慧活动中承担信息的接收、加工、处理任务,属于认识活动范畴,起认识作用。它们是智慧活动的执行者或操作者,是智慧活动的操作系统。个体可以通过智力活动感知客观世界,积累经验,掌握科学知识，解决各种各样的问题，从而认识客观事物的本质及其变化规律。

非智力因素的诸基本因素，一般不直接参与智慧活动，但在智慧活动中具有动力和调节的效能，属于意向活动范畴，是认识活动时的心理倾向性，起意向作用。它们是智慧活动的推动者和调节者，是智慧活动的动力系统。

在智慧活动中，一方面，智力因素决定一个人能干不能干；非智力因素决定一个人肯干不肯干；至于干得好不好则由智力因素和非智力因素共同决定。另一方面，智力因素主要决定智慧活动的效率；而非智力因素除与智慧活动效率有关外，还决定一个人进行智慧活动的方式，是积极的方式还是消极的方式，是坚忍不拔的方式还是畏却退缩的方式，是勤劳的方式还是懒惰的方式等等。

第四，智力因素在很大程度上由先天遗传决定，优化智力多为开发智慧潜能的问题；非智力因素则主要由后天"习得"决定，优化非智力因素则主要在于后天培养。

第五，智力因素的水平不厌其高，非智力因素的水平则应适当。在智慧活动中，若其他条件相等，一般来说智力水平越高，其活动效率及质量也越高，即其效果是单方向的。非智力因素则不然，在智慧活动中，并不是某种非智力因素的水平越高，活动的效率也越高，而是在适当的非智力因素水平下，智慧活动的效率及质量最高，水平过高或者太低均不能取得最佳效果。如学生参加考试，若取得好成绩的动机水平过高，会由于高度紧张而表现失常；若取得好成绩的动机水平太低，也会因漫不经心而不能发挥自己的水平。

谈优质教育

优质教育的内涵是什么

在素质教育开展得似乎轰轰烈烈的今天，这本不应成为问题的问题，在今天依然值得我们每一个教育工作者深思。

从教育科学的角度看，优质教育是对学校教育质量和教育效果的一种评价标准，它是所有学校共同的价值追求。从其结果来看，优质教育一定是能够促进学生自主发展、和谐发展、有个性的发展的教育，它着眼于每一个学生的学习品质、生活质量、生命质量的提升，着眼于学生终身可持续的发展。从其目标追求来说，那就是真正为学生的幸福人生奠基，为一个好的社会培养好的公民。教育是最应该富有正义感和最应该有良知的事业，教育是最应该充满对于美好人生和美好社会的理想的。从其价值取向来看，它是让教师满足和学生满足的，让人民满足的、欢喜的、兴奋的教育。从效果来看，优质教育应该是一种高效的教育。考不上大学，老百姓不认账，谁也不会认为这是优质教育。物美价廉是自然界生存的法则，对于优质高效教育的追求应该是从教者毕生的追求，因为它关乎未来。其实，对贫困山区的孩子们来说，什么是优质教育？很简单，适合自己的教育就是优质教育。

怎样建设优质学校呢

有人认为必须具备以下八条基本标准:①有一个坚持“两全”(全面贯彻党的教育方针,全面推行素质教育)办学指导思想,团结合作的领导班子。②有一个符合我国教育目的和时代发展需要的课程和课本体系。③有一套学生自主学习的学习方式和教为学服务的教学方式。④有一套满足每一个学生学习需要服务的按需教育制度。⑤有一套能促进每一个学生充分发展的考评方式,使每一个学生都得到充分发展的优质教育绩效。⑥有一支对教育事业高度负责的教师队伍。⑦有一个能用科学的学习方式进行自主学习的学习群体。⑧学校资源的配置富有效率和效益。上述八条标准,构成了一所优质素质教育学校的科学教育系统。

客观地说,一个国家的教育是否优质,归根到底要看学生发展是否优质,离开了学生的发展谈教育的优质就没有了根,因此优质教育的核心是先进的教育理念和在此基础上建立起来的教育制度。如果缺少了这个核心,那么,高额的投入、漂亮的校园、升学率、竞赛名次所反映的就不会是真正的优质教育。

我赞同胡百良老校长的意见,优质教育应该具有以下三个最基本的特征:

第一,学生的学习是快乐的

学生对学习有兴趣,生活愉快,才会主动地创造性地学习,学习的积极性才能持久。现在大多数学生感到学习生活是一件痛苦的事,产生很大的厌学情绪,这就不可能是优质教育。学生在什么状态下有可能学得最好?当学生对学习内容有兴趣时;当学生身心处于最佳状态时;当教学内容能够以多种形式呈现时;当学生能自由参与探索与创新时;当学生被鼓舞和被信任能做重要的事情时;当学生对教师充满信任和热爱时。如何使学生的学习生活愉快,我认为有这样几个必要条件:

1.学生对学习有兴趣。常说“兴趣是最好的老师。”我们的学校教育应该首先使学生对学习产生兴趣,所有的教师都要把培养学习兴趣作为自己的第一任务。要帮助学生,从对学习上感兴趣、好奇,到对知识的内在魅力有深刻的理解。有了兴趣才会自觉地投入,做任何事都是这样。影响学生学习兴趣的主要因素是:正确的学习动力;适合学生的学习内容和学习要求;教师良好的教学态度和教学方法;取得有效的学习成果等。在教学过程中,教师良好的教学态度,融洽的师生关系,对于强调学生的学习积极性是极为重要的。学生喜欢一门学科,常常是喜欢一个老师开始的。

2.学习内容适合学生的个性。我们的学生是存在差异的。“差异”不等于“优劣”。现在社会对人才的需求也是多层次、多模式的,越来越要求个性化。其实每一个学生都有潜能,都有自己的长处,只要有适合他的学习内容和学习方法,就都能学好,都可以成为对社会有用的人。现代教育应该适应并能促进每一个学生的发展。这就要求增加学校课程的多样性、层次性和选择性,从而增强学校教育对学生的适应性让每个人在这个大千世界中都能找到自己应有的位置。只有这样的教育,才会让每一个学生对学习产生浓厚的兴趣,感受到学习的成功。学生体验不到成功的教育，绝不可能是愉快的教育。

3.学生的学习负担合理。现在我国的中学生，学习负担太重，已成为学生学习生活痛苦、产生厌学情绪、对学习不感兴趣的主要原因。学习应该有一定的负担，但负担要合理。我认为学生的学习负担应该由两部分组成：一部分是学校的指令性学习负担，包括规定的作业；另一部分是指导性学习负担或叫自主性学习负担，是有学生自己的兴趣爱好决定的，这部分至少应占学生总学习时间的1/3。即使是指令性学习负担，也应该根据学生实际，提出不同的要求。现在学校的指令性学习负担太重，规定的作业都难以完成，根本没有学生自己发展的空间。而不给学生自己发展空间的教育，要培养出有创造性，特别是有原创造型的人才是不可能的。

一名好的教师，应该是能使学生对学习有兴趣，教学符合规律，能在规定的课时内完成教学任务，学生指令性的学习负担不重而学习效果又好。

第二，学生的学习是高效的

通过教育要将人类几千年文明成果传承下来，要求学生的学习必须是高效率的。教育有没有效率，不能只看教师有没有完成教学计划，或是教师教学的要求有多高，考试的要求有多难，而是要看学生实际学到了多少，学的好不好，预定的教育目标是否真正达到。怎样提高教育的效率，我认为有这样几个问题首先值得研究。

1.学生的学习是主动的。没有学生主动学习的教育，不可能是真正的有效的教育。学生的学习是否主动，从根本上说是一个教育体制的大问题，而不仅仅是一个教学方法的问题。我们应该从课程设置、教学方法到学习方式、学习负担、教学评价等各个方面，都能让学生获得学习的主动权。特别是强调教学过程应该是师生互动的一种交流，而不是教师单方面的灌输。教师是指路人，路要学生自己走，让他们在主动学习中学会学习，学会探索，教师工作的重点是如何指导好学生的学习。

现在的学校教育的弊端之一就是学生学习被动。学什么，怎么学，完全由老师和家长设计，学生处于被动接受的地位，没有主动权，这样的教育不可能是高效的。

2.学生的学习是有动力的。学生主动学习的积极性来源于正确的学习动力，而正确的学习动力又来源于正确的学习目的。为什么要勤奋学习？第一是为报答父母养育之恩。父母是培养自己成长的第一恩人，对他们最好的报答就是好好学习，将来成人成才，不辜负他们殷切的希望；第二是为将来自己能立足社会。一个人总要长大成人，独立生活，靠什么？只有靠自己的能耐，今天好好学习，为将来走向社会打好基础；第三是报效祖国和社会，为振兴中华作贡献，这是最高层次的动力。这三者又是相互联系、相互统一的，并且动力层次越高，其积极性就越稳定。优质教育应该有相应有效的思想教育，帮助学生培养良好的道德行为习惯，正确的政治观念以及科学的人生观和价值观。学校要有良好的校风、学风和教风，这会影响学生一辈子。

3.遵循教育的客观规律。现在的学校教育，有许多做法是违背规律的。例如，不管学生的原有基础和个性特长，都一刀切，统一的课程，统一的要求，统一的进度，统一的方法，统一的评价。新课程方案的要求虽然变了,但学校实际的教学情况变化还不大。这是造成中国学生没有个性、学习负担重、效率低的主要原因。作为校长,我深深地痛苦着。

学习离不开训练,要有一定的作业和练习,但过多又会降低学习效率。我主张老师看和做的要多一点,但给学生的要有选择,要精练,有典型性。作业的只要目的是帮助学生加深对所学概念和原理的理解,培养分析问题和解决问题的能力,要通过有限的题目练习,掌握教材要求的基本规律。真正的质量应该表现在没有做过的题都能做出来,这才叫高质量。

忽视道德教育的教育是没有原动力的教育,没有艺术的教育是不完整的教育,轻视生理与心理健康教育的教育是摧残人的教育。其实真正优秀的学生,都是对学习有广泛的兴趣、知识面较宽、智能结构合理、会学习、负担又不重、学有余力、学有创建的。那些中学毕业后缺乏后劲的高考"状元",那种死读书、知识面狭窄的竞赛"尖子",将来在社会实践中是会慢慢落伍的。

第三,学生的学习是可持续发展的

优质教育培养出来的学生,无论从学习动力、文化素质,还是学习能力、身心健康等各个方面,都应该是可持续发展的,能为他们的终身学习打下坚实的基础。在这方面应该注意以下几点。

1.学生的学习是能持久的。这里有两层意思:首先,学生的学习积极性是能持久的。我一直认为在小学和中学时期,在学习方面,最重要的是要为学生打好四个方面的基础:培养浓厚的学习兴趣、树立勤奋的学习态度、养成良好的学习习惯、掌握科学的学习方法。其次,为学生打下的文化基础是可持续发展的,通俗地讲就是有后劲的。对一个人来说,教育的效果应该是长期的,而现在"应试教育"的许多做法,只屈从于追求一时的考分,从学生的长远发展来看是不利的,这就不能说是真正的优质教育。当然,一个贫困山区,要想搞好教育,首先必须考出好成绩,然后才能谈更高一层的教育品质。素质教育最容易在高考考得好的学校成功。素质教育搞好了,高考是水到渠成的事。

2.学校教育要以学生为本。对于什么是教育的真正目的和如何达到这个目的的实践,最终取决于办学者的价值观。

教育是育人的事业,本应以人的发展为本。但现实的教育常常违背了教育的育人宗旨,变成了"考试为本""考分为本",在有些校长、教师、家长和学生的心目中,考分高于一切。为了"分",可以违背国家的教育方针,违反教育规律,不顾青少年的身心健康。贫困山区尤其如此,老百姓说:假如连一个考分都拿不到,还能做好什么呢?

3.正确对待升学率和学科竞赛成绩。有不少人,把优质教育简单定义为升学率高的教育。在这个问题上的争论焦点,并不在于要不要升学率,学校的升学率高一点本身并不是坏事。问题是如果把追求升学率当成学校教育的最终目标,这是我们所不应该赞成的。

学科竞赛,本来作为一种培养学生的学习兴趣,发展学生的个性特长的活动,是很正常的。这与促进学生德智体全面发展应该是不矛盾,这主要是对一小部分有兴趣和特长的学生而言的,竞赛活动也只是发展个性的一种途径。但是现在竞赛成绩又成了一种普遍性的要求,有的学校甚至将其作为选拔学生的首要或唯一的标准,这就大大地增加了它的功利性。这样的教育并不是真正意义上的优质教育。

来自社会的升学压力和坚持正确的办学方向之间并不是根本对立的, 但存在着矛盾,只要处理得好,是可以统一的。要不断地向家长和社会宣传国家的教育方针,宣传自己正确的办学思想,积极争取家长和社会的理解和支持,并用自己的办学实践证明,符合时代要求,遵循教育规律,全面提高学生的素质,发展学生的个性特长教育,所培养出来的学生的质量,是"应试教育"所不能比拟的,这样的教育才是真正的优质教育,这样的学校才能真正称得上是一流的学校。靠"应试教育"出名的学校,是成不了一流名校的因为他们不符合教育的根本宗旨,不符合教育的发展规律,不能促进青少年的健康成长,不能促进社会的进步,因而并不是真正的优质教育。

以上三个方面,是优质教育最本质的特征,它们之间又是互为基础,相互联系,不可分割的。

自古以来,教育就是一项崇高的事业,教师是一种崇高的职业,因为它关系到一个国家、一个民族未来的命运。作为一个校长,一个教师,只有心中装着国家和民族的未来,才能深刻理解自己肩负的历史重任,明确自己的职责,办出人民满意的教育。

学校创新与西方哲学的转向

哲学是关于人的学问,是人类对自己生存世界及其自身的认识和思考。其他学科包括物理学、化学、数学以及法律、社会学、心理学、教育学等都是从哲学中分化而来的,作为学科的它们同样是人类智慧的结晶,是人类不断思维的结果,也是人类勤劳和睿智的表征,最重要的一点是它们凸现了人之所以为人的本质之所在。作为人类文化遗产的西方哲学,有其独特的思想内涵。我们知道,哲学是时代的精化,它来源于现实同时又高于现实。西方哲学有其独特的发展历程,当然也是对西方历史的映照。在某些程度上,西方社会的发展,特别近代以来,能给我国的现代化建设提供某些借鉴,必定西方社会的现代化程度在某些方面要先于我国。作为反应西方社会的西方哲学,对我国的学校教育研究应该有其价值所在。特别是现在,我国正处在文化多元、信息多样、形式多变的变革时期,教育思想比较活跃,同时也比较混乱。在充满机遇与挑战的历史时期,了解西方哲学的转向对革新我国学校教育研究具有重要的理论和实践意义。

一、哲学与学校教育

哲学和教育的之所以紧密相关就在于它们的共同关心的问题就是"人"及同"人"的世界,

因为教育是从哲学中分化而来的,不难看出哲学对教育研究具有指导作用,尤其是在方法论和思维方式上。从一般哲学中分离出来的教育哲学，关注的问题更加明确——教育问题,这样,站在教育哲学的高度分析学校教育问题,更加凸现了哲学的时代意义。

（一）“人”:哲学和教育共同关注的焦点

对哲学是什么的回答,就像德国哲学家叔本华所说,哲学是一个长着多头的怪物,每个头都说出不同的话。哲学是“爱智之学”、“形而上学”、“本体论”、“认识论”、“方法论”、“人本学”、“人生境界”、“人学”“最一般规律的科学”、“世界观和方法论”、“无定论”。无论给哲学的定义有多少,实际上都是从“人”的立场出发来思考问题的,最终没能逃脱对人的关注,还是要回到人本身。无论是抽象的人,还是具体的人;无论是人类还是个体,都可纳入哲学的视野。大部分哲学家都或多或少的论述过教育,怪不得有人说哲学家也是教育家。追溯教育和哲学人们总绕不掉东方的老子、孔子和西方的苏格拉底、柏拉图和亚里士多德,这无不说明教育和哲学的密切关系。如果说哲学是人学的话,那么教育便是“成人之学”;如果哲学讨论人的存在,那么教育就是教人如何更好地存在;如果哲学是世界观和方法论,那么教育就是教人如何认识和运用世界观和方法论等。所以,人是哲学和教育共同关注的焦点在某种意义上个不争的事实。

（二）哲学对学校教育研究的引导

哲学作为最一般规律的科学,它对其他科学具有重要的指导意义。哲学对学校教育研究的引导表现在三个方面。其一,在观念上。哲学研究者总要表明自己的立场或观点,历史上的哲学家一般都立场十分鲜明,有什么的观念决定了什么样的行动。给教育研究的启示就是在进行教育研究时一定要有正确的教育观念,包括老师观、学生观、教学观、发展观和评价观等。学校教育研究的目的不是为了研究而进行的,而是为了实现教育的目的来实施。研究就是为了促进学校的发展、教师的发展,最终落实到学生的发展上。其二,在思维方式上。哲学的思维方式是批判的、超越的。在教育研究时,我们不能故步尘封,要敢于超越与批判,只有这样,教育才能创新、才能有更高层次的发展,但应注意,批判和超越不应是盲无目的和毫无根据的,应注意继承与创新的关系,切忌不能为了批判而批判,为了超越而超越。其三,在研究方法上。哲学的研究方法随着社会的不断进步也涌现了不同的研究方法,从笛卡儿的唯理论到培根的经验论,从科学实证的量的研究到后现代解释学、现象学的质的研究都在某些方面为学校教育的研究提供了指导。

（三）教育哲学的当代价值

作为一般的哲学对教育研究的指导只是从总体上或宏观上给予指导，而作为教育自己的哲学——教育哲学,对教育研究更具有针对性的指导意义。教育哲学不仅能帮助教育思想的成熟,增进教育者的理性,而且能引导教育者反思自己的教育生活;不仅能检验和引导公众的教育观念,而且也能对教育政策进行理性的分析;不仅能促使教育学者对教育知识的批判与反思,还能为多学科知识的交流和对话提供一个思想平台。教育哲学对当今的教育研究具有重要指导作用。无论是教育者,还是教育的研究者都应该积极地领悟教育哲学的深刻蕴涵,将教育哲学的思想精髓转化为自己实际的教育活动或教育研究活动的行动纲领。这样做有利于抓住教育的时代问题,认清教育的热点、难点与重点,进而能有效地实现教育目标。

二、西方哲学的转向

西方哲学在其长期发展过程中发生了几次重大的转折。西方哲学的转向是社会历史发展的结果,也是人类不断提升自己,主体性逐渐张扬的产物。

(一)西方哲学的历史谱系

如果说从多姿多彩的古希腊罗马的转向神学一统天下的中世纪曾被比喻为从白昼进入黑夜,那么从中世纪转向"文艺复兴"则被当作开始了新的黎明,从此哲学进入了理性主义的天堂,但从笛卡儿的"我思故我在",到康德的"自在之物"再到费希特和黑格尔的"绝对自我"、"绝对精神",致使理性主义走向高峰,同时也走向了末路。哲学中从尼采的"上帝死了"的呐喊到福柯的"人死了"的无奈,再到费莱德·R·多尔迈"主体性的黄昏"的反思都不同程度的批判了理性主义对人的生命的压制、宰割,人就成了马尔库塞的"单面人"。哲学从彼岸柏拉图"理想王国"又回到了胡塞尔的"现实世界",从而关注人的活生生的生命的存在,关注"具体"而非"抽象"的人。当代的马克思哲学研究,也主要从生存论向度展开,探究人的生存状态,生存实践活动,揭示人的本质及其存在状态的内在秘密,构建一种人类世界为中心的,以实践为本体的生存论哲学形态。

(二)西方哲学转向的视域

人们对西方哲学的转向的看法也是见仁见智,有人说西方哲学的转向包括从独断论哲学到批判哲学,从批判论到生存论,从生存论到语言学;有人认为西方哲学的转向应包括本体论转向、认识论转向、语言学转向、历史学转向等;还有人意识到西哲学的转向是从"大写的哲学"到"小写的哲学",从贵族哲学到"平民哲学",从"认识的哲学"到"存在的哲学",从"规范哲学"到"解放哲学",从"抽象哲学"到"具体哲学"。其实,我们不难看出,西方哲学转向的过程就是其发展的历史谱系。无论对西方哲学转向的认识多么的纷呈,蕴藏在转向中的本质大致说来是相对一致的。

1.从永恒"理念"到现实世界。自从有了人,就有了人类的思维。世界的本源是什么?人是如何认识世界的?人生的意义是什么?人活着又为了什么?等等这一系列问题包含了哲学从以抽象的、形而上的实体为基础的本体论向以现实的、具体的世界,特别是现实生活为基础的存在论转变。现代哲学一般都认为不存在超验的、绝对的存在物,真实的是经验世界、感性具体和现实生活本身也就是不存在脱离现实世界之上的抽象的、形而上的世界。理念的世界是人类思维的镜像,现实的世界者人们活动和实践的领地。

2.从场外观到场内观。主客二分的认识观,将人与世界隔离开来,人与人对立起来,我即主体,其余皆为客体,这就是所谓的"美杜莎之谜"。现代的西方哲学中无论是胡塞尔的现象学、还是哈贝马斯的交往实践理论都努力克服主客二分的观点，从现实的人、人的实践活动中来解释现象。从“场外观”向场内观转变，也就是从“纯客观”的视角向以主体因素为中介的视角转变。主体是显现世界的不可缺少的环节、要素，我们只有通过我们的世界观才能把握“世界本身”，我们总是通过我们的言说、直观、诊释、做或“在”，实际地进到存在与世界之中。

3. 从实体思维到关系思维。实体思维是指把存在预设为实体、把宇宙万物理解为实体的集合，并以此为前提诠释一切的那种思维；或曰“以实体的眼光看待一切”的思维。从范围看，这是从古希腊人追求宇宙“始基”和“质料”，到近代西方哲学家分析物质的“第一性质”等所采取的哲学思维。而是指把存在预设为动态关系、存在者预设为潜在因素在关系中的显像，并以此为前提诠释一切的思维，或曰“以关系的眼光看待一切”的思维。马克思的辩证法、怀德海的过程哲学、现象学、结构主义等，采用的是典型的关系思维。任何实体的存在都不是孤立的存在，同样作为哲学研究对象的人、人与外在世界以及人与人或自身都处在相互联系的网中，任何机械的抽象出单个、孤立的个体都是不全面。

三、学校教育研究的革新

西方哲学的转向对革新我国的学校教育研究具有重要的启发意义，在进行教育研究时要确立以人为本、差异发展的价值取向，研究主体要多元参与、共同成长，研究视角要突出过程、强调关系，研究范式要思辨与实证并重、科学与人文兼容。

（一）价值取向——以人为本、差异发展

学校教育研究的价值取向就是以人为本、差异发展。这里的“人”指的是具体的人而不是抽象的人，不仅包括个体也包括群体。在进行教育研究时不能为了研究而进行研究，研究的出发点是人，研究的落脚点也是人。任何不顾人的研究都将是空洞的研究，同时也是失去意义的研究。以人为本并不是任何具体的问题都要研究“人”，而是说以人的发展为导向。学生、教师、学校的差异发展是以人为本的实质内容，同时这也是具体情况具体分析的实际结果，完全一致的发展是不可能的，也是不现实的。教育研究的目的就是要促进差异发展，这也是由学校教育的本质所规定的。

（二）研究主体——多元参与、共同成长

学校教育研究的主体，打破了只有专业的研究人员才能进行的“神话”，作为一线的教师同样也可以进行教育研究。他们可以在自己的教育实践活动中，通过教育活动，开展来提高自己教育活动能力的行动研究，从而促进教师自己的专业发展。作为教育领导者现在也或多或少的投身到教育当中，他们不断的总结自己的工作经验，进而提升自己的管理水平。实际无论是美国还是西方的其他国家的家长现在也都积极地参与到学校教育的研究中来。不同的研究主体共同来关注教育问题，参与教育问题的研究，这是国家和人民对教育的极大重视，也是学校教育的希望之所在，他们在研究中不仅为教育的发展献力献策，同时也促进了自己的发展，不仅倡导了研究的欢乐，同时也体验了共同成长的幸福。

(三)研究视角——突出过程、强调关系

西方哲学从实体思维到关系思维的转变为学校教育研究视角的转换提供了可供临摹的蓝本。教育研究不能仅仅停留在对教育本质规律的追问上,还要考虑在研究的过程中,突出研究的生成价值。教育与教学,是一种内在的"生成",它使一个人从自然的人成为社会的人,促成了从空间到时间的转化。因此,教育教学,就是对人的生成、变化和发展的把握。教育研究的过程实际上也是教育发展的过程,在研究中不要急功近利,要重视教育研究的过程,在研究中要不断地发现问题、提出问题和解决问题,同时进行教育研究也不能孤立地进行,要充分协调好各方面的关系,为实现教育的目标而共同努力。

(四)研究范式——思辨与实证并重、科学与人文兼容

不论是形而上的"思辨",还是形而下的"实证"在学校教育研究中都应该是必不可少的,我们不能因为西方哲学发生了转向,而不加区分的对过去的研究范式一概的否定。其实,每种研究范式都有其特定的使用的条件,在进行教育研究时我们要采用"扬弃"的态度,根据现实的教育问题,选择合适的研究方式。思辨与实证、科学与人文是相互补充的,就如日月之和谐,阴阳之相依。我们在进行教育研究时一定要思辨与实证并重、科学与人文兼容。

总之,西方哲学的转向在一定意义上对我国的教育教学研究具有重要的启发意义,我们在教育研究时一定要吸收多学科的智慧来拓展视野,更新观念,转换思维,实事求是,努力更快、更好的实现教育目标。

校长讲话节选

用我们的智慧创造教育神话
——2009 年 8 月 28 日开学大会发言

同志们好!

在全县人民高度的喜悦中,忙忙碌碌的一个暑假结束了,繁忙紧张的新学年开始了。今天与大家交流两个话题:一是对教育的再理解;二是本学期工作重点。

一、对教育的理解

芬兰总统哈罗宁多次强调:"我们认为具备世界最强竞争力的秘诀,是教育。"作为一个教育者,教育是什么? 教育为什么? 教育怎么办? 怎样就能回到教育的原点? 一直是我们思考的问题。我们认为:

1. 教育是一项幸福的事业。我们的办学理念:为师生谋幸福,为社会担责任。为了教师今天的幸福,为了学生明天的幸福。新教育实验发起人、苏州市副市长、苏州大学博导朱永新教授曾提出:过一种幸福完整的教育生活。

教育是发现、创造、享受幸福生活的艺术。教育的终极目的在于使人过上幸福美好的生活。通过传授知识、发展智力、丰富情感、培养德行、强健体魄，使学生掌握获取幸福的各种本领，进而通过自己的努力去追求各自的幸福。教师的工作，就是为每一个学生奠基幸福，为千千万万的家庭培植幸福，就是为全社会创造幸福。教师的幸福在于为大多数人带来幸福。教育家杜威说过："给孩子一个什么样的教育，就意味着给孩子一个什么样的生活。"

教育部周济部长曾寄语广大教师："当老师的，要真正把教书育人作为最幸福的事情。"

一个普通教师，培养幸福感来自三个方面。首先是全身心的投入工作，做出一定的成绩，获得学校领导和学生、家长的认可与尊重，这是最根本的幸福源。其次是要多和学生沟通，赢得学生的信任和尊重，这是在学校保持心情愉悦的根本。第三个就是要保持一颗平常心，安于当教师的辛苦和收获，这是很重要的一条。

贫穷不是社会主义，社会主义是要人们过上富裕、幸福的生活。我在清华大学培训时，老师也掷地有声地说："不要说你没钱，那是因为你没本事。"

2.教育的目的是为了培养人的智慧。我们深信，每个孩子都是一块宝玉，有着光明智慧的天性，只要认识到并尊重孩子的天性，善加引导，每个孩子都能走上他的和谐人生之旅，实现使自己幸福的同时也能造福社会的有意义的人生。

智慧教育的核心内容就是：通过各种智慧教育形式和智慧教育手段，引领学生们去发现自我智慧，掌握自我智慧，运用自我智慧。在智慧学习、智慧工作和智慧生活的实践中真正成为智慧之人。智慧教育启动的将是每个人的整个生命，教育出来的将是活泼的、有思想的和有灵性的人。智慧教育的最终目的，就是为社会培养出具有高素质的智慧型、创新型、创造型与和谐型的人才。我们要教给每一位学生的，是要学会智慧地学习、智慧地发现、智慧地探索，为他们在未来走进社会能更好地生存和发展，能去智慧地创新和智慧地创造打下坚实的基础。

3.教育是一项心灵的事业。教育是一项以心灵唤醒心灵的事业，需要以人格影响人格，以智慧启迪智慧，以幸福培育幸福。老师们凭借严格而执著的信念，触摸稚嫩的灵魂，激发那份埋藏在心底的良知和潜能，以其虔诚的爱唤醒每一个学生沉睡的心灵，促使其成人，正因为如此，班主任成为学生心底最伟岸的形象，成长的榜样，甚至引以为豪的偶像，那些优秀品质将伴随其一生，且生生不息。"以人为本"，实际就是以"心"为本。

教育必须具有清醒的生命意识，要时刻关注学生生命的发展，丰富其情感，使其掌握获取幸福的各种本领，要使学生学会关爱生命、完善生命，不断地激发生命的潜能、丰富生命的意义、提升生命的境界。真正的教育应把人看做是一个具有完整性、独立性、个体性的生命存在，是一个有情感、有个性的完整的生命。每一个人都有其不同的禀赋、兴趣、气质、情感体验等，所以生命教育要帮助每一个学生学会化解焦虑、学会培养情感、学会追求幸福、学会体验人生、学会智慧地生存和愉快地生活。

4.教学的本质在于教会学生学习。教会学习主要是让学生：主动性学习。教师要在时空上为学生主动学习提供条件，创设让学生尝试、展示、创新的舞台，遵循以下“四条原则”：第一，学生有疑问时必须先让其通过再看书自学或在小组合作研讨中去解决；第二，学生自己和小组内都没有解决的问题教师要先进行启发或引导，让学生再思考以求解决（即学生在不互相帮助解决问题之前教师不讲课）；第三，经过教师的启发和引导仍解决不了的问题或各个小组普遍存在的问题由教师当堂解决。第四，教师在课堂上难以解释清楚的问题课后通过师生查阅相关资料合作解决。

合作性学习。教学的实质是交际，是一种对话，教学活动是师生之间、生生之间生命与生命的沟通，思想感情和信息的交流，是教与学统一的交互活动。合作学习教学模式的实施正体现了这一教学理论。学习小组为四人制，每组一个组长，三个组员。

关注第三次学习。“上课听讲”可称为“第一次学习”，“完成作业”是“第二次学习”，而此后的知识深化过程便是“第三次学习”，是一种由此及彼的梳理和举一反三的升华。经过前两次学习，学生能够学习到基本知识，并能够简单应用，基本上达到传授知识的目的。但是，仅有这两次学习，知识还只是机械地存贮在学生的大脑里，而且不系统，并没有真正转化为学生的能力，遗忘率也高。而“第三次学习”才是真正形成能力的关键一环。首先，要对基本概念、定理在弄清的基础上加深理解，是理解成记忆，是内化成本领，而不是光靠死记硬背。然后，要对以往零散的知识系统化，将前两次学习中获得的知识点“穿成线，连成面”，形成一个完整的知识系统。在这个基础上，有目的地进行训练才能够真正融会贯通，真正形成学生自己的综合能力，达到“明理”的境界。

教育是一项充满理想的事业。立足大地，仰望苍天，立足于今天，为明天奠基。所以，教育不能没有理想。教育是一个理想的事业，教师应该对这个教育事业有一种理想的不懈追求，在教育越来越专业化的今天，我们要心怀理想，把教育作为自己人生智慧和生命的主题旋律，要不断地更新自己的知识，努力提高教育教学水平，更新自我追求卓越。只有如此，才无愧于我们的学生，无愧于我们的选择的教育事业。

5.主体教育的理解。作为主体的教师——作为学校的主人，教师的主体性能否得以实现只要有两个标志：其一是人的能动性、主体性、创造性能否得到充分张扬，其二是教师对职业属性的认定，学校对教师的管理应由教师的职业属性决定，而不同的教师对自己的职业属性有不同的认识。只有把自己的职业定位于创造性地智力劳动、把自己定位于专业人员，教师才能真正积极主动地投身于教育教学中。作为主体的教师，应该具有三个层次的发展：

第一，应启动教师的自我教育和自我管理。《自我教育论》“管理的实质是人的主体性发展，管理的基础是人的自我管理”，进入现代社会必须要自我教育。因此，学校的一切管理要落到自我管理、自我发展上。只有学会自我教育和自我管理，教师才能在观点上把工作从“为他人做”转变为“为我做”，正确的认识自己的职业专业属性，进而充分发挥自己的主动性。如果能激发教师的主体性，并促使教师确立一种教育思想，必然促使教师在教学实践中将教育思想转化为教育行为。因此,教师学会自我教育和自我管理是作为"主体"的教师发展的关键一步。

第二,教师应具有一定的教育思想。教师最可怕的是没有教育思想,教师一旦缺乏教育思想,教育教学工作则将作为一门纯粹的技术。即使是能通过一定的方式提升这门"技术",但也是治标不治本,不能全面提高教师的教学能力。缺乏教学思想的教师既不能发现教学中存在的问题,也不能解决自己感到困惑的问题,更不能真正提高自己的业务水平。因此,具有一定的教育思想是教师发展的重要环节。要让教师能够提出问题并解决问题,最佳的途径就是参与到课题研究中。

第三,教师发展的最高层面是创新实践。让教师开展自我教育和自我管理、具有一定的教育思想还不够,这只能促进学校沿着既定的路线走,而无法实现新的突破。学校的发展靠教师,发展必定是旧有基础上的创新。因此,重视学校的发展不能不推动教师的创新实践,教师应该在发现问题、解决问题的基础上实现原有教学实践的突破,从课题上、从课堂上、从教法上实现新的突破。

作为主体的学生——学校教育的对象是学生,学校的教育教学质量与学生的发展密切相关。因此,学生是学校发展中一个关键的因素。为此学生应该实现三个转变。

第一个转变是从"以知识为中心"转变为"以学生主体发展为中心"。学生要在学校里接受教育几十年,其学习差距很大程度上是课堂上拉开的。课堂既可培养学习激情,又能扼杀学习热情。因此,在教学从"以知识为中心"转变为"以学生主体发展为中心"的过程中,教师应紧紧扣住课堂教学,关注每个学生是否会听、会想、会问、会表达。这"四会"是检验学生是否进入了课堂、是否参与了学习、是否是课堂主人的基本标志。若学生上课不会听,自然就不会想,不会想就不会提问。不会提问就不会表达。因此。这"四会"彼此之间是紧密相连、不可分割的。学校要对学生负责人,首先应保持一定的班额,让孩子在课堂上有参与的时间和机会。其次,课堂教学应关注所有学生在课堂上的参与程度,关注他们是否会听、会想、会问、会表达。

第二个转变是德育,从"忽视学生"到"尊重学生"。德育质量低的原因在于教育学生的方式不对、在于对学生不够尊重。在教育教学过程中,很多教师会认为所做的一切都是为了学生,但在教育实践中并没有把学生作为实实在在的"人"、作为主体来对待。尤其在德育过程中,教师总是板着面孔说教,而不能从学生的角度来考虑问题,真正忽视了学生的需要。教师说教固然是发自肺腑的学生着想,但忽视了学生的感受,那么这样的德育过程只能是高、大、空的说教,而不能有效地发挥作用,因此,这种转变在于要充分考虑孩子的体验和感受,开展德育工作的核心是尊重学生。

第三个转变是让学生把功利性兴趣特长的学习转化为一种自我素质的追求。在现代社会中,学生的学习往往成为一种追求某种结果的方式和手段。当学习带上功利主义的色彩之时,学生的兴趣将会逐渐消磨,学习成为一种外在的强加给学生带来很大的负担。把学生作为主体，最根本的就是要让学生从这种外在的、功利性兴趣特长学习中解脱出来，其关键就是要把学习转化为一种自我素质的追求。兴趣特长的学习不是为了让学生获得一种技能，而是为了培养孩子一种提升个人修养的追求。所以，在兴趣特长的学习过程中，不要刻意追求某种作为“精品”的结果，而要重视学生保持一种兴趣、一种意识和一种追求。

二、本学期工作重点

本学期的常规工作，副校长们刚才已经详细安排了，我再强调的重点是“四个环境建设”：一是人际环境建设；二是校园环境建设；三是科研环境建设；四是文化环境建设。

人际环境：平顺人“四特七不”精神，在我们身上都有鲜明的体现，我觉得，我们学校的教师团队做得比这更好，因为我们思想层次高，接受新理念快，巨大的包容心，待人特别真诚，对工作特别负责，能承受很大的工作压力，等等。但是，我们客观地来认识，平顺人也比较内敛，不张扬，喜欢内心做事，所以，平顺人内心世界很丰富，这种丰富，有时让人猜不透。今后，咱们倡导宽松的人际环境，人与人之间要在学习、工作和生活中体现“六心”，即少一点私心、多一点公心；少一点攀比心，多一点责任心；少一点浮躁心、多一点务实心；少一点玩心、多一点事业心；少一点猜疑心、多一点坦诚心；少一点眼前心、多一点长远心。每天努力多一点儿，成功就会实现的早一点儿；抱怨少一点，主观能动性就会发挥的多一点；开心多一点，烦恼就会少一点；坦诚多一点，彼此的距离就会近一点；猜疑少一点，信任就会多一点……就是这些一点儿，我们的生活才有了多种滋味。

心态决定一切。有一个故事很能够说明这点：一个老妇人有两个女儿，大女儿是卖阳伞的，小女儿是卖雨鞋的，她总是雨天发愁大女儿的阳伞卖不出去，晴天发愁小女儿的雨鞋卖不出去。一个聪明人就劝她，为什么不这样想呢：如果天在下雨，小女儿的雨鞋就会被买走，如果天晴了，大女儿的阳伞就有人买了。从此老妇人天天都感到开心了。其实生活还是老样子，只是换了一种思考问题的角度。

要有自己的主见。讲一个故事。从前，有一群青蛙要进行攀登铁塔比赛，望着天一样高的大铁塔，群蛙说：这是不可能爬上去的。比赛开始了，有一些青蛙往上攀登，地面上的青蛙喊：下来吧，不可能的，太不自量力了。很多青蛙失去了比赛的勇气，退了下来，仍有几个青蛙在继续比赛。群蛙继续喊，算了吧，下来吧。又有几只青蛙退了下来。最后只剩下一只青蛙一如既往地奋力攀登，最后终于爬到了顶端，取得了胜利，获得了冠军。青蛙们纷纷向它祝贺，有的青蛙去采访它，问：你为什么有如此大的勇气，最后取得了胜利。了解到它原来是一只聋蛙。

优秀的人不一定是那些高智商的人，而是那些与人友好相处、能获得别人爱戴和信任的人。科学家对人的大脑进行研究的最新结果表明：富有激情的人远比老气横秋的天才更富有创意。更重要的是，烦恼、不快或痛苦是你自己的，别人没有义务为你分担。和别人分享你的快乐，把自己心灵的阳光撒播到别人的心中却是人性的高贵。

校园环境建设：装修、亮化。9月28日将进行竣工剪彩。我们的标语是：新环境、新姿态、新业绩。在全体师生中要广泛开展“爱校”教育工程。

科研环境建设:通过学术环境,提高教学品位。“教育叙事,教育反思,教学案例”,每个老师都要写。现代化设施要充分使用。青年教师汇报课,魅力课堂大赛,要体现出暑假课改学习的成果。

文化环境建设:通过平安校园,文明校园,书香校园,和谐校园的创建,打造文化环境。以刘奇助理为组长,苏伟、郭青鹏等老师组成文化建设设计组,统一规划,统一布置。严+细+实=奇迹。学校一直是、现在仍然是最重要的教育场所。作为一个古老的象形字,“教”原是“子”的边上站着一个手执教鞭的人的形象。而“校”的原意为两块木头的相交,它的本意是代表某种枷类刑具。不难发现,“学校”二字的原始内涵,有着浓厚的专制主义的味道。

养不教父之过,教不严师之惰。把“三条底线(安全、道德、守法)”和“两个高压线(打架、偷盗)”落到实处。

新学期,探索普高职高办学思路,探索初中双通道实验,明年的高考中考在等着我们,任重而道远。

老师们,新的学期开始了,让我们用汗水和智慧创造更加灿烂美好的明天!

成就学生,快乐自己

——2009年7月期末大会发言

教职工同志们:

四季风雨育桃李,一腔真诚写春秋。弹指一挥间,又一学年过去了,刚才主任们已经把具体工作向大家汇报了,不再重复。我交流三点:

第一,欢迎新战友

首先让我们以热烈的掌声欢迎刚刚加入到我们队伍里来的20位新战友,他们分别来自吉林、山东、河北,以及山西的吕梁、昔阳、左权、黎城、襄垣、屯留、壶关、城区、郊区,还有我们平顺。

第二,任重而道远

2008~2009学年度是我们全体师生同心同德、同舟共济的一年,是历经风雨、艰苦奋斗的一年,是团结拼搏、硕果丰盈的一年,是我们全面走内涵发展取得辉煌成就的一年!在这里,首先我谨代表校委会向全校教职员工表示衷心的感谢,感谢大家在过去的日子里为学校发展作出的巨大贡献!回顾一学期,至少有六个亮点:

亮点一:管理创新迈出新步伐。亮点二:德育活动精彩纷呈,彰显新活力。亮点三:师资队伍建设成效显著。亮点四:教学质量取得历史性突破。亮点五:校园建设工程相继完工,校容校貌再上新台阶。亮点六,学校文化建设取得新成绩。

过去的一年,全体师生以自己的智慧、辛劳和汗水谱写了一曲自强不息、负重奋进、力争一流的动人旋律,这是学校发展最宝贵的财富;但是,我们要看到,在激烈的教育竞争中,我校劣势地位还没有明显的改变,居安思危,对学校发展方向和教育发展形势我们还必须保持清醒的头脑。学校持续稳定的发展是一个永恒的主题,我们学校内涵发展还任重道远,我们还有很多方面还需要进一步强化和改进:队伍素质已成为学校内涵发展的瓶颈,教师专业化成长还没有理性的起步,教学规范管理还需加大力度,课堂教学改革还需进一步探索,教育科研还需系统规划深入开展,德育工作在治本"育"人上还要下深工夫,学校精神文明建设还需突破认识价值观的束缚,我们的承诺离真正实现还有很大距离。

俗话说,把困难举在头上,就是一块压顶石,把困难踩在脚下,就是一块铺路石。面对更趋激烈的竞争环境,面对新任务、新挑战,希望我们"思想一条心,工作一盘棋,生活一家人",攻坚克难,危中抢机,力争在 2010 年用更加优异的成绩,向全县 17 万人民报喜。

第三点,做一个好人

这也是育才中学校长曾对他的老师说的。

*一是要常怀感激之情。*对人、对事要始终抱正面、乐观的态度,遇事往好处想,不要用恶意去揣度别人。无论遇到多少磨难,多少挫折,不要封闭自己的心,要保持一颗善良、纯真的童心。对别人为自己所作的一点小事也不要忘记,要用自己的方式去报答。要时常感激父母,不忘他们的养育之恩;要感激自己的妻子(丈夫),对自己生活和事业的关心;要感激上天给了自己一个可爱的孩子,为我们带来幸福欢乐;要感激好的机遇,使自己得到一份称心的工作;要感激一批好领导、好同事,为自己的发展提供了帮助。要敞开自己的心扉,让每一个角落撒满阳光,用阳光驱走阴霾。有一颗常怀感激之情的心,你会更多更深的感受到别人的好意,也会努力地去回报别人,这样会让别人感到幸福,你也会更幸福。

*二是要常抱敬畏之心。*敬畏不是惧怕,而是一种物我统一的内省。古人常说的"人有三畏",应当是畏天、畏地、畏己吧。我理解,畏天就是要尊重规律,顺应自然。看一下历史,想一下自己,就会感觉到有时命运(这里说得不是宿命,而是指历史发展、社会环境对个体的人人生走向的制约)是很难改变的,年龄大一些的老师可能对此体会更深。正像孙中山所说的:"世界潮流,浩浩荡荡,顺之者昌,逆之者亡"。尊重规律,不是无所作为,我们可以顺应规律,抓住机遇,争取最好的结果。畏地是讲人要适应自然环境和社会环境(当然也包括我们所处的集体),要与环境产生积极的互动,既不能封闭自己,又不要一意孤行。畏己是讲要经常检查反思自己,自省、自警、自律,诚心听取别人建议,不断修正自己的失误,不固执己见,我行我素。常抱敬畏之心,就不会怨天尤人,老觉得自己委屈;常抱敬畏之心,就会比较冷静,管得住自己,少犯错误。

三是要长存奋飞之志。小的时候,我们都有很远大的理想,随着时间的推移,理想逐步与现实统一了起来。但这并不意味着我们放弃理想的追求,心中不再有梦。歌德在他的名剧《浮士德》中告诫我们,停止了追求,就失去了灵魂。所以,永远不要停止对理想的追求,无论我们身处何种环境、何种位置,年龄是二十、四十还是六十,都要有美好的梦想,有一种自强不息的精神。我们看看身边的一些教师,比如曹征云老师,比如郭玉平老师,为什么他们身上总是充满活力和朝气,因为他们有梦、有追求。长存奋飞之志,就会有目标,有追求,有动力,有境界,就不会因为个人得失而置集体利益、学生利益而不顾。在平顺中学这个优秀的群体里,一天不进步就会有掉队的危险。所以,允许你努力了暂时没有达到目标,但决不允许当一天和尚撞一天钟,更不允许影响学校荣誉的行为存在。

归结上面几句话的含义,就是要求自己努力成为一个豁达乐观、正派严谨、积极向上的好人。

今天,是学期结束的日子,明天暑假就要开始。大家忙碌了一学期,学校依据制度,根据校情,对大家的工作进行了粗略的考核,在整个考核的过程中,虽然小心翼翼,坚持公开、公平、公正的原则,但智者千虑,尚有一失,何况我们还算不上智者,若有疏漏之处,敬请大家批评指正。由于账务制度原因,本学期各类津贴还没有发放,我争取资金尽早发放,请谅解!为了招生和培训,暂时还不能完全休息,甚至有一部分老师整个暑假都不能休息,请大家理解。暑假全体教师"改革课堂"的培训正常进行,将一个一个过关。

最后祝全体教职工身体健康、阖家幸福,暑假愉快!

珍惜拥有,勤奋工作

——在9月份例会上的讲话

今天是9月份全体教职员工例会,我想和大家交流一点:珍惜拥有。

同志们,今天,为我们修修补补,为一中默默奉献了几十年的桑有根同志安葬了。桑有根同志7月6号找我请假,说去看看病,最多一周,一周以后就来上班。谁也没有料到,他从此再也不能来上班了。7月6日至9月16日,70天,一个很健康的人就长眠于黄土之中了,当我们有些老师还在为没有评上先进生气的时候,一个忠诚的战友已经悄然离去了,永远的离去了。桑老师喜欢喝一点酒,因此见了我总是说:校长,改天我准备好,邀请你去我家喝酒,一定要给个面子啊!心愿未了人已了,怎不叫人感伤?12号上午,我们几个领导去家里看望桑老师,他拉着我的手说了许多言辞恳切的话,当天晚上就去世了。我想,一个人遇到困难,大多会有两个愿望:一是家人的照顾,二是单位的帮助。所以见了自己单位的领导总是别样的亲切,而且为自己的领导自豪着。因此,我说在座的咱们一中的各位领导,不论职务高低不论权力大小,一定要善待我们的老师,善待身边的同事,大家都很不容易啊。我们的理想是"为师生谋幸福”,老师们幸福不幸福,我们都为老师们做了些什么,我们要时常扣问良心。假如明天我们不当领导了,又能为大家留下些什么?

我到咱们平顺中学担任校长两年了,两年来,迫于招聘目标的压力,一直忙于学校规划,制度建设,教学改革,队伍建设,校园建设,很少关心照顾那些需要帮助的老师,尽管也努力参加大家的婚丧大事,但远远没有走进老师心里,我很惭愧!加上渴望快速变化,要求又严格,让个别老师产生了许多误会,其实,我的愿望是和大家一起把一中建设好,让老师们快乐的工作,有尊严地体面地生活,我从没有忘记“捧着一颗心来,不带半根草去”、“为师生谋幸福、为社会担责任”的承诺,我们的目标本来就是相同的,只是还需要沟通交流。我们的工作中还有许多问题,相信在发展中都能得到解决。两年来,咱们学校从教师到校园都发生了根本性的变化,这些都是老师们无私奉献、辛勤劳动的结果,我并没有做多少事情,但我们的合作是卓有成效的,是富于历史意义的。所以,我很幸福,也很珍惜现在的拥有。

有一个故事。从前,有一座圆音寺,每天都有许多人上香拜佛,香火很旺。在圆音寺庙前的横梁上有个蜘蛛结了张网,由于每天都受到香火和虔诚的祭拜的熏托,蛛蛛便有了佛性。经过了一千多年的修炼,蛛蛛佛性增加了不少。

忽然有一天,佛祖光临了圆音寺,问这只蜘蛛:“你我相见总算是有缘,我来问你个问题,怎么样?”蜘蛛遇见佛祖很是高兴,连忙答应了。佛祖问到:“世间什么才是最珍贵的?”蜘蛛想了想,回答到:“世间最珍贵的是‘得不到’和‘已失去’。”佛祖点了点头,离开了。

就这样又过了一千年的光景,一日,佛祖又来到寺前,对蜘蛛说道:“你可还好,一千年前的那个问题,你可有什么更深的认识吗?”蜘蛛说:“我觉得世间最珍贵的是‘得不到’和‘已失去’。”佛祖说:“你再好好想想,我会再来找你的。”

又过了一千年,有一天,刮起了大风,风将一滴甘露吹到了蜘蛛网上。蜘蛛望着甘露,见它晶莹透亮,很漂亮,顿生喜爱之意。蜘蛛每天看着甘露很开心,它觉得这是三千年来最开心的几天。突然,又刮起了一阵大风,将甘露吹走了。蜘蛛一下子觉得失去了什么,感到很寂寞和难过。这时佛祖又来了,问蜘蛛:“这一千年,你可好好想过这个问题:世间什么才是最珍贵的?”蜘蛛想到了甘露,对佛祖说:“世间最珍贵的是‘得不到’和‘已失去’。”佛祖说:“好,既然你有这样的认识,我让你到人间走一遭吧。”

就这样,蜘蛛投胎到了一个官宦家庭,成了一个富家小姐,父母为她取了个名字叫蛛儿。一晃,蛛儿到了16岁了,已经成了个婀娜多姿的少女,长的十分漂亮,楚楚动人。

这一日,皇帝决定在后花园为新科状元郎甘鹿举行庆功宴席。来了许多妙龄少女,包括蛛儿,还有皇帝的小公主长风公主。状元郎在席间表演诗词歌赋,大献才艺,在场的少女无一不被他折服。但蛛儿一点也不紧张和吃醋,因为她知道,这是佛祖赐予她的姻缘。

过了些日子,说来很巧,蛛儿陪同母亲上香拜佛的时候,正好甘鹿也陪同母亲而来。上完香拜过佛,二位长者在一边说上了话。蛛儿和甘鹿便来到走廊上聊天,蛛儿很开心,终于可以和喜欢的人在一起了,但是甘鹿并没有表现出对她的喜爱。蛛儿对甘鹿说:“你难道不曾记得十六年前,圆音寺的蜘蛛网上的事情了吗?”甘鹿很诧异,说:“蛛儿姑娘,你漂亮,也很讨人喜欢,但你想象力未免太丰富了一点吧。”说罢,和母亲离开了。

蛛儿回到家,心想,佛祖既然安排了这场姻缘,为何不让他记得那件事,甘鹿为何对我没有一点的感觉?

几天后,皇帝下召,命新科状元甘鹿和长风公主完婚;蛛儿和太子芝草完婚。这一消息对蛛儿如同晴空霹雳,她怎么也想不通,佛祖竟然这样对她。几日来,她不吃不喝,穷究急思,灵魂就将出壳,生命危在旦夕。太子芝草知道了,急忙赶来,扑倒在床边,对奄奄一息的蛛儿说道:“那日,在后花园众姑娘中,我对你一见钟情,我苦求父皇,他才答应。如果你死了,那么我也就不活了。”说着就拿起了宝剑准备自刎。

就在这时,佛祖来了,他对快要出壳的蛛儿灵魂说:“蜘蛛,你可曾想过,甘露(甘鹿)是由谁带到你这里来的呢?是风(长风公主)带来的,最后也是风将它带走的。甘鹿是属于长风公主的,他对你不过是生命中的一段插曲。而太子芝草是当年圆音寺门前的一棵小草,他看了你三千年,爱慕了你三千年,但你却从没有低下头看过它。蜘蛛,我再来问你,世间什么才是最珍贵的?”蜘蛛听了这些真相之后,好像一下子大彻大悟了,她对佛祖说:“世间最珍贵的不是‘得不到’和‘已失去’,而是‘已拥有’。”

所以,希望我们整个团队都不要在“得不到”和“已失去”上煞费苦心,而是都能珍惜现在的拥有,大家和睦相处。

良言一句三冬暖,恶语伤人六月寒。从前,有一个脾气很坏的男孩,他的爸爸给了他一袋钉子,告诉他,每次发脾气或者跟人吵架的时候,就在院子的篱笆上钉一根。第一天,男孩钉了37根钉子。后面的几天他学会了控制自己的脾气,每天钉的钉子也逐渐减少了。他发现,控制自己的脾气,实际上比钉钉子要容易得多。终于有一天,他一颗钉子都没有钉,他高兴的把这件事告诉了爸爸。

爸爸说:“从今以后,如果你一天都没有发脾气,就可以在这天拔掉一颗钉子。”日子一天一天过去,最后,钉子全被拔光了。爸爸带他来到篱笆边上,对他说:“儿子,你做得很好,可是看看篱笆上的钉子洞,这些洞永远也不可能恢复了。就像你和一个人吵架,说了些难听的话,你就在他心里留下了一个伤口,像这个钉子洞一样。”插一把刀子在一个人的身体里,再拔出来,伤口就难以愈合了。无论你怎么道歉,伤口总是在那儿。要知道,身体上的伤口和心灵上的伤口一样都难以恢复。你的朋友是你宝贵的财产,他们让你开怀,让你更勇敢。他们总是随时倾听你的忧伤,你需要他们的时候,他们会支持你,向你敞开心扉。你应该告诉你的朋友你多么爱他们。

老师们,能到一个单位合作,是几世修来的缘分,希望我们少钉钉子,多多交流,以心换心,彼此珍惜,追求卓越,共创幸福。

“有些事情,你以为明天还要继续做的,有些人,你以为还会再见面的。所以,在你暂时放不下手,或暂时转过身的瞬间,你心中所想的,只是明天又将重聚的希望,有时甚至连这种希望都感觉不到,因为你以为,日子既然这样一天一天过来,也就不应该这样一天一天过去,昨天、今天、明天,应该是没有什么不同的,但是,就会有那么一次,在你一放手或一转身的瞬间,有些事情就完完全全的改变了。太阳落下去,在它重新升起之前,有些人,就从此和你永别了!”珍惜今天的人,珍惜今天的事,不懂珍惜现在拥有的人才是最可惜的。

请让我们记住:“有人在你面前说某人坏话时,你只微笑而不要添油加醋。”“坚持在背后说别人的好话,别担心这好话传不到当事人的耳朵里。”

情商高的人更加幸福

——青年教师座谈会上的发言

三年时间,我们学校招聘了 60 个优秀新教师,加上支教留下的 5 人,共 65 人。我们在教育改革的春风里走进这所学校,在翻天覆地的校园大变化中成长,大家的水平决定着平顺中学明天的希望,青年教师的培养是学校重大事情之一,所以,今天就给大家讲几个小故事。

一、面对困难,更要自强不息

“海纳百川有容乃大”,大海之所以能容纳百川,不仅是因为有“容”,更是因为他把自己放在最低的地位,把自己回归为零,上善若水,所以能得到更快的进步。

有两只青蛙不小心掉到一桶牛奶中,其中一只认为没有生路了,必死无疑,没挣扎多久,就放弃希望,沉到桶底。另一只青蛙,不甘心就此罢休,继续踢动双脚,牛奶经它一再的搅拌,居然逐渐结成奶油,等奶油变硬后,青蛙双脚一跃,轻易地跳出桶子。

骡子的故事。从前有一个农夫,他有一头老骡子。有一天老骡子不小心掉进了农夫的井里。老骡子在井里大喊“救命啊,救命”。农夫听到后。仔细斟酌情势,虽然同情这头老骡子,但认为不值得费力去解救这头老骡子,也不值得去保留这口井,相反,他把邻居们叫来,告诉他们所发生的事情,并让他们搬运泥土把这头骡子埋在井里,以解除它的痛苦。

刚开始时,老骡子绝望了,悲痛万分。但当农夫和邻居们不停地把土铲落到它身上时,它脑海中闪过一个念头。它突然意识到,每当一铲土落到它背上时,它都可以把土抖掉,再踏上去!就这样,他一次又一次重复着,不停地给自己鼓起:“把土抖掉,再踏上去......把土抖掉,再踏上去......把土抖掉,再踏上去!”不管泥土砸砸在身上有多痛也不管情况看起来时何等的煎熬,这头老骡子一直坚持把土抖掉,再踏上去。做着,并幸福着。

没多久,这头伤痕累累、疲惫不堪的老骡子,昂首挺胸,露着幸福的微笑,跨出了井沿。

大量深入的研究表明,聪明并不必然导致成功。最聪明的人往往并不是最有成就的人;最有成就的人,也往往并不是最聪明的人。成功最需要的是一种坚强的精神品质,需要坚韧不拔的毅力。

我们都认同质量是学校的生命。一所学校的人才培养质量,不取决于有多漂亮的大楼,也不取决于有多先进的设备,而是取决于有多优秀的教师队伍;一个教师的教学效果,不取决于他(她)学历的高低,也不取决于他(她)教龄的长短,而是取决于他(她)的教学态度,取决于他(她)所付出的努力。

钞票的故事。在一次讨论会上,一位著名的演说家没讲一句开场白,手里却高举着一张20美元的钞票。面对会议室里的200个人,他问:"谁要这20美元?"一只只手举了起来。他接着说:"我打算把这20美元送给你们中的一位,但在这之前,请准许我做一件事。"他说着将钞票揉成一团,然后问:"谁还要?"仍然有人举起手来。

他又说:"那么,假如我这样做又会怎么样呢?"他把钞票扔到地上,又踏上一只脚,并且用脚碾它。尔后他拾起钞票,钞票已变得又脏又皱。

"现在谁还要?"还是有人举起手来。

"朋友们,你们已经上了一堂很有意义的课。无论我如何对待那张钞票,你们还是想要它,因为它并没贬值,它依旧值20美元。"

人生路上,我们会无数次被自己的决定或碰到的逆境击倒,欺凌甚至碾得粉身碎骨,让人觉得自己似乎一文不值。

真正认识自我后,我们就会明白:无论发生什么,一个人的自我价值永远不会丧失。

二、得到的并非越多越好

据说上帝在创造蜈蚣时,并没有为它造脚,但是它仍可以爬得和蛇一样快速。有一天,它看到羚羊、梅花鹿和其他有脚的动物都跑得比它还快,于是,它向上帝祷告说:"上帝啊!我希望拥有比其他动物更多的脚。"

上帝答应了蜈蚣的请求,把好多好多的脚放在蜈蚣面前,任凭它自由取用。蜈蚣迫不及待地拿起这些脚,一只一只地往身体上贴上去,从头一直贴到尾,直到再也没有地方可贴了,它才依依不舍地停止。

它心满意足地看着满身是脚的自己,心中暗暗窃喜:"现在我可以像箭一样地飞出去了!"但是,等它一开始要跑步时,才发觉自己完全无法控制这些脚。这些脚噼里啪啦地各走各的,它必须要全神贯注,才能使一大堆脚不致互相绊跌而顺利地往前走。这样一来,它走得比以前更慢了。

刚到一个单位,要认准自己的目标,扑下身子把事情做好,千万不要好高骛远、贪心。

三、面对同伴的指责,要懂得放下

有一天,老师叫班上每个同学各带个大袋子到学校,她还叫大家到杂货店买一袋马铃薯。第二天上课时,老师叫大家给自己不愿意原谅的人选一个马铃薯,将这人的名字以及犯错的日期写在上面,再把马铃薯丢到袋子里,并说这是我们这一周的作业。第一天还蛮好玩的,快放学时，我的袋子里已经有了九个马铃薯：珍说我新理的头发很丑，巴比打了我的头，吉米虽然知道我必须提高平均分数，却不肯让我抄他的作业……

每件事都让我欣然地丢个马铃薯到袋子里，还发誓绝不原谅这些对不起我的人。下课时，老师说在这一整周里，不论到哪都要带着这个袋子。我们扛着袋子到学校、回家，甚至和朋友外出也不例外。好啦！一周后，那袋马铃薯就变成了沉重的负荷，我已经装了差不多50个马铃薯在里面，真把我压垮了，我等不及这项作业快结束，第二天老师问：你们知道自己不肯原谅别人的结果了吗？你不肯原谅的人愈多，这个担子就愈重，对这个重担要怎么办呢？老师停了几分钟让我们先想一想，然后她自己回答："放下来就行了。"

四、教育是一项共同完成的事业，要学会合作

心理学教授带着一群学生做实验，他先让同学们面朝他站成两排横队，然后，命令后一排的同学做好救助准备，待他喊了"开始"之后，前一排的同学就往后一排相对位置的同学身上倒，他说："前面的同学别有顾虑，要尽力往后倒。好，开始！"前排的同学们嘻嘻哈哈地笑着，按照教授指令，身子一点点往后倾斜，但是，大家明显地暗自掌握着身体的平衡，并不肯好端端的自我撂倒后面那个人的身上；后排的同学本来已经拉开了架势，预备扮演一回救人危难的英雄角色，但是，由于前面送过来的重量太轻，他们也只好扫兴地用手轻触了一下别人的衣服就算完事。

可是，这里面有个例子——一位男生在听到教授的指令之后，紧紧地闭上双眼，十分真实地向后面倒去。他的搭档是一位小巧玲珑的女生。当她感到毫不掺假地倒过来时，先是微微一怔，接着就倾尽全力去抱住他。看得出，她有些力不自胜，但却倔强的抿着唇，誓死也要撑住他……她成功了。

教授笑着去握他和她的手，告诉大家说："他俩是这次实验中表现最为出色的人。"

"男生为大家表演了'信赖'——信赖就是真诚地抽干心里的每一丝猜疑和顾忌，连眼睛都让它暂时歇息，百分之百地交出自己。女生为大家表演的则是'值得信赖'——值得信赖其实是信赖催开的一朵花，如果信赖的春风吝于吹送，那么这朵花就有可能遗憾的夭折在花苞之中，永远也休想获取绽放的权利；当然如果信赖的春风吹得温暖，吹得和畅，那么，被信赖的人就被注入了一种神奇的力量——就像你们看到的那样，一个弱不禁风的女生可以扶起一个虎背熊腰的男生，一只充满了爱意的双手可以托起一个美丽多彩的世界。同学们，值得信赖是幸福的，而信赖他人是高尚的。让我们先试着做高尚的人，然后再去做幸福的人吧！"

五、勇挑重担，成就他人也成就了自己

学校请从事学生心理研究工作的卢老师来给大家作"心中有他人，眼里有世界"的报告。报告的地点在阶梯教室，时间是14点钟。

离约定时间还有20分钟的时候了，卢老师就赶到了阶梯教室。我不安地说："卢老师，还要让您在这里等学生们，我们真是太失礼了。"卢老师微微一笑说："我提前些倒是有意图的啊，待会儿你就知道了。”

阶梯教室座无虚席——大家都到齐了。

一阵热烈的掌声说尽了学生们心中的敬意。掌声过后，卢老师的报告却没有开始。只见他面带微笑地从台上走下来，走到14排中间那个座位处。在一个眼神怯怯的男生面前，卢老师深深地鞠了一躬。

所有的人都看呆了。

卢老师对满心疑惑的同学们说：“我多么敬佩这个可爱的同学，我由衷的敬佩使我不得不向他深鞠一躬。大家可能会问，这到底是为什么呢？是因为他来得早么？不是。那么，是因为他坐得好么?也不是。让我来告诉你们吧：在你们入场的时候，我一直都在认真观察，我发现，许多先到的同学一进来就抢占了把边的座位，在他们看来，那一定是‘黄金座位’——好进好出，方便得很。只有这个同学进来后舍弃了这14排还空着的“黄金座位”，毅然坐到了中间这个进出不便的座位上，接下来，14排座位便左右次第开花，使我看到了我希望看到的最佳入场次序；我继续观察，我发现，先前那些抢占了“黄金座位”的同学其实备受其苦，因为座位之间行距较小，每一个后来者往里进时，把边的人都不得不起立一次，我注意到有个捷足先登的同学在短短几分钟之内，竟然起立了十几次！——同学们，你们看，利己与利他有时候就是这么奇妙的统一。不要总是抱怨别人给自己添麻烦，不要总是觉得生活中忧烦太多，如果你想听到爱的乐曲演奏的更加和谐美妙，就请你把边上的座位让给别人吧！请永远记住：“心中有他人，他人也就悦纳你；眼里有世界，世界也就玉成了你。”

年轻的朋友们，我的故事讲完了，最后再借用清河校长的几句话作为我的结束语吧！

(1)要始终对那些灵魂高贵者怀有崇敬之情，因为高贵的灵魂昭示着人性的善与美，崇尚高贵可以使你的心灵温润如玉。

(2)不要过多地谈论琐碎和庸俗的事情，譬如某些社会传言、某人的生活绯闻等。过多地关注和谈论琐碎和庸俗的事情，慢慢地你就变得琐碎而庸俗。

(3)不要做金钱的奴隶，不要为了金钱而伤害亲情，不要为了金钱而丧失人格和尊严。否则你会生活得很累，人生需要在诸多价值中取得平衡。

(4)在任何时候都不要抱怨环境，要学会以积极的心态面对人生。即使一切都不改变，我们仍然有努力的空间，相信天道酬勤，水滴石穿。

(5)不要将别人的忠告视为无用的说教，尽管生活的信念要靠自身的体验去培植，但别人的经验也值得分享。只有登上山峰，人才会比山更高。

全县教师节表彰大会上代表名校长表态发言稿

尊敬的陈书记、吴县长、各位校长、老师们：

上午好！

在第25个教师节即将来临之际，我们隆重集会，举行盛大庆典，表彰各类先进，请允许我代表平顺县首批名校长，向关心与支持平顺教育事业的各位领导表示衷心的感谢，向一贯以来关心、爱护、培养我们这些校长们的各位领导和老师们致以最诚挚的敬意！

平顺人都说，最近三年，平顺的变化，学校最大；平顺的改革，教育最深。没有教育改革，就没有今天的校长队伍；没有优先发展教育的政策，也没有名牌校长的荣光。作为一名名校长，我们深深地明白，这份荣耀里，凝结着学校领导班子精诚团结、艰苦奋斗的心血，也凝结着全体教师勤奋工作、无私奉献的智慧。平顺中学2009年高考实现了历史上的“三大突破”，正是因为勤奋的学生遇到了优秀的老师，才让我这个校长充分享受到了职业成长的快乐！

五年的校长工作经历，我越来越感到，随着校长专业化的发展，对校长素质的要求越来越高，校长不仅应该是名师、教育家，还应该是企业家、外交家、改革家，校长们肩上的担子越来越重，工作的挑战性也越来越强，作为平顺教育战线的一名校长，因为我们沐浴在教育改革的春风里，心里有一盏明灯引领我们走向理想，有“四特七不”精神撑起我们的脊梁，所以我们从不畏难，且一往无前。

教育兴则百事兴。我们将秉持“一个好校长就能带出一批好教师，就能办成一所好学校”的理念，竭尽心智，肩起使命，为平顺教育美好的明天而共同奋斗。

谢谢！

2009年高一军训总结发言

2009年8月27日

各位领导、各位教官、老师们、同学们：

上午好！为期一周的军训课程就要结束了，在部队教官和同学们的共同努力下，我们圆满地完成这次军训课程任务。在此，我代表平顺中学校委会、全体师生，向部队首长和教官们表示衷心的感谢并致以崇高的敬意。

本次军训，共1020名学生参加，是历史上人数最多的一次，其中高一750人，职业高中100人，去年没有参加军训的新高二学生170人。

首先请允许我代表平顺中学3200余名师生向新加入高一的850名同学表示热烈的欢迎！

平顺中学是平顺县唯一一所高中，也是长治市名牌高中。学校于明代万历25年在东山的东藏寺建校，过去有“识字不识字，住过东藏寺”的美誉，很多平顺人以读过东藏寺而自豪。1912年，成立县立第一高小，根据全国统一安排，1952年改建为平顺中学，招收初中生，1958年开始招收高中生。全国著名劳模李顺达在时，平顺中学曾经是晋东南地区排名第四的名牌学校。前三名是长治市一中，晋城市一中，沁县一中，之后就是平顺中学。1965年、1966年时，我校高考一个班就能有75%的人达线，平顺一中和平顺剧团曾名扬三晋大地。

由于种种原因，30年前，我校教学质量出现滑坡。2007年，全县进行了史无前例的教育人事制度大改革，我们学校又焕发出了青春的活力。校园建设投资6400万元，推倒一个旧学校，建设一个新学校，教学楼群是平顺县规模最大最气派的建筑群。今年高考首榜达线96人，特别是李鹏飞同学考入北京大学，破了校记录。2009年，长治市有两个学校考得相对最好，一是我校，一是武乡一中。准确统计，2009年，长治市考入清华大学北京大学共12人，除了市直太行中学、长治二中、长治一中，县区就是我们学校，全市对我校给予了很高评价。相信3年后各位同学能考得更好，平顺中学将因为大家的努力更加辉煌。

好的开头是成功的一半，几天来，同学们带着亲人的嘱托，带着对理想的憧憬，进行着铁一般的军训，充分体现了当代有志青年果敢、顽强、勇于拼搏、积极向上的精神风貌和亮丽风采。

军训生活磨炼了意志，锻炼了身体，养成了良好习惯，培养了同学们互相关心、互相爱护、互相帮助的良好风尚，也使同学们初步体会到了什么是坚强，什么是勇敢。通过教官的言传身教，也使我们看到了我军威武之师、文明之师的光辉形象。所有这些人生的积累，都将成为大家一生最宝贵的财富。

回首一周，我们所取得的成绩只是高中生活中的小小乐章；展望未来，灿烂与辉煌需要我们用心血去描绘。三年的高中生活才刚刚开始，整个教育教学工作也才刚刚启动。我们面临的任务还很重，挑战还会更多，工作还将更艰苦。在此提出两点希望：

(1)军训很辛苦，但还不是最苦的，大家要有足够的思想准备。高中三年的学习生活不会是一帆风顺的。这三年犹豫不得，怠慢不得，轻松不得，浪漫不得！虽然不需要流血，但是，汗是必须流的；虽然不需要掉皮，但是，肉是必须掉的。希望你们在以后的学习生活中，发扬不怕苦，不怕累、连续作战、勇往直前的军人精神，积极迎接高中生活的挑战，谱写人生宝贵年华的光辉篇章。

(2)各班级要认真研究军训与校内常规教育的内在联系，运用普遍联系的观点去发现、寻找、汲取军训的丰富营养。找准切入点，巩固和弘扬军训成果。深入开展校风、学风、班风建设活动。对学生在军训中形成的良好习惯和精神风尚要大力引导和弘扬，使之成为学生的自觉行为，成为我校的主流文化，营造出一种积极、健康、向上的校园氛围，开创良好校风建设的新局面。

让我们以热烈的掌声再一次感谢部队的首长和教官们。谢谢!

高三开课 100 天讲话

2009 年 10 月 8 日

同学们好!

在大家进入崇文中学复习已经有 100 天的日子聚会,包含了我们太多的期望。

2009 年高考刻骨铭心,不管是对你自己,还是对学校。平顺高考实现了历史性的三大突破,李鹏飞被北京大学录取永载史册,为示纪念,二楼大厅叫做“鹏飞厅”,张丽林 448 分参加复习,结果以 595 分获长治市文科第五名的好成绩。按普遍规律,复习一年,平均能够增长 50 分,而我们要求大家增长 100 分。距离 2010 年高考还有 240 天,按两天增加一分计算,还应该增加 120 分,能行吗?

刚才大家的发言我很受鼓舞,我讲两句话:

第一句:向为实现心中理想而选择复习的同学们致以崇高的敬意!人,应该有理想,更应该有为实现理想而需要的勇气和信念,这是一个人灵魂中最高贵的体现。同学们的坚定与执著,激发了老师们无尽的热情与潜力,“纵然是凄风苦雨,我也不会离你而去,当世界向你微笑,我就在你的泪光里”!所以,高三复习班成为平顺教育的一面旗帜,相信 2010 年的高考在大家的共同努力下又将创造一个教育神话。

第二句话:成功是有方法的。适合自己的就是最好的。学习最大的捷径就是刻苦、勤奋、拼搏。最好的方法就是背:背书,背题,背答案。要死要活,先死去后活来!为什么英语成绩不好?想想英语课文背了多少篇;都说不会写作文,想想范文背了几篇;为什么有些题总是出错?想想每次考卷记住了多少。不分析,不总结,不记忆,不感悟,永远不会取得好成绩。学习,要扎扎实实,不要虚荣,不要浮躁。凡是不谈对象就不能活的人,每天思考去哪里抽烟的人,不下课就忙着吃饭的人,都应该想想自己“为什么来,要到哪里去”。复习的机会很珍贵,这一年要放弃一切!不要再看衣服漂亮不漂亮,把小镜子锁进抽屉,即便脸不洗也没事,这一年就不要脸面了。回家不是以铃声为准,而是以任务是否完成为准,晚上要加班,要知道自己的竞争对手在拼命。高考成功的唯一标准就是分数,所以只要能提高总分,什么样的学习方法都可以使用。

同时,提醒同学们要加强营养,别的学校每生每天饭费约 15 元,我们贫困,起码也要保证每天 6 ~ 7 元生活费。务必要加强体育锻炼,没有强健的身体,一切理想都是零。

能够忍受高考磨难的人都是伟大的人,预祝大家一万次的跌倒一万零一次的站起来,从此成为巨人!

谢谢!

2010应届高三学生高考动员讲话

2009年10月4日

同学们：

国庆盛典刚刚结束，今天就参加高三同学们的聚会，刚才听了老师和学生代表的发言，很受鼓舞。据说，要想讲清某个观点乃至被对方接受，最少要15分钟，我计划用30分钟讲一个观点。我要和大家交流的是：一天增加一分，成吗？

今天是几号？高考是几号？中间多少天？——244天，一天增加一分，行吗？

柏拉图甩臂的故事：开学第一天，苏格拉底对学生们说："今天咱们只做一件事，每个人尽量把胳臂往前甩，然后再往后甩。"说着，他做了一遍示范。"从今天开始，每天做300下，大家能做到吗？"学生们都笑了，这么简单的事，谁做不到呢？一个月之后，大部分同学都能做到，可是一年之后，苏格拉底再问的时候，全班却只有一个学生坚持下来，这个人就是以后的大哲学家柏拉图。柏拉图之所以成为一代贤哲，是他不论做什么事情都能坚持下去，这正应了"滴水穿石，绳锯木断"的名言。因此，我们不论做任何事情，都要像柏拉图那样持之以恒。

怎样就能一天增加一分呢？

一、应该有为理想而献身奋斗的精神

从我们进入平顺一中大门的那一刻起，我们就踏上了追寻理想的征途。两年来，我们虽谈不上头悬梁锥刺骨，但也称得上风雨无阻，寒暑不辍，无时无刻不为实现我们的梦想挥洒着汗水与泪水。我们大家是伴随着教育改革成长起来的，我们目睹了校园建设的整个过程，而同学们自身的成长又如何呢？

平顺穷，但人穷志不短。我们什么也没有，但有一颗高贵的心灵，有一腔热血，因为心灵的高贵，我们敢与天下任何一个同龄人坐在一起学习，一起成长。高三需要一种精神，一种状态。什么是高三精神？在我们高三的教室内，曾挂着一张标语，上面写着："特别能吃苦，特别能忍耐，特别有信心，特别有志气，特别有作为"。这是学校历届高三精神的真实写照，也是平顺人"四特七不"精神的写照。

古今成大事业大学问者，必经过三种境界：(1)昨夜西风凋碧树，独上高楼，望尽天涯路。(2)衣带渐宽终不悔，为伊消得人憔悴。(3)众里寻她千百度，蓦然回首，那人却在灯火阑珊处。请问同学们，你的衣带渐宽没有？身体消瘦了几多？

我们的同学很善良，很聪明，但许多人缺少理想，大山阻断了外面世界的道路，也阻断了我们飞出去的欲望，自给自足的封闭生活使大家缺少竞争意识和危机意识，今后我们要站在太行山顶，遥望苍穹，加入到竞争的洪流中，与全世界的同龄人共同奋斗。

二，高考是一种残酷的竞争

高考是什么，曾有人这样形容“如果你想进入天堂，那么请参加高考；如果你想进入地狱，那么请参加高考。”其实高考就是一个跳板，就是一道分水岭，从此，人将分成三六九等。

全国每年出生2000多万人，参加高考的1100万人，能录取的500多万人，也就是说能上大学的在同龄人中只占1/5到1/4。尽管大学毕业生面临着就业难，你也可能会拿一些未考上大学的人中，也不乏成就者的事实来为自己解脱，但是就整体而言，是否接受高等教育对社会的贡献是明显不同的，当然个人的收入和生活状况也有较大差别。自学成才所经历的艰辛是在座的人都不曾经历过的，自学更多的情况是出于无奈，对于你们这个年龄段的人来讲，指望将来自学，恐怕是一种对现实的逃避，绝对不是上策，接受系统的全日制学习才是上策。

诺贝尔奖经济学家曼昆说过：“如果要想改变自己的命运或是让自己的生活更好些，那就去上学；如果想让自己离天堂更近些就去读书吧！”。我们有一个共同的目标：考上大学，成就自我。

只有忍受别人不能忍受的痛苦，才能走在竞争者的前头。

三，成功是有方法的

毛泽东说过：“苦干加巧干，坚持持久战”。意思是说在勤奋的基础上，把握学习规律，掌握学习方法。苦教苦学是基础，实教实学是灵魂，巧教巧学是关键。

1.珍惜时间，全神贯注。高考不分城市与农村，不管富裕还是贫穷，只看分数。怎样就能取得高分？我们的校园里有一条标语：“严格+精细+落实=奇迹”，这是对学校管理来说的。对高考来说，可以浓缩为：“时间+汗水=奇迹”。我们的时间要以秒钟为单位来计算，忙碌和紧张是高三的特征。遗憾的是，我们有少数学生不具有这种心态，少数同学来到学校仍然不进教室，打打闹闹，虚度光阴，甚至自暴自弃。扔把抽烟、酗酒、上网，打台球，甚至聚众打牌等与学生极不相称的不良社会习气当成自己的爱好，把与有不良习气的同学甚至社会青年的交往当成一种荣耀，为自己的成长选择了一种错误的方式。大家看看田野里的谷子，成熟的谷穗什么样子？都低着头！昂着头的呢？不成熟！高三了，中学生的最高年级了，如果仍以天真烂漫自豪那就太幼稚了。还有个别同学面对学习上的困难缺乏勇气，在课堂上睡觉，说小话，开小差，不愿集中精力从基础抓起，不愿奋力往前赶，对这些同学我要说一声：再不改变自己的态度和方式方法，你们将失去继续学习和个人发展的机会，各级各类学校的大门都将对你们关闭。记住：不要等到考试以后，才知道该念的书还没有念。

2.信念坚定，意志顽强。坚定的意志和顽强的毅力，是决战高考的支柱。一旦作出决定，你能否持之以恒的执行？国庆阅兵，军乐队要求站4小时不倒，坐4小时不动，吹4小时不累，憋4小时不尿。做背景的小学生一坐就是3个小时。我们呢，能否做到一坐3个小时不动？同学们，高考是信心和意志的较量，请同学们记住：我一定能胜利。美国纽约州历史上第一位黑人州长罗杰·罗尔斯，他出生在纽约声名狼藉的大沙头贫民窟。那里环境肮脏，充满暴力，是偷渡者和流浪汉的聚集地。1961年，他在上小学时，波尔·保罗老师说：“我一看你修长的拇指就知道，将来你是纽约州的州长”。当时,罗杰·罗尔斯大吃一惊,内心深处受到一种震撼。他记下了老师的这句话,并且相信了它。从那天起,“纽约州长”就成为罗尔斯的一面人生旗帜,罗尔斯的衣服不再沾满泥土,开口也不再是满嘴脏话。开始挺直腰杆走路,在以后的四十多年里,他没有一天不按州长的身份要求自己。51 岁那年,他终于成了纽约州州长。

罗尔斯的故事告诉我们:人要提高和发展,必须有坚强的信念,信念是人生的太阳,是前进的动力;信念是人生的一面旗帜;信念是蕴藏在我们心中的一团永不熄灭的火炬;信念是成功者创造奇迹的萌发点。这话千真万确!请同学们记住,信念更是我们实现高考目标的内在驱动力。我们必须从一个小小的信念开始,面对复习中困难和压力,支撑我们对人生的孜孜以求。

要有心理承受力。高三意味着改变。有人说:你不能左右天气,但你可以改变心情;你不能改变容貌,但你可以展现笑容;你不能控制他人,但你可以掌控自己;你不能预知明天,但你可以利用今天。要有总分意识,不要偏科。在不断的考试中寻找高考考感。“高考感”,即规律感、时间感、答题感、考试感。

3.抓基础(四轮复习),背书,做题。对基础的重要性无论怎么强调都不过分,尤其是第一轮复习,一定要记住基本的知识,做对基本题,练好基本功,拿到基本分。如语文的名言警句,英语学科的单词,化学的方程式,数学的重要公式等等,这些都需要我们去记忆,只有记住了、也只要记住了,我们的成绩才一定会提高,我们就一定会进步。请同学们一定要在记忆上多花时间、多下工夫,就记忆的方法问题可以向老师多请教,但无论是什么方法,功夫是必不可少的,过目不忘的人是不存在的。

4.身体是保证。一是我们今年将坚持每天进行一次 800 米慢跑锻炼,我们每天学习的时间较长,适度的慢跑对于你们保持旺盛的精力、促进大脑血液循环具有非常重要的作用。跑步活动要全身心投入,下一步各个班级还要准备口号,要喊出我们的气势、喊出我们的决心。二要保证休息质量,今年我们同学们的休息时间是充足的,大概接近 8 个小时,因此各位同学一定要合理安排午睡,晚自习后,要尽快按时就寝,确保高质量的睡眠,休息好了,学习才好,这是大家都明白的道理。另外我们还要注意饮食的卫生和营养,在这方面不要过分节省,每天保证 6 元钱的伙食,没有充足的能量我们这一年将很难坚持到最后。

同学们,我再问一声:一天增加一分,成吗?

向英雄的老师们致敬

——在2009年教师节表彰大会上的讲话

2009年9月10日

老师们、同学们:

在这“秋风送爽、核桃收筐”的日子,我们平顺中学全体师生隆重集会,庆祝第25个教师节,首先请允许我代表学校党支部、校委会向默默耕耘、辛勤工作在教育教学第一线的广大教师致以节日的祝贺!向为学校生存和发展呕心沥血、恪尽职守的每一位员工表示衷心的感谢!向关心、支持、帮助学校发展的社会各界人士致以崇高的敬意!

选择了教师,也就选择了艰辛和奉献,尤其是在平顺这块贫瘠的土地上。当许多人还在甜蜜的梦乡时,我们的老师已经匆匆地走在上班的路上;当许多人在彩凤公园翩翩起舞时,我们的老师拖着疲惫的身躯才走在回家的路上。为了学生的成长,老师们不讲条件、不计报酬,每个人都克服了意想不到的困难。工作中无论怎样繁忙,生活中不管有多少烦恼,总是面带微笑走进课堂!书桌旁的循循善诱,校园里的谈笑风生,家访时的苦口婆心,几十年如一日,为学生的学习费心,为学生的生活操心,为学生的安全担心。正是这许多的苦心和爱心,才使得学生的校园乐章更加清新,才使的学生的智慧之泉更加滋润。

当然,我们也很幸福。社会高度重视教育,县委、县政府关心我们,17万人民信任我们,我们是沐浴在阳光下的教师团队。过去的一年,我们学校在各个方面都取得了巨大成就,受到了多项表彰。校园建设:六座大楼拔地而起,我们的校园成了平顺县城最雄伟最美丽的地方;教学质量:高考胜利实现历史性的三个突破,其中两个同学达到北京大学录取线,李鹏飞同学考入北京大学硕博8年连读;达第一批本科录取线的人数是去年的3倍;达第二批本科录取线的人数是去年的两倍。奖励高考达线学生共20万元。中考600分以上人数与去年相比提高了30%。队伍建设:亮点纷呈,22位新老师加盟学校,25人受到上级表彰,今天,又有61人次受到大会表彰,其中,功勋教师4人,杰出管理者2人,优秀党员4人,优秀员工2人,十大名牌教师10人,十大名牌班主任10人,十大劳动模范10人,十大魅力教师10人,十大杰出青年10人,支持教育先进集体5个,高三年级奖金28万元,初三年级奖金3万元。需要英雄的时代产生了很多英雄。当然,他们只是优秀教师当中的部分代表,还有很多没有上台领奖的老师也非常优秀。这些成绩,充分证明了平顺教育改革成功了,县委、县政府的决策是英明的,平顺中学的师生们是优秀的。

我校的快速发展和取得的成绩有目共睹,父老乡亲永远不会忘记为了学校发展做出艰苦努力的人们。成绩已经成为过去,光荣也已写进历史。今后的日子,希望老师们学为人师、行为示范,在实现教育理想过程中逐步形成我校的办学特色。希望同学们增加一些人文情怀,在学会关心自己的同时，也学着关心爱护自己的老师，用朴实的情感感动老师，用真诚的行动温暖老师。一个人，在未来的生活中，智商只占20%，情商却占80%，而感恩正是情商的一种表现。

老师们，同学们：言短情长！国运兴衰，系于教育；学校发展，在座有责。回顾过去，筚路蓝缕，雄关漫道，艰苦奋斗铸校魂；展望未来，风雨兼程，华章挥洒，后秀阔步从头越。肩负起传承文明、继往开来的光荣使命，我相信，在我们大家的共同努力下，平顺中学的明天一定更加美好！

最后，再一次祝愿各位老师节日愉快，身体健康！

再一次向校园的英雄们致敬！

校园第一本书序言：写在前面的话

百年大计，教育为本；建国君民，教学为先。

为进一步落实科学发展观，为实现平顺教育的腾飞，以陈鹏飞书记、唐立浩县长为首的县委、县政府一班人，把平顺教育放在了优先发展的最重要的战略地位，他们本着对17万人民负责、对平顺未来负责、对子孙后代造福的高度责任感和历史使命感，于2007年7月在建县450余年的平顺县进行了史无前例的教育人事制度改革，全员下岗竞聘上岗，面向全省公开选拔校长，各项系列措施及方案的逐步实施，极大地激发了平顺教育的活力，得到了全社会的高度关注和高度支持，有口皆碑。

近一年来，平顺中学认真落实县委、县政府有关教育改革的精神，内强素质，外树形象，学习借鉴，吸收创新，在重点调研广州桂山中学、山东安丘四中、河北衡水中学、北京80中、屯留中学等学校的基础上，明确了自己的发展思路，稳步推进了各项改革。总结起来，有如下九点：

一、规划创新之路，共筑发展愿景

集全体教职员工智慧，制定了平顺中学12年发展规划和发展思路，提出了“建成一所‘高素质、有特色、实验性’的人民满意的理想学校”的学校发展目标，明确了“建设三支队伍，促进四项创新”的具体措施，重大举措得到了教代会的一致通过。

二、明确办学理念，制定文化兴校策略

有思路才能有出路。我们明确提出了办学观念：“为师生谋幸福，为社会负责任”。教育是为了让每一个人过上幸福的生活，应该让每一个教师感受幸福，应该为每一个学生负责，教育也应当为民族复兴担起重任。明确了教育理念：让每一个学生都得到相对于他自己的最优化发展。提出了价值观：学校为国家服务，教育让人民满意。核心价值观：仁爱、诚信、智慧、创新。以及行为准则：忠诚、勤奋、敬业、谦让、宽容、坚持、微笑、赏识、勇于创新、终身学习、尊重人才、关注团队、善于沟通、精益求精、不找借口、富有爱心、始终充满信心、有事业心和责任感、以献身教育事业为骄傲和自豪。重新审定了校训、校徽、校旗、校标、校服、校歌、校网、校报、校园快讯等，县委陈书记还为学校题写了校名。

三、实施人性化管理，提高核心竞争力

严格管理，规范办学。依法治校，民主理校。细化了各项管理制度，从八个方面优化了内部管理机制，借鉴过程管理、项目管理，注重了垂直化管理与扁平化管理相结合，注重了钢性管理与弹性管理相结合。提出了“三、二、一”工作程序、处室工作检查一日流程、“六个考核”制度。今后将实现“三化”、“两改”，逐步进入精细化管理。

四、优化教师队伍，追求专业化成长

注重师德建设，从“五种意识”、“八种氛围”、“四要四不要”、“三变一高”、“教师三心”、“校园三苦”等方面培养高品位教师，实现由优秀个人到智慧团队的成长。注重名师培养，从“三抓”入手，尊重教师，培养学者型教师。通过“自逼机制”、“我成长，我快乐”、“五个一工程”、“学习三保证”、“两班三会”、每月每人读一本书等形式打造学习型团队。不拘一格进人才，计划三年招聘60名新教师。

五、硬件铺路，环境育人

2008年2月，全面启动了“平顺中学校园建设规划”，该规划由山西省建筑设计院设计，工程建设将分为三期：一期工程将建成五层教学楼三栋、六层实验楼一栋、六层办公楼一栋、三层学生餐厅一栋；二期工程将新建一栋六层学生公寓大楼，一栋六层教师公寓大楼，拆除现有的教学大楼后，修建学校前区活动场和主入口大门等，届时将形成完整的西区校园；三期工程将在东面山坡上新建400米跑道的标准体育运动场及第二栋学生公寓楼等，届时将形成漂亮的东区校园。

一二期工程总建筑面积32888平方米，预计投资6400万元，一期工程今年9月底竣工并交付使用。届时将有标准教室60个，专业实验室30个，大报告厅两个，教师办公室35个，可同时容纳3300名学生在校学习，1500名学生住宿、用餐。

六、德育为魂，提升育人水平

培养什么人，怎样培养人，是每一所学校每一个教育者必须面对的问题。我校从“三严”、“三全”、“三个统一”、“三个结合”、“德育十化”、“五自”德育系列入手，通过理想教育、自信心教育、习惯教育、规则教育、读书报告会、班级文化展等形式，创新人才培养模式，实现“让每一个学生学会做人”的承诺。班主任坐教室，师生同吃同住同学习促进了良好学风的快速形成。

七、务实高效，提高教学质量

为了提升课堂教学效益，进一步推进课堂教学改革，教师们走出平顺，走进名校，包车前往杜郎口、衡水、洋思、许衡、东庐等学校取经，学习借鉴，实现飞跃。学校以“思维、方法、技能、智慧”为核心，提炼出“课堂教学十条”，“十二字要领”，明确了“六步一循环”教学模式及自主式课堂教学模式，正在践行着“以学为本，因学论教”的课堂理念。

八、通过课程开发,培养学生强势智慧

学校实行了初、高中分部管理,普高、职高相结合的办学模式。正在探索具有农村特色、劳模精神的平顺中学的校本课程。四大门类,五大板块,50种科目的选修课程正在成熟。特别是成为北京师范大学"中国教育创新研究"实验基地和山西师范大学"思维培育研究"基地后,为学校提升品位和个性化发展提供了强有力的支持。

九、以校长的领导力成就一流名校

校长是领跑者,是学校文化的引领者。校长的敬业奉献,追求卓越,有容乃大,内方外圆等人格的魅力对教师团队是无言的教导。校长的教学水平、学术水平、管理水平,都对学校的发展有着直接的影响。只有拥有了一流的管理团队,才能创造一流的管理业绩。

校园第二本书序言:写在前面的话

教育人事制度改革两年来,平顺中学在历史的转折点上,在强烈的阵痛中走向新生。

面对着一个全新的平顺中学,225名教师15名员工,3160名学生,17万平顺人民,从内心深处真诚的感谢陈鹏飞书记、唐立浩县长、吴小华县长,以及赵小平部长、县委、县政府各级领导!穷县办教育,困难可想而知,但本着"重视教育就是重视平顺人民的幸福安康,重视教育就是重视平顺的可持续发展",县委、县政府以改写历史记录的巨大勇气掀开了辉煌教育的新篇章。

平顺教育的历史正以崭新的姿态走在阳光大道上!

平顺中学以其龙头地位得到了各级领导更多的关爱。

两年来,平顺中学明确了两大理念。办学理念是"为师生谋幸福,为社会担责任";教育理念是"让每一个学生都得到相对于他自己的最优化发展"。

两年来,平顺中学做了四件事。一件是制度建设,一件是队伍建设,一件是校园建设,一件是学校文化建设。

2009工作总体思路是:以科学发展观统领全局,认真贯彻党的十七届三中全会精神,围绕县委陈书记在全县三级干部暨劳模表彰大会上的报告要求,落实科教局计划,以"深化内涵,优化内制,细化内管,强化内质"为方略,实施个性化素质教育,脚踏实地办学,扎扎实实教改,以"教会学生学习"为核心,全方位、大力度推进"两心一点"战略,实现"十个"突破,建设"四个"校园,落实"两个"目标,再创平中新辉煌。

平顺中学的课堂教学改革序幕准备拉开了。

此书是老师们"走出去、请进来",在充分思考"课堂教学如何改革"之后的阶段性成果。为了践行"以学为本,因学论教"的课堂理念,学校准备推广的特色化的"六步式"课堂教学模式经过充分酝酿也基本成熟了,结集印出来,是为了互相学习,共享成果,共同提高。

平顺中学的教育经费非常紧张，但学校工作“以教学为中心”，为了实践以学生为主体的高效率课堂，为了扎实推进课堂教学改革，为了切实提高课堂教学质量，为了把新课程的教学理念落实到课堂上，为了让每一个老师、学生、甚至家长了解、理解学校的课堂教学，不惜“千金”印出来，希望能为大家学习提供一个平台，若能引起更多读者的思考，则善莫大焉。

平顺的社会宁静而祥和，而高考却是一场残酷的竞争，如何让教师团队居安思危，如何让学生奋斗求生存，如何为学生一生的发展奠定良好基础，如何让师生摆脱懒散而追求高品位的幸福生活，尚需探索的道路还很长很长……

做一个幸福的教师

幸福是人生追寻的恒久主题。“提升生命质量，追求幸福人生”是我们每个人内心的渴望。

幸福是什么？最哲学的回答就是四个字“满足需要”！因为人与人不同，所以“需要”是千差万别的，同一个人的需要也是因时因地变化的，所以对幸福的理解和满足也就是多种多样的。

饥饿时，拥有一个面包就是幸福；孤独时，靠住一个肩膀就是幸福；就业时，找到一份称心的工作就是幸福；成家时，找到一个可心的爱人就是幸福；躲避风霜雪雨时，得到一间属于自己的屋子就是最大的幸福；渴望孩子时，得到一个可爱的宝宝就是幸福；为人父母时，看到子女大有出息，脸上有面子，就是最大的幸福。肖川教授说：幸福就是心中有盼头；幸福就是手中有事做；幸福就是身边有亲友；幸福就是家中有积蓄。

活得开心，活得自在，心情舒畅就是幸福。春暖花开时，能到郊外赏赏花，看看欢快飞舞的蝴蝶；夏日炎炎时，能在树荫下乘乘凉，在小河里游游泳；秋高气爽的晚上，能抬头看清无数的繁星，感悟宇宙的无穷无尽；寒冷的冬天，有幸看到漫天飞舞的雪花，这一切，你能说不是幸福吗？佛曰：幸福是正在拥有和经历的，而不是没有得到和已经失去的。如果不理解这一点，那我们永远拽不住幸福的影子。

教师也是人，所以，人所追求的幸福教师也渴望得到。但教师又不是普遍意义上的人，他的名字叫“教师”，所以，教师又有另外的一种追求，一种属于职业的追求。

“教师是人类灵魂的工程师”，“教师是太阳底下最光辉的职业”，这是对我们教师的赞美和肯定，也是对人们对教师的期待！学生灵魂的颜色是什么样的，在很大程度上取决于教师，所以，只有具备高尚师德的教师才能塑造出高尚的学生人格来。外部环境和条件的改善，是教师找回幸福感的重要因素，需要从学校、社会共同努力去改善，我认为，作为一种主观感受，内在正确观念的建立才是教师幸福感形成的根本原因，所以，要建立起教师的幸福感，教师应该从对职业的认识入手，正确分析职业的特点，分析自己的能力水平，建立合理的期望，利用各种条件，积极实践，不断调适，建立起真正的职业幸福感。

教师是一种幸福的职业。教师的工作，就是为着每一个学生奠基幸福，为着千千万万的家庭培植幸福，就是为着全社会创造幸福。教师的幸福在于为大多数人带来幸福。教育家杜威说过："给孩子一个什么样的教育，就意味着给孩子一个什么样的生活。"

教师不是发财的职业，但它使人有多种满足，教师的幸福是一种生活充实的幸福。每天的教育教学活动尽管也有疲惫，但是教师却永远不会感到心灵的空虚和无聊。备课，上课，思考，探索，与学生交流……教师的工作时间匆匆而过，正是因为工作繁忙与充实。只有无所事事的人才觉得度日如年，才会觉得生活空虚。教师的幸福在于工作中常常伴随着热情和激动，伴随着温馨和诗意。当学生向他问好致敬时，他感到温暖和自豪；当他在课堂上词采飞扬时，他感到尊严的价值。教师所要的幸福其实很简单：当你看到学生认真书写的作业时，当你听到已毕业学生的电话祝福时，当你收到那一封封，一张张载满崇敬与感激，洋溢着火热激情的书信、贺卡时，你就会感到自己是世界上最幸福的人。

"起始于辛劳，收结于平淡"。"当老师是辛苦，可是在付出辛劳之后，收获的幸福则是可贵的。"罗瑞森对自己的教师幸福生涯总结了一下，他认为做一个普通教师，培养幸福感来自三个方面。首先是全身心地投入工作，做出一定的成绩，获得学校领导和学生、家长的认可与尊重，这是最根本的幸福源。其次是要多和学生沟通，赢得学生的信任和尊重，这是在学校保持心情愉悦的根本。第三个就是要保持一颗平常心，安于当教师的辛苦和收获，这是很重要的一条。

"其实，忙碌也有一种幸福在里面，是心甘情愿的。"除了自己的学生取得了好成绩感觉到幸福之外，自己在教师这个职业中的成长也是最大的幸福。"教师的专业发展是幸福感的来源，但又不是唯一，幸福感应该是多元的、多姿多态的。"

郑杰"登上人生幸福的三层楼"认为：物质生活，是幸福的第一层楼。享受艺术生活是幸福的第二层楼。独立思想是幸福的第三层楼。

有个小故事，说的是三个砌墙工人在砌墙，有人看到了，问其中一个工人，说："你在做什么？"这个工人没好气地说："没看见吗？我在砌墙！"转身问第二个人："你在做什么呢？"第二个人自豪地说："我在建一幢漂亮的大楼！"问第三个人，第三人嘴里哼着小调，展开双手伸向蓝天，欢快地说："我在建一座美丽的城市。"几年后，第一位还是普通的工人，第二位成了建筑工程师，而三位则成了著名的建筑大师。教师也有三种：三流的教师把工作当做谋生的手段，没有什么快乐；二流的教师把工作当做职业，有些快乐；一流的教师把工作当做快乐而幸福的事业，终身快乐。

一流的教师恰如上面的第三个工人，有一个目标，充满自信，欣然乐观，执著坚定，每天快快乐乐地工作。虽然没有耀眼的荣耀，没有美丽的光环，但心底坦然而无愧，同样拥有完整、充实、幸福的人生。送自己一束鲜花，奖自己一枚奖章。和英雄一样地光荣与成功。

出现职业倦怠时，一起思考并讨论这样 6 个问题：我是干什么的，我干了些什么，我是怎么干的，我干出了什么成绩，我为学校的发展作出了什么贡献，我与其他同事相比有哪些差距？相信自己能找到答案。

合理的职业期望是幸福的前提。所谓职业的期望，就是对职业所能带给自己的收获的预期。一个人如果对职业期望过高，没有达到时，便会带来更大的失落，尽管他的职业可能还不错。教师职业是以育人为内容，以人的发展为目标的工作，所以，教师工作所能带给教师的收获也只有两个方面，一是经济收入；二是学生进步。对于前者，作为教师，我们不应该提倡不计报酬地工作，但作为教师，要有合理的期待，教师就是一个两袖清风的职业，只有建立这样的期待，面对周围在市场经济中发家致富的人们，教师才不会有失落感。作为后者，由于学生之间在能力上的差别是客观存在，学生成长的环境也是各有不同，期待学生都能达到取得优秀的成绩，都能全能发展是不现实的，教师对此应该有恰当的期待。但这并不表示教师可以因为学生的客观原因存在而放弃对学生教育的努力。另外，教师也要学会与别的职业做比较，在比较中寻找建立恰当的期望，其实了解一下其他行业，没有一个行业没有压力，每个行业都有一本“难念的经”。教师只有正确地认识自己，愉悦地接纳自己，才能使自己的人生充满激情，才能使自己的工作充满幸福感。

其实，幸福是一种体验，一种感觉。每个小小心愿的满足都有可能给我们带来的美好感觉。这种幸福的体验与感觉可以来自学生的成长与信任。一个成绩落后的学生在你指导下进步了，一个违纪的学生在你的教导下改正了，一个同学把心底最秘密的事情告诉了你，一个同学把最你当做最友善的兄长……在这一切中，你真实而深刻地体验与感受着来自另一个生命所带给你的幸福。

这种幸福的体验与感觉可以来自家长的信任与尊重。一个孩子是一个家庭的希望。当一个个家长很放心地把孩子的手放到你的手上时，当一个个家长看到孩子健康成长而给你投来赞许的目光时，当你走在大街上或坐在公共汽车里被不知名的家长喊着教师好时，你已经拥有了幸福。

这种幸福的体验与感觉还可以来自于你创造性的工作中。学生是千差万别的，要做好工作，就得充分发挥创造性。由于你的点拨，使学生想出了更为简便、快捷的解题方法；由于你的帮助，使学生变得积极进取了；由于你的辅导，使学生在各种比赛中取得了好成绩......这些无不闪耀着你创造性的智慧的火花，由此带来的成功感更可以使你幸福不已。

和永远是年轻的学生们在一起，引领他们打开一个又一个新奇知识的大门，那种感觉真的很好。“五等教师语数外，比比看谁死得快；六等教师班主任，累死教室无人问。”这些话虽然道了一些实情，但也的确不无夸张。幸福是需要创造的，而创造是充满艰辛的，大自然中哪种生命不是在拼搏中求得更好的生存呢？人总是要死的，为实现理想累死总比无所事事闲死来的辉煌些吧。面对学生，换位思考，“假如我是孩子”和“假如是我的孩子”，我们又会是一种什么心态呢？

作为知识分子的教师最容易走两个极端，要么自轻自贱，要么清高自傲，这是心理不成熟的表现。教师的一生不一定要干成什么惊天动地的伟业,但他应当如百合,展开是一朵花,聚合是一枚果。

同样的事情,从不同的角度看,会有不同的感受。心中总是想着我为了学生牺牲了多少节假日、我的付出可以换来多少回报。平时过多关注的是结果,关注的是学生在竞赛中获得了几个名次,关注的是期末考试我班在全校、全县的位置。这样一来,就会觉得自己很累。假如把课堂当做教师生命最重要的舞台,一个懂得享受上课的人,课堂便自然会成为其享受幸福的重要舞台,营造一个充满生命活力的课堂,和学生一起痛苦、一起欢乐,你就会少了许多教学的焦虑和烦恼。和学生在一个平等的氛围中进行心与心的交流,既可以让学生得到直接的启示,又可以让教师走进学生的心灵,你还会痛苦吗?

"于丹读《论语》,我读于丹。她读《论语》的目的在做人,我读她的用意在教育。"于丹在开篇《天地人之道》中重点阐述了人怎样才能过上幸福快乐的生活。她的解读主要源于四句话:"神于天,圣于地";"贫而乐,富而好礼者也";"其恕乎!己所不欲,勿施于人";"己欲立而立人,己欲达而达人。能近取譬,可谓仁之方也已"。这四句话,她是这样解读的:"神于天,圣于地"反映了中国人的人格理想:既有一片理想的天空可以翱翔,也不妥协于现实世界的规则与障碍;又有脚踏实地的能力,能够在这个大地上进行行为拓展。天地人并称为"三才",其中"人"是集天地精华于一身的完美个体,他的力量是强大的。因此,人是值得敬重的,也应该自重。然而,人又始终处于天与地这种理想与现实的矛盾之中,物质的诱惑与心灵的迷惘都会给人带来痛苦。于是于丹把这种痛苦的根源归咎于"看外界太多,看心灵太少"。因此,人就需要"贫而乐,富而好礼",即一个人不仅安于贫贱,不仅不去献媚求人,而且他的内心有一种清亮的欢乐。只有这样,才能获得做人的尊严与内心的欢乐。这是一种极高的境界,如何达到这种思想境界呢?必须做好两点:一是恕,二是仁。意为:你自己想有所树立,马上就想到也要让别人有所树立;你自己想实现理想,马上就会想到也要帮助别人实现理想。

有一年,巴尔的摩贫民区的200名少年接受了一位社会学教授的调查,25年后这位教授在后续调查中惊奇的发现,除20人不知去向或死亡外,剩下180人中有178人已成为各行各业的佼佼者。于是他拜访了其中的许多人,问他们:你成功的关键是什么?

答案惊人的一致,他们说:因为我遇到了一个好老师。

多少次,当你辛勤的工作日见成效,当你发现孩子们一个小小的进步时,无不欢欣雀跃,这样巨大的幸福感难道还不够吗?

于漪老师曾说过:"工作着是幸福的,学习着是幸福的。因此,教师是有着'双重幸福'的人,一边教学,一边学习,其乐无穷。"是的,悉心去发现,当老师确实带给我们太多潜在的幸福!

魏书生曾说过:"教育是一项可以给人以双倍精神幸福的劳动。"我想,如果你选择了教师,那么你就应该选择幸福;如果你选择了幸福,那么你一定会在教师这个岗位上拥抱幸福。

当一个教师内心充盈幸福的时候，将带给学生爱的感召力。用长久的眼光看待学生，它能使我们从容地看待工作，拥有一种良好的心态，把教师工作做得有滋有味。当我们不能改变世界时，我们只有改变自己，这句话有些悲观，但却很有道理，作为老师，要想体会到教师职业的幸福，首先应该做的不是埋怨外部的环境，而是先去找找自己的问题，只有对教师职业有了客观的认识，只有对现实的环境有了准确的把握，心里的世界就会开阔起来，思维也就会活跃起来！

一个人的心态决定了他的生活状态，决定了他对幸福的体会。幸福就是一种感受，一种心理状态，一个源自内心的平和协调。狄德罗说："在情感协调一致的情况下，具有强烈的情感就是幸福。"教育就是对人不可能"万事如意"的生活的一种关怀，帮助受教育者发现生活的亮点，找到生活的幸福点，协调人们的期望和现实，内心和外在的矛盾，鼓励人们从容地看待人生，看待人生中的不幸。孔子曾评价其弟子颜回："一箪食，一瓢饮，在陋巷。人不堪其忧，回不改其乐。贤哉，回也。"面对生活的困境，别人认为无法生存，颜回却乐在其中，这乐是在看待问题的心态上。虽然我们再努力也成不了刘翔，但是我们仍然能享受奔跑的快乐，关键我们以什么心态看待奔跑。当我们登上"宠辱不惊，闲看庭前花开花落；去留无意，漫随天外云卷云舒"的境界时，我们就获得豁达、淡定和幸福的体验。幸福就是一种精神的满足，一种情感的释放；我们的教育就是一种精神教育、情感教育。教育家苏霍姆林斯基就认为："学校的任务不仅在于教授给学生从事劳动及合乎要求的社会活动所需要的知识，而且在于给每个人以精神生活的幸福。"幸福的教师，要满怀智慧。怎样才可以让学生快乐学习，怎样才能让学生最清晰地掌握方法，怎样使学生的记忆力提升，怎样让学生学会做人，如果我们能用心地研究，教育的道路会轻松许多，我们的职业会幸福许多。因为有了我们在静静的课堂上播撒智慧的阳光，懵懂的孩子们才听到了知识的声音，远大的理想便会激励他们迈出创新的脚步。看到桃李芬芳，幸福感怎能不油然而生。

国学大师王国维用宋词表达的人生三境：从"昨夜西风凋碧树，独上高楼，望断天涯路"式的明确方向，到"衣带渐宽终不悔，为伊消得人憔悴"式的执著追求，最后到"众里寻她千百度，蓦然回首，那人却在灯火阑珊处"的终有所获，其实也就是追求做一个幸福教师，追求幸福教育过程的三种境界。

真正幸福的人只有两点是共同的：他们明确地知道自己的生活目标，同时他们也感受到自己正在稳步地向目标前进。这是以存在的完美为指向的幸福，是人身潜能不断展开、创造力不断发挥、朝着自由全面发展的方向展开的一种生活的实在和对未来的憧憬，这就是幸福。幸福是种感受和体验，也是一种实在的生活境遇。

我在书中看到了很多同行对教师幸福的认识，如果一名教师做到了以下这二十二条，那么他就是一名最最幸福的教师。

明确自己的职业特点；保持一颗平常心；抛弃浮躁，立即行动；策划自己的未来；永远不要说校长的坏话；用笑声感染每一个人；做一名受欢迎的教师；着眼细节，造就专业；让学生感受到你的关注；引导学生快乐的思考；让学生学会自己捕鱼；在课堂教学中彰显你的个性；绝不放弃任何一个学生；艺术地表扬与批评学生；宽容比惩罚更有力量；永远保持求知者的姿态；做一个有反思力的教师；在继承的基础上不断教学创新；走可持续发展之路；致力于成为一名研究者；做健康快乐的教师。

播种思想，收获信念；播种信念，收获行为；播种行为，收获性格；播种性格，收获命运。当你有了责任心的性格，你就会收获一个金色的人生。教师这一职业本身并不一定是幸福的，只有在教育工作中能充分感受这一职业的内在尊严并努力实现自己人生价值的教师才是幸福的。不要慵懒地等待，也不要无知地急为。正如国学大师王国维用宋词表达的，从“昨夜西风凋碧树，独上高楼望断天涯路”式的明确方向；“衣带渐宽终不悔，为伊消得人憔悴”式的执著追求；最后到“众里寻她千百度，蓦然回首，那人却在灯火阑珊处”的终有所获。

我听说过这样一句话：“做幸福的教师，是目标；幸福地做教师，是践行；做教师的幸福，是成功”。教育是心灵的事业，更应是幸福的行业，让我们敞开心灵，在和谐的校园环境下共同追寻我们教师的幸福！享受我们的教育生涯吧，一定会收获一个金色的人生，做一个真正意义上的幸福的教师！

做一个有魅力的教师

一个教师能否赢得学生的尊重和爱戴，不是单方面因素决定的，老师的学识、能力、性情、品德修养等综合素质，也可以说就是他的实力和魅力决定了他是否受学生欢迎。而正是这个是否受学生欢迎，决定了我们是否能在实现自己教学目标的同时将快乐和幸福传递给学生。那么，怎样才算是有魅力的教师呢？

首先，是道德崇尚。师德，是教师素质的灵魂；师爱，又是师德的灵魂。教育的最高境界就是不留痕迹的爱，我希望自己能达到这个境界。这是张思明对自己的要求。

教育是心灵的事业。著名教育家乌申斯基说过：“只有人格，最能影响人格的发展和形成。”只有具备了“捧着一颗心来，不带半根草去”的无私奉献精神，满腔热血育英才，才能对学生产生震撼心灵的力量，并拥有持续的影响力。“以人格培养人格是最简单，最明了，最有效的教育方法。”教育界的人格，就是把社会的道德规范，社会主义精神文明要求人格化，通过人的个性来体现这种道德规范。这种人格化的教育对青少年的影响深刻而久远。在实施素质教育中，充分发挥教师人格独具风采的魅力，是教育成功的关键。

把教书看成谋生手段，一天到晚计较名利金钱得失的教师，是不可能把学生的人生观价值观金钱观培育正确的；眼里只有金钱名利得失而没有学生的教师，在学生看来明显是缺乏魅力的。

重庆市彭水县诸佛乡小里村代课教师冉龙朋，18 年拖着残疾的腿背学生过河一万多人次；从十多公里外的中心校帮学生背课本共计上万斤；他多次拒绝别人介绍的高收入工作；除进城做手术，他一天也不离开自己心爱的学校；为了帮贫困生垫学费，他曾五年没有领过一分钱的工资；为了校舍改造，他让学生在自己家上课 9 个月；为了山里的孩子，他让想上大学的女儿报考了中师；为了支持他的工作，妻子无偿帮他代课一年。有人问这位代课教师到底图个啥，他只回答："这儿有 50 多名学龄儿童，村小不能停，也不能撤！"

也是重庆市垫江县烟砚台镇解放村，黄启俊。每天，他都要翻山越岭十多公里上下班；每天，他会记录下天气预报以便接送学生；每天，他都在想自己退休后谁来接自己的班；为救学生险些丧命，岳母去世，他却守着学生没去看上一眼；每年穿破 5 双鞋，身患 5 种疾病，行程超过 16 万里……58 岁的黄启俊，一名普通的山村教师，他用自己 40 年如一日的热情教授山里娃知识，为他们插上翅膀，将他们一个个送出大山。清贫的生活，他无怨，却心满意足。

无需多言，他们的人格已是学生最好的教材。

其次，是知识折服。一名充满魅力的教师，应该具有渊博的知识，所谓"学高为师"。教师的文化形象是教师形象的核心，作为教师要有一定的专业水准，并且需要不断地学习，更新自己的知识结构，掌握更多的文化资源，使自己的教育观念不断革新，理念不断提升。

学生获得知识离不开教师的传授。国内教育界普遍认同，教师必须具有四方面的复合型知识结构：一是自我知识，即善于自知和自我评论的知识；二是普通知识，即基本的人文与科学知识；三是专业知识，即对自己所从事学科领域的知识体系有一个较深的了解与掌握；四是教育科学知识，即实现教学实践最优化的知识。由此可见，教师光掌握心理学、教育学、计算机操作等基础性的知识还是远远不够的。"作为 21 世纪的教师，他的知识面不应该局限于自己所教授的那门学科上，他还能知道什么叫网络，什么是聊天室，甚至什么是 OICQ、MSN。一个知识、技能广博的教师总能给他的学生带来惊喜。我们喜欢这种能给我们新鲜感的老师，喜欢这样有魅力的老师"一位学生如是说。所以，一个教师要想一辈子赢得学生的信任和爱戴，必须是一个具有强烈的创新意识的人，必须是一个不断学习、勤奋学习、善于学习、终身学习、勇于进取的、与时进取的人，在他们的身上应具有学而不厌、诲人不倦、精益求精的优秀品质。

张思明，30 年的学习思考成就了一个教育家。第一个 10 年，艰难求学路。参加自考时，他当着班主任，每周有两个班 12 节课要上，300 本作业要改，为了学习，他每天早晨四点半起床，背书，做题，没有寒暑假，没有休息日，有的只是图书馆、教室、学校、课堂、自考考场之间的简单重复。几年下来，他先后写下 40 多册笔记和习题，做了几千道题，写了 30 多本学习专题总结，摞起来一米多高。第二个 10 年，创新教学法。在他的引领下，学生们掌握了从生活中发现问题的本领，提出并更解决了一大批生活中的数学问题，他的中学数学建模和数学课题学习的教学模式在全国中学数学教育界引起极大反响。第三个 10 年，用心做教育。张思明为师、做人如春风般沐浴着学生的心灵，总结自己 30 年的教育人生，张思明用五个字："用心做教育"。

他告诉学生:一群优秀的教师+一群优秀的学生=一个不可战胜的民族。

再次,是感情依恋。古人云:“亲其师,信其道。”教师的亲和力,是打开学生心灵之窗的钥匙,是构架师生交流的一座桥梁,是建设良好课堂气氛的纽带。它能激发起学生对你的敬意和推崇,从而达到“信其道”的目的。

我国著名的特级教师、83岁的霍懋征先生说:“师爱,是师德的灵魂。没有爱,教育将无从谈起。”魏书生也说过,要给予学生一种“博大而厚重的爱”。曾经在天涯社区风靡一时的教师德育工作文章中也提到“不打你、不骂你,就用爱来折磨你”。用爱的眼光去看待学生,就是去开发学生的优点,去发现和强化他的闪光点,同时也宽容学生的缺点,给予他耐心的辅导和改正错误的机会。另一方面,爱学生,温暖了学生的同时也温暖了自己,教师自己也因看到了美好的一面而变得心情舒畅,工作也有了热情和动力。这是一种教育境界,也是一种人生境界。

“教师应是一种使人类和自己都变得更加美好的人,他不应是蜡烛,垂泪到天明,燃烧自己,照亮别人。教师应当如朝霞祥云,映红天空,照亮人间的同时,又展示自身的美丽与绚烂,享受着教育的快乐和幸福。”

1997年的一个夏天,克东县宝泉镇教委忽然来了一群风尘仆仆的农民,指名道姓的要见领导。他们既不是告状,也不是上访。只是听说村小学的王宝杰老师要调走,他们代表全村要求把王老师留下来。朴实的农民讲不出更多的道理,只是一遍又一遍地重复着:“把王老师还给我们吧!”一张张脸上有焦灼,有希望,更多的是对王老师真诚的情感。镇教委为难了,他们实在是为了给王老师解决点实际困难,20年往返奔波,如今年纪大了,又一身的病痛,确实应该照顾,况且调令已经开出。第二天,农民们开了两辆拖拉机,家长、学生坐得满满的,径直来到王老师的家。一进门,孩子们就把王老师围在中间,拉手的、抱腿的、扯衣襟的,一边哭、一边诉说,这个讲“老师,我们接你来了”,那个央求“老师,我再也不气你了”,“老师,我可想你了”。王老师受不住了,抱住学生热泪滚滚。

带着感情去工作,静下心来搞事业。感情依恋是做有魅力教师的心灵要素。

“教育是一项事业,事业的意义在于奉献;教育是一门科学,科学的价值在于求真;教育是一种艺术,艺术的生命在于创新。”愿我们投身教育,执著追求,做一个有魅力的教师。

做一个智慧教学的教师

在新课程背景下,什么样的教师是一个好教师呢?有专家归纳为四点:教育思想、教育智慧、专业精神和专业人格。这四点中的核心乃是教育智慧。

智慧型教师实施智慧型教育,培养出智慧型的人才。智慧的教育应该关注学生的人格完善和生命成长;智慧的教育应该关注学生的学习方法和智慧生成;智慧的教育更要关注学生的个性张扬和创造品质。

教会学生学习是智慧型教学的突出特征。教会学习，就是要培养学生远大理想，激发学生学习的兴趣，让学生感到学习是一件快乐的事，就是要教给学生学习的规律、记忆的规律，让学生学会管理自己的时间。就是要教给学生课内学习方法和课外学习方法，掌握一般学习方法，学科类学习方法以及个性化学习方法。

在新课程的指导下的课堂，教会学生学习主要有以下几方面：

1.自主参与，主动性学习。就要求教师要在时空上为学生主动学习提供条件，创设让学生尝试、展示、创新的舞台，教给学生主动学习的策略，提高学生分析和解决问题的能力，同时培养学生的效益意识及负责精神。在教学时我们做到：学生能独立思考的，教师不揭示；学生能独立操作的，教师不示范；学生能独立解决的，教师不代替。合作研讨及交流展示等过程中必须遵循以下“四条原则”：第一，学生有疑问时必须先让其通过再看书自学或在小组合作研讨中去解决；第二，学生自己和小组内都没有解决的问题教师要先进行启发或引导，让学生再思考以求解决（即学生在不互相帮助解决问题之前教师不讲课）；第三，经过教师的启发和引导仍解决不了的问题或各个小组普遍存在的问题由教师当堂解决。第四，教师在课堂上难以解释清楚的问题课后通过师生查阅相关资料合作解决。

2.优势互补，合作性学习。教学的实质是交际，是一种对话，教学活动是师生之间、生生之间生命与生命的沟通，思想感情和信息的交流，是教与学统一的交互活动。合作学习教学模式的实施正体现了这一教学理论。教学时，我们要充分利用多方合作途径，引导学生开展合作性学习，让每一位学生积极参与，大胆表达自己的见解。从学生的座位革命开始，改变传统的就座方式。将面向讲台、排排就座、整齐划一、被动静听的点阵式座位，变成品字形或秧田式、面对面、整体考虑、和谐搭配、交流互动的小组型就座形式。教师走下讲台，深入小组巡回指导，帮扶释疑，把课堂、时间和空间尽可能地还给学生。学习小组为四人制，每组一个组长，三个组员。

3.善于质疑，探究性学习。探究是学生基于求知的需要，在教师的引导下，运用自己的思维行动亲自获得新知的一种创造性活动，教师要善于引导学生以问题为中心展开探究性学习。我们还要鼓励学生敢于质疑问难，并教给学生质疑方法，引导学生从多方面、多对象、多角度找问题，善于对插图质疑，善于抓住文中结尾质疑，善于在比较中质疑甚至善于在标点符号中质疑，使学生逐渐实现“四子”：敢揭自己的“底子”、敢钻书本的“空子”、敢找教师的“岔子”、敢寻名人的“漏子”，培养他们勤动手、动脑、动口的习惯及勇于创新的精神，同时让他们领悟科学的思想。充分体现“四不讲”：①学生已知的不讲；②学生通过自学能弄懂的不讲；③学生经过小组合作研讨后能弄清楚的不讲；④学生经过实验弄懂的不讲。教师的主要任务就是组织、指导、帮助、调控课堂的活动，教师是学生学习和成长过程中的帮手和舵手。教师在课堂上要讲的内容必须是学生不知道、不理解、不清楚的难点、疑点和盲点。

4.走进生活，体验性学习。中小学生的思维特点决定了他们在学习过程中要有所做，才能有所感、有所思,进而有所知,体验是激发学生创新意识的沃土。据此,我们应以参与、反思为基础,切实加强学生实践活动的开展,引导学生用自己的双手去操作,用自己的眼睛去观察,用自己的头脑去判别,用自己的语言去表达,这不仅是理解知识的需要,更是激发学生的学习活力、促进学生生命成长的需要。各类课外阅读,参加各类课余活动,以及网络学习,社区调查等都是体验学习的重要内容。

如语文课教学《自选商场》一课,为了让学生在轻松愉快中学懂课文,课前可组织学生到自选商场去参观,进行有目的的观察及了解,上课时将课堂变成商场,让学生分类摆放书包、书、作业本、文具等物品,分别以顾客、售货员的身份进行"买卖"活动,他们兴致勃勃,"以身演文",也学会了热情待客、文明购物。

5.尊重个性,选择性学习。在多元理论及新课标的指导下,应承认每个人的思考方式、学习需要、学习风格等存在差异性,我们就要让学生有个性地学习,最大限度地尊重和发挥其独特性,逐步树立其主体观念,不断增强自我学习与发展的内在动力。如教学语文第一册《四季》一文,当学生知道一年有春、夏、秋、冬四个季节时,教师就让学生选择自己最喜爱的一个季节学习。这时学生犹如进了超市,自由选择自己喜爱的物品,学习兴趣非常浓厚。他们根据自己的实际需要选择适当的方式和内容,学习效果很好。有的学生配用肢体语言形象介绍,如模仿稻穗弯下腰,既像谷穗的样子,又像在感激农民伯伯,说出了感激的语气;有的学生画彩图展示介绍,描绘了"盎然的春天图"、"炎热的夏天图"、"金色的秋天图"、"银色的冬天图";有的学生模仿导游有声有色地介绍,使全班师生仿佛进入了旅游胜地。

6.关注第三次学习。不少人有这样的困惑:同一所学校,同一个教室,同一位老师,上同一堂课,甚至做同样的作业,为什么有的学生 70 分,有的学生 90 分?北京四中的特级教师刘坤指出,70 分与 90 分,并不是一个简单的 20 分的差距,而是表现出学生在学习水平上带有本质性因素的差异。而这一差异源于他们在"第三次学习"上的不同。

学生学习知识可分为三个阶段:"上课听讲"可称为"第一次学习",更多地表现为接受性的学习;"回家作业"是"第二次学习",是对课堂学习的消化与记忆;而此后的知识深化过程便是"第三次学习",是一种由此及彼的梳理和举一反三的升华。经过前两次学习,学生能够学习到基本知识,并能够简单应用,基本上达到传授知识的目的。但是,仅有这两次学习,知识还只是机械地存贮在学生的大脑里,而且不系统,并没有真正转化为学生的能力,遗忘率也高。而"第三次学习"才是真正形成能力的关键一环。

所谓"第三次学习",是在第一次、第二次学习的基础上,对知识学习的深化过程。首先,要对基本概念、定理在弄清的基础上加深理解,是理解成记忆,是内化成本领,而不是光靠死记硬背。然后,要对以往零散的知识系统化,将前两次学习中获得的知识点"穿成线,连成面",形成一个完整的知识系统。在这个基础上,有目的地进行训练才能够真正融会贯通,真正形成学生自己的综合能力,达到"明理"的境界。

学生往往意识不到“第三次学习”的重要性，以为上课听好了，作业做完了，似乎学习就完成了。而家长又不了解“第三次学习”如何来进行，买来许多课外辅导材料，一味让孩子埋在习题堆里。由于不得法，这些努力充其量是对第一次、第二次学习的机械重复。一些学生尽管可以把习题做的滚瓜烂熟，对题型了如指掌，但成绩却总在 70 分左右徘徊。为什么？就是因为机械操练散发的能量极为有限，重复作业产生的提高幅度狭窄，不通过知识内化很难转化为能力。据对优秀生的调查，他们当中许多人优异的成绩并不是靠大量的习题堆积起来的，关键在于课堂能够找到那些深入理解的知识点，会进行比较，有重点地进行复习，即有效进行了“第三次学习”。这种“第三次学习”，实际上是学习上的“智慧学”。学习归根结蒂是变得聪明，知识应当成为走向聪明的桥梁，而不是束缚思想的枷锁。

以上几种学习方式在实施时不是截然分开的，而是相互交融地进行。

只有教会学习，教师才能落实“教是为了不教”，学生才能实现可持续发展。面对教会学生学习，学校还可以通过设立“学习方法课”和设置“课堂教学流程”的方式来加强方法的指导，教师可以通过“课堂渗透”和“方法讲座”等方式来强化，学生则可以通过“交流会”和“家长监督”的方式实现学习方法的转变。

学校安全专项整治

同志们：

10 月 16 日，初三 157 班发生的课前学生打架案件，严重影响了学校教学秩序，损害了学校的良好形象，虽然没有生命危险，但也给我们敲响了警钟。我们反复强调，初中生正处于心理断乳期，要加倍进行心理引导，初二年级的女生最危险，初三年级高一年级的男生最危险，但班主任工作一直不够仔细。分析原因：对学生年龄段以及心理掌控不够，教育艺术亟待加强；领导者强调不够，督察不力，只注重学习不注重育人；学校对学生的要求，班主任宣传提示不到位。总之，是态度不好，“严”字没有落实下去。我们承诺“严格管理，让每一个学生学会做人”，事实上我们做得不到位，这些问题的发生就是不严格不尽心造成的。生命不保，谈何教育？

亡羊补牢，近期，在全校要广泛开展“法制、安全、爱校”的“三项教育”活动。针对校园安全管理与治安防范的薄弱环节，明确责任，突出重点，建章立制，全面提高学校内部安全管理水平，坚决遏止在读学生暴力犯罪的势头。

一、深刻吸取教训，切实提高抓好学校安全管理重要性、紧迫性的认识

我校在校生 3200 多人。学校安全工作“责任重于泰山”安全事关青少年学生的健康成长，事关千家万户的切身利益，事关教育事业的稳定发展，绝不容许丝毫的懈怠和侥幸，绝不容许对学生生命安全的麻木和漠视。当前，我校校园建设还没有交工，危险时时存在，同时教育正处于全力奋进、乘势而上的关键时期,需要一个稳定、和谐、文明的发展环境。我们一定充分认识开展学校安全专项整治行动的重要性和紧迫性,切实增强责任意识和大局意识,强化思想认识,举一反三,痛定思痛,全力堵塞管理漏洞,真正把学校安全稳定工作放在重中之中的位置,从严、从细落实安全工作的各项责任,坚决遏止校园伤害事件的发生。

二、强化机制建设,切实加强对学校安全工作的领导

首先,强化政教处在学校安全管理中的主导责任。确立领导班子成员分工协调抓安全机制,明确要求,主要领导综合抓,分管领导具体抓,其他班子成员配合抓,共同参与,齐抓共管。其次,强化班主任在校园安全管理中的主体责任。明确要求,要进一步完善安全管理目标责任制、校园安全责任追究制和安全管理一票否决制。校长是安全管理第一责任人,副校长是主要责任人,班主任是直接责任人。再次,强化全员育人的教育措施,校园里的每一个人都担负着培育人的职责。

三、采取得力措施,迅速扭转校园恶性案件频发的局面

近期,我们准备实施以“十个一”为主要内容的校园安全专项整治行动。

一是开展规范教育系列活动,以我校《学生手册》为载体,学习各类守则,做文明中学生。包括到校离校时间,楼道喊叫打闹,乱扔废纸等现象。

二是开展一系列道德法制专项教育。要求各班对学生进行一次“遵纪守法,珍爱生命”、“做人教育”、“理想教育”、“感恩教育”等主题教育活动。列举校园伤害事例,联系学校实际,正面发挥案例的教育作用。以主题班会的形式,对学生进行安全教育,增加学生的自我防范意识;召开一次法制教育专题报告会,以案说法,增强学生的法制意识。

三是开展一次校园安全大排查。政教后勤从教室、宿舍、围墙、厕所等建筑物到教学器械、餐厅食品卫生、易燃易爆等危险品管理的拉网式大排查,发现隐患,随时明确责任人,限时实施整改。开展一次危险刀具大清缴。刀具火种严禁带入学校。组织专门人员深入教室、宿舍进行大排查,对包括美工刀、水果刀、棍械及各类管制刀具在内的各类危险器械、打火机、火柴等进行一次彻底大收缴。同时,建立举报制度,发动全体学生检举刀具及其他危险器械携带者,对违规学生进行严肃查处。

四是召开一次家长座谈会。向各位学生家长通报全国发生的校园伤害案的同时,请法制副校长、辅导员和司法人员给学生家长举办法制讲座,明确家长教育子女责任,教给家长教育子女的方法。举办“校园开放日活动”,欢迎各位家长走进学校,开展家校共建活动;专门设立“家长接待日”,及时保持学校与学生家长的联系。

五是查处一批违规违纪学生与帮教一批问题学生相结合。与派出所联系,对一些参与群体滋事、敲诈勒索、与校外不法人员有联系的学生给予严肃查处。加大对违规违纪学生的管教力度,视“苗头”为“势头”,防微杜渐。同时,专门针对心理偏激、个性偏执学生进行一次大排查,确立重点对象,建立教育档案,以开设心理咨询信箱、心理咨询电话和举办心理健康教育讲座等方式，强化心理疏导，避免这类学生发生偏激行为。

六是对校园周边环境进行一次大整治。联系公安、司法等部门，清除校园周边的摊点、社会闲杂人员，彻底净化校园周边环境。

七是完善一套校园安全管理制度。第一，健全“安全管理，人人有责”的管理机制。以文件或以召开会议的形式，明确学校各类人员在校园安全管理中的责任。做到校园安全责任到人、措施落实、奖惩有则。第二，完善重点安全岗位责任制。严格领导24小时值班制度。强化门卫管理，24小时不得休息，严格进出校门登记制度，严禁“三无”（无正当理由、无被访人同意，无有效证件）人员进入校园；强化宿舍管理，严格学生就寝制度，严禁学生夜不归宿现象发生；强化食堂管理，确保不因食品卫生发生安全事故。第三，切实落实信息上报制度。各处室、年级要及时负责信息汇报，建立“重大事故立即报，重要信息及时报，重点情况定期报”制度，保证校园安全工作的信息畅通。

八是健全校园安全网络。校园监控要24小时开机，校园网要将学生安全、校园暴力、意外伤害等内容挂在网上，引起家长关注，形成立体化校园安全管理格局。

九是大力进行爱校教育，新校园，新一中，新风貌，新成绩。目前，水龙头、阀门、门锁，墙上挂的相片毁坏严重，走道顶上的灯罩、安全通道灯牌严重破坏，墙上脚印越来越多，个别学生已毁坏为快乐，要抓紧教育。

十是开展“交友教育”，以同学交往以及男女生交往为主题，召开专项班会，引导学生交往好同学，不要与社会游手好闲的青年往来，同时遏制早恋现象的发生。

四、抓好督查环节，坚决根除校园安全隐患

校委会成员值班要认真坚持。保证24小时吃住学校，按照一日流程认真巡视，对发现的问题及时解决，并做好登记。初中部，星期一至星期三全部停课，认真整改教育存在的问题，年级出台每日每课时安排，班主任为主落实，任课教师正常到教室与班主任一起进行教育。

学校成立督查小组，专门印制《学校安全专项整治督查情况反馈表》有班主任填写，做到排查隐患有记录，具体整改有措施、有时限。

开展“学校安全专项整治”活动是全面提高我校安全管理水平的现实要求，是保障师生安全、维护校园稳定的重要举措，责任重大，任务艰巨，希望大家全力以赴，坚决遏止校园伤害案件发生，努力营造安全、文明、和谐校园环境，全力维护良好形象，为办好人民满意的教育。

第七章 崭新的校园文化

平顺中学校园建设奠基仪式讲话

百年大计，教育为本；建国君民，教学为先。在党的十七大精神指引下，为进一步落实科学发展观，为实现平顺教育的腾飞，以陈鹏飞书记、唐立浩县长为首的县委县政府一班人，把我县教育放在了优先发展的最重要的战略地位，他们本着对17万人民负责、对平顺未来负责、对子孙后代造福的高度责任感和历史使命感，科学规划了《平顺中学校园建设规划》，并将校园建设确定为2008年全县68个重点工程之一。

平顺中学建设项目由山西省建筑设计院设计，工程建设将分为三期：一期工程将建成三座五层教学楼、一座六层实验楼、一座六层办公楼、一座三层学生餐厅；二期工程将新建一座六层学生公寓大楼，拆除现有的教学大楼后，修建学校前区活动场和主入口大门等，届时将形成完整的西区校园；三期工程为远期工程，将在东面山坡上新建400米跑道的标准体育运动场、体育馆、植物园及第二座学生公寓楼等，届时将形成东区校园。

一二期工程总建筑面积32888平方米，预计投资6400万元，一期工程今日开工，今年9月底竣工并交付使用。届时将有标准教室60个，专业实验室30个，大报告厅两个，教师办公室35个，可同时容纳3300名学生在校学习，1500名学生住宿、用餐。这些教学设施的改善，将大大缓解我县学生上高中就学难的压力，为提高我县的教育教学质量提供坚强的硬件保证。

平顺中学校园建设是平顺县教育史上投资最大、建设最快的一项民心工程，它必将对平顺未来的人才培养产生深远而巨大的影响。我们坚信，在全社会的关心支持下，这项功在当代、福泽后人的惠民工程必将保质保量早日竣工，为平顺的孩子享受优质教育提供新的平台，为改变平顺贫困落后面貌创造新的契机。

平顺中学教学楼竣工剪彩仪式之工程介绍

2009年9月28日

尊敬的各位领导、同志们：

大家上午好！

今天是伟大的教育家孔子诞辰2560周年纪念日，在即将迎来新中国60华诞之际，我们举行校园竣工剪彩仪式。

下面,我向大家汇报平顺中学教学楼工程建设情况。

平顺中学校园建设项目,由山西省建筑设计院设计三所规划设计,整个工程分三期,预计投资6400万元,今天剪彩的是教学楼建设的第一期工程。

2008年1月2日,在招待所六楼会议室首次进行校园建设方案评审论证,由于县城找不到一块100亩以上的平地,决定在原址新建。1月4日上午召开教职员工大会,讨论方案。1月17日,教代会一致通过校园建设方案。2月22日即正月十六日,四大班子现场办公,指定地址,确定方案,决定先动工修建六座大楼。其中教学大楼三座60个教室,实验楼一座32个教室,办公楼一座114间,学生餐厅一座4000平方米。整个建筑群为框架式结构,抗震度8度,总建筑面积24000平方米。2月25日,四大班子一把手在一中旧餐厅召开教育座谈会,陈书记四个"旗帜鲜明"的表态坚定了大家的信心。3月3日,旧平房开始搬迁,3月8日开始拆除。退休老教师在腾房子时表现出的高风亮节让在职的全体教师无限感动。3月14日,初一初二年级分别搬至体育中心和城关小学租赁教室上课,北小楼教室用于住宿。3月25日,旧住宿楼开始拆除。3月26日开始地基勘探。4月1日,开始周边清土。4月17日招标手续办理,工程施工单位长治市杰盛建筑工程公司,监理单位长治市城联监理公司。2008年5月15日进行了开工奠基仪式。首期工程开行贷款2000万,配套1000万。5月17日,教学楼办公楼放线:教学楼坐西北朝东南,壬山丙向;办公楼坐东北朝西南,甲山庚向。新台阶比状元桥的中线北偏2.4米,校园地平面标高比状元桥西南角标高点高5.5米。

经过紧张施工,2008年10月底,三座教学楼基本完工,四个年级的学生在冬天来临之前搬进了新教室。旧教学楼用于住宿。今年6月3日,高考前夕,办公楼交付使用,今年9月,餐厅和实验楼交付使用。9月25日,鹏宇大厅外装潢结束。

教学楼在建设过程中,得到了县委、县政府各级领导、17万人民和社会各界的大力支持,全体师生克服重重困难,边施工边教学,整个工期没有出现一例安全责任事故,且在2009年高考中考中还取得了历史性"三个巨大突破"的优异成绩,实现了"保质量、保安全、保进度"的"三保"目标。

校园硬件的巨大改善,为平顺中学提高教育教学质量提供了良好平台,为平顺的孩子享受优质教育提供了良好条件,平顺中学全体师生心存感激,也向各位领导和17万人民保证:今后将以崭新环境为依托,全力提高教育教学质量,落实"为师生谋幸福,为社会担责任"的办学理念,坚定"严格管理,让每一个学生学会做人;提高质量,把每一个学生培养成才"的承诺,把"新一中"办成人民满意的学校。

谢谢大家!

创建学校文化

管理的初级阶段是制定制度，但制度不是万能的，当人们不再需要为规则为钱而工作时，就需要超越制度实现精神的管理了，尤其教师这种职业，凭良心、凭精神是很重要的一种工作态度。况且，制度可以强制执行，但学校的精神、风气、环境等则无法强制，就必须通过文化来建设。所以，“文化建校”是变革的最好出路。学校，作为一个传播文明的基地，不能不讲文化，更不能没有自己的文化。通过文化建设校园的精神特区。

一、文化、教育、学校、学校文化

1. 文化：文化是一系列习俗、规范与准则的总和。它起着规范导向和推动社会发展的作用。

教育：教养人的一切社会活动。狭义上一般指学校教育。

教育是一种“文化活动”，教育的本质是文化传递。

学校：有计划、有目的、有组织地按照一定标准培养人的场所。

文化与学校的关系：学校通过教育传播文化。文化与学校结合形成特殊的学校文化。

(1)教育与文化的表现形式，是文化中的一个重要组成部分。

(2)文化的流变制约着教育发展的历程。

(3)教育传递人类文化和文明，依存于一定文化。

2. 学校文化。学校文化是学校全体师生所共同拥有的全部精神的总和，它不仅包括校园环境文化(设施、形象)的内容，还指全体师生的精神面貌(价值观、思维方式、行为方式、道德规范、心理趋向等)。它是学校有史以来的全体师生在教与学及其他领域的实践中共同创造的全部精神财富和体现人文精神的全部物质财富的总和。

学校文化不同于校园文化。校园文化一般指学校的设施、环境、场所、布置等表现出来的文化气息，一般是外在的、表层的、物质的。学校文化是指包括各种硬件设施外的学校的校风、学风、教风、人际关系、管理制度、核心价值观、理念等内容，它不仅是外在的东西，更指内在的深层的精神性的东西。

广义的校园文化人们也就认为是学校文化。学校文化一般由学生文化、教师文化、制度文化、课程文化、环境文化等组成。

二、学校文化的意义

随着经济全球一体化，世界各国的各行各业都在建设着自己的“文化”，他们都希望通过文化、理念的营造来增强竞争力。

1. 市场的重要特征就是竞争。什么是核心竞争力？最重要的不是高科技，也不是制度，应该是富于特色的文化,文化再造是推动事业前进的动力。事业要做到最优秀、最成功、最具竞争力,必须在核心价值观上下工夫——理念和价值观是第一位的。

理念决定制度,制度决定技术,技术决定产品。拥有正确的、先进的、不断创新的教育理念,才能培养出优秀的学生、优秀的人才。制度可以强制执行,但学校的精神、风气、环境等则必须通过文化来建设。

2. 学校文化有示范、导向与凝聚、扬弃与创造、约束与熏陶、平衡与协调等多方面功能

3. 教育是以心灵影响心灵、以心灵塑造心灵、以心灵激活心灵、以心灵点燃心灵的工程,而学校文化则是心灵和心灵相互交流碰撞出的火花的积淀。这种积淀越是丰厚,学校就越是具有育人的资本。它是师生集体共同创造的,反过来它又以一种个人几乎无法抗拒的巨大外在力量、一种气候和氛围,影响、熏染、塑造着集体中的每一个人。学校文化是学校的灵魂,是学校中最可宝贵的财富。

4. 历史名校之所以成"名",不仅指有名师、有硬件、有优生,更多的因为它拥有了自己的"文化",因为有这样特定的文化背景,才吸引并培养了名师,名师才招来了优生。

学校,作为一个传播文明的基地,不能不讲文化,更不能没有自己的文化。

5. 学校文化的特性:学校文化是一种组织文化,是一种特殊的文化,是一种整合性较强的文化,有着深厚的积淀。

三、怎样建设学校文化

1. 从学校实情出发。公立学校、企业学校、私立学校,性质不同;大学、中学、小学分立或一体化者,其个体情况也各不相同,所以,必须从自身的特点出发,建立符合本校实情的具有本校特色的学校文化。

以内外软硬资源要素为基础,以创新文化和创新机制为动力,以实际社会责任为条件,以整体优化,优势互补和聚变放大为手段,建设新的"企业——学校"文化特色。

它可以更快地实现:①管理目标不受传统的资源概念的约束,强调可持续发展和目标上可延伸性。②强调信念、知识,特别是人才、理念、内驱力、环境等软件要素的作用。③管理系统和组织系统明显打破传统的等级制结构,实行平等制,都是一种"服务和支持",系统界限趋于模糊,组织结构趋于网络化。④柔性管理,模糊控制,管理创新,机制创新。

2. 加强教育,注重熏陶。①通过人生观、世界观、价值观的分析,引导教师走向合作,走向凝聚。让每个人思考自己的核心价值(我是谁)是什么?核心目的(我为什么存在)是什么?②领导身先士卒,带头垂范,为教师做出榜样。如在语言、术语、仪式等行为规定方面,在行为标准方面,在价值方面,在引导组织如何对待其成员的政策的哲学方面,在热情待人方面,都做出表率。③通过组织活动进行熏陶。如:校际间比赛、参观学习、学校内部的送温暖活动、每天晨会的朗诵、每月一次组内10分钟的价值观理解报告等都是不错的形式。通过校史、学校的价值、信仰、学校故事、文化规范、学校的传统、仪式特征、杰出人物等内容影响教师。④激励全

体教职工的智力、向心力和勇往直前的精神，为学校创新作贡献。⑤把教职工个人的工作同自己的人生目标联系起来。⑥让每个教职工认识到：学校文化是自己最可宝贵的财产，它是个人和学校成长必不可少的精神财富，以积极处世的人生态度去从事学校工作，以勤劳、敬业、守时、惜时的行为规范指导自己的行为。

3. 明确文化建设的程序：①提高教职工对文化的认识(理解层)。让大家明白文化是学校的灵魂。让教师关心学校，“聚人气，造氛围”。②提案并制订规划：制定不同时期的不同目标。近期：克服防卫心理，展示个人风采。中期：加强团体合作，为共同目标奋斗。远期：展示群体效应，个体学校实现双赢。③确立学校文化导入的推行方针，把实施学校文化和学校各层次的思想沟通结合起来，把文化与管理，提升竞争力结合起来。(实践层)或：组织成员认识与定位→组织与成员的目标协调→制度建设与环境塑造→共同发展、形成文化。

4. 以文而化人的原则。既强调群体的社会化，又注重个人的社会化(濡化)。

注重亚文化(我们这一群人的行事方式)对文化形成的影响。

5. 注重继承和创新。文化的发展应有连续性，不断淘汰陈旧的内容，但也得保留有用的东西，没有对历史的继承，就不能发展，而一切有利于新的时代，新的社会生活的内容却应吸收进来。

6. 符合目的性原则。符合社会要求，符合教育心理规律，因地制宜，因校制宜。科研兴校，科研兴教。

7. 以名师育名生，以名生展名校。以先进的教育理念，以一流的教师，以灵活的教学方法，培育出一流的高素质能力强的人才，通过人才展示学校的形象。

四、学校文化因素分析

学校文化结构可以从具态层、制度层、行为层、精神层来分析

具态层：是物质形态的表层文化。主要包括教育的产品——学生、教师教学提供的服务、教学环境、校园建设、广告等。学生是学校工作的核心，没有了学生也就没有了学校，学校的一切工作都围绕着学生展开。但校容、校貌、设备、环境这些硬件对人的培养有重要意义。

行为层：是教职工在教育教学、学习娱乐过程中产生的活动文化，是一种动态过程，侧重在活动交往的层面上。如校领导行为、先进人物行为、普通教职工的行为等。时常表扬各种各样的先进人物，树立典范，通过典礼、仪式、表彰大会等形式能够帮助形成文化行为。

制度层：学校制度既是人的意识与观念形态的反映，又由一定物的形式所构成。是精神与物质的中介，它是一种载体，具有限制性。包括领导体制、组织机构、管理制度(如教师制度、学生制度、德育制度、常规教学制度、教研制度等)。从领导体制来说，今天应努力建立集团型的领导体制。制度是刚性的，文化却是柔性的，刚柔相济，才能产生最好的效果。将“强制”进化为“自觉”是管理追求的高境界。

精神层：是学校意识形态的总和，主要指精神成果和文化观念。包括学校精神、经营哲学、学校价值观等。

浅层文化:具态层—物质文化—“器”

中层文化:行为层、制度层—制度文化—规范

深层文化:精神层—精神文化—价值观念

具态层要求:质量第一,愉快教学;

行为层要求:讲清规范,服务学生;

制度层要求:依法治校,公正、公平;

精神层要求:以人为本,以幸福为导向;

总的态度:下手处,自强不息;成就处,至诚无息。

五、培植先进的学校文化是提升学校核心竞争力的核心

学校文化的核心是学校的精神文化,即该校师生拥有的共同价值观。先进的学校文化,主要表现在师生的道德观念、行为方式等符合教育的本质,体现教育的社会功能和崇高价值,满足社会对教育的诉求。培植先进的学校文化,首先应从教师的“师德”和学生的“品格”等核心之处抓起,在茫茫的世俗中构筑“精神特区”。通过长期的教育和养成,形成具有鲜明校本特色的师生共同的价值观念和集体行为模式。

教师“核心师德”三项:即爱心、责任、敬业;学生“核心品格”五项:即诚实、勤奋、自信、责任、感恩。其中,教师的“核心师德”包含了下列基本道德价值:它要求每一名教师对自己的学生充满爱心,以博大的爱关怀学生思想、学习、生活和成长,把学生看成自己的儿女、弟弟、妹妹和朋友,以爱育爱,为学生的生命涂上爱的底色,造就学生健全的人格、丰富的情感和宽广的胸怀;它要求每一名教师对教育事业怀有强烈的责任意识,公平地对待每一名学生,对他们的今天负责、为他们的终身发展奠基,对家长和民族负责;它要求每一名教师敬重自己的事业,终身学习、积极进取、无私奉献,以自己的高尚道德、人格影响、教育自己的学生,在“传承文明”的基础上,履行起传播和创造崭新的学校文化和现代文明的历史使命。

有爱心的教师应该具备以下品质

1. 亲和力。主动亲近学生,愿意花时间与学生在一起,学生在其心目中占有中心地位。能够赢得学生的信赖与学生成为朋友。

2. 愉悦感。在与学生的交往中能感到愉快、开心,对学生的进步和成就感到由衷地高兴。

3. 成就感。感到工作有意义、有价值、有成就,在心理上有一种被肯定的感觉。

4. 忘我的境界。对学生、对工作忘我付出,不计回报。

有责任心的教师应该具备以下品质

1. 自觉性。对教育教学工作自觉自愿去做,而不是在外界的要求、督促下才去完成。

2. 角色意识明显。能意识到自己是学生做人的表率,处世的楷模,做学问的导师,因而处处严格要求自己,勤业慎行、为人师表。

3. 自律性。在教育教学质量上从不马虎，从不得过且过、当一天和尚撞一天钟。

4. 遇到困难时积极应对，不逃避，想方设法克服。

有敬业精神的教师应该具备以下品质

1. 有明晰的人生目标，忠诚于教育事业，对从事教育事业无怨无悔。

2. 用生命回应职业的需要，用心做好工作中的每一件事情。

3. 精益求精，有不满足感，积极进取。

4. 有创新精神，有超越自我的意愿。

5. 有良好的职业知识。

6. 有较强的教学能力。其中有一定深度的学科知识尤显重要。“教师对学科知识必须有较深的理解，才能把知识点放在知识背景中去讲解，才能看到知识的关联。（于漪）”知识的深度很重要，没有足够的深度，造成教师对教材的依赖性太强，使课堂形成大量的“预设”，缺乏“生成”。而缺乏“生成”的课堂是不成熟的。

六、通过举办校园文化周活动推进校园文化

校园文化周内容分五大板块30大项：①红色文化：坚持开展弘扬和培育民族精神教育，以爱国主义教育为核心，开展中华传统美德和纪兰精神、西沟精神、井冈山精神、延安精神、雷锋精神等革命传统教育；②绿色文化：文化长廊，教室文化设计，名言警句征集，校区规划展示，花草树林种养；③学术文化：名家讲座，课堂教学开放日，师生书库建设，论文展示；④科技与网络文化：科普知识比赛，科技论文、小发明、小制作比赛，网页设计比赛，师生精品展示；⑤艺术与体育文化：合唱比赛，英语口语比赛，辩论赛，师生拔河比赛，书法、美术、摄影作品比赛，电影配音比赛，校园歌手赛，教工排球赛等。

学校文化体现在师生的各种活动中，融化在每一个精神载体中。一年一度的艺术节、读书节、体育节，师生积极参与，形式多样，特色明、创意新、蕴意深，充分展示了精神风貌，是校园文化的亮丽风景线。开展师生读书学习活动，读名著，赏名画，听名曲，倡导“在工作中读书，在读书中工作”，让读书成为学校的一种风气，使读书成为师生的习惯。开设的英语、电脑、艺术等特色课，开展的广播站、文学社、运动队、合唱团、管乐队、英语俱乐部以及篮球、足球、排球、舞蹈俱乐部等社团活动，是课堂的延伸，使人深切地感受到这是一所让人愉快学习的乐园。

学校文化融化在与学校相关的每一个物质载体中。我校的环境建设中蕴含着“一切为了学”的理念，校园的一草一木，一个标识，一幢建筑物的存在及布局，都烘托出学校的学习精神；图书馆、生物标本室、校发展览厅以及各类活动设施，都蕴藏着丰富的学习内涵，潜移默化地净化和美化着师生的品格；我们强调校园文化发展的时代性，与时俱进，以校园网、计算机室、电子阅览室为基础，突出强调信息化教育在发展校园文化中的重要作用，引领学生进入数字化世界，拓宽学习空间。

附:理念文化建设规划:

平顺中学学校文化建设规划

我们的教育方针:坚持育人为本、德育为先,实施素质教育,提高教育现代化水平,培养德智体美全面发展的社会主义建设者和接班人,办好人民满意的教育。

教育理念类

办学理念:为师生谋幸福,为社会负责任。

办学思想:人本化,人文化;科学化、学习化;民主化、平民化。

办学特色:低进高出,素质第一。

改革态度:低起点,小步子,稳扎稳打;高标准,严要求,快速发展。

教育理念:让每一个学生都能得到相对于他自己的最优化发展。

发展理念:服务为本　质量为先　管理为基　人文为重

服务理念:为学生服务　为家长服务　为社会服务

德育宗旨:用爱心育爱心　借规训达教化

德育理念:承华夏传统　纳四海文明

工作思路

学校发展总目标:建成一所"高质量、实验性、有特色"的人民满意的学校。

工作态度:让我们做得更好,今天比昨天好,明天比今天好。今日事今日毕。

学校管理策略:

以目标管理体系为指导,以质量评价体系为核心

以全员业绩考核为保障,以教师业务培训为动力

学校发展六大策略:

立足自身　改变自我　科学规划　理清思路

学会反思　内涵发展　抓住课堂　提高效率

深入实践　发展智慧　团结协作　追求卓越

质量管理理念:

向过程要质量　向细节要质量　向效率要质量

校园的四种精神:

追求卓越的拼搏精神　实事求是的科学精神

脚踏实地的求实精神　与人为善的合作精神

校园"四有":

有境界才有眼界　有思路才有出路

有作为才有地位　有实力才有魅力

校园"五种意识":

忧患意识　危机意识　责任意识　竞争意识　创新意识

学校发展近期目标:

人心齐　校风正　管理严　科研浓　师资强　成绩好

学校发展中期目标:

实现“四个一流”,争创名牌学校

学校发展远期目标:

与国际接轨,创百年名校。

“三支队伍”:

高效率的管理队伍　高品位的教师队伍　高素质的学生队伍

安全理念:安全大于一切　99+1=0

教学策略

教学理念:教会学生学习

课堂理念:主动参与　师生互动　逐步生成

课改理念:为了中华民族的伟大复兴　为了每位学生的终身发展

团队精神

我们的愿景:和谐　卓越　幸福

我们的价值观:学校为国家服务　教育让人民满意

我们的核心价值观:仁爱　诚信　智慧　创新

我们的校训:艰苦奋斗　自强不息

我们的校风:严格勤奋　求真务实

我们的教风:团结　合作　敬业　奉献

我们的学风:勤学　好学　乐学　会学

我们的作风:高效率　快节奏

我们的精神:传承　创新　拼搏　奉献

校园“三苦”观:校长苦干　教师苦教　学生苦学

五比　五看　五争:

比学习　看素质　争当业务尖子

比创新　看效率　争当教改先锋

比爱心　看细节　争当师德楷模

比管理　看业绩　争创一流名校

比发展　看规划　争创崭新业绩

追求卓越　崇尚一流　拒绝平庸　超越自我

教师发展

教师誓词：忠诚人民教育事业，依法履行老师职责；为人师表，敬业爱生；严谨治学，修身立德；启智求真，恪守有教无类；因材施教，注重创新发展；为科教兴国，上下求索；为民族复兴，广育英才！

教师发展目标：推动教师专业化发展，建成一支能适应教改发展需求的、有较强事业心和责任心的、素质优良、业务精熟、富有活力的专业化教师队伍。

我们的行为准则：忠诚 勤奋 敬业 诚信 谦让 宽容 坚持 微笑 赏识 为人师表 勇于创新 终身学习 关注团队 善于沟通 不找借口 富有爱心 精益求精 换位思考 始终充满信心 有事业心和责任感 以勤俭、廉洁、奉献为荣 以献身教育事业为自豪

教师队伍建设目标：高素质 高品位 高贡献 高报酬

教师“三心”：爱心 恒心 责任心。

平顺中学学生“十无”：

墙壁干净无印迹 地面整洁无脏物

爱护公物无损坏 节约水电无浪费

谈吐文雅无脏话 自尊自爱无偷盗

团结友爱无打骂 文明修身无烟酒

珍惜时间无散漫 自主学习无懒惰

领导教育观

胡锦涛总书记“四个坚定不移”：解放思想，必须坚定不移地加以坚持。改革开放，必须坚定不移地加以推进。科学发展，社会和谐，必须坚定不移地加以落实。全面建设小康社会，必须坚定不移地为之奋斗。

科学发展观：科学发展观，第一要义是发展，核心是以人为本，基本要求是全面协调可持续，根本方法是统筹兼顾。

胡锦涛总书记“四个一定”：一定要居安思危，增强忧患意识；一定要戒骄戒躁，艰苦奋斗；一定要加强学习，勤奋工作；一定要加强团结，顾全大局。

胡锦涛总书记“三个始终”：做到思想上始终清醒，政治上始终坚定，作风上始终务实。

胡锦涛总书记对教师四点希望：

爱岗敬业 关爱学生

刻苦钻研 严谨笃学

勇于创新 奋发进取

淡泊名利 志存高远

陈鹏飞书记对教师的四点希望：

爱岗敬业 树立责任意识

加强学习 树立争先意识

奋发进取　树立创新意识

志存高远　树立师德意识

陈鹏飞书记赠送教师的三句话：

正正派派做人

踏踏实实做事

任劳任怨工作

平顺中学承诺：

严格管理　让每一个学生学会做人

提高质量　把每一个学生培养成才

二、校徽

三、校歌

四、校旗

五、校服

六、校训

七、校标

八、校报

九、校园网

第八章 追寻教育幸福

感悟校长修炼

但为君故,沉吟至今。

我在修炼,就在太行山南端浊漳河流经之地一个晋冀豫三省交会的一个偏僻小县里原来叫东藏寺如今叫平顺中学的地方修炼。

这是一块贫瘠的土地。这里的老百姓每人不到一亩地但却能平均12亩山。山上不长大树、山下没有煤炭,甚至连石头也不是好石头。俗语说:“花椒长在石板上,汽车开到二楼上”,“松柏长在石头缝,种地全是镢头啃”,可见黄土高坡山坡之陡,土壤之薄。

这是一块贫困的土地。大山深处一家四口人全年收入不足3000元,除了买必不可少的食盐,酱油醋是不买的,更不要说香皂抹脸油。孩子们上学一分钱掰做两半花。

这是一块红色的土地。这里曾同时出过全国“四大劳模”,艰苦奋斗的西沟村名扬中华。被称为国宝的申纪兰老人是中国第一至第十一届全国人大代表,世界唯一。中国的领导人都知道西沟这个充满黄土气息的小山村,西沟的廉政教育基地无人不知。这里的人遵纪守法,规定不让做的事肯定没人去做,但没有规定的也不见有人去做。

这是一块绿色的土地。这里生态保持良好,白云蓝天空气清新,遍山翠绿层层梯田。依托漳河水漂流出的太行水乡,依托太行山崩裂出的天脊山风景,是国家4A级风景区。花椒、核桃、党参、土豆,纯绿色产品,甚至许多村里种地都不上化肥。

平顺的山水和文化哺育了我的童年,成年后我又回到这里修炼。

人们说穷山恶水出刁民,这句话到此不管用,虽然因揭竿而起而建县,但这里的百姓不刁却以老实著称。俗语说:“平顺人优点是老实,缺点是太老实。”每个人都挺起了大山一样的脊梁,只是偶尔缺少了一点水的灵动罢了。虽然县史只有五百年但到处散落着上千年的文物,大云院的壁画出自五代,全国仅有;金灯寺石刻与龙门石刻同期。这里的人善良、淳朴,如果你路过吃碗饭喝碗水老乡是绝不会要钱的,院子里的苹果梨随便你吃吃罢了再装几个也行。山里人内敛,说啥是啥,从不掖着藏着让你猜心思,没有商人的精明但有做朋友的厚道。

县委书记说:平顺的孩子很聪明,平顺的老师很优秀。开始,很多人认为是官话,时间长了,你会发现此言果然不虚。贫困,挡不住孩子的聪明,虽然见识少,但他们并不笨,也许正是贫困,更让孩子们多了几分厚道,少了几分娇气,人之初性本善体现得更加明显。贫困,挡不住老师的勤奋,他们以最低的收入却奉献了最美的智慧,人性的光辉和灵魂的高贵在这里得到壮美显示。

大山阻隔了交通，也阻隔了人们的思想。外面世界的喧闹没有打破这里的悠闲与宁静，明媚的阳光还有小米加土豆，日出而作日落而息至今遗风犹存。大家爱恋这片土地，宁愿受穷也不愿出去打工，日子过得寒酸而舒适。但也特别勤劳，硬是在半山崖上凿出了路，漫山遍野都是育林坑。有人说，长治市区第一个蹬三轮车的人是平顺人，第一个送煤球的人也是平顺人。眼见为实，五十年不遇的暴雪，平顺区域的道路上全部铲除，十几天后长治的路上还冰天雪地。

这是个小县城，三山夹两沟。俗语说：一盏电灯全城明，一个喇叭全城听。3 万人口住在河沟、半山腰。但他的亮化第一流，晚上出来，你会认为置身香港，人们自豪地称之为太行明珠。

就是这样的一个地方，我率领着 260 位教职工、3200 名学生创造着属于山区人自己的幸福。2009 年居然有两个学生达到了北京大学的录取线，破了历史记录，山村里充满了希望。

就在这样一个财政收入只有一亿多的小县，2008 年投资 6400 万元建设平顺中学，2009 年高考后奖励老师 25 万元奖励学生 20 万元，老百姓享受着教育的快乐，我也苦着并快乐着。

目睹了白云的飘逸，聆听了大山的厚重，我静心在这里修炼。

孟子曰：天将降大任于斯人也，必先苦其心志，劳其筋骨，饿其体肤，空乏其身，行拂乱其所为，所以动心忍性，增益其所不能。苦就是让人吃的，没有吃不了的苦。我的老领导秦兴局长问我最大的困难是什么，我说：最大的困难是吃不上饭，虽然老师们都让去他们家吃，但到底不是个办法，所以吃方便面是常有的事（现在好了）。至于办公室没有水洗不了脸那就更是习以为常，反正出门到校园工地让风一吹依旧是满面尘灰。所以我常想，一天不洗澡就身上痒的城市里长大的人千万不能到偏僻山沟来工作，有许多事非经过不知难。我能行，是因为我的血管里流淌着平顺人的血，所以每当唱到“我是平顺人，英雄的平顺人，平顺人，特别能吃苦，特别能战斗……从不叫苦，从不喊累，从不畏难，从不言败……”时，就会热血沸腾。

山里人娱乐项目少，最常见的娱乐就是喝酒，酒量一斤以上大有人在。在“酒风就是作风、酒量就是工作量、酒品就是人品”的氛围里，为了表达兄弟情谊，不得不使劲地喝，喝晕喝倒才够朋友。不知多少次以“醉卧沙场君莫笑，古来征战几人回”自嘲，也许这也算一种献身精神吧，似乎没有这种修炼成不得大师。许多年前我的本家大哥就曾创下一杯酒一万元为县里要回 100 万元资金的佳话。

山里人厚道，传统民俗文化是一种价值观。婚丧嫁娶满月周岁圆十五，都要热闹一番，有时要好几天。单位的领导是一定要去的，最好是能坐下来陪朋友们喝几杯，所以，我努力锻炼喝酒工夫，为的是给弟兄们增点面子，至于脂肪肝是否会硬化那是次要的事。鱼之所以被钓上来，就是因为贪吃，人会不会呢？常吃而不胖的人真是一种境界。

县城小，县一中就算大学校，因为学生上学，校长便时常与各类人员打交道，切身体验是凡事务须战战兢兢如履薄冰，否则很快就有“领导”来“指导工作”。同时，自己单位的老师也难免会遇到困难，遇到困难找领导，校长总应该出门帮助解决，把外面的领导惹下了也多有不便。所以，长两只慧眼实在是修炼的一门主要功课。

最要命的是没钱。老师们的超课时津贴、奖金、班主任费，都不能进账，无法报销。山村的英语教学几乎为零，高考却是实实在在150分，学生要求辅导，而规定不能收费，让老师们长年累月的义务奉献，似乎不合情理，山区的孩子凭什么优势与城市的孩子在考场上竞争，作为校长实在是左右为难。绩效工资开始了，城市里高级教师每人每月的费用是这里的几倍，原因就是县里财政拿不出钱。大城市里的学生上高中是拿着钱谁能交了就算谁有本事，贫困地方是谁不交钱谁就有本事。所以，校长要好好修炼"厚脸皮"。

但我是幸福的，因为我赶上了教育改革的好时候，遇到了好领导好同事。

石头缝里扎根，大山深处提升，我就在这里修炼。

长安高速公路开工了，"为师生谋幸福，为社会担责任"是不是也快上高速了呢？

忽然想到了郑板桥的诗：咬定青山不放松，立根原在破岩中。千磨万击还坚劲，任尔东西南北风。大道之行也，天下为公。

世上唯有读书好，天下莫如吃饭难。读书真好，学校真好！

发展展望

教育需要持之以恒，要有水滴石穿的精神，不是频繁的转换名词。今后，在执著坚守《十二年发展规划》的基础上，按照第一章"管理思路"逐步完善有关制度，目前将进一步实施"三项管理"、"十大行动"、"三大措施"，深化内涵，把学校各项工作推进到精细化状态。

一、三项管理

三项管理：效率管理、精细化管理、信息管理

（一）效率管理

"高效率、快节奏；高标准，严要求"是我们的行动准则。

效率＝价值÷时间。专家认为，高效率的管理要注意以下几个方面：

管理站位高，着眼实。站位高就是要从宏观战略上规划学校的发展，为了把管理战略落实到基层，转化为师生的行为，坚持管理重心四个下移：即全体行政下到年级，年级行政下到班组，班科教师承包到学习小组，再承包到学生个体。

目标定位控制。一是建立年级、班级、质量组集体目标管理责任制；二是建立每天清、每周过关、每单元目标达成度分析管理；三是建立每周每单元不过关或降级学生的会诊与补偿教育管理。

过程精细化。一是通过建立由决策系统、执行系统、反馈评价系统构成的封闭的管理回路,保证管理过程的通畅高效步步夯实。二是通过建立行政操作模式、教学操作模式、德育操作模式、使各项管理精细化、规范化、标准化,努力实现管理的零缺陷、零失误、零事故。

督导评价。成立学校、年级两级督导室,通过随机督导与集中督导,单项督导与综合督导,并将督导评价结果与晋级、评职、奖惩挂钩,从而保证管理工作件件有着落,事事有人做,实施按规范做。

在平时的工作中,要注意计算时间的利用率,努力做到四点:一减少犹豫时间,明确任务;二持之以恒,形成习惯;三利用生物钟的规律;四订计划做总结。全校教职工通过民主讨论后,制订出分门别类的各项计划、各种职责,然后把这些规章制度公布于众,让大家按时保质保量地完成自己的任务,进一步提高效率。工作任务量明确之后,在工作时间上尽量压缩,按时评估检测每位教师员工的工作过程及工作结果,借以增强大家的效率意识,提高工作能力。如学校规定的课堂教学要求,其中一项授课时间不得超过每节课时间的 1/3,这样就强迫教师在备课上要狠下工夫,在授课上又要讲求实效,避免无效劳动。学校规定在课堂上实施一分钟管理,表扬、批评学生不许超过 1 分钟,这又限定教师在课堂上一定要控制情感、避免与学生发生冲突。一旦有的学生调皮,教师也必须尽快地在一分钟内解决问题,绝不可拖泥带水。课外多多实施一分钟谈话。

为了提高工作效率,要创设一个自强不息的教师竞争空间。首先是要在教师之间建立有一个友好、和谐的情境空间,全校教师在评职、晋级、评优、提干等诸多方面没有彼此产生矛盾、互相诋毁、互相上访的,原因就在于为他们创设了一个无休止的竞争空间。你要想成为一名学科带头人吗?那么,你要有教书的成果,说课、备课、授课、导课样样精通;你要有研究成果,有专题论文撰写的成果,有理想科研课题研究的成果,有理论与实践相结合、并结合自己的创新面形成的教书育人成果。总之,你要施展才华,是大有用武之地的,你获得的成绩越大,越会受到全校教师的尊重,在这块教书育人的净土上是没有任何污浊的东西玷污你的,你只管勇往直前地攀登就是了。

为了提高学生学习效率,要创设一个自学为乐的学生环境。首先是让学生们珍惜时间,使之明白学习目的,当学生们一旦明确了自己的学习目的后,他们就会自己主动地参与学习,探索学习的规律,掌握适合自己的学习方法,高效率的主动发展自己。

作为一个校长,在珍惜时间,提高效率方面,魏书生总结了以下几点:①每天向自己强调几遍几年来的座右铭:“明天的事情要今天做,今天的事情要马上做!”他早上告诫自己一遍,晚上告诫自己一遍。②打消尽善尽美的心理。凡事要想尽善尽美了再干,则永远不会有开始的一天。事情总要从自己不完善的基础上开始做,在做的过程中一点一滴地提高。③克服犹豫拖拉心理。治疗拖拉心理的办法时采用“数数”。④不放过 5 分钟。只要没到休息时间和锻炼时间，就不轻易白扔5分钟，问题不仅仅在于白捡5分钟，更重要的是养成了捡“边角余料”的习惯。⑤尊重大脑始动原则。无论做任何事情只要开始了就是胜利。就难和易而言，刚开始做，先捡容易的做；就大和小而言，刚开始做，先拣小事情做；就擅长和不擅长而言，刚开始做，挑自己擅长的做；就喜欢和不喜欢而言，先选自己喜欢的事情做。大脑开始动的时候，要战胜原来的惯性。⑥有“生命最后一天”的紧迫感。假设今天是生命的最后一天，我们该怎样深情地眷恋这个世界，又该怎样为别人、为世界多做几件实实在在的事情，又该怎样珍惜这每一分、每一秒，怎样让每一分每一秒都在做有价值的事情中变得有意义。这样想，这一天的效率便比平常高得多，心情也容易快乐。

校长在好时间好精力上，应该做好三件事：参加各种研讨会，了解教改动态；与教育家、名校长广泛交流沟通，探求教育发展规律；独处静思，反思自己（可以带着几个核心成员共同反思）。有人建议，要集中时间办大事，利用零星时间办琐事，利用黄金时间办要事，忙里偷闲想问题。

现代管理学认为，科学化管理有三个层次：第一个层次是规范化，第二个层次是精细化，第三个层次是个性化。精细化管理就是落实管理责任，将管理责任具体化，明确化，它要求每一个管理者都要到位、尽职。第一次就把工作做到位，工作要日清日结，每天都要对当天的情况进行检查，发现问题及时纠正，及时处理等。

现在，学校的管理有两个巨大的问题：一是不负责任，该做的事没有用心去做，存在推诿扯皮现象。二是做事粗枝大叶，毛毛草草，没有按要求处理，缺少精细化思想。

细节是一种体察。校长要时刻体察自身，不因善小而不为，不因恶小而为之。洁身自律，从小事做起，才能防微杜渐，加强自身修养，充分剖析自我，客观地认识自我，对照检查自己是否严格要求自己，经常自重、自省、自警、自励。也要时刻体察境外，“体察民情”，用“蹲点”的方式，“解剖麻雀”的方式，“建立工作联系点”的方式，“交朋友”的方式等等，深入教师、深入学生，体验教师学生感情，掌握学校真实情况。“了解民意”，细心倾听师生呼声，发现并研究学校工作的盲目性、片面性。

细节是一种创意。对每个细节的精确考虑，往往能使学校品位有明显的提升。审视学校管理改革，克服学校管理中思维定式。面对新形势、新要求，寻找一条具有现代特点，符合学校实际的发展新思路，提高学校管理效能，努力在教育理念上、方法上不断创新，培养创新型的教师，开创新局面，办出自己的特色。

细节是一种文化。文化，有着无形的扩张力。在日趋激烈的竞争环境中，优秀的学校，展现自身能力、品位和价值的，需要的不是咄咄逼人的宣讲，而是具有穿透力的细节内涵。学习文化就好比是一条河道，具有很强的规范性，它可以引导着师生、教职员工的“行为之水”流向蔚蓝色的大海，也可以流向肮脏的沼泽。作为管理者要善于无所不在地，事事处处地把对“精细”

的执著渗透到学校活动的一切场所、一切事件中。

提倡扎扎实实做好每一件事的精细作风,实施精细化管理,从小事入手,对每个细节都精益求精。努力做到事事有人管,处处有人管,事事有检查,时时有计划,事事有总结,杜绝管理上的漏洞,消除管理上的盲点,提高管理效能。

1. 以计划为前提,推进精细化管理。凡事预则立,不预则废。要想做好一件事,必须预先想到并且想得越周全越好。为杜绝工作中的随意性,让精细化管理要求在实践层面上得到保障,戴全良要求,每开展一项活动,每做一件事,必须预先制订全面、详尽、周密的计划,甚至要考虑到细节。主要分为两类:学校发展要有精细的方案。《学校发展规划》和《学校年度工作计划》,学校的目标、计划,细化到各年级、各学科,做到人人知晓,然后制订个人计划和学期计划。每一星期也都有工作安排计划,本周要做什么、何时达成、责任人是谁都有明确要求。具体活动要有实施方案。如学校组织校级广播操比赛,提前一个月即做出《比赛方案》,把比赛宗旨、比赛时间、场地安排、奖项设置说清楚,引导教师平时加强训练,增强学生集体荣誉感,这样才能充分发挥活动的促进和激励作用。再如学校每学期期中和期末都要召开一次家长会,学校将家长会的讲话要点印发给老师,同时要求各班结合班级实际,制定家长会操作方案,撰写讲稿,方案和讲稿必须提前一周送教导处审查,确保活动实效。

2. 以制度建设为基点,推进精细化管理。建设以下四类制度:一是职责类。其目的在于明确个人、每个部门的工作岗位及职责,各尽其责,做到事事有人负责,人人有事负责。如《领导干部分工制》、《岗位职责要求》等。二是规范类。其目的在于提供具体的工作规范要求,具有一定的导向性和约束性。如《教学常规规范化基本要求》、《教育教学工作月度检查制度》、《班主任月度例会制度》。辅之以制度落实的考核评估细则也属于此类,如《学校、教师、学生民主测评制度》、《期中、期末五好学生及单项表彰制度》、《校优秀教师、优秀班主任、优秀班集体评比制度》等。三是鼓励类。其目的在于彰显学校品牌和特色建设的方向,而以鼓励为主,减少教师"必须这么做"、"不得不这么做"的被动接受,可以使得教师发展具有个性特色和活力,同时可以把教师注意力引导到为学校整体发展尽心尽力上来,使个人发展与学校发展和谐共进。如《骨干教师培养方案》、《教育教学教科研成果奖励制度》等。四是制度建设类。在制度自身的活力方面,有《学校制度制定及修改制度》。要求制度要符合新的管理理念,具有创新性、示范意义;可操作化,制度内容要具体,要便于教师操作和量化考核;层级化,新提出的要求可作为"规定"、"要求"提出,经过一段时间实践成熟后再提炼为制度;民主化,制度建设必须集全体教师的智慧,充分吸纳教师的合理化建议;灵活化,定期根据实际中的新情况、新问题,对制度修改完善。

3. 以落实到位为关键,推进精细化管理。再好的制度得不到执行,或者执行不坚决,也就只能沦为摆设,必然不能产生应有的效益。为提高制度的执行力度和执行效果,从以下几个措施入手：

首先是目标细化。集中致力于实现看得见、摸得着的管理目标，即少提大而空的目标，多做细而实的目标。比如教学管理中，把“提高每门学科的双基水平”的目标，分解为语文教师要抓好识字过关、朗读过关、写字过关、阅读和写作过关等，数学教师要抓好口算、笔算、应用题、动手操作等，英语教师要抓好单词过关、口语过关等。再比如后勤和总务方面，我们把“服务教学、服务师生放在第一位”的目标分解为“卫生无死角，维修无漏洞，工作无事故，要求无拖延”的工作标准，具体到让每块玻璃都不破，让每块瓷砖都完好，让每间厕所都洁净，让每间教室都明亮等。

其次是措施具体。抓好处室精细化管理。处室是学校管理的二级执行机构，处于上传下达的关键地位，对学校实施精细化管理具有举足轻重的作用。在各个处室的内部设立三级执行机构，聘用一定数量的人员在处室内部从事管理工作，使得精细化管理有了落实的保障。我们在实践中体会到，每个处室一定要制定明确具体、符合实际的工作职责、细则、权限、要求等，还要有检查、考核、评价、奖惩等措施，从而让各个方面的管理更加精准、周到。抓好年级精细化管理。对于规模较大的学校来说，一个年级就是一所小的学校。因此，抓好年级精细化管理对学校的生存和发展具有十分重要的作用。年级的各项工作要在“精”字上做文章，“细”字上下工夫，将管理责任具体化、明确化，形成人人会管理、处处有管理、事事能管理的良好局面。我们必须明确年级主任是其所在年级教育、教学、管理、服务等方面的第一责任人，要不断制订、修改、完善年级主任和相关管理人员以及班主任和科任教师的工作职责与要求，并细化到每个人的具体岗位，形成人人有事干，事事有人干的可喜局面。年级要重视加强制度建设，演进和制定一套好制度，并能认真及时落到实处。这样，就会促进各项工作健康、有序地向前发展。

再次是重视检查。“布置不等于完成”，要求管理工作中做到“三有三必”：有布置必有检查，有检查必有反馈，有反馈必有考核。工作检查注重“三维度”：一看速度，检查是否有拖诿、延误时间现象；二看高度，检查是否按标准去做了，是否有“自我取舍”现象；三看力度，检查是否落实到位，是否越位。学校还定期召开全体中层干部会，总结各分管工作完成情况，商议和部署下阶段具体工作事宜。将检查中形成的过程资料，在学期考核时逐项量化打分，提高教师的重视程度和自觉意识。

《平顺中学校精细化管理实施方案》

一、背景分析

1.精细化管理内涵

精细化管理是一种理念，一种文化。现代管理学认为，科学化管理有三个层次：第一个层次是规范化，第二个层次是精细化，第三个层次是个性化。精细化管理就是落实管理责任，将管理责任具体化,明确化,它要求每一个管理者都要到位、尽职。第一次就把工作做到位,工作要日清日结,每天都要对当天的情况进行检查,发现问题及时纠正,及时处理等。

对学校"精细化管理"的界定:①主要强调管理思想的精细化,管理内容的精细化,管理方法的精细化,管理过程的精细化;管理结果表述方式的精细化等等;②"精细化"是一个过程,"精"、"细"是一个整体,"化"是指精细的程度已成为无需外力推动的一种自觉行为。这里的教育管理"精细化"不仅是学校的集体要求,更是教师的个人行为。

2. 学校"粗放型管理"现状

现状一:开学初制订的计划上交后便无人过问,制定者凭经验或想起来做什么就做什么,管理者也是如此。教研组的活动计划、教师的教学计划,学校教导处是否检查过执行落实的情况? 是否做过分析,做过评价、矫正? 不得而知。

现状二:课堂教学是学校管理工作中的重中之重。但是又有多少老师认真探讨过课堂教学的有效性问题?有的教师为了提高教学质量,不在提高课堂教学效益上下工夫,而是拼命利用课后时间加班加点,靠拼时间,拼精力和体力获得成绩,是以牺牲师生健康和长远利益为代价,这是一种挫伤积极性的甚至是掠夺性的管理。

现状三:绝大多数的学校管理往往是"一刀截,齐步走"。根本不考虑学生个性上的差异、智能上的多元,仅从成绩看学生,用一个标准,一个要求,一个进度去教学,用一种难度的题目,一种作业方式,一种考试试卷去对待不同的学生,怎能把学生教得更好,成绩差的也能补上来呢?

现状四:校园里废纸遍地无人管,教室的灯亮着无人关,水龙头流着水无人过问,多媒体刚刚安装上就被人损坏却无人问津。

二、实施目标

通过三到五年的努力,促进学校可持续发展,实现"三精"、"五突破"。"三精":精干的管理队伍,精良的教育装备,精美的校园环境。

"五突破":建立学习型学校,教师专业素质有突破;构建人本化模式,学校组织文化有突破;发展科研型群体,教改实验成果有突破;营造实效型课堂,教学艺术、质量有突破;促进均衡化发展,学生素质发展有突破。

三、基本要求

1. 发扬民主、寻求发展,促进教师管理的精细化

教师队伍的质量决定着学校品位的高低,教师的角色意识、责任意识、大局意识对学校管理至关重要。在今后的工作中,我们将充分发扬民主,大力倡导"自律",致力于在教师中形成"时时有管理,处处见管理,人人会管理"的良好风尚,打造一支"精心、精细、精致"的教师队伍。第一,要了解教师、信任教师,关心体贴教师、让教师充分感受学校的温暖,得到成功的满足;第二,学校将通过教代会制订严格、细致的教师行为准则,要求教师从组织纪律、道德规

范、教学工作、集体活动四个方面严格要求自己,并逐渐内化为自觉行动;第三,将强化年级组管理的功能,让年级组成为教师互相学习、自我管理的组织;第四,我们将为教师提供学习机会、适时培训,为教师提供成长平台,有效促进教师的专业发展。另外,我们将根据教师实际,科学合理地安排教师的教育教学工作,使其扬长避短。我们希望通过精细化的管理发挥每一位教师的潜力,力求实现学校需要与教师发展的和谐统一。

2. 深化改革、注重实效,促进教学管理的精细化。

(1)抓好集体备课工作,编写好"导学案"。要求全体教师以"精心"为核心,贯彻"认真研究、注重学法、贴近学生、便教利学"的方针,集体备课与个人备课相结合,备课中的主备、自备、集体备关系明确;充分体现"资源共享"最优化选择。教导处衡量备课的优劣主要看三点:一是教学理念是否符合课改精神,是否具有本校特色的课堂教学模式;二是教学设计是否重视教法的设计和学法的指导;三是个性化设计和教后记是否具有针对性、指导性。

(2)抓好课堂教学管理。要求全体教师在上课前要有充分的教学准备,有明确的教学目标,教学过程始终体现着教学目标的落实,有循循善诱的魅力和鲜活的教学氛围,有充足的教学资源和形象的教学媒体,有足够的练习时间和宽松的学习舞台,有互动共享的教与学方式的转变,有明显的实效和积极的学习兴趣。教师必须提高精品课的比例。

(3)抓好作业管理,提高作业练习的效能。要求全体教师作业选择精心合理充分体现层次性、巩固性。理科作业做到课内完成,当天批改,反馈纠错到位。大力提倡分层练习,并作一些个案研究。严格控制练习册的使用。学校将从以下几个方面来对作业情况进行考核:一是作业量是否合理;二是作业的精选程度高不高;三是作业的批改和反馈是否及时到位。

(4)抓好培优补差工作。进一步加强培优补差工作的力度,确保优秀率,提高合格率。认真实施"四清(堂堂清、天天清、周周清、月月清。)工作",课堂练习做到"人人过关,条条过关"不留盲点,实施"由点到线,由线到面"的立体式教学质量控制模式。必须改变学生的问题积压、越拖越多的现象,力争学习任务天天清。认真执行家校联系制度,形成家校教育合力,促进学生健康成长。

3.革新理念、深入探究,促进教科研管理的精细化

教科研工作是教学工作的助推器。我校将加强科研课题的管理,使其真正为促进教师成长、教学质量的腾飞提供保证。①加强理论学习,要定书目,明要求,定期开设讲座、举办"沙龙式"专题论坛,促使全体老师不断学习、革新理念,用科学研究引领教学工作;②加强过程指导,定期进行课题进度检查和评估,促使课题实验落到实处,促使教师在研究状态下工作,教师必须人人参与课题研究,人人有研究的目标,确保人人出成果。③加强课题成果的推广与使用,让更多的班级、教师使用课题研究的成果和经验,让科研真正回归教学。

我们将加强教研活动的管理,从备课、上课、听课、评课四个环节入手,确保每个环节的质量,特别在评课方面,要求上课教师必须结合研究课写出教学反思,阐述本节课的得与失,听

课者必须完成课堂评价，提出自己的见解，杜绝“听完走人”的现象。

4.春风化雨、重视“养成”，促进学生管理的精细化

进一步贯彻落实《学生行为规范》，利用班会课、国旗下讲话、《校报》、学校网站平台，做到“月月有主题、周周有中心、天天有内容”。强化“日检查公布”、“周评比得星”、“月颁发流动红旗”的管理模式，不断强化学生的规范意识，进一步强化学生行为习惯的养成教育。

第一，要做到管理网络健全，形成“学校团队，政教处主要抓，班主任重点抓，全体师生共同管”的格局和氛围。

第二，要做到守则规范，不仅“记得清”，更要“做到位”，逐步内化为自觉行为，从会礼貌待人，文明用语，规矩走路开始。

第三，检查考核机制配套，除了有细则要求，还要有检查要求，考核办法，反馈矫正措施从以“管”促“养”，到以“养”促“养”，培养高素质的公民。

5.强化管理、责任落实，促进校园管理的精细化

学校在精细化管理中，将把人、财、物、信息、空间和时间等六要素的提升作为必要条件，通过精细化管理，努力协调众多关系，合理配置各类资源，使学校职能部门有效运转，使“六大要素”充分发挥作用，促进各项工作“优质化”。

进一步强化校园内的环境卫生管理，做到校园内无杂草，墙壁无污迹、蜘蛛网、灰尘，地面无果皮壳、纸屑、烟蒂、痰迹，垃圾入箱；包干区每天定人按时打扫，地下车库内车辆停放在指定位置，摆放整齐。

实物管理做到登记造册，有明确的保管人，实物实行编号，严格执行损坏赔偿制，学校一般不进行课桌凳的维修，凡报损物品，必须严格程序，使公物能最大限度地做到不流失不损坏，并能发挥作用。

进一步强化安全保卫工作。针对周边交通环境、治安环境比较复杂的现状，把安全工作放在首位，定期进行电器、消防、防盗等器材的检修工作，消除安全隐患；对学生的自行车定期进行检查，经常开展交通安全教育；利用班会课传授自护、自救等知识，确保一方平安。

进一步严格管理、厉行节约。对电话、水电、纸张等严格管理、杜绝浪费，要求所有师生随手关灯、随手关水，电话的使用要公私分明、长话短说，纸张要反复使用，力求使用价值的最大化。

四、实施办法

1. 健全组织

学校成立精细化管理领导小组，校长全面统筹精细化管理各项工作，落实学校各类人员的工作职责，并加强对职能部门工作的考核，使层级管理落到实处。学校工会组织全体教师参与民主管理，提高全体教师的“主人翁”意识，主体参与目标修订，参与过程管理，参与自查自评，参与反馈调控，参与自我整改，促进各类目标达成。学校相关部门参与制定《部门工作考核

办法》，并努力实施。

2. 制定考核要求

学校将从学校管理、教师培训、课程实施、课堂教学、目标培养、教改实验、特色建设、校园文化等方面，结合高中部和初中部各自特点，制定出《精细化管理考核要求》，经教工大会讨论修改并通过，使相关内容被全体教师认同，逐渐形成学校的组织文化和制度文化，并在实践中不断调整和完善。

信息中心要把校内外、班内外的一些教育教学信息及时准确地通过文章的形式传递给全校的师生员工。校报、校园电视台、校园广播站、每周工作预报、教务通报、政教通报、公示栏，要利用起来，应表扬什么、应批评什么、应重视什么、应忽视什么、应加强什么、应削弱什么、应做什么样的学生、应做什么样的老师、应做什么样的校长、应怎样教书、应怎样育人、应怎样学习、应怎样做人等等，都在潜移默化中实现了有效引领。

做好档案管理工作。设立两个信箱：校长信箱、家长信箱，让校长能通过不同渠道获得信息，及时、准确、无误地做出决策，使学校的教育教学收到理想效果。办校园广播台，把一些有用的信箱及时准确地传递给全校师生。

手机信息也是一个重要渠道，要及时运用好。

办好家长学校，把学校的信息及时传递给家长，取得家长的理解和支持。

十大行动

“十大行动”：校园文化、质量工程、素质工程、学习工程、校本课程、理想课堂、高效德育、现代班级、硬件工程、示范工程。

行动之一：校园文化

文化建设目标，着力建设校园五大新文化。一是建设生态文化，改变了教师工作生态、学生学习生态和文化生态。二是建设价值文化，培育教师共同的人生观、职业观、教育价值观。三是建设精神文化，形成了精诚合作，追求卓越的教师精神和挑战极限，勇攀高峰的学生精神。四是建设行为文化，建设优良的政风、教风和学风。五是建设制度文化，创造适合师生发展的管理文化，通过强化、固化、融化，最终形成学校的文化力。

附：平顺中学墙壁文化各项内容分布情况：

1. 学校大门两栋旧教学楼背面墙面的两块版面内容：平顺中学宿舍检查评比方案，平顺中学公寓管理条例。

2. 校园女生宿舍楼正面墙面内容：严格＋落实＋精细＝奇迹

3. 主教学楼正面楼梯台阶上所贴的长条幅内容：学生发展目标

4. 鹏飞厅两侧主楼墙面的版面内容：（1）我们的反思。（2）我们的核心价值观；我们的办学理念；我们的教育理念；我们的行为准则；我们的教育方针。

5. 鹏飞厅四根主柱子上所挂的相框内容：前面两根柱子上的相框内容：

2009年度功勋教师；2009年度杰出管理者；2009年十大名牌教师；2009年十大名牌班主任。

后面两根柱子上的相框内容：李鹏飞简介；张丽林简介；2009年十大劳动模范；2009年十大杰出青年。

6. 鹏飞厅正面所对的四套不锈钢报栏的内容：

长治市中小学校长行为规范；长治中小学教师行为规范；平顺中学校务公开实施细则；收费公示；校长承诺；关于印发《长治市中小学管理基本规范》（试行）通知；长治市中小学教辅用书征订和使用规范；长治市中小学学籍管理规范；长治市中小学课程设置管理规范；长治市中小学招生和编班行为规范；长治市中小学作息时间规范。

7. 铭慧楼一层楼洞走道内墙的版面内容：

学生活动：中学生守则；中学生日常行为规范。

8. 铭道楼一层楼洞走道内墙的版面内容：

（1）平顺中学管理机构示意图；

（2）平顺中学项目管理制度01

（3）平顺中学教师队伍成长：中小学教师职业道德规范；另附我校教师外出学习考察及专家名师到我校讲学的照片。

9. 铭仁楼一层楼洞走道内墙的版面内容：

（1）平顺中学项目管理制度；（2）平顺中学校园建设：附校园建设从旧校园到县委领导到我校规划指导，到校园建筑设计，到开工剪彩，到施工，到完工的图片。

10.至善楼一楼大厅两侧墙面的内容：

（1）警示语：开会＋不落实＝0（2）做科研型教师，实现专业化成长。（2008~2009年各大报刊对平顺中学的报道及教师发表的文章）

11.至善楼二楼大厅两侧墙面和中间墙面的内容：

（1）市委和县委领导光临我校的照片；（2）平顺中学发展思路和平顺中学发展目标。

12. 至善楼三楼大厅两侧墙面和中间墙面的内容：

（1）三楼的侧面墙版面的内容：

教育是挚爱：这种挚爱越是无私，越是深厚；

教育是思想：这种思想越是现实，越是智慧：

教育是信仰:这种信仰越是坚定,越有力量;

教育是追求:这种追求越是执著,越有成果。

(2)三楼正面墙面版面的内容:

教学理念:教会学生学习;

课改理念:为了中华民族的伟大复兴,为了每位学生的终身发展。

服务理念:为学生服务,为家服务,为社会服务。

安全理念:安全大于一切、99+1=0、零事故、零隐患、零疑虑。

13. 二层至六层楼梯中间正对墙面的标语内容:

二层:平顺中学承诺:严格管理,让每一个学生学会做人;提高质量,把每一个学生培养成才。

三层:爱岗敬业,树立责任意识。加强学习,树立争先意识。奋发进取,树立创新意识。自存高远,树立师德意识。

四层:胡锦涛总书记对教师的四点希望:爱岗敬业,关爱学生,刻苦钻研,严谨笃学。勇于创新,奋发进取,淡泊名利,志存高远。

五层:教师誓言:忠诚人民教育事业,依法履行教师职责;为人师表,敬业爱生;严谨治学,修身立德;启智求真,恪守有教无类;因材施教,注重创新发展;为科教兴国,上下求索;为民族复兴,广育英才!

14. 三栋教学楼各层楼道上挂吊牌的内容:

让智慧之光照耀我们快乐工作幸福生活。

自主决定成功,智慧照亮人生。

过一种幸福完整的教育生活。

用我们的智慧创造教育神话。

学会认知　学会做事　学会共处　学会生存。

知识更多地来自思考,而非书本。用适合自己的方法学习才是最有意义的。

与其超越别人,不如超越自己。

黑暗给了我黑色的眼睛,我却用它来寻找光明。

千教万教教人求真,千学万学学做真人。

让我们的课堂充满智慧,让学生的强势智能得到充分发展。

教是为了不教,学是为了应用。

教育是一项智慧的事业,促进人的智慧成长,让师生拥有快乐幸福的人生是教育的使命。

平顺中学宣誓文化:课前宣誓,跑步宣誓,大型活动宣誓。

平顺中学教室文化(教师文化、学生文化)。

构建教室的空间文化要充分发挥教师与学生的想象力与创造力,物理环境作为一种缄默的知识,有时会起到潜移默化的非凡作用。教室门口文化牌保持及时更新。室内有花有草有图书角,课程表、作息时间表张贴于显著位置。有废纸框,有饮水机,墙上有布置:促人自信、激人奋进的语句,名人名言,优秀作文,班级园地。

平顺中学办公室文化。

行动之二:质量工程

大面积提高教育质量,让每个学生获得充分的发展;大面积提高教学质量,把更多的学生送进大学。学校实施十大质量建设工程,即文明工程、奠基工程、补差保底工程、补弱达线工程、培特拔高工程、规范标准工程、特长发展工程、潜力开发工程,个性化课程工程、"五清"管理工程等。

行动之三:素质工程

认真落实"智慧教育"、"幸福教育",把"智慧"、"幸福"渗透在教育教学的全过程。确立由科学素质、人文素质、艺术素质、体能素质、智能素质、情感素质构成的学生素质目标。其次通过实施"三大工程"来保证素质目标的实现:一是"五个一工程",即每个学生参与一个学生社团、一个管理岗位、一门活动选修课、一个研究课题、一套科学的常规方法。二是"素质弱点矫正工程"。三是"健体工程"。

行动之四:学力工程

通过三大途径培养学生的学力。一是通过"背书、悟道"工程,建立勤奋型学习模式。二是改变课堂结构,使课堂成为学堂。推行"六步一循环"学习型课堂模式,确立自主学习课表。三是建立由动力系统、目标系统、方法系统、执行系统、反馈系统、保障系统构成的自主学习系统,还给学生自主学习时间,把学习和发展的主动权交给学生。

三年的整体部署就是三个字:"严"、"活"、"紧"。严,就是高一"严"。学生来自不同初中,原学校教学风格各不一样,要做到统一,必须在起始年级高标准严要求。具体体现在:学风严、管理严、行为规范严。通过严格要求,使学生们成为行为规范、好学上进、自学能力较强的人才。活,就是高二"活"。学生有自我约束能力和自学能力以后,就要着重培养他们的兴趣爱好和特长,如参加各种兴趣小组、竞赛训练、文娱体育活动,学生干部竞选,美术、音乐欣赏活动等等,全面提高学生的素质。紧,就是高三"紧"。高三阶段基本上是总复习阶段,严中有紧,紧中有活,要有具体的指导思想,工作目标,具体实施方案,做到紧中有序。高三阶段的总复习,被称为向高考发起"总进攻"阶段。他们的总体思路是:一轮复习要扎实;二轮复习要系统;三轮复习要提高;四轮要小结。第一轮复习(单元过关)截止于1月底。第二轮复习(块块过关)在2月初至4月中旬的两个半月时间内进行,老师们精心编写了六套训练题。主要根据各科不同的特点,分知识点进行章节训练,做到题过关、点点落实。第三轮复习(大综合训练)在4月底至5月中旬进行,各有一套综合训练题,称谓高考模拟题。第四轮复习,侧重于个人小结,老师侧重于信息汇总,是考前的稳固。

行动之五:校本课程

一是建设人文、科学、技术、艺术、体育、社会六大课程体系的“课程超市”,让学生有充分的课程选择权。二是建立六大特色课程,即阅读课、交流课、研究课、社团活动课、特长选修课、拓展欣赏课。三是建设学生个性化课程。A组学生课程由基础课+拓展课+奥赛课构成;B组学生由基础课+拓展课+选修特长课构成;C组学生由基础课+补偿教育+兴趣活动课构成。四是建设校本教材体系,基本形成特色的校本教材体系。

行动之六:理想课堂

一是开展了课堂建模活动,致力于构建生态课堂、情感课堂、开放课堂、智慧课堂、探究课堂和互动课堂,大力促进“六步一循环”教学模式,让师生在课堂里幸福成长。二是坚持磨课、研课,通过导课、评课以及课堂反思,不断优化课堂。三是建立课堂质量保证机制,建立学科组研究课、领导听课研课、考评组听考核课、每周教师会的评课等措施,优化课堂教学。四是全面推行学案制。

事实上,教师不讲,学生可以学会的东西太多太多,他们一旦成为学习的主人,就没有学不会的东西,群体的智慧与个体积极性的融合,便会在课堂上焕发出奇异的光彩。今后,备课方面:做到“三坚持,一超前”。“三坚持”,即坚持集体备课,坚持交流备课,坚持修改完善备课,使每一节的备课质量高,适应性强;“一超前”,即每人超前一周交出学案稿。教师要把功夫下在备课上,要站在哲学的高度处理学科知识,站在相互联系的角度形成知识框架,要大量储备材料以上课备用,要设计出凝练的“学习目标”组织课堂,要设计出严密的“问题组”以提高课堂效率,实现学生“无疑处生疑,有疑处释疑”的教学追求。

课堂教学:教师精讲、少讲,放手学生参入教学过程,课堂生机勃勃。在课堂评价上,不只看教师讲得如何,更看重学生学得如何,不看花架子,而注重实效,看在引导解决问题的过程中方法的培养,看学习、解决问题技巧的培养,看学生能力、技能的发展,强调围绕学生的学习而设计活动,突出以学生发展为本的思想。课堂教学要发生“三个转变”。一是学生学习态度要由“供应式”向“超市式”的转变,课堂教学由一言堂变成了百家争鸣,学生由精英式的学习变成全员式的参与。学生充分发挥在知识学习中的自主选择性,从哪些材料中学习,学习什么,由自己做主。二是教师教学由“注入式”向“发动式”转变。教师在课堂上要“相信学生、利用学生、发展学生”,不能唱独角戏,要由“讲”到“动”,使课堂成了“快乐享受的地方,不是被动接受、枯燥无味的看守所”。三是课堂内容由“纯知识型”向“能力、情感、价值观”转变。课堂学习要由知识生成能力,由知识生发情感,培养学生正确的人生观和价值观。

作业布置与批改:实行“三统一”、“三及时”,做好当堂训练,并对作业布置提出明确的要求。一是作业布置富有层次性、实效性;二是对做错的作业本要面批、面改;三是当天作业当天完成,问题不积累。“三统一”、“三及时”,即统一布置要求,统一批改要求,统一建错题档案,做及时发现、及时矫正,增强了作业的实效性,起到了作业的检查、巩固作用。

辅导：辅导是提高质量的有效环节，主要突出对学困生的辅导，做到“五有”，即有辅导对象、有辅导时间、有辅导方法、有辅导要求、有辅导记载，确保了浮动的针对性和实效性。

继续学习洋思，实施“三个一”和“三清”。洋思的“三个一”，就是从起始年级（初一）抓起、从新生进校第一天抓起、从最后一名抓起。为了教好“难教”的学生，洋思中学每周都搞“三清”运动。所谓“三清”，就是堂堂清、日日清、周周清，就是要求学生做到“课堂上能掌握的不留到课后”、“今日事今日毕”、“适时温故知新，巩固提高”。“三清”中，最重要的是“堂堂清”。只有每堂课都不折不扣地完成任务，当堂完成作业，“日日清、周周清”才有可靠的保障。学生们都慢慢养成了自学的习惯。

行动之七：高效德育

实施“德育系列工程”。一个目标：学生发展目标。两个“创新”，一是内容创新，构建由信心教育、理想教育、责任教育、感恩教育、传统文化、国际文化素养教育的德育体系。二是理念制度创新，确立了系列德育制度。三是德育途径，即文化引领、规范导行、活动体验。四个体系，即学生生活体系、习惯训练体系、德育内容体系、常规管理体系。五个建设，一是德育教材建设。二是文化精品活动建设。三是德育基地建设。四是心理辅导中心建设。五是德育队伍建设。

学生基础差，并不等于他们的智力差，更不等于他们的潜力小。璞玉不琢，良玉难就。为了充分挖掘学生内蕴的巨大潜力，要求老师必须做到的“三个一”：每天送给学生一个微笑，每天说一句鼓励学生的话，每天找一名学生谈话。“一个微笑”温暖了学生困乏疲惫的心灵，“一句鼓励”激发了学生的自信。“一次谈话”沟通了师生之间的感情。

行动之八：现代班级

通过“四大建设”构建学校的现代班集体。一是班级文化建设，坚持文化育人、文化立班。二是班级体制建设，创建十大机制：班级舆论导向机制、规范约束机制、纪律惩戒机制、民主监督机制、情感沟通机制、自我教育机制、个别引导机制、竞争合作机制、力争整合机制、评价激励机制等。三是班级管理模式建设，构建“自主管理＋自我管理”的现代管理模式。四是班级管理程序建设。

严格学生管理。对学生的教育要重点把握好两个字——“爱”和“严”，爱是基础严是责任，关键是把握好度。将爱融入学生的日常管理工作中，开展理想教育感恩教育和自信心教育，引导学生不断增长自信心，以感恩之心投入学习，从精神上为学生的学习注入动力。学校制定并严格执行“五大纪律”，即对“侮辱谩骂老师、考试作弊、持械打架斗殴、偷盗、每学期累计旷课24节”的学生，一经查实，坚决予以开除，要求学生学会对自己的行为负责，对自己的行为产生的后果承担责任。增强学生的纪律意识、责任意识，维护校规校纪的严肃性。

行动之九：硬件工程建设

宿舍楼（将来的图书阅览楼）开工建设，预计投资900万元。教室装多媒体建校园网，累计投资292万元。装修礼堂、餐厅、图书馆，共计投资100万元。购图书、实验室设备，更新校园及楼内橱窗投资预计278万元。筹建电子阅览室投资50万元。筹建教育信息校园网，为现代信息教育的发展奠定坚实的基础。

行动之十：示范工程建设

借助建立示范学校的时机，进一步建立一支个体素质较高、群体结构合理，骨干教师相对稳定，充满创新精神并各有特长的教师队伍和管理人员队伍。学校和各教研组都制订教科研计划，各教研组、每位教师都有教研和科研专题，并努力探索本学科的教学改革之路，力争人人形成不同的教学风格。形成一整套的规章制度，制定《教师管理手册》、《学生管理手册》、《学校岗位职责》、《教代会实施细则》、《学代会实施细则》等，实行目标管理、计划管理、制度管理、档案管理，保证教职工和学生参与教育教学和学校的各项工作。积极鼓励校园社团活动，“校园之声”广播电台、校园教育电视台、记者团等，均由学生自行管理，使他们在参与校园文化建设过程中获得自主发展。

实施“三大措施”

“三大措施”：教师专业化发展，导学案改革，家长教育

智慧型教师专业化发展规划

教育是基于生命的事业，教育的国际化和高素质人才的培养，呼唤着“教师教育”和“教师发展”，教师是学校教育的最大财富。因此，通过提升教师、促进教师专业化发展来改进学校，推进教育现代化进程就成了历史的必然。

一、规划目标

1. 总目标。学科带头人突出、整体素质高品位(高师德、高学历、高能力)、青年教师成长迅速。

2. 分目标。①新增教师学历全部达到本科水平，逐渐引进研究生学历。②鼓励教师进行硕士、博士等高一层次学历的进修，到2012年，我校教师中研究生学历(含在读)或硕士学位的比例提高到3%。③我校专任教师的结构比例达到市规定的标准，到2011年，高级职称比例要在原有基础上有所提高。

二、具体措施

(一)加强领导，将教师专业化发展工作纳入科学化、制度化管理的轨道

学校成立由校长任组长的领导小组，专门负责教师专业化发展的规划和实施。领导小组下设三个专项小组：师德建设组负责师魂的塑造工作，组长由校长担任；骨干教师培训组负责各级各类骨干教师和学科带头人的培养工作，组长分管教学工作的副校长兼任；教研室负责教师的学历达标、高一层次培训等教师进修工作，组长由负责办公室的校长助理担任。

制定教师个人的三年教师专业发展规划书，逐步完善教师业绩档案，每位教师制定从校级骨干教师—市省级骨干教师—大师级骨干教师等各个层面的教师个人发展规划和学历提升、专业技术职称提升计划，并结合教师业务考绩档案，形成相应的教师业务发展档案。

（二）加强校本培训

多渠道开拓校本培训资源，试行校际资源共享，提高研训层次，校本培训是促进教师专业化发展的主要渠道。我校将本着“从实际出发，注重实效”的原则，主要做好以下几方面的工作：

第一，现代教育理论培训。加强理论学习，更新教育教学观念，每位教师要制订学习计划，保证每学期学完一本理论书籍及有关杂志，提高理论修养，增强思辨能力，学校开辟校园网信息专栏，每周推荐优秀文章，同时将教师个人的学习心得，案例设计和教改经验等及时传递给每位教师，建立学校信息共享体。通过自学、讲座、报告、研讨交流等形式，让教师了解和掌握现代教育的基本理论和基本知识，使其进一步端正教育思想、更新教育观念。

开设教师论坛，提高反思能力。学校每月开设教育论坛、教育沙龙，对在工作实践中的热点问题，通过自由选题、处理信息、案例分析、撰写报告等方式进行思维碰撞，实现教师自我更新和发展的目标。

分层次开设青年教师培训班、班主任培训班、骨干教师研修班，以教育教学改革和教育科研为抓手，引导教师在不断探究和解决教育教学问题的进程中促进自身专业的可持续发展。

第二，现代教育技术培训。学校通过加强信息技术教研组建设、开办信息技术培训班和组织优秀课件、电子教案展评等活动，进一步推进信息技术与学科教学的整合。今后，要求全体任课老师都能熟练的运用现代教育技术，大部分教师能独立制作课件，有相当一部分教师制作高水平课件并获奖。坚持每年一次的校级教育教学能手的评选，建立“青年教师成长袋”，坚持动态管理及目标考核方法。

第三，学科教学能力培训。一是加强教学基本功训练，使所有青年教师都能达到规定水平；二是开展“青蓝工程”活动，充分发挥骨干教师和老教师的作用；三是实践练兵，通过举办汇报课、研究课、评优课和观摩课等活动，提高教师的教学能力。通过“师德建设大讨论”、“十项技能过关”、“师徒结对”、“五看五比”、“同课异构”、“同课同构”、“教学沙龙”等活动的开展，促进中青年教师较快接受教育新理念，向教学能力强的教师学习经验，较快地成长为一名合格教师、优秀的教师、受学生欢迎的教师。

第四，构建学习型学校。终身学习已成为当今世界的潮流，教育工作者通过不断学习充实自己，已成为提升整体素质的重要途径。学校将制定学习规划、健全激励机制、营造学习氛围，确保学习效果，使构建活动扎扎实实开展，为教师和学校可持续发展提供不竭动力。

第五,高标准完成继续教育任务。依据上级主管部门的要求和安排,大力配合抓好继续教育工作,高标准完成任务。学校安排专人负责,健全继续教育个人档案,完善继续教育工作机制。

(三)课题引领

以课题研究为载体,不断提升教师科研素质,从而能以科学的态度和方法来解决教学实践的问题,是我们基础教育科研的真谛。学校要求全体任课教师都必须参与一个课题的研究,要求骨干教师都必须亲自认领课题。学校加大投入力度,确保课题研究顺利进行。

(四)借助外力

对教师个体而言,学校创造的一切条件都是外因。对学校而言,学校以外的一切可利用资源也是外因。充分利用外部条件,是教师专业化发展的捷径,他山之石为我所用是成功之良策。北京师范大学、山西师范大学、全国语文学习研究会,都是我校的指导者,要充分利用这些资源。学校拟做实以下几件事:

第一,聘请省市区名师来校传帮带,亲自深入课堂指导教学、指导教师。

第二,聘请有丰富实践经验的专家、学者来校讲学,促使教师的教育观念、教育思想、教育方法等有较大提升。

第三,开阔教师视野。学校尽最大努力,让老师们多参加一些学术交流活动,同时还要适时适当组织一些外出参观、考察活动。

第四,提供和创造学习培训机会。学校尽最大可能确保有相当数量的教师接受过专门的学习和培训,让教师们享受到学习和培训的快乐。

第五,克服困难、筹措资金,选派教师外出深造,以适应教育国际化的需要。学校将与省内外名校结对,每年派出 1~2 名优秀的教师挂职锻炼,每年安排并资助一定数量的中青年骨干教师接受高一层次的学历进修,境内外短期的高级研修班和学术活动,并通过各种媒体加大对优秀教师和名师的宣传力度。

鼓励教师进行学历进修,对于获得硕士学位的教师,学费由学校和个人按 1:1 的比例承担。

导学案的编制与使用

导学案是引导学生一步步认知知识、理解知识、感悟知识、运用知识的学习材料和学习提纲。导学案教学就是教师利用课前设计好的教学案有效的控制课堂教学进程、学生利用教师提供的学案主动融入学习过程中的一种课堂组织方式。

学习东庐中学讲学稿的做法,我们的教学改革也将分为两大块:第一块是改革备课模式,实行以“导学案”为载体的课堂教学改革;第二块是改革课外辅导方式,由课外转向课内,不订辅导资料,停止补课,取消竞赛辅导班,切实实行周周清。

“导学案”是根据学生的学来设计的,既是学生的学案,又是教师的教案。学案分为预习案、教学案、巩固案。“要想设计一份好的导学案,关键是抓好备课。”为确保集体备课的质量,每个备课组做到“三定三有”:定时间、定地点、定主备人;有计划、有主题、有记录。学校将此项规定纳入备课组长与教师的考核,一月一考核,使集体备课落到实处。

一、“导学案”的具体做法

1.新的备课模式。“导学案”指的是集教案、学案、作业、测试和复习资料于一体的师生共用的教学文本,是教师集体备课的结晶。其备课模式可以概括为:“提前备课、轮流主备、集体研讨、优化学案、师生共用”。

备课具体过程为:(1)寒暑假备课。寒暑假教师了解学生,疏通教材,从纵横两方面把握知识体系。(2)主备教师提前一周确定教学目标,选择教学方法,设计教学程序,将“导学案”草稿交备课组长审核。(3)备课组备课。组长初审“导学案”后至少提前两天将“导学案”草稿发给全体组员,然后召集组员集体审稿,提出修改意见;主备教师按集体审稿的意见将“导学案”修改后交审核人审查,再由备课组长将审核后的“导学案”交分管领导审定,制成正式文本。(4)课前备课。上课前一天将“导学案”发给学生,任课教师对“导学案”再进行理解和补充。(5)课后备课。第二天师生共用“导学案”实施课堂教学,课后教师在“导学案”的有关栏目或空白处填写“课后记”,用于下次集中备课时小组交流。这是一个不断打磨,不断提升的过程,经验得以积累,教训和问题变成了复习教学的重点和难点。学生则在“导学案”相关栏目或空白处填写学习心得等。

2.“导学案”的编写要求。编写遵循的基本原则是:主体性、导学性、探究性、层次性、开放性、创新性、民主性、实践性。第一,“导学案”应该具备明确的学习目标;第二,应注意帮助学生树立知识结构体系;第三,提供适当的学习方法和学习策略的指导;第四,提供检测学习效果的适当材料;第五,注意“导学案”与一般教案和讲义的区别,不能把“导学案”写成类似学习辅导用书的模式。第六,不同学科、不同课型的“导学案”都应该有各自不同的特色。大体上说,“导学案”的编写主要按课时进行,与教师上课同步,适合于不同课型的教学需要。

学案的设计应注意以下特点:围绕教学目标,坚持教材,从整体上体现教材的知识结构和知识间的内在联系,使知识能条理化、系统化和整体化,尽量一课时一个学案,以便控制学习总量,使学生明确目标,最大限度地提高课堂教学效益。

有启发性,对教材中学生难以理解的内容有的应作适当的提示,配以一定数量思考题,引导学生自主学习,在一个个问题的解决中培养学生的能力,激发学生的求知欲。

问题设计应有层次性、梯度性,应根据学生对问题的认识逐渐加深。做到循序渐进,使学生意识到,要解决教师设计的问题不看书不行,看书不看详细也不行,光看书不思考不行,思考不深不透也不行。这样学生就能真正从教师的设计的问题中找到解决问题的方法，学会看书，学会自学。

应满足不同层次学生的需求，要使优秀生从导学案的设计中感到挑战，一般学生受到激励，学习困难的学生也能尝到成功的喜悦，让每个学生都学有所得，最大限度地调动学生的学习积极性，提高学生学习的自信心。

二、导学案流程：学生自学教材，完成导学案中的有关问题是学案导学的核心部分

它要求教师将预先编写好的学案，在课前发给学生，让学生明确学习目标，带着问题对课文进行预习。同时，教师在学生自学过程中应进行适当辅导，使学生较好地掌握大体内容，培养学生的自学能力。在学生自学过程中教师应做到以下几点：

第一，要指导学生自学的方法。如，告诉学生导学案中哪些内容只要略读教材就能掌握，哪些内容应注意知识前后联系才能解决等等。让学生逐步理解掌握教材。

第二，教师应要求学生把预习中有疑问的问题做好记录，让学生带着问题走向课堂，这样做，一方面能逐步培养学生自主学习的能力。另一方面，又能使学生逐步养成良好的预习习惯和正确的自学方法，而良好的预习习惯和正确的自学方法一旦形成，往往能使学生受益终身。

讨论交流。在学生自学的基础上，教师应组织学生讨论学案中的有关问题，对一些简单、易懂的内容教师只需一带而过，而教学中的重点、难点问题则应引导学生展开讨论交流，达成共识。而学生在讨论中不能解决或存在的共性问题，教师应及时汇总，以便在精讲释疑时帮助学生解决。值得注意的是，在学生讨论交流过程中，教师应积极引导学生紧扣教材、学案，针对学案中的问题展开讨论交流，避免草草了事或形式主义，最大限度地提高课堂教学效率。

精讲释疑。精讲释疑就是在学生自学、讨论交流的基础上，教师根据教学重点、难点及学生在自学交流过程中遇到的问题，进行重点讲解。

教师在精讲过程中，力争做到以下几点：首先，精讲的语言、内容要精。其次，精讲应具有针对性，切忌面面俱到，应根据学生自学、讨论交流过程中反馈的信息展开。再次，精讲应具有启发性。学生经过老师的适当点拨能解决的问题应尽量让学生自主解决，最大限度地发挥学生学习的积极性，培养学生的思维能力。另外，教师还应对学生讨论交流过程中提出的具有独创性的问题给予表扬，而比较幼稚的问题不应讥笑、挖苦，以保护学生参与课堂活动的积极性。

练习巩固。这是学案导学的最后一个环节。练习的设计应紧扣本节课的教学内容和能力培养目标及学生的认知水平进行。在练习问题设计时，应注意多设疑，在无疑—有疑—无疑的过程中，使学生由未知到有知、由浅入深、由表入里、由此及彼地掌握知识，增强学习能力。

对高中不同年级的学生练习的侧重点应有所不同。低年级的学生应侧重基础知识的掌握，而高年级学生应把侧重点放在能力培养上。练习题要求学生当堂完成，让学生通过练习既能消化、巩固知识，又能为教师提供直接的反馈，以便对练习中出现的问题应及时发现，给予指正，做出正确的评价。讲评时应把重点放在学生学习的难点上，根据练习情况及时调整教学目标、教学进度、教学方法，做到有的放矢。

精心设计导学案实行教案学案一体化，能使课堂教学规范化，不仅可以发挥教师团体的力量，使优质教学资源得到共享，而且有利于使我们教学更加面向学生的实际。学生有了学案，对即将到来的课堂不在讳莫如深，不知所处。从而真正还学生课堂主人的地位。是课堂有效教学的有效措施。

注意点：导学案的编制对教师提出了很高的要求。一方面要求教师要关注学生的学习实际，了解学生的学习“起点”，另一方面要求教师要了解、熟悉教材、考纲、高考，即“终点”在哪里。要降低起点难度，循序渐进。

灵活的导学案的基本组成：导学案一般包括目标要求、知识储备、自学提纲、诱思导学、课堂小结、能力检测等几个基本环节，根据不同教学内容和要求环节有所增减。

目标要求：考试学科就是考试要求。它能让学生明确本节的重点、难点，以及在高考知识点的地位；知道老师的授课目标、意图，让学生学习能有备而来，给学生以知情权、参与权。

知识储备或预习提纲：从帮助学生学会学习出发，按照从易到难，从表面到本质，从特殊到一般的认识规律，有层次地安排学习内容。针对学生量身定做教学案，教学案的起点要低，每个学生都可以参与，在学生参与的过程中，难度不断加大，因此每个学生在参与学习的过程中都可以感受到自身学业水平的提高，进一步激发学习的动力。

诱思导学：学习内容案例化，问题化。教学案教学的重点在“诱思导学”的问题讨论，问题的设置是成为教学案编制的关键。

心理学证明：人们感兴趣的事物是中等陌生度的事物，即对非常熟悉和非常陌生的事物都不大感兴趣。——注意选材的时代性、趣味性，贴近学生生活，使学生积极参与。

教师要求有创新精神，提出的问题要从课程标准出发，又不拘泥于教材和考纲，要有利于帮助学生突破常规思维的局限，有利于挖掘学生的潜能，有利于促使学生发现问题。

课堂小结：主要由学生来总结所学的主要内容和学习感受、心得、收获、体会或提出疑难问题等，以便及时总结得与失，弥补知识缺漏，不吃夹生饭，不做欠账人。

课堂检测：这也是教学案设计中的重点，使用时可穿插在教学过程中，也作为课堂内容及例题讲解后的巩固训练，以检验所学知识，培养多种能力。要求所选题目具有梯度性（按考试要求的层级和学生多层级），典型性（选择一些规范的有代表性的），时效性（要有时代性、关注当年热点），和针对性（针对考点、针对学生实际）。不求多，不求难，绝不能抄一下了之。所以这是教学案设计者酬劳智慧的结晶。

三、导学案的使用。对学生使用导学案的要求

（1）根据导学案内容认真进行课本预习。所有同学必须自行解决导学案中基础题部分，学有余力的同学可以做提高题，碰到生疏的、难以解决的问题要做好标记，第二天与同学交流或在课堂上向老师质疑。要求学生在使用导学案时坚持三原则：自觉性原则、主动性原则、独立性原则。

(2)课堂上注意作学习方法和规律的笔记以便今后复习，学完一课后，要在导学案的空白处写上“学后记”(学后心得)。

(3)每隔一定时间后，将各科导学案进行归类整理，装订成复习资料。

对教师使用导学案的要求。①原则上不允许再布置课外作业，应认真指导学生使用导学案，在上课前必须抽批部分导学案(多少酌情而定)，以了解学情，再次进行课前备课。②用导学案进行课堂教学时，要努力做到：新知识放手让学生主动探索；课本放手让学生阅读；重点和疑点放手让学生议论；提出的问题放手让学生思考解答；结论或中心思想等放手让学生概括；规律放手让学生寻找；知识结构体系放手让学生构建。③用导学案进行课堂教学时，要拓展学生的思维，主要包括：第一，引导学生通过展开充分的思维来获得知识，暴露学生思维过程中的困难、障碍、疑问和错误；第二，寻找学生思维的闪光点及时给予鼓励和引导；第三，课堂教学中除充分调动学生思维外，教师自己的思维也要得到充分展开，在教学过程中激活学生，提升自己，做到教学相长。④用导学案进行教学要做到“四精四必”：精选、精讲、精练、精批，有发必收、有收必批、有批必评、有评必补。因而教师必须提高三个能力：一要提高备课中的“厨师”能力。教师必须根据教材精选材料，精选认知策略，精收反馈信息。优选教学方案，优化教学手段，在抓住“重点”、凸显“难点”、破解“疑点”上下工夫，在能提高学生能力的“支撑点”上下工夫，在能激发学生主体意识的“兴奋点”上下工夫。二要提高课堂上的“公关”能力。教学中教师必须激励、唤醒学生的主体意识，变“要我学”为“我要学”。为此，教师要主动接近学生，通过平等、民主的师生交往，了解学生的知识需要与情感渴求。三要提高教学时的“导演”能力。在课堂教学的实施过程中，教师好比导演，要为学生创造表演的舞台，让课堂充满魅力。教师必须根据教材内容，灵活使用教学手段，做到寓教于趣，寓教于乐，寓教于情，使学生始终处于学习的亢奋状态。

四、使用导学案的注意事项

(1)上课前发给学生，学生预习后，教师要批阅一部分“学案”，根据学情再次进行课前备课。

(2)教师在课堂上要做到“五让”：教材让学生自读；知识让学生探索；问题让学生解决；结论让学生概括；体系让学生构建。利用学案教学可能会出现学生成绩两极分化的现象，因为学生本身存在差异。一般来说，优等生的学习的自觉性强，学习效率高，单位时间所获取的知识多，利用教学案学习的自主性和超前性较强，教学案的学习跳板和支架作用得到较好体现；而部分学生长期习惯于接受式学习，自主学习习惯较差，教学案利用率不高，学习有障碍；还有部分学生自觉性较差，学习不努力，过一段时间后，学生间表现的个体差异可能很明显，成绩出现两极分化的现象。

(3)教师在教学中对“学案”要做到“四精四必”:精选、精讲、精练、精批,有发必收,有收必批,有批必评,有评必补。导学案是学习的凭借,是学生自主学习的依托,设计好有针对性的讲学案就显得十分重要。因此要防止把教学案等同于习题和作业而导致不分层次、难度偏大、题量太多,以免造成学生对教学案怀有恐惧心理的现象。

(4)要求学生要根据“学案”的内容进行课前预习;课堂上注意总结学习规律及“学后记”的填写;课后注意“学案”的归类整理,装订成复习资料。

(5)导学案的编制必须发挥集体备课的作用,不能有了学案就不要备课。

导学案的使用实际上对教师的工作提出了更高的要求。一个教学案的出台,不能是一个人的教学思想的体现,而应该是备课组集体智慧的结晶。新的备课方式的特点:提前备课→轮流备课→集体研讨→优化教学案→师生共用→信息反馈→完善教学案。新的备课方式流程:提前分工→主备教师备课→备课组集体研讨,完善修订教学案→教师个人课前备课→教师个人的课后二次备课。

提前分工:即每学期开学前,各备课组在统揽教材的基础上,根据每位教师的专长,把本学期教学内容的备课任务分配到人,明确内容,明确要求,明确运行时间。

主备教师备课:主备教师前置一周或两周进行备课,设计教学案,并将其提交备课组长审核。

备课组备课:经备课组长审核后的教学案,转交第二第三备课组审阅修订、完善,最终定稿,师生共用。

课前备课:任课教师上课前,对教学案进行阅读理解,熟悉内容,熟悉流程,重点是设计每个教学板块中的运行方式及运行程序。

课后备课:重点是教师写课后记,用于下次集体备课小组交流,这是一个不断打磨,不断提升的过程,经验得以积累,教训和问题便成了复习教学的重点和难点。

鉴于经费紧张,我校纸张有限,印制条件有限,在导学案使用的初级阶段,建议使用电子稿,用媒体呈现出来,在看屏幕中进行学习。

“问题引领式”教学法

我们渴望课堂改革,所以一直在向外校学习,洋思模式、杜郎口模式、东庐模式,特别是导学案教学法,但似乎哪一种方法都学得不顺手。导学案成本太高,我们没有资金印刷。崭新的教学楼教室,两面是大窗户,也没法安装那么多黑板。六步式教学模式推行了一段时间,但感觉课改的力度还是不够大。下一步怎么办呢?我们的思路是:以六步式教学模式为流程,推进“问题引领式”教学法,探索适合我们自己的特色课堂。

一、背景分析

素质教育的核心是培养学生的创新精神和实践能力。从教育学、心理学的角度看,此处的创新主要指个体意义上的创新，而不是某种意义上的创新，也就是说，创新不创新是就学生个人而言的，而不是与别人比是否有创新。从个体思维发展的角度说，一名小学生发现了他个人未曾发现的东西，与科学家发现了人类未曾发现的东西，是等价的，虽然在社会价值上他们可能相差十万八千里。

要保护和发展学生的创造性，首先要保护和发展学生的问题意识，进行问题性教学。问题意识、问题能力可以说是创新意识、创新能力的基础。早在20世纪30年代，陶行知先生就言简意赅地说："创造始于问题。有了问题才会思考，有了思考，才有解决问题的方法，才有找到独立思路的可能。"

好奇是人的天性，所有的孩子第一天走进学校的时候，都是兴高采烈的，都是充满奇思异想的。每个孩子走进学校的时候都怀有无穷的求知欲和表现欲。因此，当教师第一天向学生问问题的时候，50个学生就举起了100只手，因为每个人都太想回答问题了，所以都举起了双手。随着时间的流逝，举手的人越来越少。这是因为，孩子们回答问题错误或提出荒谬问题时，免不了要受到批评和嘲笑。面对不断地批评和嘲笑，孩子们回答问题和提出问题的积极性也逐渐降低，所以在学校里看到的情形是，小学低年级小手如林，小学高年级则逐渐稀疏，到了初中举手的则是寥若晨星了。高中学生还有举手的吗？没有了。他们已经没有回答问题和提出问题的欲望了。有谁愿意不断地被批评、被嘲笑呢？其一，不回答、不提出问题不会有任何麻烦，而回答不好却有不愉快的结果；其二，教师的所有问题都是有标准答案的，教师提问一般都是自问自答。随着这种趋势的发展，问题意识也是日渐淡化。而学生们建立了一个信念：老师的任何问题都是有一个标准答案的，面对这样一个突如其来的问题，他们揣摩不出老师的标准答案是什么，所以就不敢贸然回答，不愿当众出丑。他们关心的不是我怎么看问题，我怎样想问题，而是老师怎样看问题，老师期望的答案是什么。在心理上，他们已经习惯了接受老师的答案，而不是向老师的答案提出挑战。

1998年年底，一个美国教育科学家代表团到上海市访问，希望听一堂中学的科学教育公开课。接待人员安排了一所很有名望的重点中学为他们讲了一堂高中一年级的物理课。任课教师是一位优秀的特级教师。在教学过程中，教学目的明确，教学内容清晰，教学方法灵活，有理论，有实验；教学过程活跃，教师问问题，学生回答问题，师生互动，气氛热烈；教师语言准确简练，教学时间安排精心，当老师说"这堂课就上到这里"的时候，下课的铃声正好响起。按照我们习惯的观念，这堂课可谓天衣无缝。下面近百名听课教师随着铃声响起，掌声震动。可是五位美国客人却没有表情。第二天当接待者请他们谈他们的观感时，他们的回答却出乎我们的意料。他们反问：这堂课老师问问题，学生回答问题，既然老师的问题学生都能回答，这堂课还上它干什么？（《教育新理念》，第6页，袁振国著，教育科学出版社）

我们呼唤着以问题为纽带的教育。中国的教师通过问问题检查学生的预习情况，了解学生掌握知识的程度，如果学生把教师的问题都回答出来了，那说明学生对教师所讲的知识都掌握了,没有问题了。我们经常听到老师下课前问学生:"都听懂了吗?还有问题吗?"当学生回答说没有问题了,老师就放心了。有的老师不仅听其言,还要观其行,要抽问学生,当得到的答案都是正确的,也就是都符合标准答案时,老师才会感到学生确实是没有问题了,才会露出满意的微笑。学生带着问题走进教室,没有问题走出教室。我们把这种教育称为"去问题教育"。而美国人却不这样理解教育。他们认为:学生总是充满好奇和疑问的,他们走进教室的时候,带着满脑子的问题。老师在回答他们问题的过程中,有意通过情景、故事、疑问、破绽等激发学生更多的问题。老师的回答使学生产生更加多的问题,最后老师不得不投降:"你们的问题我已经回答不了了,我的知识就是这么多,我回去再学习,再准备,下次再来回答你们,你们回去也去思考,去寻找答案。"学生带着问题走进教室,带着更多的问题走出教室。这就是以问题为纽带的教育。教师并不以知识的传授为目的,而是以激发学生的问题意识、加深问题的深度、探求解决问题的方法,特别是形成自己对解决问题的独立见解为目的。

二、理论依据

建构主义认为,知识不是通过教师传授得到,而是学习者在一定的情境即社会文化背景下,借助其他人(包括教师和学习伙伴)的帮助,利用必要的学习资料,通过意义建构的方式而获得。因此建构主义学习理论认为:情境、协作、会话和意义建构是学习环境中的四大要素或四大属性。

情境是学习环境中的情境,必须有利于学生对所学内容的意义建构。在建构主义学习环境下,教学设计不仅要考虑教学目标分析,还要考虑有利于学生建构意义情境的创设问题,并把情境创设看作是教学设计的最重要内容之一。

协作是协作发生在学习过程的始终。协作对学习资料的搜集与分析、假设的提出与验证、学习成果的评价直至意义的最终建构均有重要作用。

会话是学习小组成员之间必须通过会话商讨如何完成规定的学习任务的计划;此外,协作学习过程也是会话过程,在此过程中,每个学习者的思维成果(智慧)为整个学习群体所共享,因此会话是达到意义建构的重要手段之一。

意义建构这是整个学习过程的最终目标。在学习过程中帮助学生建构意义就是要帮助学生对当前学习内容所反映的事物的性质、规律以及该事物与其他事物之间的内在联系达到较深刻的理解。这种理解在大脑中的长期存储形式就是前面提到的"图式",也就是关于当前所学内容的认知结构。

在建构主义学习环境下可以采用不同的教学方法,目前比较成熟的教学方法主要是支架法、抛锚法和随机进入法。但在实际教学中,不一定采用某种单一的方法,也可以将两种以上的方法结合在一起(以某种方法为主,其他方法为辅)灵活加以运用。如果是支架式教学,则围绕上述主题建立一个相关的概念框架。框架的建立应遵循维果斯基的最邻近发展区理论,而且要因人而异(每个学生的最近发展区并不相同),以便通过概念框架把学生的智力发展从一个水平引导到另一个更高的水平,就像沿着脚手架那样一步一步向上攀升。如果是抛锚式教学,则根据上述主题在相关的实际情境中去确定某个真实事件或真实问题("抛锚")。然后围绕该问题展开进一步的学习,对给定问题进行假设,通过查询各种信息资料和逻辑推理对假设进行论证,根据论证的结果制订解决问题的行动规划,实施该计划并根据实施过程中的反馈补充和完善原有认识。如果是随机进入教学,则进一步创设能从不同侧面、不同角度表现上述主题的多种情境,以便供学生在自主探索过程中随意进入其中任一种情境去学习。

真实事件或问题被形象地比喻为"抛锚",因为一旦这类事件或问题被确定了,整个教学内容和教学进程也就被确定了(就像轮船被锚固定一样)。建构主义认为,学习者要想完成对所学知识的意义建构,即达到对该知识所反映事物的性质、规律以及该事物与其他事物之间联系的深刻理解,最好的办法是让学习者到现实世界的真实环境中去感受、去体验(即通过获取直接经验来学习),而不是仅仅聆听别人的(例如教师)这种关于经验的介绍和讲解。由于抛锚式教学要以真实事例或问题为基础(作为"锚"),所以有时也被称为"实例式教学"或"基于问题的教学"。抛锚式教学由这样几个环节组成:

(1)创设情境:使学习能在和现实情况基本一致或相类似的情境中发生。

(2)确定问题:在上述情境下,选择出与当前学习主题密切相关的真实性事件或问题作为学习的中心内容(让学生面临一个需要立即去解决的现实问题)。选出的事件或问题就是"锚",这一环节的作用就是"抛锚"。

(3)自主学习:不是由教师直接告诉学生应当如何去解决面临的问题,而是由教师向学生提供解决该问题的有关线索(例如需要搜集哪一类资料、从何处获取有关的信息资料以及现实中专家解决类似问题的探索过程等),并要特别注意发展学生的"自主学习"能力。自主学习能力包括:①确定学习内容表的能力(学习内容表是指为完成与给定问题有关的学习任务所需要的知识点清单);②获取有关信息与资料的能力(知道从何处获取以及如何去获取所需的信息与资料);③利用、评价有关信息与资料的能力。

(4)协作学习:讨论、交流,通过不同观点的交锋,补充、修正、加深每个学生对当前问题的理解。

(5)效果评价:由于抛锚式教学要求学生解决面临的现实问题,学习过程就是解决问题的过程,即由该过程可以直接反映出学生的学习效果。因此对这种教学效果的评价往往不需要进行独立于教学过程的专门测验,只需在学习过程中随时观察并记录学生的表现即可。

建构主义者提出了许多改革教学的构想,但一条基本的、核心的思想是:让学生通过问题解决来学习。Hiebert 等(1996 年)提出了教学与课程改革的一条原则:应该让学生就学科内容形成问题。也就是说让学生具有对知识的好奇,想知道"事情为什么会是这样的",然后再去探索,去寻找答案,解除自己认知上的冲突,通过这种活动来使学生建构起对知识的理解。按照他们的构想,在课程及教学的开始,应该给学生的是一些问题(problems)、两难选择

(dilemmas)或提问(questions),这并不是要使学生体验到挫折,感受到某学科的难度,而是要鼓励学生就所学的内容提出问题、明确问题,从而激发起他们的好奇心,引发他们的理解活动。问题的设计一方面要反映某学科的关键内容,同时又要考虑学生现有的知识经验,从而使学生看到新、旧知识之间的联系。在这个团体中,学生要与同伴分享自己探索的结果,解释自己探究的方法,同时也要倾听他人的想法,借鉴他人探索的成果。教师也要向学生提供一定的信息,但提供的信息不能太多,以免限制和妨碍了学生的探索活动。通过问题解决活动,学习者可以对知识结构形成深刻的理解,培养起具有广泛迁移价值的问题解决策略,并形成对这一学科的积极态度。

传统的教学常常采用"自下而上"的教学设计,按知识的层次结构,从低级到高级逐渐展开。建构主义者认为,这种教学设计是使教学过于简单化的根源。他们提出了"自上而下"的教学设计思路,即教师首先提出整体性学习任务,让学生自己尝试着将整体任务分解为各个子任务,自己发现完成各个子任务所需的相应知识技能,并通过自己的思考或小组探讨,在掌握这些知识技能的基础上,使问题得到解决,完成学习任务。

三、实施办法

问题教学法是一种以问题为核心的有效科学的教学模式,它能够使师生在提出问题——探究问题——讨论解决问题—引发新问题的紧张而热烈的螺旋式递进氛围中进行交流和学习。

"问题引领式"教学法的含义:问题引领是指把教学的内容编纂为几个核心问题,构成问题组,教学的过程以问题来引领学生思考问题、分析问题、解决问题。问题引领式与任务式更容易引起学生的思考,问题也更有利于学生在学习过程中掌握知识和运用知识。

"问题引领式"就是要让学生带着欲解决的问题去自学,带着疑难问题上课堂,带着更新的问题下课堂。

"问题引领式"课堂教学模式的功能目标可表述为:学习发现问题的方法,开掘创造性思维潜力,培养主动参与、团结协作精神,增进师生、同伴之间的情感交流,形成自觉运用基础知识、基本技能和学科思想方法分析问题、解决问题的能力和意识。

教学流程依然执行"六步式"或"六步一循环"模式。

首先出示学习目标。目标包含两个部分:一是本节课要实现的整体目标,一是本节课的问题组。为了提高效率,必须使用媒体。使用媒体减少了印刷的环节,减少了使用小黑板的麻烦,同时也实现了把问题展示给学生的目的。

进入新课以前,要创设问题情境,激发学生探究兴趣。从生活情境入手,或者从基础知识出发,把需要解决的问题有意识地、巧妙地寓于符合学生实际的基础知识之中,以"不协调—探究—深思—发现—解决问题"的教学导入,把学生引入一种与问题有关的情境之中,在学生心理上造成一种悬念,在学生的认知结构的最近发展区中使学生的注意、记忆、思维凝聚在一起,激发学生的探究兴趣和求知欲,达到学习活动的高潮。

创设问题情境的主要方法:通过语言描述,以讲故事的形式引导学生进入问题情境;利用录音、录像、电脑动画等多媒体创造形象、直观的问题情境;学生排练小品,再现问题情境;利用照片、图片、实物或模型;组织学生实地参观等。

在自学的环节,要实现让学生带着问题来学习的目的。让学生学会并形成问题解决的思维方法,需要让学生反复经历多次的"自主解决"过程,这就需要教师把学科思想方法的培养作为一个长期的任务,在课堂教学中加强这方面的培养意识。自然,教师应要求学生在学习基础知识和基本技能的同时,更要注意学习和养成运用思想方法解决问题的意识。

常用方式:对于稍加思考即可解决的问题,可以让学生独立完成,使学生体会到运用思想方法解决问题的快乐。对于有一定难度的问题,应该让学生有充足的时间独立思考,再进行尝试解决。对于思维力度较大的问题,应在学生独立思考、小组讨论和全班交流的基础上,通过合作共同解决。

在质疑、释疑的环节,要加强交流,围绕自学中自己不能解决的问题开展活动,大力倡导学生讨论、研究,争取把问题解决了。在个人自主学习的基础上开展小组讨论、协商,以进一步完善和深化对主题的意义建构。整个协作学习过程均由教师组织引导,讨论的问题皆由教师提出。协作学习环境的设计应包括以下内容:①能引起争论的初始问题;②能将讨论一步步引向深入的后续问题;③教师要考虑如何站在稍稍超前于学生智力发展的边界上(即最邻近发展区)通过提问来引导讨论,切忌直接告诉学生应该做什么(即不能代替学生思维);④对于学生在讨论过程中的表现,教师要适时做出恰如其分的评价。在小组交流的基础上归纳总结,提出新问题,解决新问题。

训练的环节,要运用所学知识迁移到新的问题上,自主解决。练习是掌握和应用知识和技能所必需的。根据学生的认知特点,合理选择和设计例题与练习,培养主动梳理、运用知识的意识和语言表达能力,达到更好地掌握知识及其相互关系和学科思想方法的目的。

常用练习形式:例题(文章)变式。让学生进行错解剖析。让学生根据要求进行命题,相互考察。

总结是把知识与技能通过"同化"或"顺应"的机能"平衡"认知结构的必要步骤。适时地组织和指导学生归纳知识和技能的一般规律,有助于学生更好地学习、记忆和应用,发挥知识系统的整体优势,并为后续学习打好基础。

常用总结方式:在概念学习后,以辨析、类比等方式进行小结。对解题过程进行反思。从知识、能力、学习的启示三个层面进行课堂小结。通过布置阅读、练习和实践等不同形式的课外活动,加深对所学知识的理解和运用,培养学生阅读习惯和动手实践能力。让学生撰写考后感、学习心得、专题小论文。指导学生开展研究性课题研究。

"问题引领式"教学法应注意的问题:

“问题引领式”课堂教学就是通过问题组创设问题情境，激发学生的求知欲，以独立思考和交流讨论的形式，发现、分析并解决问题，培养处理信息、获取新知、应用知识的能力和积极探索的科学精神和团结协作的意识能力。

“问题引领式”教学强调把学习设置到复杂的、有意义的问题情境中，通过让学习者合作解决真正的问题，来学习隐含于问题背后的科学知识，形成解决问题的策略，并发展自主学习的能力。

师生共同营造一个和谐、平等、对话、交流的教学氛围，打破学生盲目崇拜教师的“从师”心理，鼓励他们敢于质疑、勇于发问、善于思考，共同构建教学共同体，教师只是其中一员。

问题设置要贴近学生思维能力的“最近发展区”，教师一定要控制问题使其保持“形散而神不散”：有“中心问题”和“子问题”，整个所有问题需要有一个连贯的合乎逻辑的“问题系统”；使问题的科学性、探究性、解决的可行性有利于学生的创新精神和实践能力、人文素养的形成和发展。

问题的设置要贴近生活实际，体现开放性，问题设置要基于教材、超越教材，体现其开放性的特征，贴近学生的生活实际，能转化为生活中的实际问题，激发学生的兴趣。

教师要正确对待问题的预设性和问题的生成性。实施课堂教学之前，教师一般都要首先考虑自己的知识结构、教学理论、实践经验并结合学生的心理特征、认知水平、知识结构以及教学目标、教学内容等诸方面因素，学生作为鲜活的个体参与其中，有的学生进行着思维的“同化”，而有的是思维上的“顺应”。这必然会引起课堂上对预设问题的不同反应，而导致新的问题的生成，并且有可能一些问题解决不了。

问题不可过多，一般四至五个。教师要预设“真问题”，使得学生需要认真思考后才能解决。

重视家长参与教育

爱尔兰人认为：教育是从家庭开始的，而家庭和学校的作用是相辅相成的，家长既要参与教学，也要和学校保持良好的沟通。

一个旅居爱尔兰的中国家长说：学校会为每个家庭发一个本子作为家长和教师的联络平台，上面写着当天作业的内容，一般也就两三行字。在利默里克特涛瑞中学，家长们可以随意和学校负责人交流，互相探讨教育的方法。学校提出的理念就是：孩子、家长和学校要共同参与教育，并且对家长提出了明确要求。比如，家长应该保证孩子拥有必要的学习资料；督促孩子完成作业；为孩子提供使其感到信任和安全的生活环境，尽其所能为孩子提供生活保证……如果说这些要求看起来还没什么特别的话，接下来的要求恐怕就和国内有所不同了。比如，要求家长为学校和教学团体提供及时的帮助；为孩子提供简单的物品，并协助孩子参加定期的儿童市场；和孩子一起分享课外活动拍摄的照片等等。在校刊中，随手就能翻到家长会组织的活动照片，内容丰富，形式多样，但无一例外都有家长的参与……

家长积极参与子女的教育，可以令子女在学校有更好的表现和成绩，增强子女的信心。中国教育体系中，家长参与意识淡薄。一些家长认为学校是子女受教育的唯一场所，"学校全权负责"是理所当然的，而对于另一些家长来说，由于学校和考试制度要求学校教育重视知识的传授，因而忽略了对孩子人格的培养和个性的充分发展，使"配合教育"成了一句空话，造成了家长对子女在校情况"一抹黑"和学校得不到及时的教育反馈信息等现象。据了解，有 60%的学生家长已习惯于孩子在节假日啃书本、做作业，而对学校采取控制作业量之类的"减负"措施则横加指责，学生的学习自主权被剥夺了，综合素质的提高很难落实。

父母对孩子成长起着至关重要作用，其中所包含的不仅仅是对孩子的抚养，更重要的是父母对孩子性格的影响和心理品质的培养起到着重要作用。家长在家庭生活中的角色。父母与孩子之间血缘关系和亲缘关系的天然性和密切性，使父母的喜怒哀乐对孩子有强烈的感染作用。孩子对父母的言行举止往往能心领神会，以情通情。在家庭生活中家长要扮演好五种角色：①人生导师。首先为孩子指出人生奋斗目标、道德观念和行为准则。在这个角色的扮演中，要注意第一次发生的事情，第一次很关键，该遵守的准则绝不可让步，口气不必严厉，但态度一定要坚决。②生活教练。培养好习惯，独立生存能力、处理生活中的问题的能力、个性等。比如，培养他们学会自己处理问题，学会自己选择。要求他们独立思考，自主行动，千万不要过分强调让孩子听话（唯命是从），否则孩子不会建立独立意识，不会有自主行为。③要培养四个独立意识。生活独立、经济独立、情感独立、精神独立。④知心朋友。了解孩子，读懂孩子，不能乱发脾气。学会沟通，倾听，提问、尊重、民主。⑤充电器。学会激励、鼓励、肯定、赞美，让孩子体验到成就感和学到知识的愉悦感，产生自信心和勇气。

那么，怎样才能调动家长在教育中的积极性呢？

首先，由于历史和现实的种种原因，家长普遍存在望子成龙、望女成凤的心理，学校和社会也多少以能否考上大学尤其是重点大学作为青少年是否有出息的唯一标准。这无疑给学生造成很大的精神压力，导致焦虑、抑郁、恐惧等心理障碍。一旦考试失败，名次下降，会大伤孩子的锐气，以致变得意志消沉，一蹶不振，甚至发生悲剧。因此，每一位家长应尊重孩子的个性，为其发展和成长确立一个科学、可行的目标，切不可好高骛远、拔苗助长。

同样，在家长参与教育的过程中，家长的榜样作用也十分重要。孩子们一般都喜欢并尊重有文化、有教养、好学上进、作风民主、举止文明、关系和谐的家长，特别是家长的学习兴趣，在一定程度上会影响到孩子对学习的兴趣。所以，家长应率先热爱学习，形成家风，以自己的言行熏陶子女。家长要做到"三少三多"：对分数关注少一些，对素质教育关注多一些；埋怨少一些，平等的交流谈心多一些；对孩子的小事干涉少一些，对心理健康关注多一些。

其次，学校应设立家长会。家长会是家校沟通的重要方式，是教师和家长交流信息、相互理解、协调一致的重要渠道。开家长会重点在于教师和家长就学生近期的学习、生活状况进行沟通，让双方更好地了解最近学生家庭和学校生活、学习情况，从而使家长和教师达成默契，形成合力，更好地规划学生个体的发展。家长会由热心教师和家长自愿组成，并定期举行会议。通过家长会可以知道学校的最新情况，教师也明白家长所关心的事情。家长会不单是信息交流的地方，也是实际行动的基地。家长会组织工作，小组研讨教育和学生发展问题，利用家长的专长或经济资助，改善学校办学条件。家长可根据自身的能力参与学校教育。例如，可申请到一些科室做助教，或开办一些趣味特长课。其他人可做参与者，如参加学校家长会主办的家长日或开放日活动，全面接触子女在校学习和生活环境的情况。

学校定期举办家长会，请家庭教育方面的专家开办讲座，对如何把握孩子心理，如何引导孩子健康发展等问题进行全面指导，从而能够使家长做到：①重视与子女的情感交流，适当加以引导，避免空洞说教。夏尊曾说过："教育上的水是什么呢？就是情，就是爱，教育没有了情爱，就成了无水的池。"情爱才是联系教与学的重要纽带。②采用民主管理方式。严有度，爱有法，对子女尊重而不迁就，理解而不溺爱，使孩子能全面、健康的发展。③更新人才观。家长应配合学校，更新人才观念，明白"三百六十行，行行出状元"的道理，以新的眼光看待孩子的素质培养。④挖掘孩子的亮点。每个孩子都有自己的优点。在孩子稍稍落后的情况下，不要给他定位，而是激励他进取。有了进步，就要肯定他付出的努力和取得的成绩。既让他对自己充满信心，又达到教育他认识自己不足的目的。

家访是教师和家长面对面沟通的最主要形式，也是教师了解学生生活、学习以及家庭状况的最好方式。校访是与家访相对的一种交流方式。它是家长联系教师的一种沟通方式，一般而言，校访分两种情况：一种是家长主动地利用自己的空余时间和教师沟通孩子近来的学习、生活情况；另一种是教师请家长来学校与其沟通。

学校开放日活动是学校为家长参与学校教育而设立的活动日。

家校通，在通讯高度发达的现代社会里，书信成了感动心灵的一种独特表达。手机的频率也越来越高，很多教师为方便与家长沟通向家长公布自己的手机号码。班主任教师通常也备有家长的联系方式，以便能够及时与家长沟通。利用网络进行家校沟通已经不再是新鲜的事情，一些家长和教师已经能够自发、主动地利用网络进行沟通。

今后，学校要积极应对家长的需求。向社会承诺："服务家长，每月汇报"、"低进高出，高进特出"。

今后测试，每张试卷的背面都有一张《学习情况反馈评价表》。表格设计三栏：一是学生的自我分析，对一个阶段以来自己在该学科的学习情况、主要收获、存在问题进行评价；二是学科老师评述，主要是对该生在本学科的学校态度、学习方法和具体知识的缺失进行评议，并对学生和家长提出配合的意见；三是家长建议。以此来加深家长对学生的了解，加强家校联系和合作。

家长如何配合学校的工作？孩子是家庭的未来，为了孩子的健康成长，家长与学校的配合显得尤为重要。家长要及时走访教师。当孩子上学时，学期一开始就得抽空去拜访教师，对一学期开设的课程、教师有何要求等等都要做到“心中有数”。要保证孩子不缺课。不要自作主张地安排孩子的日程表。要求家长与教师默契配合。不要乱评论教师，千万别在学生面前妄评某老师“太严”啦，或者某某老师“没有水平”等等，要尊重教师。教师在孩子心中的地位是崇高的。家长也应同孩子一样，尊重教师，不要对教师说三道四。作为家长，向教师了解的不仅是分数，诸如孩子的学习主动性、学习态度、作业情况等，都应列入必须了解之列。要求家长经常与教师“互通情报”。这可帮助教师更全面、更深刻地熟悉和理解学生。如，家长可向教师“提供”孩子单独学习还是集体学习效果较好，他喜欢什么课程家中最近是否有人生病或发生了家庭变故等可能影响学生在校学习生活的种种“变化”。不管出现了哪方面的问题，都应让教师尽早得悉各种“信息”，以便教师采取相应措施。家长只是全面、客观地熟悉孩子的长处和短处，才能与教师“合力一处”，帮助孩子在学习上不断取得进步。要重视家长会。家长会上，教师一般要作全方位的汇报，如孩子在学校的表现、班级管理、学习制度等，使家长了解孩子各方面的情况。因此家长要重视家长会，这便于与教师沟通，互相配合，共同管理教育孩子。

最后还要强调以下几点：①孩子在场，父母不要吵架；②父母之间互相谦让，相互谅解；③任何时候，父母都不要对孩子撒谎；④孩子的朋友来做客时，父母要表示欢迎；⑤对孩子提出的问题，父母要尽量予以答复；⑥在孩子朋友面前，父母不要讲孩子的过错；⑦注意观察和表扬孩子的优点，不要过分强调孩子的缺点；⑧对孩子的爱要稳定，不要随意发脾气。⑨不要因为打麻将误了给孩子做饭。⑩养不教、父之过，家长是孩子第一教师，不要以为教育都是学校的事。

总之，无论在哪个阶段，家长都有权利和义务参与对子女的教育，在整个教育过程中，发挥最大影响力的肯定是家长。所以在推行素质教育的同时，也应积极倡导家长参与教育，将“家长返校”落到实处。今后，学校将实现开放教育：与周边社区携手共建学校。与发达地区和名校手拉手，激发学生们的上进心。面向世界，培养具有国际眼光的人。百分之百的课堂向百分之百的家长开放。家长教育成为重要的一个内容。开门办学，让平顺中学成为全县教育的一个窗口。（“做一个智慧的家长”请参阅《智慧教育》一书）

教育以幸福为目的·沙洪泽

办学，必须有哲学思考。

美国当代教育哲学家乔治·F.奈勒在《教育哲学导论》中说：“个人的哲学信念是认清自己的生活方向的唯一有效手段，如果我是一个教师或教育领导人，而没有系统的教育哲学，并且没有理智上的信念的话，那么我们就会茫茫然而无所适从。”为此，我一直在思考教育的理想与信念，并且作为校长的个人价值所在。

将“为了人的幸福”作为教育的理想和追求，是教育发展到今天，人们审视现实社会、教育现状、教育本质和教育发展所做出的理智而又理想的选择。

追求幸福是人的内在需要和社会发展的需要。因此，幸福就应当是能实现的。而如果仅仅把幸福作为一种可能的存在，不能同时作为一种现实的存在，那么可以说，这就是对人生终极目标的否定，从而，在某种程度上也就否定了人存在的意义。

幸福又是一种追求状态，是心灵不断成长、发展、完善的过程。因此，人必须为追求真正的幸福而努力，必须在正确的世界观、人生观、价值观引导下，理解幸福，追求幸福。人们对幸福的理解具有明显的差异性，这只依赖主体自身不懈的努力和教育的引导作用，而这正是我们的教育能够有所作为的空间。

过去，我们的教育过分强调社会性，忽视人的自然性，把人看成社会的工具。学校、教师成了“高级保姆”，教育被技术化，学校被工厂化：用统一的教材施教于一切人，学生失去了学习的乐趣……还孩子们幸福、提高其幸福品质、发展其幸福能力、让其自主创造美好人生，是教育的重要使命。

附 录

青山一道同云雨

——记山西省平顺中学校长张一笑

本报记者 原永香 王丑龙

引 子

2007 年 7 月上旬，《长治日报》、《山西日报》分别刊出“中共平顺县委、平顺县人民政府面向全省公开招聘一中、二中、实验小学校长”的专版广告。

一个财力十分紧张的国家级贫困县，分别以年薪 10 万、8 万的高薪，面向全省公开招聘县一中、二中、实验小学校长，显示了新一届县委、县政府求英才的决心和诚意，从而拉开了全县教育人事制度改革的序幕。

这一年初，新任平顺县委书记陈鹏飞到任后，在全县进行了一次“广开言路听民意”大调研，人们反映最集中、最强烈的，不是缺资源、缺资金、缺项目，而是教育问题。而当时这个县的教育现状，也确实不容乐观。从 2005 年、2006 年、2007 年连续 3 年的高考情况看，平顺县达线人数分别为 83 人、70 人、130 人(含艺术类)，达线率分别为 12.05%、10.56%、15.8%，始终处于长治市后 3 名；中考及格率分别为 36.3%、39.15%、54.91%，优秀率仅为 3.8%、12.6%、15.23%。

由此带来的结果是，虽然近几年县里的办学条件越来越好，家长却仍然不愿意让孩子在本乡镇及县城的中学读书，送到外县、长治学校就读的越来越多，甚至还有的家长从孩子上幼儿园开始，就到外地租房供孩子上学。

县委、县政府果断决策，伤筋动骨做手术，脱胎换骨求突破，以创新教育理念、用人办法、运行机制、考核评价体系为目标，全面、彻底地对教育人事制度进行改革：一是优化整合教育资源，将青羊镇中学并入平顺二中，实验小学、体育小学和城关小学合并组建为新的实验小学，将全县中、小学由原来的 20 个中心校合并为 12 个中心校，大幅裁减校长人数。二是实施“名校长”战略，改革校长的选拔、任用机制，改过去的委任制，为引入竞争机制，特别是面向全省公开高薪招聘县城 3 所学校的校长，其中平顺中学校长年薪 10 万元，合并后的县城初中、小学校长年薪 8 万元，力求通过竞争选出好校长和“名校长”、由好校长带出好队伍、由好队伍撑起好学校。三是实行全员竞聘。按照“按需设岗，平等竞争，严格考核，择优聘任，合同管理”的原则，对全体教职工实行竞聘上岗，切实建立能上能下、能进能出、能高能低、能者上、平者让、庸者下的用人体制。四是实行多元分配取酬。校长、教职工全部以岗定薪、按劳取酬，工资收入与岗位职责、工作量及绩效直接挂钩,彻底改变以往干与不干一个样、多干少干一个样、干好干坏一个样、优师无优待的分配制度。

为了圆满完成这次改革任务,该县专门成立了领导组。县四套班子分管领导各把一块,分工负责;邀请专家、教师、家长及社会各界人士,针对如何改革进行了广泛深入细致的讨论,制定切实可行的实施方案;采用报刊、电视、海报等形式大力宣传,营造了浓厚的竞争参与氛围;设立举报电话,鼓励广大群众和新闻媒体积极参与,会同纪检部门的共同监督。县委书记陈鹏飞明确表示,在这次改革中要坚决做到政策公开、程序公开,一定要改出平顺教育的春天来,办出让教师满意、学生满意、17 万平顺人民满意的教育。

7 月底,长治惠丰小学原校长张一笑,在青羊大地教育大改革的滚滚热潮中,从来自运城、临汾、晋中等地的众多竞聘者中脱颖而出,成为平顺中学新一任"掌门人"。

锤炼:全新教师队伍

平顺中学创建于 1952 年,最初是由县政府拨付 10 石粮食筹办的一所初级中学,校址在位于县城东部的东藏寺,1958 年 9 月建高中, 遂成为平顺县至今唯一的一所全日制高中。昔日,当地老百姓皆以读过平顺中学为骄傲,多年来一直流传着"识字不识字,读过东藏寺"、"住过东藏寺,赛过孔夫子"的说法。办学几十年来,平顺中学曾多次获得过省、市表彰。但自 20 世纪 80 年代后期开始,平顺中学的教学质量逐步呈下降趋势,特别是 21 世纪以来更是每况愈下。

张一笑是平顺县龙溪镇人,之前在长治市惠丰中学工作了 20 年,并以 8 万元年薪担任惠丰小学校长。张一笑是山西省教育学院文学学士和山西师范大学教育硕士,当时正师从当代著名教育家、北京师范大学顾明远教授,攻读教育学博士学位。他在平顺中学校长竞选演讲会上所做的"捧着一颗心来,不带半根草去,鞠躬尽瘁,死而后已"的发言,让评委们深受感动。而张一笑到职后做的第一件事,就是把自己的 10 万元年薪,捐献给平顺中学。

上任伊始,张一笑即从转变办学理念入手,积极探索和打磨符合山区教育实际、适应时代发展需求、既服务山区经济、又能迈出山地、走向市场的办学思路和办学模式,组织开展了"平顺中学发展大调研、大讨论",形成了反映平顺中学 3 年、6 年、9 年、12 年等不同阶段发展蓝图的《平顺中学发展规划》、《平顺中学发展纲要》及平顺中学 2008 发展构想,确定了学校发展的近期、中期、长期目标和学科类、高职类、特长类"3 轮驱动"办学模式,并坚持文化育人、管理育人、服务育人、全员育人、全程育人、全面育人,先后推出年级文化、班级文化、处室文化、学科组文化、学术文化建设规定,大力创建书香型校园,还组织了读书沙龙,举办了校园文化艺术节,举行了"迎元旦书画艺术展"、青年教师诗歌朗诵赛,真正把"为师生谋福利,对社会担责任"的办学理念落在了实处。

而张一笑提出的“严格管理，让每一个孩子都学会做人；提高质量，把更多的学生都送进大学”的承诺，也在全县引起了广泛关注和强烈反响。

张一笑把打造“高素质，高品位，讲奉献”的师资队伍，当做平顺中学振兴和发展的头等大事来抓，坚持通过充电输血、提升教师业务素质，先后选派教师220人次，分批赴山西省实验中学、广州桂山中学、北京80中、江苏洋思中学、山东杜朗口中学、河南许衡中学、山东安丘四中、河北衡水中学等示范学校、优秀学校，学习、观摩。“安丘模式”、“杜朗口模式”、“衡水模式”等“走出去”撷取的成果，已植根平中，初显成效。同时，邀请中国著名教育家裴娣娜、中国科学院院士秦志海、山西教育学院原院长陈茂林、长治二中原校长缑国禧以及省实验中学20名高级教师，先后专程到平中，就教育理论、新课改、课堂教育教学改革、高考应对对策等，举行讲座。而省实验中学特级教师提出了暑假11条建议、寒假11条建议、每人学习5本理论书籍的良策，已成为指导平中奠基、发展、腾飞的指南。张一笑特别强调，“走出去”的教师，人人必须有一篇学习观摩心得、感言和经验交流材料，作一次专题汇报，讲一节汇报课；在“请进来”活动中，今年又进一步试行了“捆绑”措施，即学科专家对应同一学科教师，就同一班级、同一课题、同一节次，进行教学效果展示，取长补短，互勉共进，探寻根治本校课堂教学效益低下的“灵丹妙药”，加快本土教师的成长、成熟、成材；加强和规范学科带头人、骨干教师的培养、管理与使用，由学科带头人、骨干教师、教学能手、名师组成学科导师团，围绕本学科课改要求，每月上好一节观摩课，并跨班次跨年级对教师的备、讲、辅、改、考、学，进行督导、指点、评估，评估结果即日公示，帮助学科教师制订行之有效的整改补救措施，同时充分发挥其业务引领、人格示范作用，稳步实施“青蓝”工程即学科带头人、骨干教师收徒授艺制度，并将本人收徒授艺及徒弟成长情况记入其考评档案，作为续聘或解聘依据；大力实施教师全员培训制度，鼓励教师积极参与教育教学理论研讨、教育教学实践探究、撰写教科研论文、申报市省国家级教育课题，营造出浓郁的学习和科研氛围，培养和造就学习型、研究型师资团队，促进教师从教育理论、教学理念到教学能力、教学实践的全方位提升，人人争当具有较深教育理论、全新教育理念、精湛教学技能、丰富教学经验和一流教学业绩的优质教师。此外，每月一次例会，师生同题考试，班前会，班科会，寒暑假全员全天培训制度，青年教师的“我为平中作贡献”演讲比赛，教师节“明星教师”、“十大名师”、“十大名牌班主任”、“十大劳动模范”、“十大杰出青年”、“师德标兵”、“师德楷模”的评比，都大大激发了老师们的积极性，更一步步展示了平顺中学教师团队的实力。

另一方面，坚持择优选聘、接续新人。尽快实现师资的新老交替，让青年教师尽快成长、成才，是师资培养的基础性环节。在张一笑多方努力下，平顺中学先后从山西师范大学、太原师范学院、长治学院招聘了60名品学兼优的本科生，充实到教师队伍中。他们采取“择优引进—重点培养—强力锤炼”的方式和步骤，由青年教师进修校专门负责，利用暑期对5年以下教龄的青年教师进行普通话等级测试和课堂技能过关测试，明确要求保持5%的淘汰率，并推行了新教师拜师学艺、主动听课制度,还要求其坚持周周写读书笔记,使一批年轻教师迅速成长。今年,他们继续坚持大力推行青年教师读书活动、5年以下教龄教师10项课堂教学技能过关活动,并重点选派优秀青年教师参加县、市、省各个级别的赛事,积极为青年教师的成长提供全新的平台,力争打造出一支“经得起磨砺,挑得起大梁,担得起重任,关键时刻拉得出,紧要关头用得上,重要战役打得赢”的优秀青年师资军团。现在,全校高一年级14个班,有10个班是由青年教师担任班主任,另有5名教师被充实到高三年级,挑起了实现高考翻番的重担。有7名青年新秀,入选平顺中学“十大杰出青年”。

今年“教师节”,平顺中学又成功评选出首届“明星教师”、“名牌教师”、“名牌班主任”、“杰出青年教师”、“劳动模范”,使更多爱岗敬业、勤勉奉献、业绩卓著的教师在新的跑道上展现出新的风采,有效地推进和夯实了教师队伍建设。

攀登:教学改革高峰

“人间四月芳菲尽,山寺桃花始盛开”。地处太行山腹地的平顺中学的课堂教学改革,作为教育教学质量建设的核心,在张一笑孜孜不倦的推动下,也在加速推进中取得了显著成果。

新一届校领导在进行了大量的调研和论证后一致认为,本校的课堂教学一是种“时间+汗水”式耗时、低效的模式,并引发如下严重后果:其一,无效劳动严重透支了教师的身体健康;其二,学生学习的被动性严重制约着学生的可持续发展;其三,它是以牺牲学生的个人兴趣和个性发展为代价的早应淘汰的过时教学方式;其四,它必然导致学生成绩的两极分化。这也是平顺中学教学质量长期处于低谷的症结所在,是制约该校教育教学质量提高的瓶颈所在。

通过走出去取经、请进来“送宝”、坐下来交流等一系列努力,张一笑引导全校教师逐步掌握了先进的教学理念、了解到当前我国中学教学改革的基本要求和发展趋势后,支持一批教师在课堂上大胆移植、尝试外地经验,特别是在高一年级和初中各年级先走一步,取得了阶段性成果。但在其他年级,对于更多的教师而言,仍固守着传统的“填鸭式”、“满堂灌”的教学方式。

为尽快扭转教师登台就讲、独霸课堂、少数学生表演、多数学生陪坐陪读的状况,切实将以学生终生学习和发展为根本的教育新理念融入课堂教学,张一笑和校领导班子经过反复研讨、推演特别是借鉴兄弟学校课堂改革经验和引进后的实践、探索成果与教训,确定了本校的“六步式”或叫“六步一循环”式课堂教学模式。

这种模式的基本内涵为:第一步,示标、明标。“示标”就是以《新课程标准》、《教学大纲》或《高考教学大纲》为导向,教师依据教学计划、教学内容和学生的实际,在集体备课的基础上制定出具体可行的教学目标,上课前出示给学生。学生在目标导引下,以自主学习、合作讨论等方式最终掌握目标所要求的内容,让学生知道本节课要学习什么、达到什么目标。第二步,导学、自学。就是教师根据教学目标,引导学生自主学习、自己阅读课本,旨在培养学生的学习习惯、自学能力和独立思考能力。第三步,导疑、质疑。“导疑”就是教师根据教学需要提出启发性的问题,同学之间可以互相提问、互相讲解、互相补充、互相纠错。“质疑”是指学生在自学和小组合作交流的基础上,提出自己的问题。教师对学生存在的热点、难点、疑点、盲点等问题,指点迷津,启迪心智。第四步,合作研讨、规律点拨。“合作研讨”是课堂教学活动的中心环节,也是体现教师教学智慧的重要环节。学生在自主学习的基础上,自觉主动地在小组或课堂上交流展示自己的学习成果。这一环节必须做到“两个注重”:一是注重学生交流与展示的形式、要给学生创设宽松和广泛的交流环境和氛围;二是注重组织交流的语言引导。教师不能越俎代庖,不能给学生当翻译,更不能替代学生回答,不能剥夺学生思维的权利。“规律点拨”是指导教师在通过学生的交流的展示之后,组织全班学生,针对普遍性的问题,结合教材的重点、难点(因为通常重点、难点是不能完全依靠自学解决的)以及学生自学中存在的问题及在自学中生成的问题和教师预设的有拓展性、提高性的问题,通过教师或学生的研讨与互动,将问题归纳整理成若干规律、公式,或形成知识板块及知识网络。第五步,训练。“练习”是指学生对已学知识进行针对性的巩固或检测训练,是检验学习效果、巩固所学知识、化知识为能力的主要手段。教师在设计达标检测或单元训练题时,既要有面向全体学生的巩固性基础练习题,又要有针对优生的拓展性、提高性的训练题,对学生的要求可设计必做题和选做题。第六步,小结。指师生对所学内容进行归纳整理,并形成正确的认知和思考方法等。小结包含以下两方面:一是通过本节课的学习在知识或方法等方面有哪些收获;二是在本节课的学习中还有哪些困惑,有哪些需要注意的问题等。总结不只是简单地复述一节课的重点内容,更要关注学生在学习过程中的学习态度、参与程度与机会、表现欲、自信度、成就感及学生的自我反思等情感因素和价值观,通过长期引导学生的自我归纳总结,逐步培养起学学的自省习惯和归纳、概括的逻辑思维能力和表达能力。“一循环”是指六步中的小循环或大循环,它可以适应于任何的学科和任何的课型。“一循环”的意义,在于由课内延伸到课外,由课本的练习延伸到课外练习,要体现出难度,集中体现在拓宽加深的层面上。

在“六步一循环”课堂教学模式下,教师要扮好“四种角色”:一是课堂活动的引导者。要出示课标和导学提纲,让学生明确自学的目标和任务,引导学生独立自学。二是课堂活动的组织者。无论是小组合作研讨还是在全班交流展示,必须尽可能地挖掘学生的潜能,给更多学生自我表两年机会和空间。三是问题评判的首席官。在学生的交流展示过程中,要抓准时机,运用启、导、讲、帮相结合的方法解惑释疑,帮助学生掌握知识的来龙去脉,做好从知其然到知其所以然的过渡。四是既当指挥又当帮手。教师要不惜时机地指挥并指导学生开展各项活动和训练,帮助学生将知识巩固、内化并逐步形成技能,找到解题的技巧和思路。学生作为课堂活动的主角,则必须努力做好“四件事”:一是勤奋自学,独立思考。二是积极参与合作研讨。在小组的合作研讨或全班的交流展示中善于表现自我，敢于发表自己的观点，敢于标新产异提出不同的见解。三是善于倾听，互帮互助。四是认真练习，勤于反思。学生必须积极主动地参与教师组织的课堂训练，认真完成当堂的训练作业，全身心地参与小组的合作研讨，弄清弄懂当堂所学知识，坚决做到当堂练习当堂完。

张一笑把这一模式，作为“决战课堂”的一个总战略，配置了相应的管理措施和教学策略：第一，转变课堂教学思路，彻底改变原来课堂上以教师讲、学生听、教师念、学生写、教师为中心、学生只能被动接受知识的旧教学模式，实行“15+25 分钟”的授课制度，要求课堂上学生的总活动时间不少于 25 分钟、教师的讲课时间不得超过 15 分钟，强制全体教师实现教学行为、观念的大转变，为学生的自主学习和创新课堂搭建平台。第二，实施“座位革命”，改变传统就座方式。将面向讲台、排排就座、整齐划一、被动静听的点阵式座位，变成品字形或秧田式、面对面、整体考虑、和谐搭配、交流互动的小组型就座形式。通过学生就座形式的改变，逼着教师走下讲台，深入小组巡回指导，帮扶释疑，把课堂、时间和空间尽可能地还给学生。分组时以班主任为主导，分好组后各科都以这个分组为准，不得随意变动。每两个 4 人小组，再组成一个大组，组长均由成绩较好的同学担任。以四人小组为主要学习组织，小组解决不了的问题大组解决，大组解决不了的问题，再提交到课堂上由教师集体解决。座位的编排采用好差搭配 1+1、2 对 2 排座，互帮互学，互相促进。第三，变教案编写为学案设计。为了扭转教师写教案时对照搬参考、应付检查和备课、上课两张皮的现象，要求教师变教案的编写为学案设计。在学案设计中，必须凸显出新课程理念中的“五为”（即教师为主导，学生为主体，训练为主线，能力为目标，思维为核心）目标，真正做到备为教用、备为学用、备中有法、教无定法。第四，改变学生的作业方式，将减负高效落到实处。为了改变以往学生作业做一遍、抄一遍、应付检查、重复劳动、不及时反馈等现象，张一笑在大力推行日日清、周周练、月月考制度的同时，对所有作业限时完成、及时评讲，不仅加强了学生做作业的紧张感，而且提高了做题速度，非常有利于提高学生学习和考试的效率。学生的作业可分为课堂作业、课外作业和“自助餐”等 3 个层次，课外作业必须人人都做而且在规定时间内完成，“自助餐”就是选做试题，从根本上改变了“时间 + 汗水”式的“题海战”做法。第五，变革教案、作业的查评的办法。学校对教师课堂教案（学案）和作业的检查，取消了以往的数节数、查页数、评等级、计分数的简单、机械做法，实行不定期抽查和随堂检查相结合的办法。具体办法是“一推四看”：“一推”为不定期推门进教室查看教案、作业。“四看”为：一看当堂教学活动是否与备的一致；二看备课的导学和训练部分是否突出重点；三看学生作业和训练内容是否与教案（学案）上备的一致；四看教师是否走下讲台并指导和组织学生自主研讨、合作学习、交流展示。第六，教师在课堂上要求做到“七要五点四不讲”。“七要”是指，教材要让学生读，问题要让学生提，过程要让学生说，规律要让学生找，实验要让学生做，习题要让学生解，结论要让学生得。“五点”是指，教师在课堂上必须对以下五方面进行关注性点拨或讲解——重点知识、难点知识、易错易混淆的知识、知识交汇点、思维拓展点。"四不讲"是指,学生已知的不讲,学生通过自学能弄懂的不讲,学生经过小组合作研讨后能弄清楚的不讲,学生经过实验弄懂的不讲。第七,坚定不移地推行集体备课制度。集体备课由各备课组长负责,集体备课时要求,定时间、定地点、定内容、定中心发言人。统一进度、统一课标、统一导学提纲、统一活动设计、统一作业练习。备教材、备重点、备学情、备教法、备学法、备练习。从2008年暑期开学后,他们在坚持每周一次教研活动的基础上,要求各年级组组织开展以学科备课组为单位、每天一小时的备课专题活动。各备课组必须提前一周对下周的教学内容进行共同讨论、集思广益,并在此基础上分解任务、设计教案(学案)和训练题目,并编写成案。第八,试行新的教学考核、评估办法。学校对教师的考核,一是将算一头改为算两头,既算优生,也算差生。对教师教学业绩的考核,在原来算均分、及格率和优生的基础上,加上算差生的转化率。考试结束后按考核规定算账,并与绩效工资挂钩。二是将奖一项(优生)改为奖全面。将以往只按考试成绩颁奖的做法,变为考试和考察学科并重、考试成绩与做人做事并重。音、体、美、地、生、综合等非中、高考科目教师,凡辅导的学生参加县以上各类比赛获得较好名次的,与考试学科教师一样奖励。三是将教师课堂行为由学校主评改为学生自评。学校对教师的课堂教学行为表现和作业批改等考核、评估,均采用学生调查问卷的形式,将评判权和考核权交给了学生。第九,建立班会活动新模式,实行"个人评,小组评,教师评,家长评"的四评班会模式,开展行为规范"周周评"、班级建设和班主任工作"月月评"的"周评月总制度",培养和规范学生学习、生活的良好行为习惯,充分利用行为习惯的正迁移,促进学生自主、健康地发展。

紧抓"以教学为中心,以质量为核心"不放松,不断改进课堂教学结构,不断挖掘课堂潜力,向课堂要质量,向过程要质量,向细节要质量,向效率要质量,向学生要质量,向时间要质量。新教学模式的成功确立和强制推广,使平顺中学的教育教学质量不断刷新纪录,社会声誉一步步提高。

在张一笑担任校长半年多后的2008年春季,有近50名平顺籍学生从长治市直中学返回该校就读。2008年,该校高一招生取得历史性突破。全县中考前100名考生,有34名留在该校;而在2007年,中考前100名,仅留下1人。平顺中学举办的职业辅导班规模,也由前几年的2个班,猛扩至5个班。2008年高考、中考,平顺中学在生源差、题偏难的不利情况下,仍取得令人满意的成绩。

2009年高考,首榜达线学生96名,比2008年增加50人,创历史新高。而考生李鹏飞,更是以629分的优异成绩,扣开北京大学的大门,填补了平顺县历史上的空白。喜讯传来,许多学生家长自发走上街头,敲锣打鼓,共同庆贺。有的家长还趁双休日,在平顺中学门口,请来平顺有名的民间乐团,搭起舞台,慰问老师。平顺县县委书记陈鹏飞、县长吴小华、副县长赵文栋、科教局局长张安庆,也亲自参加了平顺中学的庆功大会,为高三毕业班的教师颁奖。

7月3日晚,平顺县城中心广场,歌声激昂,舞姿翩跹,一场为全县高考祝捷的文艺晚会,隆重举行。县领导和平顺中学全体师生及周边群众近3000人,兴致勃勃观看了精彩纷呈的演出。

目前,以教学为中心,以质量为核心,以课改为抓手,以教研为载体,以管理为依托,以建设为重点,夯基立柱,爬坡越坎,同心同德,埋头苦干,把平顺中学建成"高质量,实验性,有特色"的"人民满意学校",正在成为平中全体师生的共同行动。

腾飞:树绿花红新平中

2008年5月15日,投资6400万元的平顺中学,在建校历史上规模最大的校园建设一期工程破土动工。我国唯一一位第一届至第十一届全国人大代表、著名劳模、长治市人大常委会副主任申纪兰来了,县四大班子领导来了,县人大、政协的40位代表、委员来了,平顺中学的全体师生来了……大家都来见证这一标志着平顺教育开始新一轮腾飞的"启明星"工程的启动。

新平中建设分三期进行。一期工程包括3栋教学大楼、1栋办公大楼、1栋实验大楼、1座多功能3层餐厅、一栋教师公寓楼、1楼学生公寓楼、1个中型运动场,全部为钢筋混凝土灌注式框架结构,抗震度为7度,总建筑面积24 000平方米,建成后共有标准教室60个、专业实验室30个、计算机房4个、教师办公室35间。新校园建设规划完全完成后,作为全县唯一的高级中学和长治市首批重点中学,平顺中学将具备20轨的高中办学规模,可同时容纳3300名学生在校学习、1500名学生住宿和用餐。

平顺中学的校园建设工程,是在县委、县政府的高度重视和直接推动下,才得以落实和开工的。为了这一全县教育翻身仗的基础工程,县委书记陈鹏飞、县长吴小华多次协调资金、争取贷款,想尽了办法,费尽了心血。2008年1月26日,县委常委会确定了由山西省建筑设计院制定的校园建设方案。2月22日,县委书记陈鹏飞率县市班子领导,到平顺中学现场办公,敲定旧校舍拆迁及新校园建设的相关事宜。陈书记还多次对旧校拆除和教职工搬迁做出重要批示。从工程动工到学生搬进新教室上课的6个多月中间,陈鹏飞和主管工程建设的县委常委、宣传部部长赵小平,多次经常亲临工地,对工程进度、质量、安全工作检查、调研,要求把平顺中学校园建设工程打造成"质量精品工程"、"安全示范工程"和"全县最安全的地方"。张一笑和分管建设的副校长赵忠贤,与施工单位一起,根据县领导指示精神,精益求精保质量,千方百计抓安全,精打细算求进度,边施工,边教学,并创造了"大工程,高质量,快节奏,零事故"的建设奇迹。

平中人为了"创百年名校,建世纪新园",也做出了巨大的自我牺牲。因为新校园是在就校址之上推倒重建,全校有60多位教职员工的住房需要拆迁。但是,没有一个人有怨言。大伙在每月仅有100元住房补助的情况下,纷纷自己出外租房居住,2008年3月8日开始拆迁,22

日即全部顺利搬出。

2008 年 10 月 21 日，在张一笑和全校师生的共同努力下，新平顺中学的 3 座教学楼和办公楼胜利竣工，全校教学活动进驻新教室。2009 年，教师公寓楼、学生公寓楼宣告建成，教学楼及办公楼附属设施建设全部完工，旧教学楼得以拆迁，操场修缮完备，多功能餐厅投入使用。同时，投资 2800 万元、包括图书楼、学生宿舍楼、校史纪念馆、教工宿舍楼、运动场在内的二期工程，也顺利开工建设并于当年竣工。

与校园建设相配套的学校技术装备建设，也实现了新跨越：269.7 万元的多媒体教学设施，装备到了每一个班；投资 210 万元的大型阅览室建成；投资 345 万元的 10 个理化实验室、6 个理化仪器室、2 个理化探究室、2 个生物仪器室、1 个生物探究室建成；投资约 160 万元的 4 个计算机教室、2 个语音教室建成，并达到《山西省普通高中教育技术装备建设要求》规定的标准。

张一笑又大力推进"园林化校园"建设，组织师生在校内培植草皮，移植风景树，规划绿化带，美化和亮化通道、走廊、空地，还采取了"一组一盆花"措施，努力扩大校园绿地面积，打造出一个绿树红花相映的新平中。目前，新落成的平顺中学，已经成为平顺县城最漂亮的标志性建筑群。

从张一笑 2007 年 7 月底就任以来，平顺中学办学理念不断创新，办学品位不断提升，师资队伍不断壮大，高中部年年扩轨，办学规模不断扩大，在即将过去的 2009 年，又光荣跻身省级"示范高中"行列，为实现县委、县政府振兴平顺教育的宏愿夺取了又一个战略高地，也圆了全县父老乡亲和本校全体师生的多年夙愿与期盼。

尾 声

张一笑来到平顺中学后，常说："嚼得菜根，百事可做。我是来工作的，不是来享受的。"在生活上，张一笑也很俭朴。因为他家在长治市，每天最大的"困惑"便是"吃了上顿没下顿"，经常以方便面充饥。

为了让老师们快乐地工作，每位教师生日时，张一笑都会安排送上一份生日蛋糕；在教师节那天，都要送给每位老师一支玫瑰花；在春节时，都要给每一位老师送上暖暖的短信祝福。另外，在每周一早上，他总是面带微笑站在学校的大门口，迎接每一位师生的到来，亲切地与他们打招呼。

谈到下一步的工作，张一笑说："教育改革是一项周期长、见效慢、最不容易体现政绩的工程，县委书记、县长选择在教育上搞改革，那需要多大的决心和魄力。我要干不出一点成绩来，就无法面对他们。尽管工作很艰难、很辛苦，但眼看着学校一天天好起来，我也很有成就感。我希望在我将来离开学校时，能留下一套科学的管理制度和高素质、认真敬业的教师队伍，大家能说我张一笑在平顺中学还干了点事。只要这样，我就心满意足了。”

青山一道同云雨，实干千日铸辉煌。张一笑和平顺中学的园丁们、学子们，在两年多教育、教学的改革和创新实践中，先后赢得了教育部“中国创新思维研究实验校”、“中国学校教育创新研究实验校”、“中国课堂教学与中小学生创造力发展与培养实验校”、“人才社会科学重点研究基地”、“山西省示范高中”、“长治市名校”、“教育工作先进单位”、“平安学校”、平顺县“红旗单位”等多项桂冠，把“为师生谋福利，为社会担责任”的铮铮誓言，浓墨重彩地写在了猎猎飘扬的平顺教育发展旗帜上；把“办好一中、致富一县，培育一人、脱贫一家”的美好愿望，银钩铁划般融入了17万父老乡亲脱贫致富奔小康的时代洪流中。

《大众科技报》 2009年12月8日

10万元年薪挖来平顺中学新掌门人

特派记者　李红森

去年，平顺县面向全省公开招聘中学校长，10万元年薪挖来平顺中学新掌门人，“掌教”一年来，该校各项工作都取得了快速发展

2007年7月，长治市平顺县(国家级贫困县)掀起了一场史无前例的教育人事制度改革，该县县委、县政府以年薪10万元、8万元的“重金”面向全省公开招聘平顺中学、平顺二中和实验小学3所学校的校长，而平顺中学又是这次改革的核心。

时光荏苒，一年过去了，平顺中学的各项工作取得了哪些成绩？“重金”引进的人才能否改变平顺中学日趋没落的命运？

带着这些疑问，在教师节前夕记者走访了平顺中学，亲身体验到在新“掌门人”的主持下校园内一派生机，到处都是学生们刻苦学习的身影；同时，学校的各项工作都取得了快速发展。

公开应聘成为平顺中学新“掌门人”

平顺中学与1952年建校，最初是由县政府拨付10石粮食筹办的一所初级中学，校址在县城东边的东藏寺。1958年9月建立高中，成为平顺县唯一的一所全日制高中。昔日，老百姓以读过平顺中学为骄傲，社会上一直流传着“识字不识字，读过东仓寺，赛过孔夫子”的说法。

几十年来，平顺中学曾多次获得过省、市表彰，可是自20世纪80年代后期开始，平顺中学的教学质量呈下降趋势。

2007年，平顺县委、县政府在财力十分紧张的情况下，毅然拍板以年薪10万元招聘平顺中学校长。经过层层选拔，张一笑以其高深的教育理论素养、献身桑梓的赤子情怀、渊博的学

识以及 20 多年教师工作的丰富经验，过关斩将，接过了平顺中学新“掌门”的职位。

张一笑是平顺县龙溪镇人。他拥有双学士学位——山西省教育学院和山西师范大学教育硕士学位。当时，正师从当代著名教育家、北京师范大学顾明远教授，攻读教育学博士学位。之前，他在长治市惠丰中学工作了 20 年，并以 8 万元的年薪受聘惠丰小学校长。

他在平顺中学竞选演讲会上“捧着一颗心来，不带半根草去，鞠躬尽瘁，死而后已”的发言让评委们深受感动。

明确了新的办学理念和教育理念

当时平顺中学的情况很不乐观，多年来教学质量始终在低水平徘徊，高考处于全市后三名，教师队伍也比较涣散，校园文化建设更是空白，许多生源纷纷外流。

上任后，张一笑做的第一件事就是把自己的 10 万元年薪献给平顺中学。

在张一笑的带领下，平顺中学认真落实平顺县委、县政府有关教育改革的精神——内强素质、外树形象，在重点调研广州桂山中学、河北衡水中学、北京 80 中等学校的基础上，明确了该校的办学理念、教育理念，并制定了文化兴校的策略。

平顺中学的办学理念是“为师生谋幸福，为社会负责任”，教育理念是“让每一个都得到相对于他自己的最优化发展”。同时，还明确了实施人性化管理，提高核心竞争力的发展思路，稳步推进多项教育改革措施。

在张一笑的带领下，平顺中学明确了发展思路，稳步推进了各项改革：

严格管理，规范办学。平顺中学细化了各项管理制度，从八个方面优化了内部管理机制，注重垂直化管理和扁平化管理相结合、刚性管理和弹性管理相结合的管理模式。

优化教师队伍，追求专业化成长。注重师德建设，让每一位教师写师德报告，进行“十大明星教师”、“十大名牌教师”、“十佳班主任”“十大杰出青年”等评选活动，树立好榜样，激发先进，鞭笞后进。

硬件铺路，环境育人。为改扩建校舍，2008 年 2 月，全面启动了“平顺中学校园建设规划”，该规划由山西省建筑设计院设计，工程建设将分三期进行，目前一期工程即将完工并投入使用(项目预计投资 6400 万元，连同一系列附属设施全部配套到位，共需投资 1 亿多元)。届时，将有教师 60 名，专业实验室 30 间，大报告厅两间，教师办公室 35 间，可同时容纳 3300 名学生在校学习，1500 名学生住宿、用餐。

德育为魂，提升育人水平。通过理论教育、自信心教育、习惯教育、规则教育、读书报告会、班级文化展等形式，创新人才培养模式。

务实高效，提高教学质量。为了提升课堂教学效果，进一步推进课堂教学改革，教师们走出平顺，走进名校，前往广州桂山中学、河北衡水中学、北京 80 中等学校取经，同时请进一些省内外的教育专家“传经送宝”。

此外，平顺中学还实行了初、高中分部管理，普高、职高相结合的办学模式。具有农村特色的校本课程也正在探索中。

通过一系列改革，平顺中学逐步走上了“依法办学，规范管理”的良性发展道路。教师们的精神面貌和学生们的学习氛围发生了巨大变化，一支团结向上、勤奋刻苦的教师团队逐步形成。2008 年高考，该校本科达线人数较 2007 年有了较大的上升，学校的口碑有了明显的好转。

把关爱献给了每一位师生

一个好校长可以带出一个好学校。张一笑作为平顺中学新“掌门人”，凡事以身作则，赢得了大家的尊重。

张一笑来到平顺中学后，一直住在学校二楼的一间小办公室里。他常说“嚼得菜根，百事可做。我是来工作的，不是来享受的。”而他的办公室更是简陋，除了自己的办公桌椅，只有两个单人小沙发，最奢华的办公用品就是桌上的那台电脑了。他说：“办公室座位多了，客人不免多坐，影响工作。座位少了，正话说完，客人嫌累就会自动撤退。”

在生活上，张一笑也很俭朴。因为他家在长治市，每天最大的“困惑”就是“吃了上顿没下顿”，经常以方便面充饥。

为了让每位老师能快乐的工作，每个老师生日时，张一笑都会安排送上一份生日蛋糕；在教师节那天，送给每位老师一支玫瑰花；在春节时，给每一位老师送上暖暖的祝福。另外，在每周一早上，他总是面带微笑站在学校的大门口，迎接每一位师生的到来，亲切地与他们打招呼。

一语道破天机：我是被“逼上梁山”的

在教师节前夕，记者在平顺中学见到了张一笑。张一笑快人快语：“我是一个普普通通的人，并不像外界说的那么好，没达到那个境界。说句实在话，我之所以选择来到平顺中学，是被县委陈书记真诚感动的。”张一笑说：“2007 年平顺县在全省公开选拔校长时，我当时只是凑凑热闹，想为家乡的教育助助威，没想到考试时竟得了个第一名，这让我意识到问题的严重性，感到这出‘戏’不好收场了。当时我还在市里的惠丰小学担任校长，年薪 8 万元，工作干的很顺利，一旦竞选成功，原来的学校怎么交代？是陈书记一番诚恳的话，深深打动了我，于是我就来了。”

谈到下一步的工作时，张一笑说：“教育工作是周期长、见效慢、最不容易体现政绩的工程，县委书记、县长选择在教育上搞改革，那需要多大的决心和魄力，我要干不出一点成绩来，就无法面对他们。尽管工作很艰难，但眼看着学校一天天好起来，我也很有成就感。争取在我将来离开学校时，能留下一套科学的管理制度及高素质、认真敬业的教师队伍，大家能说我张一笑在平顺中学还干了点事，我就心满意足了。”

《发展导报》 2008年11月

碧血丹心绘蓝图

——记平顺一中校长张一笑

过去，平顺县民间曾广为流传这样一句俗语：“识字不识字，住过东藏寺。”这东藏寺说的就是平顺一中。可几何时，人们不再对平顺一中津津乐道，不再对平顺一中心生向往羡慕，其中原因不说大家也清楚。为了彻底改变这种落后的局面，为了平顺未来的发展考虑，2007年7月，县委、县政府下决心在全县范围内推行中小学教育人事制度改革，并面向社会公开选聘平顺中学校长。经过层层严格地选拔考核、测评演讲和平中全体教师的投票选举，平顺中学新任校长终于在全县人民的翘首期盼中走进了大家的视野。

众所周知，新校长上任所做的第一件事就是将自己的10万年薪捐献给了平顺中学。用他自己的话说：“我来平顺一中，不是为了出名，更不是为了挣钱。我来是为了探索山区教育改革之路，是为了奉献家乡的教育事业，是为了实现我的教育理想。”的确，他在原来的学校每年就能领到8万薪水，他在原来的学校就已是长治市城区的名牌校长！

他是谁呢？他就是张一笑，平顺中学新任举旗手。他1965年12月生，平顺县龙溪镇井泉村人。他“少小离家”外出求学，至今拥有山西省教育学院和山西大学两个本科文凭，获得山西省教育学院文学学士学位，还拥有山西师范大学教育硕士学位。如今，正师从当代著名教育家、北京师范大学教授顾明远先生攻读教育学博士。他说：做事情就要有精品意识，要么不做，要做就要做到最好，不能做到最好，毋宁放弃。它是这样说的，也是这样做的。

在他来平顺一中之前，他曾担任过中学的语文教师、班主任、年级主任、教务主任、中学教学副校长、小学校长。攻读硕士期间，曾先后在山西师范大学晋城实验学校、山西师立发展学校、山西临汾兴国实验学校中学部任校长。写有教育学术理论专著《智慧教育》和《追寻教育之梦》两部，发表论文30余篇。曾担任《中考作文全景》副主编、《第二教材·初中语文》（山西版）主编。先后荣获“长治市优秀教师”、“长治市优秀班主任”、惠丰厂“十大杰出青年”、惠丰厂“劳动模范”，多次被评为“教学能手”，2007年获得长治市城区名牌校长称号。他在获得惠丰厂“劳动模范”称号时，还获得楼房一套和晋升一级工资的奖励。

有着如此高的教育教学理论水平，又有丰富的管理经验的一个人，能够放弃城市繁华舒适的生活，抛家别子，只身一人回到这贫穷、闭塞、落后的家乡，面对同样落后的教育事业，这是何等的气魄！这需要何等的胆略！这需要承受多大的压力！

这些恐怕是我们常人难以想象的。

他说:我来到这里,就不怕困难,虽然这困难比我想象的要大得多。我来到这里就没有想过退缩,否则就不来这里,我来这里,就是为了家乡的教育事业,就是为了家乡的明天更美好,就是为了实现我的教育理想。

记得他就职演讲时向全体平中教师郑重承诺自己的办学理念:为师生谋幸福,为社会负责任。至今,大家去一中看看,这句庄严承诺已贴在了校长的门上,而且校长不仅这样说了,更是这样做了。

他刚上任四五天,有一位原平顺中学的老教师逝世。其实,张校长连这位老教师是谁都不清楚,但他知道是一位已退休的教师后,二话不说,买上礼品就去这位老教师家中吊唁慰问。张校长说:老教师是咱们学校的宝贵财富,我们一定要尊重他们,善待他们。这不,在教师节前夕,张校长专门组织召开了老教师座谈会,了解他们的生活,关心他们的身心健康,关注他们的要求愿望,并尽量解决他们生活中遇到的困难。怪不得老教师在座谈会上纷纷感言:像张校长这样关心老教师的,在平顺这还是第一次啊!到了年底,张校长又给这些老教师们发了米面、挂历、慰问品等福利。他们这些举动发自内心出于尊敬,因此温暖了老教师们失落的心。

张校长不仅关心老教师,更关心在职教职工的生活。这首先表现在无论谁家有婚丧嫁娶这样的大事,张校长无论多忙都要亲自参加。一次,张校长去外地公干,正好当天有两位青年教师举办结婚喜宴,邀请学校领导和好友参加。张校长已有好长时间没回过家,没吃过妻子亲手给他做的可口饭菜了,虽然平顺离长治不远。这次他本想借此机会路过家时在家里吃上一顿安心饭,在回来路中听到手机铃响,打开一看是自己的员工发的邀请短信。张校长虽然好久没回家了,这次正好也是机会,特别想回,可一看此短信,心里非常高兴,于是让司机调头,直接回到了学校,按时参加了两位青年教师的婚宴。

像他这样心里只装着教师,只装着学校,以至过家门而不入的情况,我们学校的教职工亲眼见过,而且不止一次。

平顺中学新的校园建设规划方案明确后,学校一些老师因住房问题心中不理解,想不通,张校长就一户一户地了解他们的实际困难,及时地把老师们的困难向上级有关部门领导反映,尽他最大能力和努力来解决老师们生活中遇到的困难,力争使每位住房户的损失减少到最小。同时,他还时常走进教职工家中,与教职工及其家属促膝谈心,嘘寒问暖!

他说,靠我一个人不会把平顺中学的管理抓好,靠我一个人也不会把平顺中学的教学质量提上去。要想让平顺教育实现新的跨越,必须依靠全体教师。用陈鹏飞书记在教改动员大会上的话就是:平顺的希望在教育,教育腾飞在教师。为了平顺中学的未来,为了平顺孩子们的未来,为了平顺县的未来,张校长顶着压力,扛着困难去关心每一位教职员工。

可是,我们却很少关心过张校长。他来到平顺之初是县政府安排住在青羊大厦,到一中上任后,马上就从宾馆搬出,搬进了学校二楼的一间小办公室居住。他说这样更方便工作,更便于了解学校,也能节约一笔开支。他在这间简陋的办公室安顿下后就埋头工作起来。有时为了一个构想或为了一个规划，他会冥思苦想好几个小时，灯不开，饭不吃，觉不睡，直到完成。常常是当他完成一项工作，从电脑旁离开走出办公室时，教学楼内已是漆黑一片，阒无一人，甚至整个校园都已沉浸在了梦乡之中，连街上的路灯都闭上了眼睛。许多次，他就这样错过了吃饭，饿着肚子在追求他的教育之梦，描绘平中的蓝图。教工食堂的牛师傅有一次心疼地说："到现在还不见校长来吃饭，肯定是又忘了。不行，我得打电话提醒他，要不然他又吃不上晚饭了。照这样下去，还不得饿出病来啊？真没见过这样工作拼命的校长！"

张校长常常是平顺中学最后一个进入梦乡的人，更常常是平顺中学第一个迎接黎明的人，电工牛师傅是学校里最先到校园的人，可他每天到达校园后总会看见张校长在校园里的身影，然后又看到他进到办公室，灯不开就坐在办公桌前打开电脑，整理他晚上的思绪，继续为平顺中学的未来描绘宏伟的蓝图。

作为一个理论功底深厚、管理经验丰富的校长，他深知教育教学质量才是学校的生命线。为此，他聘请了一位优秀的外语教师，引入了一位外籍专职外语老师，聘任了一位具有研究生学历、富有教学经验的优秀的数学教师来帮助提高我们的教学质量。经过几个月的试验，取得了明显的效果。一向为弱势学科的外语现在被越来越多的孩子所喜欢，兴趣是最好的老师。

栉风沐雨搞教改，碧血丹心绘蓝图。平顺中学在新的举旗人——张一笑校长的带领下一定能够走出低谷，实现跨越式发展，达到人民满意的程度。

就在他在平顺中学这块贫瘠的土地上呕心沥血，艰难地实现他的教育之梦的时候，有朋友给他打电话告诉他北京朝阳区正在招聘校长，并劝他去试试。可他说，我已经和这边签下了协议，而且，这里是我的家乡，我必须为家乡的教育事业作出点贡献、干出点成绩才有脸面离开，否则，我将无颜见江东父老。这件事以后有机会再说吧。

张校长来到平顺中学后深感教师们思想的落后、学生思想的落后、家长思想的落后，痛心地感到这正是平顺教育落后的根源所在。所以，他一上任就对全体教职员工进行岗前培训，不仅聘请著名的教育专家来给我们讲课，而且免费赠送每位教职工 10 本教育教学理论专著，供教师们学习和教学。还在校园的每个角落悬挂或张贴标语、标牌，营造浓郁的书香氛围，他说环境可以改变人。与此同时，他还发起成立了家庭教育研究中心，多次组织召开家长会，形成学校、家庭、社会三位一体的教育系统，教师、家长的思想正在发生着根本性的转变，学生的学习状态也在发生着悄然的变化。我们有理由相信，这种一点一滴的小变化总有一天会形成翻天覆地的大变化。

《长治日报》 2007 年 12 月

东风吹来桃李欢笑满园春

——平顺中学改革发展纪实

本报记者 宋海兵 刘宝乐

引 题

在平顺一直流传“识字不识字,读过东仓寺,赛过孔夫子”的说法,其中“东仓寺”就是指平顺中学。平顺中学于1952年建立,曾多次被评为省级“德育示范校”、市级“文明学校”、“模范单位”和“市级名校”,当地老百姓一直以读过平顺中学为骄傲。然而从20世纪80年代后期开始,平顺中学的教育教学质量却走入了低迷状态,人们也渐渐不再以在此就读为自豪了。

为了改变这种状况,2007年,平顺县委、县政府在财力十分紧张的情况下,毅然拍板以年薪10万元招聘平顺中学校长。经过层层选拔,张一笑以其高深的教育理论素养、献身桑梓的赤子情怀、渊博的学识以及20多年教学管理经验,过关斩将,成为平顺中学的校长。上任后,他敢打敢拼,锐意进取,以丰富的经验、勤勉的精神,卓有成效的推进平顺中学教育教学改革,取得了非常明显的效果。

完善制度严格管理

张一笑上任之时,平顺中学面对的是多年的积弊:教学质量在低水平徘徊,高考处于全市后三名,教师队伍也比较涣散,校园文化建设更是空白,学生外流严重。

上任后,张一笑做的第一件事就是把自己的10万元年薪捐献给平顺中学。

在张一笑带领下,平顺中学认真落实平顺县委、县政府有关教育改革的精神,内强素质,外树形象,在重点调研广州桂山中学、河北衡水中学、北京80中学等学校的基础上,明确了该校“为师生谋幸福,为社会负责任”的办学理念和“让每个学生都得到相对于他自己的最优化发展”的教育理念,并制定了文化兴校的策略。同时,还明确了实施人性化管理,提高核心竞争力的发展思路。

有了明确的发展思路做指导,平顺中学的各项改革稳步推进。在日常管理上,平顺中学细化各项管理制度,从八个方面优化内部管理机制,形成垂直化管理和扁平化管理相结合的模式;优化教师队伍,追求专业化成长,注重师德建设,让每一位教师写师德报告,进行“十大明星教师”、“十大名牌教师”、“十佳班主任”、“十大劳动模范”、“十大杰出青年” 等评选活动,树立榜样,激发先进,鞭答后进。

在学校管理上,平顺中学坚持“建管并举”、“章情并举”,在管理上突出一个“严”字,狠抓一个“实”字。为保证制度落实,学校从行政管理上建立监督、评价、保障机制,以副校长、教务主任为核心的"常规管理"的评价职能层;以政教主任为首的班级管理职能层;以教研主任为龙头的教研组长管理、指导职能层。同时,学校还借鉴企业管理机制,建立以质量为中心的全面质量管理体系,制定《教学质量标准》,树立为学生提供服务为核心的全面教育观念。

如今,学校的一切行为都有章可循、有法可依,学校开始走上了"依法办学,规范管理"的良性发展道路,一支年轻有为的管理队伍初步建成。

名校之"名"在于名师

教师是学校发展的关键,提高教师素质是提高学校质量的第一步。因此,教师应当在教学过程中不断学习,提高知识水平和能力,与社会同步发展。张一笑上任至今,平顺中学每位教师发放了《智慧教育》、《追寻教育之梦》、《赢在课堂》、《责任胜于能力》、《孙维刚谈立志成才》等五本教育专著,为青年教师购买了《课堂教学十大技能》等教育教学入门专著,并成立了青年教师读书会、青年教师进修校。在短短一年时间,学校先后派出教师前往北京、山东、河南、河北、江苏等地名校参观学习 180 人次,参观教师纷纷把学到的先进理念运用到自己的课堂教学实践中,洋思模式、杜朗口模式、衡水模式在校园内大放异彩。教师们参观学习归来后的报告会不再是应付差事,敷衍了事,而是认真总结、深刻反思,常常触及学校软肋,警醒学校的管理者,并为校领导提供很好的决策依据。有了先进的教育理念和科学的教学方法作保障,教师教的轻松了,学生学得有兴趣了,教育教学质量也相应提高了。

同时,平顺中学还推行了师生同堂同题考试制度,激发教师钻研业务的激情;加大青年教师培训力度,"倡导谁先升起谁就是太阳"的成长理念;严格验收"八项"教学技能,提高青年教师教学能力;高薪聘请了一位专职外交、一位数学硕士研究生……这一切优良地提升了平顺中学的识字水平。

以"文"化人文化育人

张一笑认为,学校是一个文化场所,必须有一个浓郁的文化氛围,让孩子们在书香中快乐成长、健康成长。于是,校徽、校歌、校训、校服、校旗、校报、校园网,一系列标志性的成果都体现了特色办学的尝试;于是,校园的理念文化、制度文化、管理文化、环境文化在每一个角落、每一面墙壁,在每一间教室、每一格办公室都散发着文化气息,并化为平顺中学师生的动力,正在显示无穷的魅力。

在张一笑看来,学校是育人的场所,学校的一切工作必须围绕学生展开。为此,他牵头制定了学生一日常规,学生行为准则等,学生的精神面貌、学习状态发生了很大的变化,一支团结向上、勤奋刻苦的学生团队悄然形成。在 2008 年全国初中生数学、物理奥赛上,平顺中学学生获得了优异成绩;2008 年的高考、中考,平顺中学学生再奏凯歌,高考达线人数再创平顺中学的新辉煌……

更令人欣喜的是在平顺县委、县政府的大力支持下,平顺中学校园建设规划付诸实施。县政府投资 6400 万元,平顺中学第一期校园建设工程三座高标准教学大楼、一座实验楼、一座学生餐厅正在开工建设之中,预计今年 10 月将全部竣工并投入使用。如此一来,平顺中学将可容纳 60 个教学班,3300 多名学生就读,1088 多名学生住宿和就餐。之后,第二期、第三期工程也将相继开工,不远的未来,一座崭新、现代化的平顺中学也将在青羊大地拔地而起。

面对学校发生的巨变,张一笑执著淡定,信心十足。我们有理由相信,平顺中学在他的带领下,一定能走出低谷,实现跨越,迎来新的辉煌。

《学习报·教育周刊》 2008 年 10 月 10 日

追寻教育之梦

李中印 申双虎

他有一个梦想——让教育为每个孩子终身幸福奠基。

他有一个梦想——仍智慧催生每个人的灿烂人生。

他有一个梦想——让每个孩子都能享受优质的教育资源。

为此他苦苦追寻,不懈努力,从普通教师到小学校长,在到中学校长,他孜孜以求,刻苦钻研,从硕士研究生到博士研究生,他为了这一梦想,去年 7 月从城市走进了大山,踏上了探索贫困山区的教育改革之路。他就是平顺县在全县公开招聘的市级名校长,平顺中学校长张一笑。

作为一名专家型、学者型的中学校长,他对学习新知识如饥似渴。学习让他的思想境界,决策能力,办事能力总是高人一筹。

张一笑作为平顺中学校长、党支部书记、忠于党的教育事业,具有很强的党性,能长期坚持政治理论学习,走进他的办公室,经常看到他桌子放着"十七大报告资料汇编","党的教育资料汇编"等文献资料。

他作为一校校长。在繁忙工作之余能不断学习业余知识,《教育的哲学基础》、《名校成长之路》、《探索名校经营之道》、《16 位教育家的智慧档案》等校长管理类书籍成了他随时随地阅读的书籍,沿着别的学校走过的路,他正在探索适合平顺中学发展的思路。

他作为一名教育者更是博览群书,尤其教育教学方面的专著,他总是先读后买在推荐给全体教师人手一册,短短一年时间,他先后为全体教师购买了《智慧教育》、《追寻教育之梦》、《孙维刚谈立志成才》、《赢在课堂》、《课堂教育十大技能.》、《给教师的一百条建议》、《责任胜于能力》、《改变思路改变出路》等近 10 本教育教学或教育思想方面的专著。

他作为一位博士生,学习可以总结为“三上”:网上,电话上,晚上。过去他能每周一次亲自去北师大聆听导师的报告,与师兄弟共同研究教育问题,来到平顺中学以后,繁重的工作使得他没有了外出的机会,于是只能在网上和电话上与导师切磋交流,白天事务缠身,就利用晚上时间学习,每晚老师们都能看到他勤奋学习的身影,他常说“读书人就应该读书,作为校长,在读书学习方面。我应该给教师们做好榜样。

他作为平顺教育人事制度改革后从外地聘请来的一位校长，有能不断地学习平顺文化，学习平顺历史,了解平顺风土民情,向一中历史学习、向一中的传统文化学习,向一中的老教师学习,他还经常说“喝着平顺的水,吃平顺的饭,与平顺的人交流,我越来越像个平顺人了。”正因为他勤奋学习,不断学习,所以他的理论水平,办事能力总是高人一筹,先人一步;正因为他勤奋学习,所以他开会很少照本宣科——念稿子,他是成竹在胸,侃侃而谈,思路清晰,逻辑严密,条分缕析,头头是道,既有政治高度,又有理论深度,难怪不少老师感慨:张校长的思想观念新颖、超前、让我们的思路大开!

改革才是出路,创新才能发展,他一上任就学习借鉴先进学校的办学经验,结合本校实际推出一系列的管理措施,使平顺这部陈旧、效率低下的机器重新焕发生机和活力。

一年来,张校长认真落实县委、县政府有关教育的精神,学习借鉴、吸收创新,在重点调研了广州桂山中学、山东安丘四中、河北衡水中学、北京四中、屯留中学等学校的基础上,明确了学校的发展思路,稳步推进了各项改革,在他的勤奋带领下,平顺中学在完成如下几件大事:一是规划创新之路,描绘发展远景,他一上任就集中全体教职工智慧,制定了平顺中学 12 年发展规划和发展思路,提出了建成一所“高素质、有特色、实验性“的人民满意的理想学校的学校发展目标。明确了建设三支队伍促进四项创新的具体措施。二是明确办学思路制定文化兴校策略。他明确提出了为师生谋幸福。为社会负责任的办学理念,让每一个学生都得到相对于他自己的最优化的发展。他提出了价值观:学校为国家服务,教育让人民满意。核心价值:谦让、宽容、坚持、微笑、赏识、勇于创新、终身学习、尊重人才、关注团队、善于沟通、精益求精,不找借口、富有爱心、始终充满信心、有事业心和责任感,以献身教育事业为骄傲和自豪,重新审定了校训、校徽、校旗、校标、校服、校网、校报、雪葵园快讯等。三是加强支部建设,提高堡垒战斗力。张一笑上任后,立即着手进行党支部换届选举,选举产生了新一届的支部委员会,完善了支部职能和机构,同时组织全体党员加强理论学习,强化了共产党先进性教育长效机制。规范了党员教育管制,增强了党组织每个细胞的活力,提高了基层党组织的凝聚力,战斗力。四是实施人性化管理,提高核心竞争力,严格管理,规范办校,依法治校,民主理校,细化各项管理制度,从八个方面优化了内部管理制度,借鉴过程管理、项目管理,注重了垂直管理相结合。提出了“三,二,一”工作程序。处室坚持一日流程,“六个考核”制度。五是优化教师队伍,追求专业化成长,注重师德建设,让每一个教师写师德报告、教学反思、进行“十大名牌教师”,“十佳班主任”,“十大劳动模范”,“十大杰出青年”评选,树立好榜样,激发三变一高、教师三心,校园三苦等方面培养高品位的教师,实现从优秀个人到智慧团队成长,重视名师培养,从“三抓”入手,培养学者型教师,通过“自逼机制”、我成长我快乐五个一工程、学习三保证、两班三会,每人每月读一本书等形式大招学习型团队。六是德育为魂,提升育人水平,从“三严”、“三全”、“三个统一”、“三个结合”、“德育十化”、五自德育系列入手,通过理想教育,自信心教育、习惯教育、规则教育以及读书报告会、班级文化展形式,创新人才培养模式,实现了让每一个学生学会做人的承诺,此外为提高教学质量,提高理想教育,提高课堂教学效益,进一步推进课堂教学改革,学校拨出经费让老师走出平顺,走进名校,包车到杜郎口、衡水、洋思,学习实践实现飞跃,同时让一些省教育专家传经送宝,明确课堂教学改革的理念”以学为本。因学论教,是以学生为本,以学习为本,让学生学会学习,通过课堂开发培养学生智慧。他上任后提出初高中分部管理。在管理上实行精细化管理以细节决定成败。向40分钟要效益,要求老师上课有激情,学生手持课本上课,让校园没有一片废纸。他的管理理念是“大事小事勤商量,有事无事常来往”。学习有关的所有事都有校委会决定。学校基本做到了人尽其才,才尽其用。大家在各自的岗位上尽职尽责、富有创新地工作。

嚼得菜根,百事可做,他把10万年薪全部捐给了平顺中学,并帮扶了两名特困学生,他的勤勉、清廉无私堪称楷模,激励着平顺中学的师生们。

张一笑来平顺中学后就一直在学习,办公室住。他常说嚼得菜根,百事可做。家有粮千百,一顿不过三碗饭。家有房万间,睡觉只占三尺床。我是来工作的不是来享受的,他的办公室也是同层领导最简陋的了,最奢华的是桌上的电脑了,他说办公室座位多了来客不免多坐,影响工作,座位少了。话完了闲累了就自动撤退。

平顺中学校园建设三期工程,总投资6000余万元的项目,他没有与工程队交易过一次,他的目标就是保证工程安全质量,早日竣工,让孩子们早日住进新教室。一年以来共聘优秀教师42人,至今他没有喝过他们的一杯水。公开,公平的竞争,让这些青年充满感激,他们发奋以优秀的业绩回报学校。

他的理念是不让一个优秀的穷孩子失学。把自己的10万年薪捐给了学校用于改善教学条件,帮扶两名特困生。让他们放心好好学习。

尽管他生活艰苦心里却装着老师,以生日的形式表示对老师的关爱,在教师节送上玫瑰花,在春节给老师暖暖的祝福。老师有事,坚持“三必谈,七必访”任免必谈话,批评后必谈话,犯错后必谈话……因为他的办学理念就是“为师生谋幸福,为社会负责任”。

迎着晨曦,向着朝阳,平顺中学正在发生着巨大变化,当人们问到张校长新的发展思路是什么时,他总是用一句话回答:我有一个梦想,就是让教育为学生的终身幸福奠基。

《长治日报》 2008年10月23日

"东藏古寺"更妖娆

——平顺中学在改革中前进

本报记者 卢 静 谷田子

群楼沐霞耸起一眼挺拔,绿树浴露长出一片俊秀,花含清香引蝶舞,风送书声伴鸟鸣。人性化特色鲜明、现代化风格突出、知识化氛围浓厚的平顺中学坐落在碧波荡漾的滨河湖畔。走进校园,绿树红花,书声琅琅,如同走进了一幅自然清新的水墨画卷;翻开校史,其久远的办学历史可上溯至 1912 年,当时国民政府在县城东山上的一座寺院东藏寺创办了县立第一高小,1952 年在原有基础上改建为平顺中学。

近三年来,平顺县进行了大刀阔斧的教育人事制度改革。平顺中学在改革中迎来了希望是春天,创新教育理念,狠抓师德学风,改善办学条件,突出办学特色,探索强校之路,巩固强校之本,夯实强校之基,打造一流强校,在青羊大地奏响了一曲现代教育的时代强音。

新理念:为学生谋幸福,为社会担责任;让每一个学生都能得到相对于自己最优化发展。

一名好校长就是一所好学校。2007 年,平顺县进行了伤筋动骨的教育人事制度改革,第一件事就是面向全省公开招聘平顺中学、平顺二中和实验小学校长,张一笑从众多竞职者中脱颖而出,被聘为平顺中学校长。

上任伊始,他首先从改变办学理念、更新教育思想入手,根据平顺中学的实际,提出了"为学生谋幸福,为社会担责任,让每一个学生都能得到相对于自己最优化发展"的教育理念。

说道教育理念,张一笑讲了一个发生在他身边的真实故事。"在山西师范大学读教育硕士学位和北京师范大学读教育学博士时,导师都曾问过我同样一个问题,'你的教育理念是什么?'一直以来,我都没有成型的答案,直到有一天在出租车上碰到一位多年前带过的学生,受到很大启发。学生上学时成绩不优秀,属于智力平常但非常用功的那类,记得最清楚的就是他下课后总是帮老师擦黑板,帮忙收作业,帮助同学们打扫卫生,然后再趁机向别人请教问题。多年后的今天,他成为一名出租车司机,是长治市第一批加入'爱心车队'的'的哥'之一,他说:"老师,我脑筋笨,上学时成绩不好,也没考上大学,但是我现在车开得很好,收入也不错,生活得很幸福,我记得您说过,社会需要各种各样的人才,只要我们将来对社会有用,我们就都是您的好学生。他的一番话让我那个晚上一宿没睡。"思悟之中,我感到"教育是一项幸福的事业,它的终结意义就是教人成人,育人成才,是要每一个人过上幸福的生活,拥有幸福的人生。同时,教育事业也是为中华民族伟大复兴负责的事业,旨在培育教育社会主义事业的接班人。"张一笑这样解释他的这种理念。

让每一个学生插上理想的翅膀。在教学过程中,平顺中学从理想教育入手,培养每一个学生都成为有理想的人。假期,分批让学生到北大、清华参观,感悟中国一流大学的精神,树立考一流大学、考名牌大学的理想和信念。在教学中推进“学科类、高职类、特长类”办学模式,告诉那些有特长的学生,只要你们努力,三百六十行,行行出状元。高一特长(一)班班主任张瑜老师说:“我每天都在用惊奇的眼光看着我的学生们成长。”

师德建设是教育的一个永恒主题。在尊崇和弘扬高尚师德、师风方面,平顺中学从正确的教育理念、强烈的事业心和责任感、遵循教育规律因材施教、团结务实开拓创新、言传身教为人师表等五个方面严格要求教师。突出全体教师爱校意识、团队意识、忠诚意识、责任意识、大局意识、创新意识、竞争意识、质量意识、效率意识的培育和巩固。推行师德报告会制度,开展“师德标兵”、“师德楷模”评比活动。坚持入编、上岗、考核、晋级、晋职、评模师德一票否决制。每周一次师德师风自查汇报会、教师提前两分钟候课、青年教师读书会等各项制度的实施营造出了良好的教育教学环境,全校逐渐形成了“学校无闲人,人人育人;学校无闲事,事事育人;学校无闲地,处处育人”的良好氛围。

十年树木,百年树人。平顺中学先后开展了以“革命传统”、“理想信念”为主题的“红色”教育工程,以“探索奥妙”、“放飞生命”为主题的“蓝色”教育工程,以“环境与发展”、“生命与生存”为主题的“绿色”教育工程和以“挫折与信心”、“磨难与恒心”、“理想与责任心”、“危机与转机”为主题的情感意志和行为习惯养成教育工程。手持书本跑步进课堂、课前五分钟宣誓、每人一本生字本、错题本、问题卡等一系列养成教育课题,培养了学生们良好的学习习惯,树立了正确的人生观和价值观。在平顺中学,一支文明礼貌、团结向上、勤奋刻苦的学生团队悄然形成。

新方法:“三名工程”、激励关爱、开放办学,学校、家庭、社会三位互动,真正形成了良性循环的育人环境。

“教师对学生的爱,是一种只讲付出不计回报、无私的爱,这种爱是神圣的,是教师教育学生的感情基础,学生一旦体会到这种感情,就会‘亲其师’,从而‘信其道’,也正是在这个过程中,教育实现了其根本的功能……”2008 年,平顺中学的师德师风报告会上,年轻教师吕静梅的一番话赢得了大家的阵阵掌声。

一支甘于奉献的教师队伍是学校得以发展的基础所在,一支勇于创新的教师队伍是学校不断攀上新台阶的支撑力量。为了激发全体教师爱教从教献身教育的主动性和积极性,平顺县委、县政府在全县组织实施了“三名”工程,启动了中小学教师岗位津贴制度、建立了对贫困教师和困难学生的长效帮扶机制等一系列关爱激励机制。2008 年教师节大会上,县政府一次拿出了 63 万元奖金,对过去一年教育战线上涌现出来的先进集体、县级名师、师德标兵、教育标兵、优秀标兵、优秀教师和优秀教育工作者进行了隆重表彰,平顺中学优秀教师刘琦还被县委、县政府评为青羊先锋。2009 年高考百日誓师大会上,县委书记陈鹏飞响亮地提出,50 名高三教师和 830 余名高三学生每人每天早晨保证两个土鸡蛋,大大激发了全体高三师生立志育才、立志成才的动力和信心。在此基础上，平顺中学通过改变教学评价体制，变单一的分数评价为全面素质评价，进一步对优秀教师进行奖励，尤其鼓励青年教师要敢于冒尖，成名成家，在全校开展了“十大名牌教师”、“十大名牌班主任”、“十大杰出青年”等一系列评选活动。

为巩固教改成果，切实提升教育软实力，2007年以来，平顺中学经过招聘领导组精心组织、严格程序、优中选优，从来自山西、河北、河南、山东、吉林等省市和全省各大本科院校的参聘人员中，三次自主、公开选聘优秀教师60名，并对新聘教师进行岗前培训。大量外地优秀人才的引进极大地改善了教师队伍素质结构，如今全校高中教师队伍中，本科以上学历占90%。年轻的师资队伍，崭新的教学思路、教学方法大大激发了平顺中学原来教学队伍的潜力和活力，为改变该校的教学状况起到了积极的推动作用；同时，该校制定了一系列培养青年教师的具体措施，例如实行“师徒结对”工程，由同学科、同年级资深的中老年教师担任指导教师，与青年教师“一帮一”结成师徒对子，相互帮助，共同提高。学校还采取择优引进—重点培养—强力锤炼的方式和步骤，由青年教师进修校负责，暑期对5年以下教龄的青年教师进行普通话等级测试和课堂技能过关测试，通过一系列卓有成效的扎实工作，中青年教师整体迅速成长，效果突出，高一年级14个班，有10个班是由青年教师担任班主任，5名青年教师被充实到高三年级，挑起实现高考翻番的重担，7名新秀入选平顺中学“十大杰出青年”。

继续教育培训是平顺中学又一道引人注目的风景。教育改革近三年来，平顺中学多次组织教师开展继续教育培训，学校除规定每周一次集体教研活动外，理论学习、岗位培训、学历培训、骨干教师培训、普通话培训、现代教育技术培训等各种教研活动多头并举、同时进行。此外，还采取“请进来，走出去”的方式，先后派出教师分几批到广州桂山中学、山东安丘四中、河北衡水中学、北京80中学、屯留中学等学校学习调研，前往杜郎口、衡水、洋思、许衡、东庐等名校观摩取经。“安丘模式”、“杜郎口模式”、“衡水模式”等“走出去”学取的成果已植根平中，初现成效。“活力课堂”、“课堂新秀”赛场上，教学新秀的公开课，已经显露出平顺中学打造优秀师资，推进课堂改革，提高课堂效率的“春”气息。聘请北京师范大学博士生导师裴□娜教授、中国科学院著名科学家秦志海教授等省内外10余名专家教授“走进来”通过公开授课传经讲学，为全体教师奠基、发展、腾飞提供了行动指南。每月一次学习报告会、师生同题考试，班前会班科会，以情感人的人文关怀也大大激发了全体教师的积极性。目前，该校教师整体水平大幅提高，225名教职工中，省市以上优秀、学科带头人、高级教师和县“名师”占专任教师的70%。

然而教育不仅仅是学校的工作，也是社会和家庭的责任。平顺中学非常重视与学生家长的沟通，定期召开家长会听取家长意见；定期开展教学开放日活动，邀请社会各界人士走进学校，走进课堂。此外，该校还通过召开学生代表座谈会、设立意见箱、进行教师教学情况反馈等多种形式，认真听取学生、家长的意见，实现了百分百的课题向百分百的家长开放，形成了学校、家庭、社会的三位互动，真正把教书育人工作落到了实处。

新气象:班班多媒体,室室通宽带,全方位监控系统,碧水清流,绿树掩映,书卷墨香的平中已成为山城一道靓丽的风景。

"自从有了电子备课室后,我们备课可真是方便多了,相比起普通备课来说,电子备课能够让学生更清楚地知道本节课要学的是什么以及一些知识的相关联系点，再加上我们现在的多媒体设备,动画加音乐的格式更加吸引了学生的注意力,课堂效果比以前有了显著提高……"提到现在先进的教学设备,曹政云老师打开了话匣子。

办人民满意的教育,就要做到让软件不软,硬件更硬。说起硬件建设,就不得不提平顺中学新建教学楼工程,平顺中学主旧教学楼建于20世纪80年代初,现已成为危房,再加上高一招生扩至十四轨,原来的校舍已经不能满足教学需求。2008年以来,县委、县政府大手笔投入6400万元,对平顺中学进行规划建设,工程总面积43 400平方米,分教学办公、体育活动、生活住宅三个主要功能区,教学楼、办公楼、实验楼、餐厅六栋大楼主体的设计均为框架式结构,抗震度为8度,目前,这六栋大楼主体工程已基本完工,教学楼、综合办公室已经投入使用,餐厅、实验楼、办公楼的主体和内外装修也基本完成。这所即将呈现在世人面前的集人文化、生态化、园林化、信息化为一体的现代化学校的背后,还包含着广大老教师的默默付出和无私奉献。当初,面对自己生活过几十年,如今因校园扩建需要搬迁的老房子,住在平房区的34户老教师依然抓紧时间收拾行囊,有的主动搬回老家居住养老,有的则在校外租到了房子。他们中大多陪伴着平顺中学经历了几十年的风雨变迁,但在拆迁过程中,他们用自己的实际行动支持着这个曾经工作学习的地方,"我们在这里随着平中一起成长，见证了它几十年的风雨历程,曾为它的衰落而忧心,也为它现在的巨变而惊喜,如今,平中要建设,我们干不了什么力气活,能为平中作的贡献也只有这么点了。"退休老教师王海根看着正在崛起的平顺中学,眼睛里闪烁出一种奇异的光彩。

在完善教学配套设施方面,平顺中学先后投资270万元,补充了多媒体电子设备和班班通全方位监控系统。整洁漂亮的教学楼、功能齐全的物理、化学、生物实验室,计算机教室、语音室,多功能教室使课堂随时向社会开放的全方位监控设施……这些硬件的投入有利于学生更好地掌握所学知识,增强了他们的实践能力,与此同时,学校先后开辟了美术、体育、书法、音乐、舞蹈等特长班、职高班,探索出了一条有自己特色的素质教育之路。

新效应:轻松的课堂教学,丰富的课外活动,先进的育人理念,以人为本,全面发展,平顺中学正在成为广大莘莘学子向往的知识乐园。

2008年,平顺中学共达线96人,其中第一批本科达线23人,是2008年达线数的3倍,理科状元李鹏飞同学以629分被北京大学录取，文科状元张丽林分数也超过了北大录取分数线,这样辉煌的成绩在平顺高考历史上是从来没有有过的,老师们终于长长地出了一口气,终日奋斗在课桌前的孩子们终于露出了本应属于他们的那张青春的笑脸。7月12日中考成绩出炉,平顺中学学生杨泽楷以649分的成绩位列全县第一名。中考中,该校600分以上人数

34 人，这样的成绩在过去想都不敢想，多年沉寂的平顺中学用事实证明，本土教育一样可以让孩子成才，而这也证明了平顺中学的教育改革取得了里程碑式的突破。

平顺中学在注重制度化、民主化管理的同时，追求精致化、个性化、特色化，把“以人为本”这一现代教育理念落到了实处。制订了校旗、校徽、校服和校歌，对每位学生都能够充满爱，以情去感动每一位学生，使每位学生都能够得到健康发展。在一些重要节日还采取多种方式，多渠道，全方位地对师生进行人文关怀，中秋节、元宵节召开教职工茶话会、暑期组织教师外出培训学习，有效地激发了教职工对学校发展的责任感与使命感。对学生的关怀则是从最简单的一日三餐做起，改善学生的就餐环境与饭菜质量，切实解决特困生生活难的问题，这不仅让学生感到温暖，更激发了他们的学习动力。为了丰富学生校园文化生活，平顺中学还举办了拔河、跳绳、踢毽子比赛、诗朗诵比赛、师生篮球赛、健美操比赛，等等，在一系列的校园文化建设活动中，“让墙壁会说话”是平中的一大新亮点，该校组织学生参与设计横幅、标语、宣传橱窗、挂图、阅报栏，培养大家在充分发挥积极性和能动性的同时养成良好的学习习惯。与此同时，学生们手持书本跑步走进课堂，课前 5 分钟宣誓、周周背诵课、每人一本生字本、错题本、问题卡等一系列养成教育制度，使全校学生的学习状态发生了深刻变化，乐学好思、勤奋进取、习惯良好、个性鲜明，创新有为、自立自强、永不言败的学生队伍已然形成。高 194 班学生段晨鑫说：“在平顺中学这样的校园环境中学习，我们的心情舒畅，我们的青春健康，我们的理想绽放。”

曾经，平顺中学教育相对落后，招生质量差，学生素质低，教师情绪不高，学生家长怕耽误孩子的前程，托亲靠友花高价送孩子到市里、外县就读。如今，平顺中学的崛起，让那些出去的孩子们回来了。一位学生家长讲，他儿子去年中考打了 622 分，达到了市里重点中学分数线，面对好几份通知书，全家人选择了平顺中学。他说：“作为一名学生家长，我对平顺今天的教育充满信心，也相信平顺的孩子在家门口一样能考上好大学。”以前，平顺中学许多优秀教师跳槽或被外地学校一个个高薪挖走，使得该校教育元气大伤，如今，走出去的教师回来了，而且更多的外地教师走了进来，平顺中学聚集了来自山西、河北、河南、山东、吉林等省市和全省各大本科院校的优秀人才，为平顺中学的教育增添了力量。

“东藏古刹酝酿文明，传承了华夏的血统；青羊山下大地吐秀，培育着桃李花开……”这首由该校师生自己谱曲、自己作词的校歌《奔向未来》唱出了全校师生的心声，多少个年年月月，多少个日日夜夜，多少支蜡烛耗尽了心血，多少只粉笔磨尽了年华。园丁们辛勤浇灌，孩子们奋发向上，为平顺中学赢得了一个又一个闪亮荣誉，创新思维研究实验学校、我国学校教育创新研究实验学校、规范教育收费示范校、长治市先进学校、长治市模范教师、长治市德育和思想政治工作先进个人……从人们的口中，从教师们的眼里、从孩子们的笑脸上，我们知道仓藏寺如今已进入了发展的春天，正以崭新的姿态，昂扬的斗志走向未来。

《今日平顺》第 166 期　2009 年 7 月 28 日

愿为青山树桃李　东风一夜满园春

——记平顺中学校长张一笑

作者　张少鹏　方玉峰

曾经，平顺人以就读于平顺中学为荣，社会上一直流传着“识字不识字，读过东仓寺；住过东仓寺，赛过孔夫子”的说法，这“东仓寺”说的就是平顺中学，最初是由政府拨款创办的一所初级中学，1958年9月建立高中，成为当时平顺县唯一的全日制完全高中。

几十年来，平顺中学走过一条曲折的办学之路，有过辉煌，也有过低迷。它是长治市确定的首批重点中学，多次被评为省级“德育示范校”、市级“文明学校”、市级“模范单位”和“市级名校”。但自20世纪80年代后期以来，平顺中学的教育教学质量日渐走入低谷。

近年来，平顺县新一届县委、县政府在痛感平顺经济落后的同时，深刻认识到——教育，是一个地区经济腾飞的基石。于是。在2007年夏天，平顺县委、县政府开始了全方位、大力度、快节奏、高效率的教育人事制度改革，揭开了平顺教育史上崭新的一页。

张一笑就是在这样的背景下来到平顺中学就任校长的。

怀才有遇，生正逢时

“做事情就要有精品意识，要么不做，要做就要做到最好，不能做到最好，毋宁放弃。”

2007年是平顺历史上具有里程碑意义的一年，平顺县委、县政府高瞻远瞩、审时度势、以造福子孙的决心和百折不挠的勇气，在长治市率先进行教育人事制度改革，为平顺中学的发展、腾飞提供了千载难逢的机遇。这其中的第一项成果就是为平顺中学聘请来一位业务精通、理念超前、勇于创新、竭诚奉献的举旗人——张一笑。

张一笑1965年生于平顺县龙溪镇井泉村。他“少小离家”外出求学，至今拥有山西省教育学院和山西大学两个本科文凭，获得山西教育学院文学学士学位；还拥有山西师范大学教育硕士学位。如今，正师从当代著名教育家、北京师范大学教授顾名远先生攻读教育学博士。在他来平顺中学之前，曾先后荣获“长治市优秀教师”、“长治市优秀班主任”、惠丰厂“十大杰出青年”、惠丰厂“劳动模范”，多次被评为“教学能手”，2007年获得长治市城区名牌校长称号。可以说，他在过去的每一步都在证明着自己的追求和信念。

上任伊始，张一笑做的第一件事就是将自己的10万年薪都捐给了平顺中学。他说：“我来平顺中学，不是为了出名，更不是为了挣钱，我来是为了探索山区教育改革之路，是为了献身家乡的教育事业，是为了实现我的教育理想。”的确，他在原来的岗位每年就能领到8万薪金，他在原来的学校就已是长治市城区的名牌校长!

就职演讲时,他向平顺中学全体教师郑重承诺了自己的办学理念:为师生谋幸福,为社会负责任。他把这一庄严承诺贴在了自己的门上,作为他的行为准则。上任后,他着力进行队伍建设、制度建设、文化建设和校园建设,收到非常明显的效果。他敢打敢拼、锐意进取、淡泊名利、扎根故土、献身教育、以丰富的经验、勤勉的精神,卓有成效地推进平顺中学教育教学改革。

扎根平顺,奉献教育

“捧着一颗心来,不带半根草去是我的承诺,我将扎根平顺,奉献教育,努力把平顺中学打造成领导放心、人民满意的名牌学校。”

张一笑来到平顺中学后,就住进了学校二楼的一间小办公室。用他自己的话说:这样更方便工作,更便于了解学校,也能节约一笔开支。就是在这间陋室里,他凝聚全体教职员工智慧,制定了《平顺中学发展思路》、《平顺中学发展目标》、《平顺中学发展规划》等一系列对平顺中学具有划时代意义的规章制度,让全体员工看到了希望,增强了信心,激发了斗志,也让全社会看到了平顺中学崛起的信心和决心。

他在全校实行扁平化管理,提高年级组管理效率。年级主任直接对本年级负责、对校长负责,并参与学校管理。同时,设立“三处二室”,健全工青妇等组织,让各部门各负其责,各管其事,分工合作、互相配合。他们定期不定期召开校委会、校委行政会、行政扩大会,由各处室主任、年级主任参加,民主管理、民主决策,人人献计,个个参与。

在教学管理上,他坚持建管并举,章情并举,在管理上突出一个“严”字,狠抓一个“实”字。为保证制度的落实,学校从行政管理上建立监督、评价、保障机制,以副校长、教务主任为核心的“常规管理”的评价职能层;以政教主任为首的班级管理职能层;以教研主任为龙头的教研组长管理、指导职能层。

他还借鉴企业管理机制,尝试建立以质量为中心的全面质量管理体系,制定《教学质量标准》,树立为学生提供服务为核心功能的全新教育观念……

如今,学校的一切行为都有章可循、有法可依,学校开始走上“依法办学,规范管理”的良性发展的道路,一支年轻有为、团结向上的管理者队伍初步建成。

名校之名,在于名师

“靠我一个人不会把平顺中学的管理抓好,靠我一个人也不会把平顺中学的教学质量提上去。要想让平顺教育实现新的跨越,必须依靠全体教师,着力打造一支高品位、高素质的教师队伍。”

短短一年时间,张一笑为每为教师发放了《智慧教育》、《追寻教育之梦》、《赢在课堂》、《责任胜于能力》、《孙维刚谈立志成才》等五本教育理论专著，又为青年教师购买了《课堂教学十大技能》等教育教学入门专著，成立了青年教师读书会、青年教师进修校。从去年8月到现在，学校先后派出教师前往北京、山东、河南、河北、江苏等地名校参观学习180人次，大家纷纷把学到的先进理念运用到自己的课堂教学实践中去，于是洋思模式、杜郎口模式、衡水模式在校园内大放异彩，各显神威。教师教的轻松了，学生学得积极活跃有兴趣了，教育教学质量也就相应提高了。教师们参观学习归来之后的报告会不再是应付差事，敷衍塞责，而是认真总结、深刻反思，常常触及学校软肋，警醒学校的管理者，并为校领导提供很好的决策依据。

此外他还在推行了师生同堂考试制度，激发教师钻研业务的激情，加大青年教师培训力度，倡导"谁先升起谁就是太阳"的成长理念，成立青年教师进修校和读书会，严格验收"八项"教学技能，提高青年教师教学能力。同时，高薪聘请了一位专职外教、一位数学硕士研究生……在他看来，教师是学校发展的关键，因此教师应当在教学过程中不断学习，提高知识水平和能力，与社会同步发展。

以"文"化人，文化育人

"让每一个学生学会做人，把每一个学生送进大学，是我也是平顺中学永远的追求。"

张一笑认为，学校是一个有文化的场所，必须有浓郁的文化氛围，让孩子们在书香中快乐成长。于是，校徽、校歌、校训、校旗、校报、校园网，一系列标志性的成果体现了特色办学理念文化、制度文化、管理文化、环境文化在每一个角落、每一个办公室都深入人心。它们化为平顺中学师生的血液，正在显示她无穷的魅力。

此外，在张一笑看来，学校是育人的场所，学校的一切工作必须围绕学生展开。为此，他牵头制定了学生的一日常规，学生行为准则等，学生的精神面貌、学习状态发生了非常大的变化，一支团结向上、勤奋刻苦的学生团队悄然形成。今年举行的全国初中生数学、物理奥赛上，平顺中学学生获得优异成绩；刚刚过去的高、中考中，该校学生再奏凯歌，再传捷报，高考本科达线人数再创平顺中学新的辉煌……

更令人欣喜的是，在平顺县委、县政府的大力支持下，平顺中学校园建设规划付诸实施。县委投入6400万元，平顺中学第一期校园建设工程三座高标准教学大楼、一座办公大楼、一座实验大楼、一座餐厅大楼正在开工建设之中，预计金秋十月将全部竣工并投入使用。届时，平顺中学可容纳60个教学班，3300多名学生就读，1800名学生就餐和住宿。之后，第二期、第三期工程也将相继开工，不远的未来，一座崭新、现代化的平顺中学将在青羊大地拔地而起。

面对成绩，他执著谈定，面对挑战，他踌躇满志。"愿为青山树桃李，东风一夜满园春"，是他今生的愿望，也是他无悔的选择。我们相信，平顺中学在张一笑校长的带领下，一定能够走出低谷，实现跨越，迎来新的辉煌。

《发展导报》 2008年9月5日

主要参考文献

1. 顾明远.《我的教育探索》.北京:教育科学出版社,1998

2. 顾明远.《世界教育大事典》.南京:江苏教育出版社,2000

3. 顾明远.《国际教育新视野》.海口:海南出版社,2002

4. 裴娣娜.《现代教学论》.北京:人民教育出版社,2005

5. 裴娣娜.《我国教育创新研究》.北京:北京师范大学出版社,2008

6. 张卫光.《中小学主体教育》.北京:人民教育出版社,2009

7. 陈俊辉.《创建特区品牌学校》.北京:北京师范大学出版社,2005

8. 施良方.《学习论》.北京:人民教育出版社,1994

9. 朱永新.《中国著名校长办学思想录》.南京:江苏教育出版社,2004

10. 朱永新.《我所理解的教育》.海口:海南出版社,2006

11. 林崇德.《教育为的是学生发展》.北京:北京师范大学出版社,2006

12. 沈德立.《揭开儿童心理与行为之谜》.北京:北京师范大学出版社,2006

13. 陈玉琨.《走进 21 世纪的中学教育》.南京:华东师范大学出版社,2000

14. 马联芳.《60 个校长的智慧谈话》.上海:上海教育出版社,2005

15. 陶继新.《治校之道》.上海:华东师范大学出版社,2007

16. 陶继新.《做一个幸福的教师》.上海:华东师范大学出版社,2008

17. 孙维刚.《孙维刚教育文丛》.长春:北方妇女儿童出版社,1999

18. 高万祥.《我的教育苦旅》.上海:华东师范大学出版社,2006

19. 方国才.《中国著名校长的管理奇迹》.南京:江苏人民出版社,2007

20. 顾明远.《名校长的高绩效领导力》.北京:九州出版社,2005

21. 肖川.《办好学校的策略》.南京:南京师范大学出版社,2006

22. 刘彭芝.《人生为一大事来》.北京:高等教育出版社,2004

23. 王铁军.《名校长名教师成功与发展》.南京:江苏人民出版社,2005

24. 干国祥.《中小学校长通用管理 100 例》.成都:四川教育出版社,2006

25. 陈玉琨.《教育.为了人的发展》.北京:教育科学出版社,2005

26. 周成平.《外国著名学校的管理特色》.南京:南京大学出版社,2009

27. 张海经.《现代学校管理制度的探索与实践》.广州:广东教育出版社,2007

28.石中英.邓敏娜.《教育的哲学基础》.北京:中国轻工业出版社,2006

29.卫灿金.武永明.《语文课程与教学论研究》.北京:高等教育出版社,2007

30.邯郸一中.《德育教育建设》. 2007

31.刘次林.《幸福教育论》.北京:人民教育出版社,2003

32 侯西强.《课改之路探微》.太谷中学,2009

33 崔其升.《高效课堂学习资料》.杜郎口中学,2009

后 语

示范高中验收时，有老师对我说：校长，你的思路太远，有些表述很抽象，让我们有些跟不上。

这让我很惶恐。

教育，是团队的事业，如果校长的办学思想不能转化成老师们的具体行动，那一定是失败的教育失败的领导，水乳交融才是管理的最高境界。部分老师没有理解了学校的发展思想和规范要求，说明缺少交流、缺少沟通、缺少指导、缺少学习，这是校长的过失。举起大旗，凝聚力量，引领团队高速发展，做青年教师的导师，是做校长的重大使命。

我不想让老师们失望，所以，我以最快的速度认真地思考老师们给我提出的问题并快速整理出来，以期实现信念的统一行动的默契，故将本书命名为《校长的使命》。

其实，我们学校提出的许多理念并不玄虚，都是建立在教育理论以及名校办学经验基础上的，也许是遣词不当才造成晦涩难懂。其实，我们的许多要求并不高，这些要求别的学校早已经做到了，老师们之所以觉得遥远，是因为大家去外面的学校实见的机会太少，同时，也是因为平时只注重阅读课堂教学的资料而缺少时间阅读教育理论的书籍。平顺中学的老师很优秀，同为优秀，彼能为之，吾乎不能为之？非不能也，实不为也。

特色打造异常艰难，它需要历史，但历史长不见得就特色好，况且今天的一切也会变成历史，所以我们必须立足今天思考明天，努力形成属于我们独有的特色，从整体到各个局部。

为了实现思想的交流和沟通，我非常努力地把我个人的这些理解表达出来，中间不惜借鉴了许多言语，还有不少重复和散乱的地方，虽然还不成体系甚至还不太成熟，甚至会且行且改，但希望为老师们理解学校的教育改革做一些铺垫。更希望通过全体教师的共同努力，不断丰富完善进而形成平顺中学的传承文化。若能如此，我便基本上完成了一个校长的使命。

2010 年 1 月 8 日

致 谢

我怀着十二分的热情整理这些思路和稿子,回过头来发现仍旧乱七八糟。尽管已经做了五年校长,但我依然感觉自己还是个蹒跚学步的懵懂孩子。好在我一直很努力的向大家学习并能虚心接受,所以偶然也有一点心得,把这些文字整理出来,更多的是为了进一步理清思路,然后,弯下腰干活!

鲁迅先生说:"杂取种种人,合成一个。"本书中引用了许多当今最前沿的教育理论和名校的办学经验,以至于已经无法一一注明这些理论和经验出自谁手,非为窃取实为运用,在此深表谢意。

其中"整合"而来的一些"童话"也许会贻笑大方,但教育是为了明天的事业,是浪漫主义的事业,不能没有理想,所以,尽管有许多的暂时无法实现,将来肯定能实现。尽管是在贫困山沟,该长的草也得长,该开的花也得开啊。

合上书本,忽然发现收获最大的是我自己,因为,与其说写出来是为了抛砖引玉与大家交流,不如说是在进行自我教育,就在不断的表达过程中,我自己首先得到了很好的成长,凭这,就应该谢谢老师们给我的许多促进。

我热爱平顺中学,热爱这里的每一个老师,热爱这里的每一个同学。谢谢大家!